קדושת אביב

הרב אהרן ליכטנשטיין

קדושת אביב

עיונים בקדושת הזמן והמקום

הכין וערך בנו ותלמידו ש"י ליכטנשטיין
עורך משנה: חיים נבון

משנת הרא"ל

מגיד

ישיבת הר עציון Yeshivat Har Etzion

Rabbi Aharon Lichtenstein
Kedushat Aviv: Studies in the Sanctity of Time and Space
קדושת אביב: עיונים בקדושת הזמן והמקום

עורך אחראי: הרב ראובן ציגלר

הגהה: הרב שמעון שלמה גולדשמידט
עימוד: שמעון בן־שחר
עיצוב העטיפה: אליהו משגב

ספרי מגיד, הוצאת קורן
ת״ד 4044 ירושלים 9104001
טל׳: 02-6330530 פקס: 02-6330534
www.maggidbooks.com

מסת״ב ISBN 978-965-526-218-6

נדפס בישראל תשע״ז Printed in Israel 2017

טוֹב עַיִן הוּא יְבֹרָךְ (משלי כ"ב, ט)

ברכת הכרת הטוב והוקרה רבה
לר' טוביה (טרי) נובצקי

תלמיד נאמן ואהוב לאבינו מורנו
שלמד מרבו תורה וארחות חיים
ושימש אותו בנאמנות ובתבונה

על תמיכתו ומסירותו להוצאת ספר זה
מתוך אהבה והערצה לרבו.

יהי רצון שתעמודנה זכויות הללו
לו, לרעייתו ולכל משפחתו
לאורך שנים מתוך בריאות ושמחה.

משפחת הרב ליכטנשטיין

תוכן העניינים

מבוא

הורתו של ספר זה שבענייני הקדושה בקיץ תשמ"ט, שבו שבת רבנו זצ"ל באופן חד פעמי ושלא כהרגלו ממלאכתו בישיבה והקדיש את זמנו לכתיבה בנושא זה; ובשנת תשנ"א, שבה לימד רבנו בישיבה סדרת שיעורים בנושא הקדושה, פירות אותו הקיץ. ספר זה, המונח לפניכם, יסודותיו הם מאותה תקופה.

עמדו לרשותנו כתבי היד מאותו הקיץ שנשתמרו בידי רבנו, וכן רוב ההקלטות של אותם שיעורים. חלק מן ההקלטות נשתמרו בספריית ישיבת הר עציון וחלקן בידי תלמיד רבנו וחבר הנהלת הישיבה, מר מייקל אייזנברג. אנו מודים לו על מסירת ההקלטות לרשותנו.

כמה שיעורים היו חסרים מכתבי היד ומן ההקלטות שנשתמרו. אותם השלמנו בעזרת רשימותיהם של תלמידים נבחרים. הרב יעקב פרנצוס, מבחירי תלמידי רבנו, מסר לנו את מחברתו, וכמוהו הרב ד"ר חנוך גמליאל. ולהם התודה.

כתב היד פוענח והוקלד בידי תלמידו הקרוב של רבנו, הרב דב קרול. הוא גם תמלל את מרבית ההקלטות, ואת שתי המשימות עשה בנאמנות ובדייקנות.

נוסף על כתבי היד, שדפיהם היו מעורבבים זה בזה, הותיר אחריו רבנו גם צרור ניירות, שבהם היו רשומים חידושים ורעיונות, וכל מיני הערות והארות וראשי פרקים בנושאי הספר, מהם בא בארוכה ומהם בא בקצרה.

על כל אלו, הוספנו גם ממקומות אחרים ומשיעורים נוספים שבהם התבטא רבנו בנושאים הנידונים בספר. עמדו לנגד עינינו מאמריו השונים שנדפסו בספרו מנחת אביב. נעזרנו גם בסיכומי תלמידים של שיעורים נוספים שעסקו בקדושת הזמן והמקום. הברכה לשניים מנאמני תלמידי רבנו, הרב מתן גלידאי והרב אביהוד שוורץ, על סיכומיהם לשני שיעורים של רבנו.

עוד זכינו לדון עם רבנו זצ"ל בחלק מנושאי הספר, ואף הערותיו שנתלבנו בלימוד זה נרשמו ושולבו בספר שלפנינו.

לא כל פרקי הספר נכתבו בשווה. מרבית כתב היד דן בשני פרקים בספר:

קדושת שבת ויום טוב ועניין קידוש החודש ועיבור שנה. שני אלו נכתבו ברובם על ידי רבנו המחבר זצ"ל. הוא יצק את היסודות ובנה את השלד של הפרק המוגמר הכתוב, ואנו לא הוספנו אלא את הגימור הסופי. אכן, גם שם נעשתה מלאכה כפולה. ראשית, עריכת כתב היד בשינויים מעטים, ושנית, הוספה על הכתוב על פי שיעורים נוספים ולאור הערותיו והארותיו שנשתמרו בטיוטות. פעמים שגם הוספנו הפניות מתאימות כפי שיקול דעתנו, ופעמים ספורות הארכנו במקום שרבנו קיצר.

שאר הספר, לצערנו, נכתב ברובו על ידי העורך הראשי מתוך החומר המגוון שנאסף, ונערך אחר כך במשותף בידי שנינו. מלאכת הספר, אם כן, התבטאה בעריכה ובכתיבה. העריכה כולה נעשתה על ידינו, ואילו הכתיבה נעשתה בחלקה על ידי רבנו ובחלקה על ידי העורכים. אנו מקווים שאדון הכול, שנתן לנו כוח לעסוק במלאכת קודש זו, סייע בידינו לכוון לאמיתה של תורה ולכוונת רבנו זצ"ל. אם ישנם בספר שגיאות או חסרונות, אין לתלותם אלא בקולרנו.

אנו רוצים להודות לתלמיד רבנו וידידו הנאמן מר טרי נובצקי, שלקח על עצמו את מימון הספר, אף שהעבודה עליו נמשכה כפליים ויותר מן הזמן המשוער. ישלם לו הקב"ה את שכרו ויתברך בכל מילי דמיטב. וכן התודה לאנשי הוצאת מגיד שעסקו בהוצאת הספר, ובראשם תלמידו המסור של רבנו, הרב ראובן ציגלר; לרב בנימין תבורי, תלמיד חבר של רבנו ור"מ בישיבת הר עציון, שעבר על הפרקים העוסקים בקדושת הזמן; לרב אליקים קרומביין, מוותיקי וחשובי תלמידי רבנו ור"מ בישיבת הר עציון, שקרא את הספר כולו והצילנו מכמה שגיאות; לרב שמעון גולדשמידט, תלמיד ותיק אף הוא, שהגיה את הספר כולו בקפדנות ובדייקנות; ולרב דב כהן, תלמיד חשוב של רבנו ור"מ בישיבת שדמות נריה, שערך את המפתחות.

קראנו לספר קדושת אביב שכן רמוז בו שמו של רבינו זצ"ל ושמות הוריו - [הרב] אהרן בן יחיאל ובלומא, ובדומה לשם מנחת אביב, שאותו הוא עצמו נתן לספר מאמריו בגמרא.

מודים אנו לריבונו של עולם על כל הטוב שגמלנו ועל שזכינו להיות מתלמידיו של רבנו זצ"ל, ומקווים אנו שזכינו לברר כהוגן מקחו של צדיק. כן יוסיף ויזכנו ללמוד וללמד, לשמור ולעשות ולקיים.

ש"י ליכטנשטיין
חיים נבון

* * *

מבוא

ספר זה, שהורתו בחיי אבי מורי זצ"ל והוא יוצא לאוויר העולם לאחר הסתלקותו, משלב בין ראייה כללית לבין ירידה לפרטי פרטים, מציג הלכה ולמדנות צרופה שבבסיסן עומדת תפיסה מחשבתית של הנושא. אבא זצ"ל שילב בין כל אלו.

יהי רצון שתורתו הגדולה, הרחבה והקדושה תפוץ ותרבה כאן בעולם הזה, ויהיו שפתותיו דובבות מישרים בישיבה של מעלה. תבורך אמי מורתי בכל מילי דמיטב וזכותו תגן עליה, על ילדיו ועל בני זוגם, על נכדיו וצאצאיו, ועל כל בית ישראל; ולא תמוש התורה הזאת מפינו ומפי צאצאינו וצאצאי צאצאינו ומפיות עמך בית ישראל.

ש"י ליכטנשטיין
ראש חודש אייר תשע"ז

שער א
קדושת הזמן

קדושת שבת ויום טוב

בין "זכור" ל"שמור"

"ישמח משה במתנת חלקו,
כי עבד נאמן קראת לו;
כליל תפארת בראשו נתת,
בעמדו לפניך על הר סיני;
ושני לוחות אבנים הוריד בידו,
וכתוב בהם שמירת שבת".

אלא שדווקא אותו כתוב של שמירת שבת מעורר תהיות ותמיהות, בגין שינויי הניסוח שבין הדיברות הראשונות לדיברות האחרונות. ושני שינויים בולטים לעינו של המְעיין: הראשון מתייחס למוקד הציווי עצמו, והשני – לנימוקו. בפתח הדיבר, נאמר בדיברות הראשונות שבספר שמות: "זכור", ובדיברות האחרונות שבספר דברים: "שמור". ובסיום הדיבר, כאשר מנמק הכתוב את מצוות השבת, נאמר בספר שמות: "כי ששת ימים עשה ה' את השמים ואת הארץ את הים ואת כל אשר בם וינח ביום השביעי על כן ברך ה' את יום השבת ויקדשהו" (שמות כ', י); זאת לעומת הנאמר בכתוב המקביל בספר דברים: "וזכרת כי עבד היית בארץ מצרים ויֹצִאך ה' אלקיך משם ביד חזקה ובזרֹע נטויה על כן צוך ה' אלקיך לעשות את יום השבת" (דברים ה', יד). הדברים עתיקים; וכבר עמדו חז"ל על ההבדל הראשון, וגדולי הראשונים – על השני. אך דבריהם טעונים ליבון, ומקום הניחו לנו להתגדר בו.

ידועים דברי הספרי ביחס לעיקר הציווי: "זכור ושמור שניהם נאמרו בדיבור אחד... מה שאי איפשר לבשר ודם לומר שני דברים כאחת; שנאמר: אחת דִבֶּר אלקים

שתים זו שמעתי (תהילים ס"ב, יב)" (ספרי דברים פיסקא רלג, וכן הוא בשבועות כ ע"ב). ברם, לא הרי "אחת" ו"שתים" שבמקרה דנן כהרי דוגמאות אחרות המובאות בספרי שם: "לא תלבש שעטנז, גדילים תעשה לך – שניהם נאמרו בדיבור אחד... מחלליה מות יומת, וביום השבת שני כבשים בני שנה – שניהם נאמרו בדיבור אחד; ערות אשת אחיך לא תגלה, יבמה יבא עליה – שניהם נאמרו בדיבור אחד". בשלושת המקרים האלה מדובר בציוויים שנכתבו במפורש, כל אחד במקומו, אלא שציווי אחד שבכל זוג מצמצם את משנהו במצבים מסוימים. ועל זה קבעה הברייתא שאין מדובר בסתירה, אלא שבשורש הדברים ההגבלה הינה חלק מן הצו הבסיסי. ובמובן זה (שאכן, אף כרוך בעובדה שהדברים הושמעו בו־זמנית) – בדיבור אחד נאמרו.[1]

אך לגבי "זכור" ו"שמור" המצב הרי שונה לחלוטין. "שמור" נאמר בדיברות האחרונות במקום "זכור". בניגוד לדוגמאות האחרות, שבהן ציווי אחד מגביל את חברו, כאן שניהם משלימים זה את זה. וממילא, ההשלכה ההלכתית של "נאמרו בדיבור אחד" – שונה היא. בדין עבודת המקדש בשבת או בדין ייבום – מתחדש היתר, ואילו בנוגע לשבת הקביעה "בדיבור אחד" מחדשת מצווה. ממנה ילפינן שאף שמדובר במצוות עשה שהזמן גרמא – נשים חייבות בקידוש היום דבר תורה, "דאמר קרא זכור ושמור – כל שישנו בשמירה ישנו בזכירה; והני נשי הואיל ואיתנהו בשמירה, איתנהו נמי בזכירה" (שבועות כ ע"ב).

ובכן, מתעוררת שאלה פשוטה: למה באמת לא נאמרו שניהם במקומות שונים ובהקשרים שונים, במקום שיהוו שני ניסוחים שונים של אותו פסוק? או בניסוחו השונה של האבן עזרא: "למה לא נכתב בראשונה זכור ושמור וג"כ בשנית?" (שמות כ', א). וצריך לעמוד על טעם ההבדל ומשמעות הניסוח, ועל פשר קביעת שני המונחים, כל אחד במקומו.

והנה האבן עזרא – בין היתר, בגלל קושי זה – דחה את דברי המכילתא בנידון מכול וכול. וטען הוא שרק "זכור" נאמר מפי הגבורה, ואין "שמור" אלא דברי משה רבנו ע"ה מפי עצמו.[2] לעומתו, הרמב"ן בפרשת יתרו, שקינא את קנאת חז"ל, העלה כדרכו הצעה מחודשת: "ואני תמה, אם נאמר זכור ושמור מפי הגבורה – למה לא נכתב בלוחות הראשונות? ויתכן שהיה בלוחות הראשונות ובשניות כתוב זכור, ומשה

1. ונפקא מינה, שהאיסור שבפסוק הראשון לא נדחה על ידי משנהו, אלא הותר על ידיו.
2. וזה לשונו שם: "כי עשרת הדברים הכתובים בפרשה הזאת – דברי השם בלי תוספת ומגרעת, והם לבדם הכתובים על לוחות הברית... ועשרת הדברים הכתובים בפרשת ואתחנן הם דברי משה".

פירש לישראל כי שמור נאמר עמו, וזו כוונתם באמת" (רמב"ן, שמות כ', ז). בניגוד לדברי רס"ג (המובאים באבן עזרא על אתר), שבלוחות הראשונים נכתב "זכור" ובלוחות השניים נכתב "שמור", ובניגוד לדברי האבן עזרא עצמו, שאין "שמור" אלא דברי משה, הציע הרמב"ן שאכן זכור ושמור בדיבור אחד נאמרו, כפשט דברי חז"ל, אך בלוחות עצמם נכתב רק "זכור" – הן בלוחות הראשונים והן בלוחות השניים.

אך לכאורה אין בחידושו כדי להעלות ארוכה, שהרי עדיין צריך עיון בדבר: אם נאמרו שני הביטויים – למה נכתב רק אחד מהם? יתרה מזו, לא מוסבר כלל ועיקר למה לא גילה משה רבנו רז זה לכנסת ישראל לאלתר. ועוד יותר יש לתמוה, שהרי הרמב"ן עצמו קבע בפרשת ואתחנן שההבדלים בין הדיברות הראשונות לדיברות האחרונות היו פרי יוזמת משה רבנו, כחלק ממאמציו לבאר תורה לישראל בערבות מואב (אם כי, כמובן, ככל הנאמר במשנה תורה, גם ההוספות שבדיברות האחרונות נעשו חפצא של תורה ממש, כאשר נכתבו לאחר מכן על ידי משה מפי הגבורה[3]). וכתב שם הרמב"ן: "והתחיל לבאר להם שמור במקום זכור; על דרך הפשט" (דברים ה', יב). כלומר, שבמישור הפשט אכן יש מקום לאמץ את תפיסתו של האבן עזרא. ברם, אם אכן יש לזקוף את השינוי לזכות משה רבנו, מתעוררת השאלה במשנה תוקף: מה ראה על ככה ומה הניעו לזה?

שאלה מקבילה קיימת לגבי סוף הדיבר. ראשונים, החל ברמב"ם במורה הנבוכים (חלק ב פרק לא), התחבטו בנוגע להבדל שבין שני הנימוקים למצוות השבת: זיכרון למעשה בראשית או זכר ליציאת מצרים. ברם, אף כי הרמב"ם (שם) והרמב"ן (דברים ו', יד) הסבירו, כל אחד על פי דרכו, את הצורך בשני הטעמים, והרמב"ם אף הגדיל לבאר כיצד הציווי "זכור" מתקשר דווקא לטעם בריאת העולם, בעוד הציווי "שמור" הוא זכר ליציאת מצרים, עדיין תורה היא וללמוד אנו צריכים.

"אות היא לעולם"

נראה שניתן לרדת לשורש העניין, מתוך עיון במיקומה ובתכניה של פרשייה אחרת העוסקת בשבת. כוונתי לפרשייה המופיעה בלב פרשת כי תשא: "ויאמר ה' אל משה לאמר... אך את שבתֹתַי תשמֹרו כי אות הִוא ביני וביניכם לדֹרֹתיכם לדעת כי אני ה' מקדשכם. ושמרתם את השבת כי קֹדש הִוא לכם מחלליה מות יומת כי כל העֹשׂה בה

3. כדברי הכלי חמדה: "והרי זה כהדיבורים של מרע"ה שנזכרו בד' הספרים שהן הן גופי תורה" (פרשת דברים אות ד).

מלאכה ונכרתה הנפש ההִוא מקרב עמיה. ששת ימים יֵעשה מלאכה וביום השביעי שבת שבתון קֹדש לה׳ כל העֹשה מלאכה ביום השבת מות יומת. ושמרו בני ישראל את השבת לעשות את השבת לדֹרֹתם ברית עולם. ביני ובין בני ישראל אות הִוא לעֹלם כי ששת ימים עשה ה׳ את השמים ואת הארץ וביום השביעי שבת וינפש" (שמות ל"א, יב–יז).

מקומה של פרשייה זו אומר דרשני: נמצאת היא בין השלמת מצוות המשכן (שקלים, כיור, שמן המשחה, קטורת, מינוי בצלאל) לבין חטא העגל. לכאורה מנותקת היא לחלוטין מהנאמר לפניה ולאחריה. ובכן, מה עניין שמיטה אצל הר סיני?

והנה לאמיתו של דבר, כדי לבאר זאת עלינו ראשית לעיין עיון מדוקדק בפרשייה זו, ובמתחדש בה לעומת קודמותיה, מצד תכניה ולשונותיה. דהנה יסוד מצוות שבת המתואר בפרשת כי תשא שונה לחלוטין מהנאמר בעניין השבת בפרשת יתרו ובפרשת משפטים, שקדמו לה. בעשרת הדיברות שבפרשת יתרו מוסברות הברכה שבשבת והקדושה שבה על רקע מעשה בראשית (וממילא, גם הציווי על השבת נקשר בעקיפין לרקע זה). בפרשת משפטים מנומקת השביתה בשבת כמיועדת להבטיח את מנוחת הנספחים והמשועבדים (או לפחות כגוררת בעקבותיה מנוחה זו): "למען ינוח שורך וחמֹרך וינפש בן אמתך והגר" (שמות כ"ג, יב).[4]

לעומת זאת, בפרשת כי תשא מצטיירת השבת כמעורה במערכת היחסים שבין הקדוש ברוך הוא לכנסת ישראל; וחובת שמירת השבת אינה מפאת היותה זכר למעשה בראשית או זיכרון ליציאת מצרים, אלא נובעת מעצם קדושתה: "אך את שבתֹתַי תשמֹרו כי אות הִוא ביני וביניכם לדֹרֹתיכם לדעת כי אני ה׳ מקדשכם. ושמרתם את השבת כי קֹדש הִוא לכם..." (שמות ל"א, יג–יד).

ביאור הדברים, כי מעבר לקדושת שבת העצמאית, הקיימת מקדמת דנא, וכדכתיב: "ויברך אלקים את יום השביעי ויקדש אֹתו" (בראשית ב׳, ג), נקבע לה כעת צביון חדש ומעמד חדש כברית וכאות. אין היא עוד מצווה כשאר המצוות, אלא הרי היא "ברית עולם. ביני ובין בני ישראל אות הִוא לעֹלם" (שמות ל"א, טז–יז). מצוות השבת אינה רק נובעת מן הברית שבין הקב"ה ובינינו, אלא היא כורתת ברית זו ומעידה עליה. מחד, בריתנו עם הקב"ה מחייבת אותנו במצוות השבת, כפי שהיא מחייבתנו בכל שאר המצוות; מאידך, קיום מצוות השבת מאשר ומחשל את הברית. והרי זה כעין הנאמר בנוגע לברית המילה: "זאת בריתי אשר תשמרו ביני וביניכם

4. הרמב"ן (שם) פירש שביתה זו על רקע מעשה בראשית, והספורנו על אתר קישרה עם יציאת מצרים; אך נראה שלפי פשוטו של מקרא נימוק זה עומד בפני עצמו.

ובין זרעך אחריך המול לכם כל זכר" (בראשית י"ז, י); ופשיטא שפסוק זה לא בא רק לקבוע שחובת המילה נובעת מהברית, אלא אף לומר שעל ידי המילה הברית נשמרת.

חילול שבת

והנה, בפרשייה זו מופיע עונש מיתה למחלל שבת: "מחלליה מות יומת" (שמות ל"א, יד). אולם בפרשיות השבת שלפני כי תשא לא מצאנו זכר לעונש כלשהו; על אחת כמה וכמה לא עונש מיתה. נראה שלפני פרשה זו אמנם נצטוו ישראל על השבת, אך טרם נגזר לגביה חיוב מיתה. ולפי זה מצינו בפרשייה זו חידוש נוסף בעניין השבת.

ונראה שהלכה זו מושרשת באופיו של יום השבת, כפי שנתחדש בפרשייה זו. זאת נוכל לראות מתוך הקבלה לפרשייה אחרת, העוסקת בקדושת מקום. דהנה לגבי חיוב על ביאת מקדש בטומאה נאמר: "כל הנֹּגֵעַ במת בנפש האדם אשר ימות ולא יתחטא את משכן ה' טִמא ונכרתה הנפש ההִוא מישראל" (במדבר י"ט, יג). ועוד איתא התם: "ואיש אשר יטמא ולא יתחטא ונכרתה הנפש ההִוא מתוך הקהל כי את מקדש ה' טִמא מֵי נִדה לא זֹרק עליו טמא הוא" (שם, כ). מפסוקים אלו משתמע בעליל שחיוב כרת כאן אינו נובע ממעשה העבירה כשלעצמו, אלא קשור בתוצאותיו: "את מקדש ה' טִמא".

אכן, מצאנו חיובי כרת ומיתה גם על פעולות גרידא, אף ללא השלכות ותוצאות, כגון איסורי עבודה זרה, חֵלב ודם. ואף שביארו ראשונים שמאכלות אסורים מטמטמים את הנפש,[5] הרי פשוט כביעתא בכותחא שחיוב כרת אינו בא על טמטום הנפש, אלא על עצם מעשה העבירה ועל ההנאה הכרוכה בו.

אך לגבי ביאת המקדש כנראה אין די בחומרת העבירה כשלעצמה כדי לחייב כרת, ועונש זה נקבע אך ורק בגלל התוצאה, שהיא חילול קדושת המקדש על ידי

5. כך כתב הרמב"ן בנושא זה: "התורה מאירת עיניים בסוד התולדה, שאסרה לנו מקצת בהמות וחיות ומקצת עופות ומקצת דגים... כי הדברים האלה ידוע שאינן מאכלים טובים לרפואה ולבריאות, ומלבד זה יש להם נזק בנפש מצד התולדות, וזהו 'ונטמתם' חסר א', לומר שהן מטמטמות הלב. כאשר ידענו כי העופות האסורין כולן דורסין חוץ מפרס ועזניה, ואין בעולם עוף דורס אלא הם, והם בעלי אכזריות, ודמם ובשרם מוליד אכזריות בנפש" (דרשת תורת ה' תמימה, כתבי הרמב"ן א, עמ' קסו). ועיין גם בפירושו על שמות כ"ב, ל. והשווה גם לדבריו של ר' יוסף אלבו: "יוליד אכילת בשר קצת הבעלי חיים עובי ועכירות ואטימות בנפש, כמו שבאר הכתוב זה כשאסר לישראל קצת בעלי חיים, אמר בסוף 'ולא תשקצו את נפשותיכם' וגו', 'ולא תטמאו בהם ונטמתם בם', חסר אל"ף, להורות על שהם מולידים עובי ואטימות בלב" (ספר העיקרים מאמר ג פרק טו. אכן, עיין שם מאמר ד פרק מו).

כניסת טמא לתוכו. ביאור הדברים, שאמנם כדעסקינן בדיני טומאה וטהרה יודעים אנו שהטמא שנכנס למקדש אינו מטמאו, מפני שאין הבית מקבל טומאה (אם מפני שאינו כלי ואם מפני שהוא מחובר, למאן דאמר תלוש ולבסוף חיברו מחובר הוא [עבודה זרה מז ע"ב]);[6] מכל מקום, במישור אחר, כניסת טומאה למקדש ונוכחותה בו מהווה פגיעה בקדושתו. עבירה זו אינה מותירה את המצב הקיים בעינו, אלא פוגמת בקדושת המקדש, ויש בה משום חילול כלשהו. על החילול הזה, שמעבר לעצם החטא, מתחייב מטמא המקדש בכרת.[7] ועל כן פסק הרמב"ם (הלכות ביאת מקדש פ"ג ה"ט) שמחוסר כיפורים, אף שנאסר להיכנס לעזרת ישראל, אינו ענוש כרת.[8] ולפי דרכנו נסביר שאין בביאתו של מחוסר כיפורים אלא מעשה העבירה של טמא הנכנס למקדש, אך אין בה חילול מקדש ה'.

ונראה לחדש כעין זה בעניין שבת, שחיוב מיתה דחילול שבת אינו על מעשה המלאכה בשבת כשלעצמו, אלא על תוצאותיו. איסור המלאכה, בתור שכזה, אין בו אלא כדי לחייב מלקות, בדומה לכל חייבי לאווין; ולכל היותר כדי לחייב כרת, כביום הכיפורים. חומר העבירה, שממנו נובע חיוב מיתה, מעורה בתוצאותיה – דהיינו, בפגיעה בקדושת השבת. השבת – יום קדוש הוא, המיועד לשביתה; וקדושתו נפגמת, בדומה לקדושת המקדש, כאשר אינו נשמר וככל שאין מתגשם ייעודו. פגימה זו היא היא המכונה בתורה ובחז"ל "חילול", ועל חילול זה, ורק עליו, בא חיוב מיתה.

עד פרשת כי תשא, שבה נקבעה השבת כברית, לא מצינו חיוב מיתה על חילול שבת. זאת מחמת אחת משתי סיבות. ייתכן שאף לפני שהוגדרה השבת כברית יש במלאכה בשבת משום חילול, אך חילול זה אינו חמור דיו לחייב מיתה. רק לאחר שהתחדש בשבת רובד נוסף של קדושה, רובד היונק ממעמדה כאות וכברית, הרי שחילולה מחייב מיתה. ופוק חזי, שהרי בכמה מקומות מצינו שעל אותו לאו עצמו יש שלוקים ויש שחייבים כרת. מי שאוכל דם התמצית או דם האיברים – לוקה, ואילו על דם שהנפש יוצאה בו – חייב כרת (רמב"ם, הלכות מאכלות אסורות פ"ו ה"ד). ואם כן, ייתכן שהוא הדין כאן. או, מה שנראה סביר יותר, שהשבת של פרשת יתרו ופרשת משפטים איננה ניתנת לחילול כלל ועיקר, ואין קדושתה נפגמת על ידי

6. שאלה זו על אודות מעמד תלוש שאחר כך חיברו עולה אף בתחומים נוספים. כך, למשל, ביחס לדין שומרים; יעוין בתוספות שבועות מב ע"ב ד"ה שומר, ובמצוין בהגהות הגר"א שם.

7. ויעוין ברמב"ם, הלכות ביאת מקדש פ"ג הט"ז: "הרי זה חייב כרת שהרי טימא מקדש ה'"; ונראה ברור שהבין את הפסוק בפרשת חוקת: "ונכרתה הנפש ההִוא מתוך הקהל **כי** את מקדש ה' טִמא", כאילו נכתב בו: חייב כרת **משום** שטימא.

8. וראו בראב"ד שם שחלק.

מלאכה. כל מושג החילול נאמר רק ביחס לקדושת הברית והאות שבשבת. וכך מתקבל יותר על הדעת, שהרי לא מצאנו שימוש במונח החילול לגבי שבת לפני פרשתנו.

חיזוק לדברינו, שהעונש על חילול השבת אינו אלא מפרשייה זו ואילך, יש להביא מהנאמר בגמרא בביצה (טז ע"א), דכל המצוות ניתנו בפרהסיא, חוץ מהשבת שניתנה בצנעא, שנאמר: "ביני ובין בני ישראל אות הִוא לעֹלם" (שמות ל"א, יז). ויעוין בגמרא שם, שהקשתה דאי הכי לא ליענשו נכרים עליה (וביאר רש"י שם: "ואנן אשכחן שחזר הקדוש ברוך הוא להענישן על התורה ועל המצוות, דכתיב: וזרח משעיר למו הופיע מהר פארן, וכתיב: אלוה מתימן יבא"). ולכאורה קשה, דהא ודאי נצטוו על השבת לפני פרשת כי תשא, וציווי זה בפרהסיה היה; וכאן רק התווסף ממד נוסף בשבת, וממד זה ניתן בצנעא. ולמה לא ייענשו הנכרים על הציווי שקדם לפרשייה זו?! ולפי מהלך דברינו ניחא, דהעונש על חילול שבת הוא רק בגלל הפרשייה בכי תשא, והיא הרי נאמרה בצנעא.[9]

הדברים נראים ברורים למדי; ולכאורה אף יש להם סימוכין בפרק כ' ביחזקאל, שם מוכיח הנביא בשם הקב"ה: "ואתן להם את חֻקותי ואת משפטי הודעתי אותם אשר יעשה אותם האדם וחי בהם. וגם את שבתותי נתתי להם להיות לאות ביני וביניהם לדעת כי אני ה' מקדשם. וימרו בי בית ישראל במדבר בחקותי לא הלכו ואת משפטי מאסו אשר יעשה אֹתם האדם וחי בהם ואת שבתֹתי חִללו מאֹד ואֹמר לשפֹּך חמתי עליהם במדבר לכלותם... אני ה' אלקיכם בחקותי לכו ואת משפטי שִׁמרו ועשו אותם. ואת שבתותי קַדשו והיו לאות ביני וביניכם לדעת כי אני ה' אלקיכם" (כ', יא-כ).

לשון התוכחה הרי מתייחס לפרשייה בכי תשא, בביטויים כגון "להיות לאות ביני וביניהם"; ורק על יסוד זה נאמר בתוכחת יחזקאל חיוב מיתה ועונש כליה.[10] הרי שהעונש המוטל על כנסת ישראל כולה מחמת השבת בא דווקא על חילולה של זו. חילול זה סותר את מעמדה המיועד של השבת כאות. הקב"ה, המשרה את שכינתו על בני ישראל, העניק להם אות, שהיא חלק מתהליך קידושם. מי שעובר על איסור שבת מחלל בכך את האות ואת הברית. ומשמעות הנימוק "כי אני ה' מקדשם" מתפרשת

9. ועיין במכילתא שם: "כי אות היא ביני וביניכם – ולא ביני ובין אומות העולם" (מסכתא דשבת פרשה א).

10. רש"י ורד"ק שם פירשו שהתוכחה מתייחסת לחילול השבת של בני ישראל כשהלכו ללקוט מן, ולפי פירושם האירוע המתואר בתוכחה קדם לפרשת כי תשא. אך הנצי"ב (בפירושו לספרי שלח פיסקא ז) דחה זאת והבין דקאי אמקושש ועל מקרים אחרים של חילול שבת.

כדלהלן: מתוך כך שקידשתי אתכם נתתי לכם את השבת, אשר קודש היא, ומוסיפה היא בכם קדושה על ידי הברית והאות. ודווקא ברובד זה עסקינן הכא, ולא בשבת כזכר וכזיכרון. והנה מצינו כאן בנוגע לכלל ישראל כעין מה שהובהר לעיל לגבי חיוב הפרט במיתה. אף היחיד מתקדש באמצעות ברית השבת: כשם שחייבים מיתה על חילולה, כך מתקדשים בשמירתה.

מתי אירעה פרשיית המקושש?

אף על פי כן, נראה שהעניין תלוי באשלי רברבי. דהנה לגבי מועד התרחשותה של פרשיית מקושש (במדבר ט"ו, לב-לו) מצאנו מחלוקת בחז"ל ובין גדולי הפרשנים. דיעוין ברש"י על אתר, שכתב: "ויהיו בני ישראל במדבר וימצאו – בגנותן של ישראל דיבר הכתוב, שלא שמרו אלא שבת ראשונה, ובשניה בא זה וחִללה" (שם, לב). רש"י דייק ממה שנאמר: "ויהיו בני ישראל במדבר" – דלכאורה קשה: פשיטא, וכי טרם ידענו שהיו במדבר? – והסביר שכוונת הפסוק היא שמיד עם בואם למדבר אירעה פרשייה זו. וכן מבואר בדעת זקנים לבעלי התוספות שם: "ומנא להו שזה היה בשבת שניה? מדכתיב: ויהיו... וימצאו – דתכף להויה, שנצטוו במצות שבת, מצאו מקושש". ומקור הדברים בספרי (שלח פיסקא ז): "בגנות ישראל הכתוב מדבר, שלא שמרו אלא שבת ראשונה, ושניה חללו". הרי מפורש שעונש מיתה נקבע על חילול שבת עוד לפני שנקבעה זיקתה לאות ולברית בפרשת כי תשא.

איברא שייתכן דלדעה זו היה חיוב מקושש בבחינת הוראת שעה. שהרי, לפום ריהטא, נתחייב המקושש עוד לפני מתן תורה, כדמפורש בספרי זוטא (פרק טו): "אמר לו רבי שמעון: אי אפשר לומר מקושש היה צלפחד, מפני שהיה מקושש בשנה ראשונה בעשרים ואחד לחדש השני", והתורה הלוא ניתנה רק בחודש השלישי. ואם כן, לכאורה בכל מקרה עלינו לומר שחיובו – הוראת שעה היה.

ואכן, בגמרא סנהדרין (פ ע"ב) מבואר שנחלקו תנאים לגבי יסוד חיוב המקושש. העדים שראו את חטאו של המקושש לא יכלו לציין בדברי התראתם באיזו מיתה יתחייב, שהרי "לא פֹרַש מה יֵעשה לו" (במדבר ט"ו, לד). תנא קמא למד מכאן שאין צורך לפרט בהתראה באיזו מיתת בית דין יתחייב העבריין. לעומתו, רבי יהודה טען: "מקושש – הוראת שעה היתה". ייתכן שלדעת רבי יהודה הייתה במעשה המקושש חומרה מיוחדת משום שהייתה זו הפעם הראשונה שעברו על איסור מלאכה בשבת.

לסיכום, לפי פירוש הספרי ורש"י מצינו עונש מיתה על איסורי שבת עוד

לפני פרשת כי תשא. ברם, אין זה ברור האם עונש זה מיסוד הדין הוא, או שמא בא מחמת הוראת שעה.

מאידך, יעוין ברמב"ן, שנטה אחרי פשטות סדר המקראות, כאשר נימק את מיקום פרשיית המקושש, בסוף פרשת שלח: "ולפרשה הזאת סמך אחריה ענין המקושש, כי היה בזמן הזה אחר מעשה המרגלים על דרך הפשט" (במדבר ט"ו, כו). ויעוין גם בתוספות (בבא בתרא קיט ע"ב ד"ה אפילו) שכנראה הבינו שנחלקו תנאים בנידון; שכן העירו על דברי רבי אליעזר בן יעקב שם: "נראה לרשב"א דסבר לה כמ"ד דצלפחד היינו מקושש; ומעשה המקושש היה בתחלת ארבעים, מיד אחר מעשה מרגלים".[11] וכן הסיק הנצי"ב בפירושו לספרי (שלח פיסקא ז), שיש בזה פלוגתא דתנאי.

ובכן, לדעת הקובעים שמעשה המקושש לאחר חטא המרגלים היה, ניתן בהחלט לומר שלא קדם חיוב מיתה לזיקת שבת לאות ולברית. ולכאורה כך באמת ניתן לדייק מדברי הברייתא: "ויודע היה משה רבינו שהמקושש במיתה, שנאמר: מחלליה מות יומת" (בבא בתרא קיט ע"א; ומקורה בספרי), דמשם משמע שעד שלא נאמרה פרשה זו לא היה הדבר ידוע למשה. וזאת, מן הסתם, מפני שהחיוב אכן טרם התקיים.

ובנוגע לדעת רש"י וסיעתו, שהקדימו את פרשיית המקושש ואת חיוב המיתה דשבת עוד לפני הציווי על המשכן, מסתבר שאף הם מודים שהברית על השבת נכרתה רק בפרשייה שבכי תשא. אפשר שלדעתם חיוב המיתה בא על עצם המלאכה, אך דומני שאין זה מסתבר, שהרי הפסוקים מדגישים כי דווקא **מחלליה** מות יומת. לחילופין, ייתכן שלדעתם המיתה היא תוצאה של חילול קדושת השבת, אף ללא הפרת הברית. ייתכן שלדידם אף בטרם נכרכה השבת בברית ובאות, עשיית מלאכה בשבת חיללה את קדושתה.[12]

"ושמרו בני ישראל את השבת"

בכל פרשיות השבת הקודמות לא נמצא ביחס לשבת לשון שמירה (או חילול שמירה זו). ואפילו למאן דאמר שביתת כלים דאורייתא,[13] שלדידו נתרבה האיסור מן הפסוק:

11. אך יש לעיין, האם אכן לדעת התוספות מועדו של מעשה המקושש שנוי במחלוקת, או שמא לכולי עלמא מעשה המקושש היה לאחר מעשה המרגלים, והספק הוא רק לגבי זהותו של המקושש.
12. זאת בניגוד לנאמר לעיל, שעצם האפשרות של חילול השבת נתחדש בפרשייה שבכי תשא.
13. בית שמאי בגמרא שבת יח ע"א, ובמכילתא על אתר (מסכתא דכספא פרשה כ).

"ובכל אשר אמרתי אליכם תִּשָּׁמֵרוּ" (שמות כ"ג, יג), אשר קודם לפרשייה זו, הרי אין השמירה מתייחסת לשבת, אלא היא חובה כללית הרובצת על האדם ביחס לציוויים שהוטלו עליו; ובכל מקרה, הרי דעה זו לא נתקבלה להלכה.

וביאור הדבר פשוט. השמירה הנדרשת, אין פִּשרה זהירות שלא לעבור על איסורי שבת; אלא מדובר בשמירה, פשוטה כמשמעה, לגבי השבת עצמה. דהיינו, יש להגן על השבת מכל פגם ופגע, להיזהר שלא תתחלל. ומכיוון שאפשרות חילולה נעוצה בכך שהשבת היא ברית ואות, הרי שגם החילול והשמירה כרוכים בהיות השבת אות וברית. כמבואר על ידי ישעיהו: "כי כה אמר ה' לסריסים אשר ישמרו את שבתותי ובחרו באשר חפצתי ומחזיקים בבריתי" (נ"ו, ד). מכאן משמע ששמירת השבת קשורה בהחזקת הברית. ומפורש עוד יותר הדבר בהמשך דבריו: "כל שֹׁמֵר שבת מֵחללו ומחזיקים בבריתי" (שם, ו). הרי לנו ששומר השבת מגן עליה מפני חילול, ומעשהו מעורה בהחזקה בברית. ייתכן שברית זו נרחבת היא וכללית, אך ודאי גם קשורה היא במצווה המסוימת של השבת. ברור, אם כך, למה אין זכר לחילול ולשמירה בפרשיות קודמות העוסקות בשבת: דווקא ברית היא הניתנת לחילול ולשמירה, אך לא מצווה גרידא; ואופי השבת כברית נתחדש כאן בשלהי ספר שמות.

נראה כי כשנתחדשה החובה לשמור את השבת, נתחדשו עמה גם גופי הלכות לגבי חובת האדם בשבת, ואולי אף נתוספה מצווה שלמה, לפחות לפי שיטה אחת בראשונים. דהנה הבה"ג כלל ברשימת "מצוות קום עשה" את מצוות "שימור שבת" (מצווה מו). איננו יודעים מה מקורו, אך יעוין ביראים (הנוהה, דרך כלל, אחר מניין הבה"ג), שכתב כדלהלן: "שמירת שבת. כאשר הזהיר הב"ה לתת מורא מי שהזהיר על השבת, כך צוה לתת שמירת שבת על לבו, דכתיב בפרשת כי תשא: ושמרתם את השבת כי קדש היא. וכתיב בדברות אחרונות: שמור את יום השבת לקדשו. ושמירה היא בלב, דכתיב: ואביו שמר את הדבר, וכתיב: כי נעים כי תשמרם בבטנך. ואף על פי שפירשנו שמירת לב, למדנו גם מזה המקרא שצוה יוצרנו שישמור מלעשות מלאכה בשבת" (סימן תיא).

ונראה שבפרשייה בכי תשא נמצא לא רק מקור המצווה בבחינת ילפותא אלא אף שורשה, דהיינו: מצוות שמירת השבת מעורה כל כולה בהיות השבת אות וברית, כפי שהתחדש בפרשה זו.

מיקום פרשיית "ושמרו..."

לאור האמור, אפשר להסביר בפשטות את מיקומה של פרשיית "ושמרו בני ישראל

את השבת״. ספר שמות הלוא מיועד בעיקר לעניין השראת השכינה בישראל. סיפור גלגוליה הראשונים במצרים וביציאה הימנה מגולל בסדרות הראשונות; ומשם ואילך – מתן תורה ומשפטיה והקמת המשכן הופכים להיות המוקד המרכזי. והרי הדברים מפורשים בהקדמת הרמב״ן לספר: ״וכשבאו אל הר סיני ועשו המשכן ושב הקב״ה והשרה שכינתו ביניהם – אז שבו אל מעלת אבותם, שהיה סוד א-לוה עלי אהליהם, והם הם המרכבה, ואז נחשבו גאולים. ולכן נשלם הספר הזה בהשלימו ענין המשכן ובהיות כבוד ה׳ מלא אותו תמיד״.

השראת השכינה אמורה להתבטא בשני מישורים: במקום ובזמן. המשכן מהווה מוקדה של קדושת המקום, וכמבואר בקרא: ״ועשו לי מקדש ושכנתי בתוכם״ (שמות כ״ה, ח). עם סיום עניין המשכן וכליו, עוברת התורה לדון בקדושת הזמן. וכאן נעוץ החידוש שבפרשת ״ושמרו...״, שאינה חוזרת על איסור מלאכה בשבת ועל מצוות השביתה בה כשלעצמם. פרשה זו מתייחסת לשבת כפרק זמן שבו יש השראת שכינה, אשר מקדשת את כנסת ישראל. מתוך כך נבנה נדבך נוסף בתהליך השראת השכינה, שהוא לב לבו של כל ספר שמות. זאת במקביל למשכן, שבאמצעותו שורה השכינה ״בתוכם״, בתוך בני ישראל ולא רק במשכן עצמו. ועל כן נכתבה כאן פרשיית ״ושמרו...״, שבה מתוארת השבת כברית ״ביני ובין בני ישראל״, ואינה מתמקדת באדנות הקב״ה עלינו כבורא העולם וכא-ל מוציאנו ממצרים.

ביאור ההבדלים שבין הדיברות

אם נחזור לנקודת המוצא, הרי כעת מובן בפשטות ההבדל שבין הדיברות הראשונות לדיברות האחרונות. אמנם זכור ושמור בדיבור אחד נאמרו, אך הציווי ״שמור״ לא יכול היה עדיין לחול בפועל. הרי מתייחס הוא לשמירה מפני חילול, וכמדויק בלשונו הזהב של הרמב״ן: ״יזהיר שנשמור אותו לקדשו שלא נחללהו״ (שמות כ׳, ח). חילול זה התחדש רק לאחר קביעת השבת כאות וכברית. ובכן, טרם קביעה זו, אף כי ודאי נאסרו מלאכות שבת בשעת מתן תורה, עדיין לא הוגדר אופיין כחילול, וממילא לא ניתן היה לדבר על שמירה מפני חילול זה. אי לכך, אף שמפי הגבורה ״זכור״ ו״שמור״ בדיבור אחד נאמרו למשה רבנו בסיני, נמנע משה מלמסור את הציווי ״שמור״ לכנסת ישראל תיכף בסיני, היות שבאותה שעה לא היה לשמירה על מה לחול. ואילו כשבא לחזור על הדיברות בערבות מואב, לאחר שכבר נקבע אופי שבת כאות וכברית, ולאחר שנהפכה היא להיות בת־חילול, ציווה על ״שמור״, כהשלמה וכתוספת לציווי ״זכור״, שנאמר להם זה מכבר.

על דרך זו, מובן בפשטות גם ההבדל העיקרי הנוסף שבין שתי הדיברות: נימוקה של מצוות השבת, אשר בדיברות הראשונות קשור במעשה בראשית, ובדיברות האחרונות קשור ביציאת מצרים. הבריאה הינה תופעה אוניברסלית, שהרי בששת ימי בראשית נבראו כל יצורי עולמים. לפיכך, גם השביתה שבאה בסיום הבריאה – אוניברסלית היא במהותה. יכולות הן, הבריאה והשביתה, להוות תשתית לציווי על השבת, כעדות וכתזכורת ביחס למעמד הקב״ה כבורא העולם וכשליט בו. ופן זה של הציווי על השבת מופנה לעם מקדשי שביעי, מתוך ״וישבֹּת ביום השביעי״ הקמאי. ברם, אין השבת של מעשה בראשית קשורה במישרין לזיקת כנסת ישראל לקדוש ברוך הוא. בריאת העולם באה מצד הקב״ה ללא תלות בבני אדם וללא זיקה אליהם. ואין היא קשורה לברית האבות ולהתחייבות הבורא לבני אדם. אמנם, שבת בראשית זו, המהווה עדות על הקב״ה כבורא העולם וכשליט בו, כזכר למעשה בראשית – לא ניתנה לגויי הארצות, ושמירתה מוטלת בלעדית על בני ישראל, כבני בריתו של הקב״ה. ברם, אופייה של שבת בראשית זו ושורשה אינם כרוכים בברית שבין עם ישראל לבוראו ובקשר שביניהם. אין היא מציינת את עצם הברית ואת מערכת היחסים שבין כנסת ישראל לקונה.

בשבת בראשית זו מתגלה ה׳ כבורא עולם, ואנו שובתים בה כברואיו. ומכאן, שאינה מהווה יסוד למעמד שבת כאות וברית. לעומת זאת, יציאת מצרים כל-כולה מעורה בקשר הייחודי שבין הקב״ה לעמו ובברית שנכרתה ביניהם. בחירת עם ישראל והקשר הנצחי בינו לריבונו של עולם נטועים ביציאת מצרים. במוקד התהליך של יציאת מצרים עמדו יצירתה של זיקה זו והעמקתה. על כן ציווי ה״שמור״, המתייחס לשבת שהיא ״ברית עולם ביני ובין בני ישראל״, מנומק בכך שהקב״ה הוציאנו ממצרים.

אך כאן יש מקום לבעל דין לטעון. השבת הוכתרה כאות וכברית בפרשייה שבכי תשא; והרי בסיום אותה פרשה עצמה מופיע דווקא הנימוק של זכר למעשה בראשית: ״ביני ובין בני ישראל אות הִוא לעֹלם כי ששת ימים עשה ה׳ את השמים ואת הארץ וביום השביעי שבת וינפש״ (שמות ל״א, יז). ברם, אליבא דאמת, נראה שאין כאן קושיה כלל. שכן לא הרי סיום זה כהרי ציון מעשה בראשית או יציאת מצרים בעשרת הדיברות. שם נאמר במפורש שמדובר בנימוק: ״על כן ברך ה׳ את יום השבת ויקדשהו״ (שמות כ׳, י), ״על כן צִוך ה׳ אלקיך לעשות את יום השבת״ (דברים ה׳, יד). ואילו באשר לסיום פרשיית ״ושמרו בני ישראל את השבת״ נראה שאין מדובר כלל בנימוק, אלא בפירוט אחד התכנים אשר השבת כאות מבטאת ומסמלת. ובהאי דכתיב: ״כי ששת ימים עשה ה׳...״, המילה ״כי״ אין פירושה ״מפני״ אלא ״אשר״; וכדברי רש״י, שפעמים ״כי״ אין לתרגמו ״דהא״, אלא משמעו ״אשר״, ואין בו נתינת

טעם וסיבה.[14] הלוא אם באנו לדון בשבת כאות וכברית, בהחלט ייתכן שמהווה היא אות לא רק לעצם קיום הברית שבין כנסת ישראל לקודשא בריך הוא, אלא גם להיותו של הקב"ה בורא כל העולמים. אך בכל הנוגע לטעמה של המצווה, הרי שבהקשר של הברית, מעורה השבת ביציאת מצרים יותר מאשר במעשה בראשית. אם כי, לאמיתו של דבר, ככל שבנימוק עסקינן, אין צורך כל עיקר בנימוק לממד זה של הברית. יש ביד הקב"ה לתת לשבת מעמד של ברית אף מבלי להזדקק לטעם מיוחד.

דיוננו עד הלום במשמעות פרשיית "ושמרו" ובמה שנתחדש בה עמד על ההבדל שבין השבת שלפני פרשייה זו לשבת שלאחריה. זאת הן ביחס לעונש, הן לגבי לשון שמירה בכלל, והן לגבי מצוות שמירה בפרט (לדעת הבה"ג והיראים). ברם, אם כי תורה היא וללמוד אנו צריכים, בכל הנוגע להלכה הדברים הם לכאורה בבחינת מאי דהווה הווה. שהרי מכיוון שניתנה פרשייה ונתחדשה הלכה, אין לשלב הקדום כל משמעות מעשית. אך נראה שניתן בכל זאת להרחיב את מעגל הדיון, ללבן היבטים שונים של דיוננו הנוגעים להלכה, ומתוך כך לעמוד על יסודות איסור מלאכה בשבת וביום טוב.

"לא תבערו אש"

פרשייה זו ד"ושמרו" שבה דנו, העוסקת בעניין השבת וסמוכה למלאכת המשכן, מפוצלת היא לשתיים. ראשיתה, כפי שראינו, בפרשת כי תשא, לפני מעשה העגל, והמשכה – לדעת הרמב"ן, וכפי פשט סדר המקראות[15] – בפרשת ויקהל (שמות ל"ה, א–ג), לאחר שחטאו ונתכפרו. כדברי הרמב"ן (שם, א): "...ואמר (= משה) לכולם ענין המשכן, אשר נצטוה בו מתחלה קודם שבור הלוחות. כי כיון שנתרצה להם הקב"ה ונתן לו הלוחות השניות וכרת עמו ברית חדשה שילך השם בקרבם, הנה חזרו לקדמותם ולאהבת כלולותם, ובידוע שתהיה שכינתו בתוכם, כענין שצוהו תחלה, כמו שאמר: ועשו לי מקדש ושכנתי בתוכם. ולכן צוה אותם משה עתה בכל מה שנצטוה מתחלה". דהיינו, כשם שהברית המקורית התגלמה הן בקדושת המקום והן בקדושת הזמן, כך גם הברית המחודשת שלאחר העגל; ולפיכך חוזרת פרשת ויקהל לדון הן בעניין השבת והן בעניין המשכן.

14. יעוין בעיקר רש"י במדבר כ', כט, וכן שם י"ד, יג.
15. שלא כדעת רש"י, שלדעתו אף ציווי המשכן, וממילא גם פרשיית "ושמרו...", נאמרו אחרי חטא העגל. יעוין בדבריו שמות ל"א, יח.

בפרשת ויקהל מוזכר שוב עונש מיתה דשבת (אם כי בהעדר המונח חילול). אך גם מתווספת נקודה חדשה, והיא בפסוק המסיים את פרשיית השבת הקצרה דויקהל: "לא תבערו אש בכל מֹשבֹתיכם ביום השבת" (שם, ג). ומאליה מתעוררת כמובן השאלה, למה יוחד פסוק דווקא להבערה, מה שאין כן לגבי שאר ל"ט מלאכות.

ידועה מחלוקת התנאים (שבת ע ע"א), שאף הובאה ברש"י על אתר, האם הבערה לחלק יצאת או ללאו יצאת. התנאים נחלקו האם באזכור המפורש של מלאכת הבערה באה התורה ללמדנו שיש חילוק מלאכות בשבת, והעושה כמה מלאכות בשוגג מביא חטאת על כל מלאכה ומלאכה; או שבאה להוציא את הבערה מן הכלל, ולקבוע שאין עליה חיוב מיתה.

והנה למאן דאמר ללאו יצאת, מובן היטב למה הוזכרה דווקא הבערה, שכן עונשה שונה מזה של שאר המלאכות. אך למאן דאמר לחלק יצאת, עלינו לעיין האם יש משמעות לכך שדווקא מלאכה זו צוינה בפסוק; שהרי יסוד חילוק מלאכות היה מתברר באותה מידה גם על ידי כותב או תופר. או שמא אין הכי נמי, נבחרה לצורך ילפותא זו אחת המלאכות, כשם שהייתה יכולה להיבחר אחרת, ואין בידינו על דרך הנגלה לייחס לבחירתה כל משמעות מיוחדת.[16] ויעוין בפירוש הטור הארוך על אתר (שמות ל"ה, ג), שעמד על מדוכה זו והסביר: "ולמאן דאמר לחלק, למה כתב לא תבערו לחלק טפי משאר לאוין? יש מפרשים משום שאינה ניכרת כל כך מלאכה, הוצרך להזהיר בה יותר. ויש מפרשים משום שיש בה צורך ונוהג בכל אדם יותר מבשאר מלאכות".

ברם, מדברי הרשב"ם משתמע שרוח אחרת עמו. דיעוין בפירושו (שם) שכתב: "לפי שבימים טובים כת': אשר יאכל לכל נפש הוא לבדו יעשה לכם, שם הותרה הבערת אש לאפות ולבשל. אבל בשבת כת': את אשר תאפו אפו, מבעוד יום, ואת אשר תבשלו בשלו, לכך מזהיר כי בשבת לא תבערו אש למלאכת אוכל נפש, וכל שכן שאר מלאכות, שאסורין אפילו ביום טוב".

וכן כתב הרמב"ן על אתר, ואף ציין מקור במכילתא לפירושו:[17] "ענין הכתוב הזה ודאי לאסור בשבת גם מלאכת אוכל נפש, כי אמר: כל העושה בו מלאכה יומת, ופירש שלא יבערו גם אש לאפות לחם ולבשל בשר, כי האש צורך כל מאכל. והוצרך לומר כן, מפני שלא אמר: העושה בו כל מלאכה, כאשר אמר בעשרת הדברות: לא תעשה כל מלאכה (לעיל כ', ט), ואמר מלאכה סתם, והיה אפשר שנוציא מן הכלל

16. השווה לדברי הרמב"ם במורה נבוכים ח"ג פרק כו, לגבי מספר קרבנות המוספים וזהותם.

17. מכילתא דרבי ישמעאל ויקהל מסכתא דשבתא פרשה א.

מלאכת אוכל נפש, כי כן נאמר בחג המצות: לא תעשה מלאכה (דברים ט״ז, ח), ואין אוכל נפש בכללו. ולכך הזכיר בפירוש שאף אוכל נפש אסור בו. וכלשון הזה מצאתי במדרש, רבי נתן אומר: לא תבערו אש בכל מושבותיכם ביום השבת – למה נאמר? לפי שהוא אומר: ויקהל משה את כל עדת בני ישראל, שומע אני יהא רשאי להדליק לו את הנר, להטמין לו את החמין ולעשות לו מדורה בשבת? ת״ל: לא תבערו אש בכל מושבותיכם ביום השבת. וזה קרוב למה שאמרנו, שלא היו מלאכות הללו שהן הנאה לגופו בכלל איסור הראשון. ורצה רבי נתן לומר שלא הוצרך הכתוב לאסור אפייה ובשול ושאר צרכי אוכל נפש, שכבר אמר להם: את אשר תאפו אפו ואת אשר תבשלו בשלו (לעיל ט״ז, כג), אבל עדיין כל מלאכות שאדם נהנה בהן ואינן עושין אלא הנאה לגוף, כגון הדלקת הנר ומדורה ורחיצת גופו בחמין – יהיו מותרות, כי זה מעונג שבת; לכך נאמר: לא תבערו אש – לאסור הכל״.

אליבא דהרמב״ן, חלק ממלאכות השבת לא היו בכלל ״האיסור הראשון״. לא ברור מלשונו האם ״האיסור הראשון״ הוא הפסוק הקודם בפרשת ויקהל, או הלאו הקדמון שבעשרת הדיברות. כך או כך, מדבריו עולה שלפני פרשת ויקהל לא נאסרה בשבת מלאכת אוכל נפש.[18] אמנם, מלאכות אוכל נפש הקשורות בהכנת המזון נאסרו בשבת כבר בפרשיית המן, מן הכתוב: ״את אשר תאפו אפו ואת אשר תבשלו בשלו״ (שמות ט״ז, כג). אך אם נאמץ את הגדרתו המרחיבה של הרמב״ם ביחס לאוכל נפש, שהוא ״כל הצריך לגוף״,[19] הרי שפעולות אחרות, שהינן צורך הגוף אך אין בהן הכנת מזון, נאסרו רק בפסוק זה, ״לא תבערו אש״.

18. וכעין זה ביאר הכלי חמדה ריש ויקהל. אמנם, הוא תמה על טענת הרמב״ן – שאותה ראה רק כהווה אמינא – שחלק ממלאכות שבת נאסרו רק בפרשייה זו: ״כיון דבעשרת הדברות נאמר בהדיא: כל מלאכה, בין בדברות ראשונות ובין בדברות אחרונות, א״כ איך נוכל לטעות ונאמר דמלאכת או״נ שרי״ (ויקהל סימן א). ויעוין עוד במה שכתב בספרו דרך חיים סימן יד אות ב (נדפס בספרו חמדת ישראל כרך ב).

[יש להעיר, דלענ״ד פשטות דברי הרמב״ן מורה לכאורה על כך שכל המלאכות נאסרו אף קודם פרשת ויקהל. ומה שיוחד כאן פסוק לאיסור הבערת אש הוא מפני שבשאר המקומות נאמר שהאיסור הוא לעשות **כל** מלאכה, וכאן בפרשייה (בפסוק הקודם) נאמר שאין לעשות מלאכה, בהשמטת ה״כל״. לכן הוצרכה התורה לשוב ולכלול הבערת אש וכל דדמי לה באיסור המלאכה. אולם אף אם הבנת רבנו זצ״ל אינה פשט דברי הרמב״ן, הרי שוודאי ניתנת היא להיאמר על פי דרכו של הרמב״ן. ויש להוסיף על כך, שעל פי פשטות דברי הרמב״ן קשה להבין כיצד נטעה מחמת ניסוח הפסוק בפרשייה זו ונעלה על דעתנו שמלאכת אוכל נפש הותרה בשבת. הלוא היא נאסרה כבר בדברות הראשונות. מתוך כך ביאר רבנו זצ״ל שעל פי הרמב״ן המלאכות הללו אינן כלולות באיסור שנאמר בסיני. הערת העורך בשם הרב א״ק].

19. כדברי הרמב״ם (הלכות יום טוב פ״א הט״ז): ״רחיצה וסיכה הרי הן בכלל אכילה ושתייה, ועושין

ועוד יש מקום לומר שאיסור אפייה ובישול שבפרשת בשלח מעורה בפרשיית המן, ולא באיסור מלאכה דשבת כשלעצמו,[20] שהרי לא הוזכרו כלל מלאכות שבת באותה פרשייה.

לשיטת הרמב"ן, ברור שאין מקום לתהות למה כדי לחלק הוזכרה בפסוק דווקא הבערה, ולא כתיבה או תפירה ושאר מלאכות. שהרי לדעתו עיקר הפסוק בא כדי לאסור הבערה, ודין חילוק מלאכות נלמד מילפותא נלווית.[21]

מלאכת "אוכל נפש" בשבת

בביאור הדברים נראה, דהנה יעוין בברייתא בכריתות (ט ע"א), שם נחלקו תנאים לגבי מעמד גר תושב לגבי שבת: "דת"ר: גר תושב מותר לעשות מלאכה בשבת לעצמו, כישראל בחולו של מועד; ר"ע אומר: כישראל בי"ט; ר' יוסי אומר: גר תושב עושה בשבת לעצמו כישראל בחול". בירושלמי (יבמות פ"ח ה"א) מובאות השיטות השונות בחילופי שמות התנאים וביתר פירוט: "דתני: גר תושב הרי בלא תעשה, דברי רבי יוסי בי רבי יודה; רבי יודה אומר: גר תושב בשבת כישראל ביום טוב, מה ישראל ביום טוב אופה ומבשל ואסור בכל מלאכה – אף גר תושב בשבת כן; רבי יוסי אומר: גר תושב בשבת כישראל בחולו של מועד, מה ישראל בחולו של מועד מגבב מעל פני השדה ואסור בכל מלאכת השדה – אף גר תושב בשבת כן; רבי שמעון אומר: גר תושב בשבת כישראל בשאר ימות השנה, מה ישראל בשאר ימות השנה חורש וזורע וקוצר – אף גר תושב בשבת כן".

אך הדברים צריכים תלמוד. שיטת רבי יוסי, הסובר שאין גר תושב מצווה על שבת כלל ועיקר, מובנת בפשטות. לדעתו, "וגרך אשר בשעריך" (שמות כ', י; דברים ה', יד) שנזכר בציווי שבת שבדיברות – אינו גר תושב. במקביל, שיטת תנא קמא ("גר תושב מותר לעשות מלאכה בשבת לעצמו כישראל בחולו של מועד") אף היא מובנת. כנראה אין הוא סובר שיש כאן איסור מלאכה ממש, על פי כללי

אותן ביום טוב, שנאמר: אך אשר יאכל לכל נפש – לכל שצריך הגוף". אך מהרשב"א (ביצה כא ע"ב ד"ה בית שמאי) עולה שהיתר רחיצה נעוץ בדין מתוך.

20. מכאן תשובה לטענת הכלי חמדה (ריש ויקהל), שהקשה דהרי מלאכת אוכל נפש נאסרה במפורש מקרא דאת אשר תאפו. ונראה שהרמב"ן ישיב כדברינו, דאין זה האיסור הכללי דאוכל נפש, אלא איסור מסוים על הכנת צורכי סעודה שנאמר בהקשר לציווי המן.

21. בסוף דבריו הביא הרמב"ן גם את מחלוקת התנאים הנ"ל, האם הבערה ללאו יצאת או לחלק יצאת.

איסורי שבת, אלא שיש לגר תושב איסור טרחה יתרה בשבת, ואולי אף חובת שביתה כללית.

אך שיטת רבי עקיבא (בירושלמי: רבי יודה) לכאורה משוללת הבנה. אם איסור מלאכה בשבת תופס לגבי גר תושב, בהיותו "וגרך אשר בשעריך" (שם) ומשום שהפסוק "וינפש בן אמתך והגר" (שמות כ"ג, יב) חל כלפיו – למה לא ייאסר במלאכה כישראל?! ואם אינו כלול בפסוקים אלה – איסור יום טוב מנלן?!

ברם, לאור דברינו דלעיל, העניין מחוור ביותר. הרי פשוט כביעתא בכותחא שאף אם איסורי שבת תופסים באופן כלשהו לגבי גר תושב, אין הדברים אמורים אלא ביחס לאיסור המלאכה כשלעצמו; אך האות והברית שבשבת ודאי אינם שייכים לגביו, שהרי "ביני ובין **בני ישראל** אות הִוא לעולם". גר תושב אינו בן ברית, ולפיכך נכלל הוא בקביעה: "ולא נתתו ה' אלקינו לגויי הארצות".[22] ניתן לפרש שפרשיות השבת של יתרו ומשפטים מתייחסות אף לגר תושב, שהוא "גרך אשר בשעריך", ועליו נאמר גם: "וינפש בן אמתך והגר"; אך בשום פנים אין מתייחסות אליו פרשיות השבת של כי תשא או ויקהל.

מדאתינן להכי, נראה להסביר כדלהלן את שיטת רבי עקיבא ורבי יודה, שלדידם דין שבת לגר תושב כדין יום טוב לישראל. סבורים הם שהפרשיות הראשונות (ביתרו ובמשפטים) אוסרות מלאכה בשבת במתכונת של יום טוב; כלומר, אינן אוסרות מלאכות אוכל נפש. והאיסור על אפייה ובישול בפרשת בשלח מעורה בפרשת המן, ולא באיסור מלאכה כשלעצמו, כנאמר לעיל (ודין זה אינו משפיע, כמובן, על הלכות גר תושב). לפיכך, גר תושב חייב לשמור רובד זה של איסור מלאכה בשבת, המקביל לאיסור מלאכה של יום טוב.

דווקא הברית שבשבת היא הקובעת איסור אף על מלאכות אוכל נפש. ויסוד העניין הוא כדלהלן: כאשר מלאכה נאסרה אך ורק כזיכרון למעשה בראשית ובמקביל לשביתת הקב"ה, או כדי לאפשר לאדם להינפש, הרי שאיסור המלאכה מקיף פעולת יצירה, אך לא מעשה צריכה,[23] שכן פעילות זו אינה מתנגשת עם שביתה ונופש.

22. אמנם הנביא ישעיהו כתב על "בני הנכר הנלְוים על ה' לשרתו" (נ"ו, ו), אך הוא התייחס לגרי הצדק, כעולה מדברי ילקוט שמעוני (ישעיה רמז תנט): "וכן הגרים נקראו משרתים, שנאמר: ובני הנכר הנלוים על ה' לשרתו".

23. בגדר מלאכת אוכל נפש רבו השיטות. כמה ראשונים סבורים, בעקבות הירושלמי, שכבר מן התורה נאסרו חלק מן המלאכות. למשל, התוספות בביצה (ג ע"א) סברו שהותרו רק מלאכות מקצירה ואילך; הרמב"ן במלחמות (ריש פרק שלישי בביצה) חילק בין מלאכות ליומן, שרק הן מותרות, בניגוד למלאכות שדרכן להיתקן לימים הרבה; ובדומה כתב המגיד משנה (הלכות יום

אך אם השביתה מתחייבת מפאת אות וברית, ברור שאף פעילות של צריכה יכולה להיאסר. זאת אם נבין שהיות השבת אות וברית אינה רק מעניקה לאיסור המלאכה בשבת ממד איכותי נוסף, המשתקף בעונש, אלא אף מרחיבה את מספר האיסורים.

לאור זה, שיטת רבי עקיבא ורבי יודה מובנת בפשטות: לדידם, גר תושב אמנם כלול בפרשיית עשרת הדיברות, אך פרשייה זו אינה אוסרת מלאכת אוכל נפש. ומכאן שדין גר תושב לעניין איסורי שבת כדין ישראל ביום טוב.

ואף שתנאים אחרים נחלקו על רבי עקיבא ורבי יודה, היינו מפני שפירשו אחרת את הפסוקים הדנים בגר בשבת, ולא ראום כמתייחסים לגר תושב. ברם, לא מצאנו שחלקו על ההנחה השנייה דלעיל, שיש שני רבדים באיסור מלאכה בשבת. בהחלט ייתכן שהנחה זו מוסכמת על כולי עלמא, ולוּ רק היו סבורים שנאמר דין מלאכה לגבי גר תושב, היו מסכימים שדין זה מתייחס רק לאיסורים שאין בהם אוכל נפש.

ונראה שאף ניתן למצוא סימוכין ליסוד זה על סמך דברי הרמב"ן, אם כי לא כדבריו ממש. דהנה מפורסם דיוקו מלשון הכתובים, דלגבי שבת ויום הכיפורים נאמר שאסורה "מלאכה", ואילו לגבי יום טוב הוזכרה "מלאכת עבודה". בביאור הבדל זה הסביר כדלהלן: "אבל פירוש מלאכת עבודה – כל מלאכה שאינה לצורך אוכל נפש... ומלאכה שהיא באוכל נפש היא מלאכת הנאה ולא מלאכת עבודה. וזה מתבאר בתורה, כי בחג המצות שאמר תחלה: כל מלאכה לא יעשה בהם, הוצרך לפרש: אך אשר יאכל לכל נפש הוא לבדו יעשה בהם. ובשאר כל ימים טובים יקצר ויאמר: כל מלאכת עבודה לא תעשו, לאסור כל מלאכה שאיננה אוכל נפש, ולהודיע שאוכל נפש מותר בהן" (רמב"ן, ויקרא כ"ג, ז).

פירוש לפירושו, דהמונח "מלאכה", המופיע בפרשת "החֹדש הזה לכם" (שמות י"ב), כולל אף מלאכות הנאה; ולכך הוצרכה התורה לסייג ולומר במפורש שמלאכות אוכל נפש מותרות, באומרה: "אך אשר יֵאכל לכל נפש הוא לבדו יעשה לכם" (שם, טז). ואילו בפרשיות אחרות, היתר מלאכת אוכל נפש ביום טוב נובע מעצם ניסוח האיסור, הכולל מלכתחילה "מלאכת עבודה" בלבד,[24] ואין מלאכות אוכל נפש כלולות בו.

טוב פ"א ה"ה), שהבחין בין מלאכות שאדם עושה לעצמו, לבין מלאכות שאחרים עושים לו. מכל מקום נראה, שגדר החילוק הוא בין מלאכות יצירה, הנעשות כדי ליצור את האוכל, לבין מלאכות הנעשות באוכל בשלב של צריכתו ואכילתו. ואכמ"ל.

24. כן הוא בכל פסוקי המועדים: ויקרא כ"ג פסוקים ז, ח, כא, כה, לה, לו; במדבר כ"ח פסוקים יח, כה, כו; שם כ"ט פסוקים א, יב, לה.

אך לכאורה קשה: למה, אם כך, לא נאמר "מלאכת עבודה" אף לגבי חג המצות, ואז באמת לא היה צורך בפסוק נפרד להתיר בו אוכל נפש?[25]

על פי מה שנתבאר לעיל, ניתן לתרץ בפשטות. הרי לדברי הרמב"ן, המונח "מלאכה" המופיע בפרשת "החֹדש הזה" כולל הן מלאכות עבודה והן מלאכות הנאה, ולפיכך היה צורך בפסוק נפרד כדי להגבילו. ויש להציע שאמנם יכולה להיות למונח "מלאכה" משמעות נרחבת זו; אך באה התורה, בפסוק הבא, וקבעה שלא כך הם פני הדברים, ובשלב זה – לפני שהפכה השבת לאות ולברית – "מלאכה" אינה כוללת מלאכת הנאה (הן לגבי שבת והן לגבי יום טוב). זאת לא בבחינת הגבלה מקומית בהקשר של חג המצות דווקא, אלא בתורת הבהרת התוכן הנוכחי של המילה. וכך יש לפרש את האיסור על "מלאכה" לא רק בפרשת "החֹדש הזה לכם" אלא גם בהמשך, בעשרת הדיברות. רק לאחר מכן, בעקבות ברית השבת, מתרחב המושג כך שיכלול גם מלאכת הנאה. ומשם ואילך שריר ואיתן דיוקו של הרמב"ן לגבי ההבדל שבין "מלאכה" ל"מלאכת עבודה".

מה שנאמר לעיל לגבי השוואת שבת שלפני ציווי המשכן ליום טוב נשמע מחודש למדי, ואלמלא דברי הרמב"ן, בעקבות פירוש רבי נתן במכילתא, קשה היה לאומרו. אך כך עולה מהרמב"ן, כי שתי שבתות ישנן: הראשונה – הכתובה בעשרת הדיברות ובפרשת המן – אינה אוסרת מלאכות שהן צורך הגוף, ואף אינה ניתנת לחילול (אנו הצענו שאולי מתחללת היא, אלא שאין חילולה חמור, שהרי לא נכרתה עליה ברית). בעוד השבת השנייה, הכתובה בפרשיית "ושמרו..." (ובהמשכה שבפרשת ויקהל), הרי היא ברית עולם בין הקב"ה לכנסת ישראל, ועל כן בת שמירה וחילול היא, ואוסרת אותנו בכל ל"ט אבות המלאכה.

מה בין שבת ליום טוב?

מדאתינן להכי, נראה שניתן לדון בהפרש ובהבדל שבין שבת ליום טוב, ומתוך כך אף לעמוד על טיבם. זאת על פי יסודות שהונחו לעיל, ותוך כדי ליבון גופי הלכות שנקבעו לגבי הבדל זה.

תנן: "אין בין יום טוב לשבת אלא אוכל נפש בלבד" (מגילה ז ע"ב). והעיר רש"י: "אין בין יום טוב לשבת – להיות מותר לכתחלה ביום טוב מה שאסור בשבת.

25. אכן, ניתן להציע שתוכני המונח "מלאכת עבודה" וההבדל בינו לבין "מלאכה" מתגלים רק לאור ההגבלה המפורשת בפרשיית "החֹדש", לעומת סתימת המקראות במקומות אחרים.

אבל לענין עונשין יש הרבה, שזה בסקילה ובכרת וזה בלאו גרידא".[26] ועוד מצאנו הבדל שלישי, אם כי שנוי הוא במחלוקת אמוראים. דיעוין בשלהי מכות (כא ע"ב), שם סובר אביי שהמרבה במלאכות ביום טוב לוקה כמספר המלאכות ושווה דינו למי שעשה מספר מלאכות בשבת, ואילו רבה (ויש גורסים: רבא) סובר: "יש חילוק מלאכות בשבת ואין חילוק מלאכות ביום טוב", ולדידו העושה כמה מלאכות ביום טוב אינה לוקה אלא פעם אחת. וכן קיימא לן להלכה (רמב"ם, הלכות יום טוב פ"א ה"ג).

יוצא, אפוא, שמדאורייתא קיימים שלושה הבדלים בין שבת ליום טוב: אוכל נפש, עונש וחילוק מלאכות. הבדלים אלו ריכז הרמב"ם בראשית הלכות יום טוב (פ"א הל' א-ג): "ושביתת כולן שוה, שהן אסורין בכל מלאכת עבודה, חוץ ממלאכה שהיא לצורך אכילה, שנאמר: אך אשר יאכל לכל נפש וגו'... ואם עשה בעדים והתראה – לוקה מן התורה... העושה אבות מלאכות הרבה ביום טוב בהתראה אחת, כגון שזרע ובנה וסתר וארג בהתראה אחת – אינו לוקה אלא אחת; חילוק מלאכות לשבת ואין חילוק מלאכות ליום טוב".

אם נרצה, כל הבדל ומקורו עמו; וניתן לראות את שלושתם כדינים מקומיים ונבדלים. ברם, סביר יותר שניתן לציין יסוד משותף לשלושתם.

ריבוי שיעורים

נוכל לעמוד על שורש משותף זה להבדלים שבין שבת ליום טוב מתוך עיון בסוגיה שבה האריכו קמאי דקמאי, והיא סוגיית ריבוי שיעורים. גרסינן בגמרא: "תנו רבנן: אין אופין מיום טוב לחברו. באמת אמרו ממלאה אשה כל הקדרה בשר, אע"פ שאינה צריכה אלא לחתיכה אחת; ממלא נחתום חבית של מים, אע"פ שאינו צריך אלא לקיתון אחד" (ביצה יז ע"א).

רבותינו הראשונים הקשו על כך מסוגיה ערוכה במנחות (סד ע"א): "בעי רבא: חולה שאמדוהו לשתי גרוגרות ויש שתי גרוגרות בשתי עוקצין ושלש בעוקץ אחד, הי מינייהו מייתינן? שתים מייתינן – דחזו ליה, או דלמא שלש מייתינן – דקא ממעטא קצירה?" בהמשך, מסיקה הגמרא: "פשיטא, שלש מייתינן; דעד כאן לא

26. הירושלמי (מגילה פ"א ה"ו) דן בעניין ההבדל בעונש, והעלה דהמשנה נסובה סביב הבדלים לגבי אוכל נפש. ובכל זאת נשאר בקושיה, כי לא נשנו הלכות מסוימות ביחס לאוכל נפש, המבדילות בין שבת ליום טוב.

קאמר ר' ישמעאל התם אלא דכי ממעט באכילה – קא ממעט קצירה (= הכוונה לדברי רבי ישמעאל במשנה שם סג ע"ב, שבשבת היה בא העומר משלוש סאין, בניגוד לחול שהיה בא מחמש סאין, וזאת כדי למעט במלאכה); אבל הכא, דכי קא ממעט באכילה קא מפשא קצירה – ודאי שלש מייתינן". ומבארת הגמרא דאפילו לרבי ישמעאל, הסבור דממעטים בתבואה הנקצרת, עבדינן הכי דווקא אם מתוך כך מצליחים למעט בקצירתה. אולם כאן, שמיעוט הגרוגרות ירבה את הקצירות, מודים כולם שמייתינן שלוש גרוגרות. והנה מעצם הספק ברור שריבוי שיעורים אסור, דאי לאו הכי – לא היה מקום לשום הווה אמינא שמוטב לקצור פעמיים מאשר להרבות בשיעורים, אם מעיקרא דדינא אין בין קצירה אחת של שתיים או של שלוש תאנים ולא כלום.

הראשונים תירצו בכמה אנפי, אך עדיין הניחו לנו מקום להתגדר בו. התוספות (מנחות סד ע"א ד"ה שתים) חילקו בין איסור המלאכה בשבת לאיסור מלאכה ביום טוב: "דביו"ט דקיל לא חיישינן, ולא דמי לשבת דלא ניתן לידחות". והנה מלשונם משמע שהחילוק הוא במישור דרבנן. כלומר, דמדאורייתא ריבוי שיעורים מותר בשניהם, אלא שביום טוב אוקמוה אדאורייתא ולא חיישינן, ואילו בשבת חיישינן. וכן מוכח בעליל מן התוספות המקביל בגיטין (ח ע"ב ד"ה אע"ג) שנימקו את היתר הריבוי ביום טוב ד"משום שמחת יום טוב התירו חכמים להרבות".[27]

הר"ן בביצה על אתר הסמיך את תירוצו על אופי ההיתר דמלאכת אוכל נפש, שאין דין היתר מלאכה בפיקוח נפש כדין היתר אוכל נפש ביום טוב. בפיקוח נפש המלאכה היא בגדר דחויה, בעוד שאוכל נפש ביום טוב הווי הותרה. ועל כן מותר להרבות בשיעורים באוכל נפש, מה שאין כן לגבי עשיית מלאכה במצב של סכנה. וזה לשונו: "ואפילו הכי לא דמי ריבויי בשיעור ביום טוב לריבויי שיעורא בשבת, שהשבת דחויה היא אצל חולה ולא הותרה... אבל יום טוב, שאוכל נפש הותרה בה, דאפילו אפשר מערב יום טוב שרי, כל שהוא מרבה על העיקר, ובלבד שיהא בטורח אחד – תוספתו כמוהו" (ביצה ט ע"ב באלפס ד"ה ומיהא). מתוך כך קבע מסמרות להלכה, שבשבת ריבוי בשיעורים אסור מן התורה: "אבל יום טוב שאוכל נפש הותר בה, דאפי' אפשר מעיו"ט שרי, כל שהוא מרבה על העיקר, ובלבד שיהא בטורח אחד – תוספתו כמוהו... אבל בשבת, שהעיקר אסור, אף תוספתו כמוהו מדאורייתא".

27. גם לדעת הרשב"א (ביצה שם, חולין טו ע"ב) ריבוי בשיעורים לא נאסר אלא מדרבנן. וכן היא גם דעת הר"ח, שהובאה בתוספות בגיטין.

ונראה שיש מקום לאמץ את חילוק התוספות אף במישור דאורייתא, ולומר דאף שמן התורה אסור להרבות בשיעורים בשבת (בדומה לשיטת הר"ן), אף על פי כן ביום טוב מותר, וזאת מחמת הבחנה יסודית בין שבת ליום טוב; ומתוך הבחנה זו נעמוד אף על שורש ההבדל בין קדושת שבת לקדושת יום טוב.[28]

האיסור בשבת אינו מתמצה במעשה העבירה גרידא, אלא מתבטא גם בפן נוסף, שלגביו ניתן לחלק בין שבת לבין יום טוב. דהנה יעוין שם בראשית הסוגיה, בביאור שיטת רבי ישמעאל, שהעומר היה בא בחול מחמש סאין ובשבת משלוש: "אמר רבא: קסבר ר' ישמעאל עשרון מובחר בלא טירחא אתי מחמש, בטירחא אתי משלש; בחול מייתינן מחמש, דהכי שכיחא מילתא, בשבת – מוטב שירבה במלאכה אחת בהרקדה ואל ירבה במלאכות הרבה" (מנחות סג ע"ב).

בגמרא אין מקור ואין הסבר להעדפה זו, שמוטב להרבות במלאכה אחת ולא להרבות במלאכות הרבה; ולכאורה שיקול זה צריך עיון. הלוא אין מדובר כאן בריבוי שיעורים בפעולה אחת, אלא בריבוי פעולות, ופשוט שכל פעולה מהווה מעשה עבירה נפרד; ואם כך, מה לי ריבוי באותה מלאכה, מה לי ריבוי במלאכות שונות? וכי שמענו אי פעם לגבי חולה שיש בו סכנה שיש להעדיף עשיית אותה עבירה פעמיים על פני עשיית שתי עבירות שונות? האם נעדיף מחמת דין "הקל הקל תחילה" להאכילו שני זיתים חֵלב ולא להאכילו כזית חֵלב וכזית דם?!

והנראה בזה, שמפאת מעשה העבירה באמת אין כאן מקום להעדפה; והא דאמר רבי ישמעאל דמוטב להרבות במלאכה אחת – נובע הדבר מהיבט אחר. דיעוין ברש"י שם (ד"ה מוטב), שפירש: "מוטב שיחלל פעמים הרבה שבת במלאכה אחת", הרי שדייק בלשונו, שההעדפה מעורה דווקא בשאלת החילול. דאף שעבירת הגברא זהה בשני המקרים, הפגיעה בשבת שונה היא. שלא הרי פגימה חוזרת ונשנית בשבת על ידי אותה מלאכה, כהרי פגימה חדשה על ידי מלאכה אחרת. דבאופן הראשון, השבת שמורה לגבי הכול פרט לאותה מלאכה, ואילו בשני – מחוללת היא מכמה אנפי.[29] מכאן מקור ההעדפה; וממילא שאין מקום לדין מקביל לגבי מאכלות אסורות

28. ברצוני לחדד את ההבדל בין הצעה זו לבין שיטת הר"ן. אכן, לפי שני המהלכים הללו ריבוי בשיעורים בשבת אסור מן התורה. אך לפי הר"ן בפיקוח נפש ביום טוב ייאסר ריבוי בשיעורים, שכן ההיתר מתייחס דווקא למלאכת אוכל נפש. לעומת זאת, לפי הצעתנו אף במקרה זה מותר להרבות מן התורה, שכן החילוק (שתוקפו מדאורייתא) הוא בין שבת ליום טוב.

29. חיזוק להצעה זו נמצא בכך שבסוגיין אין מדובר באיסור, אלא בעבודה המותרת במקדש, ואף על פי כן נאמרה הלכה זו דמוטב שירבה במלאכה אחת. ככל הנראה החשש איננו מחמת חומר העבירה אלא מחמת הפגיעה בשבת.

בחולה שיש בו סכנה, היות ששם הבעיה היחידה הינה מעשה העבירה, ולא חילול או פגיעה הנובעים הימנו.[30]

ונראה שיש לחלק בזה בין שבת ליום טוב, דאיסור מלאכה ביום טוב דומה בנידון זה לבשר בחלב ולא לאיסורי שבת. דהנה אם באנו לחזור על כל המקראות, לא מצאנו לשון חילול ביחס לימים טובים. משמעות הדבר ברורה: מלאכה ביום טוב אמנם נאסרה, אך – שלא כבשבת – כמעשה עבירה גרידא, מעשה שאינו מחלל את קדושת היום. טעם החילוק אף הוא ברור. במקום שיש חילול מתייחס הוא לברית שבמועד, וברית כזו נתחדשה לגבי שבת בפרשת כי תשא, אך לא נקבעה מעולם לגבי יום טוב. אין ביום טוב ממד של ברית, ולפיכך אף אין בו מושג של חילול יום טוב. ובכן, נראה שביום טוב לא נאמר: "מוטב שירבה במלאכה אחת... ואל ירבה במלאכות הרבה".

עוד נראה, שיסוד דומה נמצא בדין ריבוי שיעורים. אף בזה אין בעיה של הוספת עבירות, אלא של העמקת החילול. לפיכך אין מקום לחשוש לריבוי שיעורים בבישול בשר בחלב, למשל,[31] אלא רק בבישול בשבת. שהרי השבת ברית היא, ולפיכך אפשר לחללה. מה שאין כן לגבי דין "לא תבשל גדי בחלב אמו".

ולפי זה ניתן לתרץ בפשטות את הסתירה שבין הסוגיות בביצה ובמנחות. כפי שהעירו התוספות, בסוגיה בביצה מדובר ביום טוב ובסוגיה במנחות מדובר, מן הסתם, בשבת. ביחס לשבת משמע בסוגיה במנחות שאסור לקטוף עוקץ שיש בו שלוש גרוגרות, אם אפשר להסתפק בעוקץ שיש בו שתיים (וזאת מדאורייתא). אך בסוגיה בביצה, בנוגע ליום טוב, ממלאה אישה כל הקדרה בשר אף על פי שאינה צריכה אלא לחתיכה אחת. כיוון שביום טוב אין "חילול", לא נאסר בו ריבוי שיעורים. והוא הדין שביום טוב אם יהיה צורך לקצור עבור חולה שיש בו סכנה, יהא מותר להרבות בשיעור הקציר, אם רק לא יגדל על ידי כך מספר הפעולות.

ועוד נראה, שלפי זה אף בשבת, באיסורים שאין בהם חילול – דוגמת מחמר, שבו נדון להלן – יהא מותר להרבות בשיעורים.

30. אך אפשר שמפני שמאכלות אסורות יש בהן משום טמטום הלב, שמא יש מקום להקבלה. ועיין לעיל, הערה 5.

31. לעת עתה לא מצאתי מי שדן בכך.

פשר ההבדל בעניין עונש

השתא דאתינן להכי, יתיישבו כמין חומר ההבדלים המרכזיים שבין שבת ליום טוב: עונש, חילוק מלאכות ואוכל נפש. אמנם כל אחד מאלו עומד בפני עצמו, אך בכל זאת חוט אחד חורז את כולם.

בנוגע לעונש, המקור להבדל הוא, כמובן, חוסר מקור. בהעדר פסוק המחייב מיתת בית דין או כרת, הדרינן לכללין שעל האיסור "כל מלאכת עבודה לא תעשו", כעל כל לאו, לוקים ותו לא. ברם, העדר זה מתבאר היטב על פי מה שהוצע לעיל: עונש מיתה בשבת בא על חילולה, וביום טוב, שלא נאמרו לגביו אות וברית, אין גם חילול.[32]

פשר ההבדל בעניין חילוק מלאכות

וכך ניתן, על דרך זו, להסביר את השוני לגבי חילוק מלאכות. דהנה בסוגיה דכלל גדול (שבת ע ע"א) מבואר שלרוב הדעות מקור דין חילוק מלאכות הוא בפרשיית השבת הסמוכה לענייני המשכן – לדעת שמואל מקרא ד"מחלליה מות יומת" שבפרשת כי תשא, ולרבי נתן מהבערה לחלק יצאת שבפרשת ויקהל. ונראה שאין זה רק מקור הילפותא, אלא שדין חילוק מלאכות חל רק משם ואילך. הרי לפי פשטות הסוגיות, ל"ט מלאכות הלוא נלמדו ממלאכת המשכן[33] – ובכן, לפני פרשייה זו, כל מסגרת המלאכות, על כל פרטיה וט"ל מלאכותיה, טרם הייתה קיימת, ואף לא היה מקום לדין עשאן כולן בהעלם אחד.[34] ואף אם אכן היו קיימות ל"ט מלאכות נפרדות (או

32. אם נראה עונש מיתה כמחלק עקרונית בין שבת ליום טוב, יש לבחון את מעמדו של יום הכיפורים בהקשר זה, ואת מעמד עונש כרת כעונש ביניים בין מיתה למלקות. ועיין על כך בהרחבה בפרק העוסק בעניין יום הכיפורים בספר זה.

33. כדאיתא בשבת לא ע"ב: "מכדי כל מלאכות ילפינן להו ממשכן", ושם עד ע"ב: "קשירה במשכן היכא הואי", "קריעה במשכן מי הוה". ויעוין עוד שם צו ע"ב, קב ע"ב, ק"ג ע"א. אמנם, בשבת מט ע"ב נחלקו תנאים אם מניין ל"ט מלאכות נלמד ממלאכות הקמת המשכן, או מכך שהמילה "מלאכה" כתובה בתורה ל"ט פעמים. ברם, לדעת חכמי ספרד שם, אף לפי רבי שמעון ברבי יוסי בן לקוניא, דלא למד ל"ט מלאכות מן המשכן, עצם הגדרת מלאכה הווי דומיא דמשכן. אך התוספות שם (ד"ה כנגד) סוברים דלדעתו אכן גוף המלאכות לא הוקש למשכן.

34. אמנם, הרמב"ם (הלכות שבת פכ"ז ה"א) הביא כמקור לאיסור הוצאה את האמור בפרשת המן: "אל יצא איש ממקמו ביום השביעי" (שמות ט"ז, כט), וזאת לכאורה בניגוד לדברינו. אך יש לברר מתי נאמרו הדברים למשה מסיני. ושמא הוצאה שאני.

שכהצעת הרמב"ן, נאסרו בשלב זה בשבת המלאכות האסורות ביום טוב) – נאסרו כל אלו כשם אחד.[35]

ונראה שעיתוי זה אינו מקרי. דמסתבר, כפי שנתבאר לעיל, דלגבי מעשה העבירה כשלעצמו אין לחלק בין קוצר וקוצר לבין קוצר ותופר. החומרה המיוחדת שיש בריבוי מלאכות נובעת מתוספת בהיבט חילול השבת שבעבירה. אשר על כן נאמר שמוטב שירבה במלאכה אחת מאשר שיעשה כמה מלאכות שונות.

בין אם נסביר דין חילוק מלאכות כדין מסוים בחיוב חטאת, מעין דין גופין ותמחויין מחלקין,[36] ובין אם נבין כדעת התוספות רי"ד, שעשיית שתי מלאכות מקבילה לאכילת חֵלב ודם,[37] שורש הדין הוא זהה ונובע מתוספת חילול. דאף ההשוואה לחלב ודם תופסת רק אחרי שנתחדש דין חילוק מלאכות, שאז ניתן לראות מלאכות שונות כמעין איסורים שונים. אך דין חילוק מלאכות עצמו נובע מחילול השבת; בלעדיו, אין לנו אלא איסור אחד בצורות שונות, כעין אכילת חֵלב חי וחֵלב מבושל. ובכן, כל עוד לא התחדשה ברית השבת, ומושג החילול המתלווה אליה, לא היה מקום לדין חילוק מלאכות.

ביום טוב, בהעדר פרשיית ברית וממילא בהעדר מושג החילול, המצב דומה

35. בנוגע לשאלות אילו מלאכות נאסרו בשבת בשלבים שונים ומה היה אופיים של איסורי השבת באותן העתים, עיין בכלי חמדה לפרשת בשלח אות ב, ובהרחבה בספרו של הרב אלחנן אדלר, מצוות השבת.

36. כן משמע מתירוץ הריטב"א שבת ע ע"א (ד"ה חילוק), וזה לשונו: "וא"ת: ולמה לי קרא? דהא כיון דמלאכות משונות וחלוקות זו מזו הן, הוה ליה כאוכל חלב ודם בהעלם אחד, שהוא חייב שתים! י"ל דאדרבה, כיון דשם מלאכה אחת הם ואיסור כולם משום לא תעשה כל מלאכה, הוה ליה כאוכל חלב וחלב בהעלם אחד, שאינו חייב אלא אחת".

37. כך כתב התוספות רי"ד (שבת קלח ע"א ד"ה משום): "כיון דהבערה לחלק יוצאת, כאלו כתיב לאו אכל מלאכה ומלאכה דמי, והו"ל כמו לאוין דחלב ודם, שהן חלוקין זה מזה". כן נראה גם מלשון הסוגיה שבת עב ע"ב: "אילימא דעבד קצירה וטחינה – דכוותה גבי שאר מצות אכל חלב ודם". יעוין באחרונים שהרחיבו בכך: תוצאות חיים לקדוש ר' מנחם זמבא סימן ה, מנחת חינוך ריש מצווה לב. המרחשת ח"א סימן יג (אות ב) תלה הדבר במחלוקת תנאים בספק איזו מלאכה עשה, אם מביא חטאת.

מו"ח הגרי"ד זצ"ל ביאר לאור מחלוקת זו את מחלוקת התוספות (שבת עג ע"ב ד"ה משום) והרמב"ם (שלא הביא הלכה זו) אם צריך להתרות בשם אב המלאכה המסוים או שדי בשם שבת הכללי [יעוין הררי קדם שבת סימן סח. הערת עורך]. אלא שיש לי לסייג תלות זו, שלדעת התוספות, שצריך להתרות באב המסוים, ודאי שצדקו דבריו, שדעתם כתוספות רי"ד שכל אב ואב הוא מעין איסור בפני עצמו. אלא שדעת הרמב"ם, שדי בהתראה כללית, יכולה להתבאר גם אם נבין שהמלאכות השונות – איסורים שונים הם, דמכל מקום כולם נאסרו מאותו פסוק של "לא תעשה כל מלאכה".

למצבה של השבת בין זמן מתן תורה לבניית המשכן. וממילא, אין ביום טוב חילוק מלאכות. ואיברא שבהבנת הדבר נחלקו הראשונים. התוספות בסנהדרין (סג ע"א ד"ה על) העלו בעיית לאו שבכללות לגבי מלאכה ביום טוב; ואילו הרמב"ן בהשגותיו לספר המצוות לרמב"ם (שורש תשיעי) התייחס לנאמר בגמרא בסנהדרין שם על המגפף ומנשק לעבודה זרה או מכבד ומרבץ לפניה, שאלו בבחינת לאו שבכללות, וכתב כך: "ואל תבין מהם מפני שהמעשים הללו משתנים, שהרי שם אחד להם, שכולם עבודה זרה הם. וזה דומה ללאו דנבלה ולאו דלא תעשו כל מלאכה ביו"ט, שהם הרבה מלאכות, משונות המעשה והעניין, ולוקין עליו". הרי שלדעת התוספות מלאכות שונות נחשבות לשמות שונים אף ביום טוב, ואילו לרמב"ן אין כאן אלא שם אחד. ברם, גם לתוספות אין בריבוי השמות בכדי לחייב מלקות נוספות, מפני שסוף סוף אין כאן אלא לאו אחד; ואשר להעמקת החילול, נוכל לומר שלא עליה לוקים, ומסתבר יותר להציע כפי שנתבאר לעיל, שכל מושג החילול אינו קיים לגבי יום טוב.

אף אביי, החולק וסובר שיש חילוק מלאכות ביום טוב, מסתבר שלא יחלוק על יסוד דברינו. אלא שלדעתו נתחדש ביום טוב איסור מלאכה כעין זה של שבת, איסור הנובע מפן השבתון שביום טוב, וכפי שכתב הרמב"ם בנוגע לימים טובים (הלכות שבת פכ"ט ה"ח): "שכולם שבתות ה' הן". ועוד נוסיף לדון בדעתו להלן.

חילוק חטאות בעבודה זרה

יסוד זה נראה נכון מסברה, וייתכן שאף ניתן למצוא לו הקבלה (ואולי גם סימוכין) מתוך עיון בחילוק חטאות בתחום אחר. בכל התורה כולה הרי אין חילוק איסורים, ואין ריבוי חטאות בעובר בהעלם אחד, אלא אם כן עבר על עבירות שונות ממש, כגון חלב ודם, או בגופים מוחלקים (ולדעת רבי יהושע אף בתמחויים מוחלקים [שבת עא ע"א, כריתות ד ע"ב, שם יב ע"ב]).

אך במקום אחד מצאנו מחלוקת בנידון, והוא לגבי עבודה זרה. דגרסינן: "תני רבי זכאי קמיה דרבי יוחנן: זיבח וקיטר וניסך והשתחוה בהעלם אחד – אינו חייב אלא אחת. אמר ליה: פוק תני לברא" (סנהדרין סב ע"א). ושקלינן וטרינן בה, ולהלכה נתקבלה דעת רבי יוחנן, דבכי האי גוונא חייב על כל אחת ואחת. וכך הם דברי הרמב"ם: "המשתחוה לע"ז וניסך וקיטר וזיבח בהעלם אחת – חייב ארבע חטאות. וכן אם פיער עצמו לפעור וזרק אבן למרקוליס בהעלם אחת – חייב שתים. וכן כל כיוצא בזה יהא חייב על כל עבודה ועבודה" (הלכות שגגות פ"ז ה"א).

והנה יש בדבריו מקום עיון; שכן בגמרא נסב הדיון אך ורק על חיוב חטאות

לגבי עובד עבודה זרה בארבע העבודות המיוחדות לגבוה – זביחה, הקטרה, ניסוך והשתחוויה – שעליהן חייב אפילו אם אין זו דרך עבודת אותה האלוהות הנעבדת. ואילו הרמב"ם הוסיף שהוא הדין אם עובדה כדרכה על ידי מעשים שונים, כגון שפיער עצמו לפעור וכו'. והעיר על זה המנחת חינוך: "וכעת לא מצאתי בש"ס דבר זה, והכסף משנה לא הראה מקומו. ואפשר דהוא פשוט כיון דהשתחואה יצאה לחלק, ע"ש בש"ס" (מצווה כו).

והנה באמת מפורש הדבר בירושלמי, שאם עובדה כדרכה חייב על כל אחת ואחת. דכך איתא בירושלמי שבת (פ"ז ה"א) משמו של רבי יוחנן: "תני רבי זכיי קומי רבי יוחנן: זיבח קיטר וניסך בהעלם אחת חייב על כל אחת ואחת. אמר ליה רבי יוחנן: ...אינו חייב אלא אחת... בעבודתה – לחייב על כל אחת ואחת, בעבודת הגבוה – לחייב על כולהן אחת". הרי שלדעת רבי זכאי חייב ד' חטאות על ד' עבודות, בעוד לדעת רבי יוחנן אם עובדה בעבודתה – חייב כמה חטאות, אך אם עובדה בארבע העבודות המיוחדות לגבוה – אינו חייב אלא אחת.

איברא דשיטת הירושלמי חולקת על הבבלי. ראשית, בגרסת הירושלמי לדברי רבי זכאי; שלנוסחתו רבי זכאי מחייב ד' חטאות, בעוד אליבא דהבבלי אינו חייב אלא אחת. שנית, ביחס לדעת רבי יוחנן בנוגע לחילוק חטאות בד' העבודות המיוחדות. ואם כן ודאי דהירושלמי אינו עולה בקנה אחד עם הגמרא דידן, ואין כאן מקור הכרחי לדברי הרמב"ם. ברם, מכל מקום שיטת הירושלמי שבדרך עבודתה חייב כמה חטאות ובשלא כדרכה אינו חייב אלא אחת, מעלה כי יש מקום לחלק בין הדבקים. והנה גם בבבלי משמע שיש לחלק בין סוגי עבודות אלו, שהרי בסוגיית הבבלי אזכור ד' עבודות חוזר ונשנה כמה פעמים, ומשמע שהניסוח הוא לדיוקא, ושבאמת יש לחלק בנידון בין עבודה זרה כדרכה לעבודה זרה בעבודת גבוה. אלא שלכאורה החלוקה בבבלי הפוכה מחלוקת הירושלמי.[38] ואם כי קיימת אפשרות לחלק אליבא דבבלי לשני הכיוונים – שאם עבדה כדרכה לכולי עלמא אינו חייב אלא אחת, או שמא להיפך, שלכולי עלמא חייב בכגון דא על כל אחת ואחת – ודאי יותר מסתבר לבאר באופן הראשון.

ובביאור החילוק אפשר להציע שני הסברים. דהנה פסק הרמב"ם לגבי עבודה זרה כדרכה בנוי על שתי הנחות: א) שקיימות כאן תופעות שונות; ב) שדין חילוק

38. בנועם ירושלמי לר' אייזיל חריף (שבת פ"ז ה"א) מהפך את הגרסה בירושלמי כדי ליישבה עם סוגיית הבבלי, שבעבודתה אינו חייב אלא אחת ובעבודת גבוה חייב על כל אחת ואחת. ולפיו הרי מפורש בירושלמי שלא כרמב"ם.

תופס לגביהן כלגבי זריקה והקטרה. והנה אם נבין, לאור דיוק הסוגיה, שראשונים אחרים סברו שלא כדעת הרמב"ם, יסוד הדחייה יכול להיות שלילת אחת משתי ההנחות. ראשית, עצם ההכרה בפעירה ובזריקת אבן כעבודות שונות – מחודשת היא למדי. אמנם, מבחינה עובדתית אכן מדובר בפעולות נפרדות; אך לכאורה אין לכך שום משמעות הלכתית. דלגבי ארבע עבודות גבוה, הרי לכל אחת חלות שם בפני עצמה בפנים, וממילא אף נקבע לה שם לגבי עבודה זרה בחוץ. אך לגבי דרך עבודתה, הרי כל אלוהות ופולחנה, ומה לי פעולה זו או פעולה אחרת. לכאורה מבחינה הלכתית אין כאן כלל תופעות שונות שניתן לדון על חילוקן זו מזו, אלא קבוצה אחת לפנינו, של פולחני הבל באשר הם.

והנה אם באנו לדון מצד זה, אין לכך כל זיקה לענייננו. ברם, נראה שאפשר לדון גם מצד אחר, ולשלול את הנחתו השנייה של הרמב"ם. ולפי זה נקבע שאפילו אם מדובר בתופעות שונות – אין כאן מקום לריבוי חטאות. דנראה שאין חטאות מתרבות בגלל עצם ריבוי מעשי עבירה מגוונים, אלא בגלל תוצאותיהם. דאף בעבודה זרה, במקביל לשבת (אם כי הפרטים שונים), יש לחלק בין מעשה העבודה כשלעצמו לבין הפגיעה הבוקעת ועולה הימנו.

מעשה עבודה זרה כשלעצמו משוקץ הוא, מתועב ואווילי – ומכאן הבוז והלעג של הנביאים כלפיו. ברם, יש בו גם כן (ובפרט כאשר משתלב הוא במערכת נרחבת של עבודה זרה) – ניסיון לחתור, כביכול, מתחת למעמד "אין עוד מלבדו" של הקדוש ברוך הוא; וזאת לא רק במישור נסתר, בבחינת "למה נקרא שמן כשפים – שמכחישין פמליא של מעלה" (סנהדרין סז ע"א) – אלא במישור העובדתי הפשוט ביותר, ככרסום במציאות הנכספת של "ממזרח שמש עד מבואו מְהֻלל שם ה'" (תהילים קי"ג, ג), וכן בעובדה ובמטרה של "והיה ה' למלך על כל הארץ" (זכריה י"ד, ט), ו"וידעת היום... כי ה' הוא האלקים בשמים ממעל ועל הארץ מתחת אין עוד" (דברים ד', לט).

ומתוך כך נראה שיש לחלק בנידון בין עבודה זרה כדרכה לעבודה זרה שלא כדרכה. דהנה יעוין ברמב"ם, שכתב: "בן נח שעבד ע"ז הרי זה חייב; והוא שיעבוד כדרכה" (הלכות מלכים פ"ט ה"ב). ולכאורה צריך עיון למה הגביל חיוב בן נח לעבודה כדרכה, ומה נשתנה בן נח מישראל בנידון.[39]

39. נושאי כליו של הרמב"ם ציינו שמקור דבריו בסוגיה בסנהדרין נו ע"ב. אך שם מיירי בגיפוף ובנישוק שלא כדרכה; אין בכך כדי להוכיח שאף בד' העבודות המיוחדות לגבוה פטור בן נח, אם אינן כדרכה של עבודה זרה זו.
המנחת חינוך (מצווה כו) דייק אף הוא כדברינו ממילותיו של הרמב"ם, אלא שנתקשה מה טעם

והנראה בזה, שמוקד האיסור בעבודה זרה כדרכה שונה ממוקד האיסור בעבודה שלא כדרכה. בכדרכה, הפשע הוא בעבודה ובשירות לאלוהות המדומה ובאווילות המתועבת המתבטאה בכך; שהרי עובדה לפי כללי פולחנה ואמונתה. בעבודה זרה שלא כדרכה (אלא בעבודות המיוחדות לגבוה) זיקה זו קלושה, שכן אין העובד משתלב במערכת הפולחן הזר; אך מנגד יש פגיעה חריפה בעבודת ה׳, שכן העובד מסיט עבודה המיוחדת בלעדית למלך מלכי המלכים, ומועידה לעץ ולאבן. העובד מתחייב על הפגיעה הגלומה בהסטה זו, כמפורש בקרא לגבי זביחה (והוא הדין לגבי שאר עבודות פנים, ואפילו שלא כדרכה): ״זֹבֵחַ לאלהים יחרם בלתי לה׳ לבדו״ (שמות כ״ב, יט).[40]

לאור יסוד זה, מובן היטב חילוקו של הרמב״ם בין כדרכה לשלא כדרכה לגבי בן נח. דהנה יעוין בדברי הרמב״ן בפירושו לתורה, בביאור הכינוי ״קנא״ שבעשרת הדברות: ״ולפי דעתי שיזכיר קנאה בע״ז בישראל בלבד. וטעם הקנאה, כי ישראל סגולת השם הנכבד, אשר הבדילם לו, כאשר פירשתי למעלה. והנה אם העם שלו משרתיו פונים אל אלהים אחרים – יקנא בהם השם, כאשר האיש מקנא באשתו בלכתה לאחרים, ובעבדו בעשות לו אדון אחר. ולא יאמר הכתוב כן בשאר העמים, אשר חלק להם צבאות שמים״ (רמב״ן, שמות כ׳, ג).

פשר דבריו, שעבודה זרה נאסרה כמובן על בני נח, ואף חייבים הם עליה. אך לדידם נאסרה רק כעבירה מצד עצמה, בעוד בישראל מתווסף ממד נוסף של בגידה – ממד הכרוך בברית שבין כנסת ישראל לקודשא בריך הוא – אשר בגינו באה הקנאה. והנה, הרמב״ן התייחס בזה לעוצמת כעסו של הקב״ה. אך נראה שלדעת הרמב״ם הבדל זה אף קובע האם בכלל יש עונש. על כך נוסיף שלדעתו ההבדל שבין בן נח לישראל מצטמצם דווקא לעבודה זרה שלא כדרכה, וזאת משום שלגביה אין מתמקדים

הדבר, כיון ש״נראה פשוט, הן בעובד כדרכה או באחת מארבע עבודות אפילו שלא כדרכה, כיון דישראל נהרג – גם בן נח נהרג, וז״ל הר״מ... משמע לכאורה מלשונו דדוקא כדרכה, אבל שלא כדרכה אינו חייב בכל ענין, אף בארבע עבודות״. אולם, למסקנה דחה דיוק זה בדברי הרמב״ם, מכיוון ש״תיכף אחר זה כתב (= הרמב״ם) לשון הברייתא: וכל עבודה זרה... א״כ נראה דאף בארבע עבודות חייב. ומ״מ צ״ע קצת לשון הר״מ בתחילה״. אך לענ״ד יותר נראה מלשונו בהלכה הנ״ל כי בדווקא הוא.

40. כמבואר בברייתא (סנהדרין ס ע״ב), שהפסוק קאי על עבודות גבוה, שאינן דרך עבודת אותה עבודה זרה. ויעוין עוד בדברי הרמב״ן שם בשמות: ״הזכיר הכתוב זביחה, והוא הדין להשתחויה ולכל עבודת פנים; אבל שאר עבודות, כגון המכבד והמרבץ והמגפף והמנשק, אינו במיתה בשלא כדרכה. אבל כדרך עבודה – בכל ענין הוא מתחייב, ואפילו פוער עצמו לפעור״.

בעצם העבירה, אלא בהשלכותיה: בגידה בקב"ה, פגיעה בבריתו אתנו, חתירה מתחת למלכות שמים. מפאת זיקתו ואחריותו הייחודית של בן ישראל, רק הוא חייב על השלכות אלו. ואילו לגבי עבודה זרה כדרכה, היות שהחיוב בא על התועבה שבעצם העבודה הזרה, אף בן נח חייב, שהלוא זוהי דרך עבודתה ובכך היא נעבדת.

היוצא מדברינו, כי לרמב"ם קיים הבדל יסודי בין עבודה זרה כדרכה לעבודה זרה שלא כדרכה; דבדרך עבודתה החיוב בא על עצם המעשה, ואילו בעבודה שלא כדרכה (אלא כעבודת גבוה) החיוב בא על השלכותיה.[41]

לעיל הצענו שחילוק עבודות נאמר רק ביחס להשלכות העבירה, אך לא בנוגע לעבירה עצמה. לאור זאת, נבין בפשטות מדוע מלשון הסוגיות מדויק, לכאורה, שדין חילוק לגבי עבודה זרה קיים רק לגבי עובד עבודה זרה בעבודת פנים שלא כדרכה, אך לא בעבודה כדרכה. הרי ביארנו שחיוב עבודה זרה כדרכה בא על עצם מעשה העבודה, ואם כן אין מקום לחילוק מלאכות, שקשור בטבורו לפגיעה בעבודת ה' ולבגידה בו. מאידך, עבודה שלא כדרכה גוררת בעקבותיה פגיעה ופגימה כאלו, ומתוך כך נאמר לגביה חילוק מלאכות. זאת במקביל למה שנתבאר לעיל, שדווקא בשבת יש חילוק מלאכות אך לא ביום טוב, משום שביום טוב נאסרה מלאכה בתורת עצמה, ועליה חייבים, בעוד בשבת נוספה נימת חילול הקיימת רק בה, ושעליה מתחייבים; ודווקא לגבי ממד זה של חילול שייך חילוק מלאכות, הקשור בהיות היום השביעי אות וברית.

ברם, כל זה, כמובן, למאי דקיימא לן כרבה, שאין חילוק מלאכות ביום טוב. אביי, המשווה שבת ויום טוב בנידון, יכול לחלוק על אחת משתי ההנחות הגלומות במהלך שהצגנו. ייתכן שאף הוא מסכים שקיים שוני מהותי בין אופי איסור מלאכה ביום טוב לזה של שבת, אלא שלדעתו אין זו אמת המידה של חילוק מלאכות. כך לכאורה משתמע ברמב"ם, שמצד אחד (אם דברינו דלעיל נכונים) חילק, יסודית, בין עבודה זרה כדרכה לעבודה זרה שלא כדרכה, ואף על פי כן קבע ריבוי חטאות אף כשעובד כדרכה. לחילופין, אפשר שגם אביי סובר שאין חילוק מלאכות בעבירה גרידא ללא השלכותיה, אלא שסובר הוא שאף לעשיית מלאכה ביום טוב ישנן

41. יש מקום לבאר את החילוק בין דרך עבודתה ושלא כדרך עבודתה גם באופן אחר. בדרך עבודתה האיסור הוא עבודת אלוהים אחרים וקבלת האליל כאלוה, ועל זה חייב בן נח, שהרי אף הוא חייב להכיר בה' אלוקי ישראל. בניגוד לכך, איסור ד' עבודות המסוימות אינו מטעם קבלת האליל ועבודתו, שהרי אין זו כלל דרכה של עבודה זרה זו. מהות האיסור הינו הסטת ד' עבודות אלו המיועדות לגבוה ושימוש בהן ביחס לאלוהים אחרים. ועל כך אינו חייב אלא ישראל, המצווה בד' עבודות אלו לגבי הקב"ה, ולא בן נח, שמלכתחילה אינו חייב לעבוד בהן את בוראו.

השלכות של פגיעה בברית, כבשבת.[42] לפי הבנה זו, אם כך, מצטרפת מחלוקת אביי ורבה למחלוקות אחרות שיצוינו להלן, אשר אולי מתמקדות ביחס שבין יום טוב לשבת, ובהכללת יום טוב ב"שבתֹתַי" שבפרשת המשכן.

דין אוכל נפש ביום טוב

ההבדל השלישי והמרכזי ביותר שבין שבת ליום טוב הוא, כמובן, היתר מלאכת אוכל נפש. כבר עמדנו לעיל על הזיקה שבין הבדל זה לבין היות השבת אות וברית, לאור סדר הפרשיות ועל פי פירוש הרמב"ן (בעקבות דברי רבי נתן במכילתא). ברם, אין בית מדרש ללא חידוש; וכדי להעמיד הדברים על דיוקם יש ללבן את אופיו של דין אוכל נפש.

אפשר להסביר היתר זה בשתי דרכים עיקריות. לפי הדרך הראשונה, צורך אוכל נפש אינו בבחינת מתיר, שכן אין במקרה זה צורך במתיר, היות שמלאכות אלו מראש לא היו כלולות באיסור. הרמב"ן, בדבריו שצוינו לעיל (ויקרא כ"ג, ז), נתן עיניו בלשון "מלאכת עבודה", שנאמר, דרך כלל, לגבי ימים טובים, לעומת "מלאכה" שנאסרה בשבת. מכאן למד הרמב"ן שקיימים שני סוגי מלאכות: מלאכת הנאה – הכוללת הכנת צורכי אוכל נפש, ומלאכת עבודה – שאינה כוללת מלאכות אוכל נפש; ורק האחרונה נאסרה ביום טוב.[43]

וכך גם לשון השיטה מקובצת בביאור מה דקיימא לן כבית הלל (ביצה יב ע"א), שמתוך שהותרה לצורך הותרה נמי שלא לצורך: "פירוש, כל שם שחיטה חדא היא, וכיון שהותרה שחיטה לצורך אוכל נפש, הרי לא היתה שחיטה בכלל לא תעשה כל מלאכה, ומעתה כל שחיטה מותרת" (כתובות ז ע"א ד"ה וזה שכתב).

איברא דהסבר הרמב"ן אינו תלוי בהכרח במחלוקת בעניין מתוך. דאף לבית שמאי, דלית להו מתוך, ייתכן שאף הם מסכימים להסבר הרמב"ן לגבי שורש היתר אוכל נפש ממש; אלא שלדעתם הגדרת פעולה כמלאכת הנאה אינה תלויה בסיווג המלאכות לפי שמן. לדידם, אין לומר שההגדרה מתייחסת לחלק מל"ט המלאכות,

42. יש להעיר שהריטב"א במכות על אתר הסביר שאביי למד חילוק מלאכות ביום טוב מתוך היקש לשבת.

43. יעוין ברמב"ן שבת קיז ע"ב ד"ה הא דתני. לכאורה יש בדבריו שם חידוש נפלא: דשאני פסח מעצרת וסוכות וראש השנה, דבהם לכתחילה נאסרה רק מלאכת עבודה, ואילו בפסח נאסר הכול ואחר כך הותר אוכל נפש. אך יש לעיין היטב האם יש משמעות מעשית (או אפילו מחשבתית) להבדל הזה, או שמא, בסופו של דבר, כל המועדות מתייצבים ברמה שווה.

או לפעולות מסוימות הכלולות בהן; כגון שנאמר שמלאכות כתיבה וקשירה אינן אוכל נפש, ונסווגן כמלאכת עבודה, בעוד מלאכה אחרת תוגדר כמלאכת הנאה ותותר. אלא, אליבא דבית שמאי, מה שמגדירן כמלאכות הנאה הוא אך ורק נימת אוכל נפש: האם המטרה והייעוד של מלאכה מסוימת זו הוא אוכל נפש. כך יכולים גם בית שמאי לנקוט כרמב״ן, שאוכל נפש אינו מתיר אלא מגדיר, ובגין ההגדרה שוב אין כאן איסור כלל.

ברם, ברור שהסבר הרמב״ן ודאי נוח יותר לשיטת בית הלל, שכן אחרת מתעוררת שאלת הראב״ד (בשיטה מקובצת על אתר בכתובות ד״ה וז״ל שיטה ישנה): ״מיהו האי קושיא, מתוך מנא לן, ומנין לו להתיר אלא מה שהתירו הכתוב, כל שיש בו צורך אכילה ממש״.

לכאורה יש להקשות על שיטה זו, כעין קושיית התוספות (ביצה יב ע״א ד״ה ה״ג) על רש״י. שכאשר טען רש״י שדין מתוך מתיר אף כשאין צורך היום כלל, הקשו עליו התוספות: אם כן, למה האופה מיום טוב לחול לוקה (אלמלא דין הואיל), ולמה אסור לבשל לכלבים; שהרי פעולת הבישול לא נאסרה מעולם. אך יש לתרץ, מעין מה שהוסבר לעיל לבית שמאי, שצורך היום אמנם איננו המתיר אך הוא המגדיר, ורק פעולה המעורה בתועלת ביום טוב מוגדרת כמלאכת הנאה.

אך ברור שאפשר להסביר אחרת את דין אוכל נפש ואת דין מתוך. ופוק חזי, שהרי נחלקו רבי יהודה ורבנן לגבי מכשירי אוכל נפש ביום טוב (ביצה כח ע״א). ברור שהבא לתקן סכין כדי שיוכל לשחוט בו ביום טוב עוסק במלאכת עבודה ולא במלאכת הנאה, שבכי האי גוונא אין המטרה מגדירה את המלאכה כלל. ואם בכל זאת מתיר רבי יהודה – ואף קיימא לן כמותו, אם כי בבחינת הלכה ואין מורין כן[44] – על כורחנו שלדעתו אוכל נפש מהווה מתיר אף ביחס לפעולה שכלולה באיסורי מלאכה ביום טוב. ואם יסוד זה משתקף ביחס למכשירין, אין מניעה לראותו כמסביר אף את דין אוכל נפש ממש.

איברא שניתן מסברה לחלק בין מכשירין לאוכל נפש. דהנה לא התיר רבי יהודה אלא מכשירי אוכל נפש שאי אפשר לעשותן מערב יום טוב (שם ע״ב); והתוספות בביצה (ג ע״א ד״ה גזרה) קבעו שאין הגבלה זו תופסת לגבי מלאכות אוכל נפש, ואלו מותרות אף אם אפשר לעשותן מערב יום טוב. ובהסבר דבריהם ניתן להציע שקיים חילוק יסודי בין אוכל נפש למכשירין. דאוכל נפש, על דרך הרמב״ן, כלל אינו בגדרי איסור מלאכה ביום טוב, ובכן מה לי אם ניתן לעשותו מערב יום טוב

44. ביצה כח ע״ב, רמב״ם הלכות יו״ט פ״ד ה״ט, טור ושולחן ערוך אורח חיים תק״ט.

אם לאו; ואילו מכשירין – בכלל האיסור הם, אלא שהותרו למטרה מסוימת. ואם כן, אין להוכיח מדין מכשירין שמהות דין אוכל נפש שונה ממה שביאר בה הרמב"ן.

ברם, הרבה ראשונים – מהם גם מבין בעלי התוספות[45] – סוברים שאף אוכל נפש ממש נאסר אם אפשר לעשותו מערב יום טוב. ולשיטה זו לכאורה אי אפשר להסביר את ההיתר על דרך הרמב"ן, שהרי סוף סוף מדובר במלאכת הנאה, וכיצד תיאסר ביום טוב מפני שניתן היה לעשותה מאתמול.

ואכן, השאגת אריה (סימן קב) דייק ברש"י, שלדעתו דין אוכל נפש אכן מתיר פעולת איסור. שכך הסביר רש"י במקום אחד איסור צידה ביום טוב: "אף על גב דשחיטה ואפייה ובשול מאבות מלאכות הן, **והותרו לצורך יום טוב**, טעמא משום דאי אפשר מערב יום טוב... אבל צידה – אפשר לצודו מבעוד יום" (ביצה כג ע"ב ד"ה אין);[46] ובמקום נוסף פירש את הביטוי "מלאכת עבודה" שבפסוק דלא כהרמב"ן, שכן כתב: "מלאכת עבודה – אפילו מלאכות החשובות לכם עבודה וצורך, שיש חסרון כיס בבטלה שלהם, כגון דבר האבד" (ויקרא כ"ג, ז).[47]

כמו כן, מצינו חידוש מפליג עוד יותר בלשון רבנו חננאל. הגמרא[48] הצריכה מיעוט מיוחד מן הפסוקים כדי לאסור מילה שלא בזמנה ביום טוב, שכן אלמלא המיעוט הייתה המילה ניתרת מכוח קל וחומר. רבנו חננאל פירש שהקל וחומר אמור היה להיות מאוכל נפש: "ומה אוכל נפש, שאע"פ שהוא באזהרת שמחה ואינה מצוה – דוחה יום טוב לשחוט ולבשל ולאפות וכיוצא בהן; מילה, שאע"פ שהיא שלא בזמנה – מצוה היא... אינו דין שדוחה יום טוב".[49] כבר החתם סופר הבין שלדעת רבנו חננאל "אוכל נפש דחויים מטעם עשה דוחה ל"ת אתינן עליו".[50] ברם הבנה זו מחודשת עד מאוד וקשה לאמצה. ויותר נראה, שכוונתו היא שהתורה עצמה דחתה את איסור יום טוב מפני צורך אוכל נפש.

אך יהא הסבר דברי הר"ח אשר יהא, ברור שדבריו בנויים על הנחה שיש כאן

45. תוספות מגילה ז ע"ב ד"ה כאן, ראב"ן ביצה ח ע"א ד"ה ואמר רב יהודה, ראבי"ה הלכות יו"ט סימנים תשכט-תשע, אור זרוע הלכות פסחים סימן רמח.
46. ועיין בתוספות שם ד"ה אין, שנחלקו עליו.
47. ויעוין עוד ברא"ש פרק שמיני ביומא (סימן יד), שהביא בשם המהר"ם מרוטנבורג היקש בין היתר אוכל נפש ביום טוב לבין היתר פיקוח נפש. לגבי פיקוח נפש פשוט שאף הוא לכל היותר בגדר "הותרה"; הרי שלדידו המלאכות הללו כלולות באיסור, אלא שהותרו לצורך.
48. שבת כד ע"ב, שם קלג ע"א, פסחים פג ע"ב.
49. פסחים פד ע"א. ועיין בתוספות שם (ד"ה ולא), שדברים דומים כתב הר"ח בשבת קלג ע"ב.
50. חלק א או"ח סימן קמח. והבין שלר"ח אם כן אף באוכל נפש יש לחלק בין אפשר מערב יום טוב דאסור ביום טוב, ובין אי אפשר לעשותו שמותר מכוח דחייה; אך אין הכרח בדבר.

איסור שניתר, ושלא כדעת הרמב"ן, שמעולם לא נאסרה מלאכת אוכל נפש ביום טוב. ועל דרך זו, קדושת יום טוב כוללת מעיקרה איסור מלאכת אוכל נפש, אלא שבשלב שני[51] הותרה זו.[52]

פשר ההבדל בעניין מלאכת אוכל נפש

כאמור, החילוק בין שבת ויום טוב ביחס למלאכות אוכל נפש, האסורות בשבת ומותרות ביום טוב, נעוץ בטיב היחס בין קדושת שבת לקדושת יום טוב. וכפי שנתבאר, הבדל זה, גבי אוכל נפש, יכול להיות מוסבר בשתי דרכים.

מחד, ניתן להסביר שההבדל בין שבת ויום טוב לגבי אוכל נפש נובע משוני בסיסי בקדושותיהם; דביסוד קדושת יום טוב נעדר הממד האוסר מלאכת אוכל נפש. אלא שזה לכאורה תלוי במחלוקת רש"י והרמב"ן. לרמב"ן הסבר זה מחוור כשמלה, שכן מלאכת הנאה מעולם לא נאסרה ביום טוב. ואילו לדעת רש"י ור"ח, שנאסרה מלאכת הנאה וחזרה והותרה, על כורחנו שקדושת יום טוב ביסודה אוסרת גם מלאכת הנאה (ובמיוחד אם נאמר שמלאכת הנאה אסורה אם אפשר לעשותה מערב יום טוב). ואליבא דשיטתם, לפום ריהטא, נראה שאין הבדל מהותי ועקרוני בין קדושת שבת לקדושת יום טוב לגבי איסור המלאכה הכרוך בהם, אלא דישנם סיבה וטעם אחרים להיתר אוכל נפש ביום טוב, והם נובעים מפן אחר של מהות היום וקדושתו. ואותו פן מסוים (שאינו קשור לאיסור המלאכה עצמו) קיים ביום טוב אך לא בשבת.

51. אין הכוונה לשני שלבים בסדר הזמנים ההיסטורי, אלא לשני שלבים בסדר ההיגיון ההלכתי.

52. אפשר ששתי הבנות אלו עומדות בבסיס מחלוקת התנאים במשנה בפסחים (סה ע"ב-סו ע"א): "הרכבתו והבאתו מחוץ לתחום וחתיכת יבלתו – אין דוחין את השבת. רבי אליעזר אומר: דוחין. אמר רבי אליעזר: והלא דין הוא: מה אם שחיטה שהיא משום מלאכה – דוחה את השבת, אלו שהן משום שבות – לא ידחו את השבת. אמר לו רבי יהושע: יום טוב יוכיח, שהתירו בו משום מלאכה ואסור בו משום שבות. אמר לו רבי אליעזר: מה זה יהושע, מה ראיה רשות למצוה". רבי יהושע משווה בין מלאכת אוכל נפש ביום טוב ובין שחיטת קרבן פסח בשבת. לדעתו, בשני המקומות מצאנו מתיר כלשהו, המאפשר לבצע פעולה שמלכתחילה הייתה אסורה. נראה בעליל, שרבי יהושע מבין שלא ניתן לומר שמלאכת אוכל נפש כלל לא נאסרה, ולדעתו ישנו מתיר מיוחד במלאכת יום טוב. חידושו של רבי יהושע הוא שאותו המתיר אינו אלא ביחס לאיסורי תורה, אך לא ביחס לאיסורי דרבנן. ניתן לומר, שרבי אליעזר חולק על הבנת רבי יהושע (וצריך עיון בזה); אך גם אם נפרש כך, קשה מכאן על הרמב"ן, מאחר שהלכה כרבי יהושע נגד רבי אליעזר, וכאמור, ממשנה זו עולה שאין הוא אוחז בהבנת הרמב"ן, אלא דווקא בהבנה הרואה את כלל מלאכות יום טוב כאסורות [אלא אם כן נאמר ששחיטת פסח אינה דוחה את השבת, אלא היא חלק מקרבנות השבת. וצריך עיון. הערת העורך].

השאגת אריה (ריש סימן קב) רצה להוכיח שמצוות שמחת יום טוב נוהגת אף בראש השנה ממה שאוכל נפש מותר בו, שכן אחרת היה אוכל נפש אסור בו. הרי שלדעתו קדושת יום טוב יש בה, עקרונית, כדי לאסור מלאכת אוכל נפש, אלא שמצוות שמחה מתירתה. וכן לכאורה משמע משיטת הראב״ן והראבי״ה, שהביאו את דברי הר״ח, שאין דין מתוך מתיר אלא צורך מצווה, ואילו צורכי היום של רשות – אינם כלולים בהיתר.[53] חילוק זה לכאורה משולל הבנה, אלא אם נניח שכל היתר אוכל נפש בנוי על סיפוק צורכי מצוות שמחה ביום טוב (כפי שאכן ראינו לעיל בדעת הר״ח), שאז אפשר מדין מתוך להרחיב המעגל ולהתיר מלאכה אף לצורך מצוות אחרות המתקיימות בו ביום. אך אם ההיתר מנותק ממצוות שמחה, קשה להבין מניין החילוק הזה. וכבר עמד על כך בקיצור האבני נזר: ״ולא סבירא ליה נמי דמצוה חשיב צורך היום, אלא דאדרבא כל אוכל נפש שהתירה התורה הוא משום דמצוה״ (אורח חיים סימן תו). במקביל אפשר גם לקבוע, שלו מצוות שמחה הייתה נוהגת בשבת, הייתה מלאכת אוכל נפש מותרת אף בה; אלא שאין לנו בשבת מצווה כזו (לפחות, לא ברמת יום טוב).[54]

ונראה בעיניי שגם לשיטה זו פשוט שעדיין ניתן לתלות ההבדל לגבי אוכל נפש בשוני שבין הקדושות. שהרי אף אם נסביר ששורש ההיתר ביום טוב הינו עניין מסוים המתיר את האיסור (למשל: מצוות שמחה), עדיין נראה שהאיסור המוחלט בשבת איננו נובע רק מהעדר הגורם המתיר, וכפי שהוצע לעיל, אלא מפני שהשבת אינה בת היתר, מחמת קדושתה ואופייה כברית עולם. וגם לו אמרנו שדי במצוות כבוד ובמצוות עונג, לדוגמה, כדי להתיר אוכל נפש ביום טוב,[55] עדיין אין בכוחם להתיר אוכל נפש בשבת (אם נניח, כדעת היראים [סימן תיב] שהם מדאורייתא).

אם כן, העולה לדברינו דלכולי עלמא אין ראי איסור המלאכה בשבת כראי

53. ראב״ן ביצה סימן תמו, ראבי״ה ביצה סימן תשלח, אור זרוע חלק ב הלכות יום טוב סימן שלח.

54. בעניין שמחה בשבת יש לדון לאור הספרי בפרשת בהעלתך, שפירש: ״ביום שמחתכם – אלו שבתות״. ברי, אכן, שאין שמחה נוהגת בשבת כמצווה עצמאית, וכל השאלה סובבת סביב קיום שמחה בשבת. התוספות (מועד קטן כג ע״ב) פירשו שאין שבת מבטלת אבלות, משום דאין בה מצוות שמחה. מורי חותני הגרי״ד זצ״ל הביא בשם אביו ר׳ משה זצ״ל שישנו קיום שמחה בשבת רק במקדש, במקביל לדברי הרמב״ן בספר המצוות (שורש ראשון) שחילק בין מקדש לגבולין ביחס לקיום הלל בראש חודש, דמן התורה אינו אלא במקדש. ברם מחזור ויטרי כתב במפורש: ״וכן מצינו ששבת נקרא יום שמחה, דאמרינן בספרי: וביום שמחתכם זה השבת... ומשום הכי חותמין בשבת: וישמחו בך כל ישראל, שנקרא השבת יום שמחה״ (סימן פד). וכן משמע באור זרוע (הלכות שבת סימן מב) בשם מורו הרב אליעזר מוורמ״ש. ועיינו בכלי חמדה ויקהל אות א.

55. עיין ברמב״ם, הלכות יום טוב פ״ו הט״ז, שכבוד ועונג נוהגים גם ביום טוב.

איסורה ביום טוב. אך ברור שלהבנת רש"י והר"ח מיטשטשת הזיקה שבין דין אוכל נפש בשבת וביום טוב לבין אופי הקדושות למיניהן, ואינה חדה ומוחלטת כפי שמצטייר לדעת הרמב"ן.

את מקור ההבדל שבין קדושת שבת לקדושת יום טוב נראה למצוא, כפי שנתבאר לעיל, בפן הברית והאות שנתחדש בפרשת השראת השכינה שבשבת. כך מובנים כמין חומר דברי הרמב"ן, שרק בפרשת ויקהל נאסרה מלאכת הנאה בשבת. אך אפילו אם נניח שהיא כבר נכללה, על שם העתיד, ב"לא תעשה כל מלאכה" שבעשרת הדיברות, עדיין ניתן לומר שדווקא פן הברית, המפורט בפרשת המשכן והמיוחד לשבת,[56] הוא האוסר כל מלאכה – אף מלאכת הנאה.

ובכן, אפשר לקשר את שלושת ההבדלים העיקריים שבין שבת ליום טוב – עונש, חילוק מלאכות, אוכל נפש – לשורש אחד: הברית הקיימת בשבת והחסרה ביום טוב. מברית זו נובע שעשיית מלאכה בשבת הריהי חילול השבת, ומכאן יסוד שלושת הדינים שהזכרנו.

"המבזה את המועדות"

לאור דברינו, כמה מדויק לשון המשנה באבות: "המחלל את הקדשים והמבזה את המועדות... אין לו חלק לעולם הבא" (פ"ג מי"א). שבעוד לגבי קודשים נקטה המשנה לשון חילול, ביחס ליום טוב שינתה את מטבע הלשון לביזוי.[57] וכן מצינו בגמרא פסחים (קיח ע"א) שהלשון הוא: "כל המבזה את המועדות כאילו עובד עבודה זרה".

אכן, מצינו לכמה מגדולי הראשונים שכתבו שלא כדברינו. דיעוין ברש"י בפירושו לאותה משנה באבות, שכתב: "חילל חולו של מועד בעשיית מלאכה או שנוהג בה מנהג חול באכילה ובשתיה". וכן בפירושו לחומש נקט (בעקבות התורת כוהנים) לשון חילול לגבי המועדות: "מה ענין שבת אצל מועדות, ללמדך שכל המחלל את המועדות מעלין עליו כאלו חלל את השבתות" (ויקרא כ"ג, ג). ויש לקשר זאת לדעתו, הנידונה לקמן, בנוגע ליחס ולזיקה שבין שבת ויום טוב.

56. זאת בתנאי שנבין, כדעת הרמב"ן (שמות ל"א, יג), שהביטוי "שבתֹתי" אינו מתייחס לימים טובים. ועוד יידון להלן.

57. הוכחה גמורה אין כאן, שהרי ניתן לטעון שאף אם שייך חילול גם לגבי יום טוב, בכל אופן רק המבזה אין לו חלק לעולם הבא ולא המחלל גרידא, ומפני זאת שינתה המשנה את הלשון ממחלל למבזה.

אולם במחזור ויטרי שם באבות נאמר בסתם: "והמבזה את המועדות – חולו של מועד, ומיקל לעשות בהם מלאכה אפילו בדבר שאינו אבד", והושמט כל עניין החילול. ויותר מזה עולה מדברי הרמב"ם (פ"ו מהלכות יום טוב הט"ז), שכנראה מדבר על יום טוב ממש, ולא רק על חולו של מועד, ועם זאת דייק ונקט בלשון "המבזה": "וכל המבזה את המועדות כאילו נטפל לעבודה זרה".[58] וכן בפרק ג מהלכות תשובה (הי"ד) הביא המשנה כלשונה.

דרך הילוכנו רמזנו לחילוק אפשרי בין יום טוב לחול המועד. שיש מקום לומר שאף אם ביום טוב יש חילול, בחול המועד אין. ומדויק לכולי עלמא לשון "המבזה את המועדות" אם נפרשו ביחס לחולו של מועד ולא בנוגע ליום טוב גופא.[59] וכן פירש הרשב"ם את הגמרא בפסחים, דמיירי בחול המועד.

דבר זה מפורש להדיא ברבנו יונה על אתר, שאף שסבור הוא כרש"י, שחילול שייך בימים טובים ולא רק בשבתות – כנגד מהלך דברינו – מאידך מפורש בדבריו שאין חילול בחולו של מועד: "ואמר בכאן המבזה, ולא אמר המחלל את המועדות, מפני שאינו מדבר ביום טוב לעצמו, כי בזה לא הוצרך לדבר, שיום טוב כשבת הוא. אלא מחולו של מועד מדבר, לעושה ביד מלאכת איסור, והוא מבזה חולו של מועד, ואומר: אלו הימים אין להם קדושה כל כך כימים הראשונים, ועושה בהם כל מלאכה ותועבה עושה, גם בוש לא יבוש".

מהן "שבתֹתַי"?

עיקר דברינו מבוסס על הנחה אחת: שלא נכרתה ברית לגבי ימים טובים, וממילא שאין בהם חילול. ברם, הנחה זו תלויה בהיקף המונח "שבת" בתורה בכלל ובפרשית "ושמרו" בפרט; האם כולל הוא בתוכו את המועדים, או שיש לצמצמו לשבת בראשית בלבד.

וייתכן שבמחלוקת היא שנויה. דהנה בפתחה של פרשת ברית השבת נאמר:

58. אם כי יש מקום לומר שהרמב"ם נקט בלשון זה רק משום שרצה להכליל גם יום טוב וגם חול המועד בחדא מחתא, שכן בהלכה הבאה פתח: "שבעת ימי הפסח ושמונת ימי החג..." וכו'.

59. רבנו בחיי (בפירושו למסכת אבות על אתר) הביא את שני הפירושים: "העושה בהן מלאכה או שנוהג בהם מנהג חול באכילה ובשתיה. ויש שפירשו: והמבזה את המועדות – חולו של מועד, שעושה בו מלאכה אפילו שלא בדבר האבד". ובמאירי שם נראה שהבין שמדובר ביום טוב ממש. אך מאידך כנראה סבר שהא דאין למבזה חלק לעולם הבא אין זה בגלל עצם עשיית המלאכה וחילול הקודש, אלא בגלל מה שמשתקף בעשייה זו: "והמבזה את המועדות יורה עליו שהוא כופר במופתים ובשינוי הטבעים, שרוב המועדות באים בגללם".

"ואתה דבר אל בני ישראל לאמר אך את שבתֹתַי תשמֹרו" (שמות ל"א, יג); ומתעוררת השאלה: מה פשר לשון רבים שב"שבתֹתי". ויעוין באבן עזרא על אתר, שכתב: "אמר חכם מהחכמים הגדולים: ידוע כי שבת אחת שבת השם, אם כן מה טעם שבתותי? והשיב בעבור כי שתא אלפי שנא הוי עלמא, הנה האלף השביעי שבת; גם שנת השמטה שבת; שבתות רבות בכל שנה". ומעין סוף דבריו כתב הרמב"ן: "וטעם שבתותי בעבור כי שבתות השנה רבים". על דרך זו, אין ימים טובים כלולים בפרשה. ואכן, האבן עזרא שם הסיק: "ודע כי לא מצאו מפורש במועדים שבת, רק שבתון". ולשיטתם נראה כי המילה שבת בתורה בכלל ובפרשה זו בפרט מציינת את היום השביעי בלבד, ואינה מתייחסת לכלל המועדות.

לעומתם, אור החיים ביאר אחרת: "ודקדק באומרו את שבתותי, לכלול כל הנקרא שבת, בין שבת בראשית בין יוה"כ בין שאר המועדות, למלאכות האסורות בהם". ביטוי זה נמצא גם בפסוק מקביל ביחזקאל (כ', יב): "וגם את שבתותי נתתי להם להיות לאות ביני וביניהם לדעת כי אני ה' מקדשם". ופירש הרד"ק שם: "ואמר שבתותי לשון רבים, כלל בו שביתת המועדים, כי גם הם זכר ליציאת מצרים". וכן מצינו ברש"י בפסחים (מו ע"ב ד"ה מדאורייתא), אמירה כללית יותר: "ושבת ויו"ט חדא קדושה היא, דתרוייהו שבת איקרו".

ועל כולן, הערתו של רש"י בביאור מה שנאמר שאין בניין בית המקדש דוחה יום טוב, שהסביר: "כדאמרינן ביבמות בפרק קמא: יכול יהא בנין בית המקדש דוחה שבת, ת"ל: את שבתותי תשמרו ומקדשי תיראו אני ה', כולכם חייבים בכבודי; אתם והמקדש חייבין בכבודי, שהזהרתי על השבת; וימים טובים נמי שבתות איקרו" (שבועות טו ע"ב ד"ה אין).

מלשונו של רש"י משמע שהבין לא רק שיום טוב איקרי שבת באופן כללי, אלא שהוא כלול גם במונח "שבתֹתי" בפרט. ובאמת, הכלי חמדה בפרשת כי תשא (אות ה) רצה להציע שיום טוב איקרי שבת אך לא איקרי שבתותַי, משום שישראל מקדשי ליה, וחזר בו בגלל דברים אלו של רש"י. אם כן, אליבא דרש"י הרי גם ליום טוב מתייחסת המילה "שבתֹתי" שבפרשיית הברית. ואם כך, הרי שאף בימים טובים יש ממד של אות וברית.

המשכנות יעקב עמד על זיקת שבת ויום טוב לפי רש"י בהקשר זה, אם כי ללא התייחסות לדבריו במקומות אחרים: "והנה על יו"ט לא כתב שום טעם למה יקרא אות, רק הוא דבר מבואר ממילא שכל הימים טובים נקראו שבת בכתוב, וספרתם לכם ממחרת השבת – היינו יו"ט, וכן: תשבתו שבתכם – דרשו ממנו להוסיף מחול על הקודש ביו"ט" (סימן לח).

והנה, את הוכחותיו מהפסוקים ניתן לדחות, שכן ל"שבת" יכולה להיות משמעות כפולה, נרחבת ומצומצמת. "אכילה" במובנה הרחב כוללת שתייה, אך במובנה המצומצם נבדלת הימנה; המונח "חיה" במובנו הרחב כולל גם בהמה, אך במובנו המצומצם אינו כוללה; קניין משיכה שונה מקניין הגבהה, ובכל זאת מצאנו שימוש במונח "משיכה" (לעומת קניין מעות, למשל) כמונח כולל המקיף גם הגבהה. שאלתנו אינה נוגעת למילה "שבת" במובנה הרחב, אלא למילה זו במובנה המצומצם; ובמיוחד אנו שואלים, האם כל המועדים כלולים בפרשיית "אך את שבתֹתי תשמרו". אך אין ספק שצדקו דבריו בזה, שלדעת רש"י אכן קיימת זיקה הדוקה בהקשר זה בין שבת ויום טוב.

וכך אולי ניתן גם לדייק מדברי הרמב"ם: "כשם שמקדשין בלילי שבת ומבדילין במוצאי שבת כך מקדשין בלילי ימים טובים ומבדילין במוצאיהן ובמוצאי יום הכפורים, שכולם שבתות ה' הן" (הלכות שבת פכ"ט הי"ח).[60] אכן, מקורו של הרמב"ם אינו ברור; וייתכן שלגבי מצוות קידוש הסתפק ב"שבתון" הנאמר לגבי ימים טובים, ואילו "את שבתתי תשמרו" יפרש כאבן עזרא וכרמב"ן, כמתייחס לשבת ממש ורק לה.

בעניין זה דן השדי חמד (חלק ג עמ' 150) והפנה למהרי"ט (הלכות תפילת יום טוב כו ע"א), שתמה על הניסוח שהביא רש"י לגבי שבת: "יום המנוח הזה", ובכך זנח את לשון המקרא: "יום השבת הזה". והוסיף המהרי"ט: "וכי תימא יו"ט נמי מתקרי שבת, מ"מ יום השבת לא מתקרי".[61]

אכן, ברור בעליל שאין דעת רש"י וסיעתו להשוות שבת ליום טוב לחלוטין, ואינם סוברים כי המילה "שבת" המופיעה בפרשייה אוצרת בתוכה את כל המועדים. דהרי לית מאן דפליג שהעושה מלאכה ביום טוב איננו במיתה, ופשיטא שהפסוק "מחלליה מות יומת" (שמות ל"א, יד) אמור אך ורק כלפי עושי מלאכה בשבת בראשית. ואף אם לדעת רש"י מתוך שהפרשה אוצרת בתוכה הן את שבת והן את יום טוב נכרתה ברית אף על יום טוב, אף על פי כן אין איסור המלאכה כלול בברית

60. ואף כי המגיד משנה כתב שם דקידוש ביום טוב רק מדרבנן הוא, שמעתי ממו"ח זצ"ל שהדברים תמוהים, כי ברמב"ם שם ממש מפורש להיפך.

61. אליבא דאמת נראה שאין מקום כלל לקושייתו, דבפסוק "לא תבערו אש בכל מֹשבֹתיכם ביום השבת" (שמות ל"ה, ג), מדובר על יום השבת לחוד, וכן בנאמר לגבי הוצאה (יעוין ביצה יב ע"א), שכן ה"א הידיעה באה למעט יום טוב. אך בתפילה, כשמוסיפים את ה"א הידיעה אין היא באה לייחד את שבת לעומת יום טוב, אלא להתייחס ליום **הזה** שבו נמצא המתפלל. ולפי הגורסים "יום המנוח הזה", לוּ היו אומרים "יום השבת הזה" אכן ניתן היה לייחס את האזכור ליום טוב, אם סבירא לן שאף יום טוב איקרי שבת.

הזאת. כך שאין בדברי רש״י פירכא למה שנתחדש בדברינו לעיל.[62] וכבר הסיק הנצי״ב בהעמק שאלה (קע אות ב): ״וראוי לדעת דזה החקירה אם יו״ט בכלל שבת אינו אלא במקום שאפשר לפרש הכי והכי; אבל ודאי יש מקראות מוכיחים דוקא שבת בראשית״. ועוד כתב שם: ״ועוד נראה לחלק (= בדעת רש״י) בין הכתוב אצל שמירת מלאכה, דבזה ודאי יש חלוק בין שבת בראשית ליו״ט, שלא נזכר בו אלא שבתון, להקטין השביתה״.

אם כן, נחלקו הראשונים ביחס למונחים ״שבת״ ו״שבתֹתי״ בתורה. והאמת תורה דרכה, ששאלה זו אינה לשונית גרידא. מחלוקת זו נוגעת בטיב היחס שבין קדושת השבת לקדושת המועדות. העולה מכך כי הרמב״ן, הן בהסברו להיתר אוכל נפש ביום טוב והן בפירושו למילה ״שבת״, מחדד ומדגיש את השוני וההבדל שבין קדושת שבת לקדושת יום טוב; בעוד רש״י וסיעתו מטשטשים ומצמצמים הבדל זה. ויעוין ברש״י שכתב: ״ללמדך שכל המחלל את המועדות מעלין עליו כאלו חלל את השבתות. וכל המקיים את המועדות, מעלין עליו כאלו קיים את השבתות״ (ויקרא כ״ג, ג).[63] הרי שראשית נקט לשון חילול ביחס למועדות, וזאת בניגוד לתורף דברינו. ושנית, עצם ההשוואה וההיקש שהעמיד מצביעים על הדמיון הקיים לדעתו בין שבת בראשית לבין מועדי ה׳.

יום טוב הסמוך לשבת

ייתכן שכבר נחלקו אמוראים, ואולי אף תנאים, בנידון זה: היחס והזיקה שבין קדושת שבת וקדושת יום טוב; באיזו מידה הבדיל הקב״ה את השבת מיום טוב ועד כמה השווה ביניהם. דהנה יעוין בסוגיית הואיל: ״איתמר, האופה מיום טוב לחול, רב חסדא אמר לוקה, רבה אמר אינו לוקה. רב חסדא אמר לוקה, לא אמרינן הואיל ומיקלעי ליה אורחים חזי ליה. רבה אמר אינו לוקה, אמרינן הואיל. אמר ליה רבה לרב חסדא, לדידך דאמרת לא אמרינן הואיל, היאך אופין מיום טוב לשבת, אמר ליה משום עירובי תבשילין. ומשום עירובי תבשילין שרינן איסורא דאורייתא, אמר ליה מדאורייתא צורכי

62. אפשר דיש להציע דאף אם יום טוב כלול ב״שבתות״ וב״שבתֹתי״, אינו נכלל ב״שבת״; וזאת בשונה מהצעת הכלי חמדה שיום טוב נכלל דווקא ב״שבת״ אך לא ב״שבתֹתי״. בכך יתיישב הא דאליבא דכולי עלמא אין מיתה ביום טוב, שהרי כתוב בו: ״ושמרתם את השבת... מחלליה מות יומת״, בעוד ביחס לאות נאמר: ״אך את שבתתי תשמרו כי אות הוא״ [הערת העורך].

63. כפי שצוין לעיל, מקור דבריו בתורת כהנים על אתר.

שבת נעשין ביום טוב, ורבנן הוא דגזרו ביה, גזירה שמא יאמרו אופין מיום טוב אף לחול. וכיון דאצרכוה רבנן עירובי תבשילין – אית ליה היכירא" (פסחים מו ע"ב).

בסוגיה זו קובע רבה שמותר, מדאורייתא, לבשל מיום טוב לשבת רק מטעם הואיל ומיקלעי ליה אורחים חזי ליה; כלומר, מפני שניתן לראות את הבישול כמיועד לבו ביום, אם כי המבשל מכוון להכין למחרת (שיקול זה שייך בבישול מיום טוב לשבת, כשם ששייך בבישול מיום טוב לחול). ואילו רב חסדא, הדוחה שם את דין הואיל, מנמק את היתר עירובי תבשילין אחרת: "מדאורייתא צורכי שבת נעשין ביום טוב". ופירש רש"י שם (ד"ה מדאורייתא): "דכתיב: אך אשר יאכל לכל נפש; ושבת ויו"ט חדא קדושה היא, דתרוייהו שבת איקרו".

פירושו של רש"י כאן עולה בקנה אחד עם דבריו בשבועות, אך נאמר רק אליבא דרב חסדא; ואם ננקוט שרבה סובר שאין צורכי שבת נעשין ביום טוב (ואלמלא השיקול של הואיל, אין הכי נמי שאסור היה לבשל מיום טוב לשבת) – ייתכן שציר מחלוקתם של רבה ורב חסדא בנקודה זו עובר דרך שאלתנו: מהי הזיקה שבין שבת ליום טוב. האם ניתן לכלול ימים טובים תחת הכותרת "שבתות ה'", ומה היחס שבין קדושותיהם – האם קדושה אחת היא בעלת שני גוונים, או שמא מדובר בשתי קדושות שונות ונפרדות.

השתא דאתינן להכי, אפשר גם להעמיד העניין בפלוגתא דתנאי. דהנה לגבי מה שהתבטא רש"י, "ושבת ויום טוב חדא קדושה היא", פירש הרמב"ן במלחמות שם (טו ע"א באלפס) שהתכוון לתלות דברי רבה ורב חסדא באשלי רברבי, הלא המה רבי אליעזר וחכמים במשנה בעירובין (לח ע"א). דתנן התם: "רבי אליעזר אומר: יו"ט הסמוך לשבת בין מלפניה ובין מלאחריה מערב אדם שני עירובין, ואומר: עירובי בראשון למזרח ובשני למערב... וחכמים אומרים: או מערב לרוח אחת או אינו מערב כל עיקר". ומבואר שם בגמרא דיסוד מחלוקתם הוא האם שבת ויום טוב קדושה אחת הם או שתיים.

מתוך כך, קושרת הגמרא (שם לח ע"ב) את מחלוקת רבי אליעזר וחכמים עם שאלת נולדה בזה אסורה בזה (לגבי ביצה שנולדה ביום טוב הסמוך לשבת או להיפך, שנחלקו בה אמוראים האם מותרת היא באכילה ביום השני). גם מחלוקת זו ניתן לתלות בשאלתנו; ואם כך, אף להסיק לגביה מסקנות. הלא להלכה נפסק בגמרא (שם) כרבי אליעזר. ומתוך כך אף פסק הרמב"ן במלחמות ה' בפסחים נגד רב חסדא, שאין צורכי שבת נעשין ביום טוב. לדעתו, יסוד אחד עומד בבסיס שלוש הפלוגתות: אי צורכי שבת נעשים ביום טוב, פיצול העירוב בשבת הסמוכה ליום טוב, והיתר זה של ביצה שנולדה בקדושת היום הקודם.

אם נקשור בין מחלוקת זו (שבין רבה ורב חסדא) לבין פירוש הביטוי "שבתֹתי" שבפסוק ולבין הזיקה כללית שבין שבת בראשית לימים טובים, הרי שמסקנת הרמב"ן להלכה היא כשיטתו בביאור הפסוק בפרשת כי תשא וכשיטתו בהבנת היתר אוכל נפש. ובכל אלו דעתו היא שיום טוב ושבת קדושות שונות הן, שאינן דרות בכפיפה אחת, וממילא שאינן מצטרפות לקדושה אחת.

אך, אם כך, למאי דקיימא לן כרבי אליעזר, יקשה על שיטת רש"י בשבועות, שאליבא דידיה "ימים טובים נמי שבתות איקרו". התינח לדעת רב חסדא או לרבנן דרבי אליעזר; אך לאור הכרעת רב (שם לח ע"ב), "הלכה כד' זקנים הללו ואליבא דרבי אליעזר דאמר שתי קדושות הן", הרי משתמע ששבת ויום טוב לאו חדא נינהו, ואין יום טוב בכלל שבת.

ברם, מתוך עיון מדוקדק בשתי הסוגיות מתברר בפשטות שאין כאן קושיה כלל. דהנה רבנן דרבי אליעזר לכאורה ודאי סוברים כרש"י שיום טוב בכלל שבת, שהרי אחרת לא היו יכולים ימים אלו להצטרף למקשה אחת. אך רבי אליעזר אינו חייב לשלול תפיסה זו. דהנה שיטת חכמים בנויה על שתי הנחות: א) יום טוב ושבת ממקור אחד נחצבו, מהותם דומה, וכלולים הם במסגרת אחת מקיפה. ב) שני הימים מהווים יחידה אחת, מעין דין יומא אריכתא שנאמר לגבי שני ימים טובים של ראש השנה. וכך מדויק מקושיית רבנן התם בגמרא (לח ע"א): "הכי קאמרי ליה רבנן לר' אליעזר: אי אתה מודה שאין מערבין ליום אחד חציו לדרום וחציו לצפון? כך אין מערבין לשני ימים, יום אחד למזרח ויום אחד למערב". וביאר הריטב"א שם (ד"ה הכי קאמרי): "שאף הם כיום אחד ארוך הוא, דקדושה אחת הם" (ובדומה כתב גם רבנו יהונתן על אתר).

אם כך, רבי אליעזר חולק על אחת משתי הנחות אלו, ומחלוקתם סובבת סביב אחת משתיים. ייתכן שנחלק רבי אליעזר על עצם היכולת לצרף שבת ויום טוב, מפני שלדעתו אין ביניהם מכנה משותף. אך לו מדובר היה באותה קדושה, למשל, לו הייתה אפשרות ששתי שבתות או שני ימי מועד יחולו בסמיכות, אין הכי נמי שמודה היה רבי אליעזר לרבנן שקדושה אחת הם. ולפי זה אכן נחלקו התנאים בנוגע ליחס שבין שבת ויום טוב. אף זה ניתן להיאמר בשתי דרכים: או שנחלקו לגבי אופיים של שבת ויום טוב, או שנחלקו בנוגע לרמת השוני הנדרשת, היינו: איזו רמה של קירבה ודמיון נחוצה כדי להגדיר רצף בין שבת ליום טוב.

לחילופין, בהחלט ייתכן שמודה רבי אליעזר כי יום טוב איקרי שבת ושקדושת יום טוב דומה לקדושת שבת; אך חולק הוא על ההנחה השנייה, וסובר שאמנם מדובר בסוג אחד של קדושה אך בשתי יחידות שונות הימנו. הרי בסוף המשנה מוכיח רבי

אליעזר ששתי קדושות הן, ממה ששנינו: ״נאכל בראשון – עירובו לראשון ואין עירובו לשני״. דין זה לכאורה ודאי אינו תלוי בסוג הקדושה אלא ביחידת הזמן, שהעירוב צריך להיות קיים בראשית היום שבו הוא קונה שביתה. והוא הדין לגבי נולדה בזה אסורה בזה, שאף אם שני הימים מעין אותה קדושה הם, עדיין ניתן לומר שכל יחידה מכינה לעצמה אך לא לחברתה, וממילא הביצה אסורה למחרת.

אם כך, אין כאן שום קושי לרש״י. ואף מובן למה הסוגיה והראשונים (פרט לרמב״ן) לא קישרו בין שיטת רבה בעניין הואיל לבין שיטת רבי אליעזר בעניין עירוב. לו היה רבי אליעזר שולל את המכנה המשותף שבין שבת ליום טוב, היה דוחה בכך גם את שיטת רב חסדא, כפי שהסבירה רש״י. אך אנו הצענו שאף לרבי אליעזר יכול להתקיים מכנה משותף בין שבת ליום טוב, אלא שעדיין אין מתחייבת מכאן לדעתו שלילת האפשרות של שני עירובים, שהרי בכל זאת מדובר בשתי יחידות. אם כך, אפשר להפריד בין הדבקים: ייתכן ששניות יחידות הזמן משמעותית היא לגבי עירוב, אך לא לגבי מלאכת אוכל נפש. ויוכל לפי זה רב חסדא לסבור כרבי אליעזר; כדעת כמה ראשונים שפסקו כשניהם.[64]

ופוק חזי, שבסוגיה (מז ע״א) משמע שמדאורייתא צורכי שבת נעשים ביום טוב אף אם יש פער של שבוע ביניהם, ובכי האי גוונא ודאי שאין לראותם כיחידה אחת. על כורחנו, שלא אכפת לן אם ביחידות נפרדות עסקינן, כי בכל הנוגע לשיקול של ״הואיל ומיקלעי ליה אורחים״ הדין תלוי באופייה ובשמה של קדושת היום, ולא במספר יחידות הזמן.[65]

העולה מכך, שלרבנן דרבי אליעזר נראה שאכן ישנה זיקה מהותית בין שבת ליום טוב. שאם לא כן, כיצד ייתכן יום אחד בעל שני שמות קדושה נפרדים? אם רואים שבת ויום טוב כיומא אריכתא, בהכרח יש לומר דחדא קדושה נינהו. אלא שיש להסתפק האם רבי אליעזר מודה להם בנקודה זו (ואף על פי כן סבור ששתי יחידות זמן שונות הן, שניתן לפצלן לשני עירובים); או שחלוק הוא על עצם הזיקה שבין שבת ליום טוב, ולדעתו שתי קדושות שונות הן.

יסוד דומה ניתן להיאמר בנוגע לדעת רבה בסוגיית הואיל. אף אם אכן חולק

64. בעיקר חכמי פרובנס – בעל המאור על אתר, רבנו אפרים ובעל ההשלמה (הובא במאירי על אתר).

65. ערוך השולחן (או״ח תקכ״ז, א) אף הוא חילק בין הסוגיות; אלא שלדעתו בדינים דאורייתא – שבת ויום טוב חדא קדושה הם, ועל כן מן התורה צורכי שבת נעשים ביום טוב, ואילו הסוגיה בעירובין, שבה קיימא לן כרבי אליעזר, דנה בדינים דרבנן.

הוא על עיקר דין צורכי שבת נעשין ביום טוב, אין הכרח לומר ששיטתו בנויה על הבדל עקרוני ובסיסי בין שבת ליום טוב. רב חסדא סבור שחדא קדושה נינהו, ודי בזה כדי להתיר בישול מיום טוב לשבת. ייתכן שרבה סבור כמוהו לעניין יסוד קדושתם, אלא שלדעתו היתר אוכל נפש תלוי גם בהיותו נעשה לאותה יחידת זמן. לדידו, אף לו מצינו מן התורה שני ימים טובים רצופים, אסור היה לאפות מיום טוב לחברו. לפי פירוש זה, מסכימים הם רב חסדא ורבה שבאופן עקרוני שבת ויום טוב קדושתם דומה. תורף מחלוקתם הוא האם אוכל נפש הותר אך ורק לבו ביום, או אף לצורך יחידת זמן אחרת.

מאידך, שמא ניתן לערער על דברינו לעיל ולנתק אף את הסוגיה בעירובין מן השאלה העקרונית. לדעת רבנן דרבי אליעזר בעירובין, הסבורים שכאשר שבת ויום טוב סמוכים זה לזה לא ניתן לערב יום אחד למזרח ולמחרתו למערב, האם בהכרח אמרי דיום טוב ושבת קדושה אחת הם, והווי כיומא אריכתא, וכמו ב׳ ימים טובים של ראש השנה לדידן? כך אכן משמע מקושיית רבנן על רבי אליעזר: ״אי אתה מודה שאין מערבין ביום אחד חציו לצפון וחציו לדרום?״ (עירובין לח ע״א). מכאן עולה לכאורה שאליבא דרבנן היומיים הללו – כיום אחד ארוך הם, וכפי שראינו שכתב הריטב״א שם, וכן כתב גם רבנו יהונתן שם: ״ואם היה פשיטא לרבנן דקדושה אחת הן, לא היה מצטרך להוליך עירובו אלא בבה״ש של יום ראשון לבדו, דהא יומא אריכתא הוא״.

אך ניתן גם להסביר אחרת, דאף רבנן מודו דלא דמי לראש השנה. שם שני הימים קדושה אחת הם מפני שכיום אחד חשיבי, ואילו כאן מקבלים יום טוב ושבת דין יום אחד (לעניין עירוב) מפני שקדושה אחת הם (וכך מדויק בריטב״א הנ״ל). כלומר, יש כאן רצף של קדושה, שלא נקטע על ידי פרק זמן של חול, ולפיכך אי אפשר לפצל את העירוב. לפי הסבר זה, ניחא להבין למה לרבנן (כמובא שם בגמרא) צריך שיהא העירוב קיים אף בתחילת היום השני. אם יומא אריכתא הוא – מדוע יש בכך צורך? די בכך שהעירוב יהיה קיים בתחילתו של אותו יום ארוך. מדין זה עולה שגם רבנן מודים שיש כאן ב׳ ימים שונים, אלא שסבורים הם שלא ניתן להעביר את מקום השביתה בעיצומה של קדושת היום – ואפילו כשמדובר ברצף של שתי קדושות שונות. ולפי זה לכולי עלמא מדובר בשני ימים שונים, והמחלוקת מתמקדת בדין מקומי בהלכות עירוב.[66]

66. הגמרא שם מביאה את קושיית רבי אליעזר על חכמים: ״אי אתם מודים... נאכל עירובו ביום ראשון – אין יוצא עליו ביום שני?״ כלומר: לשיטת רבנן – מדוע יש צורך שהעירוב יהא קיים

"צורכי שבת נעשין ביום טוב"

אשר לסוגיית רבה ורב חסדא כשלעצמה, אפשר ליישב בנימה אחרת את הקושי העולה ממנה על שיטת רש"י; ומתורת הרמב"ן למדנוה. דהנה מפורש בסוגיה שלדעת רב חסדא, שלא קיבל את דין הואיל, צורכי שבת נעשין ביום טוב. אולם דעת רבה ביחס לדין זה לא נתפרשה בסוגיה. מחה, ייתכן שלמסקנה קיבל רבה את דעתו של רב חסדא, שצורכי שבת נעשין ביום טוב. ולפי זה, לרבה ולפוסקים כמותו מותר לבשל מיום טוב לשבת מחמת שתי סיבות: מצד הואיל ומצד שצורכי שבת נעשין ביום טוב. דין הואיל שייך גם כשמבשל מיום טוב לחול, מה שאין כן, כמובן, לגבי דין צורכי שבת נעשין ביום טוב. אך מאי נפקא מינה לכך שצורכי שבת נעשין ביום טוב, אם ממילא מתיר רבה מדין הואיל? אכן, יש לכך נפקא מינה בנסיבות שבהן אין הואיל קיים, כגון בסמוך לחשיכה לפי התוספות (פסחים מו ע"ב ד"ה רבה). ועוד, שאפשר שמדין הואיל עדיין יש איסור דרבנן (כדעת בעל המאור בפסחים שם) ואולי אף איסור מן התורה,[67] ואילו מדין צורכי שבת נעשין ביום טוב – מותר לגמרי.[68]

בבין השמשות של היום השני? לפי הסברנו זה, נקל לתרץ את קושייתו, שהרי גם לדעת חכמים בשני ימים שונים עסקינן. אך הגמרא לא תירצה כך, אלא ביארה שלרבנן ספוקי מספקי להו ואזלי לחומרא, ומשמע שאין לחלק כדברינו.

ברם, יעוין בירושלמי (פ"ג ה"ז) שבתגובה לקושיית רבי אליעזר לא השיב דרבנן מחמירים מספק אלא ביאר אחרת: "ואינון מתיבון ליה: אי אתה מודה לנו שאין מערבין לאדם בתחילה ביום טוב, הוי קדושה אחת היא". ומשמע שלא אתו עלה מדין ספק, אלא שהעלו טענה נגדית, היינו: שיש לחלק בין קיום העירוב לבין החלת עירוב במועד קדוש.

[הגרי"ד זצ"ל (בשיעור שהעביר בשנת תשי"ג ביארצייט של אביו ולזכרו, שיעור שטרם ראה אור) הבין ברמב"ם בפירוש המשנה שם בעירובין, שספק חכמים בעניין זה איננו ספק רגיל כיצד לפסוק, אלא זהו ספק מעין בין השמשות, כאשר שני מרכיבים הסותרים זה את זה מצויים בו־זמנית (יעוין בשיעורו בעניין יום ולילה, בספר שיעורים לזכר אבא מרי ז"ל ח"א). ולפי זה שוב החילוק המוצע שריר וקיים גם לפי הבבלי. הערת העורך]

עוד יש להקשות, דבגמרא (שם ע"ב) רמו דרב אדרב, דמצד אחד פסק בעניין עירוב כרבי אליעזר ומצד שני סבר שנולדה בזה אסורה בזה; הרי שהשוו עירוב לשאר תחומין! אך לא קשיא מידי. ההשוואה כאן היא לכיוון אחד, שהסובר שנולדה בזה אסורה בזה אינו יכול לסבור כרבי אליעזר בדיני עירוב; ועל זה בא התירוץ דהתם, משום הכנה דרבה. אך אין הכי נמי שמי שסובר נולדה בזה מותרת בזה יכול לסבור כרבנן, מחמת דיני עירוב.

67. יעוין ביאור הלכה ריש סימן תקכ"ז.

68. ואף דבעינן עירובי תבשילין, היינו תקנה בפני עצמה, כאשר מי שאינו מניח עירוב תבשילין מבטלה ועובר על איסור מצד זה; אך אין דינו כמי שעושה מלאכה מדרבנן. ואולי יש לתלות שאלה זו במחלוקת האמוראים בנוגע לטעמו של עירוב תבשילין (ביצה טו ע"ב). אי עירוב התבשילין בא כדי לתת מנה יפה לשבת, אז יש לראותו כקיום בכבוד ובעונג של השבת, ואין

ויש שרצו להבין כך ברמב"ם, שפסק כרבה לגבי המבשל מיום טוב לחול (הלכות יום טוב פ"א הט"ו), ואף על פי כן כתב: "יום טוב שחל להיות ערב שבת – אין אופין ואין מבשלין ביום טוב מה שהוא אוכל למחר בשבת. ואיסור זה מדברי סופרים, כדי שלא יבא לבשל מיום טוב לחול" (שם פ"ו ה"א). ומדלא הזכיר הואיל, משמע שמדאורייתא מותר בלאו הכי.[69]

מאידך, ייתכן שרבה דוחה יסוד זה לחלוטין, ואינו מקבל כלל את הקביעה שצורכי שבת נעשין ביום טוב. ואילו הרמב"ן התווה דרך ביניים. דיעוין בהמשך דבריו במלחמות שם, שבא להכריח דהלכה כרבה, ממאי דקיימא לן כוותיה בדין הכנה דרבה, שאין יום טוב מכין לשבת, וכי מה שהוכן ביום טוב עבור שבת אסור בה באכילה (ביצה ב ע"ב). ביאור דבריו, דבכל הנוגע לאיסור מלאכה של בישול ביום טוב, ייתכן שרבה מודה עקרונית, שצורך שבת מתירו. ואף על פי כן נזקק לדין הואיל כדי להתירו למעשה, מפני שאין כאן צורך שבת. מדוע? היות שממילא התבשיל יהיה אסור באכילה בשבת, מכוח הכנה דרבה, שהרי לא הוכן בחול. דבשלמא אם באנו לדון מפאת הואיל, הרי הבישול הופך להיות ליום טוב, מכיוון דחזי לאורחים. ומכיוון שיום טוב מכין לעצמו, הפך התבשיל להיות מוכן ביומו, וממילא הוא מוכן אף לגבי שבת, שאין הכנתו פוקעת. אך אם באנו להתיר רק מצד דצורכי שבת נעשין ביום טוב, הרי הבישול מוגדר כצורך שבת, ואין לו הכנה ליום טוב. ובכן, מדין הכנה דרבה אסור תבשיל זה באכילה בשבת. ואז כמובן הדר דינא שאסור לבשלו ביום טוב מצד איסור המלאכה,[70] מכיוון שבפועל אינו מספק צורכי שבת.[71]

וכן מבואר, ביתר הרחבה, בחידושי רבנו דוד תלמידו: "דליכא למימר שכשם

כאן – אף לא מדרבנן – זיקה לאיסור מלאכה. אך אם בא עירוב תבשילין כדי שיאמרו: אין אופין מיום טוב לשבת קל וחומר לחול, אז ייתכן שאם בישל ללא עירוב – אכן עבר על איסור מלאכה מדרבנן. ואולי נפקא מינה לעבר ובישל, ואכמ"ל.

69. כן הבינו הבית יוסף, ערוך השולחן וביאור הלכה ריש סימן תקכ"ז (וכן הקרן אורה שבת כב ע"א). אך המגן אברהם שם הבין שהרמב"ם התיר רק מדין הואיל, ולדעתו אין צורכי שבת נעשין ביום טוב, וכן הביא בשם המהרש"ל.

70. ואף דאמרינן לעניין מתוך (ביצה יב ע"א) דאף בישול מאכלות אסורות חשיב צורך היום, יש לחלק ולומר שלגבי דין צורכי שבת נעשין ביום טוב יש לנו אותן אמות מידה כמו לגבי אוכל נפש ממש. ולבית שמאי דלא סברי מתוך, יוצא מן הסוגיה שם דביום טוב מאכלות אסורות אינן מוגדרות כאוכל נפש. ויש לדון בזה.

71. בדברי הרמב"ן ניתן אולי להבין שהוא מוכיח את דינו מהכנה דרבה, אך אין הכי נמי שרבה כשלעצמו אף דוחה את הדין הכללי של צורכי שבת נעשין ביום טוב. אך מפורש בדברי רבנו דוד תלמידו (המובאים להלן), שדחה את היישום של דין צורכי שבת נעשין ביום טוב רק בגלל הכנה דרבה.

שהותרה מלאכה לצ״ך יום טוב כך הותרה לצרך שבת; דכיון דאמ׳ קרא: והכינו את אשר יביאו, דדרשי׳ מיניה: אין יום טוב מכין לשבת, תו לית לן למימר דשרא רחמנא מלאכה ביום טוב לצרך שבת, שהרי נאסרה המלאכה לצרך השבת מקרא דהכנה״.[72]

לפי זה, איך נפרש את דעת רב חסדא? ייתכן שהוא חולק על כל דין הכנה דרבה (וזה תלוי בסוגיה בעירובין לח ע״ב). מאידך, אפשר שהוא מגביל הכנה דרבה להכנה בידי שמים, וכדעת התוספות בביצה (ב ע״ב ד״ה והיה).[73]

לפי פירוש זה, מחלוקת רבה ורב חסדא אינה קשורה כלל לעניין קדושה אחת או שתיים. לכולי עלמא יום טוב ושבת קדושה אחת הם (אם כי, כמובן, אין כאן לרבה יומא אריכתא לגבי הכנה). וזה עולה בקנה אחד עם פירוש ״שבתֹתי״ לדעת רש״י.

עוד ניתן, על דרך התוספות שם, להציע הסבר נוסף ולבאר דסוגיה זו עוסקת באופי היתר אוכל נפש. רבה הִקשה לרב חסדא, שלא ייתכן שצורכי שבת נעשין ביום טוב, שהרי אין אופין ביום טוב את לחם הפנים ואת שתי הלחם (פסחים מז ע״א). ונתקשו

72. פסחים מו ע״ב ד״ה אמר ליה (ולא צדקו דברי המהדיר בהערה 31 שם).

73. נפקא מינה לדינא לשאלה אם רבה קיבל את דעת רב חסדא שצורכי שבת נעשין ביום טוב, היא – כפי שנכתב למעלה – במקום שאין הואיל, וכגון סמוך לחשיכה, דלא חזי שיבואו אורחים. מתוך כך פסק המגן אברהם (או״ח ריש סימן תקכ״ז) שאין לבשל מיום טוב לשבת סמוך לחשיכה, אף על ידי עירוב תבשילין. אולם ערוך השולחן (שם, ג) העיר שאין העולם נזהרין בזה. ואילו המשנה ברורה (שם ס״ק ג ובביאור הלכה) פסק שלכתחילה יש להיזהר בדבר, אך בשעת הדחק יש להקל, שהרי אף שיטת התוספות דאין דין הואיל סמוך לחשיכה אינה פשוטה ומוסכמת. ונראה שלדעת הדוחים עקרונית את שיטת רב חסדא, אכן יש מקום לחומרת המגן אברהם, לאור סברת התוספות. אך לרמב״ן ודעימיה, שדחו את רב חסדא רק מכוח הכנה דרבה, יש להקל. שכן לשיטתם נראה לחלק בין ה״הואיל״ הפוטר את המבשל מיום טוב לחול, לבין ה״הואיל״ המתיר את הבישול מיום טוב לשבת. המבשל לחול עובר על איסור מלאכה, משום שאין כלל היתר של אוכל נפש, והפטור תלוי באורחים העשויים לבוא היום. ואמנם במקרה של סמוך לחשיכה אין היכי תימצי של הואיל, דשוב לא שכיחי אורחים. אך מה שרבה הקשה לרב חסדא: כיצד מותר לבשל מיום טוב לשבת, היינו מפני שרב חסדא דוחה מכול וכול דין הואיל, וממילא ייאסר גם הבישול מיום טוב לשבת, כאשר הבעיה נעוצה בחוסר הכנה. ואולם לדידן, דאית לן הואיל, בעיית ההכנה נפתרת אפילו אם בישל סמוך לחשכה, משום שניתן לאכול את התבשיל בו ביום, שהרי הוא בעצמו יכול לאוכלו גם אם לא יבואו אורחים. ואמנם אין בכך כדי להתיר מלאכה שנעשתה לצורך חול, אך מכל מקום לגבי הכנת החפצא מצד הדין דיום טוב מכין לעצמו – נראה שאף בסמוך לחשכה ישנה הכנה. והרי לפי הרמב״ן ודעימיה אף רבה מסכים שצורך שבת מבטל את איסור המלאכה של בישול ביום טוב; אלא שדין הכנה דרבה מבטל צורך שבת. ובאמצעות הואיל יום טוב מכין לעצמו, וממילא המאכל מותר באכילה אף בשבת, וחזר הדין דצורכי שבת נעשים ביום טוב.

התוספות שם (ד"ה ואי): הרי כל מחלוקתם היא בבישול ובאפייה מיום טוב לשבת, ושתי הלחם ולחם הפנים אינם נאפים ביום טוב אף לצורך אותו היום, ומה זיקת הלכה זו למחלוקתם? ותירץ הר"י שם (וכן הוא בתוספות הרא"ש) שלרב חסדא יש לדין אוכל נפש היקף ומשמעות שונים מאשר לדעת רבה. דלרב חסדא מלאכת אוכל נפש מותרת למען כל מצווה שקיומה הכרחי ביום טוב ואינו סובל דיחוי, בעוד לרבה בעינן אוכל נפש ממש, היינו: לצורך אכילת הדיוט באותו יום.

נראה שהתוספות הבינו שיש כאן מחלוקת עקרונית. לדעת רבה כלל לא נאסר אוכל נפש, ואנו נסביר זאת על דרך הרמב"ן, דלא הויא מלאכת עבודה ולכן דינה כלא נאסרה. ואילו לרב חסדא יש כאן מלאכת עבודה, אלא שהותרה למטרות מסוימות. ויש להציע שהמטרה המתירה היא מצוות שמחת יום טוב, כפי שראינו בדברי השאגת אריה (סימן קב); ומותר לאפות אף לצורך מטרות אחרות של מצווה, אם אינן סובלות דיחוי. ולפי זה הרמב"ן בהכרח יצטרך לדחות את שיטת רב חסדא.[74]

לעיל הצענו כי אופי היתר מלאכת אוכל נפש נעוץ בהבנת יסוד קדושת יום טוב בכלל ויחסה לשבת בפרט. לאור זה, לכאורה שוב ישנו מקום לאמץ את דברי הרמב"ן, שמחלוקת רבה ורב חסדא מעורה בטיב קדושת יום טוב.

היוצא מדברינו, שאמנם נחלקו ראשונים בשאלה האם גם יום טוב נקרא "שבת", ובאופן ממוקד יותר – בפירוש הביטוי "שבתֹתי" שבפרשיית "ושמרו"; ומתוך כך – בשאלת זיקתה של שבת ליום טוב. אך אין הכרח לומר שכבר חז"ל נחלקו במחלוקת זו. ומכאן שלפחות לדעת כמה ראשונים, בהחלט ניתן לאמץ מה שהוצע לעיל, שפן אות וברית קיים לגבי שבת, אך לא לגבי יום טוב.

74. אם כך, מדוע דחה הרמב"ן את שיטת רב חסדא רק מפאת סיבה צדדית – הכנה דרבה – ולא במישור העקרוני, מחמת תפיסתו את "מלאכת עבודה"? ויש להשיב שהיינו משום שהרמב"ן לא קיבל את דעת ר"י, שהמחלוקת תלויה בדין אוכל נפש ובהגדרת מלאכת עבודה, אלא הסביר שמחלוקתם תלויה בשאלה האם יש כאן קדושה אחת. אך אין הכי נמי, שאם נסביר את המחלוקת כר"י – ולכאורה יש לדייק כהסברו מתוך הקושיה משתי הלחם ומלחם הפנים – הרי שצריך לדחות את שיטת רב חסדא, לפי הסבר הרמב"ן בהיתר אוכל נפש. שהרי ברור שבישול מיום טוב לשבת – ודאי אם מדובר בשבת רחוקה – חשיבא מלאכת עבודה, ורק מלאכה הצריכה לבו־ביום לא חשיבא מלאכת עבודה.

בין שני אותות

והנה לכאורה ברייתא מפורשת ומפורסמת מכריעה בענייננו. שכך שנינו, לגבי מיעוט תפילין בשבתות ובימים טובים: "ושמרת את החקה הזאת למועדה מימים ימימה – ימים ולא לילות; מימים ולא כל ימים, פרט לשבתות וימים טובים, דברי רבי יוסי הגלילי... ר' עקיבא אומר: יכול יניח אדם תפלין בשבתות וימים טובים? ת"ל: והיה לך לאות על ידך – מי שצריכין אות; יצאו אלו שהן גופן אות" (עירובין צו ע"א). הרי מבואר להדיא בדברי רבי עקיבא, שאף ימים טובים נקראו אות. אין סיבה להניח שרבי יוסי הגלילי חלק עליו בנקודה זו. אמנם הוא מיעט תפילין בשבת וביום טוב מן המילים "מימים ימימה", שלא כדברי רבי עקיבא. אך זאת אולי רק מפני שמפסוק זה, כפי שהעלה השאגת אריה (סימן מא), נלמד גם איסור ולא רק פטור (ובזה נרחיב להלן). ובכל מקרה, הרי נפסק, ברמב"ם ובראשונים אחרים, נימוקו של רבי עקיבא.[75] ולפום ריהטא שפתי רבי עקיבא ברור מיללו.

אך נראה שלאמיתו של לדבר אין כאן סתירה כלל. ראשית, ניתן להציע שאף אם יום טוב קרוי אות, מכל מקום לא נכרתה עליו ברית. ובר מן דין, מתוך עיון בסוגיה דומה שניתן יהיה למצוא סימוכין לחילוק בין האות שבשבת לאות שביום טוב.

מקרא מלא קורא לשבת "אות": "ביני ובין בני ישראל אות הִוא לעֹלם" (שמות ל"א, יז). ופירש אבן עזרא שם בשם הגאון, כי כשם שהרואה אדם נימול יודע שישראל הוא, כך הרואה אדם שאינו עושה מלאכה בשבת יודע שישראל הוא. ולפי זה האות היא סימן חיצוני, המזהה את היהודי כלפי אחרים.[76]

נראה כי יש לחלק בין שני אותות. ישנה אות המעידה על היהודי כי דבק הוא בקב"ה וזוכרו. האות סימן היא, הן לעצמו והן לאחרים, ששייך הוא לבני הברית. ברם, ישנה גם אות נוספת, שאינה רק סימן ועדות. אות מסוג זה אינה רק מעידה

75. רמב"ם, הלכות תפילין ומזוזה פ"ד ה"י; סמ"ג עשין ג; יראים סימן שצט.

76. עוד הוסיף אבן עזרא: "ולפי דעתי, כי פירוש אות היא – כי ששת ימים עשה. והנה העושה מלאכה בשבת, מכחיש הוא במעשה בראשית". לדידו, השבת מבטאת את אמונת האמת בבריאת העולם; ולפי זה כלל אין כאן אות וברית בין הקב"ה ובני ישראל. ורבנו בחיי שם כתב: "כי השבת אות וסימן לחידושו של עולם". [אך, בניגוד לכך, יעוין ברמב"ם, שכתב בסוף הלכות שבת: "והשבת היא האות שבין הקד"ש ברוך הוא ובינינו לעולם". והרשב"ם שם כתב: "אות היא – שאתם שובתים כמותי לפי שאתם עמי". הערת העורך].

על נושאהּ, אלא היא היוצרת והמעצבת את מעמדו.[77] אות כזו היא אמצעי ליצירת הברית ולא רק ביטוי וסמל לה, ומקדשת היא את היהודי כחלק מכריתת אותה הברית.

ונראה כי אף אם ישנה אות אף ביום טוב, חלוקה אות יום טוב מאות שבת. אין לומר שבשבת קיימת אותה האות שביום טוב, ורק מתווספת עליה ברית עולם. עצם האות שונה במהותה, ולא הרי זו כהרי זו.

ביום טוב, שלא נכרתה עליו ברית, האות הרי היא סימן וזכר. מעידה היא כי האדם מישראל שייך לקב"ה ודבק בו. מאידך, משמעות האות בשבת שונה היא: אין היא רק מעידה על מעמדו של האדם, אלא שותפה היא ליצירת מעמד זה. אות השבת מקדשת את היהודי ומגדירה אותו, ולא רק מעידה עליו או מציינת את הגדרתו. היא כלי ליצירת מציאות ולשינויה, ולא רק לסימונה ולאזכורה. בכך נבדלת אות השבת שבפרשת המשכן מאות המועדים, ודומה היא למילה שבאמצעותה באים בבריתו של אברהם אבינו ע"ה.

משמעות האות שבשבת הרי היא כעין הקשת, שעליה נאמר: "ויאמר אלקים זאת אות הברית אשר אני נֹתן ביני וביניכם ובין כל נפש חיה אשר אתכם לדֹרֹת עולם" (בראשית ט', יב). לגבי הקשת, הרי ברור שהאות אינה רק מעידה על התחייבות קיימת, אלא אף יוצרת התחייבות זו; שכן באמצעותה נרקמה גם השבועה המוזכרת בפסוק: "כי מי נח זאת לי אשר נשבעתי מעבֹר מי נח עוד על הארץ" (ישעיהו נ"ד, ט).

ויעוין ברמב"ן (בראשית ט', יב), שכתב: "ואם תבקש מה טעם בקשת להיות אות, הנה הוא כטעם: עד הגל הזה ועדה המצבה (בראשית ל"א, נב). וכן: כי את שבע כבשות תקח מידי בעבור תהיה לי לעדה (שם כ"א, ל). כי כל הדבר הנראה שיושם לפני שנים להזכירם ענין נדור ביניהם – יקרא אות, וכל הסכמה – ברית, וכן במילה אמר: והיה לאות ברית ביני וביניכם (שם י"ז, יא), בעבור ההסכמה שימולו כל זרע אברהם לעבדו שכם אחד". מדבריו עולה שהאות מזכירה עניין קיים. אך ניתן גם להבין שהאות היא אמצעי ליצירת הברית וההסכמה, ולא רק ביטוי וסמל להן. אם כן, נסביר שלדעת החולקים על רש"י, היינו: אלו המחלקים בין קדושת שבת לקדושת יום טוב ומבדילים ביניהן, פן זה של אות קיים בשבת, אבל לא ביום טוב. ואין מקום להקשות עליהם מדברי רבי עקיבא, שאף ימים טובים הם גופם אות, שכן מדובר באות במובן שונה לחלוטין.

77. אפשר להשוות אות זו לקניינים כגון משיכה וחזקה, שמהותם היא הפגנת שליטה ובעלות; ואותה הפגנת בעלות וקניין, היא היא היוצרת קניין זה.

תפילין בשבת וביום טוב

לגבי דין תפילין בשבת ויום טוב העלה הבית יוסף ספק, "אי שבתות וי"ט דממעטינן להו מוהיה לאות על ידך, אי ממעטינן להו לומר דאינו חייב להניח בהם תפלין אבל איסורא ליכא... או אי ממעטינן להו לומר דאיסורא נמי איכא" (או"ח כ"ט). על מדוכה זו – אי מיעוט תפילין אינו אלא פטור מהנחתם או שכרוך בכך אף איסור – ישבו אף הגר"א (או"ח ש"א, יח) והשאגת אריה (סימן מא), ושניהם לדבר אחד כיוונו, שהדבר תלוי במחלוקת תנאים. לרבי יוסי הגלילי, הסובר שהמיעוט הוא: "מימים – ולא כל ימים", נקבע גם איסור, במקביל לאיסור על תפילין בלילה הנלמד מ"ימים". ואילו לרבי עקיבא לא נאמר אלא פטור: "מי שצריכין אות; יצאו אלו שהן גופן אות"; שבת ויום טוב אינם צריכים אות אחרת, אך אין מקור לאסור בהם אות זו. ברם, לא כן דעת המחבר, שפסק: "בשבת ויו"ט אסור להניח תפילין מפני שהם עצמם אות, ואם מניחים בהם אות אחר היה זלזול לאות שלהם" (או"ח ל"א, א); הרי שלדידו אף לטעמו של רבי עקיבא יש מקום לאסור.

והנה לכאורה מצינו בזה סתירה בסתמא דגמרא בין שתי סוגיות. דיעוין בשלהי פרק קמא דביצה (טו ע"א): "רב ששת שרא להו לרבנן לשדורי תפלין ביומא טבא. אמר ליה אביי והא אנן תנן כל שנאותין בו ביום טוב משלחין אותו. הכי קאמר כל שנאותין בו בחול משלחין אותו ביום טוב". ופירש רש"י שם (ד"ה משלחין): "דהאי ביום טוב דקתני מתני' לאו אנאותין דלקמיה קאי, אלא אמשלחין דבתריה, ולאתויי תפילין אתא, דאי נמי מנח להו ביו"ט ליכא איסורא". פירוש לפירושו: במשנה שם (יד ע"ב) נשנה איסור לשלוח איש לרעהו דורון ביום טוב. דין זה קשור באיסור מעשה חול וטורח או באיסור הוצאה.[78] רב ששת התיר לשלח תפילין ביום טוב, למרות איסור שילוח, וכתב הריטב"א (שם ד"ה ה"ק) בשם התוספות שהיינו מפני שהמקבל מתנה כזו שמח בה, ויש בזה נימה של שמחת הרגל, ולפיכך שילוח זה הוא צורך היום.[79] אך עדיין היה קשה לרש"י, שיש לאסור מצד איסור טלטול מוקצה, או, לפחות, דבר שמלאכתו לאיסור.[80]

78. יעוין בפירוש המשניות לרמב"ם בביצה שם (פ"א מ"ט): "כדי שלא יעשה מעשה יום חול גמורים". המאירי על המשנה שם אסר משום טורח. לעומת זאת, יעוין בט"ז ובמגן אברהם באו"ח סימן תקט"ז שהתירו היכן שיש עירוב (ועיין גם במשנה ברורה שם ס"ק ד).

79. כאמור, הריטב"א שם כתב כך בשם התוספות. הוא עצמו נחלק עליהם, ולשיטתו השילוח מותר רק אם התפילין נחוצות ללימוד הלכותיהם.

80. יעוין במגן אברהם או"ח ש"ח ס"ק יא.

על כן העיר רש"י, שאין כאן בעיית טלטול, היות שמותר להניח תפילין ביום טוב, אם כי לא נהגו בכך.

ברם, לעומת זאת, יעוין בסוגיה בפרק במה אישה (שבת סא ע"א), הדנה במה שנאמר שם במשנה (ס ע"א), שלא יֵצא בתפילין בשבת, ואם יצא – אינו חייב חטאת. על זה נאמר בגמרא: "אמר רב ספרא לא תימא אליבא דמאן דאמר שבת לאו זמן תפלין הוא, אלא אפילו למאן דאמר שבת זמן תפלין הוא". פשטות הסוגיה מורה שלדעת רב ספרא למאן דאמר שבת לאו זמן תפילין הוא – הדין ברור, מפני שאסור להניח תפילין בשבת.

הגר"א עמד על סתירה זו, והעלה כי הסוגיה בשבת נאמרה "אליבא דרבי יוסי הגלילי (מנחות לו ע"ב) דיליף מחוקה; אבל אנן קיימא לן כרבי עקיבא דיליף מושמרת... ואין איסור להניחן בשבת ויום טוב" (או"ח ש"א, ז). אך לא הביא ראיה לדבר; ולא מצינו אוקימתא זו בגמרא. אכן, מדברי החידושים המיוחסים לר"ן (שבת ס ע"א ד"ה שבת) יוצא מפורש להיפך, שכך כתב: "שבת לאו זמן תפלין. וטעמיה משום דכתיב בהו בתפלין והיו לאות על ידך, יצאו שבתות וימים טובים, שהרי כל אותו היום אות"; היינו, דלדידו הסוגיה בשבת אליבא דרבי עקיבא היא, ובכל זאת עולה ממנה שיש בדבר איסור. ובכן, הדרא קושיה לדוכתה.

ברם, על פי דברינו לעיל יתפרשו הסוגיות כמין חומר. נראה כי האות שבתפילין דומה הוא לאות שביום טוב ולא לאות השבת. בתפילין – האות סימן חיצוני היא, המעיד על קדושתו של האדם העטור בהן. קדושה זו – מציאות קיימת היא, שקדמה להנחת התפילין. שהרי נקראו התפילין "אות", אך לא מצינו שנקראו "ברית". מבחינה זו – ורק מבחינה זו, כמובן – דומה אות התפילין לאות שניתנה לקין, באשר לגבי שתיהן נקבע יעוד מוגדר: "לבלתי הכות אֹתו כל מֹצאו" (בראשית ד', טו), "למען תהיה תורת ה' בפיך" (שמות י"ג, ט).

וכן מוכח מדברי רבי אליעזר (מנחות לז ע"ב), שפירש שאין צורך לילפותא נפרדת כדי לקבוע שמקום הנחת התפילין הוא בגובה היד ולא "על ידך" ממש, שכן "הרי הוא אומר והיה לך לאות, לך לאות – ולא לאחרים לאות"; ומסתבר שחילוק זה מתייחס לאות שהיא סימן, תזכורת ועדות, ולגביה צריך לקבוע האם פונה עדותה לאנשים אחרים, או לאותו אדם עצמו. כל עוד אנו דנים ברמה זו, הרי שאף יום טוב משמש כאות, במישור מקביל לתפילין.[81]

81. ופוק חזי, שהרי בביאור מעמד שבת ויום טוב כאות הסבירו התוספות (מנחות לו ע"ב ד"ה יצאו):

לאור זאת יש לחלק בין שבת ויום טוב בנוגע להיתר הנחת תפילין בהם, ונקל לתרץ את סתירת הסוגיות בנושא זה. אפשר להניח ששתי הסוגיות אמנם נאמרו אליבא דרבי עקיבא, ואף על פי כן אינן סותרות זו את זו; שהרי רב ספרא דן בשבת, בעוד רב התיר לשלח ביום טוב. ואם כי בשני המועדים אין צורך בתפילין, ניתן לחלק ביניהם לגבי היתר הנחת התפילין.[82]

האות שביום טוב, כפי שנתבאר, היא בגדר סימן ותזכורת, וממילא אין היא מתנגשת עם אות אחרת. אמנם די באות אחת, ועל כן יום טוב פטור מתפילין. אולם, איסור אין כאן דאף אם סימן אחד מספיק, מה לנו אם יהיו כמה בכפיפה אחת. אך האות שבשבת הינה מְחדשת ויוצרת, אות שאינה רק מזכירה ומסמנת אלא יוצרת ברית ומטביעה חותם. ברור שאות בעלת אופי אחר, אשר טומנת בחובה התקשרות שונה כלפי הקב"ה, עלולה להתנגש באות זו.[83]

אכן, אין בתירוץ זה כדי להעלות ארוכה לכל הראשונים. שכן, מצד אחד, התוספות בנידה (נא ע"ב ד"ה ולבני) כתבו שאף לדעת בני מערבא, שהחולץ תפילין מברך "לשמור חוקיו" אם הוא חולצם כשהוא חייב בכך, "אין מברך עליהם כשמסלקן ערב שבת עם חשכה, דאין חייב לסלקן, דנפקא לן מלאות על ידך – יצאו שבתות ויו"ט שהן גופן אות" – כלומר, שלדעת רבי עקיבא אף בשבת אין איסור תפילין.

ואף שיש לדחוק ולהציע חילוק בין השארת תפילין שכבר הונחו בחול לבין הנחה לכתחילה, דלרבי יוסי הגלילי אף להשאירם אסור, בעוד הנחה תהיה אסורה אף לרבי עקיבא (מעין שיטת החכמים במנחות לו ע"א לגבי לילה) – לא נראה לחלק כך. אכן, הרמב"ם אימץ חילוק זה מדאורייתא לגבי לילה, דכתב: "זמן הנחת התפילין ביום ולא בלילה, שנאמר: מימים ימימה... וכל המניח תפלין לכתחלה אחר שתשקע החמה עובר בלאו, שנאמר: ושמרת את החוקה הזאת" (הלכות תפילין פ"ד הל' י-יא), ועם זאת קבע: "מי שהניח תפלין קודם שתשקע החמה וחשכה עליו, אפילו

"לא משום דאסירי בעשיית מלאכה, דאפילו חולו של מועד דשרי בעשיית מלאכה איכא אות: בפסח דאסור באכילת חמץ ובסוכות דחייב בסוכה". הרי שכל ביטוי לקדושת היום, אף אם אינו מתייחס ליום בכלליותו אלא למצווה מסוימת המתקיימת בו, מגדיר יום זה כאות.

82. מעין זה הציע שער המלך (הלכות תפילין [פ"ד ה"י]), בנוגע לסתירה בדברי רש"י בהקשר זה. אלא שהוא חילק בין שבת ליום טוב במישור דרבנן בלבד, מצד גזירה שמא יוציא [הערת העורך].

83. לאור דברינו, שישנה סתירה בין אות השבת ואות התפילין, סתירה הגורמת לדחיית אחד מהם, יש לדון מדוע אנו מעדיפים שהתפילין יידחו מפני השבת ולא להיפך. בכך דנו במפורש תנאים: "ר' יצחק אומר... אמרת תדחה שבת שהיא קרויה אות וברית, לתפילין שאינן קרויין אלא אות בלבד. ר' אליעזר אומר... אמרת תדחה שבת שחייבין עליה כרת ומיתת בית דין, לתפילין שאינן חייבין עליהן לא כרת ולא מיתת בית דין" (מכילתא דרבי ישמעאל בא מסכתא דפסחא פרשה יז).

הן עליו כל הלילה – מותר; ואין מורין דבר זה לרבים" (שם, יא). אך התוספות הלא הסיקו: "דבסמוך פסקינן דלילה זמן תפילין, דקאמר הלכה ואין מורין כן, ומדרבנן הוא דאסור, דחיישינן שלא יישן בהם" (מנחות לו ע"ב ד"ה ושמרת). התוספות גרסו שחילוק זה מדרבנן בלבד הוא, כנראה מפני שלא ראו כל אפשרות לחלק מדאורייתא בין השארה להנחה.[84]

מאידך, כתב הרמב"ם בפירוש המשניות (ביצה פ"א מ"י): "שאסור ללבשן ביום טוב ולא בשבת". מן הסתם חולק הוא בכך על הגר"א, שטען שאליבא דרבי עקיבא אין איסור כזה. שהרי ביד החזקה (הלכות תפילין פ"ד ה"י) מיעט שבתות וימים טובים מתפילין משום "שהן עצמן אות" – היינו, נקט את נימוקו של רבי עקיבא – ואין סיבה להניח שבשעת כתיבת פירוש המשניות סבר אחרת (אם כי, כמובן, אין זה מן הנמנע). אשר לחילוק שהוצע לעיל בין שבת ליום טוב, דברי הרמב"ם הרי סותרים אותו להדיא. אם התוספות כתבו שלדעת רבי עקיבא אף בשבת אין איסור תפילין, הרי שלפי דברי הרמב"ם בפירוש המשניות האיסור קיים ביום טוב. ברם, כיישוב לסתירת הסוגיות, ובהתאם לדעותיהם של ראשונים אחרים, בהחלט ניתן לחלק בין שבת ליום טוב.

והנה יעוין במכילתא, שבה נשנו כמה ילפותות למעֵט תפילין בשבתות ובימים טובים, ולבסוף נאמר כך: "רבי יצחק אומר: הואיל ושבת קרויה אות ותפלין קרויין אות, לא יתן אות בתוך אות" (מכילתא דרבי ישמעאל בא מסכתא דפסחא פרשה יז). ולכאורה תמוה, מה ראה רבי יצחק לצמצם דבריו דווקא לשבת, שעה ששאר התנאים שם ציינו כולם שבת וימים טובים כאחת. לאור דברינו ההסבר ברור. רבי יצחק כנראה הבין שאין יום טוב קרוי אות כלל; או, לחילופין, שהאות שבתפילין דומה לזו של מילה; אות מחדשת ויוצרת ולא רק אות המעידה על הקיים זה מכבר. ומכאן, שהשבת יכולה לשמש כתחליף לתפילין, אך לא כן ימים טובים.[85]

והנה לדבריו, אם באנו לסמוך אך ורק על ילפותא זו, ייתכן שאין מצוות תפילין נוהגת בשבת, אך חייבין בה ביום טוב. להלכה, לא מצינו שיטה כזו, וקיימא לן – כדבר פשוט – שהן שבת והן יום טוב לאו זמן תפילין נינהו. ברם, כחילוק בין שבת ליום טוב בנוגע לאיסור הנחתן, הדברים ניתנו להיאמר; ובכל מקרה, נראה שבהסבר שיטת רבי יצחק בנוגע למצוות תפילין, שבה מתבטא החילוק בין שבת ויום טוב,

84. עוד יש להציע, דאף לרמב"ם אפשר שחילוק זה מסתבר דווקא בלילה ולא בנוגע לשבת וליום טוב [הערת העורך].

85. לפי הצעה זו, בשילוב הנאמר לעיל שדי באות אחד כאשר ישנם שני אותות בעלי אופי דומה, צריך לומר שרבי יצחק פטר את השבת מתפילין, אך לא קבע איסור בדבר [הערת העורך].

הדברים מדויקים למדי. ואם כך, אין סוגיית תפילין בשבת וביום טוב סותרת את המהלך הכללי שנפרשׂ כאן, אלא, אדרבה, אולי אף סועדתו.

העולה מדברינו, כי היות יום טוב "אות" בלבד, בעוד השבת "אות" היא וגם "ברית", אין פירושו שבממד האות שבהם שווים שבת ויום טוב. אלא הברית מגדירה ומעצבת מחדש את האות, כך שעצם האות שבשבת איננו זהה לאות שביום טוב. האות שביום טוב מהווה עדות, והאות שבשבת היא הגדרה וקידוש מחודש.

מלאכת הבערה

בדברינו לעיל העלינו שעשיית מלאכה בשבת טומנת בחובה שתיים: עצם המלאכה שנאסרה, וחילול היום שכרוך בה. יש להוסיף על כך, שאולי ישנם איסורי שבת מסוימים שכל איסורם נובע אך ורק מפאת החילול שבהם, אף שאינם מסווגים כמלאכה. זאת מתוך הנחה שמושג החילול לא רק מחמיר את העונש על מלאכה המחללת, אלא אף מרחיב את היריעה, ואוסר בשבת מעשים מסוימים שאינם מלאכה, אך חילול יש בהם.

ראשית, נדון בהבערה. שיטת התוספות בשני מקומות (פסחים ה ע"ב ד"ה לחלק, ביצה כג ע"א ד"ה על גבי), "דלמאן דאמר ללאו יצאתה לא היה אסור (= הבערה) ביום טוב, כיון דאין שם מלאכה עליה" (לשון התוספות בפסחים שם). אם כן, שיטת התוספות היא שאיסור הבערה ביום טוב תלוי במחלוקת התנאים לגבי מלאכה זו: "הבערה ללאו יצאת, דברי רבי יוסי. רבי נתן אומר: לחלק יצאת" (שבת ע ע"א). בניגוד לרוב המכריע של מלאכות שבת, שלא נזכרו בתורה במפורש, האיסור על מלאכת הבערה נכתב בפירוש: "לא תבערו אש בכל מֹשבֹתיכם ביום השבת" (שמות ל"ה, ג). התנאים נחלקו האם בכך באה התורה ללמדנו שיש חילוק מלאכות בשבת, או שבאה לקבוע שבמלאכת הבערה אין חיוב מיתה. התוספות סברו שלמאן דאמר שאין חיוב מיתה על הבערה, ביום טוב אינה אסורה מלאכה זו כלל ועיקר.

ונראה לבאר על פי דרכנו, שהתוספות הבינו שלמאן דאמר ללאו יצאת אין שם מלאכה על הבערה. לדידם, אין לומר שהבערה מלאכה היא כשאר אבות המלאכות, וגזירת הכתוב קובעת רק שאין נענשים על מלאכה זו במיתה; אלא הבערה נאסרה בשבת רק מטעם חילול, ומשום כך אין עליה חיוב מיתה. עונש זה בא רק על חילול על ידי מלאכה.[86] מכאן הגיעו התוספות למסקנתם: כל איסור המלאכה ביום טוב

86. לפי מהלך זה, לא כל חילול מחייב מיתה, אלא רק חילול על ידי מעשה מלאכה.

הוא רק מצד עצם המעשה ואין בו כלל חילול של היום, ולפיכך הבערה מותרת ביום טוב.

ובזה יתבאר מדוע נאסרה הבערה רק לאחר פרשיית הברית.[87] שהרי טרם הברית, לפני שנתחדש ממד החילול, הייתה מותרת הבערה אף בשבת.

מלאכת הוצאה

משני פסוקים ילפינן על איסור מלאכת הוצאה בשבת. הגמרא בשבת (צו ע"ב) לומדת על איסור הוצאה מן הפסוק שבפרשת ויקהל: "ויצו משה ויעבירו קול במחנה לאמר איש ואישה אל יעשו עוד מלאכה לתרומת הקֹדש ויִכָּלֵא העם מהביא" (שמות ל"ו, ו). לעומתה, הגמרא בעירובין (יז ע"ב) לומדת על איסור הוצאה ממה שנאמר בפרשת בשלח: "שבו איש תחתיו אל יצא איש ממקֹמו ביום השביעי" (שמות ט"ז, כט). מן הסוגיה בעירובין עולה שנחלקו האמוראים האם פסוק זה מתייחס לאיסור תחום שבת, או שקרינן "אל יצא" כאילו כתיב "אל יוציא", ופסוק זה מתייחס להוצאה.

הראשונים כתבו שהוצאה שונה היא ממלאכות שבת האחרות, דמלאכה גרועה היא (כן כתבו התוספות בכמה מקומות; שבת ב ע"א ד"ה פשט ועוד). כך ניסח זאת האור זרוע: "דמלאכה שאינה חשובה היא; דמה מלאכה עשה שהוציאו מרשות, מעיקרא חפץ והשתא נמי חפץ" (ח"ב סימן פב). לשיטתנו נוכל להסביר שהוצאה נאסרה רק בתור חילול, אף שאין בה מעשה מלאכה; שהרי לא נוצר דבר על ידי הוצאה זו, ואין כאן אלא העברת חפץ הקיים מכבר ממקום למקום.

לאור זאת, נקל להבין את השיטה הגורסת שמלאכת הוצאה נתחדשה רק בפרשת ויקהל. הדבר פשוט, וכעין מה שכתבנו לעיל לגבי הבערה. איסור הוצאה נתחדש רק מפרשיית האות והברית ואילך, משום שרק בפרשייה זו נאמר ונתחדש לראשונה עניין החילול, ולפיכך מעתה נאסר בשבת גם חילול שאין בו מלאכה. אך אם נפרש שהוצאה נאסרה מן הפסוק "אל יצא איש ממקֹמו", האמור בפרשת בשלח, עוד קודם לברית ולחילול הכרוך בה, אזי יש לומר שהוצאה הינה מלאכה לכל דבר, ונאסרה אף ביום טוב; או שנאסרה הוצאה בפרשת בשלח רק על שם העתיד.

לאור דברינו, יש לעיין למאן דאמר אין עירוב והוצאה ביום טוב (ביצה יב ע"א), למה יש כרת ומיתה בהוצאה. הלוא אף כאן מסתבר, כפי שאמרנו ביחס להבערה,

87. כבר הערנו לעיל, שפסוקי השבת שבפרשת ויקהל הם המשך של פרשיית הברית שבפרשת כי תשא.

שההיתר ביום טוב הוא משום שהוצאה לאו מלאכה היא, והחילול שבה לא בא על ידי מלאכה. ולפי זה היינו צריכים לומר שאף הוצאה – כמוה כהבערה – ללאו יצאת, ואין בה עונש מיתה, משום שאינה מלאכה.[88]

ונראה שמאן דאמר אין עירוב והוצאה ליום טוב, שלדידו הוצאה אינה אלא חילול, יסבור שאף בחילול גרידא ללא מלאכה ישנו עונש מיתה. ולפי זה ייתכן שלכולי עלמא אין איסור הבערה ביום טוב, שלא כדעת התוספות. ייתכן גם שמאן דאמר זה סבור הוא שבהבערה, בניגוד להוצאה, יש גם מלאכה, ולא רק חילול. ההוצאה אינה מחדשת מאומה בחפץ, ולכן אינה מלאכה ונאסרה רק בתור חילול; מה שאין כן הבערה, דהויא מלאכה (בכל אופן, מהוצאה מוכח שיש לדידו חיוב מיתה אף ללא מלאכה ממש, ורק מדין חילול).

שביתת בהמה בשבת וביום טוב

הוא הדין והוא הטעם גם ביחס לשביתת בהמה ולמחמר. הבית יוסף (או"ח תצ"ה) הביא מחלוקת בין הראשונים ביחס לשביתת בהמתו ולאיסור מחמר ביום טוב. בשולחן ערוך (שם, ג) פסק: "אין מוציאין משא על גבי בהמה ביום טוב", אך לא התייחס במפורש לעניין שביתת בהמתו.[89] מאידך, הרמ"א (או"ח רמ"ו, ג) פסק בפירוש כמשתמע מדברי הרמב"ם (הלכות יום טוב פ"ה ה"ב), שאין אדם מצווה על שביתת בהמתו ביום טוב.

הפרי חדש (או"ח תצ"ה, ג) קיבל את פסק הרמ"א, וכתב בפשטות: "שביתת בהמה ביום טוב – דבר ברור הוא שאינו מוזהר עליה, דקרא דלמען ינוח שורך וחמורך וכל בהמתך – בשבת כתיב, ביום טוב לא כתיב". אכן, במשנה ברורה (רמ"ו ס"ק יט) הביא את דעת המהרש"ל דחולק, "ודעתו דיו"ט ושבת שוין הן בזה, כמו בכל מלאכות"; וציין דאף הגר"א סובר כן, ושיש להחמיר כשיטתם.[90]

והנה נראה שגם דברי הפרי חדש והרמ"א מבוססים על הנאמר לעיל. אם נאמר שאף דין שביתת בהמתו מצד חילול הוא, אך אין בו מעשה מלאכה, נגיע למסקנה שאין דין שביתת בהמתו ביום טוב. בהמה העובדת אינה פוגעת בזיכרון יציאת מצרים,

88. וכבר נתקשה הרמב"ן ריש שבת, למה לא נאמר הוצאה ללאו יצאת.

89. הט"ז (שם ס"ק ג) והמגן אברהם (שם ס"ק ה) סברו שדברי השולחן ערוך באותה הלכה אינם מתבססים על דין שביתת בהמתו, אלא על חשש עובדין דחול.

90. ויעוין עוד במנחת חינוך מצווה צח, והדברים עתיקים.

ולכן אין בכך איסור ביום טוב; אך עם זאת אפשר שעבודת הבהמה מחללת במידה מסוימת את קדושת היום, ולכן נאסרה בשבת.[91]

הפרי חדש, שלדעתו אין דין שביתת בהמה ביום טוב, כתב שניתן לחלק בינה לבין מחמר: "ברם, מאי דאיכא לעיוני הוא אי איכא איסור מחמר ביום טוב כמו בשבת או לא; וזה תלוי בפלוגתא אי איסור דמחמר נכלל בלאו דלא תעשה כל מלאכה".

שביתת כלים

במקביל, יש להעלות הצעה דומה ביחס לשביתת כלים. בנידון זה נחלקו בית שמאי ובית הלל, ומפשטות הסוגיה (שבת יח ע"א) משמע ששביתת כלים נאסרה מדאורייתא לדעת בית שמאי ומדרבנן לדעת בית הלל.

יעוין בראב"ן (סימן שלט), שכתב: "והא דאמר: ובכל אשר אמרתי אליכם תשמרו – לרבות שביתת כלים, מיירי בישראל עושה מלאכה בכלים, כגון: לא יתן חיטין לריחים של מים מבעוד יום ויטחנו בשבת, והריחים והחיטין של ישראל". ויעוין עוד ברוקח (סימן מא), שכתב: "ונותנין עורות לעבדן וכלים לכובס נכרי וכלים שאין עושים בהן מלאכה כגון טבלאות ותיבות; אבל כלים שעושין בהם מעשה, כגון מדה ומחרישה וכלי נגר וקורדום – אדם מוזהר על שביתתה, אפילו השאילם באמצע השבת (= השבוע) – צריך ללקחן בערב שבת".

הרי לנו דנחלקו האם איסור שביתת כלים שייך גם כאשר נכרי הוא העושה בהם מלאכה, ולא ישראל. ייתכן שיש כאן מחלוקת עקרונית; דלרוקח, האיסור הוא מצד הכלים כשלעצמם, מעין הבנת רש"י (עבודה זרה טו ע"ב) בדין שביתת שדהו בשביעית; ואילו לראב"ן האיסור הוא מצד האדם העושה מלאכה באמצעות הכלים. והנה לדעת הרוקח ברור שאיסור זה אינו מפאת מעשה העבירה עצמו, ואם כן נראה שהוא מצד חילול היום. ומסתבר שגם לדעת הראב"ן כן הוא, אך לדידו יש יותר

91. הרב אליקים קרומביין העיר שאף שאלה זו אפשר שתלויה במיקום הפסוק האוסר, אם לפני פרשיית הברית בכי תשא או אחריה. בפשטות, האיסור נלמד מן הכתוב בדיברות הראשונות: "לא תעשה כל מלאכה... ובהמתך" (שמות כ', י). ואם כן, הדבר נאסר עוד קודם שנתחדש ממד החילול. אכן, רש"י בעבודה זרה (טו ע"א ד"ה גזרה) למד את איסור שביתת בהמתו מן האמור בדיברות האחרונות. באופן דומה יש לתלות במיקום הפסוק את עניין שביתת כלים, המובא להלן. הגמרא בשבת (יח ע"א) מביאה כמקור האיסור את הפסוק "ובכל אשר אמרתי אליכם תִּשָּׁמֵרוּ" (שמות כ"ג, יג), הכתוב לפני פרשיית הברית. לפי זה שוב נראה שהאיסור איננו מחמת הברית; אלא אם נאמר כהצעת רבנו לעיל, שנאמר על שם העתיד [הערת העורך].

מקום לשקול זאת. יעוין בבית יוסף (אורח חיים רמ"ו), שכתב שדברי הרוקח נאמרו אליבא דבית שמאי, ולא קיימא לן הכי. אך הב"ח (שם ס"ק ב) קיבל את שיטת הרוקח להלכה, ולא ברור מדבריו אם הבין שדין זה מדאורייתא.

אם נאמר ששביתת כלים היא מדין חילול ולא מדין מעשה איסור, ואם נאמר עוד שאין דין חילול ביום טוב, אזי אף אם שביתת כלים נאסרה בשבת, יש להתירה ביום טוב. ויעוין בשבת יח ע"א, דילפינן שביתת כלים מהא דתניא: "ובכל אשר אמרתי אליכם – לרבות שביתת כלים". רש"י שם הסביר שהפסוק הנזכר: "ובכל אשר אמרתי אליכם תשמרו" (שמות כ"ג, יג) קאי אדלעיל מיניה, דכתיב: "למען ינוח" וכו'. והאי קרא הלא בשבת נאמר, ואם כן יש מקום להגביל את שביתת כלים לשבתות בלבד. אך עיין במכילתא על אתר, שם הובאו כמה דעות, והאחרונה שבהם היא כדלהלן: "אין לי אלא דברים שהן משום מלאכה, דברים שהן משום שבות מנין, תלמוד לומר ובכל אשר אמרתי אליכם תשמרו". ושבות הלא נאסרה גם ביום טוב, כמבואר בביצה לו ע"ב.

עונש בשבת

על דרך זה יש לבאר גם את דברי הרמב"ם המפורסמים: "אין עונשין בשבת; אף על פי שהעונש מצות עשה, אינה דוחה שבת. כיצד, הרי שנתחייב בבית דין מלקות או מיתה, אין מלקין אותו ואין ממיתין אותו בשבת" (הלכות שבת פכ"ד ה"ז). לדבריו, ישנו איסור ייחודי לענוש עבריין בשבת; ואין זה רק מטעם שהמתת אדם אסורה מפאת איסור הוצאה נשמה. ונראה שלדעתו אמנם מלאכה אין כאן, אך בכל זאת יש בכך כדי חילול השבת. ועל כן איסור מסוים זה מצומצם לשבת, שרק בה ישנו חילול, ולא ליום טוב.

איסורי שבת ללא חילול

עלינו לתת דעתנו לדברי איסי בן יהודה (שבת ו ע"ב, צו ע"ב), שיש מלאכה אחת שאין חייבים עליה מיתה. וכתבו כמה ראשונים (עיין בדברי הרשב"א והריטב"א שם ו ע"ב) שבכל אופן חייבים חטאת וכרת על מלאכה זו (שלא כדעת רבנו חננאל [שם צז ע"ב], שכתב שאף מחטאת פטר איסי בן יהודה). ולפי דרכנו נסביר שזוהי מלאכה חמורה, אך אין בה חילול; ולעניין חיוב כרת סגי לן במלאכה חמורה (בדומה לאיסורי חֵלב ודם), אך לעניין מיתה בעינן דילול (ובכך שאני מביאת מקדש, שם העונש על חילול הוא כרת).

מעתה, אם ננקוט שלא כדברי התוספות, ונסבור שאף ביום טוב אסורה מלאכת הבערה, נוכל לבאר בדרך הפוכה את ייחודה של מלאכת הבערה, ולהשוותן לאותה מלאכה נוספת שהזכיר איסי בן יהודה. שתיהן הרי נאסרו בלאו, אך אינן באיסור מיתה. כמוסבר לעיל, אין במלאכה לבדה בכדי לחייב מיתה; עונש זה ירד לעולם כתוצאה מחילול השבת שבעקבות עשיית המלאכה. אם כן, נוכל לומר ששתי אלו, אף כי מוגדרות הן כמלאכה, מכל מקום אין עשייתן מחללת את השבת, ולא נאסרו אלא כמעשה וכפעולה, בדומה לאיסור מלאכה ביום טוב, ולפיכך אין בהן חיוב מיתה, אלא לאו בלבד. ולפי זה, נראה שאכן ייאסרו ביום טוב, שהרי בגדר מלאכה הן.

שאלה זו מתעוררת ביחס לקביעה (ראו למשל חולין ה ע"א) שמחלל שבת בפרהסיה דינו כעכו"ם. מהו היקף דין זה? מיהו "מחלל שבת"? האם כל העובר על איסור כלשהו בשבת, או שמא יש להבדיל בין איסורים שונים? ר' עקיבא איגר (יו"ד סימן ב) דן בכך ביחס לעובר על איסור דרבנן. ובאמת ייתכן שיש פעולות שכלל אינן נחשבות כחילול שבת אף מדרבנן, כגון מיקח וממכר או דין בשבת, וכמו כן איסור "וְדַבֵּר דָּבָר" (ישעיהו נ"ח, יג) – "שלא יהא דיבורך של שבת כדיבורך של חול" (שבת קיג ע"ב); שבכל אלו, אף כי נאסרו – אין בהן חילול, ואינן פוגעות בקדושת היום.

חכמה שאין עמה מלאכה

הראשונים התייחסו להבדל בין שבת ויום טוב בכל הנוגע לאיסור מלאכה גם בהקשר של "חכמה שאין עמה מלאכה". יעוין בסוגיה בשבת (קיז ע"ב) דממעטינן לה מאיסור בשבת וביום טוב. לפי גרסתנו בגמרא ילפינן לה מ"לא תעשה כל מלאכה" האמור בעשרת הדיברות. אך רוב הראשונים גרסו, וכן הוא לפנינו בראש השנה כט ע"ב ובשבת קלא ע"ב, שהמקור הוא מפסוק אחר, העוסק בימים טובים: "כל מלאכת עבֹדה לא תעשו" (ויקרא כ"ג, ז). ומתוך כך הקשו הראשונים כיצד ילפינן מיום טוב לשבת, דילמא יום טוב קיל טפי.

הרמב"ן שם (ד"ה הא דתני) ביאר דילפינן לה ממאי דהפסוק המופיע בפרשת אמור: "כל מלאכת עבֹדה לא תעשו", המתיר אוכל נפש, מיותר הוא, שהרי כבר למדנו זאת מן הפסוק בפרשת בא, העוסק גם הוא בפסח: "אך אשר יֵאָכֵל לכל נפש הוא לבדו יֵעָשה לכם" (שמות י"ב, טז). ומתוך כך ילפינן שכאן בא למעט ביום טוב חכמה שאין עמה מלאכה. ותו ילפינן שבת מיום טוב,[92] שהרי מבחינת רמת האיסור

92. כך צריך לגרוס בדברי הרמב"ן, וכן הוא בדבריו המצוטטים ברשב"א (ראה להלן).

פסח דומה לשבת (פרט לאוכל נפש), שהרי גם בפסח כתיב איסור עשיית כל מלאכה, ורק אחר כך נתמעט אוכל נפש.[93]

הנחתו הבסיסית של הרמב"ן, העומדת ביסוד קושייתו, היא שיש מקום לחלק בין שבת ויום טוב. אך יעוין ברשב"א שם (ד"ה והא תנא), שחלק על הנחה זו: "וקושיא מעיקרא ליתא, דכיון דאינה מלאכה לגבי יו"ט, גם לגבי שבת לא חשיבא מלאכה; דהא לא התיר הכתוב ביו"ט אלא אוכל נפש בלבד... והלכך כשמוציא הכתוב תקיעת שופר ורדיית הפת מכלל איסור מלאכת יו"ט, שמע מינה שאינה מלאכה".

העולה מכאן, שנחלקו בנוגע ליחס שבין איסורי שבת לאיסורי יום טוב. לדעת הרמב"ן איסורים שונים הם ביסודם, ומאידך מן הרשב"א משתמע שהבין שפרט להיתר מסוים זה של אוכל נפש שווה האיסור האמור בשבת לאיסור במועדות.

איסור מלאכה בחול המועד

אם באנו לתהות על עצם העניין – למה כאן נכרתה אות ברית וכאן לא – התשובה ברורה: כך גזרה חכמתו יתברך. רק מצוות בודדות זכו לכתר אות, והנימוק הוא בבחינת נסתרות, שאין לנו עסק בהן; אלא אם כן נגלוש לתחום טעמי המצוות, שודאי איננו מענייננו כאן כלל ועיקר. ואף על פי כן, נראה שאפשר להגדיר, ללא קשר עם מישור טעמי המצוות, את תכני השביתה והקדושה בשבת וביום טוב, באופן שילבן את יסודותיהן; ומתוך כך אולי אף תתבהר נימה של סיבה.

לבירור הדברים יש לעיין, לשם הקבלה, במועד שלישי: חול המועד. לגבי איסור מלאכה בו, הרי נחלקו קמאי דקמאי – גאונים וראשונים, ואולי אף תנאים ואמוראים, ולדעת כמה חכמים אף שני התלמודים – בשאלה האם הוא מדאורייתא או מדרבנן.[94]

לדעת רש"י והצועדים בעקבותיו, איסור המלאכה בחול המועד הינו מדאורייתא: "חולו של מועד, דאסירא ביה מלאכה מדאורייתא" (רש"י מועד קטן יא ע"ב ד"ה הא). אך נכדו רבנו תם (תוספות חגיגה יח ע"א ד"ה חולו) צווח ככרוכיא, היכן מצינו איסור דאורייתא אשר חציו אסור – דבר שאינו אבד, וחציו האחר מותר – דבר האבד וצורך המועד?! מכאן הסיקו, הוא ותלמידיו בעלי התוספות,[95] שאין זה אלא

93. עיין לעיל, הערה 43.

94. טורי אבן (חגיגה יח ע"א) סבר דנחלקו הבבלי וירושלמי בנידון; וכן רצה לומר הריטב"א ריש מועד קטן בהסברו הראשון.

95. רא"ש ריש מועד קטן; שיבולי הלקט סימן רכא; יראים סימן שד; סמ"ג לא תעשה עה.

איסור דרבנן; וכל הילפותות המובאות בגמרא בנוגע לאיסור מלאכה בחול המועד אינן אלא אסמכתות.

בעלי התוספות הביאו ראיה נוספת שאיסור מלאכה זה אינו אלא מדרבנן. זאת מן הירושלמי מועד קטן (פ"ב ה"ג): "א"ר בא בר ממל: אילו היה לי מי שיומנה עמי... היתרתי שיהו עושין מלאכה בחולו של מועד... כלום אסרו לעשות מלאכה בחולו של מועד אלא כדי שיהו אוכלין ושותין ויגיעין בתורה; ואינון אכלין ושתין ופחזין". ודייקו בתוספות: "אלמא דרבנן היא". אלא דסתמו ולא ביארו מהיכן וכיצד הסיק ר"ת שאין איסורו אלא מדרבנן. לדיוק זה הסכים גם הרמב"ן (ריש מועד קטן). אף שלדעתו איסור מלאכת חול המועד דאורייתא הוא, הודה הרמב"ן שמן הירושלמי הנ"ל לכאורה לא משמע כך, אלא שהעמיד מימרת ירושלמי זו במלאכות מסוימות בלבד.[96]

המאירי (מועד קטן ב ע"א ד"ה והמשנה הראשונה) גרס "כלום תקנו" במקום "כלום אסרו" שלפנינו, ועל לשון זה ביסס את ההוכחה ממימרה זו: "ומאחר שהוא אומר כלום תקנו... הורו שאין איסור מלאכה שבו אלא מדברי סופרים". הריטב"א שם פירט: "אלמא דרבנן היא, ולכך היה אומר שהיה מתירו אלו היה לו מי שימנה עמו, ואלו איסורא דאורייתא ליכא למימר הכי, שיאמרו כל החכמים לעקור בקום ועשה". מדברי שניהם עולה שנימוק הירושלמי כשלעצמו אינו מורה בהכרח שמדובר באיסור דרבנן, ולמדו זאת מן השימוש בלשון "תקנו", או משום שעלה על דעתו של רבי בא שאם יימנו אחרים עמו יהיה לאל ידם לבטל את האיסור.

הריטב"א הנ"ל, הסובר כרמב"ן, דחה את הוכחת ר"ת מן הירושלמי באחת משתיים. ראשית, דגמרא דידן פליג על הירושלמי. ושנית, כדחיית הרמב"ן שם, דבחול המועד ישנם שני רובדי איסור – איסור דאורייתא ואיסור דרבנן. מדאורייתא כל דבר האבד וכל צורכי המועד מותרים בכל גווני; אלא שחכמים עשו בהם כמה גדרים. ודברי רבי אבא בר ממל, שרצה להתיר מלאכות בחול המועד, קאי אך ורק בנוגע לרובד דרבנן שבאיסור זה.

ברם יעוין בלשון הראבי"ה בריש מועד קטן (סימן תתט), שציטט את הברייתא העיקרית שבה נמצאת הילפותא מהפסוקים לאסור מלאכה בחול המועד, והוסיף מילים אלו: "הא לא מסרן הכתוב אלא לחכמים, לומר לך אי זה יום אסור ואי זה יום מותר, אי זו מלאכה אסורה ואי זו מלאכה מותרת". הראבי"ה התעלם כליל מדברי קודמיו, רבנו תם והיראים (שמן הסתם היו ידועים לו), שקבעו כי הילפותות מן הפסוקים

96. ועיין גם בפירושו לתורה, ויקרא כ"ג, ז.

אסמכתות הן, ואין כאן אלא איסור דרבנן. כנראה שקיבל הוא את דעת רש״י, שחול המועד אסור במלאכה מן התורה.[97]

ואף על פי כן, לא רק שציטט הראבי״ה את הירושלמי הנ״ל, אלא אף הרחיב עליו את הדיבור: ״ונראה לי דהא דאמרי רבנן הלכות המועדות כהלכות כותים, ועוד אמרו לא מסרן הכתוב אלא לחכמים לידע איזו מלאכה אסורה ואיזו מותרת, הכל תלוי כדי שישמח במועד, כדמפרש בירושלמי, ומתוך שמחה נוח לו ללמוד ולהבין בהלכות הרגל, כדאמרינן: אין השכינה שורה לא מתוך עצלות ולא מתוך עצבות וכו׳ עד וכן לדברי תורה. הילכך היכא דאיכא טירחא יתירא אסור, שלבו עצוב מפני הטורח. וכן התירו לעשות מלאכה בדבר האבד או בשאין לו מה יאכל, כדי שיהא שמח במועד, ועל דרך זו הולכים כולם״ (מועד קטן סימן תתלה). משמע שדעתו היא שאף אם איסור מלאכה בחולו של מועד הינו דאורייתא, הרי אין סתירה ופירכא על כך מירושלמי זה. אלא שבאמת יש להבין כיצד מתיישבים הדברים. אם מלאכה נאסרה מן התורה, כיצד ייתכן שפרטי האיסור נמסרו לחכמים?

ונראה לומר, שבחול המועד שורש האיסור אינו פעולות המלאכה כשלעצמם. איסורי המלאכה הקשורים בגדר ״מקרא קודש״ ובקדושה שלמה של היום אינם שייכים לחול המועד. שורש האיסור של מלאכת חול המועד הוא בכך שימים אלו נועדו לעבודת ה׳, לשמחה בקב״ה וללימוד תורתו. מטרת האיסור היא לפנות את היום לעבודת ה׳. יהודי העוסק במלאכתו אינו פנוי לעיסוק בתכני היום. עיקרו של האיסור לא בא כדי לאסור מלאכה, ואין לומר שעצם עשיית המלאכות מחללת את המועד, אלא שהעיסוק בעבודה ובמלאכה מפנה את תשומת הלב לענייני חולין, במקום לעמול בעבודתו יתברך ולשמוח בחגו. העיסוק במלאכה מונע את ההתעסקות בקדושת המועד. ועוד נראה, שהאיסור הינו להסב את חול המועד מיום מועד ליום רגיל של חול ועבודה. דהיינו, איסור המלאכה מגדיר ומעצב את ימי חול המועד כזמנים מקודשים, השונים מימי החול הרגילים; עשיית מלאכה אסורה, שכן היא הופכת את המועד ליום רגיל של עסקים ומסחר.

רק כך ניתן להבין מדוע מלאכה שיש עמה טורח נאסרה, בעוד מלאכות ללא טורח הותרו. בנוגע להגדרת מהי מלאכה – הרי אין הדבר תלוי בטורח. אולם לגבי הפגיעה במועד ולהסבתו מזמן של שמחה מרוממת לזמן של חולין – ברי הדבר כי

97. הטור (אורח חיים תקל״ו) טען שלדעת הרי״ף איסור מלאכה בחול המועד דאורייתא הוא. כנראה אף הוא דייק זאת מכך שהרי״ף הזכיר את הילפותות מהפסוקים, ולא ציין שמדובר באסמכתאות בעלמא. ראה: בית יוסף שם; ביאור הלכה או״ח תק״ל.

ככל שהטורח גדל כך השמחה והחג מתמעטים. זאת מלבד העובדה שמבחינה מעשית מצטמצם הזמן הפנוי לענייני המועד ולקדושתו.

כך גם יש לבאר את העובדה שמסר הכתוב לחכמים לקבוע את פרטי איסורי המלאכה. כל עוד מהות האיסור היא המעשה כשלעצמו, אין ביד חכמים לקבוע מה הם האיסורים, ומתי ואיך נאסרו. וכי יכולים חכמים להתיר מלאכה שנאסרה מפאת עצמה?! אלא דכאן המלאכה גופא אינה סותרת במישרין את קדושת היום, אלא שהיא פוגעת במועד כיום של שמחה והשראת שכינה. בזמן שאדם מישראל עסוק וטרוד במלאכתו, הרי אין לבו ודעתו פנויים לשמוח ולגיל בקב"ה. ומכוח שמחת הרגל הקפידה עליו התורה שיהא פנוי מכל מלאכתו, ומסרה לחכמים את עיצוב צביונו של חול המועד כיום של שמחה והשראת שכינה. ויש להוסיף, כי אין זה רק שטרדת המלאכה תמנע מאדם מישראל בפועל את השמחה ואת העיסוק בקדושת המועד. המועד באופיו הוא יום של השראת שכינה ושמחה בקב"ה, ועשיית מלאכה מסבה אותו ליום עבודה, ממועד ה' ומקרא קודש הופך הוא ליום חול סתמי.

איסור המלאכה ביום טוב

על רקע זה, ניתן לגשת לליבון איסורי המלאכה בשבת וביום טוב ולהשוואתם.[98] והנראה בזה שקיים הבדל יסודי ביניהם. דהנה בחומש, בכל הפרשיות האוסרות מלאכה בימים טובים – בפרשות בא (שמות י"ב, טז), אמור (ויקרא כ"ג), ופינחס (במדבר כ"ח-כ"ט) – מוזכר שהאיסור כרוך בהיותם מקראי קודש. לגבי שביעי של פסח בפרשת ראה (דברים ט"ז, ח), נכרך איסור המלאכה בהיותו "עצרת לה' אלקיך". לצד זה, בפרשיות אחרות – במשפטים (שמות כ"ג, יד-יז), כי תשא (שמות ל"ד, יח-כו), וראה (דברים ט"ז)[99] – מוזכרת החובה לשמור את המועדים ולחגוג אותם, ואף כמה מצוות הנוהגות בהם, אך אין זכר לאיסור מלאכה.

המשמעות ברורה. ימים טובים לא נועדו, בשורשם, להיות ימי שביתה. בעולם עבודת ה' של הפרט והכלל, יש לימים אלו ייעודים גדולים ונשגבים, אך שביתה כשלעצמה אינה ביניהם. קביעתם כשבתון אינה נובעת ממהותם אלא באה כאמצעי, על מנת להגשים אותם ייעודים, אשר "מקראי קודש" הוא הבולט שבהם.

והנה בביאור "מקרא קודש" מצאנו, בחז"ל ובראשונים, כמה הסברים. ביאורו

98. בעניין איסור המלאכה יום הכיפורים, עיין בפרק המוקדש לו בספר זה.

99. פרט, כמובן, לשביעי של פסח, כמוזכר לעיל.

של הרמב״ן (ויקרא כ״ג, ב) נוגע במישרין לענייננו: ״וטעם מקראי קדש, שיהיו ביום הזה כולם קרואים ונאספים לקדש אותו, כי מצוה היא על ישראל להקבץ בבית האלקים ביום מועד לקדש היום בפרהסיא בתפלה והלל לא-ל בכסות נקיה ולעשות אותו יום משתה ושמחה, כמו שנאמר בקבלה: לכו אכלו משמנים ושתו ממתקים ושלחו מנות לאין נכון לו כי קדוש היום לאדונינו ואל תעצבו כי חדות ה׳ היא מעוזכם. והנה מקרא קדש מלשון: קרואי העדה, ואחרי כן יאכלו הקרואים, וכן על כל מכון הר ציון ועל מקראֶהָ – המקומות שנקראים שם שיתקבצו בהם קרואי העדה״.[100]

לדברי הרמב״ן, הרי הביטוי ״מקרא קדש״ דומה למדי למה שנאמר בנוגע לשביעי של פסח: ״עצרת לה׳ אלקיך״, לפי פירושים מסוימים. הכוונה לפירוש המוזכר בספרי: ״יכול יהא אדם עצור כל היום כולו בבית המדרש, תלמוד לומר: תהיה לכם״ – שלא מדובר בעצירה ממלאכה אלא בעצרת בעלת אופי אחר; ובמיוחד, לפי ההסבר השני ברש״י שם (דברים ט״ז, ח): ״כנופיא של מאכל ומשתה, לשון: נעצרה נא אותך״; ועוד יותר, לפי פירוש רבנו בחיי שם: ״נקרא בלשון עצרת, על שם שישראל נעצרין ונאספין בימים טובים לבתי כנסיות ולבתי מדרשות״.[101]

נראה שלפי פשוטו של מקרא, אליבא דפירושים אלו, איסור מלאכה וקיום עצרת אינן שתי מצוות נבדלות, אלא קיים קשר סיבתי הדוק ביניהן. הווה אומר, שבגין העצרת מתחייבת שביתה ממלאכה. בפסוק נאמר: ״וביום השביעי עצרת לה׳ אלקיך לא תעשה מלאכה״ (דברים ט״ז, ח). כך פירש העמק דבר שם: ״לא מיירי כי אם כמו משמעות עצרת, היינו שיהא עצור לפני ה׳, ומפרש שלא יעשה מלאכה, כדי שלא יסיח דעת מעצרת... כאן אין הדבר תלוי בזה אלא שיהא פנוי, והא משום הבאת קרבן... וביום שמקריבים אז המצווה להיות פנוי מכל עסק ומלאכה כדי להתבונן לתכליתו״.

מדבריו משתמע שאין מדובר כאן באזהרת מלאכה המעורה בקדושת יום טוב – שכן אז היה צריך להיות כתוב ״מלאכת עבודה״ במקום ״מלאכה״, ואף לא מובן למה ייחדה התורה איסור זה דווקא לשביעי של פסח, בעוד באותה פרשייה לא נזכר האיסור בשאר המועדים.[102] אלא מדובר כאן באיסור מלאכה נוסף וייחודי, ואולי אף בהגדרה אחרת, מעין איסור מלאכה ביום הבאת קרבן.

100. הרמב״ן נסמך בין היתר על הספרי במדבר: ״מקרא קודש – אירעו במאכל ובמשתה ובכסות נקיה״ (פרשת פינחס פיסקא קמז).

101. אבן עזרא (ויקרא כ״ג, לו) הביא פירוש כזה ודחאו.

102. הרמב״ן ביאר שהיה מקום להבין שהיום האחרון של פסח, יום ה״עצרת״, ממשיך רק את דין אכילת מצה; לכן נזקק הכתוב לפרש שחל בו גם איסור מלאכה.

אף מדברי הספורנו שם עולה, אם כי בניסוח שונה, שיש קשר ייחודי בין עצרת לאיסור מלאכה ביום שביעי של פסח: "נעצרו בו ישראל יחדיו לעבודת הא-ל ית' ושרו לו שירה בשביעי של חג המצות. לפיכך נקדש אותו היום ולא תעשה מלאכה, כי לולא זה לא היה השביעי קדוש כלל, כמו שהוא הענין בחג הסוכות, שאין השביעי שלו מקרא קדש". לדבריו, עצרת מחייבת איסור מלאכה רק בשביעי של פסח.

ברם, נראה יותר שאין לראות בשביעי של פסח חריג. אדרבה, יש במה שנאמר בו כדי ללמד על המועדים כולם. המשתמע מקרא דעצרת נכון במקביל לגבי מקרא קודש: איסור מלאכה בא כדי לאפשר קיום מקרא קודש, על כל היבטיו. בניסוח כללי יותר, איסור המלאכה ביום טוב נועד לאפשר את הגשמת הייעוד: "שלש רגלים תחג לי בשנה" (שמות כ"ג, יד). מאחר שנצטווינו על איסור מלאכה ועל קיום שבתון, הפכו הם להיות מרכיבי יסוד בחגיגת הרגלים ובמקרא קודש, ואין להגשים יעדים אלו בלעדיהם. אך לא בכך שורש העניין. ראשית דרכם של איסור המלאכה וקיום השבתון היא כאמצעים וככלים. יסודם אינו במלאכה ובפעולה עצמן, אלא בכך שהמלאכה סותרת את היום טוב ואת מקרא הקודש שבו.

לאור דברינו, ישנה השוואה בין איסור המלאכה ביום טוב לאיסור המקביל בחול המועד, כפי שהסבירו הראבי"ה על פי הירושלמי. כמובן שנבדלים הם בפרטי ההלכות, אך ישנן זיקה והשוואה בין האיסורים. ביום טוב כבחול המועד נאסרה מלאכה, ברמה זו או אחרת, כדי להשתחרר מכבלי עיסוקינו וכדי לנתבנו לשמחת היום ולאפיקי עבודת ה'; "כדי שיהיו אוכלין ושותין ויגיעין בתורה" (ירושלמי מועד קטן פ"ב ה"ג), "כי מצוה היא על ישראל להקבץ בבית האלקים ביום מועד לקדש היום בפרהסיא בתפלה והלל לא-ל בכסות נקיה ולעשות אותו יום משתה ושמחה" (רמב"ן, ויקרא כ"ג, ב).

סימוכין לחידושנו נמצא בדיונו המפורסם והממצה של הרמב"ן בעניין מלאכת חול המועד (בחידושיו על הש"ס, בריש מסכת מועד קטן): "הלכות מועד, אע"פ שהן עקרות ואין למדות זו מזו, נ"ל שהלכו בהן על דרך יום טוב עצמו, שהתירה בו תורה אוכל נפש ואסרה שאר דברים, ומכשירים נמי התירה בשאי אפשר לעשותו מערב יו"ט יותר משאר מלאכות. וזה הכלל, שבמועד כל שהוא [טורח] באוכל נפש עצמו מותר כדרכו..."; ולקראת סיום דבריו כתב: "וי"ל שמן התורה מלאכת אוכל נפש לצורך היום מותרת ביום טוב, וכן מכשירין, ובחולו של מועד הותר יותר, כל מלאכה שהוא לצורך..." הרי שקשר בין שני האיסורים ודן בהם כדרגות שונות של אותו יסוד, ולא כאיסורים נפרדים לחלוטין (כפי שאולי ניתן להתרשם מראשונים אחרים). ונראה שהדבר נוגע לא רק למקורם של האיסורים, אלא אף לאופיים. ומכאן שניתן

לראות ביסוד שנאמר בירושלמי בנוגע לחול המועד (אם נניח שהוא מדאורייתא), מפתח ומקור גם להבנת שורשו של איסור מלאכה ביום טוב.[103]

איסור המלאכה בשבת

הסבר זה תופס לגבי יום טוב. אך הלוא פשוט כביעתא בכותחא שלא כך פני הדברים ביחס לשבת; וזאת מצד החיוב והשלילה כאחת.

לימים טובים אין זיקה שורשית לשביתה, שכן אין היא מעורה בְּכוּר מחצבתם. אך ודאי ששבת, כמשתמע משמה, קשורה בטבורה בשביתה ממלאכה. הקב"ה שבת מכל מלאכתו אשר ברא לעשות, ואנו הולכים בדרכיו ושובתים בשביעי. כשם ש"ששת ימים עשה ה' את השמים ואת הארץ וביום השביעי שבת וינפש" (שמות ל"א, יז), כך כנסת ישראל לחורותיה שובתת ביום השביעי. השביתה ממלאכה, המעידה על הקב"ה כבורא שמים וארץ, היא לב השבת ומהותה. זהו האירוע שהתרחש בשבת וזהו היסוד לקדושתה.[104] והרי מקראות צווחים ואומרים, שהשבת כל-כולה מוקדשת

103. ואיברא שלכאורה לדעת הרמב"ן עצמו אין בירושלמי מקור למהלך דברינו. שהרי בהמשך דבריו שם פירש שהירושלמי מתייחס לתוספת דרבנן, מעבר לרובד הדאורייתא, ואותה רצה ר' אבא בר ממל לבטל. מכאן עולה לכאורה שהרמב"ן לא סבר שאיסור המלאכה מדאורייתא בחול המועד מבוסס על הפגיעה באופי היום. אך אפשר לבאר שהרמב"ן הוכיח שמדובר באיסור דרבנן רק ממה שחשב ר' אבא בר ממל שבכוחו לבטלו; אך לא ערער הרמב"ן על עצם הנמקת האיסור והגדרתו, הנכונים הן למישור דרבנן והן למישור דאורייתא, ומהלך דברינו יכול להיות שריר וקיים גם לדידו.

104. עיקר השבת הוא הזיקה למעשה בראשית, וכמבואר בפרשיות "ויכולו" ו"ושמרו" ובדיברות הראשונות. ואף על פי כן, איתא בשבת גם ממד של זיקה להיסטוריה, ובמיוחד ליציאת מצרים, הן מצד עצם מהותה והן לגבי הסיבה לאיסור המלאכה. שהרי לא בכדי צריך להזכיר את יציאת מצרים בקידוש (פסחים קיז ע"ב), ולא בכדי מוזכרת יציאת מצרים בתוך הציווי על שמירת השבת בדיברות האחרונות (דברים ה', יד). אך יעוין בדברי אבן עזרא שם, הסובר ששבת עצמה מצד מהותה היא זיכרון למעשה בראשית בלבד, ורק סיבת הציווי עליה היא היותנו במצרים. אכן, פשט הכתובים הוא כדעת הרמב"ם (מורה נבוכים ח"ב פרק לא), שיש למצוות השבת שני טעמים ושני שורשים – טבעי והיסטורי; וברור שהטעם הטבעי הוא המרכזי.
לגבי יום טוב נראה שהמצב הוא הפוך. העיקר, כמבואר בפרשות בא, אמור וראה (במיוחד לגבי פסח וסוכות) הוא הצד ההיסטורי, ובעיקר הזיקה ליציאת מצרים. אך קיים בימים הטובים גם פן טבעי. הבליט אותו הרמב"ן בפרשת משפטים: "והנה כלם על שם מעשיו מן השדה, לתת בהם הודאה לאלקים, שהוא שומר חקות שמים ומוציא לחם מן הארץ, להשביע נפש שוקקה ונפש רעבה מלא טוב. וזה טעם: אל פני האדון ה', שהוא האדון המפרנס עבדיו, ובנטלם פרס מלפניו יבאו אליו לראות מה יצוום. והנה אל פני כמו לפני" (רמב"ן, שמות כ"ג, טז). על פי

לשבתון; וזאת הן מפאת מסריה, כזיכרון למעשה בראשית וגם כזכר ליציאת מצרים (ולשעבוד מצרים); והן מפאת המגמות המעשיות הנכספות: "למען ינוח שורך וחמֹרך וינפש בן אמתך והגר" (שמות כ"ג, יב). וזיל קרי בי רב הוא. לעומת זאת, האירועים הקשורים במועדים – יציאה לחירות עולם, קבלת התורה והישיבה בסוכות – אינם קשורים בשביתה ממלאכה.

אמנם מקובלים עלינו דברי אבן עזרא: "והנה השבת ניתנה להבין מעשה השם ולהגות בתורתו, וככה כתוב: כי שמחתני ה' בפעלך (תהילים צ"ב, ה), כל ימי השבוע אדם מתעסק בצרכיו, והנה זה היום ראוי להתבודד ולשבות בעבור כבוד השם, ולא יתעסק לשוח אפילו בצרכיו שעברו, או מה יועץ לעשות. וככה אמר הנביא: ממצוא חפצך וְדַבֵּר דָּבָר (ישעיהו נ"ח, יג), ומנהג ישראל היה ללכת סמוך

דבריו, נראה שיש לעמוד על שורה של הבדלים בין הפרשייה במשפטים (שבה אמנם הוזכרה יציאת מצרים לגבי פסח, אך ככלל נימה זו שולית למדי בפרשייה כולה), ואולי אף הפרשייה בכי תשא המקבילה לה, לבין הפרשיות העוסקות במועדים בפרשות בא, אמור וראה. ראשית, בפרשיות אלו מודגש רקע שונה – טבע מול היסטוריה. שנית, הפן ההיסטורי מתואר בעיקר כאיתערותא דלעילא, הן לגבי האירועים ההיסטוריים עצמם, שכל כולם כרוכים בגילוי שכינה, והן לגבי אופן חגיגת המועדים. ואילו הפן הטבעי מתואר ברמב"ן שם כאיתערותא דלתתא, שבאה לידי ביטוי במעשי בן אנוש. האדם עוסק בחקלאות, ובחסדי ה' זוכה לפרנסה ולמחיה, ולפיכך מתעורר להודות לקב"ה. שלישית, התכנים גם הם שונים. הפן ההיסטורי מחייב בעיקר מודעות: "זכור את היום הזה" (שמות י"ג, ג), "למען תזכֹּר את יום צאתך" (דברים ט"ז, ג), "למען ידעו דֹרֹתיכם" (ויקרא כ"ג, מג). אך לגבי הפן הטבעי מתאר הרמב"ן בעיקר התעוררות להודאה וכמו כן פנייה לקב"ה שיצווה עלינו ("יבואו אליו לראות מה יצוום"), כאשר האדם מצהיר שהוא מוכן לכל ציווי וכמעט מחזר אחרי הצו (השווה: "ויאמרו החייתנו נמצא חן בעיני אדני והיינו עבדים לפרעה" [בראשית מ"ז, כה]).

נוסיף עוד, שהפן ההיסטורי הוא בבחינת דף חדש, שכל כולו נובע ממתן תורה. אך הפן הטבעי מקביל לתופעות מוכּרות, להבדיל אלפי הבדלות, בעולם הכללי ואף האלילי. מבחינה זו, הציווי הוא בבחינת קידוש והעלאה של תהליכים שכּוּר מחצבתם הוא בעולם אחר.

יש עוד הבדל בין שני ההיבטים של שלושת הרגלים. בכל הנוגע לפן ההיסטורי יש אמנם רצף והמשכיות בין האירועים והשלבים השונים, אך אין משמעות השלב הראשון תלויה בשלב שלאחריו. יציאת מצרים, אף שהייתה מיועדת להביא למתן תורה, הייתה בעלת ערך גם אלמלא מתן תורה, וכמבואר בהגדה: "אילו הוציאנו ממצרים... ולא נתן לנו את התורה – דיינו". וכן מתן תורה היה ודאי משמעותי ביותר גם לולא הושיבנו הקב"ה בסוכות, וכו'. אך ביחס לפן הטבעי – שלושת הרגלים הרי הם מקשה אחת. אדרבה, זריעה וקצירה ללא אסיף הם בגדר קללה, וכדכתיב: "זרע רב תוציא השדה ומעט תאסֹף" (דברים כ"ח, לח). נעיר גם שחילוק זה קשור לשאלה האם יש לראות את שלושת הרגלים כיחידות שונות או כיחידה אחת (בנוגע לכך יעוין במה שכתב מו"ח זצ"ל בספר שיעורים לזכר אבא מרי ז"ל ח"א, בשיעור בעניין קריאת התורה במועדים); ואכמ"ל.

לשבת אצל הנביאים" (שמות כ', ח).[105] אך דבריו מתייחסים לאופי שיש לשוות לשבת, ואינם מתארים את יעודה הבלעדי או אפילו המרכזי. ודאי שמהותה העצמית ושורש זהותה של השבת הינם שביתה; ואין זה דומה כלל לנאמר ביום טוב. ומתוך כך מובן בפשטות דעשיית מלאכה בשבת מחללת את קדושת היום, בעוד עשיית מלאכה ביום טוב אמנם מפריעה לקדושת היום ולהתגשמות המועד, אך אינה מחללת את קדושתו.

ההבדל הנ"ל בוקע ועולה מתוך המקראות אף על דרך השלילה. בפרשיות המִצוות על השבת, נעדר לחלוטין המושג "מקרא קודש" – פרט לפרשת המועדות שבתורת כוהנים (ויקרא כ"ג), שבה משתלבת השבת, יחד עם הימים הטובים, במערכת אחת של מועדים וזמנים.[106]

ועוד נראה, שהילוק זה משתקף אף בהיתר אוכל נפש ביום טוב. נראה דבמקום שאין שביתה מתבקשת מצד עצמה, אלא רק כאמצעי להגשמת מקרא קודש, אזי נאסרת מלאכת עבודה אך לא מלאכת הנאה; שכן רק מלאכת עבודה מתנגשת עם קיום מקרא קודש. היא ההופכת את המועד מיום טוב ליום של חולין ומלאכה. מאידך, אם מתחייבת שביתה מצד עצמה, אף מלאכת הנאה אסורה. שהרי סוף סוף אף היא קרויה מלאכה, ועשייתה אינה עולה בקנה אחד עם "שבת וינפש".

והנה לעיל הרחבנו ביסוד היתר אוכל נפש וביארנו שנחלקו בו רש"י והרמב"ן. דלרמב"ן אין יום טוב אוסר כלל מלאכת הנאה, אלא רק מלאכת עבודה, שבה לא נכללים צורכי אוכל נפש. לעומתו, רש"י סבר שבאופן עקרוני אמורים היו הימים טובים לאסור כל מלאכה, אלא שנוסף בהם היתר מיוחד, מפאת פן נוסף בקדושתם (בפשטות נאמר שהיתר זה קשור במצוות שמחה ברגלים).[107]

נראה שחידושנו שריר וקיים, בין אם נבין את היתר אוכל נפש כרמב"ן ובין אם נבינהו כרש"י. לפי הבנת הרמב"ן, מלאכות אוכל נפש לא נאסרו מעולם ביום טוב. לדידו נאמר שעיקרה של השבת הלוא הוא השביתה, ועל כן כוללת היא אף מלאכות אוכל נפש. עיקרם של המועדים, מנגד, אינו השביתה מכל מלאכה, ומפאת כך אין הם אסורים בכל מלאכה, אלא במלאכת עבודה בלבד.

לפי הבנת רש"י ודעימיה אף בימים הטובים אמור היה אוכל נפש באופן עקרוני

105. יעוין עוד בהעמק דבר על הפסוק "ואת שבתֹתי תשמרו" (ויקרא י"ט, ג), דכתב: "וכאן מדבר בשמירת ימי מנוחה ועונג למריעות בין אדם וחברו".

106. ונדון בכך להלן בכוף דברינו.

107. יעוין בתוספות מועד קטן כג ע"ב ד"ה מאן.

להיאסר, אלא שהתחדש בהם היתר מיוחד. לדידו נאמר שההיתר חל לגבי יום טוב ולא לגבי שבת, וזאת לא רק משום שישנו ביום טוב "מתיר" שאינו מצוי בשבת. איסור המלאכה בשבת הוא מהותה של השבת, והוא המגדיר והמאפיין של קדושת היום שבשבת, ועל כן מוחלט הוא ואיננו בר־היתר. צורכי אוכל נפש נאסרו בשבת לא מחמת חסרונו של גורם מתיר, ואף לו התקיים בשבת אותו "מתיר" של יום טוב – מצות שמחה, או כל טעם מסוים אחר – אף על פי כן לא היה בכוחו להתיר מלאכות אלו בשבת. שהרי יסודה של השבת כשמה הוא – שביתה מכל המעשים, כפי ששבת בה הקב"ה מכל המעשים; ולפיכך חל בה איסור מלאכה כולל, שאין מקום להתיר את מקצתו.[108]

108. השתא דאתינן להכי, ניתן היה מסברה להרהר כהווה אמינא דילמא הגדרת מלאכה, אפילו במישור "מלאכת עבודה", שונה היא ביום טוב ובשבת, ושמא לא אותן המלאכות נאסרו בשני המועדים. דהרי אין ראי האיסור בשבת כראי האיסור בימים טובים. בראשון השביתה היא מהותו של היום, בעוד באחרונים מטרת האיסור היא לאפשר קיום "מקרא קודש", כדי שלא יעבור המועד מתוך עשיית מלאכת חולין. ממילא ייתכן שהגדרת מלאכה בשבת תהיה שונה מהגדרתה ביום טוב. ובר מן דין, לפי מה שנתבאר לעיל, האיסור ביום טוב זהה עם האיסור בשבת דלפני המשכן, ואילו האיסור בשבת עצמו הוגדר מחדש לדורות, על פי המלאכות שהיו בהקמת המשכן. ובכן, אפשר היה להעלות על הדעת, שמניין המלאכות וזהותן שונים יהיו בשבת וביום טוב.
ויש בדבר כדי להקל וכדי להחמיר. מצד אחד, המונח "מלאכה" לכאורה מקיף יותר מפעולות הקמת המשכן, והזיקה למשכן באה, אם כן, כדי לצמצמו. כך משמע מפשטות לשון הגמרא (שבת מט ע"ב): "אין חייבין אלא על מלאכה שכיוצא בה היתה במשכן. הם זרעו ואתם לא תזרעו, הם קצרו ואתם לא תקצרו...". וכן קבעו ראשונים ביחס לכמה מפרטי המלאכות, שלא נאסר אלא מה שדומיא למשכן, ונביא לכך שלוש דוגמאות. ראשית, שאין עקירה והנחה בפחות מד' על ד', על פי הסבר רבנו תם (תוספות שבת ד ע"א ד"ה והא. בתוספות שלנו נימוק זה מצורף לנימוק דאין רגילות בכך. אך יעוין בספר הישר [סימן קפה], שבו הובא רק נימוק זה). שנית, שאין כיבוי במתכת, לשיטת היראים (סימן רעד). שלישית, שיטת היש מפרשים בתוספות הרא"ש (שבת צד ע"א ד"ה שהחי) שחי נושא את עצמו משום דלא מצינו הוצאת חי במשכן. מאידך, ייתכן שהזיקה למשכן מרחיבה את מושג המלאכה, שכן בגינה כלולות בו פעולות אשר לפי פשוטו של מקרא, בלשון בני אדם, לא היו נתפסות כמלאכה כלל ועיקר. כך או כך, ניתן לראות פער בין מלאכת משכן למלאכה סתם, ובזה, לאור דברינו, יכולים היו שבת ויום טוב להיות חלוקים.
ועוד אפשר היה להעלות הצעה מחודשת עוד יותר: שמא בשבת גופא אפשר להבחין בין שני רבדים באיסור המלאכה. הרובד הראשון קשור במצב שלפני המשכן, והוא אוסר כל מלאכה, אשר אף שאסורה היא – אין חייבים עליה. הרובד השני קשור במלאכת המשכן, ומחייב רק על המלאכות שנעשו בהקמת המשכן, אשר הן המחללות את קדושת היום. אולי אף ניתן לעמוד בהקשר זה על דיוק בלשון הברייתא: "אין **חייבין** אלא על מלאכה שכיוצא בה היתה במשכן" (שבת מט ע"ב).
אך נראה ברור שאין זה אלא רעיון בעלמא, שהרי מעולם לא שמענו ולא ראינו אפילו הווה אמינא

העולה מדברינו, שההבדל באיסורי המלאכה בין שבת ליום טוב איננו מצטמצם להיתר אוכל נפש, אלא כולל אף את שאר המלאכות שלא הותרו. חלוקים שבת ויום טוב זה מזה, לא רק ביחס לאפייה ולבישול וכיוצא בהן ממלאכות אוכל נפש, אלא גם בנוגע למלאכות האסורות בשניהם. אין ראי טיב מלאכת כתיבה בשבת כראי אותה מלאכה גופא ביום טוב, וזאת אף שאין היא מהווה מלאכת אוכל נפש. בשבת המלאכה נאסרה כשלעצמה, מחמת שביתתו של הקב"ה, ואילו ביום טוב היא נאסרה מפאת מקרא קודש וכאמצעי עבור תכני היום ועיצובו.

כידוע, נאמרו בשבת איסורים נוספים, מלבד ט"ל אבות מלאכה. לעיל דנו באיסורי מחמר ושביתת בהמה, אי נאסרו ביום טוב כבשבת. הבאנו את דברי האחרונים הסוברים שאיסורים אלו הותרו ביום טוב; וביארנו שבאיסורים אלו אין אלא חילול, הקיים בשבת ולא במועדות. ונראה לתת טעם נוסף לחילוק זה, על פי דברינו כאן. ביום טוב עיקר השביתה נועד לאפשר את מטרת היום ואת הגשמת ייעודו, ואם כן שביתה זו מוטלת על האדם ולא על הבהמה. מאידך, עיקרה ומהותה של השבת גלומים בשביתה עצמה; ולפיכך כל פעולה ומלאכה נאסרו, אף של בהמה.

בין שבת ליום טוב – נוסחי התפילה

האמת תורה דרכה, דאין בחילוק המוצע בזה חידוש; שהרי הוא מנוסח בהדיא במטבע של ברכה. באחרונה שבברכות ההפטרה נאמר ביחס לשבת: "שנתת לנו ה' אלוקינו לקדושה ולמנוחה, לכבוד ולתפארת"; ומאידך, בשלושה רגלים אנו מברכים: "שנתת לנו ה' אלוקינו לששון ולשמחה, לכבוד ולתפארת"; ובראש השנה, רק "לכבוד ולתפארת". וכן נוסח הקידוש והתפילה ברגלים: "ותיתן לנו ה' אלוקינו באהבה מועדים לשמחה, חגים וזמנים לששון" – ללא אזכור שביתה ומנוחה. וזה מבואר כדברינו, שההבדל בין קדושת שבת לקדושת יום טוב אינו רק הבדל של דרגה, אלא של אופי וייעוד; ומכאן שלאיסור מלאכה יש מקום שונה לחלוטין במערכת שני המועדים.

ברם, הוכחתנו מן הברכה אינה מוכרחת, שכן הנוסח המצוין לעיל רחוק מלהיות אחיד ומוסכם. זהו אמנם הנוסח הנפוץ כיום, אך מקדמת דנא היו קיימים ניסוחים אחרים, המפקיעים כל הוכחה לדברינו. בברייתא במסכת סופרים נשנה נוסח שווה

שישנו איסור מלאכה מעבר למניין ל"ט מלאכות המשכן. על כורחנו, שלכל הפחות למסקנה הפכו מלאכות הקמת המשכן לאמת המידה המוסכמת והבלעדית להגדרת מלאכות שבת.

לשבת ויום טוב כאחד: "על התורה ועל הנביאים ועל יום פלוני הקדוש הזה, אשר נתת לנו ה' אלוקינו לקדושה ולמנוחה, לכבוד ולתפארת" (פי"ד הי"ד).[109]

כך גרס הרמב"ם בנוסח ברכה זו: "...ועל יום המנוח הזה שנתת לנו יי' אלקינו לקדושה לכבוד ולתפארת, על הכל אנו מברכין שמך, ברוך אתה יי' מקדש השבת. וביום טוב הוא אומר: ועל יום טוב מקרא קדש הזה שנתת לנו לששון ולשמחה, ברוך אתה יי' מקדש ישראל והזמנים" (סדר תפילות כל השנה, ד"ה המפטיר בנביא). הרמב"ם פיצל בין יום טוב לשבת, כאשר הזכיר "לששון ולשמחה" רק ביום טוב. אמנם, הרמב"ם השמיט מברכת השבת את המילה "למנוחה"; אך מכל מקום נראה שאף לפי נוסחה זו מתקיים עיקר חידושנו, שהרי בפתיחת הברכה הזכיר הרמב"ם לגבי שבת: "ועל יום המנוח הזה", ולגבי יום טוב: "ועל יום טוב מקרא קדש הזה"; ולכאורה הבדל זה מוסבר על ידי טענתנו דלעיל.

ישנו לשון נוסף בתפילה המשקף הבדל זה שבין שבת ליום טוב: סיום ברכת קדושת היום שבתפילת שבע. בשבת אנו מסיימים: "וינוחו בו ישראל מקדשי שמך", בעוד ברגלים ובזמנים החתימה היא: "וישמחו בך ישראל מקדשי שמך". שוב רואים אנו בעליל, כי השבת ניתנה למנוחה בעוד יום טוב ניתן לשמחה. ברם, אף כאן יש מקום לבעל דין לבוא ולטעון, שהרי מנהג אשכנז הקדמון היה לחתום "וישמחו בך" הן בשבת והן במועדים. יעוין, למשל, במחזור ויטרי (סימן פג): "ומשום הכי חותמים בשבת וישמחו בך כל ישראל, שנקרא השבת יום שמחה".

אך ישנה הוכחה מוצקה להבדל זה מברכה שמחצבה בהררי קודש, בגמרא עצמה. דיעוין בסוגיה בפרק שלושה שאכלו (ברכות מט ע"ב) לגבי הזכרת מעין המאורע בברכת המזון: "טעה ולא הזכיר של שבת, אומר: ברוך שנתן שבתות למנוחה לעמו ישראל באהבה לאות ולברית, ברוך מקדש השבת... טעה ולא הזכיר של יום טוב, אומר: ברוך שנתן ימים טובים לעמו ישראל לשמחה ולזכרון, ברוך מקדש ישראל והזמנים". הרי לנו שהמטבע שטבעו חכמים מעיד כמאה עדים על ההבדל שבין שבת ליום טוב, הן ביחס לייעוד היום והן לגבי זיקתו לברית.[110]

והנה בעוד שמצינו בתורה לשון שביתה ושבתון הן לגבי שבת והן לגבי המועדות, הרי שהמונח נופש נתייחד רק לשבת בראשית: "שבת וינפש". ואפשר

109. הלכה יג-יד במהדורת היגר; והנוסח שם שונה במקצת.

110. השאילתות (שאילתא נד) גורס לגבי שבת: "שבתות למנוחה, לאות ולברית", ולגבי יום טוב: "מועדים לשמחה לאות". אף שייחס אות ליום טוב, הרי הוסיף עליה ברית לגבי שבת, ובכן אף דבריו הולמים את טענתנו.

שהדבר נעוץ ביסוד דברינו. השביתה מתייחסת לאדם השובת ממלאכתו, מלאכה שעקרונית שייכת לאותו יום – ואף על פי כן שובתים ממנה. זוהי משמעות המילה שביתה: הפסקה ומניעה של דבר שאמורים לעשותו ביום זה (או לפחות שניתן לעשותו ביום זה). בניגוד לזה, המושג נופש מתייחס ליום עצמו שהוא מופקע ממלאכה, זמן שאינו מיועד כלל לעשיית מלאכה. הגדרה זו נכונה, על פי הנאמר לעיל, ביחס לשבת, שעיקרה הוא אי עשיית מלאכה; אך אינה מתאימה ליום טוב, שבאופן יסודי מהותו אינה סותרת ואינה נוגדת עשיית מלאכה. על כן לא מצינו את השורש נפ"ש בנוגע למועדות.[111]

דרשות המכילתא

לאור סברה זו נוכל להבין דרשה המופיעה במכילתא דרשב"י, בפרשת פסח מצרים (שמות י"ב, טז), בנוגע לאיסור מלאכה ביום טוב: "כל מלאכה לא יעשה בהם. יכול לא יקנב את הירק ולא ידיח את הכלים ולא יציע את המיטות, הרי אתה דן: נאמר כָּן מלאכה ונאמר להלן מלאכה במשכן, מה מלאכה האמורה במשכן – מלאכה שיש עמה שאובה, אף מלאכה האמורה כָּן – מלאכה שיש עמה שאובה".[112]

הרי שמסברה ומלישנא דקרא היינו באמת אוסרים ביום טוב מלאכות נוספות, מֵעבר לל"ט מלאכות המשכן. זה מובן היטב לפי שיטתנו. בשבת איסור המלאכה נעוץ בחילול קדושת היום, וחילול זה קשור במלאכות שהיו במשכן, שמלאכות חשובות הן (לפי גרסה אחרת בסוגיה שבת צו ע"ב, בעינן הן מלאכה דהויא במשכן והן חשיבות). אך ביום טוב האיסור הוא על התנגשות עם מקרא קודש, ולכן סלקא דעתך אמינא שגם עבודות בית מעין אלה – "יקנב את הירק" וכו' – עומדות בסתירה למקרא קודש; קא משמע לן דלא.

אלא שכמובן ייתכן שההקבלה למשכן אינה בגדר ילפותא נקודתית גרידא, אלא באה לגלות לנו שלמסקנה אין הבדל מהותי בין שבת ויום טוב לגבי איסור מלאכה, ודלא כפי שנתבאר לעיל. אך יותר נראה שגם למסקנה קיים הבדל יסודי

111. במאמר מוסגר יש להוסיף עוד, שנופש פירושו יום של רוחניות צרופה, ותיאור זה הולם את השבת, המכונה בזוה"ק הקדוש (פרשת ויקהל) "יומא דנשמתין", מה שאין כן לגבי ימים טובים.

112. להלן (כ', י) גורסת המכילתא בלימוד מקביל: "מלאכה שיש עמה מחשבה". לימוד דומה מופיע בתורת כוהנים בנוגע ליום הכיפורים (יעוין בהקשר זה בפרק העוסק ביום הכיפורים) ושם הגרסה היא "מלאכה חשובה".

בין האיסורים, למרות ההשוואה ביניהם לגבי הצורך במלאכה חשובה גם ביום טוב.

נראה שסברה זו עומדת בבסיס שני חילוקים נוספים שמצאנו במדרש ההלכה בהווה־אמינא, בנוגע למלאכה גמורה ולמלאכת מצווה. במכילתא דרשב״י (שמות י״ב, טז) נדרשה על אותו הפסוק, ״כל מלאכה לא יעשה בהם״, גם דרשה נוספת: ״מה מלאכה האמורה במשכן מלאכה גמורה, אף אין לי אלא מלאכה גמורה, שלא יכתב כל הספר ושלא יארג כל הבגד ושלא יעשה כל הנפה; ומנין לא יכתב שתי אותות ולא יארג שני חוטין ולא יעשה שני בתי נירין בסלים ובסוגין בנפה ובכברה, תלמוד לומר: מלאכה, כל מלאכה. אין לי אלא ברשות, במצוה מנין לא יכתב שתי אותות בספרים ובתפילים ובמזוזות ולא יארג שני חוטין בכתנת במכנסים ובמעיל, תלמוד לומר: מלאכה, כל מלאכה״.

הרי שלמסקנה חייב על כתיבת ב׳ אותיות וכדומה משום שאף זו מלאכה היא, אם כי ברמה יותר נחותה הטעונה ילפותא. אך יעוין בתורת כוהנים דילפינן זאת (לגבי שבת) ממקור אחר (וכן הוא גם בגמרא שבת קג ע״א): ״יכול עד שיכתוב את כל השם עד שיארוג את כל הבגד עד שיעשה את כל הנפה, תלמוד לומר: מאחת״ (ספרא ויקרא דבורא דחובה פרשה א).

מהתורת כוהנים משתמע שהכותב ב׳ אותיות ולא ספר שלם חייב רק מדין מקצת מלאכה, או, אם תרצו, חייב על התהליך ולא על התוצאה. איך נוכל ליישב זאת עם דרשת המכילתא דרשב״י? ייתכן שביום טוב, מפאת התנגשות עם מקרא קודש, אף כתיבת ב׳ אותיות חשיבא מלאכה. אך בשבת הלוא אין כאן פגיעה בשביתה, שהרי אין כאן יצירה ממש. הספר והבגד לא נשלמו על ידי עשייה זו, ולכאורה לא נוצר כאן דבר חדש. להכי בעינן גזירת הכתוב ד״מאחת״ לעניין שבת, דחייב בכהאי גוונא אף במלאכה חלקית.

עוד ראינו במכילתא דרשב״י לימוד מיוחד, שאף מלאכת מצווה אסורה ביום טוב. ולא מצינו הווה אמינא כעין זו בשבת, שתהא מלאכת מצווה מותרת. ונראה שזאת משום שביום טוב, היות שכל האיסור הוא מצד ההפרעה למקרא קודש, סלקא דעתך אמינא שלצורך דברים שבקדושה מותר לעמעם את מקרא קודש. ופוק חזי, שבביאור דין ״מתוך״ פירשו הר״ח, הראבי״ה והאור זרוע (ביצה יב ע״א) דשרינן רק למצווה.[113]

113. אמנם, זה לכאורה על דרך השאגת אריה (סימן קב, הובא לעיל), דמתיר דאוכל נפש הוא מצוות השמחה, ובכך אמרינן: מתוך שהותרה למצווה זו הותרה למצוות אחרות.

אך בשבת אין מקום להתיר עשיית מלאכה בגין מצווה, פרט לדברים שנאמר במפורש שדוחים את השבת.[114]

עם זאת, למסקנה ברור הן שרשימת ל"ט המלאכות זהה בשני המועדים (פרט, אולי, להוצאה ולהבערה, שבהן דנו לעיל), והן שלמסקנה נדחו כל אותן האפשרויות המופיעות במכילתא להבדיל בין שבת ליום טוב.

מלאכת מחשבת ביום טוב

אף על פי כן נראה, שאולי ניתן לתקוע טריז בין שבת ליום טוב, אפילו לגבי האיסור הבסיסי. אמנם, הרמב"ם לכאורה דחה אפשרות זו מכול וכול, שכן כתב: "כל שאסור בשבת מפני שהוא דומה למלאכה, או מביא לידי מלאכה, בין שהוא משום שבות – הרי הוא אסור ביום טוב, אלא אם כן היה בו צורך אכילה וכיוצא בה... וכל שמותר בשבת מותר ביום טוב" (הלכות יום טוב פ"א הי"ז). הרי שהשווה בין שבת ויום טוב אף לגבי איסורים דרבנן, ועל אחת כמה וכמה לגבי איסורים דאורייתא. ואף על פי כן, תורה היא וללמוד אנו צריכים; ונראה שיש לפחות לבחון חילוק אפשרי, וזאת ביחס לכמה מוקדים עיקריים.

כידוע מלאכות שבת נאסרו אך ורק כאשר נעשות כמלאכת מחשבת. כמה וכמה פטורים באו לעולם מחמת אופיים של איסורי המלאכה כמלאכת מחשבת: מלאכה שאינה צריכה לגופה, דבר שאינו מתכוון, כלאחר יד, מתעסק ומקלקל.

יש לבחון ביחס לפטורים אלו ככלל וביחס לכל אחד מהם בנפרד, דילמא אין הפטור חל אלא בשבתות ולא בימים טובים. שמא הצורך במלאכת מחשבת נתייחד לשבת, שעיקרה הוא השביתה, ולא לימים טובים. השבת סובבת סביב מושג המלאכה והשביתה ממנה, והמלאכה (וליתר דיוק, ההימנעות ממנה) היא המגדירה את קדושת היום. ככל שאנו מתמקדים במלאכה עצמה, שהיא לב האיסור ומהותו, מתקבל יותר על הדעת שהגדרת מלאכה תהא ממוקדת ומצומצמת יותר. לעומת זאת, במועדים איסור המלאכה הינו רק אמצעי לעיצוב טיב היום ואופיו. המלאכה עצמה אינה עומדת

114. יש לעיין בשיטת רבי אליעזר, דמכשירי מצווה אכן דוחים את השבת (שבת קל ע"א). לפיו משתמע לכאורה שדבר מצווה דוחה את השבת, במקביל להווה־אמינא של המכילתא. אך נראה דאצל רבי אליעזר מדובר בדחייה שכל מטרתה היא לקיים את המצווה (למשל, מילה בזמנה); ואילו ההווה־אמינא בברייתא שבתורת כוהנים באה להתיר כל פעולת מצווה, וכגון כתיבת סת"ם, שכביכול אינה נכללת באיסור מלאכה.

במוקד קדושת היום, אלא הפעולה המונעת את האדם מן השׂשון והשמחה שבמועד. וממילא הגדרות המלאכה במועדים יהיו דווקניות פחות, ותיאסר בהם אף מלאכה שנעשתה שלא כדרך מלאכת מחשבת. ביום טוב, אין נפקא מינה לשאלה באיזו מידה ובאיזה אופן עושה האדם את המלאכה; עצם המעשה הלוא מסיח את דעתו משמחתו.

וביתר דיוק נוכל להציע, שבימים טובים לב האיסור הינו הפעולה, המונעת את האדם מן השׂשון והשמחה שבמועד. בשבת, לעומת זאת, נאסרה רק עשייה המכוונת וממוקדת לתוצאה מסוימת, שהרי רק התכוונות כזו פוגעת בשביתה. ייתכן אף דחילוק זה רמוז בלשון "וינפש", המתייחסת לתוצאת הפעולה, שנכתבה אצל שבת אך לא בפרשיות המועדות.[115]

חילוק אפשרי זה מתקשר להבנת דין מלאכת מחשבת. אם דין זה מגדיר את ל"ט המלאכות, ומלאכה שאינה מלאכת מחשבת כלל אינה נחשבת למלאכה, אזי מסתבר שאין לחלק בהקשר זה בין שבת ליום טוב. הרי לעניין הגדר היסודי של מלאכה זה וזה שווים. אך אם דין מלאכת מחשבת הוא תנאי נוסף, שאף מבלעדיו הפעולה מוגדרת כמלאכה, נראה שבאמת ניתן להבדיל בין איסור שבת לאיסור יום טוב.

מלאכה שאינה צריכה לגופה

ביחס למלאכה שאינה צריכה לגופה נחלקו התנאים: רבי יהודה מחייב ורבי שמעון פוטר (שבת צג ע"ב). לפי רבי שמעון נתייחדה השבת בכך שרק מי שעבר ועשה בה מלאכה הצריכה לגופה מתחייב בסקילה ובחטאת. לא מצינו כדוגמת פטור זה באיסורים אחרים שעליהם ציוותה התורה. והנה התוספות (שבת מו ע"ב ד"ה דכל) נקטו כמושכל ראשון שלרבי שמעון אין איסור תורה כלל במלאכה שאינה צריכה לגופה. אין זאת רק שפטורים עליה מעונש, אלא שמדאורייתא כלל אין איסור בדבר.

כך כתב בהקשר זה הפני יהושע (שם): "ובילדותי הייתי רגיל לתרץ... דהא דשמעינן ליה לר' שמעון דמלאכה שאצ"ל פטור, היינו דפטור מחיוב חטאת, כיון דליכא איסור סקילה. והיינו משום דמלאכת מחשבת כתיב במשכן, וקרא דכל העושה מלאכה יומת (שמות ל"ה, ב) נסמכה למלאכת המשכן... אבל מכל מקום איכא למימר דר' שמעון מודה דאסור מדאורייתא, משום לאו דלא תעשה כל מלאכה, שנאמר בסיני קודם מלאכת המשכן.[116] ובסנהדרין (נו ע"ב) נמי אמרינן דבמרה נצטוו עליה.

115. לעיל פירשנו בדרך אחרת את ייחוד הפועל "וינפש" לשבתות ואת השמטתו מימים טובים.
116. בדיברות הראשונות (שמות כ', ח).

ואם כן, אין סברא לפוטרו משום מלאכת מחשבת, שלא נאמרו עד הקמת המשכן בשנה שניה. ועוד, דהא אפילו במלאכת יום טוב שנצטוו בפרשת החודש הזה לכם, והתם סתמא כתיב כל מלאכה לא יעשה בהם (שמות י״ב, טז), ומהיכי תיתי לחלק במלאכה שאצ״ל בין יום טוב לשבת. אם כן, לפי זה, הוי אתי שפיר טובא סוגיא דהכא. ובזה נתיישב לי גם כן כמה סוגיות בגמרא. אלא לפי שמצאתי בסוגיא דגמרא דלעיל (שבת מב ע״א) דשמואל דסבירא ליה כר׳ שמעון, ומשום הכי מקשה הש״ס עליה דשמואל, דאוסר לכבות גחלת של עץ בשביל נזק רבים; אם כן, משמע להדיא דלר׳ שמעון דפוטר במלאכה שאצ״ל על כורחנו מדאורייתא מותר לגמרי, וליכא אלא איסורא דרבנן. דאי סלקא דעתך דלאו אית ביה, לא הוי מקשה הש״ס התם מידי״.

תורף דבריו, שבילדותו סבר הפני יהושע לומר שבאמת מלאכה שאינה צריכה לגופה אסורה מדאורייתא אפילו אליבא דרבי שמעון, ולא נשנה כאן אלא דין פטור – שהעושה אחת מן המלאכות באופן שאינו צריך לגופה פטור ממיתה (במזיד) ומחטאת (בשוגג). זאת כיון שהיה הוא סבור שחיוב המיתה כרוך עם פרשיית המשכן (אלא שלא קישר זאת לעניין הברית והחילול שנוסף בפרשייה זו). ממילא, הפטור של מלאכת מחשבת, הנלמד מן המשכן, אמור רק לגבי העונשים, אך לא לגבי עצם האיסור; וכפי שהצענו לעיל.

אלא שחזר בו הפני יהושע מהצעה זו, עקב קושיה מהסוגיה בפרק כירה (שבת מב ע״א). מסוגיה זו משתמע שנחלקו רבי יהודה ורבי שמעון בנוגע לכיבוי גחלת של עץ ברשות הרבים, כדי שלא ייזוקו בה רבים, אף שלא במקום פיקוח נפש. רבי שמעון מתיר זאת, ועל כרחך היינו משום שאפילו בגחלת של עץ אין בכך אלא איסור דרבנן, דהווה מלאכה שאינה צריכה לגופה, שלא נאסרה מן התורה. ואם כי ייתכן שניתן ליישב קושיה זו, לכאורה הצעתו נסתרת מגמרא מפורשת בפרק המצניע: ״ההוא שכבא דהוה בדרוקרא, שרא רב נחמן בר יצחק לאפוקיה לכרמלית, א״ל רבי יוחנן אחוה דמר בריה דרבנא לרב נחמן בר יצחק: כמאן כר״ש, אימר דפטר ר״ש מחיוב חטאת, איסורא דרבנן מיהא איכא״ (שבת צד ע״ב). ואף שיש מי שנדחק מאד לדחות אף ראיה זו,[117] לכאורה דברי רבי יוחנן ברור מיללו, שמלאכה שאינה צריכה לגופה אינה אסורה מן התורה לרבי שמעון.

ברם, בהחלט אפשר להעלות על הדעת שאין הדברים אמורים אלא לגבי שבת.

117. יעוין בשו״ת לחם שלמה אורח חיים סימן סא.

אף אם מראש נאסרה בה כל מלאכה, אף שאינה צריכה לגופה, הרי מפרשיית המשכן ואילך צומצם האיסור בשבת למלאכת מחשבת בלבד. אמנם, הפני יהושע עצמו כתב: "דמהיכי תיתי לחלק במלאכה שאצ"ל בין יום טוב לשבת"; אך מסברה יש מקום להציע שיום טוב נשאר באיסורא קמא, ומלאכה שאינה צריכה לגופה אסורה בו מן התורה אף לרבי שמעון, דלא נאמר בו דין מלאכת מחשבת.[118]

אלא שהדבר תלוי בביאור מימרת הגמרא לגבי השנוי במשנה בריש מסכת ביצה, שמודים בית שמאי ובית הלל שאם שחט שחופר בדקר ומכסה. על כך ביארה הגמרא (ביצה ח ע"א) שאין בדבר משום עשיית גומא, מכיוון שאינו צריך לעפרה. רש"י שם (ד"ה פטור) פירש: "דכיון דאינו צריך אלא לעפרה... אינו בונה ולא חורש אלא מקלקל, וכל המקלקלין פטורים". לדבריו, יסוד הפטור אם אינו צריך לעפרה הינו מקלקל. אולם התוספות על אתר (ד"ה ואינו צריך) ביארו: "פטור – משום דהוי מלאכה שאינה צריכה לגופה, ופטור עליה".[119] וכן כתבו במפורש אף התוספות בפסחים (מז ע"ב ד"ה כתישה). הרי לנו שלדעתם אף ביום טוב אין איסור דאורייתא במלאכה שאינה צריכה לגופה. כמותם סבור גם מאור עינינו הרמב"ן, שאף הוא לא קיבל את חילוקנו: "שתולש כנף נמי לשחיטה מלאכה שאינה צריכה לגופה היא ולא מחייב עלה, הלכך אפילו לכתחלה נמי שריא, משום שמחת יום טוב".[120] מכל מקום, אפשר שפירושו של רש"י הוא משום שסבירא ליה שביום טוב אף מלאכה שאינה צריכה לגופה נאסרה.

כלאחר יד

המשנה והגמרא קובעות במספר מקומות כי מדין תורה העושה מלאכה בשינוי – פטור, והאיסור על מלאכה כזו הוא מדרבנן בלבד.[121] ברם, לא נאמר במקורות הללו מהו יסוד הפטור מדאורייתא. לכאורה, ניתן להעלות שתי אפשרויות: א. מצד דומיא דמשכן (מעין הסברם של בעלי התוספות [שבת צד ע"א ד"ה רבי שמעון] לפטור מלאכה

118. מצינו שהמאירי בביצה (ו ע"א ד"ה וכבר) כתב: "שאף לר' שמעון מ"מ איסור תורה הוא". אפשר שכוונתו הייתה דאך ביום טוב שריר וקיים איסור זה, אך לא בשבת.
119. ומה שאינו אסור מדרבנן, "דמשום שמחת יו"ט מותר אפילו לכתחלה".
120. הלכות בכורות פרק ג (יח ע"ב). ועיין עוד בחמדת ישראל קונטרס נר מצוה (דף טז), הסובר היפך דברינו, שביום טוב אף רבי יהודה מודה שפטור על מלאכה שאינה צריכה לגופה. אלא שחזר בו מהצעה זו; יעוין מה שכתב בכלי חמדה בפרשת בשלח, סוף אות ב.
121. שבת צב ע"ב, שם קד ע"ב, פסחים סו ע"ב, כתובות ס ע"א, ועוד.

שאינה צריכה לגופה). ב. מצד שהשינוי פוגע באופן עשיית מלאכה. ההבנה השנייה עצמה מתחלקת לשניים: או שנאמר שמלאכה הנעשית בשינוי וכלאחר יד אינה בגדר מלאכת מחשבת, או שנאמר שאינה בגדר מלאכה כלל.

והנה ניתן לדבר על שני אופני שינוי (יעוין באגלי טל, פתיחה, אות ג): א) שינוי בתהליך – שינוי באופן הביצוע, כגון כתיבה ביד שמאל. במקרה זה מבחינת התוצר אכן נכתבו אותיות, אך טכניקת הכתיבה שונה הייתה מן המקובל. ב) שינוי בתוצר – שינוי הגורם להבדל בתוצר במלאכה, כגון הזורע בעציץ שאינו נקוב (יעוין שבת עג ע"ב, עד ע"ב).

והנה בנוגע ליום טוב נאמר בסוגיות הגמרא במפורש כי העושה מלאכה ביום טוב כלאחר יד פטור מן התורה. כן הוא בבכורות (כה ע"א): "וביום טוב היינו טעמא דשרי, דהוי ליה עוקר דבר מגידולו כלאחר יד". וכן הוא בפסחים (מז ע"ב), שעל קושיית הגמרא "וכתישה ביום טוב מי שרי?" בא התירוץ: "ראויות לכותשן כלאחר יד".

ושמא על סמך הנאמר לעיל היינו יכולים להציע הבחנה בנידון דידן בין שבת לשאר המועדים. בימים טובים רק שינוי המשפיע באופן מהותי על תוצר המלאכה נכלל בגדר כלאחר יד ומהווה עילה לפטור. במקרה של שינוי קטן יותר עדיין פוגעת המלאכה בקיום מקרא קודש, ולפיכך אסורה ביום טוב. בשבת, לעומת זאת, נאסרה רק מלאכה מובהקת, שרק היא פוגעת בשביתה; ושמא לפיכך בשבת אף שינוי בעצם התהליך הווי שינוי הפוטר, גם מבלי השפעה על המצב בסיומה של המלאכה, כפי שעולה מכמה סוגיות בגמרא שבת.

אכן, לכאורה מצינו גמרא שלמה שממנה עולה דביום טוב העושה כלאחר יד פטור אף ללא שינוי באיכות התוצאה; וזאת בניגוד להצעתנו. דגרסינן ביבמות (קיד ע"א): "אבא שאול אומר: נוהגין היינו שיונקים מבהמה טהורה ביום טוב. היכי דמי, אי דאיכא סכנה אפילו בשבת נמי, ואי דליכא סכנה אפילו ביום טוב אסור. לא צריכא דאיכא צערא, וקסבר: מפרק כלאחר יד הוא, שבת דאיסור סקילה – גזרו רבנן, יו"ט דאיסור לאו – לא גזרו ביה רבנן".

במקרה זה, נראה פשוט שהשינוי איננו אלא במעשה עצמו ולא בתוצר המלאכה. ובכל זאת פטור בכהאי גוונא ביום טוב.

ושמא יש גם לחלק בין שתי רמות של שינוי בביצוע המלאכה. ישנו שינוי הפוגע בביצוע, עד שזה כלל לא מוגדר כמעשה. לעומת זה, יש שינוי שאינו פוגע עד כדי כך, איננו מפקיע שם מעשה, ואולי אף אינו מפריע כלל למעשה, דוגמת מוציא משא על ראשו (שבת צב ע"א). לאור זאת, שמא אפשר לחלק בין שבת ליום

טוב באופן אחר: שמא דווקא שינוי גדול המפקיע את המלאכה משמה יהא מותר ביום טוב, בעוד שינוי שאינו אלא דרך שונה לעשיית אותה המלאכה ייאסר ביום טוב מדאורייתא (אף שיהיה פטור בשבת). אלא שיש להעמיד מסמרות, מהו הכלל שעל פיו יוגדר כל שינוי.

דבר שאינו מתכוון

גם בנוגע לדבר שאינו מתכוון מפורש בגמרא שמותר ביום טוב. יעוין בסוגיה בבכורות (לד ע"ב) האומרת כן כדבר פשוט: "...ודבר שאין מתכוון ביום טוב שרי". אולם בניגוד לדין מלאכה שאינה צריכה לגופה, שהוא דין ייחודי לגבי שבת, הרי דין דבר שאינו מתכוון נאמר גם בשאר איסורים מלבד השבת, והווי פוטר בכל התורה כולה. שהרי דין זה הוזכר בגמרא גם לגבי איסורים נוספים: איסור כלאי בגדים (שבת כט ע"ב), איסור הטלת מום בבכור (בכורות לג ע"ב) ודיני נזיר (נזיר מב ע"א, שבת נ ע"א-נ ע"ב). אם כך, אף שמפורש בסוגיה שדין דבר שאינו מתכוון חל אף ביום טוב, אין הכרח כי נשתווה בכך יום טוב לשבת. ייתכן שדומה הוא בזה לשאר איסורי התורה, שאף בהם חל מתיר זה.

בעלי התוספות[122] סברו כי אף על פי שבכל התורה כולה סובר רבי יהודה שדבר שאינו מתכוון חייב, מכל מקום מודה הוא בשבת שמדאורייתא פטור אינו מתכוון, מכיוון שדווקא מלאכת מחשבת אסרה התורה. ואפשר שלשיטתם אין רבי יהודה מודה אלא בשבת, שבה ישנו אותו פטור ייחודי של מלאכת מחשבת, אך לא ביום טוב.[123]

מתעסק

מעבר לפטור הכללי של מתעסק בכל התורה כולה (חוץ מחלבים ומעריות), ישנו פטור ייחודי בשבת (יעוין בגמרא כריתות יט ע"א-יט ע"ב).

התוספות (סנהדרין סב ע"ב ד"ה להגביה) העלו בהקשר זה הבחנה בין שבת לשאר האיסורים, וזאת על סמך הסוגיה הנ"ל בכריתות. לדבריהם, בשבת מתעסק

122. תוספות שבת מא ע"ב ד"ה מיחם, יומא לד ע"ב ד"ה הני, סנהדרין פה ע"א ד"ה ור"ש, כריתות כ ע"ב ד"ה סבירא.

123. ועוד אפשר כי הגדרת דבר שאינו מתכוון ביום טוב תהיה מחמירה יותר; ואולי נפקא מינה לפסיק רישיה דלא ניחא ליה וכדומה [הערת העורך].

פטור אף אם נהנה, בעוד בשאר העבירות חייב הוא אם נהנה.[124] ובתוספות הרא"ש שם (ד"ה המתעסק) כתב שאף מי שמחייב מתעסק בכל התורה כולה מודה שפטור בשבת, שבה מלאכת מחשבת אסרה התורה. והנראה בזה, שוב, שאפשר שכל זה אינו אלא בשבת, אך לא בימים טובים.

שניים שעשאוה

בסוגיה בשבת (צב ע"ב) מצינו פטור נוסף (ודומה). דתנן התם: "המוציא ככר לרשות הרבים – חייב. הוציאוהו שנים – פטורין". וכן נאמר בברייתא המובאת בגמרא שם: "דתנו רבנן: בעשׂתה – העושה את כולה, ולא העושה את מקצתה. כיצד, שנים שהיו אוחזין במלגז ולוגזין, בכרכר ושובטין, בקולמוס וכותבין, בקנה והוציאו לרשות הרבים, יכול יהו חייבין, תלמוד לומר בעשׂתה – העושה את כולה ולא העושה מקצתה". האחרונים דנו האם פטור זה מיוחד הוא לשבת או שנאמר בעוד איסורים.[125] ושמא ניתן לדבר על שתי רמות שונות של פטור, ואכמ"ל. לענייננו נציין שאם אכן פטור זה מתייחס רק לשבת, או שיש בו רובד המתייחס בלעדית לשבת, שמא לא יחול בימים טובים.

מקלקל

קיימא לן שכל המקלקלים פטורים, "דמלאכת מחשבת כתיב" (רש"י סנהדרין פד ע"ב ד"ה מקלקל). נחלקו רבי שמעון ורבי יהודה בנוגע למקלקל בחבורה (כלומר, במלאכות חובל ומבעיר), שרבי יהודה פוטרו ורבי שמעון מחייבו (שבת קו ע"א). מדברי התוספות (שבת עה ע"א ד"ה וליחייב) עולה אפשרות שאף רבי יהודה חִייב בחובל ומבעיר כאשר יש במעשה "תיקון קצת". ואולי יש להציע שביום טוב נסתפק בתיקון קטן כדי לחייב את העושה, ולא נפטור אלא מקלקל גמור, שאינו בגדר מלאכה כלל. מה שאין כן בשבת, שבה אף קלקול חלקי פוטר, ואין מתחייבים אלא בתיקון גמור, שבלעדיו אין כאן מלאכת מחשבת.

124. דבריהם מתבססים על ההנחה כי הנאה הווי מחייב עצמאי בכל העבירות ולא רק חיוב מיוחד בחלבים ובעריות (משום שבהם כל אופי האיסור ממוקד בהנאה), ואכמ"ל.

125. פני יהושע שבת צג ע"א, מקור חיים או"ח רסו ס"ק ז.

מלאכה החוזרת ונשנית

ייתכן שנוכל למצוא עוד הבדל בין שבת ליום טוב, מעבר לגדרי מלאכת מחשבת. הלוא קיימא לן דבשבת אין בישול אחר בישול;[126] וכן כתב האגלי טל (מלאכת טוחן) ביחס לטחינה, דבשבת אין טוחן אחר טוחן. הרעיון הבוקע ועולה מכך הוא שבשבת עיקר החיוב הוא כאשר התוצאה יוצרת דבר חדש בעולם, ולא על עצם הפעולה והמעשה. אכן, ייתכן שיש לחלק בהקשר זה בין אבות מלאכה שונים. יסוד זה משתקף בדברי המנחת חינוך, שהסביר כדלהלן את הראשונים הגורסים שיש בישול אחר בישול בלח: "ולכך בלח יש בישול אחר בישול, דאין הפעולה הראשונה ניכרת" (מוסך השבת, מלאכת אופה). ובדומה לזה פסק למעשה האבני נזר (אורח חיים סימן קנט) דמותר להרטיב בגד נקי, משום שלא שייך בו כיבוס (ובאמת הדבר נראה פשוט).

על פי יסוד דברינו נראה לומר, בדרך אפשר, שמא יסוד זה מצומצם לשבת דווקא; שכן ביום טוב עיקר הפגיעה ביום קשורה למעשה עצמו, הפוגע בקיום מקרא קודש, ולאו דווקא לתוצאה.

שביתת קטן

במתן תורה נצטווינו: "ויום השביעי שבת לה' אלקיך לא תעשה כל מלאכה אתה ובנך ובתך עבדך ואמתך" (שמות כ', י). וכתב רש"י על אתר: "אתה ובנך ובתך – אלו קטנים... לא בא אלא להזהיר גדולים על שביתת קטנים". וכן ביאר הרמב"ן שם: "הזהירנו בשבת שלא יעשו הבנים הקטנים מלאכה לדעתנו וברצוננו". ומקורם במכילתא שם בפרשת עשרת הדיברות. ובפשטות הרי זה איסור מיוחד בהלכות שבת, שמצווה איש ישראל על שביתת בנו ובתו הקטנים. ואין לכך זיקה לשאלת "קטן אוכל נבלות – בית דין מצווין עליו להפרישו" (שבת קכא ע"א). ואף אם קטן האוכל נבלות הווי דין דרבנן, שביתת קטן בשבת הריהי איסור תורה. ובשם ר' חיים זצ"ל כתבו שגדול הנהנה ממלאכת קטן בשבת דינו כמחלל שבת, החמור משאר איסורים דעלמא.[127]

126. אמנם נחלקו בנידון הרמב"ם (הלכות שבת פ"ט ה"ג) ושאר הראשונים (יעוין במגיד משנה על אתר), דלרוב הראשונים אין בישול אחר בישול מזמן שהגיע המאכל לשיעור מאכל בן דרוסאי, ואילו לדעת הרמב"ם כל עוד לא נתבשל כל צורכו – המבשלו חייב. ברם, אף הרמב"ם מסכים שלאחר שנתבשל כל צורכו אין בו משום בישול, אף במצטמק ויפה לו; ואכמ"ל.

127. יעוין בכל זה בשו"ת אחיעזר ח"ג סימן פא, ובדברי האחרונים שהביא שם.

על פי כל האמור לעיל, ישנו מקום לומר מסברה שחידוש זה קיים אך ורק ביחס לשבת, שיש בה חילול, ולא ביחס ליום טוב.[128] וכן כתב אבן עזרא: "כי מצוה על הקטן לשמור את השבת, ואין ככה שאר המועדים" (ויקרא י"ט, ג). וכן מפורש באור שמח (הלכות שבת פכ"ד הי"א).

גר תושב

כבר הובאה לעיל מחלוקת התנאים בנוגע לחיוב גר תושב בשבת: "גר תושב מותר לעשות מלאכה בשבת לעצמו, כישראל בחולו של מועד; ר"ע אומר: כישראל בי"ט; ר' יוסי אומר: גר תושב עושה בשבת לעצמו כישראל בחול" (כריתות ט ע"א).[129] אך כל זה אינו אלא מצד הגר, וכאשר הוא עושה למען עצמו ולטובתו. ברם, ישנו איסור לישראל להשתמש בגר תושב ולומר לו שיעשה מלאכה למען היהודי ולצורכו.[130]

המקור לאיסור הוא מברייתא הנזכרת במסכת יבמות (מח ע"ב): "דתניא: וינפש בן אמתך – בעבד ערל הכתוב מדבר. אתה אומר בעבד ערל, או אינו אלא בעבד מהול; כשהוא אומר: למען ינוח עבדך ואמתך כמוך – הרי עבד מהול אמור, הא מה אני מקיים וינפש בן אמתך, בעבד ערל. והגר – זה גר תושב, אתה אומר זה גר תושב, או אינו אלא גר צדק; כשהוא אומר: וגרך אשר בשעריך – הרי גר צדק אמור, הא מה אני מקיים והגר, זה גר תושב".

העולה מן הברייתא, כי השבת מחילה איסור גם על שימוש בגר תושב ובעבד ערל. ונחלקו בה"ג והרמב"ן אם איסור המלאכה המוטל על עבד ערל נוהג אף בימים טובים.[131] בה"ג כתב: "אבל עבדים לעניין מלאכה דשבת וי"ט איתקוש למרייהו,

128. מלאכת הקטן ביום טוב אינה פוגעת בהכרח בהתמסרותם של אביו ואמו לייעוד היום – "מקרא קודש"; אך ייתכן שמלאכת קטן בשבת פוגעת בשביתה המוחלטת שביום זה ומחללת את קדושתו. לפיכך יש מקום לחלק בנידון דידן בין שבת ליום טוב [הערת העורך].

129. מעין זה, בייחוס שונה של השיטות, במכילתא דרשב"י (פרק כ פסוק י).

130. כך פירשו כל הראשונים (מלבד רש"י) את הסוגיה ביבמות, המובאת להלן. יעוין שם בתוספות ד"ה זה ובחכמי ספרד על אתר.

131. יעוין עוד בשו"ת הרשב"א החדשות (סימן כד), שהשואל נטה לפרש במכילתא בא שעבד ערל אסור מן התורה לעשות מלאכתנו אפילו בימים טובים, והרשב"א הוסיף שלפי הכיוון הכללי של פירוש השואל ניתן להוסיף ולפרש שם במכילתא שאף גר תושב אסור מן התורה ביום טוב. אך הרשב"א עצמו לא קיבל את דברי השואל.

דכתיב: לא תעשה כל מלאכה אתה ובנך ובתך עבדך ואמתך" (הלכות גדולות, סימן כא). על כך פקפק הרמב"ן: "ומ"מ לא נתברר לי מנין לו לבעל הלכות שיהא י"ט כשבת לענין איסור מלאכה דעבדים, שאני אומר כיון דגזירת הכתוב הוא בשבת אין ללמוד ממנו י"ט, שאין דנין קל מחמור להחמיר עליו" (תורת האדם, שער הסוף, עניין ההוצאה). על פי יסוד דברינו דלעיל, פקפוקו של הרמב"ן וחילוקו בין שבת ליום טוב מאירים ומובנים עוד יותר.

ועוד נראה, שניתן לבסס חילוק זה בדרך נוספת. הימים הטובים מושרשים כל־כולם בזיקה ובברית הייחודית שבין הקב"ה לכנסת ישראל. לגר תושב אין חלק ונחלה בקשר הייחודי שבין ה' לעמו. מאידך, השבת, בהיותה זכר למעשה בראשית, היא אוניברסלית יותר באופייה, ויכולה לכלול אף גרים־תושבים ועבדים.

אמירה לעכו"ם

מדאתינן להכי, יש לדון באפשרות לחלק בין שבת ליום טוב גם בנוגע לאמירה לעכו"ם סתם, שאינו גר תושב או עבדו של ישראל. והנה אם אתינן עלה מצד איסור "וְדַבֵּר דָּבָר" (רש"י עבודה זרה טו ע"א ד"ה כיון), או משום גזירה שמא יעשה היהודי בעצמו (רמב"ם ריש פ"ו מהלכות שבת), הרי לכאורה אין מקום לחלק בין שבת ליום טוב (אלא אם כן נאמר, לגבי החשש שהעלה הרמב"ם, דבאיסור חמור חששו יותר; מעין הנזכר בבבא מציעא צ ע"א).

אך אפשר לומר שאיסור אמירה לעכו"ם קשור בפגיעה במועד, ואז ייתכן לחלק. דהנה כתיב בקרא על אודות ימים טובים: "כל מלאכה לא יֵעשה בהם" (שמות י"ב, טז). על כך העיר רש"י: "אפילו על ידי אחרים". הרמב"ן שם ציין שאיסור מלאכת גוי הוא רק מדרבנן, ולפיכך אין לתלות בו את ביאור הפסוק. הרמב"ן על אתר ציטט מכילתא (מכילתא דרבי ישמעאל בא מסכתא דפסחא פרשה ט) הדנה מתוך הפסוקים בשאלת מלאכת גוי בשבת: "כל מלאכה לא יעשה בהם – לא תעשה אתה, ולא יעשה חברך, ולא יעשה גוי מלאכתך. אתה אומר לא תעשה אתה ולא יעשה חברך ולא יעשה גוי מלאכתך, או לא תעשה אתה ולא יעשה חברך ולא יעשה גוי מלאכתו, תלמוד לומר ששת ימים תעשה מלאכה, הא לא תעשה אתה ולא יעשה חברך אבל יעשה גוי מלאכתו, דברי ר' יאשיה. ור' יונתן אומר אינו צריך, והלא כבר נאמר ששת ימים תעבוד ועשית כל מלאכתך, והרי דברים קל וחומר, ומה שבת חמורה אין אתה מוזהר על מלאכת הגוי כמלאכתך..."

והנה לפי גרסתו של הרמב"ן במכילתא, הברייתא עוסקת בשאלה האם אנחנו

מוזהרים אף על מלאכת הנכרי בשלו, או רק על מלאכתו בשלנו.[132] מסקנת המכילתא היא כמובן שהן לדעת רבי יאשיה והן לדעת רבי יונתן מותרת מלאכת הנכרי בשלו ואסורה רק מלאכת נכרי בשלנו. ולפי דברי הרמב"ן, אף זאת אינה אלא אסמכתא, המתייחסת לתקנת חכמים.

איברא, דלפנינו מופיעה גרסה אחרת, השונה מהנוסח שעמד לפני הרמב"ן: "כל מלאכה לא יעשה בהם – לא תעשה אתה, ולא יעשה חברך, ולא יעשה גוי מלאכתך. אתה אומר כן או אינו אלא לא תעשה אתה ולא יעשה חברך ויעשה גוי מלאכתך, ת"ל ששת ימים תעשה מלאכה, הא למדת וכל מלאכה לא יעשה בהם – לא תעשה אתה ולא יעשה חברך ולא יעשה גוי מלאכתך, דברי רבי יאשיה. ר' יונתן אומר אין צריך, והלא כבר נאמר זכור את יום השבת לקדשו, והלא דברים ק"ו, ומה אם שבת חמורה אין אתה מוזהר על מלאכת הגוי במלאכתך, יום טוב הקל דין הוא שלא תהא מוזהר על מלאכת הגוי במלאכתך, ת"ל כל מלאכה לא יעשה בהם. אין לי אלא יום טוב שאתה מוזהר על מלאכת חברך במלאכתך, שבת מנין, ק"ו ומה אם יום טוב הקל אתה מוזהר על מלאכת חברך במלאכתך שבת חמורה דין הוא שתהא מוזהר על מלאכת חברך במלאכתך".

לפי גרסתנו במכילתא הדיון סובב על אודות גוי העושה מלאכת **ישראל**, והילפותא לפי רבי יאשיה היא שגוי לא יעשה מלאכתנו. אם כן, אף לפי גרסתנו לימוד זה אינו אלא אסמכתא. אכן, גרסתנו מוקשה; שהרי לפיה רבי יאשיה יליף לחומרה, ואילו רבי יונתן יליף לקולא. אך הרי בפתח דבריו של רבי יונתן נאמר: "אינו צריך", ולשון זה אומר לכאורה שרבי יונתן מסכים עם הדין עצמו, ורק טוען שאין צורך בלימוד מיוחד עבורו.

ובאמת הגר"א (על אתר) הגיה את המכילתא (עיין בדברי הנצי"ב, שציין שהיו שקדמו לו בזה), וגרס כדלהלן: "לא תעשה אתה... אבל יעשה גוי מלאכתך, או אינו לא תעשה אתה... ולא יעשה גוי מלאכתך, ת"ל... הא למדת וכל מלאכה לא יעשה בהם – לא תעשה אתה ולא יעשה חברך אבל יעשה גוי מלאכתך, דברי ר' יאשיה. ר' יונתן אומר אינו צריך, והלא כבר נאמר זכור את יום השבת לקדשו, והלא דברים קל וחומר, ומה אם שבת חמורה אינו מוזהר על מלאכת גוי במלאכתך, יום טוב הקל דין הוא שלא יהא מוזהר על מלאכת גוי".

לפי נוסחא זו המכילתא דנה במישור דאורייתא בהיתר עשיית מלאכת **ישראל**

132. לא ברור האם המכילתא מתייחסת למקרה שישראל אמר במפורש לנכרי לעשות מלאכה, או שמתייחסת לנכרי העושה מלאכה אף ללא אמירת ישראל.

על ידי גוי. ומסקנתה לקולא, באשר הן רבי יאשיה והן רבי יונתן קובעים שמן התורה מותר לעשות מלאכת ישראל על ידי גוי. רבי יאשיה לומד זאת מפסוק הנאמר לגבי שבת, והוא מלמד לגבי שבת ויום טוב כאחד. ואילו לפי רבי יונתן כבר ידענו כן לגבי שבת, ונלמד קל וחומר משבת ליום טוב: אם בשבת מותרת מלאכת גוי, על אחת כמה וכמה שמותרת היא ביום טוב. הקל וחומר נסמך על ההנחה ששבת חמורה יותר, או על כך שבשבת יש לחוש לחילול היום, ואף על פי כן מותרת מלאכת גוי, כי אין חילול אלא במלאכת ישראל, שהוזהרו על השבת.

לפי זה, לדעת רבי יונתן מסברה היה מקום לומר שרק ביום טוב הותרה מלאכת עכו"ם, ובשבת נאסרה. הווה אמינא זו מובנת היטב על פי כל הנאמר לעיל: היה מקום לומר שאמירה לגוי אמנם אינה מלאכה, אך מחללת היא את היום, ועל כן תיאסר בשבת אבל לא ביום טוב.

במישור דרבנן, ודאי שאמירה לעכו"ם אסורה הן בשבת והן ביום טוב. אך נחלקו ראשונים לגבי סיבת האיסור. דיעוין בבא מציעא צ ע"א, דבעי הגמרא לגבי אמירה לעכו"ם בחסימה, האם אמירה לעכו"ם נאסרה רק באיסורי מיתה וכרת, או אף באיסורי לאו. והקשה הרשב"א שם (ד"ה אבל), דהא אף ביום טוב אסורה אמירה לעכו"ם, אף שאין בו מיתה או כרת. וכתב הרשב"א: "תירצו בתוס' דיו"ט משום שבת גזרו עליו וחדא גזירה היא, כדאמרינן פרק במה אשה יוצאה גבי סנדל המסומר... אבל יו"ט ושבת כי הדדי נינהו. תדע דתנן אין בין יו"ט לשבת וכו'. ואפילו בחולו של מועד גזרו, דיו"ט הוא".

לכאורה בדבריו פתוכות שתי נימות שונות: א. באופן עקרוני האיסור שייך רק בשבת, אך גזרו ביום טוב אטו שבת. ב. באופן עקרוני, אף שיסוד הגזירה שייך רק לשבת, שיש בה איסור מיתה, כולה חדא גזרה היא, ואין מקום לפצל. ויעוין בתוספות הרא"ש שם, שתירץ: "י"ל משום דיום טוב ושבת דמו להדדי גזרו בשניהם משום שבות"; ודבריו נוטים לכיוון השני. ותוספות רבנו פרץ שם כתב: "דלא דמי, דהתם מענין שבת הוא, כדאמרינן בפרק במה אשה, יום טוב ושבת חדא מילתא היא, ומ"ה גזרינן אטו שבת, אבל הכא לא". בדבריו נמצא את שתי הנימות אשר ברשב"א.

ויעוין עוד בחידושי הריטב"א שם, בשם התוספות: "דשבת ויו"ט כי הדדי נינהו. ואע"פ שלענין יונק מחלב בהמה מפני צער גופו חלקו בין שבת ויו"ט, כדתניא: אבא שאול אומר נוהגין היינו יונקין מבהמה טהורה ביו"ט אבל לא בשבת, התם כיון דאיכא צערא – בשבת גזרו ולא ביו"ט, ולא כל הדברים שווין, יש שחלקו בין שבת ליו"ט ויש שלא חלקו".

פירוש הדברים, דלגבי אמירה לעכו"ם השאלה היא האם בכלל יש מקום לאסור; ולגבי זה אין מקום לחלק בין שבת ליום טוב. אך בסוגיה דיונק ודאי שיש מקום לאסור, אלא השאלה היא האם דחו את האיסור מחמת הצער. כאן יש מקום לחלק, לפי חומרת האיסור.

עוד הוסיף המאירי שם וכתב כדלהלן: "ויש מתירין בשבות דחסימה, ולא נאסר אצלם ביו"ט ובמועד אלא שהמועד ממין היום טוב **והיום טוב ממין השבת** והשבת הוא איסור סקילה, אבל בשאר הלאוין מותר. ואע"פ שמטיל מום בקדשים אסור אף ע"י גוי ואף בזמן הזה, שאינו אלא מדרבנן... חומר הוא בקדשים".

והנה אם נימא דיסוד האיסור הוא מפני דגזרו יום טוב אטו שבת, לא קשה מידי למהלך דברינו. אך אי נימא דחדא מילתא הווה, יש כאן מקום עיון. דלכאורה היה מקום להבדיל בהקשר זה בין שבת ליום טוב, שהרי אמירה לגוי אינה מלאכה אלא חילול; וביום טוב לא נאסרו פעולות המביאות לידי חילול, שהרי שהיום כלל אינו מתחלל.

זאת ועוד. המאירי הסביר שאין לפשוט את ספק הגמרא ממטיל מום בקודשים. אמנם, גם בנוגע ללאו זה מפורש בגמרא בבכורות (לה ע"א) דנאסרה אמירה לגוי, אף שאינו איסור סקילה; אך מכל מקום אין להסיק מכך שאיסור אמירה לגוי תקף בנוגע ללאוין גרידא, משום שיש לומר שחומר מיוחד החמירו בקודשים. לאור תירוצו של המאירי ניתן להבין שמה שחילקה הסוגיה בין איסור סקילה לאיסור לאו – לאו דווקא הוא; אלא דבסקילה חייב משום החילול, וכדכתיב: "מחלליה מות יומת" (שמות ל"א יד), וסלקא דעתך דרק במקום שיש חילול נאסרה אמירה, אך לא במקום שיש רק מעשה עבירה כשלעצמו (ומטיל מום בקודשים, אף שעונש מיתה אין בו, תוצאה של פגיעה יש בו מעבר למעשה העבירה כשלעצמו, שהלא בעקבותיו הבהמה נפסלת מליקרב על גבי המזבח). אך אם נסביר כן, ודאי שקשה הדבר למהלך שלנו. דמכאן נגיע למסקנה שיש להתיר אמירה לנכרי ביום טוב, או שאף ביום טוב יש חילול.

ברם, לאמיתו של דבר אין כאן בית מיחוש; ואדרבה, קשה להבין מה הטריד כאן את הראשונים. שהרי איסור אמירה לנכרי ביום טוב יש לו מקור מיוחד, ולו בתורת אסמכתא, בקרא ד"כל מלאכה לא יעשה בהם" (שמות י"ב, טז). אם כן, איסור אמירה לגוי ביום טוב אינו תלוי בספק הגמרא בנוגע לשאלה אם ישנו איסור אמירה אף בשאר לאווין. אף אם אמירה לגוי מותרת בשאר לאווין, ביום טוב נאסרה באופן ממוקד כאיסור מיוחד. לכאורה שאלת איסור אמירה לגוי במועד אינה נוגעת כלל

ועיקר לדין אמירה בכל התורה כולה. וכלפי לייא, נראה שלגבי איסור זה יכול היה יום טוב להיות חמור משבת, דניתן היה לומר שאף על פי שאין כאן פגיעה בקדושת היום ובמהותו (היות שמלאכת גוי לאו מלאכה המחללת היא), מכל מקום יש לאסור על אמירה לנכרי ביום טוב, שהרי בכל זאת יש כאן חיבור למלאכות החול ופגיעה בעיצוב היום כמקרא קודש. גם לו הייתה אמירה לנכרי מותרת בשבת, עדיין היה מקום לאוסרה ביום טוב, מפאת ההתנגשות עם מקרא קודש. והוא הדין בחול המועד, וכמבואר בירושלמי (מועד קטן פ"ב ה"ג), שמלאכה נאסרה בו כדי שיהו פנויין לעסוק בתורה. ואם כן, אין לזה שום זיקה לסוגיה בבבא מציעא הנ"ל.[133]

ואשר להבנת מסקנת הסוגיה בבבא מציעא שם, יעוין ברש"י שפירש דמיירי בדישת הגוי, ובזה שאלו האם מותר לומר לנכרי לחסום שור (היהודי) בדישו (של הנכרי), ולפי פירושו אסורה אמירה לגוי אף **בשל הגוי עצמו**. התוספות שם (ד"ה חסום) הקשו: הרי פשיטא שמותר לומר לעכו"ם שיאכל נבלה, שהרי אכילה זו מעולם לא נאסרה עליו; ואם כן, הוא הדין והוא הטעם שמותר לומר לו לבשל לעצמו בשבת או לדוש לעצמו. והביאו התוספות בשם ר"י דשאני נבלה שיכול ישראל להלעיט לגוי, וקל וחומר דמותר לומר לו שיאכל, אבל הכא היהודי עצמו אינו יכול בשום נסיבות שהן לבשל בשבת אף לצורך הגוי או לחסום שור בדישת הגוי (התוספות שלנו קיצרו בזה, אך בתוספות הרא"ש ובתוספות רבנו פרץ הדבר מבואר יותר).[134]

אך באמת שיטת רש"י מחוורת. דאף לדידיה, דאיסור אמירה לגוי כולל אפילו מקרה שבו הגוי עושה בשלו, היינו אך ורק כשמדובר באיסורים שבהם מעבר למעשה העבירה עצמו יש גם השלכות פסולות. באכילת נבלה בפשטות האיסור הוא רק במעשה האכילה. אם גוי אוכל נבלה, אף אם בציוויו של ישראל, סוף סוף אין כאן עבירה כלל. אך בשבת, וכן במקרים של חסימה וסירוס המופיעים בסוגיה שם, התוצאה עצמה שלילית היא. ואיסור הוא ליהודי להיות אחראי לתוצאה זו. ועל פי יסוד דברינו מתחדש שאף רש"י יודה שמותר לומר לגוי לעשות בשלו ביום טוב, והחמיר בכך רק בשבת, שבה ישנו חילול, מעבר לעצם מעשה העבירה.

133. הראשונים שנתקשו שם בסוגיה בבבא מציעא מן הסתם סברו בכל זאת שאיסור אמירה לעכו"ם קשור בחילול ולא בעצם מעשה המלאכה, והסיקו אחת משלוש: או שאכן אין הבדל יסודי בין שבת למועדות, ובניגוד לשיטתנו; או שאף אם יש הבדל, גזרו יום טוב אטו שבת; או שההבדל המהותי שבין שבת ליום טוב אינו שייך לדין אמירה לעכו"ם.

134. ועיין גם באור זרוע על אתר (פסקי בבא מציעא סימן רפד), מה שציטט רבנו אלחנן בשם הר"י.

בזה נוכל ליישב תמיהה על פסקי הרמב"ם. דבפרק ט"ז מהלכות איסורי ביאה (הלכה יג) פסק שאסור לומר לנכרי לסרס, ואילו בפ"א מהלכות כלאיים (הלכה ג) פסק דמותר לומר לנכרי לזרוע לו כלאי זרעים. וכבר הקשה עליו הראב"ד שם מאי שנא. ועיין שם ברדב"ז ובמהר"י קורקוס (הובאו דבריו בכסף משנה) שהבינו דמיירי בשדה הגוי, ובשדה של ישראל – אין הכי נמי שאמירה תהיה אסורה. ולדידם כאשר כתב הרמב"ם "ומותר לומר לנכרי לזרוע לו כלאי זרעים", פירוש המילה "לו" היינו לגוי. אך יעוין בהלכה ו שם: "ואסור לישראל להניח לנכרי שירכיב לו אילנות כלאים". הכסף משנה שם הבין דהרמב"ם פוסק דאין בן נח מוזהר על הרכבת אילנות, ואם כן האיסור שם נובע מכך שהוא מרכיב עבור הישראל, ופירוש "לו" – למען ישראל. דבריו אלו סותרים את פירוש הר"י קורקוס דלעיל, שהוא עצמו אימץ בהלכה ג, ולפיו "לו" פירושו עבור הגוי (אכן, המשנה למלך ציין שהרמב"ם פוסק דהרכבת אילנות אסורה לבן נח, ובאמת מיירי בשל נכרי).

אם נקבל את הבנת הכסף משנה בהלכה ו, ש"לו" קאי אישראל, ונקיש ממנה להלכה ג, נמצא כי פסקי הרמב"ם לגבי אמירה לנכרי בסירוס ובזריעה סותרים זה את זה. ונראה לתרץ שהוא סבר שיש לחלק בין איסורים שכל כולם ממוקדים במעשה, לבין איסורים המתייחסים גם לתוצאות. לדעת הרמב"ם, איסור סירוס מתייחס אף לתוצאה, ולפיכך יש לאסור בו אמירה לנכרי. מנגד, בכלאי זרעים רק הפעולה אסורה ולא התוצאות, ולכן אמירה לגוי מותרת, אף לצורך ישראל.

עוד נראה, שאפשר לחלק בהקשר זה בין כלאי הכרם לכלאי זרעים: שמא בכלאי הכרם עצם התוצאה אסורה, בעוד בזרעים רק הפעולה והמעשה נאסרו.[135] אולי זה משתקף בהיתר אכילת כלאי זרעים, אם כי ודאי שאין כאן ראיה של ממש.[136]

תולדות

עלינו לדון גם במעמד איסורי המלאכות המוגדרים תולדות. בנקודה יסודית אחת ברור שלא הרי ההבחנה בין אבות לתולדות ביום טוב כהרי ההבחנה המקבילה בשבת. דהנה ידועים דברי הסוגיה בריש בבא קמא (ב ע"א): "מדקתני אבות מכלל דאיכא תולדות;

135. הרי זה מעין דברי דרמב"ן על התורה (דברים כ"ב, י) שחילק בין סוגים שונים של כלאיים, ופירש שהתורה אסרה חרישה בכלאיים רק מחשש שמא ירביעם יחד. אם כי לפי הרמב"ן עצמו (ויקרא י"ט, יט) שאיסור כלאיים הוא מפני שמכחיש מעשה בראשית, אין לחלק בין כלאי הכרם לכלאי זרעים.

136. ועיין חולין קטו ע"א לגבי "כל שתיעבתי".

תולדותיהן כיוצא בהן או לאו כיוצא בהן. גבי שבת תנן: אבות מלאכות ארבעים חסר אחת. אבות – מכלל דאיכא תולדות; תולדותיהן כיוצא בהן, לא שנא אב – חטאת, ולא שנא תולדה – חטאת, לא שנא אב – סקילה, ולא שנא תולדה – סקילה. ומאי איכא בין אב לתולדה, נפקא מינה דאילו עביד שתי אבות בהדי הדדי, אי נמי שתי תולדות בהדי הדדי – מחייב אכל חדא וחדא, ואילו עביד אב ותולדה דידיה – לא מחייב אלא חדא". וכן הוא ברמב"ם: "אם כן, מה הפרש יש בין האבות והתולדות, אין ביניהן הפרש אלא לענין הקרבן בלבד, שהעושה בשוגג אם עשה אבות הרבה בהעלם אחד חייב חטאת על כל אב ואב, ואם עשה אב ותולדותיו בהעלם אחד אינו חייב אלא חטאת אחת" (הלכות שבת פ"ז ה"ז).

כל זה נכון לגבי שבת. אך ביום טוב, היות שאין קרבן ואין חילוק מלאכות, הבחנה זו כמובן בטלה, ובכן אין מקום לתולדה כשם נפרד. ולא עוד אלא שלדעת הרמב"ן אף אין לנו ביום טוב אבות בתור שכאלה. שכן כשבא הרמב"ן לסווג את המינים השונים של לאו שבכללות, התייחס לדברי הגמרא בסנהדרין (סג ע"א) שהמגדף והמנשק לעבודה זרה והמכבד והמרבץ לפניה – אינו לוקה, מפני שאיסורם לאו שבכללות הוא. ועל זה העיר הרמב"ן: "ואל תבין מהם מפני שהמעשים הללו משתנים, שהרי שם אחד להם, שכולם עבודה זרה הם. וזה דומה ללאו דנבלה ולאו דלא תעשו כל מלאכה ביום טוב, שהם הרבה מלאכות משונות המעשה והעניין ולוקין עליו... וכן החורש בשביעית, לדעת הדורש כך לא כל מלאכה שבשדך – לוקה עליו... והטעם לכל אלו, מפני שכל הנכללין בלאו – שם אחד להם" (ספר המצוות, שורש תשיעי).

ברם, ברור שאין בכך כדי להתיר ביום טוב מה שבשבת נאסר בתור תולדה. כלפי לייא; בעוד בשבת תולדה נחותה ביחס לאב, ביום טוב אין ביניהם ולא כלום, שכן זה כזו נאסרו תחת הכותרת הכללית של מלאכה, ללא כל הבחנה בין אב למשנהו או בין אבות לתולדות.[137]

אך נראה שלאור דברינו אכן ניתן לצמצם את הגדרת מלאכה ביום טוב, ולהציע שישנן פעולות שחייבים עליהן בשבת כתולדות, בעוד ביום טוב מותרות הן. נראה דלגבי תולדה ביום טוב יש לדון לא רק על אופי האיסור, כדלעיל, אלא אף על עצם קיומו. דהנה עצם המושג "תולדה" מחודש הוא למדי. אם התורה אסרה פעולה מסוימת או חייבה עליה, מנלן לדון כך גם בכיוצא בה? ואם כבר נקבע יסוד כזה, מאי שנא שנאמר במקומות בודדים ולא בכל התורה כולה? ואיברא שבשלושת

137. השוו חידושי מרן רי"ז הלוי, ריש הלכות נזקי ממון.

המקומות שבהם נתרבו תולדות לאיסור – שבת, שביעית (מועד קטן ג ע"א), ועבודה זרה (סנהדרין סב ע"א) – על סמך ילפותות מפורשות נתרבו; ויש לברר האם יש לתחומים אלה מכנה משותף.

ונראה שאכן קיים מכנה משותף כזה, והוא קשור עם מה שהוסבר לעיל. דנראה שככל שמדובר בפעולה שנאסרה מפאת המעשה גרידא, קשה מאוד – אם כי, כמובן, מגזירת הכתוב לא נבצר שום דבר – לכלול את תולדותיה באיסור. סוף סוף, הרי הפעולות שונות הן, וזו נאסרה וזו לא נאסרה. אך אם באיסור המעורה בתוצאותיו עסקינן, במידה שהאב והתולדה שניהם מניבים תוצאות דומות, ואולי אף זהות, יש מקום להרחיב היריעה ולכלול את התולדה באיסור (אם כי, כמובן, גם זה מצריך ילפותא). כך לגבי שבת; כך לגבי עבודה זרה, כפי שהובהר לעיל ביחס לחילוק חטאות; וכך, בגין היותה "שבת לה'", לגבי שביעית (כפי שיובהר להלן, בפרק המוקדש לשמיטה וליובל).

אך ביום טוב, לדברינו, מלאכה אמנם נאסרה מפאת עצמה – או, לכל היותר, בגלל ההתנגשות עם הגשמת מקרא קודש – אך לא מצד חילול המועד. ובכן, קשה למדי לרבות תולדות כאבות ביום טוב; ומה עוד, שלא מצאנו ילפותא הבאה להשוותם. ובכן נראה שבאמת לא נאמרה פרשת תולדות ביום טוב, ואינן אסורות בו כלל ועיקר. מסקנה זו עומדת לכאורה בניגוד למשנה במגילה (ז ע"ב): "אין בין יום טוב לשבת אלא אוכל נפש בלבד". אך הרי ממילא לדעת כמה ראשונים יש גם הבדל בין שבת ויום טוב לעניין הבערה והוצאה, ולדעת כמה אחרונים יש אף הבדל ביניהם לעניין מחמר וכו'.

ברם, כאן הבן שואל: אתמהה; כלום לא מצאנו שפע של תולדות שנאסרו להדיא ביום טוב כבשבת?! מגבן הוא תולדה דבונה, סוחט הוא תולדה דמלבן, תולש הוא תולדה דגוזז – וכולם נאסרו ביום טוב.[138] ואין לומר שאיסורם ביום טוב מדרבנן בלבד, שהרי שנינו (שבת צה ע"א): "החולב והמחבץ והמגבן כגרוגרת המכבד והמרבץ והרודה חלות דבש, שגג בשבת – חייב חטאת, הזיד ביום טוב – לוקה ארבעים, דברי ר' אליעזר".

אך עדיין הנקודה העקרונית שהוצעה לעיל שרירה וקיימת. דהנה בדין תולדה יש לחקור, האם היא מרחיבה את הגדרת האב, ומגדילה את היקף מעגלו; או שמא הינה הסתעפות המשתלשלת מן האב, אך מהווה תופעה נפרדת כשלעצמה. והנה יעוין בסוגיה בריש בבא קמא, שהשוותה זיקת אב ותולדה בשבת לזיקה שבין אב

138. שבת קלד ע"א; ביצה ל ע"א (ויעוין שם תוספות ד"ה זמנין); בכורות כ ע"א.

הטומאה וראשון לטומאה. השוואה זו ודאי נוטה לצד השני שבספק הנ"ל, שהרי ראשון לטומאה אינו מרחיב את המושג של אב הטומאה, אלא הוא תוצאה המשתלשלת מן האב. אך ייתכן שספק זה עצמו הוא שעומד מאחורי שאלת הגמרא האם תולדותיהם כיוצא בהן אם לאו. ולפי זה, בטומאה – שבה התולדות אינן כיוצא בהן – אכן התולדה אינה הרחבה של האב אלא תוצאה הנובעת ממנו. אך בשבת, שם נקבע בסוגיה שתולדותיהן כיוצא בהן, התולדה היא אכן כעין הרחבה לאב.

ביחס לחקירה זו, יעוין ברבנו חננאל, שהסיק כדלהלן: "שמעינן מינה, מדמוקים המבריך והמרכיב משום נוטע ואף משום זורע, דיש תולדה לתולדה. וכולן נכללין בכלל אב אחד" (שבת עג ע"ב). לכאורה חידושו זה, דיש תולדה לתולדה, מתיישב יותר עם התפיסה הרואה בתולדה הרחבה של האב, ולא חיוב עצמאי.[139] שהרי אם תולדה מלאכה עצמאית היא, ואינה חלק מן האב, מנא לן דאף ממלאכה עצמאית זו יכולות להשתלשל תולדות? מן הענף צומח פרי, אך מן הפרי לא בהכרח צומח פרי אחר.

ייתכן שזה תלוי במחלוקת רבי אליעזר ורבנן לגבי חיוב אתולדה במקום אב.[140] לדעת רבי אליעזר, העושה אב ותולדתו חייב שתיים. ואם נימא דרבי אליעזר פוטר בעושה אותו אב פעמיים, כגון שקצר ושוב קצר, הרי שיטתו לכאורה מבוססת על ההבנה שתולדה היא חיוב מסוים בפני עצמו. רבי אליעזר מחייב באב ובתולדה רק משום ששמות שונים הם. הרי אם התולדה אינה אלא הרחבת האב, הכיצד חלוק העושה פעמיים אותו אב מן העושה אב ותולדתו?![141]

כך נראה שסבר הרמב"ם, לפחות בהווה אמינא. שכך כתב בהלכות שגגות: "עשה תולדה של אב זה ותולדה של אב זה בהעלם אחת, יראה לי שהוא חייב שתי חטאות" (פ"ז ה"ו). מן הלשון "יראה לי" נראה שהסתפק בדבר. ופשוט, שלו הייתה התולדה רק הרחבה הכלולה באב, אין כאן מקום ספק ובית מיחוש כלל.

ייתכן שעיקר הספק תלוי בעצם הגדרת תולדה וזיקתה לאב: האם השייכות לאב קשורה בדמיון במטרת המלאכה או בדמיון שבמעשה המלאכה עצמו (עיין, למשל, מועד קטן ב ע"ב). אם הדמיון במגמה קובע, אולי התולדה שם חדש היא; אך אם הדמיון בעצם המעשה מכריע, אולי התולדה נחשבת רק כהרחבת האב. ייתכן גם ששתי התפיסות נכונות, ויש תולדות משני סוגים. ואם כך נאמר דלתולדות מסוימות יש תולדה לתולדה, ולאחרות אין.

139. רמז לכך הרב גוסטמן, בקונטרסי שיעורים בבא קמא, סוף שיעור ג.

140. שבת עה ע"ב; שם צו ע"ב; כריתות טז ע"א-טז ע"ב.

141. אלא אם כן נאמר שהחיוב אתולדה במקום אב איננו דומה לחיוב על שני אבות, אלא מעין דין תמחויין מחלקין. ועיין בכל זה בתוצאות חיים, סימנים ה-ו.

לאחר כל זאת נראה שבימים טובים לא נאסרו התולדות אלא כהרחבה של אבות המלאכות, ולא כהשתלשלות מן האבות. תולדות שהן שם עצמאי לא נאסרו אלא כאשר האיסור מתמקד בתוצאה, כפי שנתבאר לעיל. והרי כבר הצענו שביום טוב מוקד האיסור הוא בעצם מעשה המלאכה, הפוגע בשמחת המועד, בעוד בשבת מתייחסים גם לתוצאת המעשה, הפוגעת בקיום שביתה. בימים טובים לב האיסור נעוץ בעצם הפעולה, המסיחה את הדעת מקדושת היום, ואילו בשבת מוקד האיסור הוא תוצאת היצירה של מלאכת מחשבת. אם כך, ביום טוב יהיו לנו רק תולדות מסוג אחד, בעוד בשבת יהיו תולדות שהן הרחבה, ולצדן תולדות שהן השתלשלות. ואם אכן כך הוא, ייתכן שביום טוב לא ייאסרו אלא תולדות מסוימות הכלולות בהגדרת האב מלכתחילה והן הרחבתו, בעוד תולדות אחרות, שהן בגדר תולדה מחודשת, יהיו מותרות.

תוספת שבת ויום טוב

הברייתא קובעת שיש להוסיף מן הקודש על החול: "ועניתם את נפשתיכם בתשעה, יכול בתשעה, תלמוד לומר: בערב; אי בערב יכול משתחשך, תלמוד לומר: בתשעה; הא כיצד, מתחיל ומתענה מבעוד יום. מלמד שמוסיפין מחול על קדש. אין לי אלא בכניסתו, ביציאתו מנין, תלמוד לומר: מערב עד ערב. אין לי אלא יום הכפורים, שבתות מנין, תלמוד לומר: תשבתו. ימים טובים מנין, תלמוד לומר: שבתכם. הא כיצד, כל מקום שיש בו שבות – מוסיפין מחול על קדש" (ראש השנה ט ע"א; יומא פא ע"א).

הרי לנו, שאף לאחר שנלמדה תוספת שבת, הוצרכנו ללימוד נוסף עבור תוספת יום טוב. ונראה דשאני יום טוב משבת. דבשבת איסור המלאכה נעוץ באופיו של היום, ואם ניתן להאריך את היום הרי אף קדושתו מתארכת, ועמה איסור המלאכה. אך בימים טובים איסור המלאכה אינו נובע מן היום לכשעצמו אלא מפאת הצורך להגשים את משימותיו – "מקרא קודש". ניתן לומר שלמשימות אלו מוקצה זמן קצוב, ואין מקום להוספת.[142]

142. איברא, שאפשר לבאר את הצורך בלימוד נוסף לגבי יום טוב מבלי להזדקק לסברה זו. יום טוב הוא ביסודו תאריך מסוים, ועל כן פחות מסתבר שניתן יהיה להחיל את קדושתו קודם אותו תאריך. מה שאין כן שבת, שהיא יום בשבוע ולא תאריך מסוים.

מוקצה בשבת וביום טוב

בכמה מקומות בגמרא נחלקו רבי שמעון ורבי יהודה ביחס למוקצה; רבי שמעון מקל ואילו רבי יהודה מחמיר. והנה בגמרא בביצה (ב ע״ב) מבואר דרבי ששנה את המשנה סתם לן בשבת כוותיה דרבי שמעון, בעוד ביום טוב סתם לן כרבי יהודה. מתוך כך פסקו חכמי ספרד שהלכה לעניין מוקצה כרבי יהודה ביום טוב וכרבי שמעון בשבת. מתוך כך הקשו, הייתכן שביום טוב נחמיר במוקצה יותר מאשר בשבת.[143] ונאמרו בזה כמה תירוצים. ברם, נראה שכלל לא ברור שאכן קושיה היא זו; והדבר תלוי בהבנת דין מוקצה. דהנה לדעת הראב״ד ודעימיה שמוקצה נאסר אטו הוצאה,[144] הקושיה מובנת בפשטות. דוודאי בכל הנוגע לאיסור מלאכה מצד עצמו, ומפאת אופי היום כיום שבת, ברור שיש להחמיר בשבת יותר מאשר ביום טוב.

וכן הוא גם לפי דעת הרמב״ן, שמוקצה נאסר מדין שבתון: ״ובאו חכמים והוסיפו בשבתון שלא יטלטל אפילו אבן קטנה. וכן תירגם אונקלוס: שבתון – ניחא, כלומר שינוח. וכן: שבת שבתון יהיה לארץ, שבת של מנוחה, שתנוח הארץ, שלא יחרש ולא יעבד אותה כלל״ (דרשה לראש השנה, כתבי הרמב״ן חלק א עמ׳ ריט). גם לפי סברתו ודאי שאין להקל בשבת לעניין מוקצה יותר מאשר ביום טוב, שהרי השבת אמורה להיות יום שבתון מצד עצמו. ואכן, הרמב״ן במלחמות ה׳ בריש ביצה ראה בקושיה זו בעיה הטעונה פתרון.

אך הרמב״ם העלה הצעה נוספת: ״כדי שלא יהיה כיום חול בעיניו, ויבוא להגביה ולתקן כלים מפינה לפינה או מבית לבית או להצניע אבנים וכיוצא בהן, שהרי הוא בטל ויושב בביתו, ויבקש דבר שיתעסק בו, ונמצא שלא שבת, ובטל הטעם שנאמר בתורה: למען ינוח״ (הלכות שבת פכ״ד הי״ב). לפי טעם זה, שלדעת הרמב״ם הוא הנימוק העיקרי לאיסור מוקצה (אף שהזכיר בהלכה יג טעמים נוספים), איסור זה בא למנוע מאדם לעסוק בפעילות חול הסותרת את מגמות היום, אף שאין כאן מלאכה ממש.[145]

143. בנוגע לכך, יעוין בבעל המאור, בראב״ד וברמב״ן בביצה א ע״א ושם ע״ב באלפס.

144. ראה בהשגות הראב״ד לרמב״ם, הלכות שבת פכ״ד הי״ג: ״נמצא כי מפני חיוב הוצאה אסרו בטלטול מה שאסרו, שהוא גדר להוצאה״.

145. בשלהי דבריו ציטט הרמב״ם קרא ד״למען ינוח״. מכך משתמע, לכאורה, שאף הרמב״ם ראה את איסור מוקצה כסניף לאיסורי מלאכה. אך יש לראות פסוק זה כשונה מקרא ד״ששת ימים תעשה מלאכה״, כי שם המוקד הוא בעצם השביתה ובנימת ה״זכר ליציאת מצרים״ שבה; ואילו כאן מדובר על היבט מציאותי של השבת, היינו, על השבת כיום מנוחה, בלי זיקה לאיסורי המלאכה.

לפי טעם זה, אדרבה, דין מוקצה לכאורה הולם יותר דווקא את איסורי יום טוב. שהרי ביום טוב חוששים להתנגשות מעשית עם צרכי חגיגת היום, ולאו דווקא לעיצוב יום שביתה מצד עצמו. אך עיין ברמב"ם עצמו, שנימק דין מוקצה ביום טוב באופן שונה: "מפני שיום טוב קל משבת אסרו בו המוקצה, שמא יבואו לזלזל בו" (הלכות יום טוב פ"א הי"ז).[146]

מתקן כלי[147]

במשנה) ביצה יז ע"ב) מובאת מחלוקת בית שמאי ובית הלל לגבי טבילת אדם בשבת, אך אלו ואלו מודים דטבילת כלים בשבת אסורה. ופירש רש"י שם (ד"ה ובית הלל): "הוא הדין ביום טוב, והא דנקט שבת – רבותא אשמעינן לב"ה, דאפילו בשבת שרו".

בביאור האיסור, הועלו בגמרא ארבעה נימוקים: א) שמא יעבירנו ד' אמות ברשות הרבים. ב) גזירה משום סחיטה. ג) גזירה שמא ישהה, כלומר, שמא ידחה את

146. לאור זאת יש לדון האם נוהגת חומרת מוקצה דיום טוב גם אם חל הוא להיות בשבת. שאלה זו תלויה בחלקה בשורש הפסק בעניין מוקצה. לדעת בעל המאור בריש ביצה, לא ייתכן למעשה שמה שמותר בשבת יהיה אסור ביום טוב. לדידו, החומרה דמוקצה ביום טוב היא רק לגבי מה שבלאו הכי נאסר בשבת משום מלאכה. לפי שיטתו הרי פשוט שאין כאן במה לדון. אך לרמב"ן ודעימיה יש לבחון הדבר. ושמא יש לתלות זאת באופי יום טוב שחל להיות בשבת. אם נימא שיש כאן שתי קדושות נפרדות אך בו־זמניות, ודאי שמוקצה נוהג. אך אם יש ביום זה קדושה אחת מורכבת, ייתכן שאין בו חומר מוקצה דיום טוב. וזכורני ששח לי הגאון ר' שלמה זלמן זצ"ל שנחלקו בדבר אחרונים. וייתכן שיש לחלק בהקשר זה בין שלושת הרגלים לבין ראש השנה ויום הכיפורים: אפשר לומר ששלושת הרגלים ושבת הם זכר ליציאת מצרים, ובכן משתלבים במסגרת אחת, בעוד ראש השנה ויום הכיפורים מנותקים מהקשר זה. אך במטבע של תפילה הלוא הוזכר זכר ליציאת מצרים אף לגבי ראש השנה ויום הכיפורים. ויש לבחון האם זאת כדי שיהא נוסח אחיד לכל המועדות, או מפני שאכן יש ממד של זכר ליציאת מצרים אף בראש השנה וביום הכיפורים. קל יותר לומר זאת לגבי יום הכיפורים; אך עיינו באוצר התפלות (תפילות העמידה של ראש השנה ויום הכיפורים), שם הובא טעם ייחודי להזכרה זו, הן לגבי ראש השנה והן ביחס ליום הכיפורים. לגבי ראש השנה מבואר שם טעם הזכרה זו משום "דאיתא במס' ר"ה, בר"ה נגאלו אבותינו ממצרים" (כוונתו לגמרא שם [יא ע"א] שבטלה עבודה מאבותינו במצרים בראש השנה). ובכיוון דומה פירש גם לגבי יום הכיפורים: "דביוה"כ נמחל ליוצאי מצרים חטא העגל".

147. בעניין זה ראו בהרחבה בספרי מנחת אביב, עמ' 221–239 ('בעניין שבות מתקן בשבת ויום טוב'). הדברים פורסמו לראשונה בעלון בית יצחק בשנת תשס"ב. בחתימת הדברים הזכרתי שאפשר לבאר את הרעיון שהעליתי שם גם על פי יסוד נוסף, והוא הרשום כאן לפניכם. כן פורסם גם סיכום של שיעור היארצייט לזכר הורי ז"ל שבו דנתי בעיקרי הדברים. ראו: "תיקון שבת, תיקון יום טוב, תיקון האדם ותיקון העולם", עלון שבות בוגרים טו, תשס"ב, עמ' 57–75.

הטבילה עד שיתפנה בשבת ויום טוב, ובינתיים ישתמש בכלים טמאים לתרומה. ד) דעת רבא: משום שנראה כמתקן כלי.

יש כאן מקום תמיהה בדברי הרמב"ם, שנראים כסותרים זה את זה. דבהלכות שבת (פכ"ג ה"ח) קבע: "אסור להטביל כלים טמאין בשבת, מפני שהוא כמתקן כלי". ואילו בהלכות יום טוב (פ"ד הי"ז) כתב: "כלי שנטמא מערב יום טוב אין מטבילין אותו ביום טוב, גזירה שמא ישהה אותו בטומאתו" (נעיר עוד שבפירוש המשניות בביצה על אתר הביא רק את הטעם שנראה כמתקן).

עמדו על כך הרבה אחרונים. השאגת אריה (סימן נ) תירץ שאמנם באופן עקרוני שווה האיסור בשבת וביום טוב, אלא שביום טוב יש מתיר מפאת צורך אוכל נפש (וביתר הרחבה: מדין מתוך של צרכי היום) שמפקיע איסור מתקן. לפיכך נזקק הרמב"ם לגבי יום טוב לנימוק צדדי. וכבר קדמו בזה המהרלב"ח בתשובותיו (סימן טז), שהציע שני הסברים לחלוקה בין שבת ליום טוב: "או שנאמר שהאמת היא שאין בזה כל כך תיקון שיהא בו כדי לאסרו משום שנראה כמתקן, ולכן מותר ביום טוב, אבל משום חומר שבת גזרו בו; או שנאמר שהאמת היא שהוא תיקון קצת וראוי לגזור בו משום שנראה כמתקן, ולכן אסור בשבת, אבל בי"ט הותר משום מכשירי אוכל נפש, כיון שנטמא בו ביום".

אלא שמשנה מפורשת שנינו (ביצה לו ע"ב) שאין מגביהין תרומה ומעשר ביום טוב. ואם כי במשנה לא מבואר נימוק האיסור, הרי פירש רש"י בכמה מקומות (ביצה ט ע"א ד"ה אוכל, שם לז ע"א ד"ה תני) שהוא מתקן, או מחזי כמתקן. וכן לפום ריהטא מוכרח מקושיית הגמרא (שם לז ע"א): "פשיטא" (שאין מגביהין תרומות ומעשרות ביום טוב). שהרי קשה למצוא טעם אחר, פרט למתקן, שהוא כל כך פשוט. וכך מפורש ברמב"ם בשני ניסוחים בפרק כ"ג מהלכות שבת: "ואין מגביהין תרומות ומעשרות מפני שנראה כמתקן דבר שלא היה מתוקן" (ה"ט), ושוב: "ואין מגביהין תרומות ומעשרות, שזה דומה למקדיש אותן פירות שהפריש, ועוד מפני שהוא כמתקן אותן בשבת" (הי"ד). ומן הסתם, האיסור ביום טוב אף הוא משום מתקן; אם בגין תיקון הטבל ואם מפני יצירת התרומה והמעשר שהפריש.

הרי לנו שאיסור מתקן נאמר אף ביום טוב. ואם כך, מה ראה הרמב"ם לחלק בנימוקו בנוגע לטבילת כלים בין שבת (שבה הטובל מתקן את הכלי) ובין יום טוב (שבו האיסור הוא מפאת שמא ישהה אותו בטומאתו). מדוע לא אמר שאף ביום טוב נאסרה טבילת הכלי מצד התיקון שבכך?

ונראה שיש לחלק בין שתי רמות של מתקן. ברובד אחד נאסר תיקון החפצא, וברובד שני נאסרה פעולה המאפשרת שימוש בו על ידי הגברא, ומביאתו להישג ידו.

ושני רבדים אלה שונים במהותם. בראשון – לדוגמה, בהפרשת תרומות ומעשרות – מדובר במכה בפטיש מדרבנן. יש כאן הרחבה של גדר "מכה בפטיש", הן בכך שהחפצא המתוקן הינו אוכל ולא כלי, הן בכך שהתיקון הוא הלכתי ולא תפקודי־מעשי, והן בכך שהוא מתחולל ללא כל מעשה מלאכה. ובכל זאת, במכה בפטיש מדרבנן עסקינן. לעומת זאת, ברובד השני אין שמץ של מלאכה אלא איסור נפרד; בין אם נבין, כמשתמע מרש"י,[148] שיש כאן מעין שבות של גזירה אטו מלאכה, ובין אם נבין שגזרו על תיקון איסור מחודש לחלוטין, המנותק מכל סרך מלאכה.

ונראה שבנידון דידן יש לחלק בין שבת ליום טוב. דביום טוב רק תיקון החפצא ייאסר, אך אין גזירת תיקון נוספת, שהרי לא מצאנו איסור מעין זה ביום טוב. דמסתבר שלגבי איסור מלאכה מן הסתם אין לחלק בין המועדים לגבי הגדרתו; אך בכל הנוגע לגזירות צדדיות יש הרבה יותר מקום להפריד בין הדבקים.

ועל פי הנאמר יתבאר מה הניע את הרמב"ם לנמק איסור טבילת כלים בשבת מצד מתקן, ולהסתמך לגבי יום טוב על טעם צדדי של שמא ישהה הכלי בטומאתו. דהנה כבר ציין המגיד משנה (הלכות יו"ט פ"ד הי"ח) שלדעת רבה, רב יוסף ורב נחמן בר יצחק, שהעלו נימוקים אחרים לאיסור הטבלת כלים ביום טוב, אין תיקון בטבילת הכלי, מכיוון שכבר היה ראוי לתשמיש בטומאתו. שהרי היה יכול להשתמש בו לחולין למי שאינו אוכלם בטהרה, או לדברים שאינם מקבלים טומאה, כגון פירות שלא הוכשרו. אלא שאם זהו טעמו של הרמב"ם, קשה, כאמור, מדוע הכריע כרבא ביחס לשבת, שטבילת כלי אסורה מדין מתקן; והרי לכאורה אין בה תיקון.

לאור דברינו, הכול מתבהר כמין חומר. יש לחלק בין שני איסורי מתקן. תיקון החפצא והכשרתו לשמש ככלי נאסרו כמעין מכה בפטיש מדרבנן, וזאת לכולי עלמא, בין בשבת ובין ביום טוב. אולם כאשר כבר היה כאן כלי, והתיקון אינו אלא הנגשתו לאדם ואפשרות השימוש בו, נאסר הדבר בשבת בלבד, שהרי בה הגדרת מתקן נרחבת יותר, וכוללת גם תיקון כלפי המשתמש, אף שאינו בגוף החפץ. ברם ביום טוב, נאסר רק תיקון שהוא חלק ממלאכת מכה בפטיש. בהרחבת ביצועיו ומעגל שימושו של החפץ אין משום מתקן מנא. ומבחינה זו מובן מדוע נמנעו שאר האמוראים מלאמץ את נימוקו של רבא. נמצא דבשבת יש לאסור טבילת כלים מפאת איסור מתקן, מכיוון שהתרבו אפשרויות השימוש בכלי לגבי האדם, ולפיכך פסק הרמב"ם שאין

148. יעוין בדבריו ביצה כו ע"א (ד"ה אין): "לפי שמתירו ביום טוב נראה כמתקנו, דהוה ליה כדן דין, דגזור ביה משום שבות". אכן, המהר"ם הוסיף בדברי רש"י, לפני "דהוה ליה כדן דין", את המילה "או", ולדידו הווי טעם שני בפני עצמו.

מטבילים כלים בשבת מפני שהוא כמתקן; בעוד ביום טוב איסור הטבילה הוא רק מחשש שמא ישהה אותו בטומאתו.

למען האמת, ההבדל בין שבת ליום טוב עולה כבר מן הסוגיה גופא. המשנה (ביצה יז ע"ב) קבעה שבית שמאי ובית הלל מסכימים שניהם "שמשיקין את המים בכלי אבן לטהרן, אבל לא מטבילין". הגמרא (שם יח ע"ב) הביאה בהקשר זה ברייתא, ובה נאמר שלדעת רבי מותרת הן השקה והן הטבלה, בעוד חכמים אוסרים את שתיהן. ואם כן, לכאורה משנתנו – המתירה השקה ואוסרת הטבלה – אינה כדעת רבי וגם לא כדעת חכמים. הגמרא תירצה שהן רבי והן רבנן מחלקים בין שבת ליום טוב. אליבא דרבי, ביום טוב מותרת השקה אך לא הטבלה, בעוד בשבת זו וזו אסורות. מאידך, לדעת רבנן בשבת מותרת השקה בלבד, בעוד ביום טוב שתיהן מותרות. אם כן, משנתנו עוסקת ביום טוב ואליבא דרבי, או בשבת ואליבא דרבנן.

על פי יסוד דברינו יובן מדוע לדעת רבי מותרת השקה ביום טוב ואסורה בשבת. אם נבין שהשקה מועילה מדין זריעה ומצד מה שהמים מאבדים את זהותם בהתחברותם למימי המקווה, ולא מצד טבילה,[149] הרי שאין בהשקה תיקון של המים וטהרתם כשלעצמם, אלא אך ורק מתן אפשרות לאדם להשתמש בהם.

על פי עיקרון זה ניתן לבאר עוד כמה הבדלים בין שבת ויום טוב בעניין טבילת כלים. בסוגיה בביצה (יח ע"א) הובאה ברייתא: "כלי שנטמא באב הטומאה אין מטבילין אותו ביום טוב, בולד הטומאה מטבילין אותו ביום טוב". וכן קבע הרמב"ם מסמרים להלכה (הלכות יום טוב פ"ד הי"ח). אך בהלכות שבת חילוק זה הושמט כליל, והרמב"ם ניסח פסק גורף: "אסור להטביל כלים טמאין בשבת מפני שהוא כמתקן כלי" (הלכות שבת פכ"ג ה"ח).

ונראה בביאור העניין, דהנה כלי דנטמא בוולד הטומאה אשכחן רק בגזירת משקין שמטמאים כלים. כך קבע הרמב"ם לגבי גזירה זו: "כשגזרו על המשקין שיטמאו את הכלים גזרו שיהיו מטמאין את הכלים מתוכן. כיצד, אם נפלו לאויר כלי חרס – נטמא כולו, והרי הוא שני. ואם נגעו בשאר כלים מתוכן – מטמא כולן ונעשו שניים. אבל אם נגעו משקין טמאים באחורי הכלי שיש לו תוך, בין בכלי חרס

149. אין כאן המקום להאריך בשאלה זו, אם השקה מועילה מצד טבילה או זריעה. ראו על כך באור זרוע (ח"א סימן שלה), שהקשה: "וקשיא לי אני המחבר, הואיל והמים טמאים יש להם טהרה במקוה ע"י השקה, א"כ אמאי אינם נעשים אב הטומאה". לכאורה אין מקום לקושייתו אלא אם כן נבין השקה כטבילה. מאידך, מהגמרא בפסחים (לד ע"ב) משמע שהשקה היא מעין זריעה.

בין בכלי שטף וכלי מתכות – נטמאו אחוריו בלבד, והרי אחוריו שני, ולא נטמא תוכו" (הלכות שאר אבות הטומאות פ"ז ה"ג).

תורף שיטתו היא שמשקים מטמאים כל כלי מאחוריו, אלא שבמקרה הנ"ל אחורי הכלי טמאים ותוכו טהור. דין זה מקורו בגמרא זבחים (עט ע"א). אלא שהרמב"ם חידש שאף אחורי כלי חרס מיטמא ממשקין, בעוד תוכו נשאר טהור.[150] ונראה לשיטת הרמב"ם שבאמת אין כאן טומאת החפצא של הכלי, שלגביה באמת לא תיתכנה חריגות כאלה, אלא שמתייחסים לגברא ומטילים עליו דינים כאילו היה טמא, אף כי בעצם (גם מדרבנן) נשאר הוא טהור. אשר על כן, אפשר לגזור על אחורי כלי חרס ולא על תוכו, ולסטות בכך מכללי העברת טומאה המוצקים והמקובלים.

לאור זה, ברור למה אין איסור להטביל כלי שנטמא במשקין ביום טוב, היות שאין כאן תיקון החפצא, אלא יצירת אפשרות לאדם להשתמש בו. מה שאין כן אם נטמא הכלי על ידי אב הטומאה דרבנן, שם הכלי עצמו טמא בחפצא, וטבילתו מתקנתו. ועל פי ההנחה שהוצעה לעיל, ברור גם למה הרמב"ם פסק חילוק זה רק לגבי יום טוב והשמיטו לגבי שבת. שהרי בשבת אף תיקון המאפשר את שימוש האדם נאסר, גם אם אינו מתקן את החפץ; ותיקון כזה הלוא מתרחש גם בכלי שנטמא במשקין.

והנה במשנה בשבת (קמא ע"ב) מתיר רבי יהודה לתקן את המדומע בשבת. דהיינו, כפי שהסביר רש"י שם, שאם נפלה סאה תרומה לתוך תבואה שיש בה יותר ממאה כנגדה, שדינה שבטלה היא בחולין, מכל מקום מפרישין ממנה סאה כנגד סאת התרומה שנפלה לתוכה; ואף בשבת מותר להפריש סאה זו. והקשתה שם הגמרא (קמב ע"א) על דינו של רבי יהודה: "והא קא מתקן"; ותירצה שרבי יהודה סבר כרבי שמעון ברבי אלעזר, שנותן עיניו בצד זה ואוכל בצד זה, ומשום כך אין בהעלאת המדומע באחד ומאה משום תיקון.

לאור דברינו, נראה דכל זה אמור לגבי שבת; בעוד לגבי יום טוב אפשר שתהא העלאת המדומע מותרת לכולי עלמא. שהרי בפשטות העלאת הסאה אינה אלא מצד "גזל השבט"; אף על פי שהתרומה נתבטלה בחולין, אין ביטול לגבי דיני ממונות, ולפיכך יש לקחת תבואה בכמות המקבילה לתרומה שנפלה לחולין, להוציאה מן התערובת וליתנה לכוהנים. העלאת סאה זו אכן מאפשרת את האכילה, אך אין בה תיקון התערובת בחפצא.

150. וכבר השיגו הראב"ד על אתר: "א"א, אין השכל נותן שיעשו משקין מה שאין המת והשרץ עושין. ולא גזרו חכמים במשקין אלא משום משקה זב וזבה; ואם הזב והזבה אין מטמאין כלי חרס מאחוריו, איך המשקין שלהן מטמאין". ואכמ"ל.

ונראה שחילוק זה בין שבת ליום טוב ביחס לגדרי מתקן מתבאר על פי ההבדל הבסיסי באופי איסור המלאכה בהם ובטיבו, כפי שנתבאר לעיל. שבת עיקר עניינה ומהותה הוא השביתה ואיסור המלאכה, על כן גדרי המלאכה בה מתרחבים וכוללים אף תיקון שאינו אלא הנגשת החפץ לאדם ואפשרות השימוש בו. יום טוב, מאידך, לא לשביתה בא, ולפיכך לא נאסר בו אלא תיקון הדומה למלאכת מכה בפטיש.

אופי כפול לאיסור המלאכה בשבת

בכל הנאמר לעיל חילקנו בין איסור המלאכה בשבת מחד לאיסור המלאכה ביום טוב מאידך. אולם נראה שבשבת, שכל מעשיה כפולים,[151] אף איסור המלאכה שבה כפול הוא. ראשית, יש בה איסור שכל כולו מושרש בחובת השביתה בשבת; ברובד זה איסור המלאכה הוא עיקר קדושת היום. שנית, יש בה גם איסור הדומה במהותו לאיסור המלאכה ביום טוב, כפי שנתבאר לעיל; ברובד זה השביתה ממלאכה אינה לב לבו של המועד, אלא באה כדי למנוע את עקירת קדושת היום, כמועד של שמחה והשראת שכינה, על ידי עסקי חול ומלאכה.

פן שני זה של איסור נובע מ"מקרא קודש". פרשיית המועדות שבפרשת אמור פותחת ביום השבת, ושם נאמר לגביה: "ששת ימים תֵעשה מלאכה וביום השביעי שבת שבתון **מקרא קֹדש** כל מלאכה לא תעשו שבת הִוא לה' בכל מושבתיכם" (ויקרא כ"ג, ג). השבת, מלבד אופייה כשבת בראשית השונה ממועדי ה', וכפי שנתבאר לעיל בארוכה, הרי שהיא גם מועד ומקרא קודש – "תחילה למקראי קודש". ומלבד קדושת השבת העצמית יש בשבת גם קדושת מועד. ועל כן נראה שאיסור המלאכה בה כפול: ראשית – איסורי שבת היסודיים, ושנית, כאריח על גבי לבנה, מעין איסורי יום טוב. ומתוך כך מובן בשופי מה שנתקשו בו ראשונים ואחרונים, מה לשבת אצל פרשיית המועדות, ומדוע נכתבה בראשה. מלבד קדושת השבת הייחודית, ניתנה בה אף קדושה מעין קדושת יום טוב. השבת נכללה בין המועדות משום שמכוח אותה קדושה אכן שייכת היא לרשימה נכבדה זו.

אכן, אפשר שקיומו של רובד זה תלוי בשאלה שבה נתחבט מאור עינינו הרמב"ן, האם השבתות בכלל מועדי ה' המה. הרמב"ן על אתר (פסוק ב) התחבט בדבר, ובסוף

151. "כל עסקה של שבת כפול: עומר כפול – שני העומר לאחד, קרבנם כפול – וביום השבת שני כבשים, ענשה כפול – מחלליה מות יומת, שכרה כפול – וקראת לשבת ענג לקדוש ה' מכובד, אזהרתה כפול – זכור ושמור, מזמורה כפול – מזמור שיר ליום השבת" (ילקוט שמעוני בשלח רמז רסא; וכדומה במדרש תהילים מזמור צב ובפסיקתא זוטרתא שמות כט).

דבריו נטה לומר שאין השבת קרויה מועד: "כי פירוש מועדי ה' אשר תקראו אתם מקראי קדש אלה הב מועדי – על הנזכרים למטה בפרשיות, בחדש הראשון... ואמר בסוף הפרשה אלה מועדי ה' וגו' מקראי קדש להקריב אשה לה' וגו' מלבד שבתת ה', שאין השבתות בכלל מועדי ה'... כי אין השבת בכלל מועדי ה'". ברם, מאידך גיסא, בראש דבריו פירש אחרת: "הזכיר השבת במועדי ה', אשר תקראו אתם מקראי קדש, שגם הוא יום מועד, נקרא אותו מקרא קדש".

ובאמת נראה כדברי הרמב"ן בפתיחת דבריו.

מדאתינן להכי יש להציע כדלעיל, שבשבת ישנם גם שני מרכיבים באיסור המלאכה: איסור שיסודו בשביתה ומיוחד הוא לשבת, וגם איסור על עצם מעשה המלאכה, הפוגע ב"מקרא קודש" ומונע את הגשמתו.

והנה המשנה בביצה (לו ע"ב) מונה רשימת מעשים שנאסרו בשבת וביום טוב משום שבות: "ואלו הן משום שבות: לא עולין באילן ולא רוכבין על גבי בהמה ולא שטין על פני המים ולא מטפחין ולא מספקין ולא מרקדין. ואלו הן משום רשות: לא דנין ולא מקדשין ולא חולצין ולא מיבמין. ואלו הן משום מצוה: לא מקדישין ולא מעריכין ולא מחרימין ולא מגביהין תרומה ומעשר. כל אלו ביום טוב אמרו, קל וחומר בשבת. אין בין יום טוב לשבת אלא אוכל נפש בלבד".

נמצא, אם כן, שכל אלו אסורים הן בשבת והן ביום טוב. אלא שמקצת תמיהה ישנה, מדוע כל אלו נמנו במסכת ביצה העוסקת בהלכות יום טוב, ומה טעם לא נשנו במסכת שבת, הקודמת לה.

ולולי דמסתפינא הווה אמינא דשמא כל אלו נאסרו מצד קדושת יום טוב, שהיא המחדשת איסורי שבות אלו. ונאסרו בשבת רק מכיוון שלאיסור המלאכה בשבת נוסף גם פן נוסף של יום טוב. ומפאת איסורם ביום טוב, נאסרו אף בשבת. שאותו יום קדוש ונשגב, יום השבתון, נוספה בו גם קדושת מקראי קודש. וקדושה כפולה זו מתבטאת אף באיסורי מלאכתו.

קידוש

קידוש – מְקדש השבת

כתב הרמב"ם בהלכות שבת (פכ"ט ה"א): "מצות עשה מן התורה לקדש את יום השבת בדברים, שנאמר: זכור את יום השבת לקדשו, כלומר: זכרהו זכירת שבח וקידוש. וצריך לזכרהו בכניסתו וביציאתו; בכניסתו בקידוש היום וביציאתו בהבדלה".

ויעוין עוד במה שכתב בתחילת הפרק השביעי של הלכות חמץ ומצה, שם הקביל את הפסוק המתייחס למצוות סיפור יציאת מצרים לפסוק המתייחס לזכירת השבת: "מצות עשה של תורה לספר בנסים ונפלאות שנעשו לאבותינו במצרים בליל חמשה עשר בניסן, שנאמר: זכור את היום הזה אשר יצאתם ממצרים, כמו שנאמר: זכור את יום השבת". הרמב"ם השווה בין הציווי לזכור את יציאת מצרים לבין הפסוק שאותו ציין בהלכות שבת כמקור למצוות הקידוש, ומכאן שלדעתו שני אלו דומים באופיים. מכאן עולה שהקידוש הינו אמירת דברי שבח. כשם שבליל הסדר המצווה היא לספר בנפלאות שנעשו לאבותינו במצרים, כך בקידוש אנו מספרים בשבחו של יום השבת הגדול והקדוש, שניתן לנו במתנה. ויסוד הקידוש הוא לפאר, לשבח ולרומם את היום, לומר בקול את מעלת השבת וקדושתה, ולהדגיש את ייחודה בין שאר ימות השבוע.

הגדרה זו מפורשת להדיא בספר המצוות (עשין קנה): "שצונו לקדש את השבת ולאמר דברים בכניסתו וביציאתו, נזכור בם גודל היום הזה ומעלתו והבדלו משאר הימים הקודמים ממנו והבאים אחריו. והוא אמרו יתעלה: זכור את יום השבת לקדשו, כלומר: זכרהו זכר קדושה והגדלה. וזו היא מצות קדוש".

הרמב"ן בפירושו למצוות השבת בעשרת הדיברות (שמות כ', ב) הרחיב רעיון זה מעבר ליום השבת עצמו, אל ימות השבוע כולם. בכל הימים אנו צריכים להעלות את

השבת בתודעתנו ובמחשבותינו: "שהיא מצוה שנזכור תמיד בכל יום את השבת, שלא נשכחהו ולא יתחלף לנו בשאר הימים, כי בזכרנו אותו תמיד יזכור מעשה בראשית בכל עת... וטעם לקדשו – שיהא זכרוננו בו להיות קדוש בעינינו". לדבריו, הציווי "זכור את יום השבת" כולל הן מודעות בכל ימי השבוע לשבת הקרבה ובאה, והן זיכרון בשבת גופא שהוא מעבר למודעות, היינו: הצהרה על מעלת השבת, מתוך תגובה לקדושת היום הנכבד.

כל זאת ביאר "על דרך הפשט", אולם בהמשך הסביר מצווה זו על פי דרשת חז"ל: "אבל לרבותינו עוד בו מדרש ממלת לקדשו, שנקדשהו בזכרון. כענין וקדשתם את שנת החמשים שנה, שהוא טעון קִדוש בי"ד, לומר ביובל: מקודש מקודש; אף כאן צוה שנזכור את יום השבת בקדשנו אותו". הרי שכאן השווה בין הקידוש בשבת ובין קידוש היובל, שלדעתו טעון אמירת "מקודש, מקודש".[1]

נוסח אמירה זו זהה לתוכן האמירה במעשה קידוש החודש, כמבואר במשנה ראש השנה (כ"ד ע"א). והנה בראש חודש אמירת "מקודש, מקודש" היא המקדשת את היום, שהרי "ראוהו בית דין וכל ישראל, נחקרו העדים, ולא הספיקו לומר מקודש עד שחשיכה – הרי זה מעובר" (שם כה ע"ב). ואף אם אין אמירה זו לעיכובא,[2] מכל מקום ברור שמטרתה היא הטבעת קדושה ביום והחלת שם ראש חודש בו. ונראה שהוא הדין ביובל, לדעת הרמב"ן שטעון אמירת "מקודש, מקודש", שלדידו אמירה זו אינה אך ורק אמירת דברי שבח וריצוי על אודות השנה וקדושתה, אלא מעשה המקדש את שנת היובל. ובאמת בהמשך דבריו השווה הרמב"ן במפורש את קידוש היובל לקידוש ראש חודש בבית דין: "לפי שכל הטעונים קדושה מתקדשים בכניסתן פעם אחת, כגון קדוש החדש וקדוש היובל".

אם כן, מעצם ההשוואה שעורך הרמב"ן בין השבת ליובל עולה כי הקידוש מקדש את השבת. אין הקידוש אך ורק אמירת דברי שבח ותיאור של הקדושה הקיימת זה מכבר, אלא הקידוש כשמו כן הוא – מעשה של יצירה, אשר על ידו השבת מתקדשת והולכת. אף על פי שהשבת קביעא וקיימא מלמעלה, מכל מקום בני אדם שוכני חומר מקדשים אותה מלמטה, באמצעות הקידוש. מוסיפים הם עוד קדושה על קדושתה.

1. בגמרא לא מפורש שהיובל מתקדש באמירת "מקודש, מקודש" כראש חודש. אמנם, אף רש"י בפירושו לתורה (ויקרא כ"ה, י) כתב כך; אך אין זה מופיע ברמב"ם. ויעוין עוד בפרק העוסק בקדושת שמיטה ויובל בספר זה. ואכמ"ל.
2. הארכנו בדבר זה בפרק העוסק בקידוש החודש בספר זה.

לאור דבריו של מאור עינינו הרמב"ן, הסקנו שהקידוש אינו רק הצהרה על אודות קדושה הקיימת כבר בעולם, אלא יוצר ומוסיף הוא קדושה. ויעוין בדברים שכתב מו"ח הגרי"ד זצ"ל בהקשר זה בספרו שיעורים לזכר אבא מרי ז"ל,[3] וראויים הדברים למי שאמרם. אך הבנה זו טעונה ליבון משני צדדים. ראשית, מצד אופי מציאות הקדושה בעולם; ושנית, מצד טיב קדושת השבת ומעמדה.

מצד מעמד הקדושה בכלל, אפשר לטעון שקדושה הינה מציאות חד־גונית; אם דבר מסוים קדוש הוא, ממילא לא ניתן להוסיף עוד קדושה על גבי קדושתו, שהרי כבר נתקדש. או שאיתא קדושה או שליתא קדושה; ברם, לאחר שנתקדש זמן, מקום או חפץ מסוים, מהיכי תיתי כי ישנה משמעות כלשהי לקידוש נוסף, ומה מקום להחיל בו עוד קדושה.

גם מצד קדושת השבת יש מקום לבעל דין לבוא ולטעון, דהרי השבת מתקדשת מלמעלה ולא מלמטה. והרי זה כעין טענתו של רבינא כלפי אותו תנא בגמרא ביצה (יז ע"א): "תני תנא קמיה דרבינא: מקדש ישראל והשבת והזמנים. אמר ליה: אטו שבת ישראל מקדשי ליה, והא שבת מקדשא וקיימא. אלא אימא: מקדש השבת ישראל והזמנים". ומפאת כך, אין חותמים "מקדש ישראל והשבת" כשם שחותמים בימים טובים "מקדש ישראל והזמנים". המועדות מתקדשים בידי ישראל, כלשון הגמרא: "ישראל דקדשינהו לזמנים" (ברכות מט ע"א), בעוד השבת קביעא וקיימא ומתקדשת מלמעלה.

אם כך, אף אם יש אפשרות של ריבוי פנים לקדושה, ואף אם שייך להוסיף קדושה על גבי קדושה קיימת, בכל זאת יש מקום לומר שהשבת מופקעת מריבוי זה. הרי מעצם מהותה מתקדשת היא בידי הקב"ה עצמו; האם יעלה על הדעת כי ניתן לקדש את השבת מלמטה כתוספת לקדושה זו הבאה מלמעלה?! וכי מה יכולים בני אדם קרוצי חומר להוסיף על קדושתו של מלך רם ונישא? השבת היא מתנה מבית גנזיו של הקב"ה, ואין לבשר ודם נגיעה בקדושה זאת.

ברם האמת תורה דרכה, שאין זה כך. קדושה הרי היא מציאות רבת פנים ורבדים. ואף על גבי קדושה קיימת ניתן וצריך להטביע קדושה נוספת מגוון אחר; אף אם אותה קדושה קמאית באה מלמעלה.

3. חלק ב, "בענין קידוש כמקדש השבת".

שתי קדושות בבכור בהמה

ראיה לכך נמצא בדין בכור בהמה. בכור הלוא קדוש הוא מרחם; ומכל מקום יעוין בגמרא נדרים (יב ע"ב), שנחלקו תנאים לגבי חלות הנדר באדם המתפיס בבכור, דהיינו באומר: חפץ זה יהא עלי כבכור. לרבי יהודה אין כאן איסור, "דאמר קרא: כי ידור, עד שידור בדבר הנדור, לאפוקי בכור, דדבר האסור הוא". איסור הבכור עצמו לא חל באמצעות נדר, שכן קדוש הוא מרחם,[4] ולפיכך אין הוא מוגדר "דבר הנידור" ואין התפסה חלה בו. לעומת זאת, רבי יעקב אוסר במקרה זה, והוא מחשיב את הבכור כדבר הנידור, שהרי יש מצווה להקדישו: "בכור נמי מתפיסו בנדר הוא; דתניא, משום רבי אמרו: מנין לנולד בכור בתוך ביתו שמצוה להקדישו, שנאמר: הזכר תקדיש" (שם יג ע"א).

אף רבי יהודה מודה שמצווה להקדיש בכור בהמה, אלא שטוען הוא: "וכי לא מקדיש ליה, מי לא קדיש", היינו, שממילא כבר קדוש הוא משמיא, ואמירת האדם אינה משנה את מעמדו. ולפיכך אין לסווגו כדבר הנידור.[5] אך אליבא דרבי יעקב המצווה להקדיש הבכור בהכרח אינה דיבור בעלמא, אלא שההקדשה בפה מוסיפה קדושה בבכור ומגדירה אותו כדבר הנידור, שהתפסה בו מועילה. לו המצווה להקדישו לא הייתה אלא אמירה בעלמא ותו לא, לא היה די בכך כדי להעניק לבכור מעמד של "דבר הנידור", ונותר היה "דבר האסור", שאי אפשר להתפיס בו.[6]

אנו הצענו שרבי יהודה חולק על עיקר ההנחה שיש בבכור קדושה הבאה באמצעות ההקדשה בפה, וסבור הוא שאין לבכור אלא מה שנתקדש בלידתו בידי שמים. אך אפשר שמודה הוא באופן עקרוני לרבי יעקב שמתווספת בבכור קדושה

4. בכורות מג ע"א; רמב"ם פ"א מהלכות בכורות ה"ד.

5. מהסוגיה בערכין כט ע"א נראה דלא כמשמע מסוגיה זו; משם עולה שרבי ישמעאל חולק על עצם המצווה להקדישו.

6. עיינו בקובץ שמועות לקדוש ר' אלחנן וסרמן הי"ד (שבועות ז), שכתב שמדברי רבי יעקב "מוכח דאין זה מעשה אמירה בעלמא אלא באמת הוי מעשה הקדש, שאלמלא כבר היה הבכור קדוש מאליו היה מתקדש עי"ז". מניסוחו משמע שמעשה ההקדש הווי מעשה גמור, ברם אין הוא מוסיף קדושה בבכור. כנראה לדעתו אין להוסיף קדושה על גבי קדושה קיימת. ישנו רק רובד אחד של קדושה; או שדבר מה נתקדש או שלאו. ברם, קשה על שיטתו, דהרי כאן לכאורה ההתפסה איננה במעשה הנדר, דאם כן עליה להיות תוך כדי דיבור, אלא ההתפסה מתייחסת לחפץ הנידור (הבחנה זו הציג הגרי"ד זצ"ל בשיעור היארצייט לעילוי נשמת אביו זצ"ל בשנת תשי"ח; יעוין שיעורים לזכר אבא מרי ז"ל ח"א, ירושלים תשס"ג, עמ' פט-צ; וכן בשיעוריו למסכת שבועות, עיינו: רשימות שיעורים – שבועות ח"א, עמ' יד, כה). ועל כן צריך לומר שישנה חלות שם דבר הנידור בבכור גופא [הערת העורך].

נפרדת על גבי קדושתו מרחם, וחולק הוא רק מצד דיני התפסה. שמא לדעתו אין התפסה אלא בחפץ שעיקר קדושתו נוצרה באמצעות מעשה הפלאה ובידי אדם, ובכור, אף שקדוש הוא בידי אדם, אין זה אלא כתוספת, ועל כן אין מתפיסין בו.

כך או כך, נפסקה הלכה כרבי יעקב.[7] ומכאן חיזוק ליסוד דברינו, שישנן רמות שונות של קדושה, רובד על גבי רובד. אף קרוצי חומר יכולים להוסיף קדושה על גבי קדושתו של הקב"ה.

שתי קדושות בקידוש החודש

חידוש דומה הצעתי ביחס לקידוש החודש. דהנה עדי החודש מחללים שבת כדי לבוא ולהעיד, ולכאורה נוהגים כך אף לצורך קידוש החודש שלא בזמנו. ולפי זה מחללים את השבת כדי להעיד, אף שאין עדותם נחוצה כדי לקדש את החודש, שהרי בכל מקרה אין חודש יותר מ-ל"א יום, ואף ללא עדותם יהיה אותו היום ראש חודש, שכבר קידשוהו שמיים.[8]

בטעם ההיתר לחלל שבת במקרה זה יש לומר אחת מן השתיים: א. הדוחה את השבת היא המצווה לקדש את החודש, ולא עצם קביעת ראש החודש. זאת מתוך הנחה שמצוות הקידוש מתקיימת בנפרד מעצם הקביעה. בחודש מלא, אף שאין משמעות מעשית לבואם של העדים, הרי הם חלק מקיום מצוות קידוש החודש, שהיא הדוחה את השבת.[9] ב. אמנם החודש מתקדש ביום ל"א אפילו כאשר לא באו עדים. אולם, אם אכן באו עדים, ישנה לכך השלכה מעשית. לא ראי ראש חודש שקידשוהו שמיים כראי ראש חודש שנתקדש בידי בית דין על סמך עדים. במקרה האחרון, קידוש החודש של בית דין מוסיף קדושה בחודש על גבי הקדושה הקיימת בו משמיא. אותו קידוש ואותה תוספת קדושה הם שדוחים את השבת.

7. רמב"ם הלכות נדרים פ"א הט"ו. אכן, בדברי הרמב"ם שם כבר הלכו לקוטי בתר לקוטי, יעוין בראב"ד שם ובתשובת רבי אברהם בן הרמב"ם (ברכת אברהם סימן מו, והובאה בכסף משנה שם). ואכמ"ל.
8. אנו מניחים שבכגון דא אין זאת רק שאמירת "מקודש, מקודש", מיותרת היא, אלא שהחודש מתקדש ללא קביעת בית דין כלל, או לכל הפחות ללא קבלת עדות בפני בית דין. בכל הנידון כאן, עיינו בהרחבה בפרק העוסק בקידוש החודש ובעיבור השנה בחיבור זה.
9. יעוין עוד באגרות הגרי"ד הלכות קידוש החודש פ"ג הט"ו, ובעמק ברכה בעניין קידוש החודש.

שתי קדושות בשבת

בכל הנוגע לשבת, תוספת הקדושה רמוזה בירושלמי, אשר נאמר בו כדלהלן: "במקום שאין יין, שליח ציבור עובר לפני התיבה ואומר ברכה אחת מעין שבע, וחותם במקדש ישראל ואת יום השבת" (ברכות פ"ח ה"א, פסחים פ"י ה"ב). להלכה לא נפסק טופס ברכה זה, וההלכה מייחדת נוסח זה של חתימה דווקא לימים טובים, שישראל הם המקדשים אותם, וכפי שנתבאר בגמרא: "ישראל דקדשינהו לזמנים" (ברכות מט ע"א). אולם מדעת הירושלמי עולה שאף השבת אינה מופקעת באופן מוחלט מנוסח זה, שכן רובד מסוים של קדושה מתווסף לשבת על ידי כנסת ישראל.[10]

בזה נוכל לתרץ בפשטות קושיה שהתחבטו בה רבותינו הראשונים: מדוע פרשיית המועדות באמור (ויקרא כ"ג) פותחת במצוות השבת. והעלו בזה פירושים מפירושים שונים, שעיקרם הוא שלקושטא דמילתא אכן שבת אינה כלולה בין המועדות.[11] אף אנו שלחנו ידנו בשאלה חמורה זו, בפרק העוסק בקדושת שבת ויום טוב שבחיבור זה. וביארנו שמלבד קדושת השבת הייחודית לה, שאסורה היא בכל מלאכה וברית עולם היא לדורותיכם, מתחדש בפרשייה זו ממד נוסף של יום השבת ושל קדושתו. השבת היא גם חלק מן המועדות, וחלה בה גם קדושת המועדים. כדברי רבנו בחיי שם (פס' ב): "הזכיר השבת בכלל המועדים, כי יום מועד הוא".[12]

ועתה נוסיף על דברינו שם, שאין זאת רק שהשבת הופכת להיות חלק ממארג הזמנים המקודשים, אלא שנתקדשה היא בקדושה נוספת על קדושתה – קדושת

10. יעוין בהרחבה בדברים שכתב מו"ח זצ"ל בנושא זה בספרו שיעורים לזכר אבא מרי ז"ל ח"ב, ירושלים תשס"ג, עמ' קנו-קנז, ודברי פי חכם חן. הערת העורך: ויעוין עוד בדברי השפת אמת פרשת יתרו תרל"ח: "זכור את יום השבת לקדשו – שע"י הזכירה ניתוסף קדושה לשבת. פי' שורש השבת מאוד נעלה, אבל כפי מה שזוכרין בנ"י ושומרין עצמם כל ימי השבוע... עי"ז יכולין להמשיך שורש הקדושה ליום השבת שבעוה"ז ממש". אלא שדבריו נסובו על אודות הזכירה בימות החול, ולא על אודות הקידוש בשבת שמוסיף קדושה. ויעוין עוד שם תרנ"א: "שבכח בנ"י ניתוסף קדושה בשבת קודש"; אבל מהמשך דבריו נראה שאין הכוונה להוספת קדושה ממש, אלא לשמירת השבת, כתגובה לקדושה הקיימת בה ממילא. ויעוין עוד בספר מחשבות חרוץ לכוהן מלובלין אות י; פרי צדיק פרשת יתרו אות ה; שמועות הראי"ה בראשית עמ' ז.

11. יעוין רש"י על אתר פס' ג ורמב"ן על פס' ב.

12. בפרק העוסק בקדושת השבת ביארנו שדווקא קדושת השבת הרי היא אות וברית, ולא קדושת יום טוב. שמא כדי לכונן ברית עם אלוקינו נחוצה קדושה הנובעת משמיא, שאנו נענים לה, ולא להיפך [הערת העורך].

יום טוב; ואותה קדושה, בדומה לקדושת שאר המועדות, תלויה במעשה קידוש של כנסת ישראל.

כשאמרנו כי בידי בני ישראל לקדש את השבת, מקור דברינו באותה הפרשייה, שבה ירד לעולמנו אותו ממד של קדושה שהיא כעין המועדות. וכשם שאנו מקדשים את המועדות כך אנו מקדשים את השבת. אלא, כמובן, בשבת הרי זו תוספת על גבי קדושתה הקיימת מקדמת דנא. וממילא מיקום השבת בראש סדר המועדות מתבאר כפתור ופרח.

על כך יש להוסיף ששבת מוזכרת בדיברות הראשונות ובדיברות האחרונות. בראשונות מודגש בה המישור הטבעי של המציאות, כזכר למעשה בראשית, ובאחרונות מודגש הרובד ההיסטורי, כזכר ליציאת מצרים. הזיקה והמכנה המשותף שבין השבת והמועדות נובעים מהרובד ההיסטורי של שבת כזיכרון ליציאת מצרים; כשם שהמועדות מעורים בתולדותיהם של בני ישראל – ביציאת מצרים, במתן תורה ובהליכה במדבר.

קידוש ביום טוב

מסקנת דברינו עד כה היא שאפשר להבין את מהות מצוות הקידוש ואת אופייה בשתי דרכים שונות. אפשר לראות בקידוש הצהרה של דברי שבח ואזכרת ייחודו של היום וקדושתו. אך אפשר לראות בקידוש גם יצירה, מעשה המחיל קדושה במועד. ונראה שניתן לראות שתי הבנות בסיסיות אלו כעומדות ביסוד כמה וכמה מחלוקות וספקות שמצאנו בענייני קידוש והבדלה.

קיימא לן להלכה כי קידוש בשבת הווי דבר תורה, כמובא להדיא בגמרא ברכות (כ ע"ב): "אמר רב אדא בר אהבה: נשים חייבות בקדוש היום דבר תורה. אמאי, מצות עשה שהזמן גרמא הוא, וכל מצות עשה שהזמן גרמא נשים פטורות; אמר אביי: מדרבנן. אמר ליה רבא: והא דבר תורה קאמר. ועוד, כל מצות עשה נחייבינהו מדרבנן. אלא אמר רבא: אמר קרא זכור ושמור – כל שישנו בשמירה ישנו בזכירה, והני נשי, הואיל ואיתנהו בשמירה – איתנהו בזכירה".

מנהג ישראל פשוט הוא לקדש ביום טוב כבשבת: "כשם שמקדשין בלילי שבת ומבדילין במוצאי שבת, כך מקדשין בלילי ימים טובים ומבדילין במוצאיהן ובמוצאי יום הכפורים, שכולם שבתות ה' הן" (רמב"ם, הלכות שבת פכ"ט הי"ח). אולם מצינו מחלוקת ראשונים ביחס לרמת החיוב ביום טוב.

המגיד משנה על אתר נקט כדבר פשוט "שאין קידוש יו"ט דבר תורה". אולם

מגוף דברי הרמב"ם משמע אחרת, שהרי חובת הקידוש ביום טוב מנומקת בכך "שכולם שבתות ה' הן",[13] שאף יום טוב נכלל בגדר שבתות ה', ואם כך אין מקום לחלק בין שבת ליום טוב. ואכן עצם הניסוח: "כשם שמקדשין בלילי שבת ומבדילין במוצאי שבת כך מקדשין בלילי ימים טובים ומבדילין במוצאיהן", משווה חובת הקידוש בשבת לחובת הקידוש בימים טובים, ומסתבר שהשוואה זו מתייחסת אף לתוקף החיוב.[14]

וכך מובא בשיטה מקובצת ביצה (ד ע"ב ד"ה ירושלמי) שהבדלה במוצאי יום טוב הווי מדאורייתא; ובפשטות מסתבר שכל שכן קידוש. דעה זו מפורשת אף בשאילתות (שאילתא נד): "דמחייבינן דבית ישראל לקדושי ליומא טבא וליומא דשבתא, דכתיב: זכור את יום השבת לקדשו, וביום טוב כתיב: מקרא קודש יהיה לכם, ותניא: מקרא קודש זה קידוש היום. ומחייבינן לקדושיה בצלותא ועל כסא דחמרא". הרי שכלל שבת ויום טוב בחדא מחתא והשווה ביניהם, ובשניהם הקידוש הינו דבר תורה.

אמנם, יש לציין שאף כי נשתוו הרמב"ם ובעל השאילתות בנוגע לתוקף החיוב, הרי נפרדו דרכיהם בנוגע למקור החיוב, ליחסו לקידוש השבת ולאופיו. הרמב"ם כלל ימים טובים תחת הכותרת "שבתות ה'", ואילו השאילתות יליף זאת מעצם היותם "מקראי קודש". וכדבריו מצינו במדרשי התנאים: "לקדשו – בברכה; מיכן אמרו קדשהו על היין בכניסתו. אין לי אלא קדושה ללילה, קדושה ליום מנין, ת"ל: ושמרתם את השבת. אין לי אלא לשבתות, לימים טובים ולמועדים מנין, ת"ל: אלה מועדי ה' מקראי קדש".[15]

הבדל זה בנוגע למקור החיוב מבטא מחלוקת בדבר אופי הקידוש בימים טובים. לרמב"ם, שהקידוש נלמד מ"כולם שבתות ה' הן", נראה שהלכה אחת נשנתה כאן, שיש לקדש בשבתות; ויום טוב נכלל לעניין זה בגדר שבת, וחיובו הוא מצד דמיונו לשבת. מאידך, על פי הילפותא של השאילתות, הלומד קידוש ביום טוב מהנאמר "מקרא קודש" (בעוד את חיוב הקידוש בשבת למד, כרמב"ם, מהפסוק "זכור את יום השבת"), מסתבר שחיוב שבת לחוד וחיוב יום טוב לחוד. הקידוש במועדות מתחייב מצד אופיים כימים טובים וכמקראי קודש ולא מהיותם שבת בזעיר אנפין.

אפשר שהבדל זה יתבטא בהלכותיהם. לדעת הרמב"ם ודאי ישתוו הלכות קידוש בשבת להלכותיו ביום טוב; בעוד לדעת השאילתות אפשר (אם כי אין הכרח) שיהיו

13. ובפשטות הוא משום שנקראו בכתוב "שבתון".
14. וכן שמעתי ממו"ח זצ"ל, שיש לדחות את דברי המגיד משנה.
15. מדרש תנאים לדברים פרק ה, יב. וכעין זה במכילתא דרבי ישמעאל יתרו פרשה ז.

ביניהם הבדלים בפרטי הדינים. למשל: בנוגע לחיוב יין בקידוש, לגבי "זכר ליציאת מצרים", שתיית המסובים, רוב כוס וכדומה.

אף לגבי תוכן הקידוש והקיום שבו ייתכן שישנו הבדל. לדעת הרמב"ם הקידוש הוא קיום בשבתון ובשביתה, ומבהיר כי ההימנעות ממלאכה היא מכוח קדושת היום וייחודו. לבעל השאילתות, לעומת זאת, הקידוש הוא חלק מקריאת היום כקודש.

לעיל הצענו שני הסברים בהבנת חובת הקידוש – הצהרה או יצירה. מתוך ההבדל העמוק בין הימים הטובים, המתקדשים מלמטה בידי כנסת ישראל, לבין השבת המתקדשת מלמעלה, נראה שישנו חילוק בין יום טוב לשבת בנוגע לאופי הקידוש. הקידוש ביום טוב אכן מקדש את המועד. בשבת, מאידך גיסא, אפשר שבניגוד לנאמר לעיל אין בכוחנו להשפיע ולעצב את קדושתה הבאה לה מלמעלה, קדושה הקבועה מימות עולם ואינה תלויה במעשינו. ולפי זה בשבת אין הקידוש אלא הצהרה בדבר גדולת היום השביעי וקדושתו, אולם יצירת קדושה אין כאן.

חילוק זה נסמך גם על העובדה שהיום השביעי הינו חלק ממסגרת השבוע, "ששת ימים תעשה מלאכה וביום השביעי שבת שבתון" (ויקרא כ"ג, ג). זאת בניגוד לימים טובים, שהינם תאריכים בלוח השנה השנתי, ואינם חלק ממסגרת השבוע.

על כן הקידוש בשבת כולל, כדברי הרמב"ן, גם את זכירתו בכל ימות המעשה, ומודעות פעילה ביחס לשבת הממשמשת ובאה, כהמשכם של אותם הימים. לא מצינו כדוגמתה של זכירה זו ביום טוב. דהחובה היא לשמוח בימים טובים, אך לא מובא בגמרא שום מעשה על אודות חכם שהקפיד לזכור את המועד כבר מתחילת השבוע שבו הוא חל, כפי שנהג שמאי הזקן בנוגע לשבת.[16] ולא שמענו שישנה חובה שאדם יתכונן בעצמו ליום טוב ויכין בעצמו את צרכיו, כפי שנאמר בנוגע לשבת.[17]

נמצא, כי אין ראי הקידוש בשבת כראי הקידוש ביום טוב. בשבת אין הוא אלא אמירה בפה וסיפור דברים על אודות שבחו של היום והכנה לבואו, בעוד ביום טוב הקידוש הוא המקדש את היום. ואפשר שהוא מפאת שהצהרה בדבר גדולת היום לא באה אלא כתגובה לקדושה הבאה מלמעלה כגון בשבת, ואינה שייכת לקדושת יום טוב, שבה ישראל הם המקדשים.

16. ביצה טז ע"א: "תניא, אמרו עליו על שמאי הזקן, כל ימיו היה אוכל לכבוד שבת. מצא בהמה נאה אומר: זו לשבת. מצא אחרת נאה הימנה – מניח את השניה ואוכל את הראשונה".

17. שבת קיט ע"א: "רב ספרא מחריך רישא. רבא מלח שיבוטא. רב הונא מדליק שרגי. רב פפא גדיל פתילתא. רב חסדא פרים סילקא. רבה ורב יוסף מצלחי ציבי. רבי זירא מצתת צתותי. רב נחמן בר יצחק מכתף ועייל מכתף ונפיק".

כאמור, חילוק זה תלוי ועומד במקורו של חיוב הקידוש ביום טוב. לדעת הרמב"ם, דין קידוש בימים טובים נלמד מכך "שכולם שבתות ה' הן", ולפיכך מסתבר שאף אופיים יהא זהה. וכן אם נימא שאף קידוש בשבת יסודו מהכתוב אצל המועדות "מקרא קודש" (וזאת אם נאמר שאף השבת הרי היא "מקרא קודש"). ואילו לשאילתות, שקידוש ביום טוב נלמד מהאמור "מקרא קודש" ואילו את הקידוש בשבת ילפינן מ"זכור את יום השבת", יותר מסתבר שישנו חילוק באופי הקידוש בין שבת ויום טוב.

קידוש יום וקידוש לילה

הברייתא בפסחים קו ע"א לומדת על החובה לקדש בלילה ושוב ביום: "תנו רבנן: זכור את יום השבת לקדשו – זוכרהו על היין. אין לי אלא ביום, בלילה מנין, תלמוד לומר: זכור את יום השבת לקדשו. בלילה מנין – אדרבה, עיקר קדושא בלילה הוא קדיש, דכי קדיש – תחלת יומא בעי לקידושי; ותו, בלילה מנין – תלמוד לומר: זכור את יום; תנא מיהדר אלילה וקא נסיב ליה קרא דיממא. הכי קאמר: זכור את יום השבת לקדשו – זוכרהו על היין בכניסתו. אין לי אלא בלילה, ביום מנין, תלמוד לומר: זכור את יום השבת". וכך מנהגנו אנו, לקדש פעמיים בכל שבת ומועד – בלילה וביום.

הגמרא שם מהפכת את הגרסה בברייתא, ולומדת כי עיקר הקידוש הוא בלילה, והוא הנלמד מפשוטו של מקרא, והילפותא הנוספת נצרכת לקידוש היום. והנה בפשטות נראה שאין זו אלא אסמכתא בעלמא, וחיוב הקידוש ביום הינו מדרבנן, שכן איך שלא נבין את הקידוש וטיבו, לכאורה די מדאורייתא במעשה קידוש אחד. ולהדיא מצינו כן ברמב"ן שצוטט לעיל: "...והוא מן התורה, אינו אסמכתא... וזה על קדוש הלילה. לפי שכל הטעונים קדוש מתקדשים בכניסתן פעם אחת, כגון קדוש החדש וקדוש היובל; אבל ביום – אסמכתא, ואין אומרים בו מקודש כלל, שדיינו בפעם אחת בכניסתו".

בהמשך דבריו שם הביא הרמב"ן מן המכילתא כגרסה הראשונית בגמרא פסחים, שעיקר הקידוש הוא ביום והוצרכנו ללימוד מיוחד עבור הלילה. וזה לשונה: "לקדשו – לקדשו בברכה, מכאן אמרו מקדשין על היין בכניסתו. אין לי אלא קדושה ליום, קדושה ללילה מנין, ת"ל: ושמרתם את השבת" (מכילתא דרבי ישמעאל יתרו פרשה ז). אלא שעל פי המבואר בגמרא הנ"ל דחה גרסה זו. אולם הנצי"ב קיים גרסה זו,[18]

18. העמק שאלה נד אות א. והביא שכן הוא דעת המהר"ם מרוטנבורג בתשובה (דפוס פראג) סימן נד.

ופירש שאליבא דמכילתא אף הקידוש ביום הווי מן התורה. ובפשטות נראה שגמרא דידן פליג, ולא נפסק כך להלכה. אולם אף למנהגנו יש לתת טעם למה קבעו חז״ל קידוש נוסף ביום מלבד זה הנאמר בלילה, ומה טעם אין די בקידוש אחד.[19]

ייתכן שאף שאלה זו תלויה בחקירתנו. ידועים דבריו של הרמב״ן (שמות כ׳, ח), שאינו דומה ליל השבת ליומו: ״ועל הכלל תהיה הזכירה ביום והשמירה בלילה, וזהו מאמר החכמים שאומרים בערב שבת: בואי כלה בואי כלה... ויקראו לברכת היום קדושא רבא, שהוא הקידוש הגדול״.[20]

חילוק בין היום ללילה מופיע כבר בברייתא בגמרא פסחים (קה ע״א): ״כבוד יום וכבוד לילה, כבוד יום קודם״. אם אין כאן אלא יחידת זמן רציפה אחת, בעלת אותה קדושה, מה לי כבוד יום ומה לי כבוד לילה; הרי אין חילוק בין השניים. אלא מוכח מן הברייתא שאין ראי היום כראי הלילה בשבת. אלו הן שתי יחידות נפרדות בתוך קדושת השבת.

השבת היא חלק מימי בראשית, שמסגרת הזמן בהם מפוצלת לשתיים: ״ויהי ערב ויהי בֹקר״ (בראשית א׳, ח), ״ויום ולילה לא ישבֹּתו״ (שם ח׳, כב). ולכן אף קדושת השבת מתבטאת בשני פנים – ערב ובוקר. לעומתה, יום טוב הינו תאריך אחד הנמשך ברצף על פני היום כולו, ולא ניתן לפצל בין חלקיו; שהרי קדושתו תלויה בתאריך מסוים, ולא כזכר למעשה בראשית וכהמשך לו.

הבדל זה בולט במיוחד בנוסח התפילות. בשבת תיקנו לנו אנשי כנסת הגדולה שלוש נוסחאות תפילה שונות כנגד שלושת חלקי היום.[21] שהרי קדושת היום משתנה עם שינוי השעות; ובעיקר, כפי שהצענו, משתנה היא בין הערב לבוקר. אולם ביום טוב אין לנו אלא נוסח אחד זהה בכל שלוש התפילות, שכן קדושת היום היא אחידה ואינה מתחלפת עם מעבר חלקי היממה השונים.

נראה שמכיוון שהשבת מורכבת משתי חטיבות זמן שונות, הלילה והיום, נצרכות שתיהן לקידוש, ולכן מקדשים בלילה וחוזרים ומקדשים ביום. ברם, אפשר

19. ויעוין עוד ברבנו דוד פסחים קו ע״א, שמתוך שנתקשה מדוע מצוות הקידוש מתקיימת פעמיים בשבת אחת, העלה דלא דמי קידוש בלילה, שמצוותו הוא הקידוש, לקידוש ביום, שאינו אלא קביעת סעודתו על היין. וכן מתבארת שיטת הראב״ד בהשגות (פכ״ט מהלכות שבת ה״י) שביום מותר לטעום לפני הקידוש. יעוין בספר שיעורים לזכר אבא מרי ז״ל ח״ב, ירושלים תשס״ג, עמ׳ קלו, קמז-קמח.

20. מקורו בספר הבהיר אות קפב, וכן איתא בזוהר הקדוש פרשת בראשית, וברעיא מהימנא פרשת יתרו.

21. וכן כנגד ג׳ שבתות, כפי שלימדנו הטור (או״ח רצ״ב): ״אתה קידשת״ כנגד שבת בראשית, ״ישמח משה״ כנגד שבת של מתן תורה, ״אתה אחד״ כנגד שבת מעין עולם הבא.

להציע שסיפור דברים וזכירת שבח שייכים במיוחד למעבר שבין חול לקודש ולכניסת היום הקדוש, ולכן די להם שייאמרו פעם אחת כהצהרה.[22] וממילא עיקר הקידוש מן התורה הוא בלילה, משום שהצהרה זו נאמרת כתגובה לכניסת השבת, בזמן המעבר וחילופי הזמנים.

ועוד יש להעלות הצעה אחרת, שהקידוש בלילה שונה מן הקידוש שביום, ואין זו חזרה על אותו קידוש (והרי אף נוסח הקידוש בבוקר שונה מנוסח הקידוש שבערב). בלילה אכן מקדשים את השבת ומוסיפים בה קדושה. אך משהגענו לקידוש היום – הרי כבר נתקדשה השבת אמש, וממילא אופיו של הקידוש הוא רק אמירת דברי שבח ושיר וזכירת השבת. וכבר עמד על כך בהרחבה מו"ח הגרי"ד זצ"ל.[23]

לאור זאת נראה להציע שביום טוב הקידוש ביום חובתו מדרבנן בלבד, ואילו בשבת תהא חובתו במישור מדאורייתא. זאת משום שבשבת חלוק הלילה מהיום, ויש צורך לקדשו מחדש, מה שאין כן במועדות.[24] איברא, שבתור סייג לחילוקנו יש להעיר שמצינו לאידך גיסא הפרש בין היום ללילה הקיים דווקא בתוך קדושת יום טוב; שהלוא מצוות המועד, כגון לולב ושופר, אין זמנן אלא ביום.[25]

לא קידש בלילה

בגמרא פסחים (קה ע"א) מבואר שמי שלא קידש בלילה – יאמר למחרת בבוקר את הקידוש המיועד לערב. נחלקו הרמב"ם ורב עמרם גאון בשורש דין זה, וכך סיכם הטור

22. השווו לדברי הגרי"ד זצ"ל, שיעורים לזכר אבא מרי ז"ל ח"ב, ירושלים תשס"ג, עמ' קמז.
23. שם, עמ' קסג.
נעיר שלאור דברינו קשה על הרמב"ן, שמחד חילק בנוגע לקדושה בין ליל שבת ליומו, ומאידך סבר הוא "שכל הטעונים קידוש מתקדשים בכניסתן פעם אחת". הרי אם בתרי קדושות נבדלות עסקינן, לכאורה בעינן תרי מעשי קידוש נבדלים, ולכאורה אף קידוש היום צריך היה להיות חובה גמורה מן התורה. וכנראה יש ליישב דעתו באחת משתי דרכים אלו: א. מן התורה אין הבדל בין היום ללילה, אלא רק מדרבנן, ועל כן אף הקידוש ביום הינו מדרבנן. ב. אף כי מהווים הם שתי יחידות, בכל זאת ליל השבת ויומו הרי הם חלק ממסגרת אחת של אותה שבת, ודי לנו בקידוש כללי של אותה מסגרת. ועדיין, לשונו "מתקדשים בכניסתן פעם אחת" טעונה ליבון.
24. המהר"ם חלווה (פסחים קו ע"א) סבר שבעוד שבשבת מקדשים ביום (אם כי מדרבנן), בימים טובים אין כלל קידוש ביום, אלא רק בלילה.
25. ושמא זהו תורף שיטת מהר"ם מרוטנבורג (הובא במגן אברהם או"ח תקצ"ז ס"ק ג, ומקורו בתשובת המהר"ם [דפוס פראג] סימן נד), שביום טוב הקידוש ביום הוא דבר תורה. אמנם כל האחרונים שדנו בו הבינו בדעתו שכל שכן שהקידוש ביום השבת מן התורה הוא, אולם אפשר להציע על פי זה שדווקא ביום טוב אמר כן. [הערת העורך].

את מחלוקתם: "ואם לא קידש בלילה – יש לו תשלומין למחר כל היום. וכתב ר"ע: אם לא קידש בלילה מחמת שכחה או אונס – יקדש למחר, אבל הרמב"ם ז"ל כתב: לא קידש בלילה, בין בשוגג בין במזיד – יקדש למחר" (או"ח רע"א).

מדברי רב עמרם משתמע שלדידו האפשרות לערוך את קידוש הלילה ביום מבוססת על דין תשלומין, כפי שמצינו אותו ביחס לתפילה. אליבא דרב עמרם, עיקר הקידוש אינו אלא בלילה, אלא שניתן להשלים אותו ביום. אך אפשרות זו מיועדת רק למי ששגג בדבר, כדין תפילת תשלומין. לעומתו, הרמב"ם סבר שהאפשרות לקדש ביום היא מעיקר דין קידוש, שמדאורייתא עליו להיאמר פעם אחת במרוצת השבת. ועל כן, אם לא אמרוהו בלילה יש לאומרו ביום. זאת לא מחמת דין תשלומין על קידוש הלילה, אלא שזמנו (אמנם בדיעבד) הוא כל השבת כולה.

דעת רב עמרם גאון מתבארת היטב אם נראה בקידוש תגובה וביטוי לכניסת השבת. לפי זה מובן מדוע אמירתו מעיקר הדין אינה אלא בלילה, שהרי זוהי חטיבת הזמן הבאה עם כניסת היום והפותחת את השבת. לאחר שהשבת כבר נכנסה ואנו עומדים במחציתה השנייה, נסתתם הפה מלומר שירה והצהרה אודותיה. מנגד, אם נראה בקידוש הוספת קדושה לשבת, לכאורה בכל נקודת זמן במרוצת השבת עדיין ניתן לקדשה, וכך כנראה סובר הרמב"ם.

והנה יש להציע שיטת ביניים שתכריע בין הרמב"ם לרב עמרם גאון, וזאת בצירוף החילוק שהוצע לעיל בין שבת ליום טוב. הקידוש בשבת ייעודו הוא זכירת שבח ותו לא, שהרי קדושת השבת מגבוה באה. נמצא, אם כן, שאם לא קידש בליל שבת, הרי הוא הולך ומקדש כל היום רק מצד תשלומין. שהרי הסיפור והזכירה לגבי קדושת השבת וגדולתה אינם שייכים מעיקר הדין אלא עם בוא השבת. אך הימים הטובים קדושתם חלה מלמטה, והקידוש הוא מרכיב בתהליך של יצירת קדושת היום. לגבי תפקידו זה של הקידוש לא נקבעו מסמרות אימתי יש לאומרו (אף אם לכתחילה יש לעשות זאת עוד בערב). נמצא שביום טוב האפשרות לומר ביום את קידוש הלילה הרי היא מעיקר הדין, בעוד בשבת אינה אלא תשלומין ותחליף לקידוש הלילה. אכן, לא מצאתי דעה מעין זו באחד הראשונים.[26]

26. בעיקר הדבר עדיין יש להסתפק; דאפשר שאף אמירת דברי שבח כתגובה לכניסת השבת מתאפשרת אפילו ביום. ועוד אפשר לומר, כפי שנציע להלן, כי בקידוש הלילה שני ממדים: גם אמירת דברי שבח וגם יצירת קדושה. הרובד השני שייך גם ביום כבלילה, ומחמתו גם בשבת קידוש הלילה יכול להיאמר ביום, לא בתורת תשלומין אלא מעיקר החובה.

קידוש לפני שבת

עוד מחלוקת ראשונים שאולי כרוכה בשאלתנו נוגעת להבנת הסוגיה בברכות (כז ע"ב): "אמר רבי חייא בר אבין: רב צלי של שבת בערב שבת, רבי יאשיה מצלי של מוצאי שבת בשבת. רב צלי של שבת בערב שבת – אומר קדושה על הכוס, או אינו אומר קדושה על הכוס; תא שמע, דאמר רב נחמן אמר שמואל: מתפלל אדם של שבת בערב שבת ואומר קדושה על הכוס. והלכתא כוותיה".

הרמב"ם סבר שרב קידש אף על פי שלא קיבל על עצמו איסור מלאכה. ועל סמך גמרא זו פסק ביד החזקה: "יש לו לאדם לקדש על הכוס ערב שבת מבעוד יום, אף על פי שלא נכנסה השבת. וכן מבדיל על הכוס מבעוד יום, אף על פי שעדיין היא שבת. שמצות זכירה לאמרה בין בשעת כניסתו ויציאתו בין קודם לשעה זו במעט" (הלכות שבת פכ"ט הי"א). הלכה זו מתפרשת היטב לפי ההבנה שהקידוש עניינו הוא זכירת שבח. בעת כניסתה ויציאתה של השבת יש להפגין מודעות לייחודה ולקדושתה. אולם כשם שאין צורך לקדש מיד עם קבלת השבת אלא מחכים מעט, כך ניתן לקדש ולספר על דבר גדולתו של היום השביעי מעט טרם בואו. אולם אם קידוש כשמו כן הוא – מוסיף קדושה – הכיצד ניתן לקדש את השבת עוד קודם שנכנסה (ובאופן שהקדושה לא תחול מיד, שהרי עדיין לא נאסר במלאכה)?! הכיצד ניתן להחיל קדושה במועד שטרם הגיע?!

ובאמת יעוין באור זרוע ובמחזור ויטרי, שחלקו על דינו של הרמב"ם, וסייגו גמרא זו משני כיוונים. ראשית, מדברי הבה"ג שחלק בזה על הרמב"ם: "דלבי שמשא בשבת לא מתרמי ליה חמרא לקדושי עליה ואתרמי ליה במנחתא דמעלי שבתא... מקדש ליה מבעוד יום ואומר ויכולו..." (אור זרוע הלכות ערב שבת סימן יד). לדעת הבה"ג, אך ורק במקרה כגון דא, שאין לו יין, יכול לקדש מבעוד יום. שנית, המחזור ויטרי (סימן שמו) הוסיף שלאחר עשיית הקידוש נאסרים בכל מלאכה: "אין מקדש בחול אלא מי שהוא במקום אחד בערב שבת שיש בו יין ויודע שלא יהיה לו יין בשבת. יקדש מבעוד יום באותו יין שימצא וישתה. ולאחר כן אסור בעשיית מלאכה, לפי שקיבל עליו את השבת". את שיטתו ניתן לבאר בשתי דרכים: או שהקידוש מכניס את השבת מעצם הגדרתו, שזו מהות הקידוש וזה תוכנו; או שלא ניתן לקדש אלא בשבת גופא, ועל כן האומר קידוש בהכרח מתכוון לקבל את השבת.[27]

27. אך צריך עיון בדבריו, שמהם עולה שדינו של רב שייך רק כאשר חסר לו יין. אך אם בקידוש מוקדם זה מקבל את השבת על עצמו – מדוע לא יקדש בכל אופן?

הבדלה

בגמרא ברכות שצוטטה לעיל מבואר להדיא שקידוש מצוותו מן התורה, אלא שלא נתבארה חובתה של ההבדלה. המגיד משנה (בתחילת פרק כ"ט מהלכות שבת) הביא מחלוקת בדבר. מדברי הרמב"ם נראה שאף הבדלה חובתה מן התורה, שכן כללה עם הקידוש: "וצריך לזכרהו בכניסתו וביציאתו, בכניסתו בקידוש היום וביציאתו בהבדלה". וכן כתב הסמ"ג.[28] מאידך, מצינו לחבל ראשונים שכתבו כדבר פשוט שאין הבדלה אלא מדרבנן.[29]

אפשר לתלות אף מחלוקת זו בשורשה של מצוות קידוש. אם נתפוס את הקידוש כמכוון לקדש את היום, הרי שעל מעשה זה להיעשות בכניסת היום או בהמשכו, אך ודאי שאין טעם לקדשו ביציאתו. אולם אם הקידוש מטרתו היא זכירת שבחו של המועד ואזכרת ייחודו, הרי מתבקש להעלות ייחוד זה על נס הן כלפי הימים הקודמים לו, בכניסתו, והן כלפי הימים הבאים אחריו, ביציאתו.[30]

שאלה זו בדבר מקור החיוב לכאורה משקפת חקירה יסודית בנוגע לזיקה בין קידוש להבדלה: האם קידוש והבדלה מקבילים זה לזה, אלא שזה בכניסת היום ואידך ביציאתו; או שמא הבדלה לחוד וקידוש לחוד.

מניסוח דברי רמב"ם משתמע שיסוד אחד עומד בבסיסם של הקידוש וההבדלה. ואם כן, לדעתו מצוות קידוש היא הצהרה ואמירה על אודות ייחוד השבת, הנאמרת בזמן המעבר שבין קו"ש לחול, הן בכניסת הקודש והן ביציאתו. אכן, ודאי ייתכן

28. עשין כט, וזה לשונו: "מכאן שמצות עשה מן התורה לקדש את יום השבת בדברים, וכן פירוש המקרא: זכור את השבת – בזכירת שבח וקידוש. וצריך לזכרו בכניסתו בקידוש וביציאתו בהבדלה... ואני אומר כי שתי הזכירות אחת בכניסתו היא זכור ואחת ביציאתו היא וזכרת שנכתב בפרשת שמור, שאומר במדרש שנאמר על יציאת שבת, כמו שנבאר לפנים". ויותר מזה מצינו בתוספות הרא"ש (ברכות כ ע"ב ד"ה נשים) בשם רבנו קלונימוס איש רומי, שאף הצורך ביין בהבדלה הינו מדאוריתא. וכן עולה מפירוש המפרש בנזיר (ד ע"א ד"ה והרי).

29. שיבולי הלקט סימן קל, דעה אחת במאירי ברכות כ ע"ב, מגיד משנה פכ"ט מהלכות שבת ה"א בשם יש אומרים; ויעוין בט"ז או"ח רצ"ז ס"ק ז.

30. יש לעיין בדבר, שאם אכן כפשטות הדברים הבדלה קשורה ליציאת השבת ולמעבר בין קודש לחול, לכאורה אינה שייכת אלא למוצאי השבת, שהוא זמן המעבר; וכיצד, אם כן, ניתן להבדיל לאחר מוצאי השבת, בהמשך השבוע? אלא דבאמת להרבה ראשונים הוא רק מדין תשלומין (יעוין בתורת האדם לרמב"ן עניין אבלות ישנה, ובדברי הר"ן בפסחים כא ע"ב באלפס בשם בה"ג. ויש להסתפק אי יהיו חילוקי דינים בין הבדלה במוצאי שבת קודש להבדלה בימים שלאחר מכן, כגון בדין טעם מבדיל וכד').

ששתי הלכות נאמרו בקידוש. ראשית, הרי הוא תגובה והצהרה ביחס לשבת, וזאת במקביל להבדלה. שנית, מחיל הוא בשבת קדושה נוספת, וממד זה איננו קיים בהבדלה.

לעיל חילקנו בין הקידוש בשבת, שבו מזכירים את שבח השבת ואת ייחודה, ובין הקידוש ביום טוב, שנועד לקדשו בפועל. ולאור האמור כאן נגיע למסקנה שבשבתות הקידוש וההבדלה הרי הם חלק ממערכת אחת של זכירת השבת בכניסתה וביציאתה, כמשתמע ברמב"ם. ביום טוב, לעומת זאת, הקידוש נועד ליצור את קדושת היום, בעוד להבדלה אין חלק בכך, ועניינה הוא אזכרת היום בלבד. אם כך, ביום טוב אין ראי ההבדלה כראי הקידוש.

ולפי זה ייתכן ששוני זה ישתקף אף ברמת החיוב. שמא הבדלה במוצאי שבת כקידוש היא, וחובתה מדברי תורה. מנגד, במוצאי ימים טובים אין ההבדלה אלא מדרבנן, שהרי אין לה שיג ושיח עם הקידוש שבכניסת החג. אמנם, ברמב"ם ביד החזקה נראה בבירור שאין הבדל כלל בין שבת ליום טוב בהקשר זה, שכללם כולם בחדא מחתא: "כשם שמקדשין בלילי שבת ומבדילין במוצאי שבת כך מקדשין בלילי ימים טובים ומבדילין במוצאיהן... שכולם שבתות ה' הן" (הלכות שבת פכ"ט הי"ח). אלא שלדעתו, כפי שהוצע לעיל, חיוב קידוש והבדלה במועדות אינו נובע מהיום טוב גופא, אלא מכך "שכולם שבתות ה' הן"; היינו, מפאת ממד השבת שביום.

נראה שסברה זו, המפצלת בין שבת ליום טוב בנוגע לחובת הבדלה, מדויקת בדברי השאילתות. רק לגבי קידוש כתב השאילתות שהוא מן התורה בימים טובים. ומשתמע דלדעתו הבדלה ביום טוב חובתה היא מדרבנן, בעוד אשר בשבת מדאורייתא היא.

קיום כפול בשבת

ניתן להוסיף ולהציע שבימים טובים אין לקידוש אלא קיום אחד – לקדש את הזמן והיום. אולם בשבת, שכל מעשיה כפולים,[31] אף קידושה כפול קיומו. מחד, מקדש הוא את היום, בדומה לקידוש במועדות. מאידך, מצוות הקידוש בשבת כוללת, כקיום

31. "כל עסקה של שבת כפול: עומר כפול – שני העומר לאחד, קרבנם כפול – וביום השבת שני כבשים, ענשה כפול – מחלליה מות יומת, שכרה כפול – וקראת לשבת ענג לקדוש ה' מכובד, אזהרתה כפול – זכור ושמור, מזמורה כפול – מזמור שיר ליום השבת" (ילקוט שמעוני בשלח רמז רסא; וכדומה במדרש תהילים מזמור צב ובפסיקתא זוטרתא שמות כט).

נוסף, אף מודעות לשבת ושימתה על לב; וזאת הן קודם לשבת והן בבואה, בזכירת שבח ושיר ליום השבת.

ובאמת בסוף דבריו כלל הרמב"ן שני עניינים אלו בגדר המצווה: "...ומשם תלמוד שהמצוה הזו (= קידוש על היין) למדה ממלת לקדשו; אבל זכור את יום השבת – מצוה לזכרו תמיד בכל יום, כמו שפירשנו; אלא שכל מצות הזכירה במנין אחד בחשבון רמ"ח מצוות שנצטווינו. ודע זה". אם כן, לדעתו הפסוק "זכור את יום השבת לקדשו" ומצוות הקידוש הרמוזה בו כוללים שני עניינים, אף שנמנים הם במניין המצוות כמצוות עשה אחת. החובה הראשונה היא לזכור את השבת. חובה זו נלמדת מראשית הציווי – "זכור" – ויש לקיימה אף בימות החול. החובה השנייה היא לקדש את יום השבת עצמו בו ביום, וקידוש זה נלמד ממה שנאמר "לקדשו" – שכך היא משמעות הציווי, לקדש את השבת.

אף בדברי הרמב"ם ביד החזקה אפשר שנוכל למצוא שני קיומים בקידוש. שהרי בראש הפרק הגדיר את הקידוש "זכירת שבח וקִדוש"; "שבח" עניינו הוא מודעות לשבת ולקדושתה הקיימת ותיאורם, בעוד "קידוש" משמעו הוספת קדושה.

אם כנים דברינו, יש להסתפק ביחס לדברי רבי בפרק ערבי פסחים (קז ע"א), שם הילל שיכר משובח במילים אלו: "כגון זה ראוי לקדש עליו, ולומר עליו כל שירות ותושבחות שבעולם". מחד, ניתן לבאר שהקידוש כלול בכל השירות והתושבחות, שהרי זהו עניינו – לשיר ולשבח על הקיים. מאידך, ניתן לומר שכוונת הסוגיה היא שליין או לשיכר יש כפל תפקידים: עליו מקדשים, וקידוש זה עניינו הוספת קדושה, ומלבד זאת עליו אומרים כל שירות ותושבחות שבעולם.

חילוקים אלו שהעלינו בין שבת ויום טוב הרי הם פרט במכלול רחב הרבה יותר, והוא היחס והקשר שבין שבת ליום טוב. בפרק העוסק בקדושת שבת ויום טוב בחנו באריכות זיקה זו, משני כיוונים הפוכים אך משלימים. ראשית, שאלנו האם יום טוב כלול בשבת, כפי שכתב רש"י בשבועות (טו ע"ב ד"ה אין): "וימים טובים נמי שבתות איקרו". שנית, חקרנו האם גם השבת קרויה "מקרא קודש", כמועדות. מתוך שתי שאלות אלו יש לדון האם שייכים שבת ויום טוב למכלול אחד, או שמא ביסודם תופעות שונות ונבדלות המה.

הצורך ביין בקידוש

עד כה עסקנו ביסוד מצוות קידוש מבחינת יחסה לקדושת היום, על פי שתי הבנות

בסיסיות. אחת תופסת את הקידוש כיצירה המקדשת את השבת והמועד, וחברתה רואה בו הצהרה בדבר גדולתן וקדושתן של שבתות ה׳. ונראה שיש מקום להאיר מצווה זו גם מזווית אחרת. ננסה להבהיר פן מחודש זה מתוך עיון במחלוקת ראשונים ידועה.

הלכה פשוטה היא שקידוש נאמר על היין, וכמבואר בברייתא בערבי פסחים (קו ע״א): ״זכור את יום השבת לקדשו – זוכרהו על היין בכניסתו״. אלא שנחלקו רבותינו גדולי עולם בנידון תוקף החיוב. מחלוקתם תלויה בפירוש דברי הסוגיה בנזיר (ג ע״ב), האומרת שבכל הנוגע ליין הקידוש, הנזיר מושבע ועומד הוא מהר סיני. הראשונים נחלקו האם מילים אלו נאמרו בניחותא או בתמיהא, ולפיכך נחלקו בהתאמה האם חובת יין בקידוש מדאורייתא היא אם לאו.

שיטת רש״י היא שמדאורייתא אין די באמירת דברים בעלמא, אלא נצטווינו בסידור דברים על היין או על הפת (בטרם שתייתו או אכילתה). וזה לשונו בספר הפרדס (עמ׳ כח): ״ואם אין לנזיר פת לקדש יקדש על היין לכתחלה וישתה, דאין נזירות חלה על יין קידוש, מאחר שמצוה לקדש בו״.[32] וכן כתב הרי״ד בתחילת דבריו בספר המכריע (ערך ע״א).[33] וכן עולה מביאורו של המפרש בסוגיה בנזיר שם.

ומצינו עוד לתוספות פסחים (קו ע״א ד״ה זוכרהו), שהביאו שתי דעות בנידון. לדעה השנייה המובאת שם, החובה לקדש על היין היא מן התורה; אלא שבניגוד למובא בשמו של רש״י, תירוץ זה סבור שמכל מקום שתיית היין אינה אלא מדרבנן.

ברם, השיטה המרכזית בקרב בעלי התוספות ושאר הראשונים היא דעת ר״ת, שיוצאים ידי חובת מצוות קידוש מן התורה באמירה בלבד, והילפותא דזוכרהו על היין לא הווי אלא אסמכתא בעלמא.[34] וכן מדוייק ברמב״ם, שפתח את דיונו בקידוש באמירה הבאה: ״מצות עשה מן התורה לקדש את יום השבת בדברים״ (פכ״ט ה״א), וזו החובה מן התורה, ורק בהמשך ההלכות הוסיף: ״מדברי סופרים לקדש על היין ולהבדיל על היין״ (שם ה״ו).[35]

32. מדבריו המלאים שם נראה לכאורה שנזיר שותה יין קידוש מכוח הדין שעשה דוחה לא תעשה. אך נימוק זה נראה תמוה בהקשר הנוכחי, דיותר מסתבר שיין קידוש כלל אינו כלול באיסורי נזירות, ולא חלה עליו השבועה.
33. יעוין עוד בדיונו המקיף בתוספותיו פסחים קו ע״א.
34. יעוין תוספות פסחים קו ע״א ד״ה זוכרהו; תוספות סוכה לח ע״א ד״ה מאי ; תוספות נזיר ד ע״א ד״ה מאי; ספר הישר סימן סב; אור זרוע הלכות שבת סימן כה.
35. אכן, פעמים שהלשון ״מדברי סופרים״ משמעו ברמב״ם שההלכה נלמדה באחת מי״ג מידות. כמו כן, אין להוכיח מהלכה א׳ שיין אינו אלא מדרבנן, שכן ייתכן ששם כתב את תמצית המצווה, שהיא לומר דברי שבח; ואפשר שהם נאמרים מן התורה על היין. מכל מקום, בנידון דידן לא

והנה פשוט שלר"ת ולסיעתו הקידוש הוא קיום של אמירה ודיבור. המצווה לדידם, לפחות ברובד דאורייתא, היא להזכיר את גדולתה ואת קדושתה של השבת. אף לרש"י ולסיעתו יש מקום לומר שהקידוש הינו אמירה בעלמא, ומכל מקום אותה אמירה מזדקקת היא ליין. זאת, לפום ריהטא, מחמת אחת משתי סיבות. ראשית, קיום השירה שבקידוש. יהודי מישראל המקדש הרי הוא אומר שירה לקב"ה על שנתן לנו את השבת. והלכך זקוק הוא ליין, שהרי "אין אומרים שירה אלא על היין" (ברכות לה ע"א). שנית, התוספות בפסחים (קו ע"א) ציינו שהקידוש מעשה זכירה הוא, ואף הזיכרון נסמך ליין, כנאמר: "זכרו כיין לבנון" (הושע י"ד, ח).[36]

אולם האמת תורה דרכה, ומסתבר יותר שמחלוקת זו נוגעת בשיתין של מצוות הקידוש, ואינה מצטמצמת לפרט מסוים בה. נראה דלרש"י ולסיעתו הקידוש איננו דיבור בעלמא ותו לא. מעשה הקידוש הינו הנהגה מעשית, המבטאת יחס מסוים אל השבת והמועד. לא די בזכירה ובאמירה על אודות קדושת היום. לדידם התורה ציותה אותנו בניהוג מעשים המבטאים את גודל היום ואת קדושתו. היהודי מחויב לייחד את היום על ידי פעולות ומעשים המתאימים למועד. כדרשת הספרא (אמור פרשה יב): "מקרא קדש – קדשהו, במה אתה מקדשו, במאכל ובמשתה ובכסות נקייה".[37] קידוש היום הרי הוא חלק מחטיבה שלמה של מעשים, המחילים את קדושת היום: לבישת בגדי שבת וחג, מאכל ומשתה. הקידוש מהווה קיום במצוות כבוד ועונג, המבטאות את יחסנו אל היום כקדוש בקדושת השבת והמועדות. בכך מחיל האדם בימים אלו את קדושת היום.

ונראה שישנו קשר בין אופי הקידוש כאמירה או כניהוג לבין טיב הקידוש: מודעות והצהרה או יצירת קדושה והחלתה. בדיבור גרידא מקיימים את החובה לומר דברי שבח על אודות קדושת השבת וגדולת היום השביעי. זכירה היא לעולם בדיבור פה, וקידוש בעל אופי זה די לו באמירה בעלמא. אולם אם רוצים לקדש את היום וליצור בו אופי מסוים, הרי לשם כך אין די בדיבור בעלמא. זאת יש לעשות על ידי התנהגות מסוימת, ובהקשר דידן: על ידי קידוש על היין.[38]

משתמע מדברי הרמב"ם שיש להוציא את הביטוי "דברי סופרים" ממשמעותו הרגילה, ויותר מסתבר כפי שכתבנו בפנים, שאף לרמב"ם יין קידוש הינו מדרבנן.

36. וכן הפנו התוספות לנאמר בשיר השירים (א', ד): "נזכירה דדיך מיין".

37. וכן הוא במכילתא דרשב"י שמות כ; מדרש תנאים לדברים ה', יב; במדבר רבה פרשה י, א; שיר השירים רבה פרשה ו.

38. אכן, גם אם נאמר שקידוש הוא זיכרון בלבד, נוכל לטעון שאין הצהרה גדולה יותר בדבר גודל היום מאשר התנהגות המשקפת יחס של יראה וקדושה כלפי יום זה.

ומדאתינן להכי ייתכן שלכולי עלמא אין הקידוש אמירה בפה גרידא. ואף אליבא דרוב הראשונים, שאין חובת היין מן התורה, הרי יש לראות את האמירה עצמה כפעולה המשקפת יחס מסוים אל היום, פעולה המשתלבת בסעודת היום. לפיכך האמירה אחוזה היא ודבוקה בקיום מעשי של כבוד ועונג ובהתייחסות לשבת כיום גדול וקדוש, והתייחסות זו מקדשת בפועל את השבת. מצוות הקידוש, אם כן, עניינה קידוש השבת באמצעות כיבוד ועונג של היום, וביום טוב – באמצעות ניהוג מקרא קודש. החובה מן התורה היא לציין את היום ואת קדושתו באמצעות ניהוג המתאים לקדושת היום, ועל ידי מעשים המאפיינים ימים של השראת שכינה. המצווה אינה בדווקא אמירה של נוסח מסוים; אלא שכל האומר נוסח זה מקיים בכך מצווה מן התורה של ניהוג מיוחד בשבת. וכשם שפעולה של עשיית מלאכת חולין מחללת היא את השבת, כך עשיית פעולה שבתית מקדשת את השבת.[39]

כיוצא בו מצינו מצוות מן התורה שלא נאמר בהם מעשה מוגדר וברור, אלא חכמים קבעו לגביהם חובה מסוימת. ואף כי חובה זו מדרבנן היא, מכל מקום על ידה מקיימים מצווה דאורייתא. כך כתב הרמב"ם בסוף הלכות אבל (פי"ד ה"א): "מצות עשה של דבריהם לבקר חולים, ולנחם אבלים, ולהוציא המת, ולהכניס הכלה, וללוות האורחים, ולהתעסק בכל צרכי הקבורה, לשאת על הכתף, ולילך לפניו ולספוד ולחפור ולקבור, וכן לשמח הכלה והחתן, ולסעדם בכל צרכיהם. ואלו הן גמילות חסדים שבגופו, שאין להם שיעור. אע"פ שכל מצוות אלו מדבריהם, הרי הן בכלל ואהבת לרעך כמוך; כל הדברים שאתה רוצה שיעשו אותם לך אחרים, עשה אתה אותן לאחיך בתורה ובמצוות".

ודבריו זקוקים לביאור, שלכאורה סוף ההלכה סותר את ראשיתה. אם מעשים אלו הם בכלל הציווי "ואהבת לרעך כמוך", הכיצד אינם אלא מצוות עשה של דבריהם? אך הביאור פשוט הוא, וכך שמעתי ממו"ח זצ"ל. מצוות "ואהבת לרעך כמוך" מחייבת גישה מסוימת והתייחסות מעשית אל הזולת, אולם אין היא מציינת מעשים מוגדרים שאותם יש לבצע. חז"ל הם שקבעו מהם המעשים הספציפיים שעל ידיהם מקיימים מצווה זו, כפי המפורט בהלכה כאן. זוהי כוונת הרמב"ם, שישנה חובה מיוחדת מדרבנן לשמח חתן וכלה, לבקר חולים וכו', ועל ידי חובות דרבנן אלו

39. אמנם, כפי שהעלינו בפרק העוסק בעניין קדושת יום טוב ושבת, יום טוב לאו בר חילול הוא, ועל כן לדידו ההקבלה הניגודית בין קידוש לחילול אינה מלאה. אך אין זה אלא משום שאינו בר חילול מצד אופיו, וכפי שנתבאר שם בארוכה.

מקיימים את מצוות העשה של התורה: "ואהבת לרעך כמוך". ובדומה יש להסביר גם לגבי מצוות קידוש.

שני קיומים בקידוש: אמירה וניהוג

עוד נראה, כי ישנם בקידוש שני הקיומים – הן אמירה והן ניהוג. שני קיומים אלו בקידוש נובעים משני פסוקים ומשתי ילפותות שונות. מחד, הקידוש נלמד כמפורש בברייתא בפסחים (קו ע"א) מן הכתוב בדיברות הראשונים: "זכור את יום השבת לקדשו", ודין זה מחייב זכירת שבח וסידור דברים על אודות ייחודו של היום. אולם הקידוש יסודו אף בכתוב בפרשית המועדות: "מקרא קודש", המתבטא – כדרשת הספרא – בקידוש היום, על ידי ניהוג מעשי המאפיין את קדושתו של היום.

ולפי זה נראה שאף הסבורים שהצורך ביין בקידוש הינו מדאורייתא, יודו שאם אין לפניו יין – יקדש בדברים. ואינו דומה למי שאין לו מצה, שוודאי דלא יאכל מאכלים אחרים תחת המצה החסרה. שהרי גם המקדש בדברים בלבד, עלה בידו לכל הפחות קיום אמירה בעל פה ושבח על אודות השבת.

ייתכן שבנידון דידן יש לחלק בין הקידוש בלילה לבין הקידוש ביום. יש לומר שבלילה, בעת שבה נכנסים השבת והחג, הקידוש הינו תגובה לקדושה, ועל כן שם נסתפק באמירה ובדיבור בעלמא, שבהם זוכרים את השבת ומעלים על נס את ייחודה וגדלותה. אולם בכל הנוגע לקידוש היום, אם נבין שתגובה לקדושת השבת אפשרית רק בעת כניסתה, במעבר בין חול לקודש, הרי שאופי הקידוש ביום הינו של מעשה מְקדש, ולגביו נצריך יין. (ביום טוב, לפי מה שהצענו לעיל, הקידוש מטביע קדושה ביום; ולפיכך היין יהא הכרחי אכן, יש גם מקום לומר שתגובה על השבת אינה רק בעת כניסתה).

המגן אברהם (או"ח רע"א ס"ק א) טען שמדאורייתא יוצאים ידי מצוות קידוש באמירת תפילת השבת, שהרי כוללת היא את תכני הקידוש. רבי עקיבא איגר (שם ס"ק ב) הביא לכך הוכחה: ביום הכיפורים החל בשבת, שבו לא ניתן לקדש על יין או על פת, אין אומרים את נוסח הקידוש כלל, ומכאן שהיום מתקדש בתפילה. אין סברה לחלק בנוגע לחובת הקידוש בין היום הקדוש לשאר שבתות ה', ומכאן שדי לנו בתפילה, וקל וחומר שהיין אינו מעכב בקידוש.

אולם לאור דברינו יש לסייג את הוכחתו. ככל שהדברים אמורים ביחס לקיום זכירת שבח והודאה אכן די באמירה בעלמא ואפילו בתפילה. אולם מצוות הקידוש ביסודה היא גם ניהוג המאפיין את קדושת היום. ועל כן ייתכן שאם עסקינן בקיום

הניהוג שבקידוש, בכל שאר המועדים והשבתות יהא היין מעיקר דין הקידוש, כיוון שבעצם שתייתו הוא מקדש את היום, על ידי קיום עונג שבת ושמחת יום טוב במאכל ובמשתה. אולם ביום הכיפורים, המופקע ממאכל וממשתה, כמאמר הכתוב: "כי כל הנפש אשר לא תְעֻנֶּה... ונכרתה מעמיה" (ויקרא כ"ג, כט), אין לנו אלא קידוש באמירה בעלמא. שתיית יין אינה חלק מניהוג קדושת היום הגדול והנורא, וכלפי לייא, אף סותרת היא קדושה זו. ולפיכך ביום הכיפורים די בקידוש בדברים בעלמא. אך לא כך בימים אחרים, שבהם האמירה סמוך לסעודה מגשימה קיום נוסף של קידוש.

והנה על פי זה יתבארו דברי התוספות רי"ד בפסחים (קו ע"א) שהעלה כדלהלן: "ואת"ל מן התורה הוא לקדש על היין או על הפת, אבל מיהו הכי אגמרי' רחמנא למשה, היכא דאיכא סעודה מחייב והיכא דליכא סעודה לא מחייב, ומש"ה לא מקדשינן בלילי יוה"כ שחל להיות בשבת". ובזה גם תובן כמין חומר הכרעת האחרונים שמי שנזקק לאכול ביום הכיפורים אינו מקדש קודם אכילתו (מגן אברהם או"ח תרי"ח ס"ק י; ערוך השולחן שם, יז). והטעם הוא שכן היום מופקע ממאכל וממשתה מעצם אופיו.

בעל המנחת חינוך (מצווה לא) נתקשה בחידושו של המגן אברהם הנזכר לעיל, שאותו אימצו רוב האחרונים, שמן התורה יוצאים ידי חובת קידוש כל המתפללים תפילת שבת. שהרי גמרא שלמה שנינו בפסחים (קיז ע"ב): "וצריך שיזכיר יציאת מצרים בקידוש היום". והרי בתפילת השבת אין מנהגנו להזכיר יציאת מצרים.[40]

והנראה בזה, דאף על פי שהשבת מוזכרת הן בדיברות הראשונות והן באחרונות, הנה לא ראי השבת שבדיברות הראשונות כראי השבת שבדיברות האחרונות. בספר שמות השבת היא זכר למעשה בראשית, בעוד במשנה תורה מתגלה היא לנו כזכר ליציאת מצרים. שבת בראשית היא שניתנה בדיברות הראשונות, ובנוגע אליה די לייחדה בדברים, שהרי עיקרה הוא השוני וההבדל בינה לשאר ששת ימי בראשית וימי השבוע.

מאידך, הרי המשותף בין שבת לשאר המועדות הוא שכולם זכר הם ליציאת מצרים. ועל כן קיום "מקרא קודש", שבו דומה השבת ליום טוב, משתייך דווקא

40. הנצי"ב בהעמק שאלה נד הקשה מעין דברי המנחת חינוך, והביא מהכלבו (סימן לה) שיש נוסחאות הכוללות בתפילה, לצד זכר למעשה בראשית, גם זכר ליציאת מצרים: "ויש מוסיפין בברכה זו כשאמרו זכר למעשה בראשית אומר וליציאת מצרים, וכן נמי באתה קדשת אחר ויכלו אומרים ויום השביעי רצית בו וקדשתו חמדת ימים אותו קראת זכר למעשה בראשית וליציאת מצרים... וכן נמי בכל תפלות שבת מזכירין זכר ליציאת מצרים". אולם, כמובן, אין זו נוסחתנו.

לשבת של הלוחות האחרונים, דרק שבת זו הרי היא זכר ליציאת מצרים, ולפיכך רק היא בבחינת "מקרא קודש". הקידוש על הכוס הוא קיום של ניהוג קדושה שיסודו ב"מקרא קודש", ולפיכך צריך להזכיר בו את יציאת מצרים. ברם המקדש בתפילה, אף אם יצא מדאורייתא, אין בידו אלא קיום אמירה של "זכור את יום השבת לקדשו", קיום שאינו מחייב בזכר ליציאת מצרים.[41]

קידוש על הפת

ייתכן ששני קיומים אלו – אמירה וניהוג – תלויים באופן שבו נעשה הקידוש. לדעת רבנו תם (תוספות פסחים קו ע"ב ד"ה מקדש) אין לקדש על הפת. ברם, רובם ככולם של הראשונים דחו את פירושו בגמרא (פסחים שם), ולדעתם אף שיש עדיפות ליין, הרי יוצאים ידי חובה אף בפת.[42] יש להעיר דמדברי רש"י בספר הפרדס נראה שאף אין עדיפות ליין על פני פת, שכך נכתב שם: "ואין קידוש אלא מה שיקבע סעודתו, או פת או יין". נראה שלדעתו ניתן לכתחילה לקדש בפת או ביין, כרצונו.

מחלוקת דומה מצינו בנוגע לשיכר, במקום שהוא משמש כחמר מדינה. התוספות הנזכרים לעיל הסתפקו בדבר: "אך יש להסתפק אם מקדשין על השכר". את הספק הזה הכריעו ראשונים אחרים לשני צדדיו. לדעת האור זרוע (הלכות שבת סימן כה) ולדעת הראב"ן (הלכות פסחים סימן תלט) ראוי השיכר הנ"ל לקדש עליו, ומאידך רש"י פסלו מקידוש.[43]

מסתבר שאף אם נתפוס לעיקר את שיטת רובא דרובא של הראשונים, המתירים לקדש על הפת, העושה זאת העלה בידו רק את אחד הקיומים של הקידוש: קיים הוא את הקידוש כניהוג של קביעת סעודה לכבוד השבת והוספת קדושה ביום זה; אך לא קיים את הקידוש כאמירת שירה על היין וכזכירת שבח. וכלפי לייא, אליבא דאותם ראשונים שהכריעו לדינא שמקדשים על שיכר, מכל מקום אין בו משום ניהוג מעשי וקביעות סעודה, ורק קיום שירה וזכירה על היין נאמר בכגון דא.

41. ומה שנאמר בגמרא שצריך להזכיר בה יציאת מצרים לכאורה אינו אלא לכתחילה ואינו מעכב בדיעבד. ויש להוסיף ששמים וארץ נבראו במאמר, וכעין זה קידוש בפה נעשה במאמר [הערת עורך].
42. יעוין בתוספות הנ"ל, במחזור ויטרי סימן קנב, באור זרוע הלכות שבת סימן כה וברמב"ם פכ"ט מהלכות שבת ה"ט. וכן היה המנהג הפשוט בארצות אירופה.
43. ספר האורה ח"א סימן נג. וכן דעת הסמ"ק (סימן רפא) ומחזור ויטרי (סימן קנב).

קידוש במקום סעודה

בדומה יש להציע שההלכה שאין קידוש אלא במקום סעודה נובעת מפן הניהוג, המטביע קדושה ביום. קידוש אינו אמירה בעלמא אלא התנהגות מסוימת; לפיכך קבעה ההלכה שיש להצמידו לסעודת שבת ויום טוב, שהיא מבטאת ומגשימה בפועל את אופי היום כ"מקרא קודש", ויש בה קיום של שמחת יום טוב, כבוד שבת ועונג שבת.

לאור זה יש להציע שאנו מצריכים קידוש במקום סעודה רק ביחס לניהוג קדושה וקיום "מקרא קודש". ברם, ככל שהדברים אמורים בנוגע לפן הראשון שבקידוש – אמירת דברי שבח – אין דרישה מסוימת לקידוש במקום סעודה דווקא.

ושמא כך יש לבאר את דעת רבנו יונה (הובאה ברא"ש פסחים פ"י סימן ה), שהצורך בקידוש במקום סעודה אינו אלא מדרבנן, בעוד מן התורה ישנו קידוש אף במנותק ממקום סעודה. יש מקום לאמירה ולזכירת דברי שבח אף שלא בהקשר של סעודה, ולכן מדאורייתא ישנו קידוש אף שלא בסמיכות לסעודה. רק חכמים הצריכו מקום סעודה, מחמת אופי הקידוש כניהוג. ומסתבר שאף כי לפי רבנו יונה החיוב לקדש במקום סעודה הוא מדרבנן, ישנו בכך קיום מן התורה של קידוש כהתנהגות ההולמת את קדושת היום ומקדשת אותו.

אך זה תלוי בטיב ההלכה של קידוש במקום סעודה. הרשב"ם בפסחים (קא ע"א) נימק הלכה זו בשני טעמים: "אין קידוש אלא במקום סעודה, דכתיב: וקראת לשבת עונג – במקום שאתה קורא לשבת, כלומר: קרייה דקידוש, שם תהא עונג, ומדרש הוא. אי נמי סברא היא, מדאיקבע קידוש על היין, כדתניא לקמן: זוכרהו על היין; מסתמא על היין שבשעת סעודה הוקבע, דחשיב". לפי הסברו השני משתמע שזהו דין ביין הקידוש, דבעינן שהקידוש יאמר על יין סעודה. מקום הסעודה מגדיר את החפצא של היין, ומהלכות קידוש שאין קידוש אלא על יין מעין זה. מאידך, אפשר שאף לפי הנימוק הראשון, זוהי הלכה בקידוש, שצריך להיעשות היכן שקוראים עונג. אך אפשר להבין שכוונת הרשב"ם היא שדין "קידוש במקום סעודה" הוא דין בחיוב הסעודה, מדיני עונג שבת, הקובע שיש להתענג היכן שמקדשים. אם כן, אין לכך זיקה לענייננו.[44]

44. אכן, לפי המבואר בהמשך, כל מצווה ממצוות היום יש בה ממד של קידוש.

מקראי קודש

הצענו שמעשי האדם המתייחסים אל המועד הם המקדשים אותו. רעיון זה מעניק ממד חדש למצוות היום. המועדות מתקדשים לא רק על ידי קידוש החודש, אלא גם באמצעות ניהוג קדושה בזמנם, בין על ידי היחיד ובין על ידי כנסת ישראל כולה. בכך ניתן לקדש את המועד, או להוסיף בו קדושה.

כך מבואר בספרא דלעיל: "מקרא קדש – קדשהו; במה אתה מקדשו, במאכל ובמשתה ובכסות נקייה". ונראה דניהוגים אלו – מאכל, משתה וכסות נקייה – אינם רק תוצאה של קדושת היום, אלא שכל יחיד ויחיד המתלבש בכסות נקייה ובבגדי חג וסועד ליד שולחן חג, מקדש בכך את המועד. הספרי נסמך על הביטוי "מקרא קודש"; והרי הכותרת לפרשיית מקראי קודש, היא גופא המקור לקידוש חודשים ומועדים על ידי ישראל: "מועדי ה׳ אשר תקראו אֹתם מקראי קדש" (ויקרא כ"ג, ב; ראש השנה כד ע"א-כה ע"א).[45]

יסוד זה מדויק בדברי רבנו הרמב"ן (על אתר), אשר בבואו לבאר פשוטו של מקרא, פירש כדלהלן: "וטעם מקראי קדש, שיהו ביום הזה כולם קרואים ונאספים **לקדש אותו**, כי מצוה על כל ישראל להקבץ בבית האלוקים ביום מועד **לקדש היום** בפרהסיא, בתפלה והלל לא-ל, בכסות נקיה, ולעשות אותו יום משתה ושמחה". והנה שפתיו ברור מיללו, שעל ידי ניהוגים אלו דמקראי קודש מוסיפים ישראל קדושה ביום המועד. ובתוספת נופך יש להעיר, שדוגמאותיו כוללות שני מינים של קריאת קודש: ציבורית ופרטית. ההיאספות והקיבוץ לתפילה ולהלל יש לראותם כמעשה ציבורי, ואילו הכסות הנקייה היא פעולה פרטית, ומאלה ואלה גם יחד מתקדש היום.

ויעוין עוד ברש"י, דביחס לנאמר בגמרא שבועות (יג ע"א): "לא קראו מקרא קדש", פירש: "לא קיבלו בברכותיו, לומר מקדש ישראל ויוה"כ" (וכן פירש בכריתות ז ע"א). ויעוין עוד בתוספות כריתות (שם ד"ה וקראו) שפירשו: "וקראו מקרא קדש – פי׳ בכסות נקייה, כדאמר במכילתא מקרא קדש...". הרי שלאידך גיסא, המקבלו בברכותיו והלובש כסות נקייה, קורא את היום מקרא קודש ומקדשו בכך. ואמירה זו שווה לקידוש יום ל"א של בית דין, החל על גבי הרובד של "קידשוהו שמים", כתוספת קדושה.

יש לפרש כך אף בדעת ר"ת בתוספות בשבועות (יג ע"א ד"ה לא), שחלק על

45. אף כי הגמרא למדה זאת מן המילים "אשר תקראו אתם", נראה פשוט דאף ההמשך – "מקראי קדש" – הוא חלק מאותה קריאה ומאותו קידוש.

רש"י, ופירש ש"לא קראו מקרא קדש" הינו מי ששובת לא מחמת קדושת היום, אלא שמתעצל לעשות מלאכה.[46] ואם כך מסכים ר"ת לשיטתנו, שניהוג מקרא קודש מקדש את היום, אלא שלדעתו השביתה ממלאכה היא הניהוג המקדש. אלא שאין הכרח בכך, ואפשר לבאר שלדידו ההימנעות ממלאכה היא קיום בשביתה ובעינוי, ולא תוספת לקדושת היום.

נטילת לולב כמעצבת מקרא קודש

ועוד לי מילין בזה.[47] התוספות במסכת ראש השנה (טז ע"ב ד"ה תוקעין, כח ע"ב ד"ה מנה) דנו בשאלה כיצד הוסיפו חכמים תקיעות מתקנת רבי אבהו בקיסרי, מעבר לנאמר בתורה, ולא חששו לאיסור בל תוסיף; שהרי כוהן המוסיף ברכה עובר משום בל תוסיף. והנה הציווי על שופר אינו מנוסח כחובת פעולה, כגון: תקעו שופר באחד לחודש; אלא לשון הכתוב הינו: "זכרון תרועה מקרא קדש" (ויקרא כ"ג, כד) ו"יום תרועה יהיה לכם" (במדבר כ"ט, א). על סמך זה יש להציע ששופר אינו רק מצווה שחובתה להיעשות בא' בתשרי, אלא התקיעה בשופר היא המגדירה והמעצבת את היום כיום תרועה. ואף אם אכן ישנו בית מיחוש לאיסור בל תוסיף במצוות אחרות, בראש השנה כל תקיעה ותקיעה מעמיקה ומחזקת את מעמד המועד כיום תרועה. לפיכך כל תקיעה נוספת אינה רק חזרה על הנעשה מקודם, ואין כאן כלל מקום לחוש לאיסור בל תוסיף.

לפי זה גוף מצוות השופר אינו רק נובע מקדושת היום ומתקיים במסגרתו, אלא כלפי לייא, התקיעה בשופר נוסכת קדושה ביום. ראש השנה שתקעו בו בשופר נתקדש עוד יותר ונתעמקה הגדרתו כיום תרועה.

בדומה לזה נראה שאף מצוות לולב, על כל פנים בקיומה במִקדש, מקדשת ומגדירה את המועד. הרמב"ם בספר המצוות (עשין קסט) קבע כי "המצווה היא שצונו ליטול לולב ולשמוח בו לפני ה' שבעת ימים, והוא אמרו ית': ולקחתם לכם ביום הראשון". לפי זה גם מצוות לולב מעניקה ליום את אופיו ומטביעה בו חותם של שמחה. בקיום מצוות לולב לא רק מתגשמת חובת ד' מינים, אלא יש בה גם ביטוי של שמחה וקביעת המועד ועיצובו כמקרא קודש.

46. האמת תורה דרכה, שהסברנו ברש"י מתרץ את קושיית נכדו; שאף כי חיוב הברכות מדרבנן הוא, אף על פי כן אנזירתן קיום היא בעצם קדושת היום.

47. במובא להלן הארכתי במאמרי 'מצוות ימים טובים', שנדפס בספרי מנחת אביב, עמ' 241–253.

אלא דיש מקום פקפוק ביחס לגבולין. מצוות נטילת לולב בגבולין מקורה בכתוב: "ולקחתם לכם ביום הראשון" (ויקרא כ"ג, מ). מדאורייתא, לכל הפחות, אין בגבולין קיום של "ושמחתם לפני ה' אלקיכם שבעת ימים" (שם), שהרי לולב ניטל שם מן התורה רק ביום הראשון, ולא לפני ה' קיימינן. אפשר שלקיחת הלולב בגבולין אינה אלא מעשה לקיחה בעלמא, שאין בו קיום של שמחה ואין בו עיצוב של אופי היום כמקרא קודש. ברם, מצוות הלולב הרי כוללת בתוכה הן את חיוב הלקיחה בגבולין בראשון והן את הנטילה במקדש כל שבעה. ואף אם אמנם בגבולין לקיחת ארבעת המינים אינה משתתפת בעיצוב המועד, שהרי חובתה היא רק ביום הראשון, ואף אם מהות המצווה היא פעולת לקיחה ללא זיקה לשמחה, הרי במקדש פני הדברים שונים. מסתבר שקיום לולב במקדש קשור במישרין לשמחת יום טוב, ומשמש כלי לעיצוב היום כחג וכמקרא קודש.

חיוב וקיום במצוות המועדים

משהגענו עד הלום נראה שיש לעמוד על כך שבכמה מצוות הקשורות למועדים, המצווה עצמה מתקיימת בשתי רמות: חיוב וקיום. חיוב אכילת מצה אינו אלא בליל ט"ו, כאמור בפסוק: "בערב תאכלו מצות" (שמות י"ב, יח), ובשאר ימי הפסח אינו אלא רשות. אולם בכל אופן מקובל בשם הגר"א שבאכילת מצה יש קיום מצווה בכל שבעת הימים.[48] והשדי חמד (ח"ה עמ' 30–32) הביא דיש מי שבירכו על אכילת מצה כל שבעה,[49] ודן בכך באריכות.[50]

כמו כן, מנהג אנשי ירושלים שאדם יוצא מביתו ולולבו בידו, הולך לבית הכנסת ולולבו בידו וכו' (סוכה מא ע"ב), מציג בפנינו רובד נוסף של קיום במצוות נטילת לולב. זאת אם נקבל את דעת התוספות (סוכה לט ע"א ד"ה עובר) ורוב הראשונים שקיום זה נוהג בכל מקום. חיזוק לכך יש למצוא בשיטת רב האי גאון כפי שהובאה בעיטור (הלכות לולב), שמברכים בכל פעם ופעם שהלולב ניטל, ולפיו אף מברכים על קיום זה.

48. מעשה רב הלכות פסח סימן קפה.
49. ויעוין עוד בשו"ת משיב דבר ח"ב סימן עז, שלדעת הגר"א ניתן לברך כל שבעה "על אכילת מצה".
50. על סמך הפרשייה בראה והפסוק "ששת ימים תאכל מצות וביום השביעי עצרת" (דברים ט"ז, ח) אפשר שיש לחלק, שבששת ימי הפסח הראשונים יש באכילת מצה קיום מצווה, אך ביום השביעי של פסח אין בזה קיום מצווה כלל [הערת העורך].

אמנם, לפי דעת הרמב"ם (פירוש המשנה סוכה פ"ג מי"ב) שמצוות לולב שבמקדש נוהגת בכל ירושלים, מסתבר יותר לומר שמנהגם של אנשי ירושלים קשור בקיום "ושמחתם לפני ה' אלקיכם שבעת ימים", והוא ייחודי למקדש ולירושלים בלבד. אך לפי רוב הראשונים, שאינם קושרים קיום זה למקדש דווקא, הרי לנו שאף לאחר שהאדם יצא ידי חובתו, בכל אופן קיום המצווה לא נגמר.

על סמך האמור לעיל, כמדומני ששני רבדים אלו נעוצים בממד נוסף וייחודי שיש למצוות היום על פני שאר מצוות התורה. בכל המצוות, משעה שקיים אדם את המצווה הרי יצא ידי חובתו, וממילא קיום נוסף אינו מעלה או מוריד. אולם במצוות היום במועדות, אף שהאדם קיים זה מכבר את חובת אכילת מצה ונטילת ד' מינים, בכל אופן באמצעותם מתקדש המועד קידוש נוסף. ועל כן אכילת מצה היא קיום מצווה הנמשך לאורך כל שבעת ימי החג, אף שאינה חובה אלא בליל הסדר. וזהו גם טעם מנהגם של אנשי ירושלים, אשר מקדש את היום ומגשים את קדושתו.

באופן דומה נראה שיש להבדיל בין שני רבדים במצוות שמחת יום טוב. כך איתא בגמרא בפסחים (קח ע"ב): "ארבעה כוסות הללו... שתאן בבת אחת – רב אמר: ידי יין יצא, ידי ארבעה כוסות לא יצא". וביאר הרשב"ם שם: "ידי יין יצא – משום שמחת יום טוב, כדתניא לקמן: ושמחת בחגך, במה משמחו – ביין". ובאופן דומה פירשו גם התוספות על אתר.

השאגת אריה (סימן סח) הקשה מברייתא במסכת סוכה (מח ע"א), שממנה מוכח בעליל שאין מצוות שמחת יום טוב משתייכת לליל יום טוב הראשון. אם כן, כיצד פירשו הרשב"ם והתוספות שאם שתאן בבת אחת יוצא ידי חובת שמחת יום טוב? הרי אין כלל חובה כזו בליל הסדר! וכמו כן הקשה על המבואר ברי"ף (ברכות י ע"א באלפס) שיום טוב מפסיק אבלות עם תחילת המועד, בלילה הראשון. שהרי מן הגמרא במועד קטן (יד ע"ב) משתמע ששמחת החג היא המבטלת את האבלות; אך שמחה זו אינה נוהגת בלילה, ומפני מה האבלות מפסיקה כבר בלילה, שאין בו מצוות שמחה?

ונראה לומר בזה מעין מה שהעליתי לעיל, שאף במצוות שמחה ישנם שני קיומים. ברובד אחד מצוות שמחה הרי היא מצווה מסוימת בפני עצמה, בדומה לאכילת מצה ולנטילת לולב. מצווה זו מתבטאת במעשים מוגדרים, כגון אכילת בשר ושתיית יין. מאידך, מצוות שמחה גם מגדירה את אופי הזמן כמועד ונוסכת בו קדושה. רובד זה איננו מוגדר במעשה מסוים ואף לא בזמן מסוים, שנראה פשוט שאף בלילה שייך קיום זה של שמחת המועד, שהרי הלילה והיום שניהם נתקדשו בקדושת יום טוב.

העולה מכך, ששני קיומים ישנם במצוות היום, ואופי כפול יש לזיקה ההדדית שבין קדושת המועד למצוותיו. מחד, קדושת היום מחדשת ומחייבת מצוות מסוימות. מאידך, המצווה עצמה מעמיקה את קדושת היום במועד.

ונראה לי שיש להוסיף עוד דברים בזה. אם הרובד הנוסף מטביע קדושה ביום, אזי לכאורה, כל שכן שעצם קיום המצווה הבסיסי מקדש את המועד, כי הוא עיקר מצוות היום ובו מתבטאת קדושתו של יום זה. המצוות האמורות ברגלים מתחייבות מפאת קדושת היום, אך מאידך מעמיקות הן את אותה הקדושה. אין לך ניהוג המציין את החגים באופן כה מובהק כקיום מה שנצטווינו באותו היום. נמצא שהאוכל מצה והנוטל לולב, מלבד קיום עצם המצווה שבדבר, הרי מקדש הוא את המועד אף על ידי הרובד הבסיסי של המצווה.

בכך תתבאר עובדה מתמיהה. מצינו מחלוקת גדולה בראשונים בנוגע לברכה על קיום מצוות עשה על ידי נשים.[51] ולכאורה היינו אומרים שאליבא דשוללים, הרי שנשים מופקעות כליל ממצוות אלו, ואם ביצעו אותן – לא עלתה להן מצווה כלל. ברם, למעשה מצינו שנשים מקפידות על מצוות החג; ואף אלו הנוהגות כדעת האוסרים, ואינן מברכות על מצוות אלו, הרי מקפידות הן לקיימן (בלא ברכה). ונראה שאף האוסרים על נשים לברך על מצוות עשה שהזמן גרמן מודים בשייכותן למצוות אלו. אולי לדידם אין לנשים זיקה למצוות כאלו כמעשה וכחובה העומדים בפני עצמם, אך יש להן זיקה למצוות אלו כמחוללות את קידוש היום והגשמת המועד. אכן, לדידם נשים אינן מברכות על מצוות אלו, וזאת מפני שאינן יכולות לומר "וציוונו", או משום שקיום נוסף זה של העמקת קדושת היום אינו בר ברכה.[52]

אם נקבל את יסוד הדברים, וכן מסתבר, שקיום כל מצווה ממצוות המועד

51. יעוין בתוספות ערובין צו ע"א ד"ה דילמא, ראש השנה לג ע"א ד"ה הא, חגיגה טז ע"ב ד"ה לעשות; וברמב"ם הלכות ציצית פ"ג ה"ט.

52. כך אולי יש ליישב את דברי הרמב"ן (בחידושיו לקידושין לג ע"ב) שאישה חייבת בספירת העומר; והקשו עליו, שזוהי מצוות עשה שהזמן גרמא (אבני נזר או"ח סימן שפד). והנה מו"ח ז"ל ייסד שספירת העומר אין בה רק עצם קיום מצוות הספירה, אלא גם מקדשת היא את חג השבועות, וזהו אחד מקיומי הספירה. ואם נסבור שאישה פטורה ממצוות המועד אך לא מעיצוב המועד ומקידושו, נמצא שמוטלת עליה חובת ספירת העומר, מחמת אופייה כמקדשת את הרגל. [אך עדיין יש להקשות, שלפי סברה זו יתחייבו הנשים בכל מצוות המועד, שכולן מקדשות את המועד. ושמא יש להציע שספירת העומר הינה ייחודית, כי היא קובעת את חג השבועות, בעוד שאר מצוות המועד מעמיקות את הקדושה אחרי שזו כבר חלה, אם על ידי קידוש החודש ואם באמצעות התייחסות ליום כקדוש על ידי איסור מלאכה. הערת העורכים].

מעמיק את קדושתו, הרי שלא דומה קדושת חג הסוכות המתקיים כהלכתו לקדושת חג הסוכות שבו מצוות היום ח"ו מופרות ולא מתקיימות. כאשר כנסת ישראל יושבת בסוכה ומקיימת את מצוות היום, הרי קדושתו משתנה ומתעמקת. והוא הדין, כמובן, לגבי מצה ושופר.

אמנם, ביחס לכך עדיין יש מקום להבדיל בין מצווה הנוסכת תוכן ביום כמקרא קודש, לבין מצווה דהיא היא עצם הגדרת היום ומהותו. שופר הוא מעצם מהות היום, כעולה מלשון הכתובים "יום תרועה" ו"זכרון תרועה". בנוגע לסוכות אפשר שיש הבדל בין ישיבה בסוכה, שהיא המעניקה למועד את שמו, ובין לולב, שמצוותו אינה מתקיימת אלא יום אחד בגבולין. באופן דומה, במישור דרבנן, יש לבאר כי מצוות משתה בפורים איננה רק מצווה הנוהגת באותו היום, אלא שהיא מעצבת את היום ונוסכת בו את תוכנו. זאת בניגוד למשלוח מנות ומתנות לאביונים.

חיזוק לדבריי נמצא באותו מועד שלם שכל קדושתו באה לו מניהוגה של כנסת ישראל, והוא – כפי ששמעתי ממו"ר זצ"ל[53] – יום טוב שני. אין ליום טוב שני קדושה מחמת עצמו, אלא מתקדש הוא כיום טוב רק מחמת ניהוג הקדושה בעיצומו של יום, מכוח הדין של "מנהג אבותיכם בידיכם" (ביצה ד ע"ב). אלא, כמובן, שביום טוב שני הניהוג בפועל מהווה את כל מהותו של היום, בעוד בשאר ימים טובים הניהוג בפועל רק מוסיף לקדושה היסודית ולקידוש המועד באמירת "מקודש, מקודש".

קידוש כמעשה מְקדש וכביטוי הקדושה

עומק רעיון זה הינו כי לפעמים נוצרת קדושה באמצעות מעשה המעיד על הימצאות הקדושה; עצם הביטוי בפועל של הקדושה, באמצעות המעשים שקבעה ההלכה לביטויה, הוא המחיל קדושה זו. ההתייחסות לדבר מסוים כקדוש, באמצעות ניהוג בעשייה חיובית וגם בהימנעות על דרך השלילה, היא עצמה מקדשת אותו – את המקום, הזמן, או החפץ. וממילא לאחר שנתקדש, אכן ניהוג זה והתייחסות זאת מתחייבים מן הקדושה שהוטבעה בו. הקדושה והלכותיה באים כאחד. ברי, כי קידוש זה אינו מועיל אלא כאשר הדבר הינו בר קידוש, כפי שנקבע עבורנו בידי הקב"ה. ט"ו בניסן וט"ו בתשרי בני קידוש הם, אך לא ט"ו בחשוון; וכיוצא בזה.

53. כך שמעתי מהגרי"ד זצ"ל בשיעור היארצייט בשנת תשי"ג, שבו דן באריכות בנושא יום טוב שני. תמצית הדברים הורצתה בהזדמנות אחרת ונכתבה בספר שיעורים לזכר אבא מרי ז"ל ח"א, ירושלים תשס"ג, עמ' קמב.

נמצינו למדים כי שני אופני קידוש ירדו לעולם: קידוש כמעשה מְקדש מסוים, וקידוש באמצעות ביטוי הקדושה.

שני אופנים אלו מצאנו לגבי קידוש יובל. מדברי הרמב"ם בתחילת פרק י מהלכות שמיטה ויובל משתמע שקידוש יובל מתקיים באמצעות אמירה מסוימת, המטביעה קדושה בשנה, ולא באמצעות ביטוי ממשי של קדושה זו. כך כתב הרמב"ם שם: "מצות עשה לספור שבע שבע שבע שנים ולקדש שנת החמשים, שנאמר: וספרת לך שבע שבתות שנים וגו' וקדשתם את שנת החמשים. ושתי מצוות אלו מסורין לבית דין הגדול בלבד". הדבר מפורש להדיא בדבריהם של רש"י והרמב"ן, שנקטו שקידוש יובל הוא מעין קידוש ראש חודש, על ידי אמירת "מקודש, מקודש". אמירה זו הלוא היא מעשה מסוים של קידוש, ואיננה ביטוי בפועל של הקדושה.

מאידך, כך כתב הרמב"ם בספר המצוות (עשה קלו): "שצונו לקדש שנת החמשים. כלומר לבטל העבודה בה כמו השמטה. והוא אמרו יתברך: וקדשתם את שנת החמשים שנה". ועוד יותר מפורש הדבר בביאור אבן עזרא על התורה: "וקדשתם את שנת החמשים – בעבודת הארץ וכל יושביה" (ויקרא כ"ה, י). כלומר, קידוש שנת היובל נעשה באמצעות ניהוג של איסורי עבודת הארץ. עצם השמירה על מצוות היובל מקדשת את השנה עצמה. הקדושה וניהוגה יורדים כרוכים מן השמים.

יסוד זה מתבטא גם בקידוש ירושלים, בהוספה על העיר והעזרות. למדנו במשנה שבועות (יד ע"א): "שאין מוסיפין על העיר ועל העזרות אלא במלך ונביא ואורים ותומים ובסנהדרין של שבעים ואחד ובשתי תודות ובשיר". ושם בגמרא (טו ע"א) איתא: "אמר רמי בר חמא: אין העזרה מתקדשת אלא בשירי מנחה, מאי טעמא – כירושלים, מה ירושלים דבר הנאכל בה מקדשה, אף עזרה דבר הנאכל בה מקדשה. אטו לחמי תודה בעזרה מי לא מתאכלי; אלא כירושלים, מה ירושלים דבר הנאכל בה ויוצא ממנה נפסל, אף עזרה דבר הנאכל בה והיוצא ממנה נפסל". כלומר, העזרה מתקדשת באמצעות קרבן הראוי לאכילה דווקא בה ולא מחוצה לה; כפי שירושלים מתרחבת ומתקדשת על ידי קרבן מעין זה.

היסוד העולה מכאן הוא ברור. עצם ניהוג הקדושה וההתייחסות לאזור מסוים כירושלים (אף שבתחילת התהליך עדיין איננו ירושלים!) הוא עצמו נוסך באזור זה את קדושת ירושלים. והוא הדין לגבי העזרות. עצם אכילת קרבן הנפסל מחוץ לעזרה, במקום שטרם נתקדש כעזרה, מְקדש אותו מקום. הניהוג והקדושה כרוכים זה בזה. אם כי כמובן, הניהוג מועיל רק במקום ובאופן שרצה בכך הקב"ה, דלא ניתן לקדש בכל מקום שרוצים ובכל קדושה שבה חפצים. אך מכל מקום אנו רואים כאן את העיקרון שקדושה נוצרת באמצעות ניהוג. בני ישראל מחוללים את הקדושה או

מעמיקים אותה בתרי אנפי: באמצעות קידוש ישיר, וכן באמצעות היענות לקדושה, כאשר ההיענות המעשית מזמנת קדושה זו עצמה לחול ולקדש.

קדושת יום הכיפורים

איסור מלאכת אוכל נפש — מחמת התענית

יום הכיפורים אסור הוא בכל מלאכה, ובכלל זה אף מלאכת אוכל נפש. איסור זה מפורש בפסוקים בשתי פרשיות בתורת כוהנים. בפרשת אחרי מות נאמר: "וכל מלאכה לא תעשו האזרח והגֵר הגָר בתוככם" (ויקרא ט"ז, כט). ביתר ביאור והרחבה מופיע האיסור בפרשיית המועדים שבפרשת אמור: "אך בעשור לחדש השביעי הזה יום הכִּפֻּרים הוא מקרא קֹדש יהיה לכם ועִניתם את נפשֹתיכם והקרבתם אִשה לה'. וכל מלאכה לא תעשו בעצם היום הזה כי יום כפרים הוא לכפר עליכם לפני ה' אלקיכם. כי כל הנפש אשר לא תְעֻנה בעצם היום הזה ונכרתה מעמיה. וכל הנפש אשר תעשה כל מלאכה בעצם היום הזה והאבדתי את הנפש ההִוא מקרב עמה. כל מלאכה לא תעשו חֻקת עולם לדרֹתיכם בכל מֹשבֹתיכם. שבת שבתון הוא לכם ועניתם את נפשתיכם בתשעה לחדש בערב מערב עד ערב תשבתו שבתכם" (שם כ"ג, כז-לג).

והנה יש לדקדק בפרשייה זו. דנראה שבכתוב מופיע טעם לאיסור מלאכה ביום הכיפורים: "וכל מלאכה לא תעשו... כי כל הנפש אשר לא תְעֻנה...", אלא שלא ברור מהו אותו טעם. כך הסביר הנצי"ב בפירושו: "הוא טעם על איסור מלאכת אוכל נפש, משום שאסור לאכול. מבואר, הא אי היתה מצוה לאכול ביום הכפורים כמו בשאר המועדות, היו רשאין [= במלאכת אוכל נפש]" (העמק דבר שם, כט). היינו, הפסוק מנמק מדוע ביום הכיפורים אסורה כל מלאכה כבשבת, ואין בו היתר מלאכת אוכל נפש כביום טוב. הנימוק הוא שחייבים להתענות ביום הקדוש, וממילא אין מקום להתיר בו צורכי אוכל נפש. ומכאן משמע, שלולא חובת עינוי הנפש, אזי מלאכת אוכל נפש הייתה מותרת ביום הכיפורים כבשאר ימים טובים. מלאכות

אלו נאסרו רק משום שאין היכי תימצי של אוכל נפש ביום זה. לפי פירושו, איסור המלאכה ביום הכיפורים הרי הוא בשורשו אותו איסור שנאמר בשאר המועדות.[1]

אמנם, ברור הדבר כי אף מי שפטור מעינוי נפש ביום הכיפורים, עדיין אסור לעשות בעבורו מלאכות אוכל נפש ביום הקדוש. ואין בכוונת הנצי"ב לומר שכל מי שנפטר מעינוי ומותר באכילה, רשאים לעשות עבורו צורכי אוכל נפש. ודאי שהאיסור אינו תלוי באי־אכילה בפועל. כוונתו לומר שבאופן בסיסי קדושת יום הכיפורים אמורה לאסור רק את שאר המלאכות, שאין בהן אוכל נפש; אלא מאחר שקבעה התורה שזהו יום עינוי – נאסר אף אוכל נפש, כי האכילה אינה חלק ממהותו של היום. אם אדם אוכל ביום הכיפורים, אף אם עושה זאת בהיתר, הרי פעולה זו מנוגדת למהותו של יום הכיפורים כיום צום ועינוי נפש. והרי זה כעין ההלכה האוסרת לבשל ולאפות מיום טוב לחול, כי כל היתר אוכל נפש הוא למען היום עצמו. ביום הכיפורים, גם כאשר אדם נאלץ לאכול ולשתות ביום זה באופן המותר על ידי ההלכה, הרי אכילתו אינה מתקשרת ליום הקדוש ולמהותו.

לפום ריהטא, פירוש הנצי"ב וביאורנו בו תלויים בשיטות השונות לגבי יסוד היתר אוכל נפש במועדות (כפי שהוסברו בפרק העוסק בקדושת שבת ויום טוב בחיבורנו זה). שיטת רש"י וסיעתו היא שמלאכת אוכל נפש ביום טוב הרי היא בגדר מתיר.[2] לדעתם יש בקדושת יום טוב בכדי לאסור כל מלאכה, ובכלל זה אף מלאכת אוכל נפש; אלא שיום טוב עצמו גם מתיר את איסור אוכל נפש. ייתכן שההיתר נובע מצד שמחת יום טוב, וייתכן שנובע הוא מפן אחר הקשור באופי היום. לפי שיטה זו מובן בשופי שאיסור המלאכה ביום הכיפורים הרי הוא אותו איסור הנאמר בשאר ימים טובים. בכל המועדות קדושת היום במהותה אוסרת כל מלאכה, אלא שיש בהם מתיר מיוחד של אוכל נפש. מאחר שיום הכיפורים נאסר באכילה ושתייה, ממילא אין בו מקום להיתר זה.

ברם, הרמב"ן (ויקרא כ"ג, ז) צידד בגישה אחרת בנוגע לדין אוכל נפש.[3] הוא חילק בין הלשון המופיע בפסוקי השבת: "כל מלאכה",[4] לשון הכולל גם אוכל

1. ושמא כך יש לפרש את דעתו של הרשב"ם, דכתב: "בשאר ימים טובים הותרה מלאכת אוכל נפש ונאסרת מלאכת עבודה. אבל ביום הכפורים שהוא יום עינוי, כל מלאכה אסורה כשבת" (שם, כז).
2. רש"י ביצה כג ע"ב ד"ה אין. וכן מוכח משיטת התוספות במגילה (ז ע"ב ד"ה כאן), שאוכל נפש מותר רק אם לא היה אפשר לעשותו מערב יום טוב.
3. יעוין גם בשאגת אריה סוף סימן קב.
4. שמות כ', ט, ויקרא כ"ג, ג, דברים ה', יג.

נפש בכלל האיסור, ובין הלשון המופיע לגבי ימים טובים: "מלאכת עבודה",[5] לשון שאינו כולל בתוכו צורכי אוכל נפש. לדידו, היתר אוכל נפש אינו בגדר מתיר, אלא שמלאכות אוכל נפש מעולם לא נכללו באיסור הראשוני. מלאכות אוכל נפש אינן נכללות במשמעות הביטוי "מלאכת עבודה", ומכאן שקדושת היום של יום טוב כלל אין בידה לאסור מלאכות אלו.

אך נראה שהפירוש שהצענו לגבי איסור המלאכה ביום הכיפורים עולה יפה אף לשיטת הרמב"ן. דמודה הרמב"ן שהגדרת מלאכת אוכל נפש אינה תלויה רק בשם המלאכה – האם זו מלאכת בישול או מלאכת חרישה. כדי שהמלאכה תוגדר כמלאכת אוכל נפש נחוץ תנאי נוסף: שמלאכה זו תהיה לצורך יום טוב; שהרי צורכי חול אסורים מדאורייתא להיעשות ביום טוב. ביום הכיפורים, אף אם האוכל ייאכל בו ביום, אין להגדיר זאת צורך יום טוב, אלא צורך האדם. לפיכך הכנת מזון ביום הכיפורים אינה יכולה להיחשב צורכי אוכל נפש.

אכן, יש להעיר שהיתר אוכל נפש כולל, לדעת רבי עקיבא, לא רק את ההיתר "לכם – לכל צרכיכם" (ביצה כח ע"ב), אלא גם היתר נוסף: "לכם – ואפילו לכלבים" (שם כט ע"א). אם כך, לפי שיטתנו – שמלאכות אוכל נפש נאסרו ביום הכיפורים רק משום שעצם האכילה נאסרה בו – הרי לכאורה יש להתיר מלאכות אלו לצורך אכילת כלבים וכו'. ונראה פשוט שהיתר "לכם – ואפילו לכלבים" מתוסף על גבי הרובד הבסיסי של ה"לכם". במקום שרובד בסיסי זה אינו קיים – היינו, כאשר אין היתר אוכל נפש לאדם – הרי אף לכלבים אסור.

בין כך ובין כך, תורף פירוש הנצי"ב הינו כי איסור המלאכה ביום הכיפורים הרי הוא בשורשו כאיסור המלאכה ביום טוב, אלא שביום הכיפורים אין מציאות של אוכל נפש שתתיר מלאכת אוכל נפש (לפי רש"י) או שתגדיר מלאכת אוכל נפש (לפי הרמב"ן).

איסור מלאכת אוכל נפש – בדומה לשבת

אולם נראה כי ניתן להעלות הבנה אחרת בנוגע לאופי איסור המלאכה ביום הכיפורים ולמהותו. הרי כל מלאכה אסורה בו בדומה לשבת, והתורה עצמה בשני מקומות

5. כן הוא בכל שאר פסוקי המועדים: ויקרא כ"ג, פסוקים ז-ח, כא, כה, לה, לו; במדבר כ"ח, פסוקים יח, כה-כו; שם כ"ט, פסוקים א, יב, לה.

קוראת ליום הכיפורים: "שבת שבתון".[6] ועל כן נראה להציע בזה כי איסור המלאכה ביום הקדוש הרי הוא באופיו ובשורשו כאיסור המלאכה בשבת. מלאכות אוכל נפש נאסרו ביום זה, לא משום שיום הכיפורים נאסר באכילה ובשתייה, אלא משום שאיסור המלאכה ביום זה, בדומה לאיסור המלאכה בשבת, כולל ומקיף גם מלאכות אוכל נפש. זאת, כאמור, על סמך הכתוב הקורא ליום הכיפורים שבת, ואת איסור המלאכה בו מסכם במילים: "תשבתו שבתכם".

לאור הבנה זו יש לפרש מחדש, בנימה שונה, את הנימוק המופיע בפסוקים: "וכל מלאכה לא תעשו בעצם היום הזה כי יום כִּפֻּרים הוא לכפר עליכם לפני ה' אלקיכם. כי כל הנפש אשר לא תְעֻנה בעצם היום הזה ונכרתה מעמיה". התורה מבארת את חומרת איסור המלאכה, הכולל אף מלאכת אוכל נפש, בכך שהיום הקדוש הינו חמור יותר משאר ימים טובים. יש ליום הכיפורים זהות עצמאית וייחודית משלו במערך המועדות, שהרי עונשו בכרת, ולא במלקות גרידא, כשאר מקראי הקודש. ומכיוון שיצא מן הכלל לעניין העונש, הרי זה בא ללמדנו ששונה הוא משאר המועדות, ואופי איסור המלאכה בו חלוק מאיסור המלאכה בימים הטובים ושווה לשבת. כשם שהשבת אסורה בכל מלאכה, כך יום הכיפורים אסור בכל מלאכה (להלן נציע עוד, שמא אף לגבי איסור המלאכה ביום הכיפורים שייכים המושגים של ברית וחילול, בדומה לשבת). מתוך כך נאסרו ביום הכיפורים אף מלאכות אוכל נפש, מצד חומרתו וקדושתו הייחודית.[7]

והנה יכול בעל דין לבוא ולטעון, שההבדל בין איסור המלאכה בשבת לאיסורה ביום טוב נוגע רק להיקף האיסור, וכמאמר המשנה במגילה (ז ע"ב): "אין בין יום טוב לשבת אלא אוכל נפש בלבד". ההבדל בין שבת ליום טוב הינו מלאכות אוכל נפש, שהותרו ביום טוב ונאסרו בשבת. אם כן, שתי ההבנות שהעלינו בדבר טיב איסור המלאכה ביום הכיפורים הינן חסרות פשר. הרי אין חולק כי מלאכות אוכל נפש אסורות ביום

6. בפרשת אחרי מות (ויקרא ט"ז, לא): "שבת שבתון היא לכם ועניתם את נפשתיכם חקת עולם", ובפרשת אמור (שם כ"ג, לב): "שבת שבתון הוא לכם ועניתם את נפשתיכם בתשעה לחדש בערב מערב עד ערב תשבתו שבתכם".

7. וכן נראה לדייק בדברי הטורי אבן (חגיגה יח ע"א): "כל דטפי קדושתו מחבירו חמיר איסורו, הילכך שבת ויה"כ דקדישי טפי אסור בכל מלאכה, י"ט דקיל מנהון מותר". הרי שהניח כמושכל ראשון שאיסור המלאכה ביום הקדוש חמור מאיסורה בימים טובים, מכיוון שקדושתו חמורה יותר (ולא משום שאין אכילה ביום הכיפורים). ויעוין עוד בחידושי אגדות למהרש"א, ריש מסכת יומא.

הכיפורים, ואם כך, ודאי שאיסור המלאכה ביום הכיפורים הרי הוא כאיסור המלאכה בשבת, שהרי זהו כל ההבדל בין שבת ויום טוב בהקשר זה.[8]

אולם בפרק העוסק בקדושת שבת וקדושת יום טוב ייסדנו והבהרנו, שההפרש בין איסור מלאכת שבת, הכולל כל עבודה, לבין איסור המלאכה במועדים, שבו הותרו מלאכות אוכל נפש, אינו מוגבל אך ורק לשאלת היקף האיסור. היתר אוכל נפש משקף הבדל יסודי באופי האיסור ובמהותו. השבת – עיקרה לשביתה ניתנה. איסור המלאכה וציווי המנוחה והשביתה הם לִבה ומהותה של השבת. כשם שהקב"ה שבת ממלאכתו ביום השביעי כך מצווים אנו בשביתה, אשר היא עיקר עניינה של קדושת השבת. ישנה סתירה פנימית ויסודית בין השבת ובין עשיית מלאכה, ועל כן כל העושה בה מלאכה מחלל את השבת, שירדה לעולמה של כנסת ישראל "לקדושה ולמנוחה".

מאידך, יום טוב הונחל לכנסת ישראל "לשמחה ולששון", ואינו בעיקרו יום של שביתה ממלאכה. המועדים הם זכר ליציאת מצרים ולמתן תורתנו, והם זמן שמחתנו. בהם גאלנו הקב"ה ממצרים, נתן לנו את תורתו וסיפק את צרכינו במדבר, ואין לכל אלו זיקה מהותית לשביתה ממלאכה. איסור המלאכה ביום טוב נגזר מכך שעיסוק במלאכה סותר ומונע את ההתמקדות בקדושת היום כמקרא קודש. ואפשר שמשום כך לא מצינו לשון חילול אצל המועדות, שהרי עשיית המלאכה אינה סותרת את אופי היום, אלא רק מונעת בפועל את ייעודו ומהותו.

כשבת או כיום טוב?

מצינו, אם כן, חקירה יסודית בנוגע לטיב איסור המלאכה ביום הקדוש: האם זהה הוא לאיסור המלאכה בשבת, האוסר כל מלאכה; או דילמא הווי כאיסור הנאמר ביום טוב, שנועד לשמר את קדושת היום, ואף מלאכות אוכל נפש אמורות היו להיות מותרות בו, לולא היותו יום צום.

בפרשיית "ושמרו..." שבפרשת "כי תשא" (שמות ל"א, יב-יז) נתחדש שהשביתה בשבת הרי היא נכללת בגדר "ברית", והעושה בה מלאכה הרי הוא מחלל את קדושתה ומפר את הברית. ביום טוב, לעומת זאת, העושה מלאכה עובר על לאו, אך אינו מחלל את קדושתו ואינו עובר על ברית. אם כך, יש להעלות שאלה דומה ביחס ליום הכיפורים: האם נכרתה ברית על אודות איסור המלאכה בו. ברית מעין זו יכולה

8. מלבד אולי איסורים נוספים שנאמרו בשבת שאינם ביום טוב, שבהם נדון להלן, בעיקר בעקבות בעל השאגת אריה (סימנים ע-עד), דהוא מרא דשמעתתא דא.

לנבוע מתוך השוואה גמורה בין יום הכיפורים לשבת, אך גם מאופיו הייחודי של יום הכיפורים. שהרי זהו יום של י״ג המידות, שעליהן נכרתה ברית. וכמאמר הגמרא בראש השנה (יז ע״ב): ״ברית כרותה לשלש עשרה מדות, שאינן חוזרות ריקם״. אם אכן כך הוא, הרי שהעושה מלאכה ביום הכיפורים (ואולי גם האוכל בו) לא רק שעשה מעשה עבירה חמור, אלא גם חילל את קדושת היום ופגם בה. מאידך, ייתכן שאין בו אלא איסורו בלבד, ללא חילול המועד וקדושתו.

בפרק הנ״ל העוסק בקדושת שבת ויום טוב תמכנו יתדותינו בדרשת חז״ל במכילתא, שהעלתה אפשרות לחלק בגדרי איסור מלאכה בין שבת ליום טוב: ״כל מלאכה לא יעשה בהם – יכול לא יקנב את הירק ולא ידיח את הכלים ולא יציע את המיטות...״ (מכילתא דרשב״י שמות י״ב, טז). בסופו של דבר לומדים חז״ל, מהקבלה למלאכת המשכן, שיש להשוות בין הגדרת מלאכות שבת להגדרת מלאכות יום טוב. אולם עצם ההווה־אמינא לאסור ביום טוב פעולות שאינן מלאכות מלמדת שאין ראי איסור המלאכה ביום טוב כראי האיסור בשבת. בשבת איסור המלאכה נוגע לעצם עשיית המלאכה, וברור שאין מקום לאסור מה שאינו מלאכה. ביום טוב, לעומת זאת, האיסור נועד לאפשר הגדרתו כמקרא קודש, ועל כן עלה על דעתם של חז״ל שייאסרו אף עיסוקים שאינם מלאכות, כגון הצעת המיטה וקניבת הירק; שהרי אף הם עלולים למנוע את האדם מהעיסוק במקרא קודש ומהתפנות לקדושת היום.

והנה הווה־אמינא דומה מצינו אף לגבי יום הכיפורים: ״כל מלאכה לא תעשו – יכול לא יקנב את הירק ולא יציע את המטות ולא ידיח את הכוסות, ודין הוא נאמר כאן מלאכה ונאמר מלאכה במלאכת המשכן, מה מלאכה האמורה במלאכת המשכן שיש עמה חשובה, אף מלאכה האמורה כאן שיש עמה חשובה״ (ספרא אחרי מות פרשה ה). לימוד זה משתלב היטב בהבנה כי האיסור הוא אותו איסור כביום טוב. אך לפי התפיסה כי איסור המלאכה ביום הכיפורים זהה דווקא לאיסור המלאכה בשבת, יש לומר שמסקנת הספרא בנוגע ליום הכיפורים אינה מלמדת רק באופן נקודתי על קניבת הירק וכו׳, אלא משנה כליל את התפיסה לגבי איסור מלאכה ביום הכיפורים. בהווה־אמינא דימו חז״ל את איסור המלאכה ביום הכיפורים לאיסור המקביל ביום טוב. אך למסקנה סברו, לפי הבנה זו, כי אופיו היסודי מקביל דווקא לאיסור שבת.

חילוק מלאכות

השבת נבדלת מן המועדות בשלושה תחומים מרכזיים: היתר אוכל נפש, חילוק מלאכות

ועונש, כמבואר בתחילת הלכות יום טוב לרמב"ם (פ"א הל' א-ג). וכבר הראינו בפרק העוסק בשבת וביום טוב שבשלושת התחומים הללו מתגלה ומתבטא השוני המהותי באופי איסור המלאכה ובזיקתו אל הברית, יעוין שם בהרחבה. אם כן, כדי לבחון את אופי האיסור ביום הכיפורים, ולבדוק האם העושה בו מלאכה מחלל את קדושתו של היום, מוטל עלינו לבחון את מעמד יום הכיפורים ביחס להלכות אלו. וכל זאת מתוך השוואה ליום טוב מחד ולשבת מאידך.

והנה לעיל כבר עמדנו על אודות אופי איסור המלאכה ביום הכיפורים, הכולל אף צורכי אוכל נפש. ועתה נדון לגבי שני התחומים הנוספים.

לגבי חילוק מלאכות, איתא בגמרא מכות (כא ע"ב): "אמר רבא יש חילוק מלאכות בשבת ואין חילוק מלאכות ביום טוב". דהיינו, העושה מלאכות שונות בהעלם אחד בשבת מביא חטאת על כל מלאכה, בעוד בימים טובים אינו מתחייב אלא בחטאת אחת. וביארנו ששוני זה יסודו בכך שהשבת ירדה מן השמים כרוכה באות ובברית, ובכך שמתחללת היא על ידי המלאכה, מה שלא מצינו בפרשיית המועדות. מלאכות שונות הנעשות בהעלם אחד אין בהן תוספת מבחינת מעשה העבירה, אך יש בהן תוספת חילול. לפיכך שייך חילוק מלאכות בשבת, אך לא ביום טוב.

והנה כבר נסתפקו גדולי האחרונים מה דינו של יום הכיפורים לעניין זה. יעוין בשער המלך (הלכות שמיטה ויובל פ"א ה"א), שכתב: "ודע שאני מסתפק בהא דאמרינן חילוק מלאכות לשבת ואין חילוק מלאכות ליום טוב, אי יוה"כ דינו כשבת ויש חילוק מלאכות ביוה"כ, או דינו כיום טוב, דדוקא בשבת דבסקילה גזרת הכתוב הוא, אבל יוה"כ דבכרת לא; או דילמא אין חילוק מלאכות לי"ט דוקא קאמר, דהוי איסור לאו, אבל יוה"כ דינו כשבת".

אמנם, לכאורה ספק זה נתפרש בירושלמי שבועות (פ"ג ה"ד), דאיתא התם: "הדא אמרה שאין אבות מלאכות ביום הכיפורים". אלא שהצל"ח (סנהדרין סג ע"ב), הסובר דיש חילוק מלאכות ביום הכיפורים, כבר ביאר את הירושלמי על פי שיטתו. למסקנה נחלקו בדבר גדולי האחרונים. הרמ"ע מפאנו (בתשובותיו סימן קכג) נקט כדבר פשוט דאין בו חילוק מלאכות; מאידך גיסא, רבי עקיבא איגר (דרוש וחידוש ח"ב מערכה ז מסכת ביצה) העלה שישנו חילוק מלאכות ביום הכיפורים.[9]

דין זה תלוי הן בהבנת חילוק מלאכות והן בהבנת איסור המלאכה ביום

9. בשירי קרבן על אתר בשבועות כתב דכן נראה מלשון הרמב"ם (פ"א משביתת עשור ה"ב): "וכל שחייבים עליו קרבן חטאת בשבת, חייבים עליו קרבן חטאת ביום הכפורים"; הרי שלא חילק ביניהם.

הכיפורים. יעוין בפני יהושע (שבת ע ע״א ד״ה פיסקא) ובשער המלך שם, וכן בטורי אבן (מגילה ז ע״א), שתלו שאלה זו במקורו של דין חילוק מלאכות. דכידוע, נחלקו בזה רבי נתן ורבי יוסי (שבת ע ע״א). לרבי נתן הבערה לחלק יצאת, ונראה שלדידו זהו דין מקומי בהלכות שבת. ברם, לרבי יוסי הלימוד הינו מן המילים ״מאחת מהנה״, והרי פסוק זה אמור בחייבי שגגות, ואם כך נראה דלדידו זהו דין כללי, השייך אף למחלל יום הכיפורים. אחרונים אלו התמקדו בהבנת דין חילוק מלאכות. ברם נראה שיש לתלות שאלה זו אף בחקירתנו. אם זהה יום הכיפורים לשבת, הרי מסתבר שאף בנוגע לחילוק מלאכות יש לדמותם; ומאידך גיסא, אם נדמה אותו ליום טוב, נראה שדינו יהא אף בזה כיום טוב, שאין בו חילוק מלאכות.

ידוע ומפורסם דיונו של בית הלוי (ח״א סימן טז), שהאריך בספק זה, ותלה דינו בשאלה האם שווה יום הכיפורים לשבת לכל דבריו אם לאו. והסיק: ״דיוה״כ יש לו כל החומר שיש בשבת וכל מה דמצינו דאסור בשבת אסור ביוה״כ משום דאקרי ג״כ שבת״ (שם ריש סימן יח).

נראה לי לחדש, דאף אם נקבל את דעתם של האחרונים הסוברים שיש חילוק מלאכות ביום הכיפורים, אף על פי כן ייתכן שיש לפצל ולהפריד בין חילוק המלאכות האמור בשבת ובין חילוק המלאכות האמור ביום הכיפורים. דהנה מצינו שתי דרכים ושני היכי־תימצי המחייבים בכמה חטאות. הראשונה היא איסורים שונים, כגון האוכל חֵלב ודם, שחייב שתיים אף אם אכל בהעלם אחד, שהרי עבר על שני לאווין ועל שני איסורים נפרדים. השנייה היא גופין מחלקין ותמחויין מחלקין (משנה כריתות טו ע״ב, ודעת רבי יהושע שם), וכגון הבא על שתי עריות, דלוקה פעמיים אף אם איסורם שווה. וחקרו האחרונים, אם חילוק מלאכות בשבת הווי כעין זה או זה.[10] דאפשר לדמות דין חילוק מלאכות בשבת לדין שמות מחלקין ולומר ששתי המלאכות שנעשו בשבת הן בגדר איסורים שונים, כעין חלב ודם, דכביכול ישנו לאו מיוחד לכל אב מלאכה. וכן דעת התוספות רי״ד.[11] או דילמא אין זה אלא כגופין מחלקין וכתמחויין מחלקין, דאין כאן אלא איסור אחד ואף על פי כן העושה שתי אבות חייב

10. תוצאות חיים לקדוש ר׳ מנחם זמבא סימן ה. ועיין מנחת חינוך, ריש מצווה לב, ומצווה רחצ אות ט. ועיין מרחשת ח״א סימן יג. ואף מו״ח האריך בדבר בכמה הזדמנויות; הובאו דבריו בחוברת מסורה כ עמ׳ יג-יח.

11. שבת קלח ע״א ד״ה משום, וזה לשונו: ״כיון דהבערה לחלק יוצאת כאלו כתיב לאו אכל מלאכה ומלאכה דמי, והו״ל כמו לאוין דחלב ודם, שהן חלוקין זה מזה״. וכצד זה נראה לדייק מלשון הגמרא שבת עב ע״ב, המדמה שם איסורי שבת לחלב ודם: ״אילימא דעבד קצירה וטחינה – דכוותה גבי שאר מצות אכל חלב ודם״.

בשתי חטאות מדין גופים מחלקים, שכל מלאכה נידונה כגוף אחר. וכצד זה נראה מדברי הריטב"א.[12]

ונראה לחדש שאף אם ישנו חילוק מלאכות ליום הכיפורים, הרי שונה הוא ביסודו מחילוק המלאכות האמור בשבת בראשית. בשבת הרי זה בגדר איסורים מחלקים, בדומה לחלב ודם. טיב איסור המלאכה בשבת הינו יצירה ובריאה, בדומה ל"כל מלאכתו" של הקב"ה בימי בראשית, שממנה שבת ביום השביעי וינפש. ועל כן תפירה אינה דומה לזריעה, כי שתי פעולות יצירה נפרדות הן, שכל אחת מהן בוראת ויוצרת דבר מה אחר. על כן כל אב מלאכה הרי הוא איסור בפני עצמו, בעל זהות עצמאית ואופי ייחודי. וממילא כל אב ואב מחייב בחטאת נפרדת, כחלב ודם.

ביום הקדוש, לעומת זאת, לא נאסרה מלאכה מכוח בריאת עולם ומעשה בראשית, ואין האיסור קשור ביצירה, וממילא שתי מלאכות אינן שמות שונים. ובכל זאת, כל מלאכה פוגעת בשביתה ומחללת את קדושת היום, ונראה שאין ראי חילולו באב אחד כראי חילולו באב אחר, והווי כעין גופים שונים. דהיינו, אף שבאותו איסור עסקינן, עשיית מלאכה ביום הקדוש, בכל זאת נחשבת עשיית שתי מלאכות שונות כשתי פעולות בגופים שונים. כל אב מלאכה הוא פעולה ייחודית, המחללת את היום באופן נבדל מעט מאבות אחרים.

ביום טוב, לעומת זאת, אין ל"ט המלאכות אף בגדר גופין מחלקין. אין הן אלא ל"ט אפשרויות שונות לביטול מצוות העשה של שבתון ולמעבר על הלאו. שהרי יסוד הלאו דמלאכה ביום טוב ושורשו הם הצורך להיבטל ממלאכה כדי להעניק ליום טוב צביון מיוחד וקדושה. ועל כן באופן עקרוני אין המלאכות השונות ביסודן אלא מעשה אחד של עשיית מלאכת עבודה ואי־קיום שבתון, ואינן קובעות ברכה לעצמן. אבות המלאכה השונים ביום טוב אינם אלא אופנים שונים של הלאו, וכגון האוכל חֵלב חי, מבושל ומטוגן.[13]

12. שבת ע ע"א ד"ה חילק, וזה לשונו: "וא"ת ולמה לי קרא, דהא כיון דמלאכות משונות וחלוקות זו מזו הן הוה ליה כאוכל חלב ודם בהעלם אחד שהוא חייב שתים. י"ל דאדרבה כיון דשם מלאכה אחת הם ואיסור כולם משום לא תעשה כל מלאכה, הוה ליה כאוכל חלב וחלב בהעלם אחד, שאינו חייב אלא אחת".

13. איברא שנחלקו הראשונים בהבנת הדין דאין חילוק מלאכות ביום טוב (מכות כא ע"ב-כב ע"א). שהרי התוספות בסנהדרין (סג ע"א ד"ה על) העלו בעיית לאו שבכללות לגבי מלאכה ביום טוב, ואילו הרמב"ן בהשגותיו לספר המצוות לרמב"ם (שורש תשיעי) דחה אפשרות זו. הרי שלדעת התוספות מלאכות שונות נחשבות לשמות שונים אף ביום טוב, ואילו לדעת הרמב"ן אין כאן אלא שם אחד. ברם, גם לדעת התוספות אין בריבוי השמות בכדי לחייב מלקויות נוספות, מפני שסוף סוף אין כאן אלא לאו אחד.

עונשו של העושה מלאכה

הלכה נוספת שאולי קשורה בחקירתנו היא עונשו של העושה מלאכה. דכך איתא במשנה ריש מגילה (ז ע"ב): "אין בין שבת ליום הכפורים אלא שזה זדונו בידי אדם וזה זדונו בכרת". דהיינו, שחלוקים שבת ויום הכיפורים בעונשם, דהמחלל שבת – בסקילה, והעושה מלאכה או האוכל ביום הכיפורים – בכרת. והנה אופיו וטיבו של עונש כרת טעונים ליבון. מחד, ניתן לראותו כדומה לעונש מיתה, שכרת הווי מעין מיתה, אלא שמסורה היא לשמים. לחילופין, אפשר שכרת מעין מלקות הוא, אלא בדרגה חמורה יותר. מובן שחקירה זו מתקשרת לעיקר דיוננו. ככל שנשווה בין יום הכיפורים לשבת כך מסתבר שעונשם יהא דומה, ומאידך, ככל שנזהה את יום הכיפורים כאחד מן המועדות לצד שאר ימים טובים, כך מסתבר שעונשם יהא מאותו המין.

נמצא שטיב יום הכיפורים תלוי גם במעמד עונש כרת, העומד בין מיתה, שהיא העונש למחלל שבת, ובין מלקות, שנידון בהן העושה מלאכה ביום טוב. ואם כן יש לדון במעמד עונש כרת, הדומה הוא יותר למלקות או למיתה.[14]

נדון בשאלה זו לאור מספר סוגיות הנוגעות בה.

14. יעוין בכלי חמדה ריש פרשת בא, שהסביר שיש חיוב מיתה בשבת ולא ביום טוב, מפני שיום טוב מתקדש על ידי כנסת ישראל, ולהכי קדושתו נחותה מן השבת דנתקדשה על ידי קודשא בריך הוא. וביום הכיפורים יש כרת, מפני שיש בו שני מְקדשים: א) בני ישראל על ידי בית דין; ב) קדושה דקביעא וקיימא מקדמת דנא בידי הקב"ה. וכך הביא הכלי חמדה בשם החינוך: "מטעם שכתב הרא"ה ז"ל בספר החינוך במצות יום הכפורים דמיד בעת הבריאה קבע הקב"ה יום אחד בשנה שיהיה יום כפרה. ואם כן ביום הכפורים יש בו שתי קדושות – קדושת השי"ת וקידוש בית דין, שע"י שמקדשין בית דין את חודש תשרי – עשירי בו יוה"כ הוא, והוא היום אשר יעדה הקב"ה מתחילת הבריאה להיות ליום מחילה וסליחה. לכן יש בו כרת ומלקות". אך אין נראים דבריו ביחס לספר החינוך. דיעוין בדברי החינוך (מצווה קפה), שכתב רק שהקב"ה ייעד את יום י' בתשרי ליום כפרה והעניק לו אופי ייחודי. אך מעולם לא התכוון החינוך לומר שהיום עצמו נקבע על ידי הקב"ה. קביעת התאריך ודאי תלויה בבית דין, ואינה שונה מקידוש ט"ו ניסן כפסח. וזה לשון החינוך שם: "על כן ראה בחכמתו ברוך הוא, לקיום העולם, לקבוע יום אחד בשנה לכפרת חטאים לשבים. ומתחילת בריאת העולם יעדו וקדשו לכך, ואחר שיעדו האל ברוך הוא אותו היום לכפרה, נתקדש היום וקיבל כח הזכות מאיתו יתעלה עד שהוא מסייע בכפרה. וזהו אמרם זכרונם לברכה בהרבה מקומות: ויום הכיפורים מכפר, כלומר שיש כח ליום בעצמו בכפרה בעבירות קלות".
ברם, יש לעיין האם לדעת החינוך הייתה משמעות ליום הכיפורים עוד בטרם מתן תורה. ראשית, יש לבחון האם לדידו יש ליום זה משמעות ביחס לבני נח. ראש השנה מתייחס לכל באי עולם, העוברים לפניו יתברך כבני מרון; אך לכאורה יום הכיפורים מיועד דווקא לישראל, וקשור עם הריצוי דלאחר חטא העגל. שנית, יש לבחון עד כמה יום הכיפורים מושרש בהתפתחות ההיסטורית

א) בגמרא במגילה שם מובאת שיטת רבי נחוניא בן הקנה, כי דין קים ליה בדרבה מיניה, הקובע שאין נענשים פעמיים על מעשה אחד אלא נידונים בעונש החמור מבין השניים, נאמר לא רק לגבי חייבי מיתה, אלא גם לגבי כרת: "רבי נחוניא בן הקנה היה עושה את יום הכפורים כשבת לתשלומין; מה שבת מתחייב בנפשו ופטור מן התשלומין, אף יום הכפורים מתחייב בנפשו ופטור מן התשלומין".

בטעמו של רבי נחוניא בן הקנה נחלקו אביי ורבא (כתובות ל ע"א): "מ"ט דר' נחוניא בן הקנה, אמר אביי: נאמר אסון בידי אדם ונאמר אסון בידי שמים, מה אסון האמור בידי אדם פטור מן התשלומין, אף אסון האמור בידי שמים פטור מן התשלומין... רבא אמר, טעמא דרבי נחוניא בן הקנה מהכא: ואם העלם יעלימו עם הארץ את עיניהם מן האיש ההוא בתתו מזרעו למולך... ושמתי אני את פני באיש ההוא ובמשפחתו והכרתי אותו; אמרה תורה: כרת שלי כמיתה שלכם, מה מיתה שלכם פטור מן התשלומין, אף כרת שלי פטור מן התשלומין". מתוך לשונו של רבא: "אמרה תורה: כרת שלי כמיתה שלכם", משתמע כמעט להדיא שלשיטת רבי נחוניא בן הקנה באה התורה להשוות ולדמות כרת למיתה, ולשיטתו עונש כרת דומה יותר למיתה מאשר למלקות, ועל כן נאמר דין קים ליה בדרבה מיניה בשניהם.

אמנם, הרי אף במלקות נאמרה ההלכה: "משום רשעה אחת אתה מחייבו ואי אתה מחייבו משום שתי רשעיות" (כתובות לב ע"ב ועוד), היינו, שאין אדם נענש במלקות ובממון על מעשה אחד, והמלקות פוטרות את החוטא מן הממון. אם כן, כיצד ניתן לתלות את שיטת רבי נחוניא בן הקנה בהשוואה ובדמיון בין כרת ומיתה? הרי אף מלקות פוטרות מן התשלומין, כמוהן כמיתה; ולפיכך לשאלה האם כרת פוטר מן התשלומין אין לכאורה כל קשר לשאלה האם דומה הוא יותר למיתה או למלקות, שהרי הן זו והן אלו פוטרות מן התשלומין.

אלא שכבר הסביר רבנו הגדול, ר' חיים (בחידושיו על הש"ס [סטנסיל] כתובות לה ע"א ד"ה בדין מעילה במזיד וד"ה אין לוקה ומשלם), שחלוק דין "קים ליה בדרבה מיניה" הנאמר במיתה מדין "משום רשעה אחת אתה מחייבו" הנאמר במלקות. ההלכה של "משום רשעה אחת" מתייחסת לדיני ענישת בית דין, וקובעת כי אין בית דין מענישים פעמיים על אותו מעשה. זוהי הגבלה על חיובי בית דין ועונשיו. דין "קים ליה", לעומת זאת, הוא דין בגברא הנענש, שאין אדם נענש פעמיים על אותו המעשה.

ייתכן שהזיקה האפשרית בין שיטת רבי נחוניא בן הקנה לבין השוואת כרת

או מנותק הימנה. והרי במטבע של תפילה נאמר "זכר ליציאת מצרים" אף ביום הכיפורים, ויש לעמוד על כך.

למיתה תלויה במחלוקת ראשונים על אודות היקף פטור קים ליה בדרבה מיניה בכרת, לדעת רבי נחוניא.

בחייבי מיתה למדים אנו מתנא דבי חזקיה שגם אם הרוצח שוגג הוא, אין לחייבו ממון על אותו מעשה, בכל מקרה שאם היה מזיד היה מתחייב במיתה. וכפי שנדרש בגמרא כתובות (לה ע"א): "מכה אדם ומכה בהמה, מה מכה בהמה – לא חילקת בו בין בשוגג בין במזיד, בין מתכוין לשאין מתכוין, בין דרך ירידה לדרך עלייה, לפוטרו ממון אלא לחייבו ממון; אף מכה אדם – לא תחלוק בו בין בשוגג בין במזיד, בין מתכוין לשאין מתכוין, בין דרך ירידה לדרך עלייה, לחייבו ממון אלא לפוטרו ממון".

נחלקו בעל המאור והרמב"ן על אתר (יג ע"ב באלפס) ביחס לחייבי כרת שוגגין אליבא דשיטת רבי נחוניא בן הקנה. לדעת בעל המאור "כי היכי דבמיתת בית דין לא שנא שוגג ולא שנא מזיד פטור מן התשלומין, הכי נמי סבירא ליה לר' נחוניא דבכרת פטור מן התשלומין בין במזיד בין בשוגג". אבל נחלק עליו הרמב"ן במלחמות, שכתב:[15] "ושמע מינה, דלר' נחוניא בן הקנה נמי הדליק גדישו של חבירו ביוה"כ בשוגג באיסורו – חייב, ולא פטור אלא במזיד... לא אמר ר' נחוניא אלא מזיד דאיכא כרת, וחייבי מיתות איתקיש, חייבי מלקות וכריתות לא איתקיש". הרי שבעל המאור השווה בין כרת למיתה השוואה גמורה, שאף חייבי כרת שוגגים פטורים מתשלומין, בעוד לדעת הרמב"ן אף לרבי נחוניא בן הקנה ישנו חילוק בין כרת ומיתה, ואין זו השוואה מוחלטת.

ב) יש לעמוד גם על המשנה בסוף מכות (כג ע"א): "כל חייבי כריתות שלקו – נפטרו ידי כריתתם, שנאמר: ונקלה אחיך לעיניך, כשלקה הרי הוא כאחיך, דברי רבי חנניה בן גמליאל". הלכה זו פוטרת מי שלקה מלקות מעונש כרת, ובפשטות עולה ממנה כי עונש כרת הווי מעין מלקות, ועל כן יש בידי המלקות לפוטרו מן הכרת. שהרי אם נראה עונשים אלו כנבדלים וכשונים כליל זה מזה, מה עניין מלקות לכרת, וכיצד קבלת מלקות פוטרת מן הכרת? הרי לא יעלה על הדעת לומר שמי שלקה ייפטר מחיוב מיתה.[16]

בגמרא (שם ע"ב) מובא בשם רבי יוחנן: "חלוקין עליו חבריו על רבי חנניה בן גמליאל". ייתכן כי זוהי בדיוק נקודת המחלוקת שבין רבי חנניה בן גמליאל וחבריו:

15. וקדמו הראב"ד ב'כתוב שם', על אתר.

16. אמנם דנו בכך אחרונים (יעוין בספר המפתח ברמב"ם מהד' פרנקל, הלכות סנהדרין פי"ז ה"ז); אך אם אכן כך הדין, קשה להבין מדוע המשנה והרמב"ם לא השמיעונו חידוש זה.

האם יש לדמות כרת למלקות אם לאו. איברא שנראה שאין הדברים מוכרחים, וניתן לסבור כרבי חנניה בן גמליאל אף אם נבוא לדמות כרת למיתה דווקא. זאת על סמך עיון ביסוד דבריו, שחייבי כריתות נפטרים אם לקו.

במבט ראשון, שיטתו מניחה כי מי שלקה הרי הוא כמי שקיבל את עונש הכרת, ועל כן די לו במלקות. אולם באמת ניתן לפרש הלכה זו באופן אחר. כך כתב הרמב"ם, בפירושו על אותה משנה במכות: "ואם ספג מלקות ועשה תשובה נפטר מן הכרת... כבר הקדמנו כי המלקות עם התשובה יכפר הכרת". הרמב"ם מוסיף יסוד שלא נזכר במשנה – תשובה. אם שורש הדין נובע מכך שמלקות הווי ככרת ולכן הראשונות פוטרות מן השני – תשובה מנין?! הרי מי שהתחייב מלקות ולקה, אין מלקים אותו שוב, אף אם לא חזר בתשובה. אין כאן פטור מיוחד, אלא בפשטות הכרה בכך שאותו אדם כבר לקה את ל"ט המלקות בהם התחייב. ואף בנידון דידן, משעה שלקה – אף ללא תשובה – הרי לכאורה כבר קיבל את עונשו; ומדוע ייענש עוד בכרת?! מדברי הרמב"ם האלו מוכח שיסוד הדין כאן הוא כפרה. אין זאת שאנו מחשיבים את הלוקה כמי שנענש בכרת בזעיר אנפין, אלא שהמלקות, בצירוף לתשובה, מכפרות על עוונו. אלא שביד החזקה כתב הרמב"ם סתם: "אף כל מחוייבי כרת שלקו נפטרו מידי כריתתן" (הלכות סנהדרין פי"ז ה"ז), ולא הצריך תשובה, ונראה שחזר בו ממה שכתב בפירוש המשנה.

אולם אחר העיון נראה שאף כי נכון ששורש הדין אינו כפרה, אך אף ביד החזקה שרירה וקיימת הבנתנו שביסוד ההלכה עומד פטור, ולא ראיית הנידון כמי שכבר קיבל את עונשו. זאת לאור ההקשר שבו שיבץ הר"מ דין זה. יעוין בפסקיו באותו פרק בהלכות סנהדרין (פי"ז הלכות ו-ט): "כפתוהו על העמוד ללקות וכרת את המיתרים וברח, פטור ואין מחזירין אותו. כל מי שחטא ולקה חוזר לכשרותו, שנאמר: ונקלה אחיך לעיניך, כיון שלקה הרי הוא אחיך. אף כל מחוייבי כרת שלקו נפטרו מידי כריתתן. כהן גדול שחטא לוקה בשלשה כשאר כל העם וחוזר לגדולתו. אבל ראש הישיבה שחטא מלקין אותו ואינו חוזר לשררותו, גם אינו חוזר להיות כאחד משאר הסנהדרין, שמעלין בקודש ולא מורידין".

מתוך ההשוואה להלכות הקודמות ומן ההקשר של אותו הפרק נראה כי יסוד הדין העומד במוקד ההלכה הינו דין כשרות ופטור. מי שכפתוהו על העמוד וברח, שנפטר ממלקות, מסתבר שאין מחשיבים אותו כמי שקיבל את עונשו, אלא זהו פטור מיוחד. וכן נראה מן ההלכה הבאה, שדין חייבי כריתות שלקו מובא בחדא מחתא עם דין כהן גדול שלקה, החוזר לכשרותו, ועם דין ראש הישיבה שחטא, שאינו חוזר לשררתו. ההלכה מתייחסת במקרים אלו לכשרות ולפסול ולא להגדרת העונש,

היינו – לשאלה האם קיבלו את עונשם. ואף לגבי חייבי כרת שלקו יש לומר שגם ללא תשובה נפטרו בכך מעונש הכרת, אף שאין זהות או הקבלה בין כרת לבין מלקות.

ג) יש לבחון את מעמד הכרת ואת טיבו גם על פי הגמרא ברישׁ יבמות, העוסקת בסוגיית עשה דוחה לא תעשה. הגמרא שם מציעה בהווה־אמינא כי עשה ידחה אף לא תעשה שיש בו כרת. "הדר אמר: אימר דאמרינן דאתי עשה ודחי לא תעשה – לא תעשה גרידא, ל"ת שיש בו כרת מי שמעת ליה דדחי. הדר אמר: אטו עשה דוחה את ל"ת, לאו לא תעשה חמור מיניה וקאתי עשה ודחי ליה; מה לי חומרא זוטא ומה לי חומרא רבה. ת"ל: לא תבערו" (יבמות ז ע"א).

הגמרא מסתפקת האם מסברה ניתן לחלק, לעניין דחיית עשה, בין לא תעשה רגיל ובין לא תעשה שיש בו כרת. אם מאמצים הבחנה כזו, ממילא יש צורך בלימוד מיוחד דאין עשה דוחה לא תעשה זה. אך אם דוחים הבחנה זו, הרי הדין שעשה דוחה לא תעשה מלמדנו שדוחה הוא אף לא תעשה שיש בו כרת, דמה לי חומרא זוטא ומה לי חומרא רבה.

ניתן לתלות שתי דעות אלו בחקירתנו על אודות טיב הכרת ואופיו. אם כרת הווי מעין גרסה חמורה יותר של מלקות, מסתבר שלא נחלק ביניהם לעניין עשה דוחה לא תעשה. ברם, אם כרת ומלקות הם עונשים בעלי דרגות שונות, אזי יש לחלק בין זה לאלו.

אכן, הגמרא שם דנה גם בנוגע ללא תעשה שיש בו חיוב מיתה, כגון שבת, ולא רק בנוגע לחיוב כרת. כך שיש לבאר את ספק הגמרא שם כמתמקד בדין עשה דוחה לא תעשה, ולא כספק ביחס לטיב כרת ולאופיו.

ד) תנן בסוף מסכת יומא (פה ע"ב): "מיתה ויום הכפורים – מכפרין עם התשובה. תשובה מכפרת על עבירות קלות, על עשה ועל לא תעשה. ועל החמורות הוא תולה עד שיבא יום הכפורים ויכפר". בגמרא שם מובאת מחלוקת תנאים בדבר מעמד לא תעשה. פשטות לשון הברייתא הראשונה מלמדת כי לא תעשה הריהו מן הקלות, מלבד "לא תשא", בעוד לדעת רב יהודה והברייתא השנייה לא תעשה הוא מן החמורות, ודינו שווה לכרת ולמיתת בית דין, שתשובה תולה ויום הכיפורים מכפר. לדבריהם, המשנה שסיווגה לא תעשה כקלות אינה אמורה אלא ביחס ללאו הניתק לעשה. אם כן, לפי הברייתא הראשונה נראה כי עונש כרת קרוב יותר למיתת בית דין, ואין לראות לא תעשה רגיל כאיסור באותה דרגת חומרה כאיסור כרת (עם הבדל קל בעונשם). אלו הם שני סוגי לאווין נפרדים, הנבדלים בעונשם ובכפרתם.

יעוין עוד ברמב"ם פ"א מהלכות תשובה ה"ד, שם פסק הרמב"ם את ד' חילוקי כפרה של רבי מתיא בן חרש, ואף בהם השווה בין כרת למיתה: "עבר על מצות לא תעשה שאין בה כרת ולא מיתת בית דין ועשה תשובה, תשובה תולה ויום הכפורים מכפר, ובאלו נאמר: כי ביום הזה יכפר עליכם. עבר על כריתות ומיתות בית דין ועשה תשובה, תשובה ויום הכפורים תולין ויסורין הבאין עליו גומרין לו הכפרה". הרי שהקו המבדיל בין כרת ללא תעשה הינו החלטי וברור.

אף לגבי כפרת שעיר המשתלח מצינו ברמב"ם השוואה בין כרת ומיתה וחילוק בינם למלקות, שכך כתב (שם ה"ב): "שעיר המשתלח מכפר על כל עבירות שבתורה הקלות והחמורות, בין שעבר בזדון בין שעבר בשגגה, בין שהודע לו בין שלא הודע לו, הכל מתכפר בשעיר המשתלח. והוא שעשה תשובה. אבל אם לא עשה תשובה, אין השעיר מכפר לו אלא על הקלות. ומה הן הקלות ומה הן החמורות, החמורות הן שחייבין עליהם מיתת בית דין או כרת, ושבועת שוא ושקר אף על פי שאין בהן כרת הרי הן מן החמורות. ושאר מצות לא תעשה ומצות עשה שאין בהן כרת הם הקלות".[17]

אלא שהגבול העובר כאן בין כרת לשאר הלאווין אינו מוחלט, שהרי הר"מ סייג את דבריו: "ושבועת שוא ושקר, אף על פי שאין בהן כרת הרי הן מן החמורות", סייג שלא הביא ביחס לחילוקי כפרה אחרים.

ה) כתב הרמב"ן בפירושו לתורה (ויקרא א', ד): "בעבור שפירש הכתוב בחייבי מיתות בי"ד ובחייבי כריתות עונשן במזיד ובשוגג, ופירש בחייבי לאוין למלקות ולא פירש בהם עונש בשוגג... ולכך ראו שאין בחייבי מיתה בידי שמים ובחייבי מלקות אלא עונשן המפורש בהם במזיד, אבל בשוגג אין עליהם שום נשיאות חטא, ואין צריכין רִצוי כלל". הרמב"ן הבדיל בין חייבי לאווין שוגגין, שאינם צריכים ריצוי כלל, ובין חייבי כריתות שוגגין, שטעונים כפרה. ולפי דבריו כרת ולאו אינם שווים. איסורי כרת הם בדרגת חומרה אחרת לגמרי, וההבדל בין כרת לשאר הלאווין מתעצם.

בין כרת לאבדון

כבר רבות בשנים הרהרתי שמא יש לחלק בין כרת דיום הכיפורים ושאר הכריתות.

17. אכן, בספר על התשובה (עמ' 81) ביאר הגרי"ד זצ"ל את ההבדל בין כרת למלקות באופן אחר: לא מפאת ההבדל שבחומרת הלאו, אלא משום שהעובר על איסור כרת אינו בכלל כפרת הציבור [הערת העורך].

אמנם, רש"י פירש שלא כדבריי, בדיונו על אודות הפסוק העוסק ביום הכיפורים: "והאבדתי את הנפש ההִוא מקרב עמה" (ויקרא כ"ג, ל). שכך כתב רש"י על עונש הכרת שבפסוק זה: "והאבדתי – לפי שהוא אומר כרת בכל מקום ואיני יודע מה הוא, כשהוא אומר והאבדתי, למד על הכרת שאינו אלא אבדן". הרי שהקיש כרת האמור ביום הכיפורים לשאר חייבי כריתות בכל התורה כולה. אך בסייעתא דשמיא זכיתי למצוא כדבריי בפירוש האבן עזרא על אתר: "והאבדתי – יש הפרש בינו ובין ונכרתה, ולא אוכל לפרש".[18] נראה מדבריו שכרת ביום הכיפורים, שבו נאמר "והאבדתי", חמור הוא משאר חייבי כריתות, ושאכן כרת זה הינו בדרגת חומרה של מיתה.

ברם, הצעה זו מוקשית מן הסוגיה שהבאנו לעיל, היינו – הגמרא בפסחים ובכתובות בנוגע לשיטת רבי נחוניא בן הקנה. הרי הסוגיות שם מניחות כדבר פשוט כי לדעתו דין קים ליה בדרבה מיניה נאמר אף באוכל חמץ בפסח וביחס לשאר חייבי כריתות, ולא רק בנוגע ליום הכיפורים. ברם, הרי רבי נחוניא בן הקנה דיבר על יום הכיפורים; ואם אמת דברינו, שחלוק כרת דיום הכיפורים משאר כריתות, מניין לה לגמרא להרחיב את שיטתו לכל חייבי כרת? הרי אם הכרת ביום הכיפורים אכן חמור מן הכרת של אוכל חמץ ושאר חייבי כריתות, אפשר שרבי נחוניא דיבר דווקא על יום הכיפורים ולא יאמר את דינו בשאר כריתות.

אך מתוך עיון נוסף בפרשה ניתן לתרץ קושיה זו, ומתוך כך אף לעמוד על חילוק יסודי השייך לקדושת יום הכיפורים. בפרשה עצמה מובאים שני לשונות של עונש: תחילה "ונכרתה מעמיה" ולאחר מכן "והאבדתי את הנפש ההִוא". עיון מדוקדק בכתוב מראה שאין זו חזרה וכפילות, אלא עונשים שונים על עבירות נפרדות. כרת נאמר בנוגע למי שאינו מתענה, שעונשו הוא כרת רגיל: "כי כל הנפש אשר לא תְעֻנֶּה בעצם היום הזה ונכרתה מעמיה"; רק על אודות העושה מלאכה נכתב: "וכל הנפש אשר תעשה כל מלאכה בעצם היום הזה והאבדתי את הנפש ההִוא מקרב עמה". לפי האבן עזרא, שחילק בין "והאבדתי" ובין "ונכרתה", נראה כי האוכל ושותה הרי הוא כשאר חייבי כרת, בעוד העושה מלאכה – חומרה יתרה יש בו, וחלוק עונשו משאר כריתות.

על פי זה יש לבאר כי רבי נחוניא בן הקנה, שהשווה את יום הכיפורים לשבת, התייחס לשני האיסורים שביום הקדוש – הן לאוכל והן לעושה מלאכה. מכיוון

18. הרמב"ן רמז לביאור דברי האבן עזרא: "כתב ר"א יש הפרש בין והאבדתי ובין נכרתה ולא אוכל לפרש. יחשוב החכם כי האובדת תאבד והנכרתת תכרת, ולא ישא אלוקים נפש" (ויקרא י"ח, כט). אך גם הוא סתם ולא פירש.

שהאוכל נידון באותו כרת כאוכל חמץ וכשאר איסורי כרת, ממילא למדה הגמרא מכאן שדינו של רבי נחוניא תקף בנוגע לכל חייבי כרת, ולאו דווקא ליום הכיפורים.

חילוק זה, בין האוכל ביום הקדוש לבין העושה בו מלאכה, יש לבחון לאור הדיון אם איסורי המלאכה והתענית נובעים מאותה קדושת היום או משתי קדושות נפרדות.[19] וכן יש לדון האם ייתכן שמכל מקום, אף שנובעים הם מאותה קדושת היום, יהיו עונשיהם נבדלים.

יעוין בספורנו ובנצי"ב על אתר, שביארו את חומר העושה מלאכה על פני האוכל, שהוא משום שאכילה נעשית לתיאבון ואילו מלאכה היא להכעיס. אך נראה שיש לפרש בדרך אחרת את ההבדל בין מלאכה לאכילה, וזאת מתוך זיקה לשאלתנו, האם העובר על איסורי יום הכיפורים מחלל בכך את קדושת היום. נראה להציע חילוק בין העושה מלאכה, המחלל בכך את היום ועקב כך חמור עונשו ביותר, ובין אכילה ושתייה, שאינם אלא מעשה עבירה ללא נגיעה לקדושת היום, וכשאר איסורי כרת דכל התורה כולה.

איסורי שבת שאינם אבות מלאכה

כידוע, מצינו חילוקים נוספים בין שבת ליום טוב מלבד מלאכות אוכל נפש; וזאת לפחות לדעת כמה ראשונים. ראשית, דנו בזה ביחס לשני אבות מלאכה – הוצאה[20] והבערה.[21] ושנית, כמה איסורים ועניינים נתוספו בשבת מלבד אלו הכלולים בל"ט אבות מלאכה שבמשנת "כלל גדול": איסור מחמר ושביתת עבדו ובהמתו.

וכבר נשמעה שאגתו של הארי החי, השאגת אריה, שדן בנידון זה בפרוטרוט ובאריכות נפלאה, מתוך הנחה שאכן הותרו אלו בימים טובים. ומתוך כך דן האם שווה יום הכיפורים לשבת ואסורים בו בכל אלו, או דילמא הווי כיום טוב ומותרים. כך כתב בריש סימן ע, שבו דן לגבי הוצאה והבערה: "ראוי לברר אם יוה"כ שווה לשבת לעניין הוצאה מרשות לרשות וכן לעניין שאר מלאכות או יש חילוק ביניהם ואיכא מלאכות שאסורים בשבת וביוה"כ מותרים". ובסימן הבא חקר: "אכתי נשאר לנו לברר דבר א', והוא אם אנו מצווין על לאו דמחמר ועל שביתת עבד ובהמה

19. דברים בנידון פרסמתי בעלון שבות שנה ה גיליון א-ב, וחזרו ונתפרסמו בעיבוד קל בסדרת באר מרים, בכרך העוסק ביום הכיפורים, עמ' 98–101.
20. יעוין ביצה יב ע"א.
21. ריב"א בתוספות פסחים ה ע"ב ד"ה לחלק, ובתוספות ביצה כג ע"א ד"ה על גבי.

ביה"כ כשבת או לא". יעוין שם בסימנים ע-עד, דהעלה למסקנה שאכן נאסרו ביום הכיפורים הוצאה והבערה וכן לאו דמחמר, אך לא שביתת עבדו ובהמתו.

המעיין בדבריו יראה שהקו המנחה אותו הוא טיבם ואופיים של אותם איסורים מסוימים. מה נתחדש כאשר אסרה אותם תורה? האם נאסרו אף על פי שאינם בגדר מלאכה, או שהתחדש שפעולות אלו, אף שאינן במיתה, נחשבות כמלאכות בשבת ונכללות בפסוק "לא תעשה מלאכה"? כל זה מתוך הנחה שביום הכיפורים לא נאסרו כל איסורי שבת, אלא מלאכות בלבד.

לאור דיוננו נראה להוסיף זווית נוספת בנידון זה. היקף האיסור תלוי גם בחקירתנו על אודות שורש איסור "לא תעשה כל מלאכה" ביום הקדוש. אם איסורו זהה לאיסור המלאכה בשבת, הרי שיש להשוות את האיסורים אף ביחס להיקפם. לחילופין, אם איסור המלאכה ביום הכיפורים דומה דווקא לנאמר בשאר המועדים שבפרשת אמור, מסתבר שיש להשוות את היקף האיסור ביום הכיפורים לאיסור המלאכה שבימים אלו. ויעוין בדיונו המקיף של בית הלוי (ח"א סימן טז), שדן בנושא מנקודת מבט זו.

מחלל יום הכיפורים

מצינו חומרה יתרה בשבת, שהמחללה בפרהסיה הרי הוא כעכו"ם לכל דבריו, מה שאין כן ביום טוב. נפקא מינה לשחיטה, לכתיבת גט, לקבלת קרבנות ממנו ולדין סתם יינם.[22] אלא דלא נתפרש מה דינו של יום הכיפורים לעניין זה. וכבר הסתפק בדבר הגאון רבי עקיבא איגר: "ויש לעיין במומר לחלל יוה"כ בפרהסיא, אי דמי לשבת והוי ג"כ מומר לכל התורה כולה, או לא".[23]

יעוין ברמב"ם בהלכות גירושין (פ"ג הי"ט): "הכותב גט בשבת או ביום הכפורים בשגגה ונתנו לה – הרי זו מגורשת. כתבו וחתמו בו ביום בזדון ונתנוהו לה – אינה מגורשת, שהרי העדים פסולין מן התורה. כתבו ביום טוב בזדון ונמסר לה בפני עדים כשרים ביום טוב – הרי זה גט פסול".

בראשית ההלכה הכשיר הרמב"ם את הגט כיוון שנכתב בשוגג. מכך משתמע שאם נכתב הגט בשבת במזיד – פסול מן התורה, כיוון שנכתב בידי מי שאינו בר

22. ראו: רמב"ם הלכות גירושין פ"ג הט"ו; הלכות שחיטה פ"ד הי"ד; הלכות מעשה הקרבנות פ"ג ה"ד; בית יוסף יו"ד קי"ט, בשם הרשב"א.
23. דרוש וחידוש מערכה שלישית במסכת שבת.

כתיבה. וכפי שפסק הרמב"ם שם בהלכה טו: "הכל כשרין לכתוב את הגט חוץ מחמשה... ישראל שהמיר לעכו"ם או שהוא מחלל שבת בפרהסיא הרי הוא כעכו"ם לכל דבריו". אם כן, מראשית ההלכה בוקע ועולה כי המחלל את יום הכיפורים הריהו כמחלל שבת, ואם כתב ביום כיפור גט במזיד – אין זה גט, משום שהכותבו אינו ראוי לכתיבה.[24]

ובאמת כך פסק גם הרמ"א במפה (אבן העזר קכ"ג, ה): "אבל כתבו בזדון ביום הכפורים ושבת הרי זה בטל מדאורייתא (כן דקדק הב"י)".

מעבר לדברי הרמב"ם הללו, יש לעיין במעמדו של מחלל יום הכיפורים מתוך הסברה. ונראה שיש לבחון את מעמדו של המחלל את יום הכיפורים על פי שני

24. אף סופה של ההלכה מתבאר היטב לאור הבנה זו. הכותב ביום טוב לא עבר אלא על לאו, ולפיכך ראוי הוא לכתיבת גט. אלא שאם נחתם הגט במזיד באותו היום – הרי העדים פסולים, ככל רשע העובר על לאו, שנפסל בכך לעדות. מן התורה אמור גט זה להיות כשר אם ישנם עדי מסירה כשרים, שהרי נכתב בכשרות. ואכן, כך עולה מדברי הרמב"ם שכתב שגט זה "פסול" הוא, כמפורש בדבריו בהלכות גירושין פ"ב ה"ז: "ומה בין פסול לבטל, שכל מקום שנאמר בחיבור זה בגט שהוא בטל – הוא בטל מן התורה, ובכל מקום שנאמר פסול – הוא פסול מדברי סופרים".
ברם, אמצע ההלכה סותרת את ראשה. שהרי לפי גרסתנו בדברי הרמב"ם באמצע דבריו, מדובר שם בגט שנכתב ושנחתם בזדון בשבת או ביום הכיפורים, ואף על פי כן אינו נפסל אלא מפאת פסול העדים. ולכאורה לאור ראשית דבריו היה על הרמב"ם לבטל גט זה משום שנכתב בשבת או ביום הכיפורים, והמחלל שבת פסול לכתיבת גט (כמבואר בהלכה טו שם).
כדי ליישב את דברי הרמב"ם ניתן להציע כי יש לפלג את לשונו. כוונתו במקרה האמצעי הינה כי הזדון מתייחס אך ורק לחתימה; הגט נחתם בזדון, אולם כתיבתו הייתה בשוגג. וכך יש לקרוא את דבריו: "כתבו (בשוגג) וחתמו בו ביום בזדון". אלא שלפי הסבר זה קשה הסיפא של דבריו. בסיפא הגט נכתב בזדון ביום טוב, וכשר הוא מן התורה כיוון דנמסר בעדי מסירה. והרי לפי פירוש זה, מבחינה הלכתית זהה מקרה זה למקרה המובא באמצע דבריו. בשניהם הכתיבה נעשתה בכשרות: כאן משום שנכתב בשוגג, וכאן משום שהכותב ביום טוב עובר על לאו בלבד. משום כך, בשני המקרים הללו אם ישנם עדי מסירה הרי הגט כשר מן התורה. אם כך, מדוע הביא הרמב"ם את המקרה השלישי, זה שבסיפא? הרי הן במציעתא והן בסיפא הגט בטל מן התורה אם אין עדי מסירה, ופסול מדרבנן בלבד אם יש עדי מסירה. בשני המקרים הכתיבה נעשתה בכשרות והכול תלוי בעדים. ואכן כתב הכסף משנה (על אתר): "ומה שכפל בבבא ג' נ"ל שהוא מיותר".
אכן, הטור (אבן העזר סימן קכ"ג) גרס אחרת במציעתא של הרמב"ם: "כתבו וחתמו בזדון **ביום טוב** אינה מגורשת, שהרי העדים פסולים מן התורה". ולפי גרסתו, הרמב"ם התייחס כאן ליום טוב ולא לשבת וליום הכיפורים. ואזדא הכול שפיר, דהמחלל יום הכיפורים והמחלל שבת פסולים מן התורה לכתיבת גט, וזה המבואר ברישא. ואחר כך הוסיף הרמב"ם שאף אם הכתיבה נעשתה בכשרות, הגט בטל אם העדים החתומים עליו פסולים הם, כגון שחתמו ביום טוב. והוסיף הרמב"ם והבהיר מקרה זה על ידי הקביעה שבסיפא, שאם הכתיבה נעשתה בכשרות ונמסר הגט בעדי מסירה, הרי הגט כשר מן התורה, ורק נפסל מדרבנן מצד מזויף מתוכו.

יסודות. ראשית, לאור העומד בלב דיוננו, והוא אופי איסור המלאכה ביום הכיפורים; שנית, לאור טיב פסולו של המחלל שבת.

מחד, מסתבר שמעמדו של המחלל את יום הכיפורים הרי הוא נפקא מינה נוספת לחקירתנו. אם נתפוס את קדושת יום הכיפורים במסגרת שאר מקראי הקודש, ונאמר שאיסור המלאכה ביום הקדוש מקביל באופיו לאיסור שבשאר ימים טובים, אזי אין מעמדו האישי של המחלל יום הכיפורים כמי שחילל שבת ואינו כעכו"ם לכל דבריו. ברם, אם ישנה זהות בין היום הקדוש לשבת, הרי שיש לפוסלו כמומר (וכך הבין בית הלוי ח"א סימן יח בריש דבריו).

אלא שאף אם נשווה בין יום הכיפורים לשבת ישנו כאן מקום ספק נוסף, וזאת מצד אופי ההלכה המשווה מחלל שבת לעכו"ם. דיש לעמוד על שורש דין זה ועל יסודו. דהנה בית הלוי (שם) יצא לדון בדבר חדש בעניין זה: "דהא דקיי"ל דמחלל שבת הוי כמומר לכל התורה כולה אינו משום עבירה דשבת, דע"י דעבר על איסור שבת עשתה אותו התורה כעו"ג לכל דבר שצריך ישראל... רק הוי בירור, דחכמים ירדו לסוף דעתן של בני האדם, דכיון דנתפקר לחלל שבתות בפרהסיא, בודאי הוי בלבו מומר לכה"ת כולה. והחילול שבת הוי רק בירור אצלנו".

אליבא דבית הלוי, מעמד מחלל שבת ככופר בעיקר וכעכו"ם לכל מילי יסודו באומדנא שאין אדם מגיע לכלל חילול שבת ח"ו אלא אם כן כפר בעיקר ויצא מן הכלל. לדידו, אין החילול אלא בגדר סימן ואות על כך שכופר הוא בעיקר, ולא שעצם העבירה של חילול השבת מעשה כפירה הוא. ומכאן שלא נשנתה הלכה זו מצד החומרה היתרה של הלאו "לא תעשה כל מלאכה" האמור בשבת, ואף לא מחמת חילול קדושת השבת הכרוך בעקביו. וממילא, כפי שציין הוא עצמו, הרי הספק בנוגע ליום הכיפורים אינו תלוי באופי איסור המלאכה ביום הקדוש ובמעמדו, אלא באומדנות בני אדם.

ונראה עוד יותר, שאף אם נאמר שלא כדבריו ונגרוס שעצם החילול הוא המגדירו כעכו"ם, ואף אם נשווה בין שבת ליום הכיפורים ביחס למהות איסור המלאכה, עדיין יהא ספק בידינו. דאפשר שהפסול איננו מצד מעשה העבירה של חילול השבת, אלא מצד אחר. שמא בשורש הדין עומדת מהות ייחודית, הפתוכה וקשורה בשבת, ואינה קשורה לטיב האיסור דווקא. כך שאף אם איסור יום הכיפורים זהה הוא לחלוטין לאיסור שבת, ואף אם שותפים הם לאותה קדושה, אף על פי כן העושה בו מלאכה אינו כעכו"ם, כיוון שפרצוף ייחודי ופן מסוים של השבת חסר ביום הכיפורים.

כלפי מה הדברים אמורים. רש"י בחולין (ה ע"א ד"ה אלא לאו) קשר את החומרה

המיוחדת של שבת, המתבטאת בכך שהמחללה הרי הוא כעובד עכו"ם, בכך שהשבת היא "זכר למעשה בראשית": "האי תנא חמירא ליה שבת כעבודת כוכבים, דהעובד עבודת כוכבים כופר בהקב"ה והמחלל שבת כופר במעשיו ומעיד שקר שלא שבת הקב"ה במעשה בראשית". השבת מעידה על כך ששת ימים עשה ה' את השמים ואת הארץ. כל המחלל את השבת, סותר עדות זו, והרי הוא כופר בקב"ה כבורא העולם.

אין רש"י מנמק הלכה זו בחומרתם של הלאו ושל מעשה העבירה. לאור דבריו נראה שאף אם טיב איסור המלאכה שביום הכיפורים זהה לחלוטין לטיבו של האיסור בשבת, עם כל זאת ייתכן שחלוקים הם בדיניהם, משום שחילול שבת טומן בחובו כפירה בקב"ה, מה שאין כן ביום הקדוש, שהרי אין הוא זכר למעשה בראשית. ובאמת נקודה זו היא שורש ספקו של רבי עקיבא איגר: "כי בפשוטו מסתבר דדוקא בשבת ומטעמא דפירש"י בפ"ק דחולין, דהוי ככופר ומעיד עדות שקר שלא שבת הקב"ה במעשה בראשית, משא"כ ביוה"כ דל"ש כן". וכן הסיק החתם סופר בתשובה (ח"ו סימן פג) לאור רש"י זה, כי אין להשוות מחלל יום הכיפורים למי שחילל את השבת.

כמו כן יעוין בהלכה האחרונה שבהלכות שבת ביד החזקה (פ"ל הט"ו), שבה נימק הרמב"ם כך את פסולו של המחלל שבת: "השבת ועבודה זרה – כל אחת משתיהן שקולה כנגד שאר כל מצות התורה, והשבת היא האות שבין הקב"ה ובינינו לעולם, לפיכך כל העובר על שאר המצות הרי הוא בכלל רשעי ישראל, אבל מחלל שבת בפרהסיא הרי הוא כעובד עבודה זרה, ושניהם כגוים לכל דבריהם". יש להסתפק בנוגע לכוונתו. אפשר לפרש שלדידו יסוד ההלכה הוא החומרה של האיסור. לפי זה נאמר שהרמב"ם ציין שהשבת אות היא, רק משום שעובדה זו מסבירה מפני מה חמור איסור שבת משאר איסורים שבתורה. להבנה זו, דינו של מחלל יום הכיפורים אכן תלוי בחקירתנו הבסיסית, האם איסור המלאכה בו זהה לאיסור בשבת. ברם, ניתן לפרשו אחרת ולומר שהרמב"ם לא התייחס לחומרת הלאו והאיסור, אלא לרובד אחר של השבת – שהיא קרויה אות.

אך אף אם נאמץ את ההבנה כי פסולו של מחלל שבת איננו מצד חומרת מעשה העבירה, אלא מחמת היות השבת אות וברית, עדיין ישנו מקום להתלבט בנידון דידן. זאת משום שאף היום הקדוש הרי הוא יום של ברית י"ג מידות.[25] אולם מאידך פסוק זה, הקורא לשבת אות, נכתב בפרשיית השבת ולא לגבי יום הכיפורים. בתורה מצינו

25. או מתוך תפיסה שהברית האמורה בשבת מתייחסת אף ליום הכיפורים, שאף הוא שבת שבתון.

שרק השבת קרויה במפורש אות וברית. ואם כן, העושה ביום הכיפורים מלאכה אין דינו כעכו"ם.

לסיכום, אם מחלל יום הכיפורים דינו כעכו"ם לכל דבריו, הרי זוהי ודאי ראיה שמקישים בין שבת בראשית לשבת שבתון. אבל במידה שאין דינו כעכו"ם, ייתכן שבכל אופן ישנו היקש ביניהם, מלבד נקודה זאת.

כפילות האיסור

והנה באמת הרי איסור המלאכה, כנזכר לעיל, נשנה בתורת כוהנים בשתי סדרות. נכתב הוא בסוף סדר עבודת היום בפרשת אחרי מות, וכן בפרשיית המועדים שבפרשת אמור, שם אף נכפל ונשלש האיסור בשלושה פסוקים: "וכל מלאכה לא תעשו" (ויקרא כ"ג, כח), "וכל הנפש אשר תעשה כל מלאכה" (שם, ל), "כל מלאכה לא תעשו" (שם, לא).

והנה רש"י על אתר ישב על מדוכה זו – מה ראתה תורה להרבות באזהרות, ופירש: "להזהיר על מלאכת לילה כמלאכת יום" (ויקרא כ"ג, לא). דבריו כאן הם על פי הגמרא ביומא פא ע"א, המבארת את ריבוי הפסוקים כך: "חמשה קראי כתיבי במלאכה. חד לאזהרה דיממא, וחד לאזהרה דליליא, וחד לעונש דיממא, וחד לעונש דליליא, וחד לאפנויי למגמר עינוי ממלאכה בין דיממא בין דליליא". ויעוין בתוספות ישנים על אתר (ד"ה חד), שהתלבטו לאור סוגיה זו: "לא ידענא אי בעינן בכל דוכתא עונש דיממא וליליא במלאכה, כגון שבתות וימים טובים וחוש"מ". שהרי לא מצינו בשאר ימים טובים ובשבתות שהוצרכנו לרבות איסור בלילה, נוסף על האיסור ביום.

ביאור העניין הוא על סמך המובא בגמרא בכריתות (ז ע"א) ובמגילה (כ ע"ב), דאיתא התם שאין יום הכיפורים מכפר אלא ביום: "וכפרה בימּמא הוא, דכתיב: ביום הזה יכפר עליכם".[26] רש"י בכריתות שם הציע מקור לכך: "יום הכפורים אינו מכפר אלא היום (נראה דצ"ל: אלא ביום), כדכתיב: כי ביום הזה". נחוצה הייתה ילפותא ייחודית, שלא מצאנו כמותה בשאר המועדים, כדי להרחיב את איסורי יום הכיפורים

26. לגבי השאלה האם כל רגע ורגע שביום מכפר, או רק סוף היום מכפר, יעוין בגמרא שבועות יג ע"א ובתוספות שם ד"ה דעבד, שכתבו: "והא דנקט כגון דחנקתיה אומצא לאו דוקא, אלא הוא הדין שמת בו ביום". שיטתם היא דרק סוף היום מכפר. מאידך גיסא, רש"י שם (ע"ב) כתב: "וחנקתיה – שלא עבר עליו רגע מן היום לאחר עבירתו", ולדעתו כל רגע ורגע מכפר. וראו עוד בספר הררי קדם ח"א סימן מִה, וכן בדברי הגר"מ המובאים בספר איש ההלכה, עמ' 41 [הערת עורך].

אף ללילו, משום שהלילה אינו מכפר. בשאר הימים הטובים, לעומת זאת, אין הלילה והיום שתי יחידות שונות, אלא יחידה אחת של תאריך אחד המתקדש בקדושת יום טוב, ללא שום שוני והבדל בין הלילה ליום, ועל כן אין צורך בריבוי מיוחד להחלת האיסור על הלילה. רק ביום הכיפורים היינו יכולים להעלות על דעתנו שמא אף האיסורים אינם אלא ביום. ומכך בא הלימוד להפקיע, דקא משמע לן שהן ליל יום הכיפורים והן יומו אסורים במלאכה.[27]

העולה מזאת, שקיימת זיקה בין איסור המלאכה ובין כפרת היום וטהרתו. עצם קדושת היום המכפרת והמטהרת נוגדת היא וסותרת עשיית מלאכה. היום שבו הקב"ה מכפר עלינו, לטהר אותנו מכל חטאותינו, איננו יום של מלאכה הנעשית בידי בני אדם. בכך דומה יום הכיפורים לשבת, שהשביתה בה מתחייבת ממהותו של היום ומקדושתו, ואינה אך ורק אמצעי לפינוי זמן עבור קדושת היום ושמחתו, או כדי למנוע מהיום להפוך ליום חול סתמי. ועוד יש להציע כי איסור המלאכה מעצב את היום כזמן כפרתנו וכיום טהרתנו, וזאת במיוחד אם נבין שאיסור המלאכה והצום מתמזגים יחד לקדושת יום אחת.

ברם, יעוין ברש"י בפירושו הראשון לפסוק "כל מלאכה לא תעשו", דביאר בדרך אחרת את ריבוי הפסוקים העוסקים באיסור מלאכה: "לעבור עליו בלאווין הרבה" (ויקרא כ"ג, לא). ונראה בביאור העניין, שהחזרה וריבוי הלאווין נובעים מכך שבאמת שני פנים ישנם באיסורי יום הכיפורים. פרשיית יום הכיפורים שבאחרי מות כל כולה מושרשת בכפרת היום ובטהרתו אותנו: "כי ביום הזה יכפר עליכם לטהר אתכם מכל חטאתיכם לפני ה' תטהרו" (ויקרא ט"ז, ל). איסור המלאכה המוזכר שם הרי הוא דומה לאיסורה בשבת. עשיית מלאכה סותרת ומכחישה את אופי היום כזמן של כפרת עוונות ומחילתם. אין מלאכה וכפרה יכולות לשכון בכפיפה אחת. השביתה ממלאכה הריהי מעיקר קדושת היום; ובכך דומה איסור המלאכה ביום הכיפורים לאיסורה בשבת, שהרי אף בה השביתה היא עיקר השבת.

מאידך גיסא, בפרשיית המועדות שבפרשת אמור נצטווינו על אודות כל המועדים; היום הקדוש מופיע בה כאחד מאותם מועדים. מסתבר שצביון איסור המלאכה ביום הכיפורים בפרשייה זו הרי הוא כצביון איסורו בשאר הימים הטובים, שאִתם נשנה. בכולם המלאכה נאסרה לא כעיקר מצוות היום ולא מתוקף שורש קדושת היום. נאסרה היא מכיוון שהימים הטובים נקראו "מקרא קודש", וניתנו

27. יעוין בספר שיעורים לזכר אבא מרי ז"ל ח"א, ירושלים תשס"ג, עמ' רא-רד.

לכנסת ישראל לשמחה ולששון, לגיל ולשמוח בהם בקב"ה; עשיית מלאכה מונעת בפועַל את כל אלו. כשם שעשיית המלאכה מתנגשת עם אופיים של שלושת הרגלים, כך מתנגשת היא עם ה"לפני ה' תטהרו" של יום הכיפורים ועם היותו "מקרא קודש".

אם כן, לדברינו, מן הכתוב עולה שכפל פנים לו, ליום הכיפורים. שני יסודות ישנם באיסור המלאכה של היום הקדוש. נמצא בו הן איסור מלאכה המקביל לשבת, והן איסור הדומה ליום טוב. על פי היסוד הזה יש לבאר את דברי רש"י, "לעבור עליו בלאווין הרבה". ריבוי הלאווין אינו חזרה וכפילות של אותו איסור, אלא שורשו בריבוי פניו של איסור המלאכה ביום הכיפורים.

נוכל לשלב בין שני פירושיו של רש"י ולומר, שהריבוי בפסוקים בא לדמות ולהקיש בין הלילה ליום באופן הבא: ללמדנו שאיסור המלאכה בלילה אינו רק מפאת הסתירה שבינו לבין ניהוג היום, מעין האיסור ביום טוב, אלא שאף בלילה קיים הפן הדומה לשבת, האוסר במלאכה מצד עצמה. לולא הריבוי, היה הלילה נאסר במלאכת עבודה, כיום טוב, אך לא בכל מלאכה, כבשבת.

בכך יש לבאר אף את הכפילות והחזרה בתוך הפרשייה באמור, שבה חזר הכתוב שלוש פעמים על איסור המלאכה. בשתי האזהרות הראשונות הודגש: "וכל מלאכה לא תעשו **בעצם היום הזה**" (כ"ג, כח), "וכל הנפש אשר תעשה כל מלאכה **בעצם היום הזה**" (שם, ל), בעוד באזהרה השלישית נצטווינו סתם: "כל מלאכה לא תעשו" (שם, לא). ולאור חידושנו יש לתת טעם בדבר: התורה חזרה וריבתה את האיסור, כיוון שמדובר באיסור בעל אופי אחר. אין זה אותו איסור החוזר שלוש פעמים, אלא שני פנים של האיסור. פן אחד קשור לכפרה, ולגביו מדגישה התורה: "בעצם היום הזה"; ופן נוסף הדומה לשאר המועדות, ובו אין הדגשה מעין זו.

אלא שישנו מקום עיון בחידושנו. שהרי מפשטות הסוגיה משמע שלולא הריבוי לא היה ליל יום הכיפורים נאסר כלל במלאכה. הווה אמינא זו מובנת שפיר במידה שכל האיסור הווי מצד כפרת היום, ובדומה לשבת. לפי הבנה זו אולי בלילה, שאין בו כפרה, ישנו מקום להתיר מלאכה, וזהו שבא הריבוי לשלול. ברם, אם שני פנים באו לכאן, אזי מצד האיסור שבבחינת "מקרא קודש", הדומה לשאר ימים טובים, כיצד ייתכן להבדיל בין הלילה ליום? הרי מבחינת רובד זה של האיסור שווה יום הכיפורים למועדות, שאין הלילה והיום קובעים בהם ברכה לעצמם, אלא מהווים יחידה אחת של אותה קדושה. ואף לולא הריבוי, מלאכה הייתה נאסרת בלילה מפאת ה"מקרא קודש"

שבו, שהרי ממד זה של האיסור אינו תלוי בכפרה. ומדוע הוצרכה הגמרא לרבות את הלילה לעונש ולאזהרה?

ונראה לומר, שהריבוי נחוץ אך ורק ביחס לעונש. אף לולא הלימוד אסורה הייתה מלאכה בלילה, מכוח ה"מקרא קודש" שבו. אך רובד זה, המקביל ליום טוב, אין בו עונש כרת. על מנת לענוש כרת את העושה מלאכה, נחוץ ריבוי לרובד נוסף באיסור המלאכה, רובד המקביל לשבת, שהוא המוסיף את חומר הכרת. נחוץ לימוד מן הפסוקים, ללמדנו שאותו האיסור של "עצם היום הזה", שהוא – בדומה לאיסור האמור בשבת – מעצם מהותו הפנימית של הזמן והמועד, שייך גם בלילו של יום הכיפורים.[28]

לפי זה האזהרה הייחודית והנפרדת עבור ליל יום הכיפורים דרושה כדי להעניש, ולשם כך נחוץ הריבוי שבגמרא. עצם האיסור, ברמת לאו כבשאר המועדות, אינו תלוי בריבוי זה.

ולפי זה יובן מה שהבאנו לעיל מהמכילתא, דהייתה הווה־אמינא שאף קניבת ירק תיאסר ביום הכיפורים. אין הכרח ללמוד מכאן שהאיסור ביום הכיפורים שווה לאיסור ביום טוב, אף בשלב ההווה־אמינא. כל שנאמר הוא שמפני שביום הכיפורים איתא לתרווייהו, הן האיסור המקביל לשבת והן האיסור הדומה ליום טוב, לכן יש לאסור אף קניבת ירק מפאת איסור היום טוב. אך אין בכך כדי לשלול את האיסור המקביל לשבת.[29]

אלא שבמכילתא שם מובא אף לימוד נוסף – שגם מלאכת מצווה אסורה. מצינו לימוד מעין זה לגבי יום טוב (מכילתא דרשב"י שם), אולם לא ביחס לשבת. ויש לומר דלגבי יום טוב אפשר היה להעלות על הדעת שמלאכת מצווה תהיה מותרת, שהרי

28. יש מקום לטעון שהריבוי לא בא להשוות בין הלילה והיום, אלא רק לרבות עונש כרת ללילה. לפי הצעה זו, גם לאחר הלימוד עדיין חלוק הלילה מן היום. בלילה אין לאיסור המלאכה אופי כפול, והמלאכה בו נאסרה רק מפאת דמיונו ליום טוב. והנה לעיל חילקנו על פי האבן עזרא בין עונש האבדון האמור בכתוב ובין עונש הכרת הכתוב בו. אם נצרף את חידושנו הנוכחי לחילוק האבן עזרא, ייתכן שיעלה בידינו חידוש: אין ראי עונש המחלל את ליל יום הכיפורים כראי המחלל את יומו; על איסור המלאכה בלילה ענושים כרת, בעוד על העושה מלאכה ביום אומר הכתוב: "והאבדתי".
ברם, חידוש זה תלוי ועומד בהבנת הריבוי: האם משווה הוא לחלוטין בין הלילה והיום, או שמא רק קובע שעונש הכרת חל אף בלילה, ועדיין נותר הבדל בין שתי החטיבות השונות של ליל יום הכיפורים ויומו [הערת העורך].

29. דלא כפי שהסברנו למעלה, שבאמת בהווה־אמינא מוכח שהאיסור הוא מעין יום טוב בלבד, ורק למסקנה משתנה התפיסה על אודות טיב האיסור ואופיו.

אין סתירה חזיתית בין עשיית מלאכה לבין קדושת היום ומהותו. אם כנים דברינו, הלוא דבר הוא שהמכילתא העלתה הווה־אמינא זו גם לגבי יום הכיפורים. כאן לא ניתן לומר שאף בשלב ההווה־אמינא היה ביום הכיפורים איסור כפול שצביונו הן כשבת והן כיום טוב. לימוד זה בא להחמיר ולא להקל, ואין בו כל נחיצות אם קיים ועומד אף האיסור הדומה לשבת. מכאן עולה כי בשלב ההווה־אמינא אכן האיסור ביום הכיפורים נתפס אך ורק כמקביל לאיסור במועדים, ורק במסקנה נתחדש הפן המקביל לשבת.

קדושת היום ומהותה

מילתנו ודברינו עד כה התייחסו לאופי איסור המלאכה ביום הקדוש ולמהותו. ברם, חקירה זו בדבר טיב האיסור, אם הווי כאיסור המלאכה בשבת או כאיסורה ביום טוב, ניתן להרחיבה ולראותה כמשקפת את אופיו הבסיסי של יום הכיפורים. הרי הכתוב קרא ליום הקדוש "שבת שבתון", ולפיכך ניתן לראותו כמעורה בקדושת השבת. מאידך, ייתכן שקדושת היום זהה היא עם קדושת יום טוב דווקא, והינה חלק ממסגרת המועדות, על כל המאפיין והמייחד אותם; שהרי נזכר יום הכיפורים בפרשיית המועדות שבפרשת אמור.

מתבקש להציע הקבלה בין שתי השאלות, ולומר שאם קדושת יום הכיפורים דומה לקדושת השבת הרי שגם איסור המלאכה שבו דומה הוא לאיסור דשבת, ולהיפך. תלות זו אינה הכרחית, אך מסתברת היא מאוד.

מדברי הרמב"ם נראה כי קדושת יום הכיפורים דומה לקדושת שבת. אפשר לראות זאת בשני מקומות: א) "יום הכפורים שחל להיות ערב שבת או לאחר שבת בזמן שמקדשין על פי הראיה, יראה לי שהן כיום אחד וקדושה אחת הם" (הלכות עירובין פ"ח ה"י). לא מצאנו קביעה כזו לגבי שבת ויום טוב או יום הכיפורים ויום טוב. ב) "חלבי שבת קריבין בלילי יום טוב אם חל יום טוב להיות במוצאי שבת, אבל אין קריבין בלילי יום הכפורים, שנאמר: עולת שבת בשבתו, ולא עולת שבת זו בשבת אחרת, ולא עולת חול ביום טוב" (הלכות תמידין ומוספין פ"א ה"ז). כאן אפשר לדייק שיום הכיפורים הרי הוא כ"שבת אחרת".

מצוות שמחה

אחד ההבדלים המרכזיים בין קדושת השבת לקדושת הימים הטובים הוא השמחה.

פשטות הדברים היא שביום טוב ישנה מצוות שמחה, מה שאין כן בשבת.[30] ואם כן, בירור עניין השמחה ביום הכיפורים יגיה אור על אופי היום הגדול ועל מהותו. ונראה שנחלקו בכך תנאים וראשונים.

נחלקו חכמים ורבן גמליאל במשנה דמסכת מועד קטן (יט ע"א) לגבי דינם של יום הכיפורים וראש השנה בנוגע לביטול אבלות. ההבנה הפשוטה היא כי יום טוב מבטל אבלות מפאת השמחה שבו, ועל כן השבת אינה מבטלת אבלות, שהרי אין בה מצוות שמחה. וכפי שביארו התוספות במועד קטן (כג ע"ב ד"ה מאן): "גבי י"ט, אין עולין לגמרי לא למנין ולא לאבילות משום שמחה דכתיב בהן... אע"ג דשבת עולה, רגל אינו עולה, הואיל ואין אבילות כלל, משום דכתיב בהן שמחה; שבת מיהא לא כתיב שמחה". ואם כן, לכאורה חקירתנו בנוגע למעמד יום הכיפורים ולטיבו הרי היא מחלוקת תנאים מפורשת. חכמים הסוברים שאין ראש השנה ויום הכיפורים בכלל המועדות לעניין ביטול אבלות סוברים לכאורה שאין נוהגת בהם שמחה. מאידך גיסא, רבן גמליאל סובר שקדושתו כקדושת יום טוב, ולפיכך יש בו שמחה ומבטל הוא אבלות. והרי כך היא ממש לשונו: "ר"ה ויוה"כ כרגלים".

כמו כן, יעוין בטור (אורח חיים סימן תקפב), שהביא חילופי מנהגים בנוגע לאמירת "מועדים לשמחה חגים וזמנים לששון", בקידוש ובתפילה ביום הכיפורים, וביחס להוספת "והשיאנו" בתפילת היום הקדוש: "ואין אומרים ותתן לנו ה' אלהינו באהבה מועדים לשמחה חגים וזמנים לששון לא בר"ה ולא ביוה"כ. אבל רב שר שלום כתב: אומר בב' ישיבות בר"ה וביוה"כ, בין בתפלה בין בקדושה, מועדים לשמחה חגים וזמנים לששון את יום הזכרון הזה, שהרי כתיב אלה מועדי ה' בריש ענינא, ובסוף ענינא וידבר משה את מועדי ה', וקאי אכל ענינא, אפסח עצרת ר"ה ויוה"כ סוכה ושמיני עצרת, כולהו איתקוש להדדי לקרותו מועדי ה' מקראי קודש. וכ"כ רב פלטוי גאון זצ"ל, ותתן לנו ה' אלהינו באהבה מועדים לשמחה חגים וזמנים לששון את יום הזכרון הזה. וכ"כ רב שמואל בן חפני מנהג ב' ישיבות... אבל והשיאנו הנהיג ר"י בגרמיש"א שלא לאמרו, לפי שברכת מועדיך לא שייך אלא בג' רגלים, דכתיב:

30. ואף כי מצינו שנאמר בספרי בפרשת בהעלתך: "וביום שמחתכם – אלו שבתות", עדיין נראה כדברינו לעיל, שאין בשבת מצוות שמחה. ראשית, ודאי בהלכה לא מצינו זכר לחובה לשמוח בשבת, ועל כן נראה דספרי זה לא נפסק להלכה. שנית, כבר ביאר הגר"מ סולובייצ'יק זצ"ל דהספרי איירי במקדש, ושם אכן ישנה מצוות שמחה בשבת, אך לא בגבולין. בכך ביאר הוא את מנהג אשכנז להזכיר "ישמחו במלכותך" אך ורק במוסף. תפילת מוסף מיוחדת היא, שהרי כל עניינה כנגד הקרבן, ולכן הווי כאילו אנו עומדים במקדש, שבו אכן שייכא שמחה בשבת. ויעוין עוד בשיבולי הלקט סימן פב.

שלש פעמים בשנה יראה כל זכורך, וסמיך ליה: איש כמתנת ידו כברכת ה׳ אלהיך. וכ״כ רב שאלתיאל, דברכת מועד זה קרבן חגיגה, דכתיב: כברכת ה׳ אלהיך, וזה אינו כי אם ג׳ פעמים בשנה. ומטעם זה אין לומר במוסף: ואין אנו יכולין לעלות ולראות לפניך, אלא: ואין אנו יכולין לעשות חובותינו לפניך. אבל ר״י בר״י הנהיג במגנצא לאומרו בר״ה ויוה״כ בשם ר״א הגדול. וגם רבי משולם שאל את פי ראש ישיבה שבירושלים והשיבו שאומר אותו. וכ״כ רב יהודאי ריש מתיבתא: יחיד צ״ל בתפלה בר״ה מלוך והשיאנו״.

הרי שנחלקו ראשונים האם מזכירים ״והשיאנו״ בתפילה ו״מועדים לשמחה...״ בקידוש ובתפילה. שורש מחלוקתם, לפום ריהטא, הוא האם ישנה מצוות שמחה ביום הכיפורים. ודאי מי שנהג לומר ״והשיאנו״ סבור שישנה שמחה ביום הכיפורים, בעוד מי שאינו מזכיר כנראה סבור שיום הכיפורים קדושתו היא מעין קדושת שבת, וחסרה בו מצוות שמחה.

עלה בידינו כי אופי היום תלוי במחלוקת התנאים, רבן גמליאל וחכמים, ביחס לביטול אבלות; וכן בחילופי המנהגים המופיעים בראשונים ביחס לאמירת ״והשיאנו״ ו״מועדים לשמחה״.

אכן, נראה כי תלות זאת אינה הכרחית. אנו דנו ביחס ליום הכיפורים בלבד, כיוון שבו נאסרה כל מלאכה כבשבת. אך מחלוקת חכמים ורבן גמליאל נסובה אף על אודות ראש השנה, שבו ודאי איסור המלאכה זהה לאיסור שבשאר הימים הטובים, ואין סברה לדמות את קדושת היום שלו לקדושת שבת. על כורחנו, שמחלוקתם מתמקדת בשאלה הנקודתית של מצוות שמחה בימי הדין, ואין לתלות זאת בתוכן היום ובאופי איסור המלאכה.

הוא הדין בנוגע לחילופי המנהגים. ודאי שהמנהג לומר ״והשיאנו״ משקף הנחה כי היום הינו יום שמחה וששון. ברם, ייתכן שאף הסוברים שאין לומר ״והשיאנו״, מסכימים ששמחה נוהגת בראש השנה וביום הכיפורים, אלא שאין להגדירם כמיועדים לכך.

הרמב״ם שאל מדוע הלל לא נאמר בימי הדין, ראש השנה ויום הכיפורים, וביאר שהם ״ימי תשובה ויראה ופחד, ולא ימי שמחה יתרה״ (הלכות חנוכה פ״ג ה״ו). מכך דייק מורי חמי זצ״ל שאין בהם ״שמחה יתרה״, אך שמחה כל שהיא אכן יש בהם. לאור זאת ייתכן שאף מי שאינו מזכיר בתפילתו ״מועדים לשמחה״ סבור שישנה שמחה ביום זה, אלא שממד היראה שביום הוא הדומיננטי, ולכן אין לבטא שמחה בתפילה.

ויותר נראה, כפי שהרחבתי בספרי "מנחת אביב" (עמ' 241–253) ולעיל בפרק העוסק בקידוש, שישנם שני קיומים במצוות השמחה. מחד גיסא, זוהי מצווה הדומה לכל שאר מצוות המועד, כגון לולב ומצה, ואף מצינו לגביה דינים והלכות כיצד יש לקיימה – באכילת בשר, בשתיית יין וכדומה. אך מאידך גיסא, השמחה מעצבת את היום וקובעת את אופיו, וקיום זה לא עוצב במטבע מסוים, אלא כל שמחה בה' מטביעה ביום חותם של מועד.

והנה הקיום הראשון לא נאמר אלא ברגלים – בשבועות ובסוכות ובפסח הנלמד מהם – ואינו שייך לימי הדין. אולם נראה שהקיום השני, המעניק זהות ליום והנותן לו את צורתו, משתייך לכל המועדות. אם כך, חילופי הנוסחים תלויים בשאלת הזכרת השמחה; האם קשורה היא למצוות השמחה שהיא מצווה פרטית ממצוות היום, או שהזכרת השמחה קשורה דווקא בממד השמחה המעצב את היום כיום מועד.

קדושת שמיטה ויובל

איסור המלאכה בשביעית וביובל

בהר סיני, שבו נתן הקב״ה לבני ישראל חוקים, משפטים ותורות, נאמרה לנו מצוות השמיטה. שם ניתנו לנו כללותיה, דקדוקיה ופרטיה של שנת השבע, כחלק מן הברית אשר כרת ה׳ את ישראל בחורב.[1] וכך נצטווינו: ״דבר אל בני ישראל ואמרת אלהם כי תבֹאו אל הארץ אשר אני נֹתן לכם ושבתה הארץ שבת לה׳. שש שנים תזרע שדך ושש שנים תזמֹר כרמך ואספת את תבואתה. ובשנה השביעִת שבת שבתון יהיה לארץ שבת לה׳ שדך לא תזרע וכרמך לא תזמֹר. את ספיח קצירך לא תקצור ואת ענבי נזירך לא תבצֹר שנת שבתון יהיה לארץ. והיתה שבת הארץ לכם לאכלה לך ולעבדך ולאמתך ולשכירך ולתושבך הגרים עמך. ולבהמתך ולחיה אשר בארצך תהיה כל תבואתה לאכֹל״ (ויקרא כ״ה, ב–ז).

לקושטא דמילתא הרי בפרשייתנו, מלבד עיסוקה בשמיטה, נתפרשו אף כללותיה ומצוותיה של שנת החמישים. כך נכתב בנוגע למצוות היובל, מיד לאחר הציווי על השמיטה: ״וספרת לך שבע שבתֹת שנים שבע שנים שבע פעמים והיו לך ימי שבע שבתֹת השנים תשע וארבעים שנה. והעברת שופר תרועה בחֹדש השבִעי בעשור לחֹדש ביום הכִפֻּרים תעבירו שופר בכל ארצכם. וקִדשתם את שנת החמִשים שנה

1. לדעת האבן עזרא (ויקרא כ״ה, א) נאמרה פרשייה זו קודם ספר ויקרא, כחלק מן הברית בחורב שבסוף ספר שמות. אולם חלק עליו הרמב״ן (שם), לשיטתו שהתורה כתובה כסדר שבו התרחשו אירועיה, וטען שזו ברית חדשה שנאמרה בארבעים היום השניים שעשה משה בהר סיני, מן הסיבה הבאה: ״וכשחטאו בעגל ונשתברו הלוחות כאילו נתבטלה הברית ההיא אצל הקב״ה, וכשנתרצה הקב״ה למשה בלוחות שניות צִוהו בברית חדשה״.

וקראתם דרור בארץ לכל ישביה יובל הִוא תהיה לכם ושבתם איש אל אחֻזתו ואיש אל משפחתו תשֻׁבו. יובל הִוא שנת החמִשים שנה תהיה לכם לא תזרעו ולא תקצרו את ספיחיה ולא תבצרו את נזיריה. כי יובל הִוא קֹדש תהיה לכם מן השדה תאכלו את תבואתה. בשנת היובל הזאת תשֻׁבו איש אל אחֻזתו" (שם, ח-יג).

והנה הכתוב אוסר בשתיהן את מלאכות השדה והאילן – זריעה, זמירה, קצירה ובצירה. לגבי שמיטה נאמר: "שדך לא תזרע וכרמך לא תזמֹר. את ספיח קצירך לא תקצור ואת ענבי נזירך לא תבצֹר" (שם, ד-ה). וכן נכתב במקביל ביחס ליובל בהמשך הפרשייה: "לא תזרעו ולא תקצרו את ספיחיה ולא תבצרו את נזִריה" (שם, יא). בפשטות, אם כן, נראה ששווה איסור מלאכת השדה ביובל לאיסור המקביל בשמיטה, הן בטיבו והן בכל דיניו, דקדוקיו ופרטיו. ולכאורה אין בין זה לזה אלא זמנם, שהשמיטה הרי היא שנת השבע והיובל הרי הוא שנת החמישים. וזאת אף על פי שנתוספו ביובל – כמפורש בכתוב – מצוות והלכות נוספות, שאינן בשמיטה, כגון שילוח עבדים, החזרת שדות ותקיעת שופר.

ואכן, הרמב"ם השווה ביניהם: "דין היובל בשביתת הארץ ודין השמטה אחד הוא לכל דבר. כל שאסור בשביעית מעבודת הארץ אסור בשנת יובל, וכל שמותר בשביעית מותר ביובל, ומלאכות שלוקין עליהן בשביעית לוקין עליהן ביובל, ודין פירות שנת יובל באכילה ובמכירה ובביעור כדין פירות שביעית לכל דבר" (הלכות שמיטה ויובל פ"י הט"ו).

ברם, מתוך עיון בפסוקים ומתוך ליבון ובירור כמה הלכות נראה כי יש לחלק בין אופי איסור המלאכה בשמיטה לבין טיב האיסור ביובל. וכבר מצינו שהרמב"ם כתב על תחומים הלכתיים שונים ששווים הם לכל דבר, ואף על פי כן ייתכנו לגביהם חילוקי דינים מסוימים.[2]

בפסוקים שהובאו לעיל, התורה מכנה את שנת השבע "שבת שבתון... לארץ", "שבת לה'". אך בשום מקום אין התורה מכנה את היובל "שבת". אמנם הכתוב אוסר את המלאכה ביובל, אולם אין הציווי אמור בלשון שביתה אלא רק בניסוח של לאו: "לא תזרעו" וכו'; לצדו של הלאו אין מצוינת הקביעה שהיובל הינו שבת לה' או לארץ.

2. כך, למשל, לגבי תרומה ומעשר. יעוין פ"א מהלכות מעשר ה"ז, שם זיהה הרמב"ם בין הלכות מעשר להלכות תרומה. ואף על פי כן נראה שייתכנו הבדלים ביניהם. שהרי הרמב"ם עצמו הסתפק (הלכות תרומות פ"ב ה"ו) אם חיוב תרומת ירק הוא מדרבנן בלבד, כדין מעשר ירק שחיובו מדרבנן. וכן בנוגע להלכה של "ביאת כולכם" נסתפק הרמב"ם (שם פ"א הכ"ו) אם אף חיוב מעשר מן התורה תלוי בתנאי זה, או רק הפרשת תרומה.

מצינו, אם כך, שהתורה עצמה משווה את השבת לשביעית. וזאת כמובן בנוסף לדמיון הבולט בין שתי השביעיות: "ששת ימים תֵעשה מלאכה וביום השביעי שבת שבתון" (ויקרא כ"ג, ג); "שש שנים תזרע שדך... ובשנה השביעִת שבת שבתון" (ויקרא כ"ה, ג-ד).

מתוך השוואה זו, הקיימת בשביעית והחסרה ביובל, עולה כי אין ראי איסור המלאכה בשביעית כראי האיסור ביובל. השמיטה הרי היא כשבת, ואיסורי המלאכה בה שווים בטיבם ובמהותם לאיסורי מלאכת שבת. ביובל, מאידך גיסא, לא נכתב לשון שביתה, ולפיכך הלאווין האמורים בו שונים באופיים מן השבת. ודומה בעיני כי יש להקישם ולדמותם לאיסורי יום טוב.

בפרק העוסק בקדושת שבת ויום טוב בחיבור זה חילקנו בין איסור המלאכה בשבת ובין איסורו במועדות. וביארנו שבשורשם נבדלים הם. אין זה רק שהיקף איסור המלאכה בשבת נרחב יותר, ואוסר על כל יהודי אף מלאכות אוכל נפש, לעומת האיסור ביום טוב, שהינו מצומצם יותר בהיקפו, ובו "אך אשר יאכל לכל נפש הוא לבדו יעשה לכם" (שמות י"ב, טז). הסברנו כי נבדלים האיסורים השונים זה מזה ביחסם לקדושת היום ולאופיו. איסור המלאכה בשבת הוא ממהותו של היום. עיקרה של השבת הרי היא כשמה – השביתה מכל מלאכה. אנו שובתים ביום זה, כי בו שבת ה' מכל מלאכתו. כשם שהקב"ה שבת וינפש, כך מצווה כנסת ישראל לשבות ביום זה ולא לעשות בו כל מלאכה. אין איסור המלאכה בשבת אמצעי להגשמת יעד שמעבר לו. איסור המלאכה הוא מהותה, עיקרה ויסודה של השבת. ימים טובים, לעומת זאת, ניתנו לנו לששון ולשמחה (בניגוד לשבת שניתנה למנוחה) ומהותם היסודית אינה כרוכה בשביתה ובהימנעות ממלאכה. נאסרה עלינו המלאכה ביום טוב כיוון שהיא חותרת ומפקיעה את קדושת המועד כיום של "מקרא קודש" והשראת שכינה, ומהפכת אותו ליום עבודה סתמי; כשם שאף מבחינה מציאותית פוגעת היא בשמחת יום טוב של העובד בה.

באופן מקביל נחלק בין שמיטה ויובל. השביעית הרי היא כשבת. מקץ שש שנים, בשנת השבע, מצווה כנסת ישראל לשבות מעבודת הארץ ומעבודת האילן. וכשם שבשבת עצם השביתה ממלאכה היא מהות השבת, כך השביתה בשביעית הרי היא עיקרה של השנה. וכשם שאין השביתה בשבת באה לשרת מטרה נוספת, אלא היא היא היעד הנכסף, כך השביתה ממלאכת השדה והאילן היא מהותה העילאית של שנת השבע. זהו עיקרה של השנה, שנת שבת לה' ושנת שבתון לארץ, שבה נאסרו עלינו ארבע המלאכות שנשנו בפסוק.

מנגד, היובל, שאיננו קרוי שבת, משול הוא ליום טוב. איסור המלאכה ביובל

וההימנעות בו מעבודת הקרקע והשדה באים כדי שלא לפגוע באופייה ובתוכנה של השנה, "קֹדש תהיה לכם" (ויקרא כ"ה, יב). אין השביתה ממלאכה עיקר תוכנה ומהותה של השנה, אלא שעשיית מלאכת השדה סותרת את קדושת שנה זו, ולכן נאסרה. שנת החמישים קוראת דרור בארץ לכל יושביה, ואין המלאכה והדרור עולים בקנה אחד. זאת הן במישור העקרוני, של הגדרת השנה כשנת דרור ולא כשנת עבודה, והן במישור המציאותי הפשוט, שבו האדם העמל במלאכה אינו נוטל חלק באותו דרור. והלוא מצינו שהתורה נתנה טעם לאיסור המלאכה ביובל: "כי יובל הִוא קֹדש תהיה לכם". לא מצינו טעם כזה לאיסור המלאכה בשנה השביעית. טעם כזה נחוץ משום שביובל המלאכה לא נאסרה מצד עצמה, אלא מחמת התנגשות עם היות השנה קודש.

בכך מתבאר מדוע האזהרה והאיסור על אודות מלאכות הקרקע לא באו בכתוב בראשית הפסוקים העוסקים במצוות היובל. תיאור המצווה פותח דווקא בחובה לתקוע בשופר בכל הארץ, ולקרוא דרור בארץ לכל יושביה. רק לאחר מכן נצטווינו לבל נזרע ולבל נקצור. איסורים אלו אינם עיקר תוכנה ועניינה של השנה ושל קדושתה. גם עצם שמה של השנה מלמד על כך. והלוא דבר הוא, ששנת השמיטה קרויה כך על שם ההימנעות מעבודת השדה, בעוד שמה של שנת היובל איננו קשור לאיסור המלאכה.[3] אם כן, ההפרש בין שמיטה הקרויה על שם שמיטת השדות, ובין שנת היובל ששמה בא מאחת משאר מצוותיה הנוהגות בה אך לא מאיסור עבודת הקרקע, מעיד בעליל על היחס השונה בין תוכן השנה לבין איסורי העבודה.

חיזוק לדברינו יש למצוא בדברי הרמב"ן על התורה (ויקרא כ"ה, י): "וחזר ואמר: יובל היא שנת החמשים שנה תהיה לכם, שתהיה לכם שנת החמשים ליובל לא לדבר אחר, ולא תזרעו ולא תקצרו, אבל תהיה קדש, ותשובו איש אל אחוזתו, להיותה לכלכם יובל כשמה". מניסוחו עולה שאיסור עבודת הקרקע ביובל אינו תכלית לעצמה, אלא נועד להגשים התמסרות ליובל וחזרה למצב ראשוני. ולכאורה בשביעית שונים פני הדברים, במקביל להבדל שציינו בין שבת ליום טוב.

יתכן שישנה זיקה – אם כי לא קשר ישיר והכרחי – בין דיוננו כאן לבין הטעמים השונים שהוצעו בידי רבותינו למצוות השמיטה והיובל. הרמב"ם בשמונה פרקים (פרק ד) הסביר, שכל מצוות הנתינה באות לחנך את האדם, שלא יהיה חמדן ולא ישעבד עצמו לממונו. בניגוד להבנה המקובלת, שמצוות אלה נועדו אף לסייע לעניים, הרמב"ם התמקד דווקא בממד החינוכי שלהן. בנוגע לענייננו, הרמב"ם כלל בין מצוות הנתינה

3. יעוין ברש"י, אבן עזרא ורמב"ן, ויקרא כ"ה, י.

את המצוות הבאות: "מנתינת המעשרות והלקט והשכחה והפאה והפרט והעוללות ודין השמטה והיובל"; וכולן באות בכדי שתיקבע בנו הנדיבות. לפי הבנתו זו, טעם אחד ליובל ולשמיטה; וזאת בניגוד ליסוד דברינו, שאיסור העבודה ביובל שונה מהאיסור המקביל בשמיטה. כן יהיה בין טעמי השמיטה והיובל אף בעל הכלי יקר, אף שגילה פנים אחרות במצוות אלו ואין טעמו כטעם הרמב"ם: "אבל לפי פשוטו השמיטה והיובל טעם אחד לשניהם, והוא – כדי שנשים בטחוננו בה' ולידע כי לה' הארץ" (ויקרא כ"ה, ח). הרי שאף הוא טוען שטעם השמיטה והיובל אחד הוא; וזאת שלא כחידושנו.

שני שלבים במצוות השמיטה

שנת השמיטה נזכרת בתורה אף בפרשת משפטים, כחלק מברית סיני וממתן תורה: "ושש שנים תזרע את ארצך ואספת את תבואתה. והשביעת תשמטנה ונטשתה ואכלו אביני אמך ויתרם תאכל חית השדה כן תעשה לכרמך לזיתך" (שמות כ"ג, י–יא).[4] הרמב"ן ביאר את טעמה של כפילות זו בהזכרת השמיטה: "והנה בספר הברית הראשון נאמרה השביעית בכלל כמו שהזכרתי, שנאמר והשביעית תשמטנה ונטשתה וכו', ועתה בברית הזאת השנית נאמרה בפרטיה דקדוקיה ועונשיה" (ויקרא כ"ה, א). לדעתו, פעמיים ניתנה לנו השמיטה. בראשונה ניתנה כחלק מן הברית של הלוחות הראשונים; וזה הנאמר בפרשת משפטים. בשנית ניתנה כחלק מברית הלוחות השניים; וזהו הנכתב בפרשת בהר. מלשונו משתמע שאין בין הציווי הראשון לאחרון אלא שהשני הינו מפורט ונרחב ובו נאמרו פרטיה ודקדוקיה, בעוד הפסוק במשפטים נושא אופי כללי יותר.

איברא שבהשוואת הפסוקים במשפטים עם אלו שבפרשת בהר, נראה יותר שטעם אחר ואופי שונה לשתי פרשיות אלו. נראה גם שישנה הקבלה בין מצוות השמיטה במשפטים לבין מצוות השבת של עשרת הדיברות ופרשת משפטים. וכן יש הקבלה דומה בין שבת הארץ שבספר ויקרא לבין שבת בראשית שבפרשת כי תשא.

כבר הארכתי למעניתי, בפרק העוסק בקדושת שבת ויום טוב בחיבור זה, בביאור

4. לפי אחד התנאים, השמיטה נזכרת גם לקמן, בפרשת כי תשא, בפסוק: "ששת ימים תעבד וביום השביעי תשבת בחריש ובקציר תשבת" (שמות ל"ד, כא). דהרי נחלקו תנאים בנידון פסוק זה (משנה שביעית פ"א מ"ד; ירושלמי ריש שביעית; בבלי מועד קטן ג ע"ב), דלרבי עקיבא "בחריש ובקציר תשבת" קאי על שביעית, ובא להוסיף איסור חרישה וקצירה בתוספת שביעית. אך לרבי ישמעאל אין הפסוק מדבר כלל על אודות שמיטה, אלא עוסק בשבת, והסיפא אינה אלא המשך של תחילת הפסוק.

החידוש שבמצוות השבת שבפרשת כי תשא. בפרשת יתרו, בעשרת הדיברות, מתוארת השבת כזכר למעשה בראשית. בפרשת משפטים מתוארת השבת ככרוכה בנפישתם של "בן אמתך והגר". אך בפרשת כי תשא מתוארת לראשונה השבת כביטוי עילאי של מערכת היחסים שבין כנסת ישראל לקב"ה, כאות וכברית בינו יתעלה לבינינו. עשיית מלאכה בשבת מחללת ברית זו, אף אם נתעלם מכל השלכה אחרת שלה.

והנה, בפסוקי השמיטה שבפרשת משפטים יש מגמה מעשית ברורה, ולכן מודגש עניין "אביֹנֵי עמך", היינו, המגמה החברתית. מוקד הציווי ומטרת השביעית אליבא דפרשת משפטים הינם הדאגה לאביון ולפרנסת אלו שאין להם. מוקד הפרשייה הוא הגבלת בעלות האדם על השדה, מעמד הפירות הצומחים בו בשביעית, וקביעה מי יאכלם.[5]

בפרשת בהר, לעומת זאת, השמיטה הרי היא שבת לה', ועיקר יסודה נובע מכך שהשדה איננו שייך לבעלים אלא לקב"ה. לפיכך נאמר בה: "והיתה שבת הארץ לכם לאכלה", ולא מוזכרים עניים דווקא. והיינו מפני שהפסוק בא להתיר אכילה בכלל, שלא תיאסר בגין שבת הארץ.[6] שכשם שבשבת עצם השביתה ממלאכה היא מהות השבת, ולא באה לשרת מטרה נוספת, כך השביתה בשביעית הרי היא עיקרה של השנה, ואין השביעית בפרשייה זו באה כדי לספק פרנסה לאביוני עמך. ואכן, פסוק זה העוסק באביונים באמת לא נכפל כאן.[7]

5. יעוין בסוגיה ריש מועד קטן (ג ע"א), שמפסוק זה ילפינן: "תשמטנה – מלקשקש, ונטשתה – מלסקל", דהיינו שהכתוב בא לאסור במלאכה. וכן פירש רש"י על אתר: "תשמטנה – מעבודה, ונטשתה – מאכילה אחר זמן הבעור. דבר אחר, תשמטנה – מעבודה גמורה, כגון חרישה וזריעה, ונטשתה – מלזבל ומלקשקש". אכן, כבר העיר הרמב"ן על אתר שאין ברייתא זו אלא אסמכתא בעלמא, כדאיתא שם בסוגיה במועד קטן (במאמר המוסגר יש להעיר שלדעת רש"י ייתכן שעבודות אלו נאסרו באיסור עשה, ודברי הגמרא במועד קטן [שם], שרק ד' עבודות המוזכרות בפסוק נאסרו מן התורה, היינו בלאו; ואכמ"ל). הרמב"ן עצמו פירש אף הוא: "תשמטנה – שלא תזרע את ארצך", ומכל מקום הדגיש את הגבלת הבְּעלות, ולא את איסורי העבודה בפני עצמם: "ונטשתה – שלא תאסוף את תבואתה, אבל תעזבנה". ואכן, מהמשך הפסוק – "ואכלו אביֹנֵי עמך" – נראה שמוקד הפרשייה איננו איסור המלאכה לכשעצמו, אלא, כנאמר בפנים, הגבלת הבעלות ודין הפירות שאותם יש לנטוש עבור עניים. וזאת לאו דווקא לאחר הביעור, כדברי רש"י (הרי ודאי שלדעת הרמב"ם [הלכות שמיטה ויובל פ"ז ה"ג], שביעור פירושו ביעור הפירות מהעולם, אין לקבל את פירוש רש"י הנ"ל).
6. וכך כתב רש"י שם (ויקרא כ"ה, ו): "אף על פי שאסרתים עליך, לא באכילה ולא בהנאה אסרתים".
7. ויעויין במכילתא על אתר, שרמזה לשוני שבין הפרשיות, וכיצד יש לישבו: "כתוב אחד אומר: ואכלו אביוני עמך, וכתוב אחד אומר: לך ולעבדך ולאמתך. כיצד יתקיימו שני מקראות הללו, כשהפירות מרובין הכל אוכלין, כשהפירות מעוטין לך ולעבדך ולאמתך. רבי יהודה בן בתירא

לאור דברינו מובן מדוע פן זה של השביעית לא נזכר לפני כן. סדר הפרשיות אינו מקרי. היבט זה של השביעית, שעיקרו שביתה, נתחדש רק לאחר שבשבת עצמה הוטבעה השביתה. והרי זו הוטבעה בשבת רק עם סיום ספר שמות, בפרשיית "ושמרו..." שבפרשת כי תשא. כל עוד השבת עצמה טבועה הייתה במטבע של יום טוב, שאיסור המלאכה בו אינו אלא אמצעי ודרך אל מטרה מסוימת, ממילא אף השביעית, שבת הארץ, התגלתה בפנינו בפן זה, של פרשת משפטים.

בפרשת משפטים, איסור המלאכה של השבת והשביעית צביונם דומה. איסור המלאכה דשבת מתואר שם בדומה לאיסור מלאכת עבודה דיום טוב. וכבר הזכרנו, בפרק העוסק בנושא זה, את דברי הרמב"ן (שמות ל"ה, ג), כי ממד זה של איסור השבת, העולה בפרשות אלו, דומה לאיסור מלאכה דיום טוב גם מבחינת היקפו; כולל הוא רק מלאכת עבודה (וכן בישול ואפייה). איסור זה נחוץ כדי שלא לפגוע ב"מקרא קודש" שביום השביעי. עשיית מלאכה תפגע בצביונו של היום ובייעודו, אולם עצם ההימנעות ממנה אינו עניינו המהותי של היום. בדומה לזה, אף השביעית מתוארת בפרשת משפטים כשנה שבה יאכלו אביוני עמך וחיית השדה. זוהי שנה שבה על האדם לדאוג לאביונים. ברם, אין השביתה עיקרה ומהותה של השנה, אלא משרתת היא את הדאגה והחמלה לנזקק ולאביון.

אכן, משנאמרה פרשיית "ושמרו..." שבפרשת כי תשא, ומשירדה לעולמנו השבת שדיוקנה הוא יום מנוחה ושביתה, הרי לאחר מכן מתגלה בפרשת בהר היבט דומה אף בשמיטה. ובכך יובן כמין חומר הא דבמשפטים נאמר רק "תשמטנה ונטשתה", כאשר הדגש הוא על הפירות ואכילתם, ואילו בכי תשא, לאחר מצוות השבת, כתיב: "בחריש ובקציר תשבת", ואליבא דרבי עקיבא מילים אלו בדיני השביעית אמורות. והרי הן מדגישות את השביתה מעבודת הארץ ולא את הפירות ודינם. ממד זה של שנת השביעית מבדיל בינה לבין שנת היובל.

יש בכך הוספת נופך להבדל שציינו בנוגע לטיב איסורי מלאכת השדה בשביעית וביובל. ביובל מוקד האיסור הוא בתוצאת ההימנעות ממלאכה, הן במישור שבין אדם לחברו והן מפאת אופי השנה. המלאכה לא נאסרה כשלעצמה אלא מחמת תוצאותיה ולמען הזולת. ואילו השביעית הינה "שבת לה'", היא מהווה כביכול צורך גבוה ומעורה במישור שבין אדם למקום, בלי זיקה לתוצאות השביתה. המלאכה נאסרה בה מחמת עצמה.

אומר: עד שלא הגיע שעת הביעור מבערין אותה עניים ועשירים, הגיעה שעת הביעור מבערין אותה עניים ולא עשירים".

מהותה של שנת השמיטה

חידוש זה משתלב בדבריו של מאור עינינו הרמב"ן בספר דברים (ט"ו, א) בדבר היחס שבין שמיטת כספים ובין שמיטת הקרקע: "מקץ שבע שנים תעשה שמטה. הנכון בעיני, שיזהיר על שנת השבע עצמה שנעשה אותה שמטה בחריש ובקציר, כמו שאמר: והשביעית תשמטנה ונטשתה, וזה טעם: תעשה שמטה – שתשבות, כדרך: לעשות את יום השבת. וקצר באסור הזריעה והזמירה, שכבר הזכירם בביאור, אבל הוסיף לבאר כי היא שמטה לה' גם בהשמט כספים. וזה טעם כי קרא שמטה לה' – שהיא שבת לה' וכל המעשים ישבותו".

הרמב"ן סבור, אם כן, שהשמיטה הנזכרת בפרשת ראה איננה אך ורק שמיטת כספים, אלא גם שמיטת קרקע. דהיינו, לדעת הרמב"ן שמיטת כספים ושמיטת קרקע ירדו כרוכות מן השמיים. אין אלו שתי מצוות שהזדמנו אקראית לפונדק אחד באותה השנה. שתי שמיטות הן המשלימות יחדיו את צביונו של הזמן, והופכות אותו ל"שנת שבתון". אופייה ומהותה של השנה מתבטאים בעצירת הפעילות וההתפתחות הכלכלית, הן בכספים הן בשדה. ובכן, אם ביובל לא נוהגת שמיטת כספים, על כורחנו ששנה זו איננה שבתון, אלא שנה השונה באופייה משנת השמיטה.

במאמר המוסגר אעיר שדברי הרמב"ן מובילים לחידוש משמעותי עוד יותר. לדעת הרמב"ן, אם אין שמיטת כספים הרי השמיטה איננה שבת לה' באופן שלם, משום שלא מתקיים "כל המעשים ישבותו".

אישוש לחידושנו זה, בדבר ההבדל שבין שמיטה ליובל, יש למצוא במה דקיימא לן אשר שלושה דברים מעכבים ביובל: תקיעת שופר, שילוח עבדים והחזרת שדות. כל שחסר אחד מהם לא חל היובל.[8] והנה שמיטת הקרקע מעבודת השדה והאילן, אף כי ודאי נאסרה ביובל, אינה אחת מן המצוות המעכבות את קדושתו. ויש לעמוד על טעם הדבר, דמאי שנא איסור המלאכה משאר החובות הנוהגות ביובל. הרי אנו מצווים ביובל בכל אלו, ומה טעם יצאה עבודת הקרקע מן הכלל, ומדוע לחלק ביניהם? ובאמת על פי דברינו הדבר עולה כמין חומר. אין איסור המלאכה פרצופה היסודי של שנת החמישים, אלא רק נובע הוא ממנה בעקיפין. על כן אין איסור המלאכה מעכב את קדושת שנת היובל, בניגוד לשלוש המצוות האחרות שבהן נצטווינו בשנה זו.[9]

8. רמב"ם, הלכות שמיטה ויובל פ"י הי"ג, על פי הסוגיה במסכת ראש השנה ט ע"ב, שבה נדון לקמן.
9. להלן נדון בשאלה האם שלוש אלו מחילות את קדושת היובל, או שרק היעדרן מעכב אותה מלחול.

על סמך דמיון זה שבין השבת לשביעית ובין יום טוב ליובל, יש להסתפק אם אף על השביעית נכרתה ברית וניתנה אות בדומה לשבת, אם מצד עצמה ואם מצד היותה קרויה שבת; א׳ שמא אף כי איסוריה מעין איסורי שבת הם, לא נכללו הם בברית מיוחדת.

בפרשיית התוכחה דויקרא נזכר גם עוון השביעית: "אז תרצה הארץ את שבתֹתיה כל ימי השמה ואתם בארץ אֹיביכם אז תשבת הארץ והרצת את שבתֹתיה" (ויקרא כ"ו, לד). ייתכן שכתוב זה מתייחס לברית שנקשרה בשנת השבע ולחילולה. ויעוין ברמב"ן (ויקרא כ"ה, ב), שעמד על ההשוואה בין שבת לשביעית, ובמרוצת דבריו כתב: "שכל הכופר בה [= בשביעית] אינו מודה במעשה בראשית ובעולם הבא. וכן החמיר הנביא וגזר גלות על שלוח עבדים בשנה השביעית, שנאמר: אנכי כרתי ברית את אבותיכם (ירמיהו ל"ד, יג)". הרי שמלבד שהשווה את השביעית לשבת, וקבע שאף הכופר בה כופר הוא במעשה בראשית, אף ציטט הרמב"ן את הפסוק בירמיהו על אודות כריתת הברית ביחס לשילוח עבדים בשנה השביעית, והשווה זאת למצות השמיטה.[10]

אם אכן נבין שברית נכרתה על השביעית כפי שנכרתה על השבת, יש להציע במקביל שעשיית מלאכה בשביעית מחללת את קדושת השנה, כשם שהשבת מתחללת בעשיית אחת מל"ט מלאכות. ואילו היובל, כמוהו כיום טוב, נאסר במלאכה, אך בלי שהמלאכה פוגעת בשנת היובל ומחללת את קדושתה.

חילוק מלאכות

והנה ביחס לשבת וליום טוב ביארנו שהבדל בסיסי זה באופי איסור המלאכה וביחסו לקדושת היום הינו השורש לשלושה חילוקי דינים שמצאנו בין שבת למועדות: עונש מיתה, חילוק מלאכות והיתר אוכל נפש. מעתה יש לבחון מה דינם של אלו בשמיטה וביובל, ובאיזו מידה נמצא הבדל בין שמיטה ליובל ביחס להלכות אלו.

בפרק העוסק באיסור המלאכה בשבת וביום טוב העלינו כי הדין השונה בנוגע לחילוק מלאכות קשור לאופי השונה של איסור המלאכה בימים אלו. עשיית מלאכה בשבת סותרת ואף מחללת את קדושת היום. כל מלאכה מוסיפה עוד חילול, ועל כן לוקים

10. אם נבין שאכן נכרתה ברית על השמיטה, יש בכך אולי טעם מדוע השמיטה על דקדוקיה ופרטיה נאמרו בסיני, מקום הברית [הערת העורך].

על כל מלאכה נוספת שנעשתה. ואילו ביום טוב, שהמלאכה נאסרה בו מצד היותה סותרת את קדושת היום ואת אופיו, אין לחלק בין המלאכות השונות. אין הן אלא היכי תימצי לפגיעה ב"מקרא קודש" ובצביון יום טוב.

לאור זאת, על פי הנאמר לעיל, יש להציע שדין חילוק מלאכות ייושם בשביעית אך לא ביובל. ויעוין בירושלמי כלאיים (פ"ח ה"א), במחלוקת האמוראים האם נטיעה היא מעין זמירה או זריעה. הנפקא מינה ביניהם היא דינו של מי שנטע וזמר בשביעית. דאיתמר שם, לגרסת הגר"א: "נטע וזמר בשביעית, על דעתיה דכהנא חייב שתים, על דעתיה דרבי זעירא אינו חייב אלא אחת". לפום ריהטא, מוכח משם שבאמת ישנו חילוק מלאכות בשביעית. ברם, יש שגרסו שם שהסוגיה אינה עוסקת כלל באיסור מלאכה דשביעית, אלא באיסור מלאכה דשבת. ומלבד זאת, לכאורה מה שחייב שתיים על נוטע וזומר אין זה בגין חילוק מלאכות, אלא בפשטות כי מדובר בלאווין שונים.

ראשוני ספרד דנו בכך סביב המשנה במכות (כא ע"ב): "יש חורש אדם תלם אחד וחייב עליו משום שמונה לאוין", כאשר אחד מהם הוא משום שביעית. הרמב"ן והריטב"א הקשו, דלילקי אף משום חורש (ולא רק משום מחפה, שהוא מלאכת זורע). ומכאן הוכיחו דאין חילוק מלאכות בשביעית.[11] הריטב"א הציע בתירוצו השני שאף אם יש חילוק מלאכות ביום טוב, בכל מקרה אין חילוק מלאכות בשביעית. הרמב"ן, לעומתו, תלה דין חילוק מלאכות בשביעית בדין חילוק מלאכות ביום טוב. בין כך ובין כך, לשיטתם השביעית ודאי אינה כשבת לעניין זה.[12]

נראה שלו פסקינן שישנו חילוק מלאכות בשביעית, הרי זה משום שדומה היא באופייה לשבת. ברם, לאידך גיסא, אם אכן אין חילוק מלאכות בשביעית, כפי שנראה מפשטות הסוגיה במכות וכדעת רבותינו הראשונים, אין הכרח לומר שזאת בגלל דמיונה של השביעית ליום טוב. אלא יש לומר שביחס לשביעית אין משמעות לחילוק הפעולות. אין זאת שמדובר בפעולות נפרדות ובכל זאת אינן מחייבות מלקות לכל מעשה ומעשה, אלא שהתורה כלל לא הכירה בהן כפעולות נפרדות. כן נראה לדייק מלשון הרמב"ם בספר המצוות (לא תעשה רכ): "הזהירנו מעבודת הארץ

11. לכאורה יש לדון שאם נאמר דזריעה וחרישה הם אב ותולדה, שמא מחמת כך לא ילקו; כדנחלקו רבי אליעזר וחכמים (כריתות טז ע"א; שבת צו ע"ב) ביחס למקרה המקביל בשבת.

12. אכן, על פי סיום דברי הרמב"ן שם ניתן לבאר שאליבא דסוגיה זו אין לוקים על חרישה בשמיטה, רק משום שסוגיה זו מצדדת בשיטת מאן דאמר שחורש בשביעית אינו לוקה (מועד קטן ג ע"א), ללא קשר לדין חילוק מלאכות.

בשנה השביעית". מלשונו נראה בעליל שאין כאן מעשה איסור מסוים, כגון חרישה או זריעה. עבודת הארץ היא שנאסרה, וחרישה וזריעה אינן אלא אופנים שונים של אותה הפעולה, עבודת הארץ. ויעוין עוד בקרן אורה, שהאריך בנדון (מועד קטן ג ע"א ד"ה ומפני).

עונש

לאור האמור, יש לדון בעונש המוטל על ביטול השמיטה והיובל, ח"ו. והנה שלוש פעמים בקללות שבתו־ת כוהנים, המתארות את חורבן הארץ, מודגש ביותר שגלות ישראל מארצם הרי הִיא בבחינת מידה כנגד מידה עקב ביטול שבתות הארץ: "אז תרצה הארץ את שבתֹתיה כל ימי השמה ואתם בארץ אֹיביכם אז תשבת הארץ והרצת את שבתֹתיה. כל ימי השמה תשבת את אשר לא שבתה בשבתֹתיכם בשבתכם עליה... והארץ תֵעזב מהם ותִרֶץ את שבתתיה בהשמה מהם" (ויקרא כ"ו, לד-לה, מג). וכן הוא גם בפרק האחרון בדברי הימים ב (ל"ו, כא), בתיאור גלות בבל, שנמשכה שבעים שנה: "למלאות דבר ה' בפי ירמיהו עד רצתה הארץ את שבתותיה כל ימי השמה שבתה למלאות שבעים שנה".

כתובים אלו הם המקור להא דאיתא בגמרא בשבת (לג ע"א): "בעוון גלוי עריות ועבודת כוכבים והשמטת שמיטין ויובלות גלות בא לעולם, ומגלין אותן, ובאין אחרים ויושבין במקומן... בשמיטין וביובלות, כתיב: אז תרצה הארץ את שבתתיה כל ימי השמה ואתם בארץ אויביכם וגו' וכתיב: כל ימי השמה תשבת".

אכן, על פי כל הנאמר לעיל נראה שיש להסתפק האם עונש הגלות בא מידה כנגד מידה על ביטול שמיטה ויובל כאחד, או אך ורק על ביטול שמיטה לבדה. ספק זה יש להעלות משני פנים. ראשית, מצד לשון הכתוב בתוכחה: "שבתֹתיה". הרי בריש פרשת בהר, כנכתב לעיל, לשון שבת מתייחס לשמיטה בלבד, שרק אותה כינתה התורה כך. ייתכן שאין יובל נכלל בגדר שבת.[13] שנית, מצד תוכן העניין שהגלות באה על הפרת שביתת הארץ. עם ישראל, לצערנו, לא השבית את הארץ, ולפיכך הקב"ה הגלה אותו, כדי שהארץ "תרץ את שבתתיה". כנסת ישראל לא קיימה את שבת הארץ, ועל כן אינה ראויה לרשת את הארץ. והרי הצענו לעיל שהשביתה מיוחדת היא לשביעית, שעיקרה הוא איסור המלאכה וההימנעות מעבודת הארץ והאילן, מה

13. יש לדון בזה במקביל לדיון שהעלינו בפרק העוסק בעניין קדושת שבת ויום טוב. שם דנו במשמעות הביטויים "יום טוב" ו"שבת", והאם הראשון נכלל באחרונה.

שאין כן ביובל. לאור זאת, ייתכן שעונש המידה כנגד מידה יתקיים דווקא ביחס לביטול השמיטה, אך לא ביחס לביטול יובלות.

ואכן רש"י במסכת שבת שם ביאר: "שבתותיה – שמיטין". וכן כמעט מפורש בתורת כהנים על אתר (ספרא בחוקותי פרשה ב): "אז תרצה הארץ את שבתותיה – אני אמרתי לכם שתהו זורעים שש ומשמטים לי אחת, בשביל שתדעו שהארץ שלי היא, ואתם לא עשיתם כן, אלא עמדו וגלו ממנה והיא תשמט מאיליה כל שמיטים שהיא חייבת לי, שנאמר: אז תרצה הארץ את שבתותיה כל ימי השמה". אלא שאין זו פשטות הסוגיה, שבמפורש כתוב בה שהגלות באה בעוון השמטת שמיטין ויובלות.

אף ברש"י עצמו מצינו פנים לכאן ולכאן. בפירושו לחבקוק (ב', ג) פירש: "שבעים שמטות קלקלו ישראל ולא שמטו וכנגדן גלו ממנה שבעים שנה". שוב, התמקד כאן בשמיטה דווקא. ברם, במקומות אחרים מפורש בדבריו להיפך. כך כתב בפירושו לויקרא (כ"ו, לה): "את אשר לא שבתה – שבעים שנה של גלות בבל הן היו כנגד שבעים שנות השמטה ויובל שהיו בשנים שהכעיסו ישראל בארצם לפני המקום, ארבע מאות ושלשים שנה". ובפירושו לדברי הימים ב (ל"ו, כא) כתב (וכן הוא בפירושו ליחזקאל ד', ו): "כל ימי השמה שבתה למלאת שבעים שנה – של שמיטה ויובל שבטלו ישראל בארץ וכנגדן גלו שבעים שנה". גם האבן עזרא והספורנו בפרשת בחוקותי כללו את היובל תחת "שבתתיה".[14]

בהקשר זה, יעויין אף במשנה באבות: "גלות בא לעולם על עובדי עבודה זרה ועל גלוי עריות ועל שפיכת דמים ועל השמטת הארץ" (אבות פ"ה מ"ט). המשנה אינה מבארת האם היינו שמיטות דווקא, או שמא גם ביובלות עסקינן (ר' עובדיה מברטנורא הזכיר בפירושו שם רק את השמיטה: "ועל השמטת הארץ – שחורשים וזורעים בשביעית").

שמא יש להציע שאף אם נאמץ את מה שכתבו רש"י והאבן עזרא בחומש, שעונש הגלות בא לעולם כנגד ביטול שמיטה ויובל כאחד, עדיין אין משמעות ביטול השמיטה כמשמעות ביטול היובל. ביטול השמיטה פירושו עשיית עבודת הארץ והאילן, בעוד שבנוגע ליובל הגלות באה על ביטולו של שילוח העבדים. כך מכריז הנביא ירמיהו: "לכן כה אמר ה' אתם לא שמעתם אלי לקרֹא דרור איש לאחיו ואיש לרעהו הנני קֹרא לכם דרור נאום ה' אל החרב אל הדבר ואל הרעב ונתתי אתכם לזועה [לזַעֲוָה קרי]

14. זה לשון האבן עזרא: "שבתותיה – שמיטות ויובלים", וכן בספורנו: "שמיטין ויובלות".

לכל ממלכות הארץ" (ל"ה, יז). החטא הינו הסירוב לשחרר את העבדים, ומן הנבואה שבאותו הפרק עולה שנכרתה על כך ברית עם אבותינו בצאתם ממצרים: "כה אמר ה' אלקי ישראל אנכי כרתי ברית את אבותיכם ביום הוצִאי אותם מארץ מצרים מבית עבדים לאמר. מקץ שבע שנים תשלחו איש את אחיו העברי אשר ימכר לך ועבדך שש שנים ושלחתו חפשי מעמך ולא שמעו אבותיכם אלי ולא הטו את אזנם" (שם, יג-יד). אלא שהעונש המתואר בפסוקים שבירמיהו על כיבוש העבדים הינו דרור לחרב, ואנו מרחיבים זאת כלפי עונש הגלות מהארץ. ועוד אפשר, שעצם עשיית המלאכה פוגעת בדרור הניתן לארץ ועל כן נענשים עליה; לא מצד עצמה, אלא כחיסרון בדרור.[15]

ייתכן שאף אם עונש הגלות נגזר על השביעית לבדה, בכל זאת נכללו גם היובלות בחישוב מניין שבעים שנות הגלות. והדבר צריך עוד תלמוד.

הבדלים נוספים בין שביעית ליובל

נראה שחילוק זה על אודות היחס שבין איסורי המלאכה לקדושתה של השנה הינו הבריח התיכון לכמה פרטי הלכות שמצינו בשמיטה ולא ביובל, ולאור היסוד הנ"ל יתלבנו כמה וכמה הבדלים ביניהם.

א) בפרק קמא דעבודה זרה, בסוגיה דשכירות קניא (טו ע"א-טו ע"ב), מוזכר שבנוגע לאיסור "לפני עיוור" תולים להקל; דהיינו, שאסור רק אם ידוע בוודאות שחברו יבצע איסור. לכן מותר למכור בהמתו לנכרי, אף שישנו חשש שיעבוד בה בשבת, כי אמרינן שמא רכש אותה לשחיטה ולא למלאכה. הגמרא שואלת מניין לנו דין זה: "ומנא תימרא דאמרינן כי האי גוונא, דתנן בית שמאי אומרים: לא ימכור אדם פרה החורשת בשביעית, וב"ה מתירין, מפני שיכול לשוחטה. אמר רבה: מי דמי, התם אין אדם מצווה על שביתת בהמתו בשביעית, הכא אדם מצווה על שביתת בהמתו בשבת. א"ל אביי: וכל היכא דאדם מצווה אסור [= ואין תולין לקולא], והרי שדה, דאדם מצווה על שביתת שדהו בשביעית, ותניא ב"ש אומרים: לא ימכר אדם שדה ניר בשביעית, וב"ה מתירין, מפני שיכול להובירה". לאור קושיה זו וקושיות נוספות קובעת הגמרא שאפשר לתלות להקל בלי קשר לשאלה האם האדם מצווה בדבר, אלא רק מתוך התחשבות בסבירותו של תרחיש מקל זה.

15. רעיון זה קשור לדברי הרמב"ן (ויקרא כ"ה, ב), שאף על פי ששילוח העבדים הוא בשנה השביעית לעבד ולא בשנת השמיטה לארץ, בכל זאת ישנה זיקה בין שילוח עבדים לשמיטה. ויש לדון על אודות הזיקה והיחס שבין שילוח עבדים להשבתת הקרקע.

ויעוין ברש״י על אתר, דכתב: ״אדם מצווה על שביתת שדהו – שנת שבתון יהיה לארץ״. מפי אחד מגדולי האחרונים, בעל המנחת חינוך, למדנו שברש״י הנ״ל גנוז חידוש עצום – שיש חיוב לאדם להשבית את שדהו בשביעית. מלבד הלאו האוסר לעשות את מלאכות השדה, יש גם עשה האוסר על הבעלים את האפשרות שהשדה תיעבד בידי אחרים. ודבר זה למדנו מן הפסוק אשר מייחס שבתון לארץ, מלבד השבתון לאדם. הרי רבה דיבר על שביתת בהמתו בשבת. אביי התייחס לדבריו, וקבע שאדם מצווה גם על שביתת שדהו בשביעית. מכאן משתמע שאיסור זה מקביל לדין שביתת בהמתו בשבת, שבו חל האיסור על בעל הבהמה, אף אם הוא עצמו שובת ממלאכה.

אם נאמר אחרת, שהאיסור בסוגיין הינו הציווי הכללי שלא לעבוד את השדה בשביעית, מדוע נזקק רש״י ללמדנו את מקור האיסור מאותו הפסוק, שאינו אלא בגדר עשה, ולא הביא את הפסוק האוסר במפורש עבודות אלו בלאו: ״שדך לא תזרע וכרמך לא תבצר״? ועוד יש לדייק בציטוט שהביא מן הכתוב, שבו נושא הציווי היא הארץ. ומתוך כך נראה שמלשון הפסוק, המכוונת לארץ, דייק רש״י שיש כאן מצוות עשה המורה על השבתת השדה.

זה לשון המנחת חינוך: ״ודע דשביעית בענין אחד חמורה משבת ויו״ט... ובשמיטה אם עושה עבודת הארץ, כגון שחורש שדהו או זורע או קוצר על ידי גוי, נהי דהלא תעשה של עבודת הארץ אינו, כי הכל כתיב לנוכח: שדך לא תזרע, אך בעשה עובר בכל עבודת קרקע אפילו על ידי אחרים, דכתיב: שנת שבתון יהיה לארץ, ושבתה הארץ, מבואר דגזר הכתוב דהארץ תשבות. וכמו שמצווים על שביתת בהמה ושביתת כלים בשבת, כן מוזהרים על שביתת שדהו. הכלל, כמו שביתת בהמה בשבת כך היא שביתת קרקע בשמיטה... ש״ס מפורש הוא בעבודה זרה טו... ועיין רש״י שם״ (מצווה קיב. וכן כתב במצוות רחצ, שכו, שכח-שכט).[16] וכך באמת מפורש בתוספות רי״ד על אתר (ד״ה אמר ליה אביי) בשיטת רש״י.[17] והוסיף בעל המנחת חינוך בדרך אפשר, שאולי ציווי כללי זה קיים רק בשמיטה, אך לא ביובל, שלא מצאנו לגביו פסוק דומה (מצווה שלה).

ונראה באמת שאין זה בגדר אפשר בלבד, אלא שכך היא אמיתה של תורה.

16. אכן, המבי״ט (ח״ב סימן סד) וכן המהרי״ט (ח״ב סימן נג) חלקו בתשובותיהם על חידוש זה. וכן האריך להוכיח כדבריהם בספר שבת הארץ, קונטרס אחרון; וכן בספר מעדני ארץ שביעית סימן יג.

17. אומנם, במעדני ארץ שם פירש את דברי התוספות רי״ד באופן שונה.

הרי סוגיה זו מתייחסת לאיסור שביעית, ואינה דנה ביובל כלל. רק בשביעית נאמר "שנת שבתון תהיה לארץ", "והיתה שבת הארץ...". השביתה בשנת השבע מתייחסת גם לקרקע, ואינה רק חובת גברא המוטלת על האדם, שלא לזרוע ולא לקצור. אך לא כך בנוגע ליובל.

דברים אלו משתלבים במסגרת חידושנו. עיקר עניינה ויסודה של השביעית הינו איסור המלאכה וחובת השבתת השדות, "שבת שבתון יהיה לארץ שבת לה'". על כן נאמרה הלכה ונתחדש הדין שישנה בשמיטה מצווה מיוחדת של שביתת שדהו. אין האיסור בא אך ורק כתוצאה עקיפה מן קדושתה של שנת השבע ומתוך רצון לשמר את אופייה. אך ביובל, מנגד, שמיטת הקרקע אינה אלא איסור גברא, כתוצאה מכך שהשנה התקדשה כיובל. עשיית מלאכה סותרת את קדושתה ואופייה של השנה. כל זה מעין שביתת בהמה, אם נתפוס דמותרת היא ביום טוב, שכן שביתה שאינה של הגברא עצמו מתחייבת ביום שאופיו הוא שבת, אך לא כאשר המלאכה נאסרה באותו יום רק מצד התנגשותה עם תכני הזמן ומהותם.

ב) יעוין באבן עזרא, שכתב בפירושו לפרשתנו: "ושבתה הארץ שבת לה' – מצוה על ישראלי שלא יעזוב גר לזרוע שנת השבת, כאשר לא נעזבנו לעשות מלאכה בשבת, כי הוא ברשותנו". מדבריו משמע שישנה חובה של שביתת גר תושב, במקביל לנאמר בשבת בראשית ("לא תעשה כל מלאכה... וגרך אשר בשעריך" [שמות כ', י]). מסתבר שיש לצמצם את חידושו זה אך ורק לשביעית. האבן עזרא נסמך על לשון הכתוב, שקרא לשמיטה "שבת לה'"; והרי הכתוב לא כינה כך את היובל. ובאמת נראה כי יש לשלב את דבריו אלו בתוך חידושנו, באשר לשון הכתוב הוא הוא המקור לדברינו. אופי המצווה הינו ההשבתה, ואזי יש מקום להרחיבה אף לגר תושב. אולם אם נסכים שהאיסור לעבוד את השדה והאילן ביובל אינו מגדיר את מהות היובל הבסיסית, ממילא יש לצמצם את היקפו של איסור זה.

ג) יעוין עוד בתוספות בבא מציעא (צ ע"א ד"ה אבל), בנוגע לספק הגמרא על היקף איסור אמירה לגוי – האם נאסרה רק בשבת או אף בשאר לאווין. התוספות העירו דבמסכת מועד קטן (יב ע"א) אמרינן דבשביעית ובחולו של מועד נאסרה אמירה לנכרי, אך התם הוא משום דשבת ויום טוב חדא מילתא היא, וגזרו אטו שבת. מלשון התוספות שלפנינו משמע שמדאורייתא אין איסור אמירה לנכרי בשביעית, אלא מדובר בגזירה אטו שבת ויום טוב. אולם במהרש"ל שם הגיה התוספות, ונימק הגהתו כך: "כי בודאי אסור אמירה לכותי בשביעית, אפילו אם תאמר שמותר בשבת, לפי

שהשביעית תלה הש"י קדושה בארץ, דכתיב: שבת שבתון יהיה לארץ, והבן". על סמך הנאמר לעיל מסתבר לצמצם את חידושו לשביעית בלבד, שאף בה יהא איסור אמירה לגוי, אך לא ביובל.

ד) בפסוקים העוסקים בשביעית נאמרו ארבעה איסורים, אשר מנאם הר"מ כלאווין נפרדים, הן בספר המצוות (לא תעשה רכ-רכג) הן בריש הלכות שמיטה ויובל. שני לאווין אמורים לגבי עבודת הארץ והאילן: "שלא יעבוד עבודת הארץ בשנה זו" (נלמד מ"לא תזרע"), "שלא יעבוד עבודת האילן בשנה זו" (נלמד מ"לא תזמֹר"). שני לאווין נוספים עוסקים בקצירת התבואה ובאיסוף הפירות. גם בנוגע ליובל מנה הרמב"ם שני לאווין האוסרים על קצירת התבואה ועל איסוף הפירות (לא תעשה רכה-רכו). אולם, שלא כבשביעית, בפרשיית היובל לא נאמר אלא "לא תזרעו" ונמנה רק לאו אחד בנוגע לעבודת הארץ והאילן (לא תעשה רכד): "שהזהירנו מעבוד הארץ בשנת היובל".

ונראה לתת טעם לדבר, שככל שמוקד השנה הינו איסור המלאכה, כך מסתבר יותר לייחד לאו נפרד לעבודת הארץ ולאו נפרד לעבודת האילן, שהרי שלילת המלאכה היא מהות האיסור ומטרתו. אולם ביובל נאסרה עבודה רק משום שפוגעת היא במהות השנה וחותרת תחת אופייה, וביחס לכך אין חילוק בין עבודת הארץ ועבודת האילן. זאת במקביל למה שביארנו ביחס לשבת, שחילוק המלאכות בה מבטא את מרכזיותן של המלאכות בשבת.

דבר דומה לזה מצאנו בשיטת היראים (סימן שמה-שמז). אף על פי שמנה היראים שני לאווין בשמיטה, וכלל את עבודת האילן והשדה בלאו אחד ואת בצירה וקצירה בלאו שני, הרי שכינס את איסורי היובל כולם תחת לאו אחד, שכולם שם אחד הם, מעין איסורי יום טוב.

ה) כתב הרמב"ם בריש הלכות שמיטה ויובל (פ"א ה"א): "מצות עשה לשבות מעבודת הארץ ועבודת האילן בשנה שביעית, שנאמר: ושבתה הארץ שבת לה', ונאמר: בחריש ובקציר תשבות. וכל העושה מלאכה מעבודת הארץ או האילנות בשנה זו – ביטל מצות עשה ועבר על לא תעשה, שנאמר: שדך לא תזרע וכרמך לא תזמור". עם זאת, ביחס ליובל לא הזכיר הרמב"ם כלל ביטול עשה.

מאידך, החינוך (מצווה שלה) כתב: "ועובר על זה ועבד אדמתו ביובל עבודה האסורה, וכן אם לא רצה לשלח עבדו חפשי – ביטל עשה זה, מלבד שעבר על לאו, וכמו שנכתוב בסדר זה בעזרת השם". אם כן, לדעת החינוך (כפי שדייק בו בעל המנחת חינוך), העושה מלאכה ביובל לא רק עובר על לאו, אלא גם מבטל מצוות עשה

(אכן, לא מדובר על העשה דשביעית, אלא על עשה עצמאי של יובל). המנחת חינוך הסביר (מצווה שלב, שלה), שאכן יש בעניין זה מחלוקת בין החינוך ובין הרמב"ם.

על פי דברינו עד כה, מתבארת בפשטות שיטת הרמב"ם, שחילק בין שמיטה ליובל. בשביעית, שעיקר עניינה הוא איסור המלאכה, הרי שמלבד הלאו אף עשה אמור בה. ברם, ביובל, שאין האיסור בו מעצם קדושת השנה, מצינו רק לאו ולא עשה.[18]

ו) בפרק קמא דמועד קטן (ב ע"ב) נחלקו אמוראים בנוגע לדינו של החורש בשביעית: "איתמר החורש בשביעית ר' יוחנן ור' אלעזר, חד אמר לוקה וחד אמר אינו לוקה". לאור דברינו יש להציע שאף מאן דאמר שלוקים בשביעית יודה שהחורש ביובל איננו לוקה.

ז) נחלקו התנאים בנוגע למניין שנות היובל.[19] חכמים אומרים שאין מונים לשנות היובל הבא אלא מהשנה שלאחר היובל, וכן אין היובל עולה למניין שני השמיטה שלאחריו. שנת החמישים ואחת היא תחילת שש השנים של השבוע הבא, והיא השנה הראשונה למניין שנות היובל. רבי יהודה חולק ואומר שיובל עולה לכאן ולכאן: שנת היובל היא שנת החמישים של היובל שעבר והיא גם תחילת היובל הבא. לדעתו מונים שנה זו כשנה הראשונה למניין שמיטין ולמניין יובלות. נמצא שלדעתו בין יובל ליובל יש ארבעים ושמונה שנים בלבד.

שמא גם מחלוקת זו קשורה לדיוננו בנוגע לדמיון ולהשוואה בין איסורי עבודת הקרקע בשביעית וביובל. חכמים סוברים שלא קרב זה אל זה, ועל כן אין היובל יכול להימנות במניין שנות השמיטה. רבי יהודה, לעומתם, משווה ומדמה בין שמיטה ליובל, ולפיו אין היובל יחידה נפרדת מן החשבון של שנות השמיטה. אכן, סברה זו תלויה בפירוש דעתו של רבי יהודה. פשטות הדברים היא שלדעת רבי יהודה שנת היובל תבוא תמיד לאחר השמיטה השביעית. אך האור שמח (הלכות שמיטה ויובל פ"י ה"א) יצא לדון בדבר חדש, על פי הבנתו בירושלמי, דלדעת רבי יהודה אין שום זיקה ותלות בין שנות השמיטה למחזור היובל, ובכל מחזור מתקדם היובל בשנה אחת במחזור השמיטין (היינו, דהיובל הראשון יהיה בשנה הראשונה למחזור השמיטין, היובל השני יהיה בשנה השנייה למחזור השמיטין, וכן הלאה). אליבא דשיטתו, אף

18. אכן, בספר המצוות (עשה קלו) מפורש כדברי החינוך הנ"ל וביתר הרחבה, יעוין שם. ומשמע שפירש שיש כאן השוואה גמורה לשביעית, ואף יובל הוא בגדר שבת.

19. ראש השנה ט ע"א; נ־רים סא ע"א; ערכין יב ע"ב; שם לג ע"א.

לדעת רבי יהודה אין שייכות בין יובל לשמיטה. ובכל אופן נראה שאין הכרח לקשר מחלוקת זו לדיוננו.

קידוש שמיטה ויובל

עד כאן חילקנו באופי איסור המלאכה בין השביעית ליובל. השביעית – עיקרה הוא עצם שמיטת הקרקע והשבתתה, בעוד ביובל קדושתה של השנה מביאה בכנפיה את האיסור, אך אין הוא חלק מהותי מהגדרתה. ואף ביארנו שהרי זה כעין ההבדל שבין איסור מלאכה בשבת לאיסור המקביל ביום טוב.

ונראה שחידושנו זה משלים דברים שביארו הגדולים שלפני שני דורות בנוגע לקדושת השנה, ובפרט דברים שמצאנו בתורתו של ר' מאיר שמחה.

מצאנו בפסוקים קידוש לגבי יובל: "וְקִדַּשְׁתֶּם את שנת החמִשים שנה" (ויקרא כ"ה, י), אך לא מצאנו לשון דומה לגבי שמיטה. וכך אף מדויק בדברי הרמב"ם בהלכות שמיטה ויובל (פ"י ה"א), שמנה ביובל לא רק איסורים, אלא גם מצוות עשה: "לספור שבע שבע שנים ולקדש שנת החמישים, שנאמר: וספרת לך וכו' וקדשתם את שנת החמשים שנה". וכן הוא גם במניין המצוות ראש הלכות שמיטה ויובל שבו מנה מצווה "לקדש שנת החמשים". לגבי השביעית, מנגד, לא מצאנו בפסוקים או ברמב"ם שישנה מצווה בקידושה, ואף בגמרא לא מצינו חיוב על בית דין לספור את השנים ולקדש את השמיטה.

על הבחנה זו שבין היובל לשנת השבע העמידונו ר' חיים זצ"ל ובעל המשך חכמה. ר' חיים כתב בחיבורו: "והנה כל הך דינא דספרת וקדשתם לא קאי רק על יובל, דליובל הוא דבעינן ספירה וקידוש, אבל שביעית עצמה ממילא חיילא, גם בלא ספירה וקידוש" (הלכות שמיטה ויובל פ"י ה"ה).[20] והביא מקור לכך מן הסוגיה בראש השנה (ח ע"ב), שבה נאמר: "ורבנן – שנים אתה מקדש ואי אתה מקדש חדשים לשנים". משם משמע שהיובל טעון קידוש גמור, כפי שראש חודש טעון קידוש בית דין.

הסכים עמו בעל המשך חכמה, אלא שהוסיף לנו הארה מתורתו ושימחנו באור פלאות. כך כתב בפירושו לפרשת בהר (ויקרא כ"ה): "אולם לעניות דעתי נראה דדינא אתי לאשמועינן, דכמו דקדושת שבת חלוקה מקדושת יום טוב, דשבת קביעא

20. חילוק זה נראה נכון אף לשיטת היראים (סימן קנח), שפירות שביעית לאו אפקעתא דמלכא הם, וכי צריך להפקירם. שהרי אין הוא מדבר אלא על מעמדם הממוני של הפירות; גם לפיו ודאי ייתכן שעצם קדושת השביעית חלה ממילא.

וקיימא, ויום טוב ישראל מקדשי להו ובידם להקדים זמנו או לאחרו, לא כן שבת קביעא וקיימא (עיין ביצה יז ע"א). כן חלוקה קדושת שביעית מקדושת יובל, דכל מה שנוהגת בשביעית נוהג ביובל, רק דיובל תליא, אם לא תקעו או לא שלחו עבדים לחירות או לא החזירו קרקעות, אז מותר בחרישה וזריעה ואינו יובל כלל, כמפורש לקמן ובראש השנה דף ט ע"ב. וכן פסק הרמב"ם להלכה פרק י משמיטות. לא כן שמיטה, הוא קדוש בעצמותו, ואפקעתא דמלכא הוה, ואינו תלוי בקדושת ישראל. לכן גבי שביעית קאמר: שבת לה'. ואף אם לא ספרו מנין השנים ולא השמיטו וגדרו שדותם באבנים, בכל זאת הוא הפקר ופטור ממעשר ואפקעתא דמלכא הוא [ומזה מוכרח דלא כשיטת רז"ה, דצריך לקדש שביעית גם כן]. ועיין מהרי"ט (חלק א סימן מב) שהאריך הרבה בזה. לא כן יובל, כתוב בו: וקדשתם – שאתם מקדישים אותו. כי יובל הִוא קודש תהיה לכם, וכמו שכתוב גבי ימים טובים: מקרא קודש יהיה לכם. משום ששמיטה מורה על חידוש העולם, כי לי הארץ, כמו שבת, אבל יובל מורה על שילוח עבדים, שזה כיציאת מצרים וכיום טוב שהוא זכר ליציאת מצרים. ואם היא יובל, אז לא תקצרו את ספיחיה... נזיריה. אבל בשביעית כתוב: קצירך... ונזירך, שהאדם מוכרח שלא לזרוע ולא לזמור. רק ביובל תלוי אם הוא יובל, וכמו שבארתי, שעשו בית דין הדברים האלה".

תורף דבריו, מצד הדין, הרי הוא כדברי ר' חיים, שיובל טעון קידוש ואין השביעית טעונה קידוש. אלא שנתן טעם להבדל זה. השביעית הרי היא כשבת והיובל הרי הוא כמועדים, ולא ראי טעם השמיטה כטעם היובל. קדושת שביעית הרי היא מעין קדושת השבת, המתקדשת באתערותא דלעילא. השמיטה מעידה על חידוש העולם ולכן אינה טעונה קידוש, אלא הרי היא קביעא וקיימא, וקדושתה חלה אף ללא קידושה של כנסת ישראל. מדי שש שנים באה שנת השבע, ללא תלות במעשינו.

לא כן היובל. שנת החמישים שנה הרי היא כיום טוב, המתקדש בידי אדם. כנסת ישראל היא המקדשת אותה. כימים טובים, הרי אף שנת החמישים בעיקרה היא עדות וזכר ליציאת מצרים, שהרי שילוח עבדים מרמז על יציאת מצרים, אשר כל המועדים באים מכוחה. בכך משתלב היובל במסגרת המועדים, וכמותם טעון הוא קידוש.

המשך חכמה הביא הוכחה לדבריו מן הגמרא ראש השנה ט ע"ב, שאם לא תקעו או לא שחררו עבדים או לא החזירו קרקעות הרי אין שנת החמישים מתקדשת ועבודת הקרקע מותרת. והרי לא מצינו כזאת גבי שביעית, שאם לא קידשו אותה תיבטל השביעית ויותרו מלאכות הקרקע. זאת משום שהיא כשבת, קביעא וקיימא ותלויה בידי שמיים, לעומת היובל, התלוי בניהוגה של כנסת ישראל.

והנה מה שהעלינו ביחס לאופי איסור מלאכת העבודה בשביעית וביובל, כתב

הוא ביחס לחובת קידוש השנה. חידושנו בדבר ההבדל באופי איסור המלאכה בשמיטה וביובל משתלב בדבריו ומרחיב אותם, ומאידך תורתו מעמיקה את חילוקנו. השמיטה הרי היא שבת לה', הן בהיותה קביעא וקיימא והן בכך שאיסור המלאכה והשביתה בה הינם עצם מהותה ועניינה של השנה ושל קדושתה. היובל, לעומת זאת, הווי כיום טוב. קדושתו נקבעת בידי אדם, ואיסור המלאכה שבו נובע מכך שעבודת הקרקע סותרת את היובל, את קדושתו ואת עניינו.

אך אין הדבר מוסכם על הכול, וכבר רמז לזה המשך חכמה בקיצור. הרז"ה (הובאו דבריו בתשובה המצוטטת בספר התרומות שער מה, ד), וכן המאירי (ראש השנה ח ע"ב ד"ה שמטה) סוברים שאף השמיטה טעונה קידוש. ויש להסביר את שיטתם בשתי דרכים: א) שמיטה ויובל מהווים יחד מערכת אחת ואחידה, שאין לחלק בין מרכיביה. וכן משמע מלשון הרז"ה, שכתב: "אפילו לדברי חכמים השמטים צריכין קדוש בית דין... וכן מצינו ששוותה קדושת שביעית לקדושת יובל ולמדות הן זה מזה" (ספר התרומות שם). ב) אף הם מודים שישנו הבדל בין השמיטה ליובל, אלא שמקישים הם בין זה לזה, וכדברי רבי שבשתי שמיטות הכתוב מדבר, אך ההיקש אינו אלא בגדר ילפותא וגזירת הכתוב. וכן ניתן להבין בדברי המאירי הנ"ל, שכתב: "שמטה ויובל היו בי"ד מקדשין אותם ואומרים: שנה זו מקודשת לשמטה שנה זו מקודשת ליובל, וכן בחדשים הבאים בזמנם, ר"ל ביום שלשים". ממה שהזכיר כאן גם את קידוש החודשים משמע שאין זה מדין שיזור שמיטה ויובל וזיהויים, אלא שיש השוואה בין מועדים שונים לעניין זה.

והנה בפרק העוסק בקדושת שבת ויום טוב הצעתי שבשבת עצמה ישנם שני רובדי קדושה: הרובד הבסיסי, דקביעא וקיימא, דאינו תלוי בכנסת ישראל, ורובד נוסף, המתקדש על ידינו מלמטה, כמוהו כמועדות. לפי זה יש מקום להציע שאף השמיטה עצמה, שתי קדושות פתוכות בה. הקדושה הבסיסית, מתוקף היותה שנת השבע, קדושה החלה אף בלעדי מעשה קידוש, וקדושה נוספת התלויה בקידוש כנסת ישראל.

תוספת שביעית ויובל

יש לעיין אף בהבדל שבין שביעית ליובל בעניין תוספת שביעית. דביובל ילפינן לה ממה שמוסיפים מחול על הקודש (ראש השנה ח ע"ב), ואילו בשביעית לחד מאן דאמר ילפינן לה מקרא ד"בחריש ובקציר תשבת" (דעת רבי עקיבא, מועד קטן ג ע"ב, ראש השנה ט ע"א).

ויש לבאר, דהרי השביעית אינה מתקדשת בידי אדם אלא מתקדשת ממילא, מגבוה. ולכן אין בה הדין הכללי של מוסיפים מן החול על הקודש. האפשרות והיכולת שלנו, קרוצי חומר, להוסיף קדושה, תלויה בכך שאותה קדושה באה על ידי מעשינו ותלויה בהם.[21] על כן אין בידינו להוסיף על השמיטה מצד הדין הכללי של מוסיפים מהחול על הקודש. מה שאין כן ביובל, שבו הפסוק צווח ואומר: "וקדשתם את שנת החמשים שנה", וממילא ניתן להוסיף על השנה מצד מה שמוסיפים מן החול על הקודש.

ונראה שהחילוק אינו רק במקור דין תוספת, אלא גם באופייה של תוספת זו. ושני חידושיו של ר"ת מוכיחים זאת. דהנה הר"ש (שביעית פ"א מ"א) הביא בשמו שחרישה אסורה ערב שביעית, אך נטיעה מותרת.[22] מעולם לא שמענו לגבי תוספת שבת או יום טוב שניתן לקבל את השבת דווקא ביחס לאיסורי שבת מסוימים ולא ביחס לאחרים. על כורחנו שהאיסור אינו מצד המשכת קדושת שביעית אל תוך השנה השישית, אלא דין מסוים היא בשנת השמיטה. וכמו כן יעוין בדברי ר"ת גופא בספר הישר,[23] שחילק בין תוספת המועדים, השנויה במחלוקת רבי עקיבא ורבי ישמעאל ונלמדת מהדין הכללי שמוסיפים מהחול על הקודש, לבין התוספת שקודם שביעית, שהכול מודים בה.

איך מקדשים את היובל?

נמצאנו למדים, אם כן, שהיובל טעון קידוש. אלא שיש לעמוד על טכסיסי קידוש זה, היינו – מהו המעשה המְקדש שנה זו. הנה לכאורה ניתן לפשוט שאלה זו מאותה גמרא במסכת ראש השנה, שעליה בנה ר' מאיר שמחה את יסודו. נחלקו שם (ט ע"ב) התנאים בשאלה אילו ניהוגים, מתוך שלושת דיני השנה, מעכבים את היובל מלחול: שילוח עבדים, תקיעת שופר או חזרת שדות. רבי יהודה סבור ששילוח עבדים מעכב, ונחלק עליו רבי יוסי, הסבור שהתקיעה היא המעכבת. אולם הלכה נפסקה כחכמים, שכל שלושת המעשים מעכבים. מכך יש ללמוד לכאורה ששלוש מצוות הללו הן המקדשות את השנה.

21. ולפי זה נאמר שעל השבת ניתן להוסיף רק מפני דיש לה אף קדושת יום טוב [הערת העורך].
22. וכן הוא לפנינו בתוספות ראש השנה ט ע"ב ד"ה ומותר לקיימן.
23. סימן תלא; ונרמז בתוספות ראש השנה ט ע"א ד"ה ורבי ישמעאל.

לאמִתו של דבר, האפשרות לפשוט משיטת חכמים שם מהו המעשה המקדש, תלויה ועומדת בהבנת דבריהם. דיש לחקור מהי אותה ההלכה שנאמרה ביחס לניהוג שופר, לחזרת שדות ולשילוח עבדים. האם אכן הם המקדשים את השנה באופן ישיר ואקטיבי, כשם שבית דין מקדשים את החודש והמועדות, או שמא השנה מתקדשת באופנים ובניהוגים אחרים, ורק אמרינן דאם לא נהגו שלושת חיובים אלו הרי הם סותרים את ניהוג היובל ומעכבים בעד קדושת השנה מלחול. לפי הבנה שנייה זו, לא הם המחילים את הקדושה, אלא רק בידם לסתור אותה. מסברה אין הכרח לתַתם בחדא מחתא ולגרוס שמעמד שלושתם זהה. ניתן לפצל ולומר שניהוג אחד או שניים מאותם שלושה ניהוגים הרי הוא בגדר מְקדש, בעוד השאר אינם אלא מעכבים.[24]

ויעוין באבן עזרא (ויקרא כ"ה, י): "וקדשתם את שנת החמשים – בעבודת הארץ וכל יושביה" (היינו בהימנעות מעבודתה, כמובן).[25] ומעין זה בחינוך (מצוה שלב): "לקדש שנת החמשים כמו שנת השמטה, כלומר בביטול העבודה בארץ והפקר הצומח בה, שנאמר: וקדשתם את שנת החמשים שנה". ברם, בהמשך דבריו כתב: "ומן הדומה שהיו הסנהדרין מתקבצין בקידוש שנה ומברכין עליה לקדש שנים ואחר כך תוקעין בשופר". אך בסיום דבריו, שוב כתב: "ועובר ע"ז ועובד אדמתו ביובל עבודה האסורה וכן אם לא רצה לשלח עבדו חפשי – בטל עשה זה, מלבד שעבר על הלאו". ולא הזכיר שביטל מצוות העשה במקרה שלא תקע.

וכן היא דעת הרמב"ם בספר המצוות חלק העשין, כאבן עזרא, שהציווי לקדש את שנת היובל מתבצע על ידי הימנעות מן עבודת הקרקע: "והמצוה הקל"ו היא שצונו לקדש שנת החמשים, כלומר לבטל העבודה בה כמו השמטה. והוא אמרו ית': וקדשתם את שנת החמשים שנה. ובביאור אמרו (ספרא): כשם שנאמר בשביעית כך נאמר ביובל, כלומר ההשואה ביניהם בצווי, כמו שהשוה ביניהם הכתוב באזהרה, כמו שיתבאר (ל"ת רכד). ומשפטי שנת יובל ושנת שמטה שוים בבטול עבודת האדמה והפקיר מה שיצמח. ושני אלו הדברים יכללם אמרו: וקדשתם את שנת החמשים שנה". דהיינו, שעצם ניהוג השנה כיובל וההתייחסות אליה ככזו הוא הוא מעשה

24. יש להעיר ששיטת חכמים, שכל הדברים מעכבים, אפשר שהיא מבוססת על ראיית שנת היובל כמקשה אחת הכוללת את כל המצוות הנוהגות בה, ולא כצירוף כמה עניינים נפרדים שנזדמנו לאותה שנה. זאת מעין דברי הרמב"ן שהובאו לעיל, בדבר הקשר שבין שמיטת קרקע ושמיטת כספים.

25. דרך זו, שקידוש השנה הוא על ידי השבתת הקרקע, נראית כמתנגדת לעיקר חידושנו, שאין שביתת הקרקע ביובל ממהותה של שנת היובל.

הקידוש, ולא אמירה או כל מעשה אחר. אמנם מדבריו משתמע שהשביתה ממלאכה היא המקדשת את השנה, אך על פי דרכו של הרמב״ם בספר המצוות ניתן לומר שאף שחרור עבדים והחזרת שדות יקדשו את השנה בתורת ניהוג יובל.

על סמך שיטה זו נראה לבאר בהצעתנו דלעיל, שאף אם בשמיטה ישנה גם קדושה התלויה בידי אדם, קדושה זו איננה תלויה בהצהרה כלשהי. שהלוא, לפום ריהטא, אין שום אמירה כגון ״מקודש, מקודש״ המקדשת את השביעית. קדושה זו חלה מעצם ניהוג השנה כשנת שמיטה, ובדומה לדברי הרמב״ם בספר המצוות בנוגע לקידוש יובלות (ואולי לכך רמז שם הרמב״ם, באומרו: ״שצונו לקדש שנת החמשים, כלומר לבטל העבודה בה כמו השמטה״). וכבר ביארנו, בפרק העוסק בקידוש בחיבור זה, היאך עצם ניהוג ההלכות והדינים הנובעים מן הקדושה, הוא הוא המחיל לעתים קדושה זו עצמה.

אולם, מלשונו של הרמב״ם ביד החזקה משמע שישנה מצוות קידוש מסוימת של השנה כציווי נוסף. ר׳ חיים הבין דלרמב״ם קידוש היובל דומה לקידוש ראש החודש, ומתקיים באמירת ״מקודש, מקודש״. אין התקיעה, שילוח העבדים וחזרת שדות אלא בגדר מעכבים, שיכולים למנוע את הקדושה מלחול. ברם, אין קיומם עצם הקידוש. וכן דייק מלשון הרמב״ם: ״מצות עשה לספור שבע שבע שנים ולקדש שנת החמשים״ (שמיטה ויובל פ״י ה״א), שאף ספירת השנים היא מעיקר קידוש היובל, ואינה רק מצווה בעלמא. אם לא נקבע היובל בספירה או שלא קודש באמירה – אין השנה מתקדשת, שאין קידוש ללא שתי הפעולות.[26]

ואכן מהסוגיה הקודמת (ח ע״ב) עולה שקידוש היובל הוא מעין קידוש ראש חודש, המתבצע באמירת ״מקודש, מקודש״, ולא מעין קידוש שבת של שבח והודאה. דהרי הסוגיה שם משווה בין קידוש שנים לקידוש חודשים, ומשמע שמעור אחד הם. וכן מפורש ברש״י שם, שעל האמור בגמרא ״שנים אתה מקדש״ פירש: ״כששנת היובל נכנסת, מצוה על בית דין לומר: מקודשת השנה״.[27]

26. בנוגע לשאלה האם מברכים על ספירה זו של השנים, ראו בתוספות (מנחות סה ע״ב ד״ה וספרתם): ״גבי יובל כתיב: וספרת לך, דאבית דין קאמר להו רחמנא. ושמא בית דין סופרין ומברכין, כמו שאנו מברכין על ספירת העומר״. בדומה לכך כתב הרמב״ן (ויקרא כ״ג, טו): ״ולא ידעתי אם לומר שיהיו ב״ד הגדול חייבין לספור שנים ושבועות בראש כל שנה ולברך עליהן, כמו שנעשה בספירת העומר, או לומר שיזהרו ב״ד במנין ויקדשו שנת החמשים״. ויעוין עוד בחזקוני (ויקרא כ״ה, ח), שצריך לברך.

27. אכן, ברש״י ובתוכפות מנחות הנ״ל לא מבואר האם אמירה היא המחילה את הקדושה ביובל, או שאינה אלא למצווה בעלמא. וראו דברי האור שמח, הלכות קידוש החודש פ״ב ה״ח.

עוד יותר מפורש הדבר, שקידוש השנה מתבצע באמירת "מקודש", בפירושו לתורה של מאור עינינו הרמב"ן (שמות כ', ז): "אבל לרבותינו עוד בו מדרש ממלת לקדשו, שנקדשהו בזכרון, כענין: וקדשתם את שנת החמשים שנה, שהוא טעון קדוש ב"ד לומר ביובל מקודש מקודש, אף כאן צוה שנזכור את יום השבת בקדשנו אותו". ומעין זה כתב אף רש"י על אודות שנת היובל (ויקרא כ"ה, י): "בכניסתה מקדשים אותה בבי"ד ואומרים מקודשת השנה". לשיטתם, ישנו מעשה מסוים המקדש את השנה כשנת היובל.

אלא שיש להעיר שעצם ההשוואה שעורך הרמב"ן בין קידוש היובל לקידוש השבת טעון ליבון. הרי השבת קביעא וקיימא, והיום מתקדש אף ללא האמירה. ונראה לפרש בו אחת משתיים: א) אין הכי נמי, הרמב"ן סבור שאף היובל קביעא וקיימא, ואין קידושו על ידי אמירה אלא בבחינת הצהרה או תוספת קדושה. ואזי מצינו שלוש שיטות ראשונים: לדעת הרז"ה אף השביעית טעונה קידוש; לדעת הרמב"ן אף היובל מתקדש מאליו; ולדעת הרמב"ם, כפי שהסבירוהו האחרונים, היובל טעון קידוש ולא השמיטה. ב) אף כי הקב"ה מקדש את השבת, הרי כנסת ישראל מוסיפה לה קדושה באמצעות אמירת הקידוש. הרמב"ן השווה את קידוש היובל לקידוש השבת, כי שניהם מוסיפים קדושה לממד הזמן. אלא שהשבת עיקר קדושתה מלמעלה, מה שאין כן היובל.

דעה שלישית בנידון העלה אחד הגדולים שלפני שני דורות, ר' ירוחם פישל פרלא, בשיטת הרס"ג. בהערותיו לספר המצוות (עשה סג) העיר הוא שהרס"ג לא מנה את מצוות קידוש היובל במניין תרי"ג. וביאר שמכיוון שרס"ג מנה כאחת ממצוות הציבור את תקיעת השופר ביובל, והתקיעה היא המקדשת את שנת החמישים, נמצא שמצוות התקיעה בשופר היא היא מצוות קידוש היובל. והוסיף שכן נראה מניסוחו של רס"ג, שלא אמר בסתם שהמצווה היא "לתקוע בשופר", אלא: "וקדשתם שנת הדרור בהעברת שופר" (פרשיות הצבור פרשה לח).[28]

אך אין כן דעת הנשר הגדול, שמנה הן בספר המצוות והן ביד החזקה (בראש ההלכות ובמניין המצוות שבראשית הספר) את קידוש היובל כמצווה בפני עצמה ואת תקיעת השופר כמצווה בפני עצמה, וזאת בניגוד לרס"ג. ועוד יותר נראה מדבריו בספר המצוות (עשה קלז) דתקיעת השופר קוראת דרור לעבדים ולשדות, דכן כתב:

28. יש להביא סימוכין לשיטתו ממחלוקת התנאים (ראש השנה ח ע"ב) אי היובל מתקדש מיום הכיפורים ואילך או שקדושתו חלה למפרע מראש השנה. לכאורה נראה שמשמעות יום הכיפורים לגבי קידוש היובל נובעת מכך שזהו היום שבו תוקעים בשופר.

"היא שצוונו לתקוע בשופר בעשרה מתשרי משנה זו, לקרא דרור לעבדים, ולצאת כל עבד עברי לחרות ביום העשירי מתשרי, והוא אמרו ית': והעברת שופר תרועה... וידוע כי התקיעה ההיא היא ביובל אמנם לפרסם החרות, ושהוא מן ההכרזה, והוא אמרו: וקראתם דרור בארץ לכל יושביה, בארץ הנמכרת. ואין ענינה כענין תקיעת ר"ה, כי היא זכרון לפני ה' וזה לשחרור העבדים".

עוד הביא הרב פרלא מן הריטב"א בראש השנה (כט ע"ב ד"ה אמר רב הונא), שיש שתי מצוות תקיעת שופר ביובל, האחת מסורה לבית דין והשנייה מוטלת על כל יחיד ויחיד. ושכן משמעות דברי הרמב"ם, שכתב (הלכות שמיטה ויובל פ"י ה"י): "מצות עשה לתקוע בשופר בעשירי לתשרי בשנת היובל, ומצוה זו מסורה לבית דין תחלה (שנאמר: והעברת שופר תרועה), וכל יחיד ויחיד חייב לתקוע, שנאמר: תעבירו שופר".[29] מפורש בדברי הרמב"ם שישנן שתי מצוות תקיעה ביובל – תקיעת בית דין ותקיעת היחידים, ולפי גרסה מסוימת שני חיובים אלו נלמדים מפסוקים שונים. תקיעת בית דין, כמצוות ציבור, נלמדת מן הכתוב: "והעברת שופר"; תקיעה נוספת, המסורה ליחידים, נלמדת מן המשך הפסוק: "תעבירו שופר בכל ארצכם".[30]

הרב פרלא פירש כי לדעת הריטב"א רק תקיעת בית הדין היא המקדשת את השנה, ועל חיובה נצטווינו במצוות קידוש היובל. מצוות היחידים אינה אלא תקיעה בעלמא, אין היא כלולה בקידוש היובל, ואינה אלא מצווה גרידא.[31] והוסיף על סמך הירושלמי (ראש השנה פ"ג ה"ה, יעוין שם), שייתכן שאף תקיעה זו של יחידים מקדשת את השנה והיא לעיכובא, ובלעדיה לא חל היובל, כשם שאין השנה מתקדשת ללא תקיעת בית דין.

ונראה להוסיף על דבריו, שיש לומר כי תקיעת היחידים מוסיפה ומחילה קדושה בשנת היובל, אך זאת רק בגדר תוספת קדושה על גבי הקדושה העיקרית, שדווקא בית הדין הגדול יכול להחיל. משקידש בית הדין הגדול את היובל, הרי אף תקיעת היחידים מהווה מעשה מקדש. ברם, ללא קידוש בית דין אין ביד היחידים לקדש את השנה בתקיעתם. וכל זה כפי היסוד החורז והעומד בשורש הבנתנו, כי ניתן לדבר על כמה רמות ורבדים של קדושה. ניתן להוסיף קדושה אף על גבי קדושה

29. המובא בסוגריים ליתא בכתבי היד, אך ישנו בדפוסי ונציה הראשונים.

30. הרי זה מעין דברי החזקוני, שישנן שתי מצוות ספירת יובל: האחת מוטלת על בית דין והשנייה על כל יחיד ויחיד (אלא שבחזקוני לא מבואר אם ספירה זו היא מצווה גרידא, או חלק מקידוש היובל).

31. ניתן היה להציע שאף הרמב"ם מודה שתקיעת בית דין מקדשת את השנה, ומה שמנה כמצווה עצמאית את תקיעת השופר קאי על תקיעת היחידים. אך לא משמע כן מדבריו.

קיימת, בין אם נתקדשה מגבוה ובין אם בידי אדם, ולהטביע בה עוד רובד וחלות של קדושה.

ייתכן שיש לתלות את אופי חיוב התקיעה של היחידים בהיקף החיוב. יעוין ברמב"ם שם ה"י, שמעבירים שופר בכל גבול ישראל. ונחלקו אחרונים בפירוש כוונתו. המנחת חינוך (מצווה שלא) הבין שאף חוץ לארץ בכלל; אולם האור שמח על אתר דחה דבריו ופירש שאין התקיעה אלא בארץ ישראל בלבד. ונראה שאף אם נרחיב את חובת תקיעת היחידים גם לחו"ל, מתוך הבנה שתקיעה קשורה בשחרור עבדים הנוהג גם שם, מכל מקום חלוקה היא באופייה מן התקיעה בארץ ישראל. בארץ התקיעה מקדשת את השנה, בעוד בחו"ל אין אלא מעשה תקיעה גרידא.

השאלה מה מעכב את חלות שנת יובל, תלויה אולי בהבנת מוקדהּ של מצוות יובל. הבנה זו עצמה קשורה אולי במשמעות המונח "יובל", כמצוין לעיל. יעוין ברש"י על התורה (ויקרא כ"ה, י), שפירש: "מה שמה, יובל שמה, על שם תקיעת שופר", ולפי הבנתו השנה קרויה על שם התקיעה. האבן עזרא (שם) פירש אחרת: "יובל כמו שלוח. וחז"ל אמרו שפירוש יובל – כבש, ונקראה השנה בשם השופר" (וכן פירש החזקוני). אלא שהרמב"ן השיג עליהם ופירש שהמילה נגזרה מלשון הבאה והובלה: "ויהיה פירוש יובל היא תהיה לכם – הבאה היא ותהיה כן לכולכם". אף כי נחלקו במישור הלשוני, נראה דהסכים הרמב"ן לאבן עזרא כי התוכן הבסיסי ביובל הוא שילוח עבדים. אלא שהוא הדגיש היבט מסוים של שילוח זה – חזרה למצב הראשוני (ושמא יש לכלול תחת כותרת זו אף את חזרת השדות לבעליהן, הרמוזה במילה "דרור", ואז נאמר שהשנה קרויה על שם שתי חובות אלו).

קצירה ובצירה בשביעית

תנן במסכת שביעית (פ"ח מ"ו): "תאנים של שביעית אין קוצין אותן במוקצה, אבל קוצה אותם בחרבה. אין דורכין ענבים בגת, אבל דורך הוא בעריבה. ואין עושין זיתים בבד ובקוטב, אבל כותש הוא ומכניס לבודידה. רבי שמעון אומר: אף טוחן הוא בבית הבד ומכניס לבודידא". ההלכה המבוארת כאן בתחילת המשנה היא שקצירה ובצירה הותרו בשביעית רק באופנים מסוימים.

בנוגע לטעם הדין וליסודו מביא הירושלמי על אתר את הברייתא הבאה: "ואת ענבי נזירך לא תבצור – מן השמור בארץ אי אתה בוצר, אבל בוצר אתה מן המופקר.

לא תבצור – כדרך הבוצרים, מיכן אמרו תאנים של שביעית אין קוצין אותן במוקצה, אבל קוצה הוא בחרבה; אין דורכין ענבים בגת, אבל דורך הוא בעריבה".

ילפותא זו מקורה מן הספרא דבי רב (בהר פרשה א): "את ספיח קצירך לא תקצור – מיכן סמכו חכמים על הספחים שיהו אסורים בשביעית. ואת ענבי נזיריך לא תבצור – מן השמור בארץ אין אתה בוצר, אבל אתה בוצר מן המופקר. לא תבצור – כדרך הבוצרים, מיכן אמרו תאינים של שביעית אין קוצין אותה במוקצה...".

אלא שנחלקו גדולי עולם בפירושה של ברייתא זו. לדעת הר"ש (על המשנה שביעית הנ"ל) שני דינים נשנו בילפותא זו. חד, "לא תבצור – כדרך הבוצרים", דאין לבצור ולעשות שאר מלאכות בפירות המשומרים כדרכם בשאר השנים, אלא צריך לעשות בשינוי את הבצירה, הקצירה ושאר העבודות שבתלוש. וזהו דין המשנה, העוסקת בפירות משומרים, שאין לקצות אותם כדרכם בשאר השנים. על כך יש להוסיף דין אחר: "ואת ענבי נזירך לא תבצור – מן השמור בארץ אי אתה בוצר, אבל בוצר אתה מן המופקר". דין זה בא ללמדנו שלא דיבר הכתוב אלא כנגד המשומר, וכל האיסור האמור בו הינו בפירות שמורים. ברם, מן ההפקר מותר לבצור ולקצור ולעשות את כל שאר מלאכת הפירות, כפי שעושים בכל שאר שנות השבוע.

אליבא דהר"ש, מאמר הכתוב: "את ספיח קצירך לא תקצור ואת ענבי נזירך לא תבצר" לא נאמר אלא כנגד התבואה השמורה. סייגי המשנה וכל פרטי הדינים וההלכות שנאמרו בגדרי הקצירה והבצירה בשביעית, כולם מתייחסים לפירות השמורים ולתבואה השמורה, ולא לתבואת הפקר.

ברם, ידועה שיטת רבנו תם, אשר אסר לחלוטין לאכול פירות שביעית שנשמרו: "הא דתניא בתורת כהנים: מן המשומר אי אתה בוצר אבל אתה בוצר מן המופקר, מופקר נמי כדרך בצירה אסור, וע"י שינוי שלא כדרך בצירה – מופקר שרי, ומשומר אפילו שלא כדרך בצירה נמי אסור".[32] לדעת ר"ת שתי הלכות נאמרו כאן. ראשית, מן השמור בארץ אין אתה בוצר – בכל דרך ובכל אופן, והלכה זו אוסרת את השמור באכילה.[33] שנית, לא תבצור כדרך הבוצרים – שאף פירות הפקר ותבואת הפקר, שלא נשמרו ולפיכך מותרים הם באכילה, אין לקוצרם אלא באופנים מסוימים, תוך

32. תוספות ראש השנה ט ע"א ד"ה וקציר (בתרא). דברי ר"ת נשנו בעוד מקומות (והם אף שיטת רבותיו של רש"י ביבמות קכב ע"א). יעוין בדבריו בספר הישר סימן נט; תוספות יבמות קכב ע"א ד"ה של עזיקה; תוספות סוכה לט ע"ב ד"ה בד"א; תוספות מנחות פד ע"א ד"ה שומרי ספיחים. ויעוין עוד בבעל המאור בסוכה שם (יט ע"ב באלפס).

33. התוספות עצמם מפרשים את הלימוד אליבא דר"ת באחת משתי דרכים: או דבא לאסור באכילה, וזו משמעות הפסוק, או דעיקרו בא לאסור בצירה וקצירה אף בשינוי. יעוין בניסוחיהם השונים.

עשיית שינוי במעשה הבצירה והקצירה. וזהו אליבא דר"ת יסוד משנתנו בשביעית, שחייבה לעשות שינוי בקצירה ובבצירה.

וכן סבר הראב"ד, בפירושו לתורת כוהנים שם, שדחה את שיטת הר"ש: "לא תבצר כדרך הבוצרין, הא שלא כדרך הבוצרים מותר, מן המובקר קאמר ולא מן השמור. כי מן השמור בכל ענין הוא אסור".

הצד השווה שבהם, שהן ר"ת וסיעתו והן הר"ש משאנץ ומחנהו מודים שנתחדשה הלכה במשנה זו, שישנה חובה מדאורייתא לשנות באופן שבו מתבצעות הבצירה והקצירה. אלא שנחלקו בשאלה באילו פירות נאמר שינוי זה.

שיטה אחרת מצינו בהלכותיו של רבנו משה הספרדי, אשר הודה והסכים ליסוד שיטתם, שהכתוב בא לאסור קצירה כבשאר שנות השבוע, אלא שלא תפס לעיקר את אופן הקצירה, אלא את כמות הפירות הנקטפים והנקצרים. אליבא דידיה, ההבדל משאר השנים אינו בצורת מעשה הבצירה והקצירה, אלא בכמות התבואה. כך כתב הרמב"ם בהלכות שמיטה ויובל (פ"ד ה"א): "וזה שנאמר: את ספיח קצירך לא תקצור, שלא יקצור כדרך שקוצר בכל שנה, ואם קצר כדרך הקוצרין לוקה, כגון שקצר כל השדה והעמיד כרי ודש בבקר, או שקצר לעבודת הארץ כמו שבארנו; אלא קוצר מעט מעט וחובט ואוכל". ובהמשך אותו הפרק (הכ"ד) כתב: "מצות עשה להשמיט כל מה שתוציא הארץ בשביעית, שנאמר: והשביעית תשמטנה ונטשתה. וכל הנועל כרמו או סג שדהו בשביעית ביטל מצות עשה. וכן אם אסף כל פירותיו לתוך ביתו. אלא יפקיר הכל ויד הכל שוין בכל מקום, שנאמר: ואכלו אביוני עמך. ויש לו להביא לתוך ביתו מעט כדרך שמביאין מן ההפקר, חמש כדי שמן חמש עשרה כדי יין, ואם הביא יתר מזה מותר".

מבואר כאן ששיטתו היא שאין הדבר תלוי אלא בכמות הנקצרת. מותרת קצירה אשר מיועדת לסיפוק צורכי אכילתו המיידיים בכדי אכילתו,[34] אך נאסרה קצירה ובצירה אשר תכליתן לאסוף אל ביתו את יבול השדה. הרמב"ם הודה שאכן שונות קצירה ובצירה של שנת השבע מאותן המלאכות בשאר השנים. אך ההבדל הוא בכמות הנאספת ולא באופן הפעולה ובצורתה.[35] וזהו הדין השנוי בברייתא זו.

34. בשאלה מהו שיעור "מעט מעט" עסק ר' יחיאל מיכל טיקוצ'ינסקי זצ"ל בספר השמיטה פ"ג הערה 12, שדן בכך עם ר' חיים ברלין, המהרי"ל דיסקין והרידב"ז. וראו עוד במעדני ארץ שביעית סימן ג, שדן בכך בהרחבה.

35. בר"מ גופא לא מבואר האם ביחס לדין זה יש לחלק בין שמור לבין הפקר. המנחת חינוך (מצווה שכח-שכט) הסתפק בכך. הגאון ר' שלמה זלמן זצ"ל (מעדני ארץ שביעית סימן ג) הבין ברמב"ם שאין לחלק ביניהם, ולגבי שניהם נאמר שמותר לקצור מעט מעט.

כל השיטות שהזכרנו – איש על מחנהו ואיש על דגלו – מודות שנאסרה קצירה כדרכה ולא הותרה אלא בשינוי. והיינו כפי שהרמב"ם עצמו ניסח לאו זה בספר המצוות (לא תעשה רכו): "שהזהירנו מאסוף פירות האילנות בשנת היובל **כמו שנקבץ בשאר השנים**". וסיכם זאת בידו החזקה (הלכות שמיטה ויובל פ"ד ה"א): "וזה שנאמר את ספיח קצירך לא תקצור – שלא יקצור כדרך שקוצר בכל שנה"; ולא שבא הכתוב לאסור קצירה כליל. וכך כתב אף בפירושו למשנתנו: "והכוונה בכל זה, שצריך לשנות ושלא יתעסק בפירות שביעית כדרך שמתעסק בשאר שנים, והוא לפי שאמר ה': ואת ענבי נזיריך לא תבצור, ואי אפשר לומר שרצונו בפסוק זה לאסור הבצירה לגמרי, שהרי כבר התיר אכילתם, באמרו: והיתה שבת הארץ לכם לאכלה, ולא נתכוון כאן אלא כמו שביארו בספרא: לא תבצור כנגד הבוצרים".

אכן, דרך אחרת לו לרש"י ולחונים על דגלו, הלוא הם הרמב"ן ובעקבותיו שאר חכמי ספרד.[36] בפירושו לחומש פירש רש"י (ויקרא כ"ה, ה): "לא תקצור – להיות מחזיק בו כשאר קציר, אלא הפקר יהיה לכל. נזירך – שהנזרת והפרשת בני אדם מהם. לא תבצר – אותם אינך בוצר, אלא מן המופקר". והסביר הרמב"ן דלדעתו פסוק זה אינו בא כלל לחדש חובת שינוי בקצירת הפירות, אלא בא לחדש אך ורק בנוגע לבעלות על הפירות, לאסור בלאו את המשמר כרמו ובוצר אותו ואינו מפקירו. ובא הכתוב לומר שלא ישמור את היבול לעצמו, אבל ילקט אותו עם העניים כהפקר, וינהג בפירות כדרך שנוהגים העניים, לדורכם בעריבה.

לפי פירוש זה אין כאן אלא דין אחד: החובה להפקיר את הפירות ולא לשומרם, מבלי התייחסות לאופן הבצירה והטיפול בפירות. לדעתם, לכאורה, אין חובה מדאורייתא לשנות באופן הבצירה. אלא שבפירושו לחומש הודה הרמב"ן דבכל אופן מדרבנן קבעו גדר כדי שלא יבואו לידי שימור ואסיפת הפירות ויגזלו אותם מן העניים, וזה העניין השני כאן בברייתות שראינו.

כללו של דבר, מירושלמי זה שראינו עולה עיקרון ברור, אליבא דכל הראשונים אשר מימיהם אנו שותים (אם כי נחלקו בפרטי הדינים): קצירה ובצירה לא נאסרו לחלוטין בשביעית. הרי פירות שביעית ניתנו לנו לאוכלה, ולפיכך מותר בשמיטה לקצור ולבצור

36. שיטת רש"י מבוארת ביבמות קכב ע"א ד"ה של עזיקה, לא אמר כלום. הסכים עמו הרמב"ן, הן בפירושו לחומש בפרשת בהר (ויקרא כ"ה, ה) והן בחידושיו לש"ס ביבמות (קכב ע"א ד"ה פירות הללו). וכן דעת שאר חכמי ספרד, יעוין בדבריהם בסוגיה הנ"ל ביבמות.

באופנים מסוימים ובמצבים מסוימים. הפסוק אינו אוסר עלינו באופן מוחלט לקצור את התבואה ולקטוף את הפירות. האיסור תלוי באופן פעולת הקצירה ובתנאיה, ולפי ראשונים אחדים בקניין הפירות (הפקר או שמור).

בכך נבדלים איסורים אלו משני האיסורים הנוספים שבשביעית, זריעה וזמירה, שבהם נאסרה כנסת ישראל לחלוטין. מעולם לא שמענו שזריעה וזמירה יותרו כאשר נעשות מעט מעט ולצורך אכילתו, ומעולם לא שמענו דמותר לזרוע שדה הפקר.

בטעם החילוק יש לעיין בלשון הכתוב, המתיר את צריכת יבול השביעית: "והיתה שבת הארץ לכם לאכלה לך ולעבדך ולאמתך ולשכירך ולתושבך הגרים עמך. ולבהמתך ולחיה אשר בארצך תהיה כל תבואתה לאכל" (ויקרא כ"ה, ו-ז). מכתוב זה נראה כי עניינה של השביעית הוא השוואת בעל השדה למי שאינו הבעלים. בשנה זו האדון כמוהו כשכיר, האדם כמוהו כחיה, מבחינת זיקתם לשדה. וכפי שכתב האבן עזרא: "והטעם, שהארץ אינה ברשותך בשנה הזאת" (שם, ה). בשנה השביעית הבורא יתברך מפקיע את הארץ מרשות האדם ומחזירה לרשות גבוה. ממילא דינו של בעל השדה כדין כל אדם אחר. כולם ניזונים משולחנו של גבוה ומידו הפתוחה והמלאה.

תפיסה זו בנוגע לעניינה של השביעית ולטעמה של השמיטה כבר נתבארה ונתפרשה בדבריהם של רבותינו הראשונים והאחרונים מפרשי התורה. כך, למשל, מצינו בדברי רש"י שראינו לעיל: "לא תקצור – להיות מחזיק בו כשאר קציר, אלא הפקר יהיה לכל". בדברי רבנו בחיי על אתר נתבארו הדברים במפורש ובהרחבה: "וכלל הענין הוא שאינו רשאי שינהוג בשדהו ובכרמו מנהג אדון כלל, אלא שיהיו כל פירותיו הפקר לכל העולם ושיזכה בהם אפילו הדיוט שבישראל כמוהו. ולכך צותה התורה מצוה זו, שיהיו כל מיני הממשלה ואדנות שבתחתונים בטלים בעבודת הארץ, כדי שיתבונן האדם בלבו כי אין עקר האדנות והממשלה אלא לאדון הכל ב"ה".[37]

37. וכך כתב אף הכלי יקר (ויקרא כ"ה, ב): "ועוד, שעל ידי זה יאמינו כי כולם אינן רק אריסים בקרקע, והקב"ה בעל השדה, ובדבר זה הארץ חפיצה, שיהיה הקב"ה בעצמו בעלה ואדונה, כי לו יתברך הארץ... ועוד הזכיר שדך למעט שנת השמיטה, שבו אין השדה שדך כי אם הפקר לכל, כי מאחר שבשנה זו אתה מודה כי לה' הארץ, אם כן ראוי שיתפרנסו ממנה בשנה זו עניי עמו ולא יהיה לך יתרון עליהם...

ומטעם זה נאמר בסמוך: ובשנה השביעית וגו' שדך לא תזרע וגו', הקדים השדה אל הזריעה, לומר כדי שלא תטעה לומר שהשדה שדך ולא של ה', על כן אני מצוך שלא תזרע, כי בזאת תדע כי של ה' היא ולא שלך. ואת ענבי נזירך שהפרשת לך ולא רצית ליתן ממנו לאחרים במזימות זו אשר חשבת כי הכרם כרמך, על כן אני מצוך לא תבצור, כי בזאת תדע שאין נכון שתנזור ותפריש את בני האדם מהם, אלא יד כולם יהיה שוה בה, למען תדע כי לה' הארץ ובידו לנזור [אולי צ"ל: לגזור] ליתנה למי שירצה, ואכלו אביוני עמך משולחן גבוה".

שורשה של הבנה זו הרי הוא מפורש בגמרא בסנהדרין (לט ע"א): "אמר הקדוש ברוך הוא לישראל זרעו שש והשמיטו שבע, כדי שתדעו שהארץ שלי היא".

על פי הבנה זו ניתן לבאר בפשטות את ההבדל שבין זריעה וזמירה לבין קצירה ובצירה. פעולות הזריעה והזמירה מבטאות את בעלותו של האדם על הקרקע וממממשות אותה. רק בעל השדה זורע את שדהו. ברם, קצירה ובצירה לא נתייחדו לבעל השדה. בנסיבות מסוימות, נמצא אנשים הקוטפים ואוכלים גם משדה שאינו שלהם, ואין בכך הפגנת בעלות. אדם לא יטרח לחרוש ולזרוע שדה הפקר, אך לעתים יכול הוא לקטוף מיבולו. כמובן, בדרך כלל אדם שאינו בעלים לא יאסוף את היבול באופן מרוכז אל ביתו, אלא רק יאכל ממנו באקראי. על פי עיקרון זה, אשר רבותינו הראשונים ניסחוהו באופנים שונים, מותרות קצירה ובצירה באופן שאותו מבצע גם מי שאינו בעל השדה, ונאסרו רק כאשר מפגינות הן דהאדם מחשיב עצמו כבעלי הקרקע. יש מקום לומר שקצירה ובצירה נאסרו כאשר אוסף את כל הפירות לביתו, כדרך בעלים. ואילו לרש"י אין הדבר תלוי אלא בקניין הממוני; הפסוק מזהיר את בעל השדה, שאין לו לקטוף את הפירות ולקחת את התבואה לעצמו כבעלים. אלא הרי הוא כאביון, כגר וכחיית השדה, ועליו להפקיר את היבול.

בכך תתבאר אף שיטת הר"ש, דאין כלל איסור קצירה בשדה הפקר. לשיטתו, האיסור הינו הפגנת אדנות ובעלות על השייך לך. ברם, הרי הפקר לקושטא דמילתא אינו שלו, ובאותם פירות שווה הוא לאביון ולחיית השדה. קצירת פירות הפקר – אין בה הפגנת בעלות. הראב"ד ור"ת, שחלקו עליו, סברו כנראה דהאיסור הוא שימוש בשדה ובפירות כבעלים, ללא התחשבות במצב הממוני־קנייני. אף אם התבואה הווי הפקר, נאסר לקוצרה ולאוספה באופן אדנותי. האוסף תבואת הפקר מן השדה הופך לבעליה, ואף עליו נאסר לקצור כדרך הקוצרים. או שמא נאמר שבשנה השביעית ה' הוא הבעלים, והתיר לאכול רק כפי הצורך, ולא בדרך אסיפה.

לפי עיקרון זה תובן אף סברת הרמב"ם. כאשר איש מישראל אוסף תבואה רבה, ומעמיד כרי ודש בבהמה – הרי הוא מתנהג כאדוני השדה וכמי שהפירות שייכים לו. אולם כאשר הוא קוצר מעט מעט בכדי אכילתו, הרי זו דרכו של הניזון מידי אחרים ולא של בעל הבית.

בכך אתי שפיר אף הלכה אחרת ברמב"ם. יעוין בדבריו בהלכות עדות (פ"י ה"ד): "ועוד יש שם רשעים שהן פסולין לעדות אע"פ שאינן בני תשלומין ואינן בני מלקות, הואיל ולוקחים ממון שאינו שלהם בחמס – פסולין, שנאמר: כי יקום עד חמס באיש, כגון הגנבים והחמסנים... וכן כל העובר על גזל של דבריהם הרי הוא

פסול מדבריהם... וכן סוחרי שביעית, והם בני אדם שיושבין בטלים וכיון שבאה שביעית פושטים ידיהן ומתחילים לישא וליתן בפירות, שחזקת אלו שהן אוספין פירות שביעית ועושין בהן סחורה".

לכאורה דבריו קשים, שהלוא סוחרי שביעית אינם גוזלים ממון מאחרים. סוחרי שביעית נותנים תמורה בעד הכסף הניתן להם. מה עוד שבאופנים מסוימים מותר למכור פירות שביעית (כמבואר בסוכה לט ע"ב-מ ע"א). ואם כן, כיצד פסלם הרמב"ם כלוקחים ממון שאינו שלהם?

בביאור פסק הרמב"ם נראה לומר שהפירות שייכים באופן עקרוני לקב"ה, והותרו לבני ישראל רק לאכילה ולא לסחורה. כל הסוחר בפירות שביעית הרי הוא גוזל את הקב"ה, שנתן לו פירות אלו בכדי שיאכלם, והלך הלז וסחר בהם. משל לדבר, אדם שהוזמן לשמחה אצל אחרים, שוודאי מותר לו לאכול את המאכלים המוגשים לו, אך פשוט מסברה שאינו רשאי לקחתם עמדו ולמוכרם בשוק, והעושה כן הרי גזל בידו. מנתו ניתנה לו לאוכלה ולא לסחורה.[38]

בין זריעה וזמירה לקצירה ובצירה

ההבנה שהצענו בנוגע להבדל שבין זריעה וזמירה לבין קצירה ובצירה, תלויה בהנחה שבאופן עקרוני שורש איסורן אחד הוא. פעולות אלו נאסרו כאשר הן מפגינות בעלות, אלא שבפועל מבטאות הן בעלות בדרכים שונות. זריעה וזמירה כל שהן מבטאות בעלות, ולפיכך נאסרו כליל. מנגד, בצירה וקצירה באופן מסוים ובכמות מעטה אינן מעשה של בעלות על הקרקע, ועל כן הותרו.

אלא שלאור דיוק נוסף בפרשייה, נראה להציע בזה חילוק יסודי, הנוגע לשורש איסורי העבודה בשמיטה. דיעוין היטב בפסוקים הבאים: "ובשנה השביעִת שבת שבתון יהיה לארץ שבת לה' שדך לא תזרע וכרמך לא תזמֹר. את ספיח קצירך לא תקצור ואת ענבי נזירך לא תבצֹר שנת שבתון יהיה לארץ" (ויקרא כ"ה, ד-ה). הנה בפסוק הראשון נאמר "שבת שבתון", במקביל לנכתב גבי שבת בכמה

38. מדוע פסל הרמב"ם רק "בני אדם שיושבין בטלים וכיון שבאה שביעית פושטים ידיהן ומתחילים לישא וליתן בפירות", ולא אדם שסחר בפירות באופן אקראי? מלשונו משמע שמתייחס לאנשים שסוחרים בפירות בשנת השביעית, ואין ידוע בבירור שמדובר בפירות הקדושים בקדושת שביעית. הרמב"ם קבע שכיון שסוחרים הם בקביעות בפירות בשנת השמיטה, חזקתם שהם סוחרים בפירות שביעית, שנאסרו בסחורה.

מקראות,[39] בעוד בפסוק השני נאמר רק "שבתון", במקביל לנאמר לגבי יום טוב בפרשיית המועדים באמור.[40]

ונראה לחדש דבאיסורי שביעית גופם יש לחלק בין לאווין דעבודת הארץ, דהיינו זריעה וזמירה, לבין קצירה ובצירה. זריעה וזמירה נאסרו בפסוק הראשון מתוקף היות השביעית שבת שבתון. מינוח זה של שבת מצינו בתורה רק לגבי שני זמנים: שבת בראשית (ויום הכיפורים הכרוך בה) ושנת השבע. כשם שבשבת בראשית השביתה היא מטרת היום ועיקר עניינה של השבת, ומתוך כך מלאכה אסורה לחלוטין, כך זריעה וזמירה נאסרו בשמיטה מצד עצמן, דעצם השביתה משתי אלו היא שבת הארץ ושבת לה'. בצירה וקצירה, מאידך, נאסרו בפסוק השני מצד היות השנה שבתון. כשם ששבתון האמור ביום טוב משמעותו היא הימנעות ממלאכה מפאת הסתירה שבינה לבין תכלית היום ואופיו, כך שבתון הארץ פירושו שמלאכות אלו, שמיועדות רק לאיסוף התבואה שגדלה זה מכבר, אסורות רק משום שעשייתן פוגעת בפועל באופי ובתכלית הרצויים של השמיטה.

מעתה ניתן לפרש את ההיתרים אשר נתחדשו בבצירה ולא בזמירה, לא רק כנובעים מההבדל המעשי־טכני ביחס להפגנת הבעלות, אלא כקשורים ביסוד עקרוני ושורשי. זמירה וזריעה נאסרו באופן מוחלט מצד קדושת השנה כשבת הארץ. אך בצירה וקצירה נאסרו רק מחמת אופיה כשבתון, כאשר איסורי אסיפת היבול הם מעין איסורי יום טוב. פן השמיטה המתבטא באיסורים אלו הרי הוא הפן שנתבאר בפרשת משפטים. ניתן לומר שרק "מלאכת עבודה" נאסרה מצד היבט זה, אך לא "מלאכת הנאה"; ועל כן נאסרה רק קצירה כדרך הקוצרים. לדעת הר"ש, כאשר השדה מופקר – כלל לא שייך לאסור קצירה ובצירה, שאינן "מלאכת עבודה" כאשר אינן נעשות כדרך בעלים. ה"שינוי" הנידון כאן אינו דומה לדין כלאחר יד בשבת, אלא מעין היתר אוכל נפש דיום טוב.

נראה לתת טעם להבדל זה, דהקוצר והבוצר צורכים את התבואה, אך אינם שותפים לגידולה, אלא רק אוספים אותה. בשעה שאנו קוצרים ובוצרים, אין אנו עוטים על ראשנו עטרה של מי שמייצר את הפירות ומגדלם. אלו הן פעולות של שימוש וצריכה ולא של ייצור וגידול (ניתן להוסיף גם שאין הן פועלות כלל על הארץ עצמה, אלא רק על פירותיה). לפיכך אין הן סותרות את "שבת הארץ", ונאסרו רק כאשר פוגעות הן בקדושתה של השנה כ"שבתון". לכן נאסרו קצירה ובצירה רק

39. שמות ט"ז, כג; שם ל"א, טו; שם ל"ה, ב; ויקרא כ"ג, ג.
40. ביחס לראש השנה (ויקרא כ"ג, כד) ולסוכות (שם, לט).

כאשר מבטאות הן את בעלות האדם, ולא משום שעצם השביתה מהן היא תוכנה של קדושת השנה.

ויש להוסיף שהיתר בצירה וקצירה הרי הוא ממש מעין דברי הרמב"ן הידועים בגדר מלאכת אוכל נפש (מלחמות ה' ביצה יג ע"ב באלפס): "שלא התירה תורה ביום טוב אלא מלאכות של יומן, כגון שחיטה אפייה ובשול, אבל אלו תקון הן ודרך בני אדם לתקן מהם לימים הרבה, אמרה תורה יתקן כדרכו מחול ליום טוב, שלא יתקן מיום טוב לימים הרבה של חול". ואף שם יש לבאר שהקו המבחין בין מלאכות אוכל נפש שהותרו למלאכות אוכל נפש האסורות הינו ההבחנה בין יצירת האוכל לבין צריכתו והשימוש בו.

העולה מכאן, כי אופי כפול לאיסורי המלאכה בשמיטה. ברמה אחת יש התנגשות מהותית בין עבודת האדמה ובין אופי הזמן, והוא המתבאר בפרשת בהר. ממד זה מיוחד לזריעה ולזמירה, הכלולות בגדר שבת הארץ, ואסורות בדומה לאיסור ל"ט מלאכות בשבת. ברמה אחרת יש לאסור אף בצירה וקצירה בתורת שבתון, ובמקביל ליום טוב, כדי לאפשר את הגשמת היעדים הקבועים לשנת השמיטה. איסור זה הוא המתחדש בפרשת משפטים, המתמקדת בפירות השביעית. מפרשת משפטים היינו מקבלים את הרושם שגם הזריעה נאסרה רק בגלל התנגשותה המעשית עם יעדי השמיטה, לעומת הנאמר בפרשת בהר, שממנו עולה הבדלה בין זריעה לקצירה. ונראה כפי המבואר לעיל, שבקצירה ובבצירה נאסרה רק פעולה המבטאת את בעלות האדם והפוגעת בשמיטת הקרקע והפירות עבור אביוני עמך.

מתוקף סברה זו ניתן להבין ביתר עוז את הצעתו של מרן ר' שלמה זלמן זצ"ל (מעדני ארץ שביעית סימן ד אות ז), שהעשה האמור בשביעית, "ושבתה הארץ", כולל זריעה וזמירה, אך לא קצירה ובצירה. ר' שלמה זלמן דחה למסקנה הצעה זו, אך לאור הדיוק שהצענו בפסוקים נראה שיש לאמץ אותה. "שבת הארץ" מתבטאת דווקא בשתי מלאכות אלו, שהן עבודת הארץ והאילן, ואינה קשורה בלקיטת התבואה ובאסיפתה, שאין להן נגיעה לארץ ולשביתתה; ולפיכך מסתבר, שלא כמסקנתו, שהעשה ד"ושבתה הארץ" קאי רק על זריעה וזמירה.

והנה לעיל הבאנו מן המנחת חינוך, שהעשה האמור בשביעית מחדש שמלבד איסור הגברא במלאכת השדה יש בשביעית גם דין שביתת הארץ. היינו, שחובה על בעל השדה לדאוג שלא יֵעבד, אף על ידי אחרים. ולפי מה דנתבאר כאן נראה, שאף לשיטתו העשה מתייחס דווקא למלאכות האילן והקרקע, אך לא לבצירה ולקצירה. הרי מקורו מן הסוגיה בעבודה זרה טו ע"ב, ובה מדובר בישראל המוכר

כלי זריעה וחרישה ובבהמה העומדת לחרישה, בעוד קצירה ובצירה אינן מוזכרות שם כלל.

כך כתב אבן עזרא: "ושבתה הארץ שבת לה' – מצוה על ישראלי שלא יעזוב גר לזרוע שנת השבת, כאשר לא נעזבנו לעשות מלאכה בשבת, כי הוא ברשותנו" (ויקרא כ"ה, ב). ונראה שיש לדייק בדבריו, שהאיסור הינו דווקא לזרוע. ונראה שהוא הדין לגבי זמירה; אולם לא נצטווינו "שלא לעזוב הגר" בבצירה ובקצירה. אף לגבי דעת המהרש"ל שהובאה לעיל, הסובר שישנו איסור אמירה לעכו"ם בשביעית, נאמר שיש להגביל איסור זה לזריעה ולזמירה בלבד.

וכן נראה שחומרת שביעית, שבגינה באה גלות, היא על זריעה וזמירה; שהרי בקצירה ובבצירה לדעת הרבה ראשונים אין איסור בפעולה עצמה, אלא בכך שנוהג ככל השנים וכאילו הוא בעל השדה, ואין זה עניין לשביתת הארץ.

לפי כל הנ"ל, דין חילוק מלאכות בשביעית יהיה לגבי זמירה וזריעה, ובזה מדובר בירושלמי כלאיים, אם אכן יסוד ההלכה שם הוא מדין חילוק מלאכה. אך לו יצויר חילוק מלאכות בבצירה ובקצירה, לפי מהלכנו לא יהיה חייב שתיים.[41]

"בשתי שמיטות הכתוב מדבר"

יש לבחון את עצם יסוד דברינו על פי הנאמר בגמרא בכמה סוגיות, דלדעת רבי ישנו היקש בין שתי שמיטות: "דתניא, רבי אומר: וזה דבר השמיטה שמוט – בשתי שמיטות הכתוב מדבר, אחת שמיטת קרקע ואחת שמיטת כספים, בזמן שאתה משמט קרקע –

41. יעוין בספר המצוות לרמב"ם, לא תעשה רכו: "שהזהירנו מאסוף פירות האילנות בשנת היובל כמו שנקבץ בשאר השנים, והוא אמרו: ולא תבצרו את נזיריה, כמו שבארנו בשנה שביעית. ובספרא (בהר פרשה ב) אמרו: לא תקצרו ולא תבצרו, כמו שנאמרו בשביעית כך נאמרו ביובל. רוצה לומר, כי הדין בשני אלו הלאוין אחד". הרי שהביא הברייתא בספרא, שהשוותה שביעית ליובל, רק לגבי קצירה ובצירה, ולא ציטט אותה בלא תעשה רכד, האוסר את עבודת הארץ בשנת היובל. ושמא יש מקום לדייק מכאן שככל שהדברים אמורים ביחס לזריעה וזמירה אכן יש הבדל בין היובל לשביעית ואין להשוותם השוואה מוחלטת (שלא כדבריו ביד החזקה), דאין שנה זו "שבת לה'". ואף שבדבריו בלא תעשה רכד השווה הרמב"ם בין יובל לשביעית: "וכמו שהשמיטה אסור בה בין עבודת הארץ בין עבודת האילן – כך היובל", שמא אין השוואה זו אלא לגבי היקף הלאו, הכולל אילן וארץ גם יחד, ולא ביחס לתוכן הלאו ולאופיו.
אמנם בברייתא בתורת כוהנים גופא משמע שההשוואה בין שמיטה ליובל מתייחסת גם לזריעה, אך אין זה מוכרח. ושמא יש לומר שלאיסור זריעה בשביעית יש אופי כפול, והוא נאסר אף משום ביטוי השתלטותו של הבעלים; ולגבי ממד זה ניתן להקיש ליובל.

אתה משמט כספים, בזמן שאי אתה משמט קרקע – אי אתה משמט כספים".[42] רש"י אמנם הבין שההיקש הוא בין איסורי עבודה בשביעית לבין שמיטת הכספים באותה שנה. אך רובא דרובא של רבותינו הראשונים פירשו שההיקש הינו בין שמיטה ליובל.[43]

והנה בסוגיה בגיטין אפשר לפרש שמקישים להחזרת השדות ביובל את שמיטת הכספים בשביעית, ולא את עבודת הארץ בשביעית, ולפיכך אין לזה קשר ונגיעה לענייננו. אך במועד קטן (ב ע"ב) ההיקש מובא לדעת אביי לגבי מלאכה בשביעית. וזה צריך עיון לפי המהלך שהוצע כאן; שהרי ביובל קשור איסור המלאכה במגמה חברתית ודתית, ובשביעית איסור המלאכה נובע מהיות השנה שבת לה', ואם כך, איך אפשר להקיש בין זה לזו?

אכן, גם בשביעית יש פן חברתי, על פי הנאמר בפרשת משפטים, ודין שבת לה' מתוסף עליו. אם כך, יש מקום לומר שההיקש מתייחס לממד הזה, שהוא מכנה משותף בין שביעית ליובל. אך עדיין קשה לדברינו, מדוע לא ייתכן שגם עם ביטול היובל עדיין תישאר השביעית בתוקפה, מחמת פן שבת לה' שבה. והרי ברור שאף לו יצויר שימים טובים לא ינהגו, מפני שבית הדין לא קידש את החודש,[44] עדיין לא תזוז השבת ממקומה. ומאי שנא שנת השביעית?

ייתכן שרבא במועד קטן שם חלוק על אביי בהבנתו את שיטת רבי, ובכל מקרה הלוא חכמים חולקים עליו. ואפשר עוד ששאני שמיטה ויובל, שהם חלק מלוח זמנים אחד וממסגרת אחת. ייתכן גם שאין זו אלא ילפותא בעלמא, שאינה מעידה על אופי השנים. ברם, יעוין בדברי בעל המאור שהובאו לעיל (מתוך ספר התרומות שער מה), שבהם דן מדוע לא נהגו, בזמנו, בשמיטת כספים. הרז"ה ראה את שמיטה ויובל, אליבא דרבי, כעשויים ממקשה אחת, ובלתי ניתנים להפרדה: "כללו של דבר, לדברי רבי השמטין והיובלות חבילה שאינה מתפרדת וקשר שאין לו היתר". וזאת שלא כדברינו. והביא ראיה לדבריו: "וכן מצינו ששוותה קדושת שביעית לקדושת יובל ולמדות הן זה מזה, כמו שדרשו רז"ל: קדש תהיה לכם – בהויתה תהא, הא כיצד לוקח בפירות שביעית בשר – אלו ואלו מתבערים בשביעית. הא למדנו לקדושת שביעית מקדושת יובל, שכלן שבתות ה' הן". ההלכה ששביעית תופסת את דמיה נלמדת מן הכתוב האמור אצל יובל, ומכאן מוכח לדבריו שיחידה אחת הם, ואין דברי

42. מועד קטן ב ע"ב; גיטין לו ע"א; קידושין לח ע"ב.
43. יעוין בתוספות גיטין לו ע"א ד"ה בזמן ובראשוני ספרד שם, וכן בתוספות קידושין לח ע"ב ד"ה השמטת.
44. אליבא דהריטב"א בחולין קא ע"ב ד"ה אלא אמר רבא, שאין מועדים בעולם אם לא קידש בית דין את החודש. יעוין בהרחבה בפרק העוסק בקידוש החודש בחיבור זה.

רבי ילפותא בעלמא. לדידן נוכל לתרץ לימוד זה ולומר שאכן בנוגע לפירות ישנו דמיון בין שמיטה ליובל.

קידוש השנה והגדרת השנה

עד כה הבדלנו בין איסורי שמיטה מחד ואיסורי יובל מאידך; וכן בתוך איסורי שמיטה גופא, בין קצירה ובצירה, שהינן מלאכות בפירות, לבין זריעה וזמירה, שהינן עבודות הקרקע. משבאים אנו לדון במצוות היובל, נראה לחלק בתוך מצוות היובל עצמן, בין איסור עבודת הקרקע והשדה לבין שילוח עבדים וחזרת שדות.

יעויין בסוגיה ראש השנה ח ע"ב-ט ע"ב, שם נחלקו תנאים לגבי עיתוי קדושת היובל והתנאים לחלותה. לדעת רבי ישמעאל בנו של רבי יוחנן בן ברוקא, קדושת היובל מתחילה לחול בראש השנה ונשלמת ביום הכיפורים, ואילו לרבנן הקדושה חלה ביום הכיפורים ולא לפני כן. ונחלקו הראשונים שם כיצד לפסוק.[45]

והנה צריך עיון לדעה שהקדושה מתחילה בראש השנה. הלוא קיימא לן כרבנן, ששלושת דיני היובל – החזרת שדות, שילוח עבדים, ותקיעת שופר – מעכבים ביובל, ואם כן האיך תחול קדושת יובל בראש השנה, אם תוקעים רק ביום הכיפורים?

ועיין בטורי אבן (שם ח ע"ב) שנתקשה בכך וכתב שהקדושה חלה למפרע, בדומה לקידוש, המקדש את השבת מתחילתה, וכמו שאם קידשו בית דין את החודש באמצע היום, חלה קדושת ראש חודש למפרע מראשית היום, ואפילו מהלילה הקודם. וניתן היה להוכיח עוד יותר מדברי הרמב"ם בהלכות קידוש החודש (פ"ג הט"ז), שקידוש החודש חל למפרע גם לאחר כמה ימים. אך בעצם אין הנידון דומה לראיה, שהרי בקידוש החודש המשימה המוטלת על בית דין היא בעיקר קביעת המועד והגדרתו, שהרי ראש חודש יכול להיות באחד משני מועדים, ומכיוון שהגדירוהו – ממילא חל עליו שם ראש חודש. ואף שעל הדיינים לומר "מקודש, מקודש", מכל מקום ייתכן שאמירה זו אינה לעיכובא. עיקר תפקידו של בית דין הוא לקבוע את המועד, וככל שקבעו חלות שם ראש חודש – הרי הוא חל למפרע. לכאורה אין עליהם לקדש את המועד אלא להגדירו, וההגדרה חלה על היום

45. יעוין בתוספות שם ט ע"א (ד"ה ולאפוקי) ובריטב"א ובמאירי שם. ואשר לפסק הרמב"ם, יעוין פ"י מהלכות שמיטה ויובל הי"ד, וכן בהלכות ערכין פ"ד הכ"ד, ובלחם משנה ובמשנה למלך שם.

כולו.[46] ואיברא שלגבי ראש השנה ניתן לומר שבית דין צריך אף לקדש את המועד עצמו, שהרי ביום קידוש החודש מתקדש אף המועד; אך מכל מקום ניתן לומר שקידוש המועדים אינו קידוש ישיר, אלא חל בעקיפין על ידי הגדרה וקביעה.[47] מה שאין כן לגבי יובל, שהלוא מועד השנה ידוע וקבוע, אלא שבית דין צריך להחיל עליה קדושה. קשה הרבה יותר להחיל קדושה למפרע מאשר להגדיר שֵם למפרע. ואף שוודאי אין הדבר בלתי אפשרי, עדיין מחודש הוא למדי, ואין להקיש זאת לקידוש החודש.

ונראה שיש לבחון בהקשר זה כיוון שונה לחלוטין. דהנה מה שנחלקו במועד חלות יובל היינו לגבי החזרת שדות, כמבואר בערכין כח ע"ב, ומן הסתם אף לגבי שילוח עבדים. אך לגבי איסור עבודה, דומיא דשמיטה, לא מצינו שנחלקו. אלא שלכאורה דווקא בזה מדובר בסוגיה בראש השנה. ויעוין בחידושי הר"ן שם (ח ע"ב ד"ה יובלות) שבאמת הקשה על הגמרא שם: "קשיא לי מאי קושיא, אפילו תמצא לומר שאין החירות מתחיל לעבדים עד י' בתשרי, אכתי מר"ה מתחיל יובל לענין איסור מלאכה שבשדה"; עיין שם.

ויש להציע אחד משניים: א) איסורי עבודה בשדה אינם תלויים כלל ועיקר במְקדשי היובל, אלא לגבי איסורים אלו דין יובל כדין שמיטה, וממילא דינו כשבת, דקדשה ממילא. אך מפורש בראשונים שאיסור זריעה תלוי בקידוש יובל.[48] ועיין בערוך השלחן העתיד (דיני זרעים ל"א, ה), שבאמת הציע שאיסור עבודה אינו תלוי במקדשי היובל, יעוין שם היטב.

ב) אף שאיסור עבודה תלוי בקידוש השנה, חלותו שונה מדיני החזרה ושילוח. דלגבי אלו בעינן קידוש ממש, וזה באמת אינו מועיל למפרע. אך לגבי איסורי עבודה אין צורך בקידוש, אלא די בהגדרה. גם ההגדרה והקביעה של השנה כשנת יובל תלויות במעשים המקדשים, אך היות שמדובר בהגדרה, יכולה היא לחול למפרע.[49]

46. ביחס לשאלה זו, מהו תפקיד בית דין בקידוש החודש, נקט כאן רבנו ככתוב בפנים. ברם, עיקר דיון רבנו בנידון הינו להלן בשיעור בנושא קידוש החודש, שם הרחיב רבנו בנוגע לכך [הערת העורך].

47. בפרק העוסק בקידוש החודש בחיבורנו זה דנו בהרחבה בהיבטים שונים של שאלה זו. עיין בבא בתרא קכא ע"א, וכן בדברי הר"ח, הרשב"ם והרשב"א שם; וכן יעוין ראש השנה כד ע"א.

48. רש"י (שם ט ע"ב ד"ה יובל); תוספות (שם ד"ה יובל); המאירי (שם ד"ה דין). המהדיר של בית הבחירה למאירי הציע להיפך, שרק איסורי קרקע דיובל תלויים בקידוש, אך לא דיני שילוח עבדים והחזרה, וזה ודאי תמוה ובניגוד לדברי הר"ן והראב"ד (גיטין יט ע"א באלפס).

49. עוד יש לומר, על פי דברי רבינו לעיל, שתקיעת שופר איננה מחילה את הקדושה אלא אך ורק מונעת את חלותה אם לא נתקיימה בזמנה [הערת העורך].

ויש לדון, לפי זה, האם יש הבדל בין איסור עבודת השדה ביובל בתקופה שמראש השנה ועד יום הכיפורים לבין איסור זה בתקופה שלאחר יום הכיפורים. דיש לומר דלאחר יום הכיפורים המלאכה גורמת לחילול, אך לא קודם ליום הכיפורים. זאת בהנחה שבכלל יש חילול ביובל; דאם נשווה את היובל ליום טוב, ואם נאמר שאין חילול ביום טוב, אין לחלק כנ"ל.[50]

50. עוד יש להבין את יסוד האיסור שבין ראש השנה ליום הכיפורים מצד נוסף. הנה בגמרא (ראש השנה ח ע"ב) נאמר: "יכול כשם שמתקדשת והולכת מתחילתה כך מתקדשת והולכת בסופה (רש"י: אחר ראש השנה, ותמשוך עד יום הכפורים), ואל תתמה שהרי מוסיפין מן החול על הקדש, ת"ל: יובל היא שנת החמשים". והנה ניתן להבין שדין מוסיפים המוזכר כאן מתייחס לסופה של השנה, דאילו הקידוש ההדרגתי בתחילתה הוא מעיקר הדין של שנת היובל עצמה. אך עיין בחידושי הר"ן שם, דמדבריו עולה שמראש השנה עד ליום הכיפורים הווה כעין תוספת, קודם עיקר חלות קדושת היובל ביום הכיפורים, ורק ביום הקדוש והלאה חל גוף האיסור עצמו. ועיין באדרת אליהו ריש פרשת בהר, שכתב: "שיכול כשם שמתקדשת בתחלתה (פי' אף שאין תוקעין אלא ביוה"כ מ"מ מוסיפין מחול על הקדש ומקדשין בר"ה לענין שלא ישתעבדו עוד לאדוניהם) כך מתקדשת בסופה (פי' ביציאתה תהיה מושכת והולכת עד יו"כ) לענין שיהא אסור במלאכה עד יוה"כ שכן מוסיפין מחול על הקדש".

קידוש החודש ועיבור השנה

"החודש הזה לכם"

"החֹדש הזה לכם ראש חדשים ראשון הוא לכם לחדשי השנה" (שמות י"ב, ב). בפסוק זה נאמרה, כדברי רבי יצחק, "מצוה ראשונה שנצטוו בה ישראל" (רש"י בראשית א', א). מצווה זו מסרה ביד כנסת ישראל את מפתחות הזמן – קידוש החודש וקביעת המועדים. מעתה, חודשים ושנים, מועדים וזמנים, ייקבעו ויתקדשו על ידי כנסת ישראל. לה ניתנה הסמכות הבלעדית לעצב את ממד הזמן. וכאותו ציור נפלא המופיע במדרש: "אמרו מלאכי השרת לפני הקב"ה: רבון העולם, אימתי אתה עושה את המועדות? ...אמר להם: אני ואתם מסכים על מה שישראל גומרין ומעברין את השנה... אמר להם הקב"ה לישראל: לשעבר היה בידי... אבל מכאן ואילך – הרי מסורה בידכם ברשותכם, אם אמרתם הן – הן, אם אמרתם לאו – לאו, מכל מקום יהא החֹדש הזה לכם" (שמות רבה פרשה טו ב).

מרגלא בפומייהו דרבנן דלגבי קדושת היום ויצירתה שאני שבת מיום טוב: זו קדושתה בידי שמים ואילו זה קדושתו בידי אדם. וכך הרי איתא במפורש בסוגיה ביש נוחלין. שכך קבעה הברייתא שם: "'וידבר משה את מועדי ה' אל בני ישראל' – ר' יוסי הגלילי אומר: מועדי ה' נאמרו, שבת בראשית לא נאמרה". ופירש רב ששת: "מועדי ה' צריכין קידוש בית דין, שבת בראשית אינה צריכה קידוש בית דין" (בבא בתרא קכא ע"א).

זהו פשר ההבדל שבין שבת ליום טוב בברכת היום שבתפילת העמידה, שביום טוב חותמים: "מקדש ישראל והזמנים", ואילו בשבת אין מזכירים את "ישראל" בחתימה כלל. כמבואר בגמרא בביצה (יז ע"א) לגבי ברכת יום טוב שחל בשבת: "תני תנא קמיה דרבינא: מקדש ישראל והשבת והזמנים. אמר ליה: אטו שבת – ישראל

מקדשי ליה?! והא שבת מקדשא וקיימא! אלא אימא: מקדש השבת ישראל והזמנים״. ופירש רש״י על אתר (ד״ה אטו): ״בשלמא זמנים – צריך להקדים קדושת ישראל לקדושתן, שעל ידי קדושת ישראל נתקדשו הם, ואילו לא נתקדשו ישראל – לא היו קובעים חדשים וקוראין מועדים בבית דין; אלא שבת – מקדשא וקיימא מששת ימי בראשית, ואינה תלויה בקביעות דראש חדש״.

במקום אחר הקשתה הגמרא: הרי אסור לחתום ברכה בחתימה כפולה (״אין חותמין בשתיים״); ואיך חותמים את ברכת יום טוב באזכרה כפולה – ״ישראל והזמנים״?! וביארה הסוגיה שלא בשתי חתימות עסקינן אלא באחת, המביעה את תלותם של המועדים בישראל: ״מקדש ישראל והזמנים – ישראל דקדשינהו לזמנים״ (ברכות מט ע״א).

הפסוק שבו פתחנו מדגיש כי ״החודש הזה״ – ראש חודשים הוא **לכם**. זאת כדמצינו בפסוק המתייחס לאוכל נפש, בהמשך פרשת בא: ״הוא לבדו יֵעשה **לכם**״ (שמות י״ב, טז). על פסוק זה דאוכל נפש דרשו חז״ל: ״לכם ולא לנכרים״ (ביצה כ ע״א), וכוונתם: להוציא את גויי הארצות מפרשייה זו. אם כך, גם לגבי מניין החודשים יש לומר שהמילה ״לכם״ כוונתה לייחד את ישראל. ומכאן נלמד על עוד ממד של זיקה וקשר בין ישראל לבין מניין הזמנים. זה ניתן להיאמר בשני ניסוחים. הרשב״ם (שמות י״ב, ב) פירש, לשיטת רבי אליעזר שבתשרי נברא העולם, דניסן הוא ראש חודשים לישראל בלבד ולא לשאר האומות. ומעין זה כתב הרמב״ן (שם).[1] ואילו במכילתא שם נאמר: ״החדש הזה לכם... נמצינו למדין שישראל מונין ללבנה והגוים לחמה״ (מכילתא דרבי ישמעאל פרשה א). לדידה של המכילתא, המפנה איננו במעבר מתשרי לניסן כנקודת המוצא של השנה, אלא בעצם מוקדהּ האסטרונומי, התלוי בלבנה ולא בחמה. ואף בזה נתייחדו ישראל.

והנה תורה היא וללמוד אנו צריכים. ויש לברר כאן:

א) מה טיב זיקתם של כנסת ישראל ובית דינהּ לקביעת מועדים וזמנים?

1. ברמב״ן משמע כי ישנה רק שנה אחת, המתחלת בתשרי. לדידו, מניין החודשים הינו זכר ליציאת מצרים ומתעלם מהשנה הטבעית. ברשב״ם, מאידך, ניתן להבין כי למאן דאמר בתשרי נברא העולם ישנו מניין כפול של שנים – הראשון פותח בתשרי והשני בניסן. המשנה הראשונה במסכת ראש השנה פותחת בקביעה שארבעה ראשי שנה הם, ואפשר שלדידה כולם במעמד שווה.

ב) האמנם זיקה זו הינה לעיכובא, באופן שלא תיתכן קדושת מועד בלעדיה?
ג) מה מתקדש ועל סמך אילו נתונים נעשה הקידוש?

כדי לברר את טיב הזיקה, עלינו ללבן כמה סוגיות. ראשית, יש לברר מיהו המְקדש; שנית – כיצד מתבצע הקידוש; ולבסוף – מה, בעצם, מתקדש. במידה רבה, סוגיות אלו שזורות אחת בחברתה – הן במישור העקרוני המופשט, והן בתחום המעשה. ואף על פי כן, מן הראוי לדון בהן בנפרד, תוך כדי מודעות להשפעתן ההדדית.

האם נחוץ בית דין לקידוש החודש

נפתח בשאלה הראשונה – מי מְקדש. פרשייה זו פותחת בפנייה למשה ולאהרן: "ויאמר ה' אל משה ואל אהרן" (שמות י"ב, א), ומכאן למדו רבנן: "עדות זו תהא מסורה לכם" (ראש השנה כב ע"א). אלא שצריך להבין מפאת איזה מעמד זכו משה ואהרן לפנייה זו. וממילא מתעוררת השאלה הפשוטה, מי הם אותם "לכם" שאליהם מכוונת המצווה, ואשר בידיהם נמסרו מפתחות הזמן ואותותיו. ביד מי ומצד מה נמסרה, לדורות, קביעת חודשים ושנים?

במשנה בריש סנהדרין איתא, בשם רבי מאיר: "עיבור החדש – בשלשה, עיבור השנה – בשלשה". ומכאן למד הרמב"ן (בהשגותיו לספר המצוות, מצוות עשה קנג): "שקידוש החדש ועבור השנה אינם צריכין ב"ד הגדול, אלא שלשה והם מומחין". הרי שהִצריך שלושה מומחים (כלומר, סמוכים) והסתפק בכך.

נראה שנחלקו רבותינו לגבי טעמו של דין זה. דתנן: "ראוהו שלשה והן בית דין, יעמדו השנים ויושיבו מחבריהם אצל היחיד, ויעידו בפניהם, ויאמרו: מקודש, מקודש; שאין היחיד נאמן על ידי עצמו" (ראש השנה כה ע"ב). ובגמרא שם התפרש מדוע נצרכה המשנה לומר שאין די בדיין יחיד: שהרי לגבי דיני ממונות נאמר שאם היה מומחה לרבים – דן אפילו ביחיד, והיינו עלולים לחשוב שכן הדין גם לגבי קידוש החודש. ומדוע אכן אין די כאן בדיין יחידי? על כך השיבה הגמרא: "אין לך מומחה לרבים בישראל יותר ממשה רבנו, וקאמר ליה הקב"ה: עד דאיכא אהרן בהדך; דכתיב: ויאמר ה' אל משה ואל אהרן...".

ויעויין בתוספות שם (ד"ה עד), שכתבו שסוגיה זו אליבא דמאן דאמר בריש סנהדרין (דף ג ע"א) דמדאורייתא דיין אחד נמי כשר לדיני ממונות; ומשום כך נצרכה הגמרא לגזרת הכתוב מיוחדת דלא סגי באחד לקידוש החודש. ברם, למאן דאמר שמדאורייתא בעי שלושה מומחים לדיני ממונות, אין כל צורך בפסוק מיוחד

להצריך שלושה בקידוש החודש. הרי שהניחו התוספות כדבר פשוט שמסברה קידוש החודש מוגדר כדין, וממילא נחוץ בו הרכב בית דין, ולפי שיטה זו היינו שלושה. ומה שהוזקקה כאן הגמרא לילפותא מיוחדת שקידוש החודש בשלושה, היינו רק למאן דאמר שיחיד כשר לדון. נמצא על פי דבריהם שהמילה "לכם" שבפסוק פונה לבית דין, וקידוש החודש הרי הוא דין.

מצד אחד יש להעיר על דבריהם, שלא ניתן להציעם אלא אם כן נסבור שלרב אחא בריה דרב איקא, הסובר שבדיני ממונות חד נמי כשר, דיין אחד מהווה בית דין והינו מוסמך לבצע כל מעשה בית דין. שהרי לולא הנחה זאת היינו יכולים לומר שרק בדיני ממונות די בדיין יחיד, משום שבתחום זה לא בעינן בית דין. ובאמת שהתוספות כאן לשיטתם בריש סנהדרין. הגמרא שם מביאה את דעת שמואל: "שנים שדנו – דיניהן דין, אלא שנקראו בית דין חצוף" (ג ע"א). על כך כתבו התוספות שלשמואל לא די בכך ששניים יכולים לדון, אלא שיכולים גם לכוף (ה ע"א ד"ה דן). ודאי מסתבר שרק בית דין יכול לכוף, ומכאן שלדעת התוספות לא בעינן דווקא שלושה כדי להגדיר בית דין.

אכן, פשוט שאפשר לחלק ולומר שאף לדעה זו אין הדברים אמורים אלא בשניים. שהרי לגבי דינים מסוימים אכן שניים נקראו בית דין, כמבואר לדעת רב נחמן לגבי ביטול גט ולגבי פרוזבול: "לבי תרי נמי בית דין קרי להו" (גיטין לב ע"ב). מה שאין כן לגבי יחיד, שאינו בית דין כלל. אך התוספות עצמם לא חילקו כך. שהרי על דברי שמואל, שהכשיר בדיעבד שניים שדנו, העירו התוספות: "הוא הדין דחד נמי דיניה דין" (סנהדרין ה ע"ב ד"ה שנים), הרי שלא חילקו ביניהם כלל.

עוד איתא בסוגיא התם (ג ע"א) דעת רבא, הסובר שמדאורייתא בעינן שלושה לכל דיני ממונות. וכתבו שם התוספות (ד"ה לרבא) שבה"ג פסק שלא כרבא אלא כשמואל (ששניים שדנו דיניהם דין). מדבריהם משתמע שבה"ג פסק גם כרב אחא בריה דרב איקא, שמדין תורה די בדיין אחד בדיני ממונות. ברם, מלשון בה"ג עצמו (סימן נ) "אלמא תרין נמי בית דין מיקרו", משתמע שפסק כשמואל אך ורק לאור הסוגיה בגיטין לב ע"ב, הרואה בשניים בית דין, אך לא בא לפסוק שיחיד שדן דינו דין. ומה שהתוספות הסתמכו על הבה"ג כדי לפסוק כרב אחא, אין זה אלא לאור שיטתם שאין מקום לחלק בין אחד לשניים.

ובכן, לדעת התוספות גם דיין יחיד יכול לכוף מדאורייתא – הווה אומר שמעמדו הוא כבית דין לכל דבר; ובמקביל, אלמלא גזרת הכתוב של "עד דאיכא אהרן בהדך", דיין יחיד אף היה יכול לקדש את החודש. גזרת הכתוב, הבאה (לשיטת רב אחא) להצריך לעניין קידוש החודש שלושה דיינים במקום אחד, מגדילה את

מספר חברי בית הדין, אך לא חידשה את הצורך בבית דין; שהרי לשיטתם אפילו חד הכשר לדון הוא בית דין מוסמך.

כל זה לדעת התוספות. אך יעוין ברמב"ם שכתב (הלכות סנהדרין פ"ב ה"י): "אע"פ שאין בית דין פחות משלשה, מותר לאחד לדון מן התורה, שנאמר: בצדק תשפוט עמיתך". דבריו ברור מיללו, שאין דיין יחיד מהווה בית דין. ומסתברים דברי בעל קצות החושן (חו"מ ג' ס"ק א), שלדעת הרמב"ם לדיין יחידי אין הסמכות לכוף. לאור זאת, אם נקבל את הנחת התוספות שקידוש החודש הרי הוא דין, אף מאן דאמר שחד נמי כשר לדין, לא יכשיר דיין יחידי לקידוש החודש. שהרי לכאורה פשוט שכדי לקבוע מועדים וזמנים עבור כלל ישראל נחוץ בית דין, ויחיד – לפי דעת הרמב"ם – אינו זוכה למעמד זה.

ברם, אם כן, הרי מתעוררת שאלת התוספות: אם קידוש החודש טעון בית דין, ואם אין בית דין פחות משלושה, למה נזקקנו לגזרת הכתוב של "עד דאיכא אהרן בהדך"? על כורחנו, שבהווה אמינא דחתה הסוגיה את ההנחה הראשונה, וסברה שקידוש החודש אינו טעון בית דין. וזאת בין למאן דאמר שאחד כשר לדון ובין למאן דאמר שנחוצים דווקא שלושה. כך הכרחי לפרש את דעת הרמב"ם.

יעוין בליקוטי הרמב"ן בריש סנהדרין,[2] שהעלה, כדעת התוספות (סנהדרין ה ע"א ד"ה ואם) ורוב הראשונים וכנגד רש"י (שם ד"ה דן), ש"מומחה לרבים" הנזכר בסוגיה שם אינו סמוך, וממילא מדאורייתא אין ולא כלום בינו לבין כל הדיוט. מתוך כך הקשה הרמב"ן כיצד חשבה הגמרא שאלמלא הפסוק יש להכשיר יחיד "מומחה לרבים" לקידוש החודש; וכי יעלה על הדעת שכל הדיוט כשר לכך?! ועוד הקשה, שהווה אמינא זו אינה מתיישבת עם שיטת רבי אבהו, הסבור שגם בדיני ממונות בעינן מדאורייתא שלושה דיינים סמוכים (סנהדרין ג ע"א). ועל זה בא תירוצו: "ומיהו לרבי אבהו נמי, כיון דתנן: היתר נדרים בשלשה, ואם היה מומחה (לרבים) אפילו ביחיד, סלקא דעתך אמינא תיהוי קידוש החדש כהפרת נדרים".

אליבא דהרמב"ן, כאשר בהווה אמינא סברה הגמרא שנכשיר חד לקידוש החודש, לא נשענה דווקא על השוואה והקבלה לדיני ממונות, אלא על ההלכה האמורה בהיתר נדרים, ששם סגי באחד. והנה מה שכשרים שלושה הדיוטות או יחיד מומחה להיתר נדרים, נובע לכאורה מכך שאינו דין. וכך הרי מבואר ברמב"ם: "הקרובים כשרים להתיר נדרים ושבועות, ומתירין בלילה ומעומד, שאין ההיתר

2. בדפוסים מסוימים באו דבריו בריש פרק זה בורר (כג ע"א).

הזה דין" (הלכות שבועות פ"ו ה"ו). אכן, אפשר לדחוק ולומר שהסבר זה אינו נחוץ לגבי הכשר הדיוטות, היינו: שייתכן שדי בשלושה הדיוטות להיתר נדרים אף אם מדובר בדין. שהרי מצינו דין ובית דין שהדיוטות כשרים לו – לחליצה לכולי עלמא, כמבואר במשנה (יבמות קא ע"א); לגרות, לדעת כמה ראשונים;[3] ולסמיכת זקנים אליבא דהרמב"ם.[4] מכל מקום זהו ההסבר הפשוט ביותר, ויש להניח שאליו התכוון הרמב"ן בהשוואתו. ביאור הדברים, אם כן, אליבא דהרמב"ן, דסלקא דעתך אמינא שאין קידוש החודש דין, ומשום כך יש להגדיר מי הם הכשרים לקידוש החודש מתוך השוואה להלכות היתר נדרים, שאף הוא אינו דין.[5]

והנה, כל זה לפי ההווה אמינא. למסקנה קיימא לן, כמובן, שיש צורך בשלושה מומחים לקידוש החודש. אלא שיש להסתפק בנוגע לפשר מסקנה זו. האם משתנה תפיסת היסוד לגבי קידוש החודש והוא נתפס כדין, הזקוק ממילא לבית דין של שלושה מומחים; או שמא הוא עדיין מוגדר כדומה להיתר נדרים, אלא שמפאת אופיו הייחודי יש להצריך שלושה מומחים מגזרת הכתוב, אף לתהליך שאינו דין. לפי האפשרות השנייה, המילה "לכם" מכוונת לשלושה מומחים בתורת עצמם, ולא מכוח התחברותם ליצירת בית דין.

לפום ריהטא, יש להוכיח מן הסוגיה כצד הראשון. שהרי הגמרא לומדת את הצורך בבית דין מגזרת הכתוב, הדורשת ממשה לצרף אליו את אהרן לקידוש החודש. אם כך, לכאורה די היה בשניים, ומדוע הצריכו חז"ל שלושה? התוספות על אתר (ד"ה עד) ביארו: "ואין בית דין שקול; מוסיפין עליהן עוד אחד", וכן הוא ברמב"ן בהשגותיו לספר המצוות (עשה קנג); ומכאן שלמסקנה יש צורך בבית דין לקידוש החודש, שאם לא כן – די היה בשניים.[6]

3. הרמב"ם בפרק י"ג דהלכות איסורי ביאה הי"ז. ונחלקו עליו התוספות יבמות מו ע"ב ד"ה משפט. ויעוין עוד ברמב"ן שם ד"ה שמעת מינה.
4. בנוגע לסמיכת זקנים דעת הרמב"ם (הלכות סנהדרין פ"ד ה"ג) שדי לבית הדין הסומך בדיין אחד סמוך, שמצטרפים אליו שני הדיוטות. ובהסבר שיטתו ביארו הגרי"ז (בחיבורו שם) ומו"ח (הובאו דבריו בספר ארץ הצבי עמ' רכו) שכדי להגדיר את ההרכב כבית דין די בשלושה הדיוטות, והאחד הסמוך נחוץ רק מחמת אופי הסמיכה, שהרי רק חכם סמוך יכול להעביר הלאה את שרשרת הסמיכה.
5. אף שלדעת הרמב"ן סברה הסוגיה בהווה אמינא שקידוש החודש אינו דין, לדעת הרמב"ם אין צורך לומר כך, אלא די לומר שסברה בהווה אמינא שלא בעינן בית דין.
6. אך ממדרש רבה משמע שמלכתחילה קידוש החודש מצריך שלושה, ואין זאת מטעם "אין בית דין שקול". דאיתא שם: "החדש הזה לכם; למה אמר הקדוש ברוך הוא למשה ולאהרן? לפי שקדוש החודש בשלשה, כשבקש הקדוש ברוך הוא לקדש את החודש, אמר הקדוש ברוך הוא למשה ולאהרן: אני ואתם נקדש את החודש" (שמות רבה פרשה טו כ).

ברם, אם כי סימוכין לדבר ודאי יש כאן, הרי שהוכחה ניצחת אין. דהנה ביחס למה ששנינו במשנה לגבי שומא לפדיון הקדש, "ובקרקעות – תשעה וכהן" (מגילה כג ע"ב), הקשו בתוספות שם (ד"ה עשרה): "קשיא לי, אמאי לא בעי אחד עשר, דאין ב"ד שקול, בכל דבר שהוא תלוי שעומד בשקול הדעת". והרי פשוט כביעתא בכותחא ששומת קרקעות אינה דין;[7] ואף על פי כן, היות שהיא כרוכה בהכרעה נאמר לגביה "אין בית דין שקול". יש מקום לומר שמשתמשים בכלל זה לא רק בהקשר של בית דין ממש, אלא בכל מקום שיש הֶרכֵּב הדורש שיקול דעת והכרעה. וייתכן שהוא הדין לגבי קידוש החודש.

ודאתינן להכי, הבה ונבחן את מעמד קידוש החודש על פי אמות המידה שהציב הרמב"ם ביחס להיתר נדרים. הרמב"ם קבע שהיתר נדרים אינו דין, ולכן אפשר לקיימו בקרובים ובלילה. אשר להכשר קרובים (זה לזה) לדון בקידוש החודש, לכאורה הדבר שנוי במחלוקת התנאים. דיעוין במשנה בשלהי פרק א' דראש השנה (כב ע"א), דתנן: "אב ובנו שראו את החדש – ילכו; לא שמצטרפין זה עם זה, אלא שאם יפסל אחד מהן – יצטרף השני עם אחר. ר' שמעון אומר: אב ובנו וכל הקרובין כשרין לעדות החדש". ובגמרא שם איתא: "א"ר לוי: מאי טעמא דר"ש, דכתיב: ויאמר ה' אל משה ואל אהרן בארץ מצרים לאמר החדש הזה לכם; עדות זו תהא כשרה בכם". ויעוין בטורי אבן שם (ד"ה עדות זו), שהעלה ש"עדות זו" לאו דווקא, ושלדעת רבי שמעון קרובים כשרים גם לקדש את החודש ולא רק להעיד עליו, היות שמן הסתם משה ואהרן היו אמורים לדון ולא להעיד. אך גם אם נניח שבסוגיה מדובר רק על עדים, הרי מסברה אפשר להקישם לדיינים. ואם כך, הרי שהמסקנה המתבקשת לדעת רבי שמעון הינה כי אין קידוש החודש דין, מכיוון שקרובים כשרים לקדשו.

ברם, נראה שיש מקום לדחות היקש זה. דהנה במשנה נאמר: "ראוהו שלשה והן בית דין, יעמדו השנים ויושיבו מחבריהם אצל היחיד ויעידו בפניהם" (ראש השנה כה ע"ב). והקשתה על כך הגמרא: "ואמאי, לא תהא שמיעה גדולה מראייה" ופירש רש"י: "דלא תהא שמיעה ששומעין מפי עדים גדולה מראייה, דהא גבי עדות החדש לא כתיב עדות, אלא: כזה ראה וקדש" (ד"ה ואמאי). וכעין זה נאמר בשיטה מקובצת בכתובות (כא ע"ב ד"ה וז"ל שיטה ישנה) בשם הראב"ד: "אם ראוהו בשעה הראויה לקדש – ודאי היו מקדשין על ראייתם, ואין צריך עדות אחרת, שהרי מה שמקדשין

7. אף על פי שבתוספות המקביל בערכין (יט ע"ב ד"ה או דילמא) הובא בשם רבנו אלחנן: "וכל מלתא דתלויה בסברא צריך הכרע והכי נמי קרי ליה בית דין", ברור שאין הכוונה לדין ולבית דין ממש.

על הגלוי לכל, וכל העולם ראויים לראות עמהם הלבנה שמקדשין על ראייתה". לפי רש"י והראב"ד עולה מכאן שעדות של קידוש החודש שונה באופן מהותי מעדויות בתחומים אחרים, ורק בה נאמר הכלל "לא תהא שמיעה גדולה מראייה".

אמנם, התוספות בראש השנה (כה ע"ב ד"ה לא) ובעל המאור בכתובות (ח ע"א-ח ע"ב באלפס) דחו דבריהם, שהרי מהגמרא בבבא קמא (צ ע"ב) משתמע שגם בדיני נפשות, אם ראו אחד שהרג את הנפש, יכולים בנסיבות מסוימות חברי הסנהדרין לדון על פי ראייתם. ומכאן שהכלל "לא תהא שמיעה גדולה מראייה" נאמר אף בנוגע לעדות נפשות, וכל שכן – בעדות ממונות. ברם, כבר ציין הרמב"ן במלחמות (בכתובות שם) שישנו תירוץ שני בסוגיה בהחובל, ואם כן עדיין יש מקום לפרש גם לפי הסוגיה בבבא קמא שהכלל "לא תהא שמיעה גדולה מראייה" אינו שייך בדיני נפשות. ועל סמך זה מסתפק הרמב"ן בסוף דבריו: "דשמא בשאר דיני ממונות בעיא הגדה ללישנא בתרא דבפרק החובל", ואז יש לאמץ את שיטת רש"י והראב"ד ולצמצם את היקף הדין אך ורק לעדות החודש (ולקיום שטרות). אלא שחתם את דבריו כך: "אבל מסתברא דבכל דיני ממונות הוא כן".[8]

מכל מקום, בין אם נאמץ את הסברם של רש"י והראב"ד ביחס לדין "לא תהא שמיעה גדולה מראייה" ובין אם לאו, בכל אופן יש מקום לראות אופי ייחודי בעדות קידוש החודש. שהרי אין כאן הגדה הגוררת חיוב או פטור, ולא הענקת מעמד אישי. הכתוב מגדיר עדות כך: "לא יקום עד אחד באיש לכל עָוֹן ולכל חטאת" (דברים י"ט, טו). ובקידוש החודש, העדים אינם קמים להעיד "באיש". אם כך, יש מקום לומר שקרובים כשרים לעדות החודש בגלל אופייה הייחודי, ובכל זאת פסולים לדון בקידוש החודש, ודלא כדברי הטורי אבן. מאידך, אף כי ודאי מסתבר שלדעת רבנן דרבי שמעון פסול קרובים לעדות החודש נובע מהיות קידוש החודש דין, וממילא קרובים ייפסלו גם לדון בו, אף זה אינו הכרחי. שכן ייתכן שלצורך הבירור נחוצה רמת עדות הכשרה לכל התורה כולה, ובכל זאת אין הקביעה על פי בירור זה מוגדרת כדין, והצורך בשלשה מומחים הוא רק מצד גזרת הכתוב של משה ואהרן.[9]

מצינו בגמרא שניסתה להוכיח מקידוש החודש ש"עד נעשה דיין" בכל התורה כולה. והשיבה, דבקידוש החודש לא שייכת המגבלה של "אין עד נעשה דיין", השייכת

8. דיון נרחב על שיטת רש"י נמצא גם ברשב"א ובריטב"א (ראש השנה כה ע"ב).
9. ויעוין עוד בתוספות סנהדרין לו ע"א (ד"ה אין), דמשמע מדבריהם דקרובים כשרים לקידוש החודש ועיבור שנה. אולם דעת האור שמח (פט"ז מהלכות עדות ה"ה) שמה שהכשירו התוספות קרובים אינו אלא בדיינים שמוסיפים, אך לא בשלושת הראשונים.

רק בדיני נפשות (ראש השנה כו ע"א). עצם ההווה אמינא מלמדת לכאורה שבעדות ממש עסקינן כאן. אך הרי בדין זה נאמרו שתי הלכות: א) גברא של עד פסול לדין, גם אם אינו בא למלא את שני התפקידים כאחד. ופוק חזי שלדעת הרשב"ם (בבא בתרא קיד ע"א ד"ה ואין) אף עד הרואה שלא העיד – פסול לדון. ב) אין אדם אחד עונד שני כתרים, ואינו יכול לתפקד הן כעד והן כדיין – ודאי לא בו־זמנית, ואולי אף לא בזה אחר זה. ודנה הדין הראשון, יהא מקורו אשר יהא, הוא לכאורה מהלכות עדות. אך את הדין השני אפשר לראות כהלכה בהגדת דברים ובקבלתם, אף אם אינם עדות.[10] בסוגיה בעניין קידוש החודש מדובר דווקא בדיין הרוצה גם להעיד בפועל, ואין לנהוג כך, מחמת ההלכה השנייה שהזכרנו. אם כך, אין להוכיח מכאן שקידוש החודש דין הוא.

אשר להוכחה מפסול לילה, יש לבוחנה לאור מקורו. דהנה גרסינן בפרק קמא דסנהדרין (יא ע"ב): "ת"ר, אין מעברין את השנה אלא ביום, ואם עיברוה בלילה אינה מעוברת. ואין מקדשין את החדש אלא ביום, ואם קידשוהו בלילה אינו מקודש. א"ר אבא: מאי קרא, תקעו בחדש שופר בכסה ליום חגנו, איזהו חג שהחדש מתכסה בו, הוי אומר: זה ראש השנה, וכתיב: כי חוק לישראל הוא משפט לאלקי יעקב, מה משפט ביום אף קידוש החדש ביום". לאמור: "חוק לישראל" הוא קידוש החודש, המבוצע גם בראש השנה; ונסמך חוק זה ל"משפט לאלקי יעקב", ללמדנו שאף החוק, כמוהו כמשפט, מבוצע ביום ולא בלילה. לכאורה נאמר כאן שקידוש החודש טעון יום מפאת היותו "משפט".

אך לכשנדקדק בדבר, נראה שאין להוכיח כך. דהנה יעוין בסוגיה מקבילה לגבי גרות (יבמות מו ע"ב): "גר צריך שלשה, 'משפט' כתיב ביה". ולעיל שם נאמר: "אין מטבילין גר בלילה"; והסבירו התוספות (שם ד"ה אין): "דמשפט כתיב ביה".[11] והנה השוני בניסוח בשתי הסוגיות בולט. דלגבי גרות נאמר, "משפט כתיב ביה", דהיינו שתהליך הגרות עצמו מסווג כמשפט; ואילו בקידוש החודש לא נאמר שהוא קרוי משפט, אלא שהוא "חוק" שהוקש ל"משפט". ופשיטא דייתכן שאין זה אלא היקש בנקודה זו בלבד. והרי זה מעין דברי רבי מאיר בסנהדרין (לד ע"ב): "מה תלמוד לומר: 'על פיהם יהיה כל ריב וכל נגע'; וכי מה ענין ריבים אצל נגעים, אלא מקיש

10. והשווה לשיטת הרז"ה בכתובות (ח ע"ב באלפס) דעד המעיד אינו נעשה דיין אף בקיום שטרות; אך שם מסיבה צדדית, דנעשה נוגע בעדותו.

11. וכן נימק הרמב"ן שם (ד"ה וש"מ), ומתוך כך העלה שייתכן דאף בדיעבד אין הטבילה עולה לו, והלכך מטבילין אותו פעם אחרת ביום; וזאת כנגד פסק הרמב"ם (הלכות איסורי ביאה פי"ג ה"ו): "ואם הטבילוהו הרי זה גר".

ריבים לנגעים: מה נגעים ביום... אף ריבים ביום". פשיטא דרבי מאיר לא בא להגדיר דיני ממונות כראיית נגע; וייתכן שבאותו אופן מקישים קידוש החודש למשפט, אף שהוא עצמו אינו משפט כלל.

ופוק חזי, שהרי מילפותא דומה מאוד למדנו, בשלהי פרק ב' דמגילה (כ ע"ב), שאין השקיית סוטה בלילה: "אתיא 'תורה'-'תורה'; כתיב הכא: ועשה לה הכהן את כל התורה הזאת, וכתיב התם: על פי התורה אשר יורוך ועל המשפט; מה משפט ביום אף כאן ביום". ולכאורה ברור שאין השקיית סוטה דין.[12] עם זאת, השקיית סוטה טעונה יום מפאת ההשוואה למשפט; ובכן, אפשר להסביר כך גם ביחס לקידוש החודש. וגם אם יטען הטוען שאמנם השקיה דין היא,[13] עדיין ניתן להכריח כדלעיל מדברי רבא, שאף נקבעו להלכה, "מגילת סוטה שכתבה בלילה פסולה, מאי טעמא? אתיא 'תורה'-'תורה'... מה משפט ביום, אף מגילת סוטה ביום" (שם יז ע"ב).[14] והרי לגבי כתיבת מגילת סוטה אין צל של ספק שאינה דין; ומכאן שאין להסיק ממניעת קידוש החודש בלילה, שקידוש החודש דין הוא.

מסקנת דברינו: אמנם מקובל להניח, וכך גם מסתבר, שקידוש החודש דין הוא, ובתור שכזה טעון בית דין. וכן גם משמעותם הפשוטה של דברי הרמב"ן בפירושו לתורה (שמות י"ב, ב): "ולפי מדרשו, 'לכם' לומר שקדוש החודש צריך בית דין מומחין".[15] אך אין לקבוע כן חד־משמעית. וממילא אי אפשר לחרוץ בוודאות פשר המילה "לכם" שבפסוק, האם היא מופנית למשה ואהרן כבית דין או כמומחים כשלעצמם.

ברם, דיוננו נסתר מסוגיה שלמה. שהרי שנינו להדיא (בבא בתרא קכא ע"א): "מועדי ה' צריכין קידוש בית דין". היכן, אם כך, נותר מקום לספק? ונראה שיש,

12. ואף דתנן: "היו מעלין אותה לבית דין הגדול שבירושלים ומאיימין עליה" (סוטה ז ע"א), הלא גם זה נלמד שם (ע"ב) מגזרה שווה ד'תורה'-'תורה', "מה להלן בשבעים ואחד אף כאן בשבעים ואחד", ואין בכך כדי להגדיר את מעמד ההשקיה. וכן מוכח ממה שכתבו התוספות שם (ע"ב ד"ה מה להלן [השני]) שניתן להשקות אף כשאין בית הדין הגדול קיים, משום שהאיום אינו מעכב.

13. כך עלה על דעת התוספות (סוטה ז ע"ב ד"ה מה להלן [הראשון]), שהקשו למה לא נמנתה סוטה במשנה בריש סנהדרין. ואולי אף מדויק כך מדברי הרמב"ם (הלכות סנהדרין פ"ה ה"א) שמנה "ולא משקין את הסוטה אלא בבית דין הגדול" ברשימת ההלכות הזקוקות לבית דין של ע"א.

14. וראה: רמב"ם הלכות סוטה פ"ד ה"ז.

15. וכן מפורש גם ברבנו בחיי על התורה: "לפיכך הזכיר 'לכם', כלומר: בית דין מומחה כיוצא בכם" (שמות י"ב, ב). מנגד, יעוין בבא מציעא לב ע"א, שהביטוי "בית דין" מכוון שם כלפי ג' אנשים סתם, ולא כלפי בית דין במובנו המשפטי; וכן יעוין בנדרים עח ע"ב.

כהודאה במקצת, לסייג הנאמר לעיל ולהבדיל בין הצורך בבית דין ובין מעמד קידוש החודש והגדרתו. ניתן אולי לומר שאכן אין קידוש מועדים ללא בית דין, ובכל זאת אין זה בהכרח מגדיר את הקידוש עצמו כדין, שכן פשוט שייתכן שנצריך בית דין למטרות אחרות ומסיבות שונות. ומדידת עגלה, סמיכת זקנים, ותוספת על העיר והעזרות יוכיחו (סנהדרין ב ע"א). להלן נציע הסבר נוסף, המיישב את דברי הסוגיה בבבא בתרא עם האפשרות שגם הרכב שאינו בית דין כשר לקידוש החודש.

איזה בית דין?

עד כה הנחנו, כדבר פשוט, שקידוש החודש בשלושה. הגמרא התמקדה בהקשר זה במילה "לכם". הן לפי מרוצת הסוגיה והן במישור פשוטו של מקרא, מילה זו מתייחסת, כהמשך לפסוק הקודם וכחלק מסיפור מאורעות יציאת מצרים, למשה ולאהרן. לאור זאת דנו בשאלה אם הפנייה אליהם היא מתוקף היותם בית דין, או מעצם היותם מומחים, בלי קשר למסגרת של בית דין.

אלא שבכדי לעמוד על מצוות קידוש החודש וכדי להשלים את בירור המילה "לכם", יש לעיין במחלוקת יסודית בין גדולי הראשונים. בפתח הדברים לעיל הובאה דעת הרמב"ן, שציין את הצורך בשלושה מומחים, וגם הסתפק בהרכב זה.[16] נקודה זו רחוקה מלהיות פשוטה, וכידוע נחלקו בה הרמב"ן והרמב"ם. דיעוין בריש פ"ה מהלכות קדוש החודש, שם קבע הרמב"ם מסמרות: "כל מה שאמרנו מקביעות ראש חדש על הראִיה ועיבור השנה מפני הזמן או מפני הצורך, אין עושין אותו אלא סנהדרין שבארץ ישראל או בית דין הסמוכים בארץ ישראל שנתנו להן הסנהדרין רשות; שכך נאמר למשה ולאהרן: החדש הזה לכם ראש חדשים, ומפי השמועה למדו איש מאיש ממשה רבנו, שכך הוא פירוש הדבר: עדות זו תהיה מסורה לכם וכל העומד אחריכם במקומכם". מדבריו משמע שיסוד שיטתו הוא ש"לכם" שבציווי מופנה לסנהדרין הגדולה. כפי שנראה מיד, כך הבין גם הרמב"ן בדבריו.

הרמב"ם ביאר את שיטתו ביתר הרחבה בספר המצוות (עשה קנג). הרמב"ן בהשגותיו שם דחה את דבריו, לאור ביאורו את הפסוק הנידון: "ואל תשתומם בזה ממאמרם: משה במקו־ם שבעים וחד קאי (סנהדרין טז ע"ב), ותאמר לי כי עדות זו מסורה 'לכם' – לסנהדרי גדולה הוא, כמו שהרב מלמדך. שצווי הכתוב ב'לכם' אינו אלא למומחין כיוצא בהם. שאילו היה מסור לסנהדרי גדולה בלבד, היה אומר: החדש

16. הן בפירושו לחומש (שמות י"ב, ב) והן בספר המצוות (עשה קנג). שניהם הובאו לעיל.

הזה לך... ולא היה לאהרן זכר בקדוש החדש. אבל מפני שאמר ׳לכם׳, הכניס אהרן בכלל, להורות שצריך שנים דומים לשניהם בהמחאה, ותוספת השלישי ידוע מדין אין ב״ד שקול, וחזר הדבר לכל שלשה מומחין״.

והנה, ביחס לעיקר דברי הרמב״ן, הרי שיטתו מוקשה עד מאוד. וכי יעלה על הדעת שכל בית דין של שלושה יחליט על דעת עצמו לקבוע חודשים ושנים עבור כנסת ישראל כולה?! ולא עוד, אלא שייתכן שכמה בתי דין יגיעו למסקנות שונות, וכמעשה דרבן גמליאל ורבי יהושע (ראש השנה כד ע״ב-כה ע״א); ובהעדר בית הדין הגדול, אין גורם המוסמך להכריע ביניהם, גורם שלגבי קביעותיו ניתן לומר: ״אין לי מועדות אלא אלו״. ויעוין ברש״י (ראש השנה כב ע״א) שביאר את לשון הגמרא, ״עדות זו תהא מסורה לכם״ באופן זה: ״לחשובי הדור אני מוסר שיקבלו העדות ויקדשו החדש״. אך אשר לזהות אותם חשובים – סָתם כאן ולא פירש. אכן, להלן (לא ע״ב), בבואו לפרש תקנת רבן יוחנן בן זכאי ״שאפילו ראש בית דין בכל מקום – שלא יהו העדים הולכין אלא למקום הוועד״, הסביר רש״י שהוזכר ראש בית דין ״שהרי עיקר החדש תלויה בו, כדתנן בפירקין דלעיל (כד ע״א): ראש ב״ד אומר מקודש; וילפינן מקראי״. וכן ודאי מסתבר, כדעת הרמב״ם, שישנו גוף המוסמך לקבוע את המועדים, ושאותו גוף הוא בית הדין הגדול, אם כולו ואם חלקו, ומנהיגותו של אותו בית דין. מאידך, העובדה שציין הרמב״ן במרוצת דבריו שם, שלא הוזכר בית הדין הגדול בהקשר קידוש החודש לא במשנה ולא בגמרא, ודאי אומרת דרשני.

והנה הרמב״ן הקהה במידה את עוקץ הקושי שבשיטתו, בהוסיפו סייג משמעותי: ״וזהו הדין הנהוג להם מן התורה בין קודם חורבן בין לאחר חורבן. אלא בזמן שהיה להם ב״ד הגדול היה הדבר מסור להם, והם היו המקדשים החדש והמעברים השנים לא בית דין אחר, מפני שרשות כל ישראל נטולה מכל ב״ד אחר עמהם, והיו מסכימין שאין מעברין את השנה אלא אם כן ירצה הנשיא, וכן בעדות החדש הוא היה המקבל העדות ומקדש החדש״. אך יש כאן ספק בשורש הסייג שבדבריו. מדבריו אלו שציטטנו משמע שבאופן עקרוני אף בזמן שבית הדין הגדול קיים, יכול כל בית דין של שלושה לקדש חודשים; אלא שמפאת הסכמה כללית נתרוקנה הרשות אצל הסנהדרין. ואילו בהמשך דבריו משתמע אחרת: ״אבל יראה לי שבזמן שבית המקדש קיים, שהיו ב״ד הגדול במקומם, ולהם הרשות נתונה מן הכתוב, שנאמר: על פי הדבר אשר יגידו לך מן המקום ההוא אשר יבחר ה׳, לא היה רשות לשום אדם לעבר ולקדש, אלא להם או ברשותן״. הרי שכאן לא השעין את זכותה הבלעדית של הסנהדרין על הסכמה כללית, אלא על מעמדם כבית הדין הגדול, ומעמד זה הלוא העניקה להם התורה,

ללא כל קשר לרצונה של כנסת ישראל. אלא שתוך כדי דיבור, שוב חזר הרמב"ן לנימה הראשונה, אם כי על פי מקור חדש: "וכן אמרו במכילתא (דרבי ישמעאל מסכתא דפסחא פרשה ב): ר' יאשיה אומר: מנין אתה אומר שאין מעברין את השנה אלא בב"ד הגדול שבירושלים? ת"ל: ראשון הוא לכם דברו אל כל עדת ישראל. והוא הענין שפירשנו, שהיה להם רשות מכל ישראל והסכמה של כולם, לא שיהיו שאר הסמוכין פסולין לזה".

סייג הרמב"ן בנוי, אם כן, על שלושה יסודות: א) הסכמה כללית, שלפיה נתרוקנה הרשות לקדש ולעבר מכל בתי הדין, פרט לבית הדין הגדול ולנשיאו; ב) מעמד הסנהדרין כסמכות עליונה בכל התורה כולה; ג) גזרת הכתוב ד"ראשון הוא לכם" וכו', על פי דרשת רבי יאשיה. צירוף זה והיחס בין הסייגים צריך עיון, ונעמוד בהמשך על הנימות השונות שבו. אך בר מן דין, אין בסייג הרמב"ן כדי להעלות ארוכה לשאלתנו, שכן הוא רק מצמצם את האפשרות שכמה בתי דין יקדשו את החודש בזמנים שונים, אך אינו מבטל כליל אפשרות זו. ועדיין מנקרת התהייה: האמנם ייתכן שבהעדר סנהדרין יכול כל בית דין של שלושה לקדש מועדות עבור כנסת ישראל כולה? ולאור הבנת הרמב"ן בהווה אמינא של הגמרא בראש השנה, התמיהה מתחדדת שבעתיים: היעלה על הדעת שיחיד הדיוט (מומחה לקידוש החודש, שאינו סמוך), שיהין לקבוע חודשים ושנים עבור הציבור כולו – יצליח במשימתו, והכרעתו תחייב את כנסת ישראל כולה?

ההחלטה לקדש ומעשה הקידוש

דברי הרמב"ן אכן צריכים עיון, אך אשר לעצם פשר המילה "לכם" ובאשר לזיקת הסנהדרין לקידוש החודש, נראה שניתן להתוות שיטת ביניים בינו לבין הרמב"ם; וזאת דווקא לאור יסוד הבוקע ועולה מתוך דברי הרמב"ן עצמו, כפי שצוטטו לעיל. דהנה מה שכתב לגבי זמן הבית, "שהיו ב"ד הגדול במקומם ולהם הרשות נתונה, מן הכתוב שנאמר: על פי הדבר אשר יגידו לך מן המקום ההוא אשר יבחר ה'", הרי פסוק זה לא נאמר כלל בהלכות קידוש החודש, ואין כאן אלא יישום פרטי של הלכה כללית. שהרי כך כתב הרמב"ם: "בית דין הגדול שבירושלים הם עיקר תורה שבעל פה והם עמודי ההוראה ומהם חק ומשפט יוצא לכל ישראל" (הלכות ממרים פ"א ה"א). ופשוט שחוק ומשפט יוצא מירושלים לא רק במישור עיוני מופשט, כהנחיה הלכתית כוללת, אלא גם כאשר בית הדין הגדול פוסק הלכה במקרה מעשי מוגדר. ולכאורה בכלל זה גם קביעת המועדים לכנסת ישראל.

ואשר ייראה בזה, שניתן לפצל את קידוש החודש לשני מרכיבים: ההחלטה לקדש או לעבר, ותהליך הקידוש עצמו. ובכך חלוק קידוש ראש חודש מקידוש יובלות, ששם אין אלא מעשה קידוש, ללא שיקול דעת והחלטה איזו שנה לקדש, בעוד שלגבי קידוש החודש הוטלו עלינו שתי משימות: ההחלטה איזה יום לקדש ומעשה הקידוש גופא.

ואשר לצורך בסנהדרין, נראה לחלק בין שני מרכיבים אלו. ההחלטה העקרונית ודאי נמסרה לבית הדין הגדול, וכדעת הרמב"ם, שהרי הם עמודי ההוראה ולהם הסמכות הבלעדית לקבוע חוק ומשפט לכל ישראל. זאת בהקבלה לסייג השני המופיע ברמב"ן. אך אשר למעשה הקידוש, הבא בעקבות ההחלטה, לזה כשר כל בית דין של שלושה, כדעת הרמב"ן היסודית. וזאת לא מפני שהם פועלים מטעם בית הדין הגדול, שהרי אם מדובר בבית דין סמוכים "שנתנו להן הסנהדרין רשות" – בזה הכשיר אף הרמב"ם;[17] אלא מפני שלאחר שנפל פור ההחלטה, רשאי כל בית דין של שלושה לבצע את מעשה הקידוש על דעת עצמו.

על דרך זו ניתן לשוב ולשקול את האפשרות שהוצעה לעיל, שקידוש החודש טעון שלושה מומחים, אך לאו דווקא בתורת בית דין. אף ששנינו להדיא (בבא בתרא קכא ע"א): "מועדי ה' צריכין קידוש בית דין", ייתכן שבית הדין נחוץ רק למישור ההכרעה, ואילו לגבי הקידוש בפועל עדיין יש מקום להסתפק, כדלעיל. ולפי זה, השקלא וטריא בסוגיה בריש פרק ראוהו בית דין, לגבי השאלה אם דיין יחיד נאמן על פי עצמו לקידוש החודש, עוסקת במעשה הקידוש גרידא (אכן, להלן נציע סייג הנוגע לאפשרות זו).

יתרה מזאת. מלבד ההסתייגות הכללית של הרמב"ן, הנוגעת למעמד הכללי של בית הדין הגדול, הזכיר הוא גם גזרת הכתוב מיוחדת בעניין קידוש החודש. ייתכן שגם בדין פרטי זה, הנוגע במישרין בקביעת המועדים והזמנים, נמצא שני רבדים שונים. הרי ביחס לקביעה זו נאמרו שני פסוקים; בפרשת פסח מצרים: "החֹדש הזה לכם ראש חדשים" (שמות י"ב, ב), ובפרשת המועדות שבתורת כוהנים: "אלה מועדי ה' מקראי קֹדש אשר תקראו אֹתם במועדם" (ויקרא כ"ג, ד). ודרשו חז"ל בספרא על אתר (פרק י): "אם קריתם אתם – מועדיי, ואם לאו – אינם מועדיי". ובכן, יש להציע בפשטות שהפסוק הראשון, המופנה למשה ולאהרן שהם ראשי הסנהדרין, מתייחס להחלטה לקדש, וכלשון הגמרא (ראש השנה כב ע"א): "עדות זו תהא מסורה לכם",

17. אולי במקרה זה דווקא הרמב"ן יטען שאין לשום בית דין אחר סמכות לקדש, שהרי בית הדין הגדול קיים.

ואותה מסירה היא בכל הנוגע לסמכות לקבוע מועדים וזמנים. ואילו הפסוק השני, הנאמר ל"בני ישראל" ככלל, מתייחס לקריאה ולקידוש בפועל. ולגבי זה אין הכי נמי שכל שלושה מומחים כשרים. אכן, אם נניח שדברי הגמרא "עדות זו תהא מסורה לכם" מתייחסת להחלטה ולא לקידוש עצמו, הרי בסוגיה זו עולה הווה אמינא שדי יהיה בדיין אחד עבור עצם ההחלטה. וצריך עיון, הכיצד יעלה על הדעת דאחד יכריע עבור כלל ישראל ביחס לקידוש החודש.

דעת כל ישראל

עסקנו עד כה במחלוקת הרמב"ם והרמב"ן לגבי עצם הצורך בסנהדרין לקידוש החודש ועיבור השנה. אך נחוץ גם להבהיר את אופי הצורך בסנהדרין ולעמוד על שורשו – ומתוך כך, להציע גם ביאור נוסף של "לכם". בעניין זה האריך למעניתו מו"ר הגרי"ד הלוי סולובייצ'יק זצ"ל בקונטרס בעניין קידוש החודש, המתמקד בליבון שיטת הרמב"ם בנידון.[18]

תורף דבריו מתמצה בשני יסודות מרכזיים. ראשית, "דשתי הלכות נאמרו בב"ד הגדול: א) בהלכות דיני התורה... והוא הפוסק והמכריע בכל דיני התורה...; ב) כל היכא דבעינן דעת כל ישראל או הסכמת או חלות מעשה של כלל ישראל, מעשה בית דין הגדול סגי, ויש בכלל הוראתם או מעשיהם רשות ומעשה כל האומה". ויסוד שני, "דקדוש החודש ועבור השנה לא נמסרו לכתחילה לסנהדרין גדולה, כי אם לכנסת ישראל כולה, דהיא היא קובעת את המועדים על ידי קדוש חדשים ועבור שנים... וכל סמכותו של ב"ד הגדול בנידון דידן מבוססת על ההלכה השנייה שנאמרה בו, שיש בכלל מעשיו מעשה כל ישראל, ולפיכך כשהחודש מתקדש ע"י סנהדרין של ע"א (או ברשותם), הרי איכא כאן קביעות כל ישראל" (שם, ריש חלק ה). ויעוין בדבריו שם שבא לקבוע ולהוכיח בהרחבה יסודות אלו (בעיקר את היסוד השני); וברור שלאורם יש לפרש "לכם" כמוסב על כנסת ישראל. זאת במקביל לנאמר בספירת העומר, בארבעת המינים ועוד: "וספרתם לכם" (ויקרא כ"ג, טו), "ולקחתם

18. אגרות הגרי"ד הלוי הלכות קידוש החודש פ"ה ה"א-ה"ב, נדפס מקודם בתוך קובץ חידושי תורה, עמ' מז-סה, וכן באור המזרח כרך כט (טבת-שבט תשמ"א), ובמקור בתוך מוסף הפרדס שנה י"ז חוברת יא. ויעוין עוד בספר שיעורים לזכר אבא מרי ז"ל כרך א עמודים קמז-קנ, קנה-קנז, קעג (במהדורת מוסד הרב קוק; ובהקבלה עמודים קכט-קלב, קלו-קלט, קנה במהדורת מכון ירושלים). הדברים הובאו אף בכתבי תלמידים; עיין: שיעורי הרב – קריאת שמע ותפילה סימן כא [הערת עורך].

לכם" (שם, מ) וכו'. ולפי זה משה ואהרן, שאליהם מופנה במישרין קרא ד"החדש הזה לכם", פועלים כאן כנציגיה של כנסת ישראל ולמענה.[19]

נמצא דבידינו ארבעה הסברים בידי מי נמסרו הזמנים והמועדים וביד מי מצויים מפתחות קדושת הזמן והמועדים: א) בית דין של שלושה; ב) שלושה מומחים לכשעצמם, אף אם אינם בגדר בית דין;[20] ג) הסנהדרין הגדולה, וכהבנת הרמב"ן בדעתו של הרמב"ם; ד) כנסת ישראל כולה, כהבנת מרן בשיטתו של הרמב"ם ביד החזקה. על כך אולי יש להוסיף הסבר חמישי. רש"י כתב דקידוש החודש נמסר לחשובי הדור, דהיינו בפועל לראש בית דין.[21] ונראה שפירש את ה"לכם" כפונה למשה ולאהרן עצמם, מפאת היותם חשובי הדור וגדוליו.[22]

מדאתינן להכי, ייתכן שזאת אף משמעות דברי הרמב"ן, ומודה הוא שקידוש החודש מסור בידי כנסת ישראל כולה; אלא שלדידו כנסת ישראל מסמיכה ומוסרת את קידוש החודש ביד בית דין של שלושה. ואפשר עוד דכוונת הרמב"ן בדומה למה שחילקנו למעלה, שההחלטה לקדש נתונה בידי כנסת ישראל, ורק הקידוש בפועל מסור בידי שלושה מומחים.

והנה על פי הסברו של מרן הגרי"ד, שה"לכם" נאמר לעם ישראל כולו, עדיין צריך לברר מה פשר ציוּוי כל ישראל והסכמתם ביחס לקידוש החודש: האם ה"לכם" מופנה לכלל ישראל כציבור אחד, או לכל יחיד ויחיד שבו, כאוסף של פרטים. בפשטות נאמר שקידוש החודש מצווה ציבורית היא, המוטלת על כלל ישראל כיחידה אחת. איברא דיעוין בבה"ג, שכלל "קביעות ראשי חדשים" ברשימת מצוות העשה המוטלות על יחידים (מצווה עד), ולא בין "פרשיות, חוקים ומשפטים המסורים לצבור". וכן, בעקבותיו, מנה גם רבי סעדיה גאון (מצוות עשה נו). ותמה הרב ירוחם

19. אכן, אפשר לפרש שה"לכם" מופנה כלפי כנסת ישראל כולה, ברם, אין הכוונה לומר שכנסת ישראל או נציגיה הם המקדשים, אלא שקידוש החודש מותנה בקבלת הקידוש על ידי עם ישראל, כדאמרינן במתניתין: "וכל העם עונין אחריו: מקודש, מקודש" (ראש השנה כד ע"א).

20. לעיל הצענו, לגבי שתי אפשרויות אלו, שבידי שלושת הסמוכים – בין אם הם בית דין ובין אם לאו – יש רק הסמכות לבצע את הקידוש בפועל. ההחלטה לקדש אינה מסורה בידיהם.

21. ראש השנה כב ע"א ד"ה תהא מסורה. ויעוין עוד במה שכתב שם לא ע"ב ד"ה אמר: "שאפילו ראש בית דין בכל מקום, שנצרך לפרוש ממקום הוועד למקום אחר, שהרי עיקר החדש תלויה בו, כדתנן בפרקין דלעיל: ראש בית דין אומר מקודש, וילפינן מקראי".

22. וראו בחידושי הגר"מ הלוי על הרמב"ם, הלכות קידוש החודש פ"ה ה"א (נדפס גם בחידושי הגר"ח על הש"ס), שפירש כי לדעת הרמב"ם קידוש החודש איננו תלוי בבית דין הגדול לכשעצמו אלא בחלות שם גברא הסמוך לסנהדרין. ואף לפירושו, חזינן דקידוש החודש נמסר ליחידים חשובים [הערת העורך].

פישל פערלא (בביאורו לספר המצוות של רס"ג): הלוא לכאורה ברור שמדובר במצוות ציבור; לא מיבעיא לדעת הרמב"ם, שהיא תלויה בבית הדין הגדול, אלא אף לשיטת הרמב"ן, המכשיר בכל שלושה סמוכים. שהרי אף הרמב"ן מסכים שכאשר קיים בית הדין הגדול, הסמכות הבלעדית לקידוש החודש נתונה בידו, "והיינו על כרחך משום דבמקום כל ישראל קאי, הווי ליה מצוה המסורה לצבור, ואין מקומה אלא בין מספר הפרשיות [= המסורות לציבור]"; ולמה מנאה בין מצוות היחידים?!

והנראה בזה, דדנה יעוין בפירוש הרמב"ן על פסוק "החדש הזה לכם" (שמות י"ב, ב), שהטעים: "והיה ראוי שיאמר תחלה: דברו אל כל עדת ישראל לאמר החדש הזה לכם, וגומר הפרשה. אבל משה ואהרן הם במקום ישראל, ואמר להם כנגד ישראל לדורותם". והנה הבנת מרן זצ"ל בביאור "לכם" מפורשת ברמב"ן, אלא שביטויו "הם במקום ישראל" נאמר בהקשר של ביאורו במשמעות הציווי: "שימנו אותו ישראל חדש הראשון וממנו ימנו כל החדשים... כדי שיהיה זה זכרון בנס הגדול". ומכאן שלפי הרמב"ן חובת מניין החדשים מוטלת על כל יחיד ויחיד. אליבא דהרמב"ן, חובה פרטית זו מתייחסת למניין החודשים, ולא לקידוש החודש. אך אם נרצה ליישם פירוש "לכם" שבדבריו גם ביחס לקידוש החודש – בניגוד לעולה מדברי הרמב"ן עצמו – נוכל לומר שאכן אף קידוש החודש חובת היחידים הוא. ואם כי חובה זו מוטלת על כל ישראל, היא מחייבת את כולם כיחידים, אשר מעשיהם וניהוגם מצטרפים לקידוש כולל. ולפי זה, חברי בית הדין הגדול פועלים למען אותם יחידים ובשמם.[23] ואין זה דומה לפרשיות כגון קרבנות ציבור או מינוי מלך, המוטלות במהותן על הכלל כציבור אחד, ואשר היחיד משתתף בקיומן רק מפאת היותו חלק מהציבור, אך לא בתורת עצמו. כך אפשר להציע בביאור שיטת בה"ג ורס"ג, אשר מנו את קידוש החודש בין מצוות היחידים.[24]

ברם, יעוין בשו"ת אבני נזר (או"ח סימן שיד) שהבין שמצוות קידוש החודש הינה חובת הציבור ממש. כאשר בא האבני נזר להסביר למה אין מקדשים את החודש

23. עיין לעיל, הערה 19, לגבי שותפות כלל ישראל בקידוש החודש, באמירת "מקודש, מקודש". יש מקום לומר שבאמירה זו, ובקבלה ובהסכמה המתבטאות בה, פועלים בני ישראל כיחידים ולא כציבור. אם אמירה זו מעכבת, הרי בכך הופכים היחידים לשותפים מלאים בקידוש החודש.

24. דהיינו, מצינו שלושה עניינים שונים בבית הדין הגדול. ראשית, חובות המוטלות על בית הדין עצמו – כהבנת הרמב"ן בדעת הרמב"ם, דזהו עניין בית הדין הגדול בקידוש החודש. שנית, חובות המוטלות על הציבור כציבור, כאשר בית הדין פועל מכוח הציבור ולמענו. שלישית, חובות המוטלות על יחידים – אך מתקיימות רק על ידי בית הדין הגדול, וזהו תורף שיטתם של רס"ג ובה"ג.

בחוץ לארץ, ציין את הגמרא בהוריות (ג ע"א) שרק יושבי ארץ ישראל קרויים קהל, ועל פי זה נימק: "ועל כן צריך לקדש בארץ ישראל דוקא, דנחשב כאילו קדשוהו כל הקהל, מאחר שכולם כאיש אחד, ומועיל הקידוש לכל ישראל". ולדידו, שיטת בה"ג ורס"ג צריכה עיון.

דעת כל ישראל – בהחלטה לקדש ובמעשה הקידוש

לעיל הצענו, שאולי נחוץ בית הדין הגדול רק לעניין ההחלטה על הקידוש, אך לא למעשה הקידוש. ושמא יש מקום לחלק באופן שונה, לומר שההחלטה לקדש אכן נמסרה לכנסת ישראל כולה, ואין בית דין מתפקדים אלא כשלוחיה של כנסת ישראל. ברם, מאידך, לעניין מעשה הקידוש עצמו אין צורך בכלל ישראל. ואף אם נניח שרק בית הדין הגדול הוכשר למעשה זה, אין זאת בגין מעמדו כנציג האומה, אלא מחמת מעמדו העצמאי בתור "עמוד ההוראה", שהוסמך להכריע ולפעול בכמה וכמה תחומים.[25]

האבני נזר הסביר מדוע צריך לקדש את החודש דווקא בארץ ישראל: "מעלת ארץ ישראל על חוץ לארץ להשוכנים בה כתב מהר"ל בענין ערבות, שהי' בתחילת ביאתם לארץ. כי הארץ עושה להשוכנים עליה כאיש אחד. מאחר שהיא מיוחדת לישראל, הארץ מצרפתם להיות אחד. על כן נעשו ערבים זה לזה בשעה שעברו הירדן ובאו לארץ ישראל; עיין בדבריו. וזה נרמז גם כן בש"ס הוריות (ג ע"א): בהוראה הלך אחר רוב יושבי ארץ ישראל, הנך אקרי קהל, אבל אינך לא אקרי קהל. ועל כן צריך לקדש בארץ ישראל דוקא. דנחשב כאלו קדשוהו כל הקהל, מאחר שכולם כאיש אחד, ומועיל הקידוש לכל ישראל" (או"ח סימן שיד).[26]

ונפקא מינה בזה להלכה, שאם נקבל את הסבר האבני נזר, ונוסיף לו את הצעתנו, שיש לפצל בין ההחלטה לבין מעשה הקידוש עצמו, שמא נגיע למסקנה שדי בכך שההכרעה נתקבלה בארץ, ומעשה הקידוש עצמו יוכל להתבצע גם בחוץ לארץ.

25. אכן, שמא ניתן לחלק כלפי לייא, דמלשון המשנה ראש השנה (כד ע"א): "וכל העם עונין אחריו: מקודש, מקודש", נראה שהם שותפים למעשה הקידוש, ברם גוף ההכרעה וההחלטה נמסר לבית הדין.

26. ביחס לנושא זה של ייחוד יושבי ארץ ישראל ביחס לקידוש החודש הרחבתי במקומות נוספים. יעוין בספר זה בפרק העוסק בקדושת ארץ ישראל, בספרי מנחת אביב במאמר 'בעניין סמיכה בארץ ישראל ובחוץ לארץ' (עמ' 490-493), ובשיעוריי למסכת הוריות, בשיעור 'בעניין קהל ארץ ישראל'.

זאת ועוד. דקיימא לן: "אין מעברין את השנה אלא אם כן ירצה נשיא" (סנהדרין יא ע"א). ולדעת מו"ר זצ"ל הוא הדין בקידוש החודש.[27] ושמא נוכל לומר שאף דין זה חל רק על ההחלטה בלבד. כמו כן, ייתכן שנוכל לחלק גם לגבי הרכב בית דין. לדוגמה, ביחס לצורך לעבר את השנה רק במזומנין לה (סנהדרין יא ע"א), או ביחס להכשר מלך וכוהן גדול לעבר (שם יח ע"ב). ואף שלא מצאנו בראשונים שחילקו כנ"ל לגבי דינים אלה, היינו מפני שמן הסתם החכמים המכריעים הם אף אלו המקדשים, אך אין הכי נמי שניתן לחלק.

כוח בית דין – יום ל"א

התעכבנו עד כה על משמעותה של גזרת הכתוב ד"החֹדש הזה לכם", וליבנו את יסוד דין "מועדי ה' צריכין קידוש בית דין" במישור העקרוני. ועדיין הותרנו בעינה שאלה מהותית: מה כוח בית דין יפה, בהלכות קביעת קדושת מועדים וזמנים? שאלה זו מתפצלת לשתיים. ראשית, האם (ובאיזו מידה) קביעת בית דין מעכבת, באופן שלא תיתכן קדושת מועד בלעדיהם? שנית, האם סמכותם מרחיקה לכת עד כדי התעלמות, אם לכתחילה ואם בדיעבד, מאמות המידה האמורות להנחות אותם בהכרעתם?

לפום ריהטא, התשובה לשאלה הראשונה ברורה. מקרא מלא צווח ואומר: "אשר תקראו אֹתם" (ויקרא כ"ג, פס' ב, לז). ולהדיא שנינו בברייתא בתורת כוהנים על אתר, הן לגבי עיבור השנה והן לגבי קידוש החודש: "קראתם אתם – מועדיי, ואם לאו – אינם מועדיי". ואף על פי כן, עדיין הדבר צריך תלמוד, ויש לברר כיצד נשנתה ההלכה לגבי מצבים שבהם נבצר מבית דין לקדש מועדים וזמנים כדת וכדין. יש לציין בעיקר שני מצבים כאלו: א) אם אין לבית הדין מה לקבוע, מפני שלא עומדת בפניהם שום החלטה וברירה. ב) אם לא נמצא בית דין המוסמך לקדש. ושני מקרים אלו לכאורה שנויים במחלוקת, הטעונה ליבון והבהרה.

לגבי קידוש החודש, המצב הראשון הלוא עלול להיות שכיח למדי. הרי ראש חודש מוכרח להיות ביום ל' או ביום ל"א לחודש הקודם, וממילא אם לא נראה הירח בליל ל' – הרי בהכרח יום ל"א הוא ראש החודש. מצב זה נידון במשנה מפורשת בשלהי פרק ב' דראש השנה (כד ע"א): "בין שנראה בזמנו בין שלא נראה בזמנו – מקדשין אותו. רבי אלעזר ברבי צדוק אומר: אם לא נראה בזמנו – אין מקדשין אותו, שכבר קידשוהו שמים". הרי שנחלקו לגבי הצורך לקדש ביום ל"א, כשכבר אין לבית

27. קונטרס בעניין קידוש החודש, חלק ה אות ד.

הדין מה להכריע. רבי אלעזר ברבי צדוק סובר כנראה שבכי האי גוונא החודש מתקדש ללא מעורבות בית דין. לדידו ישנו הבדל חד בין קידוש יום ל׳, הנעשה בידי אדם, לקידוש יום ל״א, הנעשה בידי שמיים.

איברא דיש לומר, שמא לא בא רבי אלעזר ברבי צדוק לחלוק לגבי עצם זיקת בית דין לחלות הקדושה, אלא רק שולל במקרה זה מעשה קידוש, על ידי אמירת ״מקודש, מקודש״. ופוק חזי שם בסוגיה: ״תניא, פלימו אומר: בזמנו אין מקדשין אותו, שלא בזמנו מקדשין אותו. רבי אלעזר ברבי שמעון אומר: בין כך ובין כך אין מקדשין אותו, שנאמר: וקדשתם את שנת החמשים שנה; שנים אתה מקדש ואי אתה מקדש חדשים״.

ודאי שפלימו ורבי אלעזר ברבי שמעון מודים שכאשר ראש חודש חל בזמנו, בית דין הם הקובעים את היום השלושים כראש חודש, ובאמצעותו קובעים את קדושת המועד; ונחלקו רק לגבי מעשה הקידוש בראש חודש שלא בזמנו.[28] ויסוד שיטת רבי אלעזר ברבי שמעון ופלימו, ״שנים אתה מקדש – ואי אתה מקדש חדשים״, נעוץ בכך שישנה קדושה ליובל, מה שאין כן בחודשים, וממילא אין טעם (מדאורייתא) בטקס של קידוש. אך גם לגבי החודשים מודה פלימו שבית דין הם המחליטים והקובעים את סדר הזמנים. אם כן, ישנו חילוק בין קביעת היום לקידושו. כאשר ראש חודש חל בזמנו – בית דין הם הקובעים את מועדו, אך אליבא דפלימו אינם מקדשים במקרה זה את החודש.

יש מקום לומר, שהוא הדין לרבי אלעזר ברבי צדוק כאשר ראש החודש חל שלא בזמנו, שבית הדין אינם מקדשים את החודש – אך הם קובעים את מועדו. וכך, ללא ספק, הבין הרמב״ן (בסוף השגתו לספר המצוות עשה קנג). הרמב״ן טען שם: ״שאין קדוש החודש מעכב, ולא הצריכו חכמים לומר ׳מקודש מקודש׳, אלא שהוא מצוה, או לפרסומי מילתא בעלמא״. וכשבא להוכיח זאת ציטט את דברי רבי אלעזר ברבי שמעון[29] ואת דברי רבי אלעזר ברבי צדוק כראיה חותכת.

ברם, מלשון רבי אלעזר ברבי צדוק, ״שכבר קידשוהו שמים״, משמע אחרת:

28. רש״י (ד״ה בזמנו) הבין דלפלימו הקידוש הוא רק משום שראש חודש שחל ביום ל״א (שלא בזמנו) צריך חיזוק. מן הסתם לדידו הקידוש הוא רק מדרבנן, בניגוד לדעת התַנאים במשנה (תנא קמא ורבי אלעזר ברבי צדוק). ולפי זה, במישור העקרוני דעת פלימו כדעת רבי אלעזר ברבי שמעון, שמדאורייתא ״אי אתה מקדש חדשים״. אך יותר נראה שלפלימו יש כאן יצירת קדושה, אלא שהיא תופסת רק לגבי החריג שלא בזמנו. ולפי זה המחלוקת נוגעת לא רק לשאלה מתי מקדשים, אלא גם לאופיו של הקידוש.

29. במהדורות הישנות: ״ר׳ אלעזר בר׳ צדוק״, וטעות הוא (ואכן תוקן בהוצאות החדשות).

דפליג לגבי עצם החלת ראש החודש, וסובר שאין לבית הדין שיח ושיג עמה, והקדושה חלה מאליה. ובכן, לכאורה מפורש שלדעתו אין מועדי ה׳ צריכין קידוש בית דין לעיכובא. אלא אם כן נאמר שבכך שלא קידשו את יום השלושים, הרי קבעו חברי בית הדין בעקיפין את יום ל״א כראש חודש, ואף במקרה כזה חלותו נזקפת לזכותם. אך התינח אם נסבור כדעת הראשונים הגורסים כי בית הדין רשאי לקדש את יום השלושים אף אם לא באו עדים,[30] דאז יש להעניק משמעות להימנעותם. אך לסוברים כי אין בית הדין מוסמך לקדש אם לא נראתה הלבנה,[31] שתיקתם חסרת כל ערך היא; ובכן, ההוכחה העקרונית משיטת רבי אלעזר ברבי צדוק עומדת בעינה. והיות שלהלכה נקבע בסוגיה שם: ״א״ר יהודה אמר שמואל: הלכה כר׳ אלעזר בר׳ צדוק״, הרי שלכאורה נקודה זו מוכרעת בעליל.

ברם, האמת תורה דרכה, שהדבר עדיין טעון בירור, ותליא באשלי רברבי, הלוא הם הפירושים השונים שנאמרו בביאור הביטוי ״שכבר קידשוהו שמים״. דבירושלמי על אתר (ראש השנה פ״ב ה״ה) נאמר: ״רבי בא בר זבדא בשם רב: טעמא דרבי לעזר בי רבי צדוק, כיון שבית דין של מעלן רואין שאין בית דין שלמטן מקדשין אותו – הן מקדשין אותו״. ומעין זה ציטטו התוספות (סנהדרין י ע״ב ד״ה שכבר) בשם רש״י: ״אלא נראה כפירוש הקונטרס בפ״ב דר״ה, דביום שלשים ממתינים ב״ד של מעלה לב״ד של מטה שמא יעברו, אבל יום שלשים ואחד, שאי אפשר שלא יקדשו היום,[32] מקדשין אותו בשמים מן השחר״. על דרך זו, ודאי משמע שביום ל״א אין בית דין שותפים לקביעת ראש חודש.

אך בפתח דבריהם שם הביאו התוספות: ״י״מ דב״ד של מעלה מקדשין אותו לעולם בשעת המולד״. לפי דעה זו, רבי אלעזר ברבי צדוק מתייחס לא לשאלה מי קובע את מועדו של ראש החודש, אלא לגורם המכתיב את הקביעה. ושיטתו היא שכיוון שהמולד כופה על בית הדין את מועד חלותו של ראש החודש, הרי שאין מקום לאמירת ״מקודש, מקודש״. התוספות הקשו על פירוש זה: ״ואין נראה, דאם כן בזמנו נמי כבר קדשו בשמים״. מקושייתם מוכח שפירוש זה אינו מתייחס לשאלה מי מקדש, אלא טוען שעיתוי המולד כופה על בית הדין לקדש. אם כך, הקשו התוספות, הלוא הוא הדין גם כאשר ראש החודש חל בזמנו, ביום השלושים. ויש ליישב בפשיטות, שאכן כך הם פני הדברים, אך סוף סוף אין המולד כופה על בית הדין את קביעת

30. רש״י ראש השנה כ ע״א ד״ה היה מלמדנו, וכן היא שיטת רוב הראשונים שם בסוגיה, ועוד נשוב לדון בשיטה זו.
31. רמב״ם, הלכות קידוש החודש פ״ג הל׳ טו-יח. וגם בשיטתו עוד נדון להלן.
32. בתוספות איתא: ״לדשו״, אך מהרש״ל גורס: ״יקדשו״; וכן הוא בתוספות הרא״ש.

ראש החודש, שהרי רשאים הם לעבר את החודש לצורך, וכפי שיתבאר; ואי לכך, יש מקום לקדש. לפי פירוש זה נגיע למסקנה אחרת בהבנת שיטת רבי אלעזר ברבי צדוק: כאשר מקדשים את החודש ביום ל״א, אכן המולד כופה את מועד ראש החודש על בית הדין; אך אין בכך כדי לשלול את מעורבות בית הדין בתהליך קביעת ראש החודש. נציין שתוספות הרא״ש הבינו שאף הירושלמי תומך בפירוש זה (וכך גם הבינו התוספות שעל הדף בראשית דבריהם).

יתר על כן: מסוגיה קודמת משמע שאף שלא בזמנו, יד בית דין מעורבת בקביעת ראש חודש ומועדות. דיעוין בגמרא בסוף פרק קמא דראש השנה (כ ע״א), שבה נאמר שמחללים את השבת כדי להעיד על החודש, אפילו ״דאקלע יום שלשים ואחד בשבת, דמצוה לקדש על הראייה״. ואף על גב דידעינן מלכתחילה דראש חודש יחול ביום זה, אף על פי כן מחללים שבת למען עדות זו. והנה לא נתבאר שם לדעת מי נשנתה הלכה זו, אך מן הסתם היא שרירה וקיימת אף לרבי אלעזר ברבי צדוק, שהלכה כמותו. שהרי הרמב״ם פסק בסתמא: ״עדים שראו את החדש – הרי אלו הולכין לבית דין להעיד, ואפילו היה שבת״ (הלכות קידוש החודש פ״ג ה״ב). יוצא, אם כן, שאף לדעתו של רבי אלעזר ברבי צדוק אין קידוש שמים שולל את מקומה של כנסת ישראל בקביעת מועדים וזמנים.[33]

כאשר אין בית דין ראוי

המצב השני שבו אפשר לבחון את כוח בית דין, מתקיים בנסיבות או בתקופות שבהן קידוש החודש בטל, בהעדר בית דין הראוי לכך. מצב זה לא הוזכר, לפי מיטב ידיעתי,

33. וכן הסיק בעל המנחת חינוך (מצווה ד): ״ולכאורה להתנאים דסברי דביום שלשים אין מקדשין, ור׳ אלעזר ברבי שמעון דסובר דאין מקדשין כלל החודש, א״כ לא סבירא להו כלל דין זה דמצוה לקדש על פי הראייה, וא״כ לדידהו אין יושבין בי״ד כלל יום שלשים ומצפין להעדים, רק משגיחין על החשבון ובאמת מבואר כמה פעמים דמצוה על הבי״ד לקבל עדות החודש כמו שדרשו החודש הזה לכם כזה ראה וקדש ובודאי אין חולק על זה... אלא... דזה שיאמרו בי״ד ׳מקודש׳ היא מצוה בפני עצמה... אבל המצוה לקדש על פי הראייה היא מצוה שיקבעו בית דין החודש על פי עדים שיראו את הלבנה... וזה נקרא קידוש, היינו לקבוע את החודש ביום שלשים או שלשים ואחד... ובהא כולי עלמא מודים, דבית דין יושבים ומצפים להעדים״ (ועיין שם עוד בדבריו, שדן במצווה בפנים אחרות, ואכמ״ל). הרב פערלא, בפירושו לספר המצוות לרס״ג (עשה נו), נטה לומר שנחלקו ראשונים האם חובה על העדים לבוא להעיד, וכי היו בית דין מקבלים ומקדשים על פי עדותם וכדברי המנחת חינוך, או שהיו מסתמכים על עצם החשבון.

בחז"ל, אך נידון בהרחבה בראשונים ובאחרונים. ראשית, יש לדון בנוגע לתקופה שבה היה בית דין ובה קידשו על פי הראיה. מה יהיה הדין אם, מאיזו סיבה שתהא, בית הדין לא קידשו חודש מסוים.

בפשטות נראה לומר שבדיעבד, אם לא נתכנסו בית דין לקבוע את החודש, נראה שאין זיקת בית דין לעיכובא. אך הריטב"א בחולין (קא ע"ב ד"ה אלא) קבע שהמועדים האמורים לחול בחודש כזה אינם קדושים כל עיקר. רש"י (שם) פירש בסוגיה, שהייתה שנת שמד שבה לא נהג יום הכיפורים במועדו. הריטב"א כתב שהקשו על כך התוספות: הלא הייתה זו גם שעת השמד וגם בפרהסיא, ולמה לא מסרו נפשם על שמירת יום הכיפורים? ועל זה תירץ הריטב"א: "ונ"ל דהא לא קשיא, דקידוש חדשים דב"ד – עשֵׂה הוא, ועל עשה – יעבור ואל יהרג, כדפרישנא בכמה דוכתי... ואפשר דהכי גזרו אומות העולם לבית דין שלא לקדשו, דאין כאן יוה"כ". מפורש בדבריו שאין יום כיפור חל כלל אם לא קידשוהו בית דין, גם לא בעשירי שמיום ל"א של אלול הקודם, שכן אין "קידשוהו שמים" תחליף לקידוש בית דין, שהינו לעיכובא.[34] ואף דקיימא לן כרבי אלעזר ברבי צדוק, היינו כשיש בית דין המְלווה את חלות ראש חודש ביום ל"א, אלא שאינו מהליט ומצהיר לגביה, דבמקרה כזה משתלבים קידוש שמים וקידוש בית דין.[35]

כדבריו נראה שמדויק גם בדברי הרמב"ן. לפי שיטת הרמב"ן (ספר המצוות עשה קנג), שבה נדון להלן באריכות, הלוח בזמן הזה נקבע על ידי רבי הלל הנשיא באמצעות חשבון. הרמב"ן תיאר את הגורמים שהביאו את רבי הלל הנשיא לקבוע את הלוח: "שהוא זכור לטוב ראה שיתבטלו המועדות מפני הפסד הסמיכה כמו שנתבטלו דיני קנסות וכל דבר שצריך מומחין... וזה הענין הוא קיום החדשים והמועדות היום עד יבוא ויורה צדק לנו". הרי שדעתו היא שלולא תיקן רבי הלל הנשיא את הלוח, היו בטלים המועדות עד ביאת גואל צדק, כשם שבטלו דיני קנסות.

דיון נרחב יותר בראשונים ובאחרונים נמצא בנוגע לתקופות שבהן קידוש החודש בטל, בהעדר בית דין הראוי לכך.[36] לדעת הרמב"ם, אם נעדרה כליל כנסת ישראל מארץ ישראל – אין מקדשים חודשים בחו"ל, אף אם נמצא שם בית דין שנסמך בארץ. ויש

34. עיינו בכלי חמדה לפרשת בא, אות א.
35. זאת על פי הצעתנו לעיל, שאף לרבי אלעזר ברבי צדוק בית הדין מעורבים בקביעת החודש.
36. רבנו דן בקידוש החודש בזמן הזה אף בהמשך, מכיוון נוסף. הדיון כאן סובב סחור סביב שאלת כוח בית דין ומי הם המקדשים את החודש, ואילו להלן הוא נסוב על אודות היחס בין ראייה לחשבון. כדי לקבל תמונה מלאה ושלמה יש לעיין היטב בשני המקומות [הערת העורך].

לבחון זאת לאור הגמרא, המספרת על ימי החורבן של גלות בבל: "חמשים ושתים שנה לא עבר איש ביהודה" (יומא נד ע"א; ויעוין בהשגת הרמב"ן בספר המצוות [עשה קנג], שבמרוצת דבריו הזכיר גמרא זו). ואכן, בשו"ת נפש חיה (סימן א) הציע להסביר לאור זה את המבואר בנחמיה (ח', יג-טו), שמצוות סוכה באה כחידוש לעולי בבל: "אפשר לומר דבאמת באותן הנ"ב שנה שלא היו ישראל בארץ ישראל לא יכלו לקדש חדשים ולמנות מועדים, ולא היו להם מועדים כלל, וממילא לא ישבו בסוכות ונשכח מהם כל זה". אלא שלבסוף ציין שלדעת הרמב"ם עצמו לא ניתן לפרש כך, שהרי לדבריו הבטיחנו הקב"ה שלעולם לא ייעדרו כליל בני ישראל מארצם.[37]

ברם, המוקד המרכזי בשאלה זו הינו, כמובן, תקופת הזמן הזה, המתמשכת מני קטיעת שרשרת הסמיכה בימי קדם. לגבי תקופה זו מצאנו בראשונים שלוש שיטות עיקריות. הר"י מיגש, כשנשאל: "ולאיזה סיבה בטלה היום עדות החדש?" השיב (סימן קמו): "משום דידעינן בקביעא דירחא, לא הוצרכו לקדשו בב"ד הגדול, שכבר קדשוהו שמים". כמענה לשואל, דבריו לפום ריהטא תמוהים. כלפי לייא, הפכנו להיות בקיאים בקביעא דירחא בגין ביטול הקידוש על פי הראייה, ולא להיפך. אך כהסבר לחלות קדושת מועדים בזמן הזה – דבריו ברור מיללו. הר"י מיגש ראה את "קידשוהו שמיים" כתחליף לקידוש בית דין, וזאת לא רק בקידוש ההכרחי של יום ל"א, אלא כמושג מקיף המתייחס לקידוש מועדי ה' ככלל. ולפיו, בזמן הזה אין כנסת ישראל מעורבת בתהליך קידוש החודש ועיבור השנה. מפתחות הזמן הוחזרו לגבוה.

אלא שביחס לעיבור שנה שיטתו צריכה עיון, שלא מצינו מושג כגון "עִברוהו שמיים",[38] ולפיכך לא ברור לדידו, מי הם המְעברים בזמן הזה.[39]

שיטה שנייה בזה לרמב"ם, שחילק – כפי שכבר נתבאר – בין קידוש החודש על פי הראייה לבין קידושו על פי החשבון. ועל רקע זה הסביר בהרחבה, הן בספר המצוות (עשה קנג) והן בפרק ה' מהלכות קידוש החודש, שמני ימי אביי ורבא, "אין קובעין חדשים ואין מעברין שנים אלא בחשבון זה שאנו מחשבין בו היום". והנה

37. "אילו הנחנו דרך משל שבני ארץ ישראל יעדרו מארץ ישראל – חלילה לא-ל מעשות זאת, כי הוא הבטיח שלא ימחה אותות האומה מכל וכל..." (ספר המצוות לרמב"ם, עשה קנג). אכן, יש מקום לומר – בניגוד לדברי הרמב"ם – שהבטחת הקב"ה אינה סותרת את האפשרות של קיום מצב כזה לתקופה מוגבלת.

38. אמנם, רב האי גאון בתשובה (הובאה באוצר הגאונים ביצה ד ע"ב) נקט שאכן ישנו עיבור בידי שמים.

39. וראו להלן, שצירפנו את שיטתו לדעת הרמב"ן, על פי המבואר בהמשך.

האבני נזר (אורח חיים סימן שיא) ציטט את תשובת הר״י מיגש הנ״ל והעיר: ״אלא ודאי קם בחד שיטה עם רמב״ם תלמידו... שהלכה למשה מסיני לסמוך בזמן הזה על החשבון״. אך לכאורה השוני ביניהם ברור. הר״י מיגש בנה על יסוד ״קידשוהו שמים״, שלדעתו (במקביל לירושלמי שצוין לעיל), כנראה שולל כל מעורבות בית דין בקביעת מועדים, ולא רק את מעשה הקידוש. לעומתו, הרמב״ם קבע במפורש (הלכות קידוש החודש פ״ה הי״ג) שאף בזמן הזה, ״אין אנו סומכין אלא על חשבון בני ארץ ישראל וקביעתם״; הרי שלדידו החודש נקבע על ידי בני ארץ ישראל, ולא בידי שמיים.

אלא שלא נהיר מדברי הרמב״ם, איך וכיצד קובעים בני ארץ ישראל אליבא דידיה את מועד החודש בזמן הזה. ובביאור שיטתו רבו דעות האחרונים. שו״ת נפש חיה הבין שבעצם מדובר בהמשך קידוש בית דין, מכוח ההלכה שחידש הר״מ עצמו בהלכות סנהדרין (פ״ד הי״א): ״נראין לי הדברים, שאם הסכימו כל החכמים שבארץ ישראל למנות דיינים ולסמוך אותם – הרי אלו סמוכים״. וביאר הנפש חיה, שהסכמת יושבי ארץ ישראל מסמיכה את בית הדין שם לעניין קידוש החודש: ״אבל בארץ ישראל יוכלו לקדש בזמן הזה, אף כשאין סמוכין, כנ״ל הטעם דכיון דכל ישראל מסכימים על החשבון הזה, הוי כאילו המה סמוכים לדבר הזה״.[40] ומתוך כך הסיק: ״ע״כ נראה לפי עניות דעתי להלכה, דגם בזמן הזה צריכין בית דין לקדש חדשים בארץ ישראל ולעבר שנים, ומהראוי אשר המה יעשו לוח כל שנה מקביעת החדשים והמועדות״ (שו״ת נפש חיה או״ח סימן א).

בתגובה, העיר לו האבני נזר (או״ח סימן שי) שכיוון לדעת המהרלב״ח, שביאר את שיטת הרמב״ם ברוח זו בקונטרס הסמיכה שלו.[41] אך כתב שלגופו של עניין אין מסקנתו נראית, ״שהרי הדבר מקובל דור אחר דור שאין קובעים כלל שום ראש חדש. והטעם בזה ברור אף לשיטת הרלב״ח, כיון שהלכה למשה מסיני שבזמן שאין סנהדרין אין מקדשין, רק על פי החשבון״. וברור שצדק בהשגתו, שכן דברי הרלב״ח והנפש חיה, שהבחינו רק בקו אחד בקידוש החודש, ממש מנוגדים לדברי הרמב״ם, שבמפורש ציין שני מסלולים. אך הפתרון שהציע האבני נזר עצמו – שבנוגע לזמן הזה דעת הרמב״ם, פרט לנקודה אחת, זהה לדעת הרמב״ן (שתבואר להלן) – נראה אף הוא קשה.

על מדוכה זו ישב אף מו״ר זצ״ל בקונטרס הנ״ל; ויעוין בדבריו שם, שהעלה

40. וכן כתב המשך חכמה בתחילת פרשת בא.
41. שו״ת רלב״ח סימן ג, בקונטרס במהדורת קרן רא״ם.

בניגוד לדעת הסוברים שבאופן עקרוני יש צורך בסמוכים גם בזמן הזה, אלא שבני ארץ ישראל כאילו מסמיכים את הקובעים. כלפי לייא, טען הגרי"ד זצ"ל: בשורש ההלכה נמסרו מועדות לכלל ישראל, אלא שבית הדין מקדשים כנציגיהם. וכל זה כשיש מעשה קידוש מוגדר, דהיינו: על פי הראייה. ואילו בזמן הזה, שהקידוש הוא על פי חשבון, חזרה קביעת המועדות לכנסת ישראל, ובמיוחד לקהל היושב בציון, שמקדש מועדים וזמנים על ידי עצם ניהוג המועדים בפועל לפי החשבון. נמצא, אם כך, שאף בזמן הזה קידוש החודשים והמועדות מסור בידי כנסת ישראל, כשם שהיה בזמן הראייה.

דעה שלישית בזה לרמב"ן. אף הרמב"ן סבר שהחשבון הוא הקובע מועדים וזמנים בזמן הזה, אך השתיתו על יסודות שונים לחלוטין.[42] דיעוין בהשגתו בספר המצוות שם, שהסיק: "אבל מרפא הקושי הגדול הזה הוא שרבי הלל הנשיא בנו של רבי יהודה הנשיא תקן חשבון העבור, הוא קדוש חדשים ועיבור שנים הראויים להתעבר לפי מניינו, עד שיבוא אליהו ז"ל ונחזור לקדושנו על פי הראייה בב"ד הגדול והקדוש... ולפי כל זה נאמר שמשעה שהסכים רבי הלל הנשיא ובית דינו על החשבון הזה, ותקן אותו לדורות בחדשים ובשנים, קורא אני בהם: אלה מועדי ה׳

42. כאמור לעיל, הרמב"ם מסר את הסמכות לקדש חודשים בידי בית הדין הגדול. הרמב"ן דחה את שיטתו, בטענה שקודם לחורבן ארבעים שנה גלו בית הדין ממקומם, ופקעה מהם חלות בית דין הגדול, שכן למדנו שהמקום גורם. והכיצד, כפי שמוכח מכמה וכמה גמרות, קידשו את החודש על ידי ראייה גם אחר החורבן. אך יש להעיר על דבריו (וכבר עמד על כך במגילת אסתר), שלא מצאנו אלא שסנהדרין גדולה שאינה במקומה אינה דנה דיני נפשות ואין המראתם מחייבת זקן ממרא (יעוין סוטה מה ע"א, סנהדרין יד ע"ב ועבודה זרה ח ע"ב); אולם לא מצינו כי פקעה מהם כל חלות שם בית הדין הגדול. ועוד אפשר, שאף אם נאמר שפקע שם בית הדין הגדול מהם לעניין עונשים, מכל מקום אפשר ששם בית דין של הוראה נשאר על תלו; שעדיין נותרו הסנהדרין, כלשון הרמב"ם בריש הלכות ממרים, עיקר תורה שבעל פה ועמודי ההוראה, ומהם יצא חוק ומשפט לכל ישראל. ועוד תירץ הגאון ר׳ משה סולובייצ'יק (חידושי הגר"מ הלוי הלכות קידוש החודש פ"ה ה"א, ונדפס אף בחידושי הגר"ח על הש"ס) כי אף שפקעה מהם חלות בית הדין הגדול, עדיין נשאר בתוקף מעמדם בגברא כחברי הסנהדרין. והביא ראיה משאלת רבי בהוריות (יא ע"ב): "מה אני בשעירה", שממנה עולה שמעמדו של רבי בגברא היה כשל נשיא הסנהדרין, אף שכבר גלתה הסנהדרין ממקומה זה מכבר. והוא הדין שניתן היה למנות חברי סנהדרין אף אחר החורבן (אכן, יש מקום להציע שמא נשיא שאני). מכל מקום, תורף שיטת הגר"מ היא כי לדעת הרמב"ם קידוש החודש מסור בידי חברי בית הדין הגדול; שלא כהסברו של בנו הגרי"ד. [עם התקנת הדברים לדפוס יצאה לאור המהדורה המורחבת של חידושי מו"ח ואביו זצ"ל. ושם (פ"ה מהל׳ קידוש החודש ה"א-ה"ב-ה"ג) העלו שנוכחות סנהדרין בהר הבית היא הכרחית עבור חלות שם הוראה ככלל, אך חפצא של בית דין התקיים אף אחר שגלו ממקומן].

אשר תקראו אותם. ועל זה הענין הוא היום החדשים והמועדות, עד יבוא ויורה צדק לנו".

ביאור דבריו, שאין לראות בחשבון מסלול חליפי לקידוש החודש בידי בית דין, אלא מכשיר אשר באמצעותו בית הדין (שתיקן את החשבון) מקדש חודשים. ואף שוודאי מסתבר שבכי האי גוונא אין מצות קידוש מתקיימת מדי חודש, דוודאי קשה להניח שיש כאן קיום מתמשך הנזקף לזכות בית דין שהלך לעולמו לפני מאות שנים, הרי שאין קיום מצווה זו מעכב. דלכל היותר הסכמת בית הדין והחלטתו מעכבות, אך ודאי מצוות הקידוש אינה מעכבת.

והנה, כפתרון לבעיית מעמד המועדים בזמן הזה, שיטת הרמב"ן פשוטה וחלקה, מכיוון שהיא רואה במצב הנוכחי המשך ישיר לקידוש על פי הראייה. אך החידוש שבהנחותיה מורגש. בעיקר, יש לעיין במה שהבין הרמב"ן דניתן לקבוע מועדים לעתיד רחוק. דיש לומר איפכא, דלמעשה בית דין יש תוקף דווקא לגבי החודש או השנה העומדים על הפרק בשעתם. איברא דנראה שאין לחוש לבעיית דבר שלא בא לעולם שהעלה האבני נזר (או"ח סימן שיא), הן מפני שלא מדובר בפעולה הטעונה דעת בעלים, אלא במעשה בית דין; והן מפני שכל אופן קביעת המועדים מתייחס לעתיד, ומבחינת דין דבר שלא בא לעולם, מה לי מחר כפשוטו ומה לי מחר שהוא לאחר זמן. אך בר מן דין, יש לתהות האם ייתכנו קידוש ועיבור המכוונים כלפי פרק זמן שאינו עומד לדיון מעשי כרגע.

והנה הרמב"ן עצמו הקשה ממה ששנינו (סנהדרין יב ע"א): "אין מעברין את השנה לפני ראש השנה, ואם עיברוה אינה מעוברת; אבל מפני הדוחק מעברין אותה אחר ראש השנה מיד". ותירץ שמגבלה זו אינה אלא מדרבנן, וכדי שלא תשתכח החלטת העיבור בטרם יגיע זמנה למעשה. ומדבריו משתמע שמעיקר הדין אפשר לעבר את השנה גם שנים הרבה בטרם זמנה. והנה נימוק זה של חשש דשכחה מופיע אף ברש"י (סנהדרין יב ע"א ד"ה אין מעברין), אך הוא נעזר בו כדי להסביר למה אין מעברים לפני ראש השנה, אף שכבר נמצאים בתוך השנה האמורה להתעבר (למניין שנות ניסן). ברם, לו היה מדובר בעיבור שנה אחרת, ניתן להציע שלדעת רש"י אין מעברים מעיקרא דדינא, ולא רק בגין סכנת שכחה, ודלא כדברי הרמב"ן.

אכן, חידושו של הרמב"ן לכאורה מבואר גם בדברי הרמב"ם. דיעוין בדבריו בפ"ד מהלכות קידוש החודש (הלכה יג), שכתב: "יש לבית דין לחשב ולקבוע ולידע אי זו שנה תהיה מעוברת בכל עת שירצה, אפילו לכמה שנים, אבל אין אומרין: שנה פלונית מעוברת. אלא אחר ראש השנה הוא שאומר: שנה זו מעוברת". ולכאורה הם הם דברי הרמב"ן.

אך ייתכן שאין לזהות את דבריהם. ראשית, בדברי הרמב"ם יש להסתפק האם העיבור כבר בוצע והאמירה אינה אלא הודעה ציבורית בעלמא, או שמא ההיתר "לחשב ולקבוע ולידע" אינו אלא יצירת תשתית לעיבור והכנתו, בעוד העיבור עצמו נעשה על ידי האמירה "שנה פלונית מעוברת", הנאמרת בזמנה. לפי האפשרות השנייה שהצענו, אין כאן דמיון לדברי הרמב"ן.[43] ובר מן דין, הרי בסוף ההלכה פסק מפורשות: "אמרו לפני ראש השנה: שנה זו שתכנס תהיה מעוברת – אינה מעוברת באמירה זו".[44] שנית, הרמב"ם צמצם דבריו לעיבור השנה, ואילו לגבי קידוש החודש סתם ולא פירש. ומסברה, כפי שיבואר להלן, ייתכן שיש מקום לחלק. ואולי אף ניתן להציע דיוק קל בנידון מלשונו. שכך חידש הרמב"ם בעניין קידוש החודש למפרע: "בית דין שישבו כל יום שלשים ולא באו עדים, והשכימו בנשף ועִברו את החדש, כמו שבארנו בפרק זה, ואחר ארבעה או חמשה ימים באו עדים רחוקים והעידו שראו את החדש בזמנו, שהוא ליל שלשים, ואפילו באו בסוף החדש... ואם עמדו העדים בעדותן... מקדשין אותו" (הלכות קידוש החודש פ"ג הל' טו–טז). מדבריו משמע שאם באו העדים בחודש הבא – שוב אין מקדשים למפרע את יום ל' שלפני חודשיים. ובכן, ייתכן דהוא הדין אף להבא, דאין מקדשים את החודשים העתידים לבוא. שלישית, הרמב"ם דן במקרה שבו ישנה התייחסות ישירה של בית הדין המְעַבֵּר לשנה מסוימת, בעוד לרמב"ן מדובר בתיקון חשבון כולל, לכל השנים כולן.

מכאן שאין לראות בלשון הרמב"ם סימוכין לרמב"ן. יתר על כן: מכאן שאף ניתן להעלות ספק ביחס להבנת שיטת הרמב"ן בפרט, וביחס לתהליך קידוש החודש בזמן הזה בכלל. דכבר ראינו לעיל תרי לישני בדבריו בנוגע לשאלה האם הצורך בבית דין לקידוש החודש הוא למצווה או לעיכובא. ולכאורה לפי הצד שאין צורך בבית דין, אין הכוונה רק לאמירת "מקודש, מקודש", אלא לכל תהליך קידוש החודש בכלל. וכך אמנם משמע מהמשך הדברים שם: "ומה שאמרו: מועדי ה' צריכין מומחין, ומועדי ה' צריכין קדוש ב"ד – זהו למצוה". אך לכאורה דברים אלו מתמיהים, שהרי הרמב"ן נאלץ להציע את תקנת רבי הלל כתירוץ לקושייתו, דווקא מפני שהניח כדבר פשוט וברור שאין מועדי ה' ללא בית דין; וכיצד הסיק שאין צורך בבית דין אלא

43. וראו עוד במנחת חינוך (עשה ד אות [א]), שלדעת הרמב"ם יש חילוק בין החשבון, שרק לכתחילה נעשה דווקא בארץ, ובין עצם הקביעה, שאף בדיעבד פסולה אם נעשתה בחו"ל. הרי לנו שישנו הבדל בין החשבון ובין עצם הקביעה.

44. מנחת חינוך (עשה ד אות [ל]) סובר דדברי הרמב"ם אינם אלא מדרבנן ולכתחילה. ובכך ביאר הא דלרמב"ן רבי הלל הנשיא עיבר שנים רבות קדימה.

למצווה?! והנראה בזה שוודאי זיקת בית דין לקביעת המועדים הינה לעיכובא. אלא שדי לעניין זה בזיקה עקיפה, בכך שעל ידי עריכת מסגרת החשבון בדור מן הדורות נקבעים ממילא המועדים לדורות הבאים. וגם זה נקרא "אשר תקראו אֹתם". אך לגבי קידוש – ודאי יש צורך בפעולה ישירה. ובכן, היות שבתקנת רבי הלל יש קריאת המועדים אך אין קידוש, על כורחנו שאין קידוש החודש מעכב, ובקריאה גרידא סגי לן. ויש להוסיף – ואולי גם זה כלול בכוונת דברי הרמב"ן שליבַּנו זה עתה – דתרי פרשיות נפרדות נאמרו כאן. הפסוקים שבפרשת אמור מגדירים את מועדי ה' כבאלה "אשר תקראו אֹתם", והם עוסקים בקביעת המועדים ובעיצוב לוח השנה, שהם כמובן לעיכובא, כמבואר בברייתא בתורת כוהנים שם. פרשה זו מתייחסת הן לקידוש חודשים והן לעיבור שנים. ואילו הפסוקים שבפרשת בא אינם מגדירים אלא קובעים את קידוש החודש כמצווה וכחובה מסוימת, ואולי אינם דנים אלא בקידוש החודש ולא בעיבור שנה (ולקמן נברר האם נידון שם קידוש החודש כקיום בפני עצמו או כהעמקת קדושת המועדות); ואף אינם אלא למצווה ולא לעיכובא.[45]

חזינו, אם כן, במחלוקת הראשונים, האם קידוש החודש והמועדות וקביעת הלוח נמסרו בידי כנסת ישראל אף בזמן הזה, כאשר גם כִּיום החודש מתקדש על ידינו (כפי שהסביר מו"ר זצ"ל בדעת הרמב"ם); או שנקבע הלוח בידי בית דינו של רבי הלל הנשיא (כדעת הרמב"ן). לאידך גיסא, נוכל לומר שנקבע הוא כבר בידי שמים (כדברי הר"י מיגש).

והנה לכאורה מחלוקתם איננה סובבת אלא סביב שאלת הגורם המקדש; אם אלו בני ארץ ישראל, בית דינו של רבי הלל הנשיא או דקידשוהו השמים. ברם, לאמיתו של דבר, נראה שמחלוקתם נוגעת, כפי שנתבאר לעיל בקצרה, לשאלת אופיו וטיבו של קידוש החודשים בזמן הזה. שאלת הגורם המקדש ודרך קביעת החודש וקידושו יש לה משמעות לגבי זיקת כנסת ישראל לקידוש השנה ותפקידה בתהליך זה. לדעת הרמב"ם, שהקידוש הבסיסי הוא על ידי ראייה, נראה פשוט דאף כשהוא נעשה על ידי חשבון יש כאן חלות קידוש ישיר. כשם שבזמן הראייה בית דין קידש את החודש במישרין, כך בזמן הזה מתקדשים החודשים והמועדות באופן ישיר בידי בני ארץ ישראל, שהמה מחילים את קדושת החודש והמועדות. אופי אחד לקידוש החודש בזמן הראייה ובזמן החשבון. ההבדל ביניהם, אליבא דהרמב"ם, נעוץ רק

45. לאור זה יש לדון לגבי הזמן שבין יציאת מצרים לבין פרשת "אמור", האם בתקופה זו הצורך בבית דין היה לעיכובא.

בגורם המכתיב את הקידוש והקביעה, היינו חשבון או ראייה.[46] ואילו בדעת הר"י מיגש נראה שלבית דין בפרט ולכנסת ישראל בכלל אין יד ורגל בקידוש החודשים. יש לראות את הקידוש בעיקרו כקידוש שמים הנקבע בידי גבוה. בית הדין רק מחשב איזה יום יהיה ראש חודש, ואז הוא מתקדש מאליו. "קידשוהו שמים".

נמצא שלדעת הר"י מיגש מאז ביטול הסנהדרין נקבעים ומתקדשים החודשים והמועדות בידי שמים, בעוד הרמב"ם והרמב"ן לא קיבלו זאת. לדעתם גם בזמן החשבון נקבעים המועדות ולוח השנה מלמטה, אם על ידי בני ארץ ישראל (כדעת הרמב"ם) ואם בידי בית דינו של רבי הלל הנשיא (כדעת הרמב"ן).

ברם, גם הם נחלקו בנוגע למהות קידוש החודש בזמן הזה. לדעת הרמב"ם גם בזמן החשבון מתקדשים החודשים במישרין בידי כנסת ישראל. לעומת זאת, אליבא דהרמב"ן מסתבר דרבי הלל הנשיא רק יצר את הלוח שבמסגרתו מתקדשים המועדות והחודשים מאליהם, וחסרים הם מעשה קידוש ישיר.[47]

אם כך, אם נסביר שאליבא דהרמב"ן אין בזמן הזה קידוש בית דין כלל, הרי שחסרים אנו את כל קיום הפרשה שב"בא", ואין בידינו אלא הנאמר בפרשת המועדות ב"אמור", ורק על פיה נקבעים המועדות.

מעתה ישנו מקום ספק, האם ההבדל במקורות הקדושה – אם דלעילא או דלתתא – וההפרש בדרך הטבעתה – אם עקיפה או ישירה – משפיעים על אופי הקדושה שחלה; או שמא אותה תוצאה היא, המושגת בדרכים אחרות.

ויש להציע שישנו יתרון בקידוש מלמטה בידי אדם – אם בית דין ואם כנסת ישראל כולה – על פני קידוש או קביעה מלמעלה. יתרון זה מתבטא בהוספת קדושה במועדים. כאשר בית דין הוא המקדש את החודש ואת המועדות, הרי שקידוש זה מטביע בהם קדושה יתרה, העולה על הקדושה הנוצרת מעצם קביעת הלוח, אם בידי אדם ואם מצד קדשוהו שמים.

לפי זה, אולי תמימי דעים הם הרמב"ן והר"י מיגש באופן עקרוני, ולשניהם אין בזמן הזה קידוש בית דין. וממילא, ייתכן שלדעת שניהם (ובניגוד לרמב"ם), חסר בזמן

46. לגבי השאלה מיהו הגורם המקדש, אני מניח לעת עתה שאותו גורם – כנסת ישראל – הוא המקדש את החודש, הן בזמן החשבון והן בזמן הראייה, ובנוגע לכך אין שום חילוק בין התקופות. אולם להלן חילקתי ביניהן בהקשר זה [וראו לקמן שרבנו זצ"ל חילק בנוגע לאופי תהליך קידוש החודש בין זמן הראייה וזמן החשבון. הערת העורך].

47. ברם, להלן מוצע שאף לשיטת הרמב"ן יש בחשבון משום קידוש ישיר על ידי בית דינו של הלל הנשיא [הערת העורך].

הזה אחד הממדים של קדושת המועד. אלא שנחלקו שניהם בשאלה כיצד מתקיימת בזמן הזה קריאת המועדים הבסיסית, הקובעת את עצם זהותם.

אם סטו משורת הדין

פרט למידת העיכובא, מתעוררת שאלת כוח בית דין ומעמדם בקביעת המועדים גם בהקשר שונה לחלוטין: תוקף סמכותם ביחס לסטיות משורת הדין. שאלה זו מתפצלת למישורי בדיעבד ולכתחילה. אשר לדין בדיעבד, הרי ידועה הילפותא מ"אֹתם". בגמרא בראש השנה (כה ע"א) מובאים דברי רבי עקיבא לרבי יהושע: "אמר לו: הרי הוא אומר 'אתם', 'אתם', 'אתם' ג' פעמים: אתם – אפילו שוגגין, אתם – אפילו מזידין, אתם – אפילו מוטעין". אמנם, במקום אחר גרסינן ילפותא זו באופן אחר. דהרי בברייתא בתורת כוהנים (ספרא אמור פרשה ט) מובא פעמיים "אנוסים" במקום "מזידין", וכך אף פסק הרמב"ם להלכה: "בית דין שקדשו את החדש, בין שוגגין בין מוטעין בין **אנוסים** – הרי זה מקודש" (הלכות קידוש החודש פ"ב ה"י); ולא הזכיר כלל "מזידין". והנה ייתכן שהך אמר חדא והך אמר חדא ולא פליגי, דמריבוי המקראות למדים דין אחד כללי של "אתם", שכל מעשה בית דין בקידוש החודש יפה.[48] וכך אמנם ניתן להבין בלשון התורת כוהנים, שלא דייקה במספר הילפותות, ורק קבעה כללית: "קידשוהו אנוסים או שוגגין או מוטעים, מנין שהוא מקודש? תלמוד לומר: אשר תקראו אֹתם מועדי, 'אתם' – אפילו שוגגים, 'אתם' – אפילו מוטעים, 'אתם' – אפילו אנוסים, אם קריתם אתם – מועדי, ואם לאו – אינן מועדיי".

אך בלשון הגמרא מודגש דמצינו "אתם" דווקא "ג' פעמים", ומדקדוק לשונה משמע שאמנם אין לרבות אלא שלוש סטיות. ואם כך, הרי לנו כאן מחלוקת כפולה: לפי הספרא אין מעשה זדון כלום, ואילו לפי סוגיית הגמרא אין קידוש מאונס. ונראה שההלכות שונות במהותן. לגבי מזידין, הדבר תלוי ועומד באופי תהליך קידוש החודש. דהנה כבר צוינו לעיל דברי הרמב"ן שבזמן שסנהדרין הגדולה קיימת, "ולהם הרשות נתונה מן הכתוב, שנאמר: על פי הדבר אשר יגידו לך מן המקום ההוא אשר יבחר ה', לא היה רשות לשום אדם לעבר ולקדש, אלא להם או ברשותן" (השגותיו לספר המצוות, עשה קנג). ולכאורה היינו משום שקביעת המועדים – בכלל הוראה היא,[49]

48. ראו הגהות מיימוניות על אתר שהבין שפסק הרמב"ם הינו בדווקא, והביא מהסמ"ג (עשה מו) שחולק; והציע שאולי נוסח הרמב"ם משובש הוא.

49. במידה וניתן לסמוך לדברים יחידים, יש לדון אם ניתן לסמוך לקידוש החודש גרידא.

ובית הדין הגדול הם הם עמודי ההוראה. ואם כך, ניתן לומר בפשטות שאין קביעת זדון בכלל זה, שכן לא חל עליה שם הוראה. ופוק חזי, שהרי פשוט שאם הורו בית דין בזדון ועשו רוב הקהל על פיהם – אין כאן חיוב פר העלם דבר של ציבור. ואפילו אם יש כאן שגגה לגבי בית דין עצמם, כגון "אומר מותר", היינו: שסברו דמותר הדבר להורות בזדון הוראה שגויה, עדיין פר העלם דבר של ציבור אין כאן, מפני שהוראת זדון אינה הוראה כלל. ואף שהדיינים המזידים לקדש את החודש שלא בזמנו מסתמא עושים זאת לשם שמיים, שסוטים במכוון מהלכות קידוש אך ממניעים קדושים וטהורים (דאילו במקצצים בנטיעות עסקינן – רשעים גמורים הם, ואין קשרם מן המניין), מכל מקום הוראתם ומעשיהם בטלים ומבוטלים.

ולפי גרסת הגמרא, הקובעת "אתם – אפילו מזידין", נראה דיש להעלות שני הסברים:

א) קריאת מועדים היא בבחינת מעשה בית דין, אך לא בגדר הוראה. ואף שוודאי בית הדין מקדשים על פי הלכות ברורות, המנחות את שיקוליהם ואת דיוניהם, אין בכך כדי להטביע על קביעתם גושפנקא של הוראה, הבאה ליישם כללים מוצקים למציאות מסוימת.

ב) ייתכן שבניגוד לדברינו לעיל, אף הוראת זדון שמה הוראה. ואין להקיש מפר שגגת הוראה על קידוש החודש, שהרי שם נאמר במפורש: "ונעלם דבר" (ויקרא ד', יג), ללמדנו שלא על כל הוראה חייבים, אלא רק על הוראת העלם דבר. ובר מן דין, הגדרת הוראה שם בעל כורחנו מצומצמת יותר מאשר בנידון דידן, שהרי קיימא לן (יבמות צב ע"א): "הורו בית דין ששקעה חמה ולבסוף זרחה – אין זו הוראה אלא טעות". וכן, לדעת הרמב"ם, מה שפטורים מקרבן אם עקרו את כל גוף המצווה, אין זה בגלל מיעוט מיוחד, אלא מפני שאין בזה "שגגת הוראה" אלא "שכחה" (יעוין הלכות שגגות פי"ד ה"ב).[50] ואילו לגבי קידוש החודש, במקרים מקבילים לאלו ודאי שניישם את דין "אתם", ונקבל בדיעבד את הקידוש (השגוי) של בית דין. ובכן, ייתכן שהוא הדין אם קידשו מזידים, שעדיין יש כאן הוראה תקפה.

לגבי אנוסים, מאידך, אם נאמר שלפי הברייתא בראש השנה אינם בכלל "אתם", יש להסביר בפשטות שזה מדין אונס דכל התורה כולה. שכל מעשה הטעון דעת והכרעה אינו מתקיים מאונס, אלא במקרה שבו גמר אגב אונסיה (יעוין בבא בתרא מח ע"א), ומעשה בית דין בכלל זה. ואף שאין מדובר בדעת בעלים, מכל

50. דנתי בסוגיה זו בשיעוריי למסכת הוריות; יעוין בספר שיעורי הרא"ל למסכת הוריות, בשיעור בעניין הגדרת הוראה.

מקום חסרים כאן שיקול דעתם והכרעתם של הדיינים. ונראה פשוט, שכל גמר דין מאונס לא שריר ולא קיים, דמאי שנא קידוש החודש מכל מעשה בית דין אחר. וברור שכאשר נמסרה קביעת המועדים לבית הדין – לתבונתם ולהכרעתם נמסרה, ואין תוקף לקביעה שהתבצעה מאונס. ואדרבה, יש לתמוה על התורת כוהנים ועל הרמב"ם, כיצד ייתכן להכשיר "אתם – אפילו אנוסים", והרי במקרה של אונס יש לראות את הקידוש כאילו לא הם עשוהו.

והנראה בזה דיש לחלק בין אונסים שונים, ולומר שהרמב"ם פסק דין "אתם – אפילו אנוסים" רק ביחס לסוג מסוים של אונס. דוודאי מסתבר שאם אילצו את בית הדין לעבר ולקדש מתוך שאיימו על הדיינים – אין מעשיהם חלים אז כלל ועיקר. ברם, ניתן להבחין באונס בעל אופי שונה לחלוטין. דיעוין ברמב"ם שכתב: "הבא על אשתו שלא בשעת וסתה וראתה דם בשעת התשמיש – הרי אלו פטורין מקרבן חטאת, מפני שזה כאנוס הוא ולא שוגג. שהשוגג היה לו לבדוק ולדקדק, ואילו בדק יפה יפה ודקדק בשאלות לא היה בא לידי שגגה, ולפי שלא טרח בדרישה ובחקירה ואחר כך יעשה – צריך כפרה. אבל זה – מה לו לעשות, הרי טהורה היתה ושלא בשעת וסתה בעל; אין זה אלא אונס" (הלכות שגגות פ"ה ה"ו). הרי שלדעתו גם אונס בגין טעות, ללא לחץ מצד גורם חיצוני כל שהוא, שמיה אונס. אכן, הלכה זו נשנתה לגבי פטור חטאת, לגביו אונס עומד בניגוד לשוגג; וייתכן לחלק בינו לבין שאר דיני אונס, לגביהם אונס מנוגד לרצון. ואולי אפשר לומר דאונס כגון דא לא מיקרי "שוגג", אך מיקרי "רצון". מכל מקום יוצא ברור שהביטוי "אונס" יש שהוא מתייחס אף למקרה שבו לא העלה האדם על דעתו אפשרות רחוקה, ולא אך ורק למקרה שבו מכריחים מאן דהוא לעשות פעולה בעל כורחו.

כוח בית הדין – לכתחילה

עד כאן דיברנו על כוח בית דין בהקשר זה בדיעבד. ובאשר לכוחם לכתחילה, יעוין בסוגיה ביחס לעיבור החודש לצורך (ראש השנה כ ע"א-כ ע"ב), הדנה בשאלה האם מחמת צורך יכולים בית דין לאיים על העדים, כך שיאמרו שראו את הירח החדש אף אם לא ראוהו, וכן איפכא: אם יכולים לאיים על העדים כך שלא יאמרו שראו את הירח החדש, אף אם בפועל ראוהו. שם למדנו: "וכי הא דאמר רבי יהושע בן לוי: מאיימין על העדים על החדש שנראה בזמנו לעברו, ואין מאיימין על העדים על החדש שלא נראה בזמנו לקדשו. איני, והא שלח ליה רבי יהודה נשיאה לרבי אמי: הוו יודעין שכל ימיו של רבי יוחנן היה מלמדנו: מאיימין על העדים על החדש שלא נראה בזמנו לקדשו,

אף על פי שלא ראוהו – יאמרו ראינו. אמר אביי: לא קשיא; הא – בניסן ותשרי, הא – בשאר ירחי. רבא אמר: הא דתני רבה בר שמואל – אחרים היא. דתניא, אחרים אומרים: אין בין עצרת לעצרת ואין בין ראש השנה לראש השנה אלא ארבעה ימים בלבד, ואם היתה שנה מעוברת – חמשה. רב דימי מנהרדעא מתני איפכא: מאיימין על העדים על החדש שלא נראה בזמנו לקדשו, ואין מאיימין על העדים על החדש שנראה בזמנו לעברו. מאי טעמא, האי – מיחזי כשקרא, האי – לא מיחזי כשקרא".

מסקנת הסוגיה, כפי שפירשה רש"י (יעוין שם בדבריו), הינה שיכולים הדיינים להימנע מלקדש את החודש בזמנו, אף שקיימים עדים המוכנים להעיד שראוהו; אך אינם יכולים ללחוץ על עדים שיעידו הגדה מפוקפקת, כדי שיוכלו לקדש את החודש בטרם זמנו. ולרב דימי שם – הפוכים הם הדברים. ואילו בניסן ובתשרי, שבהם חלים המועדים, יכולים הדיינים לחרוג לשני הכיוונים.[51] בכל מקרה, העיבור נעשה במתכונת קידוש החודש המקובל, ובאמצעות הגדת עדים, שעליהם לוחץ בית דין, כדי להגיע לתוצאה הרצויה.

ברם, יעוין ברמב"ם (סוף פ"ג מהלכות קידוש החודש) שפירש סוגיה זו בבאו עדים שנראה החודש בזמנו לאחר שעיבר בית דין את החודש, דאז אם הוצרך בית הדין להניח חודש זה מעובר (כפי שהיה קודם שיבואו אלו העדים) – מניחין. ואם באו ביום ל' עדים שראו את החודש שלא בעליל ומסופקים הם בעדותם, מאיימים עליהן כך שעדותן תתקיים. וכך כתב: "בית דין שישבו כל יום שלשים ולא באו עדים והשכימו בנשף ועברו את החדש כמו שבארנו בפרק זה, ואחר ארבעה או חמשה ימים באו עדים רחוקים והעידו שראו את החדש בזמנו שהוא ליל שלשים, ואפילו באו בסוף החדש, מאיימין עליהן איום גדול ומטריפים אותם בשאלות ומטריחין עליהן בבדיקות ומדקדקין בעדותן ומשתדלין בית דין שלא יקדשו חדש זה, הואיל ויצא שמו מעובר. ואם עמדו העדים בעדותן ונמצאת מכוונת והרי העדים אנשים ידועים ונבונים ונחקרה העדות כראוי, מקדשין אותו וחוזרין ומונין לאותו החדש מיום שלשים הואיל ונראה הירח בלילו. ואם הוצרכו בית דין להניח חדש זה מעובר כשהיה קודם שיבאו אלו העדים מניחין, וזה הוא שאמרו מעברין את החדש לצורך... אבל מאיימין

51. ראשונים אחרים פירשו בדרך כלל כרש"י. אך יש מהם שהבינו את חילוק הגמרא בין ניסן ותשרי מחד לשאר החודשים מאידך, כלפי לייא. בניסן ותשרי – במידה ולא נראה הירח בליל ל' אין אפשרות לאיים על העדים כדי לקדש לצורך את יום ל'. ואילו בשאר החודשים אנו מאיימים עליהם, הן כדי שלא יעידו, כדי שיתעבר החודש, והן למען הגדה מפוקפקת, כדי שיתקדש החודש בזמנו ביום השלושים. יעוין בתוספות שם על אתר ד"ה הא וברשב"א על אתר.

על עדים שנתקלקלה עדותן והרי הדבר נוטה שלא תתקיים העדות ויתעבר החדש, מאיימין עליהן כדי שתתקיים העדות ויתקדש החדש בזמנו".

נראה כי לדעתו כאשר באים העדים בזמן, ביום ל' עצמו, אין בכוח בית דין לעברו לצורך. וכמו כן, לדעתו אין מאיימים על העדים שלא ראו בכדי שיעידו שראו.[52]

הרי שנחלקו ביחס לכוח בית הדין לכתחילה: באיזו מידה כפופים הדיינים לראיית העדים ולהגדתם, ובאיזו מידה יש בידם ובסמכותם לקדש את החודש אף אם לא ראוהו עדים, א׳ לעברו אף אם ראוהו עדים בזמנו.

בין קידוש החודש לעיבור השנה

התייחסנו עד כה לקידוש החודש ולעיבור השנה כמקשה אחת – וזאת מתוך הנחה שאין מקור וסיבה לחלק ביניהם. הנחה זו אמנם די רווחת ואף מובנת. בדברי חז"ל שניהם מוזכרים בכמה מקומות בצוותא; ויש שאף נלמדת הלכה מהאחד למשנהו.[53] ואף על פי כן, נראה שאין הדברים פשוטים, ויש לבדוק את השוואתם לאשורה. אכן ברור שלא תיתכן קדושת מועדים וזמנים תקינה ללא שניהם, אך ייתכן שקיים הבדל יסודי ביניהם. לפום ריהטא, שאלה זו תלויה במחלוקת הראשונים (בה"ג והרמב"ם) המובאת לקמן, אם מונים את קידוש החודש ועיבור שנה כשתי מצוות נפרדות, או שכוללים את שתיהן באותה המצווה. אכן, לאחר העיון, נראה שהשוני ביניהם שריר וקיים בכל אופן. וזאת, לא מיבעיא לשיטת הבה"ג (כפי שהסבירה הרמב"ן בהשגותיו לספר המצוות, שורש א), שמנה את קידוש החודש ועיבור השנים כשתי מצוות

52. חיזוק להבנה זו יש להביא מדבריו (פי"ח), שם ביאר כי "בזמן שלא יראה הירח בתחלת החדשים חדש אחר חדש, בית דין קובעין חדש מעובר משלשים יום וחדש חסר מתשעה ועשרים יום, וכן מחשבין וקובעין חדש מעובר וחדש חסר בקביעה" (ה"ח). ועל כך הוסיף: "וכן זה שאמרו חכמים שמעברין את החודש לצורך הוא בחדשים אלו, שמעברין אותן לפי חשבון ועושין אחד מלא ואחד חסר, ויש להם לעבר חדש אחר חדש או לחסר, בזה הוא שמעברין לצורך מפני שלא נראה הירח בזמנו, אבל בעת שיראה הירח בזמנו, שהוא תחלת היותו נראה, אחר שנתקבץ עם השמש מקדשין לעולם ואי אפשר לא לדחות ולא לעבר" (הי"א). כלומר, עיבור החודש לצורך נעשה רק כאשר הקידוש נעשה באמצעות חשבון מפאת אי ראיית הירח בתחילת החודש. אך בעת שמקדשין על פי הראייה, אי אפשר לעבר לצורך (אלא אם כן מדובר בקידוש למפרע, שלגביו הביא הנשר הגדול שתי דעות, אם מעברים לצורך או לאו; יעוין על אתר פ"ג הי"ז) [עוד יש לבאר, אם אין אנו הולכים אלא אחר הראייה, מדוע בקידוש למפרע מעברין לצורך. ראו בנוגע לכך את דברי מרן הגרי"ד זצ"ל באגרותיו, הלכות קידוש החודש פ"ג הט"ו. הערת העורך].

53. סנהדרין יא ע"ב ביחס לקידוש ולעיבור בלילה.

נפרדות (מצוות עד-עה); אלא אף לדעת הרמב"ם, אשר, בלשון הרמב"ן שם, "יחשוב כל תיקוני העיבור מצות עשה אחת", יש מקום לחלק בין מרכיבים שונים של קביעת קדושת הזמן.

נראה שאין הדבר כן אליבא דספר החינוך. דהנה יעוין בחינוך (מצוה ד) שפתח אמריו במצווה זו בהאי לישנא: "לקדש חדשים ולעבר שנים בב"ד גדול בחכמה סמוך בארץ, ולקבוע מועדי השנה על פי אותו קידוש, שנאמר: החודש הזה לכם ראש חדשים... וכן תכלול מצוה זו מצות עיבור שנה, לפי שיסוד מצות קידוש החודש כדי שיעשו ישראל מועדי השם במועדם, וכמו כן מצות עיבור השנה מזה היסוד היא. ואולם מלבד זה המקרא באו הערות בכתובי תורה, יורו על מצות העיבור. והוא שכתוב: ושמרת את החוקה הזאת למועדה, וכן: שמור את חודש האביב". מפורש בדבריו שקידוש החודש ועיבור השנה נכללו במצווה; ולא עוד, אלא שמשתמע בעליל מדבריו שעיבור השנה נלמד אף הוא מקרא ד"החדש הזה לכם" (אם כי, כמבואר בהמשך, יש לו גם מקורות אחרים, מפורשים יותר).

מעין זה ניתן לכאורה להבין מלשון הרמב"ם בספר המצוות: "היא שציוונו לקדש חדשים ולחשב חדשים ושנים, וזו היא מצות קדוש החדש, והוא אמרו יתברך: החדש הזה לכם ראש חדשים" (מצוות עשה קנג; מהד' הרב חיים הלר). וכן במניין המצוות הקצר שהקדים ל"יד החזקה": "לקדש חדשים ולחשב שנים וחדשים בב"ד בלבד". אך יעוין בהלכות קידוש החודש, שם לכאורה רוח אחרת עמו. שכן בכותרת כתב: "מצות עשה אחת, והיא: לחשב ולידע ולקבוע באיזה יום הוא תחלת כל חדש וחדש מחדשי השנה". וכעין זה כתב שם גם בגוף ההלכות (פ"א ה"ז): "מצות עשה מן התורה על בית דין שיחשבו וידעו אם יראה הירח או לא יראה, ושידרשו את העדים, עד שיקדשו את החדש, וישלחו ויודיעו שאר העם באיזה יום הוא ראש חדש, כדי שידעו באיזה יום הן המועדות, שנאמר: אשר תקראו אותם מקראי קדש, ונאמר: ושמרת את החקה הזאת למועדה". הרי שבשני המקומות הושמט עיבור השנה לחלוטין ממצוות קידוש החודשים (וזאת אף על פי שהרמב"ם ביאר בהלכה הבאה שם מהי שנה מעוברת). ולא עוד אלא שחיסרון זה לא הושלם להלן בפרק ד', שבו נידון בהרחבה עיבור השנה. דיעוין שם בראשית הפרק, שבו הסביר הרמב"ם (על פי הפסוק) מהו הצורך בעיבור: "ומפני מה מוסיפין חדש זה? מפני זמן האביב, כדי שיהא הפסח באותו זמן, שנאמר: שמור את חדש האביב – שיהיה חדש זה בזמן האביב; ולולא הוספת החדש הזה, הפסח בא פעמים בימות החמה ופעמים בימות הגשמים". ובכן, מהפסוק עולה שנחוץ לעתים לעבר את השנה; אך בניגוד לניסוח הרמב"ם ביחס לקידוש החודש, הכא לא הזכיר שיש בכך מצווה.

המשתמע בעליל מדברי הרמב"ם הוא שאף כי, בפועל, מועדים נקבעים על ידי קידוש ועיבור כאחד, בכל זאת אין מעמדם שווה. בקידוש החודש יש מעשה מצווה וקיומה, ואילו העיבור אינו אלא כלי התורם לעיצוב מועדים וזמנים, אך אין בו כשלעצמו שום קיום. וחיזוק לדבר מכך שקרא להלכות אלו "הלכות קידוש החודש", ולא הזכיר את עיבור השנה. לשם השוואה נציין חטיבה אחרת במשנה תורה, שלה קרא הרמב"ם: "הלכות מלכים ומלחמותיהם"; אך יכול הטוען לטעון ששם מצוות מלך ומצוות מלחמה – שתי מצוות שונות ונבדלות הן, ואולי רק משום כך הקפיד הרמב"ם לציין את שתיהן במפורש.

נראה שהחילוק בין קידוש החודש לעיבור השנה אינו מצטמצם לשאלה האם מוגדרים הם כמצווה, אלא נוגע גם לתוכן החלות של כל אחד מהם. דהנה בתיאור קידוש החודש תנן: "ראש בית דין אומר: מקודש, וכל העם עונין אחריו: מקודש, מקודש" (ראש השנה כד ע"א). ומפשטות לשון המשנה בריש פרק ג' שם משתמע שאמירה זו מעכבת: "ראוהו בית דין וכל ישראל, נחקרו העדים, ולא הספיקו לומר מקודש עד שחשיכה – הרי זה מעובר" (ראש השנה כה ע"ב). ואילו לגבי עיבור שנה מעולם לא שנינו ולא שמענו שראש בית הדין או העם אומרים "מעובר, מעובר". וביאור העניין פשוט, שלגבי החודש, אם לגבי ראשו ואם לגבי החודש כולו (וזה יתבאר להלן), נאמר דין קידוש והחלת שם מקודש, מה שאין כן לגבי שנה, שאין עיבורה מקדשה ואין כלל חלות שם שנה מקודשת, דאין בתי דין מקדשים אלא קובעים. ואמנם, ממה דקיימא לן (סנהדרין יא ע"ב) דאין מעברין את השנה אלא ביום, מוכח שמדובר במעשה בית דין ולא בחישוב טכני גרידא; אך אין זה אלא מפני שהחישוב, והקביעה התלויה בו, נמסרו אף הם לבית דין. ברם, אין כאן קידוש כלל ועיקר, אלא יצירת לוח שבעקיפין מחיל מועד ביום מסוים. והגע עצמך, דהרי בעיבור השנה אין מה שיתקדש, דאין סברה לומר שאדר נוסף מתקדש כולו.

איברא דניתן היה לומר דהמצווה היא עצם קביעות העיבור, אף אם הוא חל באמצעות קביעה ללא קידוש. אך יותר נראה מלשון הרמב"ם שציטטנו לעיל, שעצם הקידוש הוא תוכן המצווה. ואשר על כן בעיבור השנה – שאין בו קידוש כלל – אין גם מצווה.

והנה, אם באנו לאושש את החילוק שבין קידוש ועיבור מתוך אמירת "מקודש, מקודש" דווקא בקידוש החודש, ייתכן שיש לראותו כשנוי במחלוקת. שהרי לדעת רבי אלעזר ברבי שמעון (ראש השנה כד ע"א), בין נראה בזמנו בין נראה שלא בזמנו "אין מקדשין אותו, שנאמר: וקדשתם את שנת החמשים – שנים אתה מקדש, ואי אתה מקדש חדשים". ומבואר הירושלמי (ראש השנה פ"ב ה"ה) שלדעת רבי אלעזר

ברבי שמעון, כאשר ראש בית הדין אומר "מקודש" (כמוזכר במשנה), הכוונה היא: "מקוים". מאידך, מובא שם בירושלמי שכאשר נתעברה השנה יש לומר: "הרי השנה מקודשת בעיבורה".[54] ברם, להלכה הרי קיימא לן דלא כרבי אלעזר ברבי שמעון, וכן לא נפסק להלכה לשון הירושלמי לגבי עיבור. ואם כך הרי שחילוקנו שריר וקיים.

אך עדיין ניתן לכאורה לערער על ההוכחה הנ"ל, לאור דברי הרמב"ן בהשגותיו על שיטת הרמב"ם בספר המצוות שם: "ואני סבור שאין קדוש החדש מעכב, ולא הצריכו חכמים לומר 'מקודש, מקודש', אלא שהוא מצוה, או לפרסומי מילתא בעלמא; אבל מכיון שהסכימה דעת ב"ד שיהיה החדש זה מלא או חסר, קורא אני בו: אשר תקראו אותם". הרי שהציע הרמב"ן שאף לגבי החודש אין צורך בקידוש מעיקר הדין, ולפי זה אין מקום לבנות על השוני שבין קידוש החודש לעיבור השנה בנידון זה.

אך נראה שניתן לאמץ את החילוק הנ"ל אף לדעת הרמב"ן. ראשית, הרי הצעתו הראשונה הינה שיש מצווה בקידוש – ומן הסתם היא מדאורייתא – אף שאין הוא מעכב. ונראה שזו דעתו העיקרית,[55] שכן בהמשך שם הוסיף: "ומה שאמרו: מועדי ה' צריכין מומחין ומועדי ה' צריכין קדוש בית דין – זהו למצוה". הרי שמצווה יש כאן. שנית, החילוק בין חודשים לשנים מבצבץ ועולה ממה שכתב שם עוד: "אלמא אין קדוש מעכב, וכן אמרו שמצוה לקדש על פי הראייה, ואינו מעכב. והוא כל שכן בעבור". ופשוט שה"כל שכן" משקף את החילוק שבין שני התהליכים. אם כי יש לבעל דין לטעון: אדרבא, ממקום שבאת; שהרי הרמב"ן מעלה כהווה אמינא את האפשרות שגם עיבור השנה טעון קידוש, ומכאן משמע שאפשרות כזו באה בחשבון ושניתן לדבר על שנה מקודשת, ודלא כפי שנתבאר לעיל. ברם, יותר נראה שזה גופא מה שבא הרמב"ן להבהיר: שביחס לחודש – יש חלות קידוש (אף שאינו מעכב), ואילו לגבי שנה מעוברת – עצם מושג הקידוש לא שייכא כלל.

ומכוח זה יש להציע, שמא אף הדרישות לביצוע קידוש החודש למעשה שונות מאלו הכרוכות בעיבור השנה. למשל, שמא בנוגע למחלוקת הרמב"ם והרמב"ן בשאלת נחיצותו של בית הדין הגדול, נאמץ שיטת ביניים: יש צורך בבית הדין

54. וכן איתא גם בסנהדרין פ"א ה"ב.

55. יש להעיר שבמהדורת פרנקל מובאת גרסה שונה במקצת: "ולא הצריכו חכמים לומר מקודש מקודש, אלא שהוא מצוה לפרסומי מילתא בעלמא". ולפי זה אין כאן אלא לישנא אחת הסוברת שאמירת "מקודש" היא למצווה אך אין היא מעכבת [הערת העורך].

הגדול רק לצורך קידוש החודש, שבו יש מעשה קידוש, אך לא ביחס לעיבור השנה, שחל מאליו.[56]

דין "אתם – אפילו שוגגין" בעיבור השנה

בפרק קמא דסנהדרין (יב ע"ב) איתא דחזקיה מלך יהודה ביקש רחמים על עצמו, משום ששגה ועיבר ניסן בניסן. ועל זה נאמר: "כי אכלו את הפסח בלא ככתוב" (דברי הימים ב ל', יח). וביאר רש"י בסנהדרין שם: "לאחר שקידשו לשם ניסן, חזר ונמלך ועשאו אדר השני" (ד"ה ניסן). התוספות (ראש השנה כא ע"א ד"ה לוי) הקשו: אף אם שגה חזקיה, הרי לכאורה על זה נאמר "אתם – אפילו שוגגין", ובדיעבד יש לומר שהפסח חל בתאריך שקבע לו חזקיה.

והשיבו התוספות כך: "ולא אמרינן אתם אפילו שוגגים וכו', משום דלא שייך אלא כגון יום ל' או יום ל"א, כשקובעין באחד מהן ר"ח, לחסרו או לעברו שלא כדין, או על פי עדות שקר". לפום ריהטא, ביאור דבריהם הוא שדין "אתם – אפילו שוגגין" לא נאמר אלא במסגרת הזמן המיועד לקידוש, אך בזמן שאינו שייך לכך – הקידוש אינו תופס כלל. ועיבור השנה ביום הראוי לקובעו ניסן, כמוהו כקידוש יום ל"ב לראש חודש. וכן מוכח מהמשך התירוץ בתוספות הרא"ש בדיבור המקביל: "אבל לא עבר את השנה בזמן שאינו ראוי לעברה".[57]

אך יעוין בצל"ח שלהי ברכות (סג ע"ב ד"ה וכל כך) שהציע פירוש אחר לדעת התוספות: "ואמנם דין זה, דאתם אפילו שוגגים וכו', שייך רק בחידוש חדשים לענין

56. כמו כן יש להציע, שייתכן ואליבא דשיטת הרמב"ם, המצריך סנהדרין גדולה לעיבור השנה ולקידוש החודש, ישנו חילוק בין קידוש החודש לעיבור שנה בנוגע לאופי הצורך בסנהדרין. לעיבור השנה נחוצה סנהדרין, מחמת שחבריה הם המוסמכים לכך. מנגד, בקידוש החודש סנהדרין נצרכת מחמת שני דינים: א. מקור הסמכות לקדש את החודש, בדומה לעיבור שנה; ב. עצם מצוות קידוש החודש נמסרה להם, בתור מצווה מסויימת המתקיימת על ידם. ומתוך כך ישנה דרישה לסנהדרין גם מצד המצווה, בניגוד לעיבור שנה שבה כלל אין מצווה. ואולי נפקא מינה לגבי אחרים שחברי הסנהדרין מסרו להם את העיבור והקידוש ומינו אותם לכך. דיש לומר שהסמכות ניתנת להעברה, מפני שהשליחים פועלים מכוח הסנהדרין; אך המצווה עדיין מוטלת על חברי הסנהדרין עצמם. אולם מהרמב"ם ריש פ"ה משתמע בעליל שסנהדרין נותנת רשות ביחס לעיבור השנה ולקידוש החודש גם יחד. ולדברינו, יש לומר שהרמב"ם סבור שאף מפאת המצווה אין דין של סנהדרין בחפצא אלא רק כסמכות. אך לו היה צורך, היה באמת חילוק בין עיבור השנה לקידוש החודש.

57. וכן הבין במנחת חינוך מצוות עשה ד אות [כד].

מלא וחסר, לא מצינו בגמרא דבר זה רק בקידוש החודש... אבל בעיבור השנה לא מצינו זה, שישאר קיים מה שעשו שלא כהלכה. ואדרבה מצינו להיפך, שעל דברים שאין מעברין עליהם מצינו שאמרו: ואם עברוה – אינה מעוברת; מכלל דלא אמרי' בזה אתם אפי' שוגגין ומוטעין וכו'. וכן כתבו התוס' במסכת ר"ה דף כא ע"א". אם כן, לגבי דידו התוספות לא קבעו שעיבור השנה בזמן הראוי לניסן כמוהו כקידוש החודש ביום שאינו ראוי לכך; אלא קבעו שדין "אתם – אפילו שוגגין" לא שייכא כלל בעיבור השנה.

השיג עליו בעל עמק ברכה (בעניין עיבור שנה אות [ב]), דאישתמיטתיה מהצל"ח ברייתא מפורשת בתורת כהנים (אמור פרשה ט): "לא היתה השנה צריכה לעבר ועיברוה אנוסים או שוגגים או מוטעים, מנין שהיא מעוברת? שנאמר: אשר תקראו אותם מועדי' – [אתם אפילו שוגגים, אתם אפילו מוטעים, אתם אפילו אנוסים]; אם קראתם אתם – מועדיי, ואם לאו – אינן מועדיי". ומכאן שדין זה מתייחס גם לעיבור השנה.

עם זאת, צדקה הערת הצל"ח שם דלא מצינו כן בגמרא דידן, וכן משמע ברמב"ם, שלא הזכיר דין זה בעיבור השנה, אלא רק בקידוש החודש. ברם, אם אכן זוהי שיטת הרמב"ם, צריך להבין מאי שנא עיבור השנה מקידוש החודש; והרי שניהם מסורים לבית דין ועל פי שניהם כאחד נקבעים תאריכיהם של מועדי ה'.

לאור דברינו, החילוק פשוט. דין "אתם – אפילו שוגגין" מבטא את סמכות בית הדין לקבוע את חלות החגים והזמנים, באופן החלטי ובלעדי. אשר יקראו – יתקדש, ואין מקרא קודש מלבדם. ממילא, ייתכן (אם כי, כמובן, אין הדבר מוכרח) לצמצם הלכה זו לתחום שבו פועל בית הדין כגורם יצירתי המטביע גושפנקא של קדושה על המועד – דהיינו, לקידוש החודש. אך בעיבור השנה, שבו הדיינים אינם מקדשים במישרין אלא מחילים קדושה בעקיפין בלבד, אין סמכותם תופסת אלא אם כן נהגו על פי ההלכה, אך לא אם סטו הימנה. ובזה מוסבר מה שהשמיט הרמב"ם דין "אתם" בפרקים העוסקים בעיבור השנה.[58] ואלו הברייתא, שהרמב"ם כנראה ראה אותה כמשנת יחיד, יכולה להסכים לחילוק היסודי בין אופי שני התהליכים,

58. ויש בנותן טעם להעיר כי ביחס לסטיות משורת הדין, לשיטות מסוימות, ישנו הבדל ממשי בין קידוש החודש לעיבור השנה. השנה מתעברת לצורך, כמפורש בסוגיא בסנהדרין (יא ע"א); ומאידך דעת הרמב"ם (שלא כרש"י, ראו לעיל עמ' 239–241) שאין החודש מתקדש או מתעבר לצורך. לחילופין, אם נאמץ את חידושו של הצל"ח, אזי יעלה בידינו, לאידך גיסא, כי ההלכה של אתם ואפילו שוגגים חלה ביחס לקידוש החודש, אך לא ביחס לעיבור השנה.

אך סוברת שאין בכך כדי לחלק ביניהם לגבי דין "אתם – אפילו שוגגין". ואליבא דברייתא אף ביחס לקידוש השנה, הנעשה בעקיפין, העניקה התורה סמכות מוחלטת לבית הדין להחיל קדושה, גם אם שגו בהפעלתה.[59]

חילול שבת בעיבור השנה

אם כנים דברינו, נראה שיש לקבוע מסמרים להלכה לגבי שאלה אשר, לפי מיטב ידיעתי, לא נידונה בגמרא ובראשונים. ביחס לקידוש החודש הלא שנינו (ראש השנה כא ע"ב): "על שני חדשים מחללין את השבת, על ניסן ועל תשרי, שבהן שלוחין יוצאין לסוריא, ובהן מתקנין את המועדות". ומקור הדין מפורט בגמרא שם: "מנין שמחללין עליהן את השבת? ת"ל: אלה מועדי ה' אשר תקראו אותם במועדם". ויש לעיין האם, במקביל, מותר לחלל את השבת כדי לעבר שנה אם הוזקקו לכך, וכגון שהשעה דוחקת והמידע הדרוש כדי להכריע יכול להגיע לבית דין רק על ידי מלאכת שבת.

כאמור, לא ידועה לי הוכחה ברורה בזה, אך אף על פי שאין ראיה לדבר זכר לדבר. שיעוין בתורת כוהנים בעניין קריאת המועדות, שבשתי פרשות סמוכות במדרש (אמור פרשות ט-י) נידונו, במקביל, כמה דינים לגבי שנים וחודשים כאחד: דין אנוסים, שוגגים ומוטעים; קידוש ועיבור בלילה; קידוש ועיבור מפני הצורך. ואילו חילול שבת לצורך קריאתם הושמט לחלוטין מהפרשה הראשונה, העוסקת בעיבור השנה, ורק בשלהי חברתה שנינו: "ומנין שמחללים את השבת להעיד עליהם? תלמוד לומר: אלה מועדי ה'". ולא עוד אלא שהראב"ד, בפירושו על אתר, דייק: "ומנין שמחללין את השבת להעיד עליהם – פירוש, לקדש את החדש בזמנו על פי הראיה, כדי שיבאו המועדות בזמנן"; ומעין זה נאמר בפירושי רבנו הלל ובפירוש

59. על סמך הנ"ל נראה שגם ביחס לדין "אתם – אפילו מזידין", שבו דנו לעיל, יהא חילוק בין קידוש החודש לעיבור שנה. כאשר בית דין מקדשים את החודש שלא בזמנו במזיד, הקידוש חל, משום שקידוש החודש נמסר ישירות לבית דין כמעשה בית דין. אך אם עיברו בית דין את השנה במזיד שלא כדין, פעולתם לא תתפוס. מדאתינן להכי נראה להציע שההלכה של "אתם – ואפילו שוגגין" תֵאמר בעיבור השנה, כדמשמע מן התוספתא, ושלא כדברי הצל"ח. וזאת משום שטיב מעשה קידוש החודש ועיבור השנה הינו חלות הוראה, והוראה בשוגג שמיה הוראה. אך הדין של "אתם – ואפילו מזידין" יוגבל לקידוש החודש בלבד. וטעם החילוק הוא שקידוש במזיד חל, מאחר שהוא נמסר ישירות לבית דין כמעשה בית דין, אולם בעיבור שנה הדיינים אינם משמשים כבעלי מעשה המחילים אותו במישרין, ולכן אין אנו מתחשבים במעשם, אם נעשה בזדון.

המיוחס להר"ש שם. קצת משמע, אם כך, שדחיית שבת מוגבלת לקידוש החודש, ואין עיבור השנה בכלל.[60] אך צריך להבין מדוע; שהרי חלות המועדות תלויה בשניהם, ומאי שנא.

לאור דברינו, החילוק מובן כמין חומר. דהנה יעוין בגמרא בראש השנה כ ע"א, שם נאמר שאפילו כשמועד ראש החודש ידוע ואינו תלוי בהגדת עדים, מכל מקום מחללים את השבת כדי שיגיעו לבית דין, "משום דמצוה לקדש על הראייה". הרי שאף אם מבחינת התוצאה אין החילול מעלה ואינו מוריד, תהליך הקידוש כשלעצמו מתיר לחלל שבת. ייתכן שיש כאן שני מתירים: המצווה והקביעה. אך יש מקום גם לומר שרק התהליך הוא המתיר. ואם כך, במצב הפוך, כשהתוצאה אמנם תלויה בבית דין אך אין הם מבצעים במישרין מעשה קידוש – אין שבת נדחית. והרי לעיל נתבאר, שרק בחודשים יש מעשה קידוש ישיר, ואילו בשנים חלה הקדושה בעקיפין על ידי קביעת מסגרת הזמן. ואם כנים דברינו, פשוט שקידוש החודש אכן נכלל בגזירת הכתוב של "במועדם", המתירה לחלל את השבת למען מעשה הקידוש, אך עיבור השנה אינו בכלל זה. שהרי אין בו מעשה קידוש ישיר, ולפיכך אינו כלול, כפי שהוסבר לדעת הרמב"ם, במצוות קביעת מועדים וזמנים.[61]

והנה לעיל דנו בשיטות הראשונים השונות ביחס לקידוש החודש בזמן הזה דבטלה הראייה. ולאור המוצע בזה נראה להתוות שיטה מורכבת. דלגבי חודשים נסבור כר"י מיגש, דסמכינן אקידשוהו שמים, שכן לא ניתן לבצע מעשה קידוש מראש, ובמיוחד לא לגבי תקופה שבה בית הדין המקדש לא יהיה קיים וסמכותו תפוג. לגבי עיבור שנים הלוא אין דין קידשוהו שמיים; אך שם ניתן לסמוך על הרמב"ן, שכן אין נחוץ כאן מעשה קידוש, אלא רק יצירת תשתית. ולפיכך לגבי עיבור השנים אנו סומכים על בית דין קדמון, שקבע את חשבון עיבור השנים לדורות הבאים.

מצווה ומעשה קידוש בראייה ובחשבון

עד כה חילקנו בין קידוש החודש, שבו יש מעשה מְקדש וממילא גם מִצווה, לבין עיבור השנה; וזאת על רקע דיוק מדברי הרמב"ם לגבי היקף הציווי "החֹדש הזה לכם". ברם, מדאתינן להכי נראה לי להציע, שבדעת הרמב"ם ניתן להרחיק לכת עוד יותר, ולחלק

60. אכן, הכלי יקר (ויקרא כ"ג, ב) חלק וכתב מפורשות: "להודיע שהעיבור דוחה שבת".

61. ויעוין עוד באגרות הגרי"ד, הלכות קידוש החודש פ"ג הל' טו-יז; ובעמק ברכה בעניין קידוש החודש.

במסגרת קידוש החודש עצמו בין הדרכים השונות שהותוו להגשמתו – דהיינו, בין ראייה לחשבון. כבר הצענו לעיל שבקידוש החודש יש שני שלבים שונים – ההחלטה לקדש ועצם מעשה הקידוש. ועתה נראה לי להציע שאפשר לחלק אף בין מסלולי קידוש שונים.

והנה מדברי מו"ד הגרי"ד זצ"ל משתמע להדיא שמעשה קידוש החודש נמסר כל כולו לכנסת ישראל, אלא שיש לה שתי דרכים להגשימו. ראשית, באמצעות בית הדין הגדול, המונחה על ידי הציווי: "כזה ראה וקדש". ושנית, בכוח עצמה, בעידן החשבון. אך מקום נותר לנו להתגדר בו. ויותר נראה מלשון הרמב"ם שיש לחלק בנידון בין ראייה לחשבון. דהנה יעוין בדברי הרמב"ם בריש פ"ה מהלכות קידוש החודש, שתיאר שתי דרכים לקידוש, ראייה וחשבון, והסביר (הל' א–ב): "שכן נאמר למשה ולאהרן: החדש הזה לכם ראש חדשים, ומפי השמועה למדו איש מאיש ממשה רבנו שכך הוא פירוש הדבר: עדות זו תהיה מסורה לכם, וכל העומד אחריכם במקומכם. אבל בזמן שאין שם סנהדרין בארץ ישראל, אין קובעין חדשים ואין מעברין שנים אלא בחשבון זה שאנו מחשבין בו היום. ודבר זה הלכה למשה מסיני הוא, שבזמן שיש סנדדרין קובעים על פי הראייה, ובזמן שאין שם סנהדרין קובעין על פי החשבון הזה שאנו מחשבין בו היום, ואין נזקקין לראייה".

ניתן לבאר בדבריו, שקידוש על פי הראייה, מפאת עצם אופיו כמעשה בית דין, נמסר לסנהדרין במישרין בתורת עצמם. כלשון הרמב"ם: "עדות זו תהיה מסורה לכם, וכל העומד אחריכם במקומכם". ואילו קידוש על פי חשבון אכן נמסר לכנסת ישראל כולה (המתגלמת – למטרה זו – בבני ארץ ישראל), ולא רק לנציגיה.[62] ושוב יש לשקול חילוק דומה אף בין עיבור השנה לקידוש החודש. שאף אם שניהם, כמפורש ברמב"ם, מסורים לבית הדין הגדול, שמא יש לומר שבכל הנוגע לקידוש החודש נמסרה הסמכות לבית הדין כשלעצמו, בעוד בכל הנוגע לעיבור השנה פועלים הם כנציגי כנסת ישראל.

ויש לי להוסיף שאמנם ניתן להבין, לדעתו, שמבחינת תכניה ומהותה – זהה הקביעה בשני המקרים, ואין המסלולים חלוקים ביעדיהם אלא בדרך הפעולה ובפרטיה. ברם, יותר נראה שהשוני ביניהם נוגע גם לטיב הקביעה ולתוצאותיה, ולא רק לתהליך. דהנה לכאורה פשוט שלרמב"ם אין קביעה על פי חשבון מלווה באמירת "מקודש, מקודש"; שהרי אין כאן מעמד בית דין, וממילא אין מועד לאמירה זו ואין

62. לפי הצעה זו חלוק החשבון מן הראייה בשתיים: למי נמסר הקידוש וכיצד הוא מתבצע. על כך נוסף לקמן חילוק שלישי בנוגע למעשה הקידוש.

גם מי שיאמרה. איברא ברור שאף בתקופת החשבון, ניהוג מועדים וזמנים על פיו מהווה תהליך של קביעה יצירתית וחיובית. אין החישוב גילוי מילתא בעלמא, ואין ההתחשבות בו כניעה לתכתיבים אסטרונומיים ערטילאיים, שאחריהם אמורה כביכול כנסת ישראל להיגרר.

דיעוין שם בסוף הפרק דברים נחרצים בנידון: "זה שאנו מחשבין בזמן הזה כל אחד ואחד בעירו, ואומרין שראש חדש יום פלוני ויום טוב ביום פלוני, לא בחשבון שלנו אנו קובעין ולא עליו אנו סומכין, שאין מעברין שנים וקובעין חדשים בחוצה לארץ, ואין אנו סומכין אלא על חשבון בני ארץ ישראל וקביעתם. וזה שאנו מחשבין, לגלות הדבר בלבד הוא, כיון שאנו יודעין שעל חשבון זה הן סומכין, אנו מחשבין לידע יום שקבעו בו בני ארץ ישראל אי זה יום הוא. ובקביעת בני ארץ ישראל אותו הוא שיהיה ראש חדש או יום טוב, לא מפני חשבון שאנו מחשבין". הרי שחילק בין בני ארץ ישראל לבני הגולה, ומפורש בו שרק לגבי האחרונים נאמר שחשבונם "לגלות הדבר בלבד הוא", ואילו חשבון בני הארץ קובע ומחדש. אם כך, לכאורה אין לחלק מבחינה זו בין חשבון לראייה, שהרי גם בקביעת המועדים על פי החשבון יש מעשה של יצירת הזמנים וקביעתם.

ואף על פי כן, אין בזה כדי לשלול שוני ברור בין חשבון לראייה. הרי פשוט, כאמור, שאותם בני ארץ ישראל המפוזרים בכל קצותיה אינם מצהירים בפה מלא, בתקופת הניהוג על פי החשבון: "מקודש, מקודש". ונראה שהעדר ההצהרה איננו עניין לנוהל גרידא, אלא מלמד על אופי החלות ועל תוכנה. דקביעה על פי חשבון מקבילה לעיבור השנה, ואין בה מעשה קידוש ישיר, אלא עיצוב לוח, אשר במסגרתו חלה בעקיפין קדושה על מועדים וזמנים. ומכאן שניתן להקיש לגבי ההבדלים בין קידוש לעיבור שצוינו לעיל, ולדמות קידוש על פי החשבון לעיבור השנה.[63]

לאמיתו של דבר, נראה שהחילוק הנ"ל בין תרי גווני דקידוש החודש מבואר ברמב"ם. דיעוין בדבריו להלן בפרק י"ח, שכתב שיש לסמוך על החשבון לא רק בזמן שאין סנהדרין אלא אף בעידן הראייה, אם משום מה לא היה יכול בית הדין לקדש; וכגון שבסוף כמה חדשים, בזה אחר זה, כיסו עבים את הירח. ובכגון זה יש לקבוע המועדים על פי החשבון. ולסיכום הסיק: "אלא הקבלה שביד החכמים איש מפי איש מפי משה רבנו כך היא: שבזמן שלא יראה הירח בתחלת החדשים חדש אחר חדש, בית דין קובעין חדש מעובר משלשים יום וחדש חסר מתשעה ועשרים

63. וזאת בניגוד לדברינו למעלה, שלדעת הרמב"ם החשבון מקדש במישרין את החודש ואת המועדות.

יום, וכן מחשבין וקובעין חדש מעובר וחדש חסר, בקביעה לא בקידוש, שאין מקדשין אלא על הראייה" (פי"ח ה"ח).

והלוא הדברים קל וחומר. לגבי הפעלת חשבון על ידי בית הדין הגדול הדגיש הרמב"ם שמדובר "בקביעה, לא בקידוש". כלומר, שאין לראות בכך קידוש באמצעים אחרים, אלא שאין כאן קידוש כלל. אם כך, בניהוג של כנסת ישראל על פי חשבון, ללא סנהדרין כלל, על אחת כמה וכמה. הרי לנו שאין קידוש ולא מצוות קידוש כמעשה החלת קדושה במישרין – אלא בראייה, וכפי שנתבאר. וכן נראה לדייק, שאף על פי שבכותרת להלכות קידוש החודש כתב הרמב"ם בסתם: "מצוות עשה אחת, והיא לחשב ולידע ולקבוע באיזה יום תחלת כל חדש מחדשי השנה", הרי בגוף ההלכות פירש: "מצות עשה מן התורה על בית דין שיחשבו וידעו אם יראה הירח או לא יראה, ושידרשו את העדים עד שיקדשו את החדש" (פ"א ה"ז). ואילו בפרק ה', העוסק בקידוש על ידי חשבון, לא הזכיר כלל שיש בכך מצווה.

אם נצרף סברתנו זו למה שהעלינו לעיל, כי קיום המצווה הוא המתיר לחלל את השבת, יתחדש שהלכה למעשה אין מחללים שבת בכדי לקדש על פי החשבון. ושמא יש לדייק זאת בלשון הגמרא (ראש השנה כ ע"א): "אמאי מחללינן – משום דמצוה לקדש על הראייה"; וניתן לדייק משם שלמען קביעה על פי החשבון אין מחללים.[64]

יתרה מזו. למעלה הצענו כי מעשה קידוש ישיר מלתתא, המתייחס לחודש ולמועדות, מטביע קדושה במועדות, מעבר לקדושה הנוצרת באמצעות קביעת הלוח או קידושו בידי גבוה. ולאור יסוד דברינו, דאף לדעת הרמב"ם אין מעשה קידוש בזמן החשבון, אלא רק קביעה וניהוג בעלמא, מתברר כי בזמן הזה, שבו הלוח נקבע באמצעות החשבון, אף לפי הרמב"ם, קדושת המועד חסרה היא. וינחילנו ה' אלקינו את מועדי קדשו בשמחה ובששון.

בין ראייה לחשבון אליבא דהגאונים והרמב"ן

חילוק זה נראה שריר וקיים לדעת הרמב"ם. אך עדיין עלינו לבחון את מעמד החשבון בהשוואה לראייה לפי שיטות אחרות. בהקשר זה, יש לעמוד בעיקר על שתי שיטות, החולקות על הרמב"ם מכיוונים שונים ומנוגדים. מצד אחד, כמה גאונים – ובראשם

64. אכן, אף זה תלוי בדיוננו לעיל, אם המצווה היא מעשה הקידוש או קביעת החודש [ויעוין עוד להלן, שם הובא ביאור נוסף בטעם חילול השבת, שאינו תולה את החילול בקיום המצווה. הערת העורך].

רבי סעדיה גאון ורבנו חננאל – לכאורה שוללים לחלוטין את הקביעה על פי הראייה, וגורסים כי אין חודשים מתקדשים אלא על פי חשבון.

"וכתב רבנו חננאל ז"ל", כך מביא בשמו רבנו בחיי על התורה (שמות י"ב, ב), "קביעות החדשים אינו אלא על פי החשבון, לא על פי ראית הלבנה... אלא בודאי עִקר המצוה בכתוב על פי החשבון... וכן אמרו זכרונם לברכה: כך אמר רבן גמליאל אל תחושו לראית הירח, החשבון הוא העקר... ואע"פ שהיו מקבלים העדים זכר לדבר, לא היתה סמיכת בי"ד כי אם על החשבון". ובשם רס"ג הובאה תמצית שיטתו בספר יסוד עולם (מאמר ד פרק ו): "דע כי הגאון רב סעדיה ז"ל ואחרים שהודו לו ונמשכו אחר סברתו הודו ואמרו כי מעולם, ואפילו כשהיה ב"ד קיים, וכן משחרב ואילך, לא קדשו בית דין ראש חודש ולא המועדים לישראל על פי ראיית הלבנה החדשה, ולא סמכו עליה כלל בשום זמן מהזמנים שעברו, אלא לעולם משנתנה תורה וכל ימי בית ראשון ושני וזמן הגלות לא היו קובעים ר"ח והמועדים אלא ע"פ חשבון המתוקן הזה, המסור בידינו מקדמונינו ז"ל".[65] ובדעה זו יש לומר אחת משתיים. מחד, נראה שלדעה זו, היות שהחישוב על ידי בית הדין הוא תהליך הקידוש הבלעדי, ודאי שעל ידי חשבון חל מעשה קידוש המועדים ממש, במקביל לתפקיד הראייה לדעת הרמב"ם. ומה עוד, שלדעתם אין מדובר בחשבון הנמסר למעקב כנסת ישראל כולה, אלא בזה המשמש ככלי ביד בית הדין, שבאמצעותו הם מקדשים, ומקיימים בכך מצוות "החדש הזה לכם".

מאידך, ובמיוחד אם נאמר שלדעתם לא משכחת לה כלל קידוש על ידי הראייה, יש לראות את הקידוש בעיקרו כקידוש שמים, ובית דין רק מחשבים איזה יום יהיה ראש חודש, ואז הוא מתקדש מאליו. ומעין מה שהוסבר לעיל בדעת הר"י מיגש.

בהשוואה לרמב"ם, שיטת רס"ג ור"ח מאדירה את מעמד החשבון. מאידך, שיטת הרמב"ן מגמדת את מעמדו. דיעוין בהשגתו בספר המצוות שם, שמעולם לא היה מסלול עצמאי, שעל פיו נקבעים מועדים ללא בית דין; אלא הכול נעשה על ידם במישרין. אם ניתן הדבר – מקדשים הם על פי ראייה, ואם לאו – על פי חשבון. ברם, למרות הפער בין רס"ג לרמב"ן בנקודה זו, נראה מסברה שאף לרמב"ן החשבון דומה לראייה כאמצעי קידוש ישיר, והשוני ביניהם נוגע לתכסיסים ולא למהות. שהרי לדעתו אין לנו שני מסלולים נפרדים ביסודם, זה על ידי בית דין וזה בלעדיהם, אלא לפנינו מסלול

65. דעה זו נרמזה אף בתשובתו של רב האי גאון, שהובאה באוצר הגאונים ביצה ד ע"ב ד"ה אתמר. הרמב"ם הביא דעה זו בפירוש המשנה בפרק שני דראש השנה (מ"ז) ודחאה בשתי ידיים.

אחד בן שני נתיבים. מה שאין כן לדעת הרמב"ם, הסובר כי קיימים, הלכה למשה מסיני, שני שמות שונים לחלוטין, וממילא ניתן לייחס קידוש ממש רק לאחד מהם.[66]

קידוש החודש או קידוש המועדים?

לאמיתו של דבר, נראה שהשוני בין קידוש החודש לעיבור השנה, ואף בין קידוש על פי ראייה לקידוש על פי חשבון, נעוץ בשתי הפרשיות העוסקות בקביעת מועדים — זו של פסח מצרים (בפרשת בא), וזו שבפרשת המועדות של ספר ויקרא (בפרשת אמור).

לגבי קידוש החֹדש, הרי ניתן לשאול: מה, בעצם, מתקדש? ונראה שאפשר להעלות שלוש הצעות: א) המועדים, שעליהם חלה קדושת היום של החג בעקבות הקידוש. ב) כמשמעותו המילולית של המונח, לא המועדים הם המתקדשים, אלא החודש עצמו. אלא שהבנה זו כשלעצמה מתפצלת לשתיים, שכן במקרא המלה "חודש" מתייחסת אמנם דרך כלל לירח כולו, אך לעתים היא מתייחסת דווקא לראשיתו. כך, למשל, בפסוקים הבאים: "זאת עֹלַת חֹדֶשׁ בְּחָדְשׁוֹ" (במדבר כ"ח, יד), שתרגם אונקלוס: "דא עֲלַת רֵישׁ יַרְחָא",[67] "הִנֵּה חֹדֶשׁ מָחָר" (שמואל א כ', ה), "ויאמר לו יהונתן מחר חֹדש" (שם, יח), "וְהִשְׁבַּתִּי כָּל מְשׂוֹשָׂהּ חַגָּהּ חָדְשָׁהּ וְשַׁבַּתָּהּ וכל מועדה" (הושע ב', יג), "חדשיכם ומועדיכם שנאה נפשי" (ישעיהו א', יד), ועוד. ובכן, לפי ההבנה השנייה, אפשר לפרש שהראשון לחודש הוא המתקדש. ואם כי אין לו, כמובן, קדושת היום לגבי מלאכה וקיום מצוות מיוחדות, מכל מקום יש בו קדושה לגבי מוספים. ואולי, לפי דעה אחת ברמב"ן, אף לעניין חיוב אמירת הלל במקדש מדאורייתא.[68] וכן אסור הוא בתענית — אם מדאורייתא ואם מדרבנן (יעוין

66. אכן, לעיל הצענו אפשרות שגם אליבא דהרמב"ן יש חילוק בין ראייה לחשבון, ובקביעת המועדים על פי החשבון יש קריאה בעלמא ללא קידוש [הערת העורך].

67. וכן הוא משמעות תרגום יונתן שם. ייתכן דכן משתמע גם מן הספרי על אתר (פיסקא קמה): "זאת עולת חודש בחדשו – ולא עולת חודש זה בחודש אחר. הרי שלא הקריב בחודש זה, שומעני יקריב בחודש אחר? ת"ל: זאת עולת חודש בחדשו, מגיד שאם **עבר היום** בטל קרבנו". והלוא יש להסתפק אם ניתן להקריב עולת ראש חודש שלא במועדו ביום אחר באותו החודש. ומדברי הספרי הנ"ל נראה שאין מקריבין את עולת החודש אלא בראש החודש עצמו.

68. השגות הרמב"ן לספר המצוות (שורש א): "והנראה מדבריהם שהוא [= אמירת הלל] מן התורה, כמו שפירשתי. ויהיה הלכה למשה מסיני, או שהוא בכלל השמחה שנצטוינו בה, כמו שכתוב: וביום שמחתכם ובמועדיכם ובראשי חדשיכם ותקעתם בחצוצרות על עולותיכם ועל זבחי שלמיכם, כי עיקר השירה בפה וכלי לבסומי קלא הוא, ונצטוינו בשמחת השיר על הקרבן, ושלא בשעת הקרבן בכלל השמחה. אלא שמיעטו ראשי חדשים בגבולין, מפני שאינו מקודש לחג ואינו טעון שירה".

בשולחן ערוך או"ח תי"ח, ד). וכן איתא בירושלמי (מגילה פ"א ה"ד) שישנה חלות שם סעודת ראש חודש.[69] והלוא יש אף שנהגו בו במקצת איסור מלאכה.[70]

אך נראה שגם ניתן להסביר שהקידוש חל על החודש כולו. דנראה שבחלות קדושת זמן ומקום, אף כשישנם מוקדים ברורים לה, מוקדים אלה אינם קיימים בחלל ריק, אלא מעוגנים במסגרת קדושה אחרת, מקיפה יותר. זו אמנם דלילה יותר ודרגתה פחותה, אך היא משמשת כתשתית לקדושה המרוכזת. לגבי קדושת מקום הרי מצינו כמה רובדי קדושה, כמבואר במשנה ריש כלים, ולגבי כמה מהם ברור שאפשר להבין שחלותם מותנית בהיותה מושרשת בקדושה שלמטה מהם: יש מקום לומר שאין קדושת מקדש ללא קדושת ירושלים, שאין ירושלים מתקדשת אם לא חלה קדושת הארץ, וכו'. מעין זה ייתכן לומר גם לגבי קדושת הזמן: שאין קדושה חלה על ראש החודש או על החגים, אלא אם כן הוחלה קדושה מסוימת על החודש שבו הם חלים.

חילוק זה מניב שני ניסוחים של קידוש המתייחס לחודש עצמו. אך החלוקה היסודית הינה, כמובן, בין קידוש המועדים לבין קידוש החודש ממש. ולגבי זה נחלקו הראשונים. דיעוין בדברי הרשב"ם (בבא בתרא קכא ע"א) בביאור לשון הגמרא שם, "מועדי ה' צריכין קידוש בית דין", שכתב: "שהיו מקדשין את החדש על פי הראייה, ומתוך כך מתקדש מועד בזמנו, שלפי עיבור השנה ועיבור החדשים המועדים מתעכבין. אבל המועדים עצמן לא היו מקדשין, כי אם החדשים". ואילו הרשב"א שם, אחרי שציטט את דבריו, הוסיף בשם הר"ח: "מועדי ה' צריכין קידוש ב"ד, כי משה רבנו קדשם, שנאמר: וידבר משה את מועדי ה' אל בני ישראל, דבור זה קדוש המועדות הוא מפי משה. שמעינן מינה שהמועדים צריכים קדוש ב"ד לקבעם ולומר: המועד ביום זה המקודש". והנה הר"ח חידש שצריך ממש לפרש שהמועד מקודש. אך גם ללא הלכה זו – שראשונים אחרים לא הזכירוה – ברור שאף אם הביטוי "מקודש, מקודש" נאמר ביחס לחודש ולראשו, יש מקום לומר שהתהליך כולו נועד לקדש את המועדות.

ונראה שאלו ואלו דברי אלוקים חיים, ונאמרו בזה שתי הלכות, המעוגנות בשתי הפרשיות. הפסוקים בפרשת אמור דנים במועדי ה', ואין חודש כלול בתוכם, שכן קידושם הוא בבחינת קריאת מקראי קודש, וברור שאין שם זה חל על ראש חודש. ואילו הפסוקים שבפרשת בא עוסקים בחודשים כשלעצמם – ולכאורה רק בהם. ומכאן שניתן לחלק בפשטות, כדלעיל, בין קידוש לעיבור. מצות קידוש החודש

69. יעוין בטור ובשולחן ערוך או"ח תי"ט ובנושאי כלים שם.

70. יעוין בשולחן ערוך או"ח תי"ז, א וברמ"א שם.

שייכת רק לפרשה בבא, וממילא מצטמצמת דווקא לחודשים. הפרשה באמור אינה דנה בתהליך המצווה אלא בתוצאה הדרושה – שייקבעו ושייקראו מועדי ה׳. תוצאה זו תלויה בחודשים ובשנים גם יחד, אך אין הקריאה הנדרשת מהווה מצוות מעשה קידוש; וממילא, אין מעשה מצווה כזה בעיבור שנה.[71]

ועוד נראה, שניתן לראות את שני ההיבטים הללו אף בקידוש החודש כשלעצמו. דהנה שנינו (ראש השנה כא ע״ב): ״על שני חדשים מחללין את השבת, על ניסן ועל תשרי, שבהן שלוחין יוצאין לסוריא, ובהן מתקנין את המועדות. וכשהיה בית המקדש קיים מחללין אף על כולן, מפני תקנת הקרבן״. ופירש רש״י על אתר שמדאורייתא מחללים על כל החודשים, ״אבל רבנן אסרו, לפי שאין תיקון המועדות תלוי בהם, ולא איכפת למלאן ולחסרן על פי עדים. אך שני חדשים אלו העמידום על דין תורה, שכל המועדות תלויין בהן״. אך יעוין ברמב״ם שכתב: ״עדים שראו את החדש הרי אלו הולכין לבית דין להעיד, ואפילו היה שבת, שנאמר: אשר תקראו אֹתם במועדם. וכל מקום שנאמר ׳מועד׳ – דוחה את השבת. לפיכך אין מחללין אלא על ראש חדש ניסן ועל ראש חדש תשרי בלבד, מפני תקנת המועדות״ (הלכות קידוש החודש פ״ג ה״ב). ניסוח דבריו מראה בעליל שההפרש בין ניסן ותשרי לבין שאר החודשים – מן התורה הוא.

ויש להסביר בפשטות הבדל זה. בקידוש החודש נאמרו שתי הלכות: מחד – מעשה הקידוש מצד עצמו, אשר מקורו בפרשת ״החֹדש הזה לכם״, ומאידך – תיקון המועדות על ידי הקידוש, הנעוץ בפרשת ״אשר תקראו אֹתם״. והנה לעיל הצענו שדווקא מצוות קידוש החודש היא הדוחה שבת, ולפיכך עיבור השנה – דאין בו מצוות קידוש – אינו דוחה את השבת. ועתה נציע איפכא, דלדעת הרמב״ם לא מצוות הקידוש היא שדוחה את השבת, אלא דווקא קביעת המועדות.[72] המילה ״במועדם״, שממנה ילפינן שקידוש החודש דוחה את השבת, מתייחסת לקביעת המועדות (ומקבילה היא למילה ״במועדו״ [במדבר כ״ח, ב], שממנה ילפינן שעבודת המקדש דוחה שבת וטומאה [פסחים עז ע״א; יומא מו ע״א]). ומכאן שאין שבת נדחית לצורך קידוש החודש, אלא רק בניסן ובתשרי. ואם נאמר שבזמן המקדש קידוש החודש

71. אלא דלפי זה לכאורה ההלכה של ״אתם – אפילו שוגגין...״ תיאמר אף בעיבור השנה, שהרי עיבור השנה הוא אחד מהגורמים המעורבים בקביעת לוח השנה.

72. ואם תאמר: מדוע לדעת הרמב״ם לא יחללו את השבת אף על חודש סיון, שבו חל חג השבועות? יש לתרץ בפשטות, שהרי חג השבועות נקבע לפי ספירת העומר, ותלוי אם כן בפסח, ולא בראש חודש סיון.

דוחה את השבת בכל חודש, נסביר שזאת לא מחמת מעשה הקידוש כשלעצמו, אלא לצורך קרבן מוסף של ראשי חודשים, כדי שזה יקרב במועדו.

עוד נראה להציע, ששבת נדחית בניסן ובתשרי לא רק מפאת קביעת זמנם של המועדות, אלא מפני שקידוש החודש והמועד מחיל רובד נוסף של קדושה בימים טובים. עצם הוספת הקדושה במועד, על ידי קידוש שעורך עם ישראל, הוא הדוחה את השבת.

מדאתינן להכי יש להסתפק, שמא אף רבי אלעזר ברבי שמעון, שאינו מצריך שהחודש יתקדש, יודה שיש מצווה לקדש את חודשי המועדות. זאת לא מצד החודש כשלעצמו, אלא מחמת המועד שבו, שכן מעשה הקידוש מקדש את יום המועד. וראו בפירוש המשנה לרמב"ם (ראש השנה פ"ב מ"ז), שביאר כך את דעת רבי אלעזר ברבי שמעון: "כלומר, אין קדוש **כל** חודש מצוה" – ושמא אפשר לדייק בדבריו שלגבי מקצת החודשים אכן איתא מצווה.[73]

החילוק שבין שני ההיבטים של קידוש החודש משתקף גם בדברי הרמב"ם בשלהי פ"ג דהלכות קידוש החודש ביחס לאיום על העדים – כלומר, הטרדתם והטרחתם על ידי שאלות מרובות ומדוקדקות, מתוך שאיפה להכשיל עדותם – כדי לעבר את החודש. דיעוין שם, שהביא שנחלקו חכמים גדולים בנידון, ואחר כך הוסיף (פ"ג הי"ח): "יראה לי שאין מחלוקת החכמים בדבר זה אלא בשאר החדשים חוץ מן ניסן ותשרי, או בעדי ניסן ותשרי שבאו אחר שעברו הרגלים, שכבר נעשה מה שנעשה ועבר זמן הקרבנות וזמן המועדות. אבל אם באו העדים בניסן ותשרי קודם חצי החדש – מקבלין עדותן ואין מאיימין עליהן כלל". ביאור דבריו, דגם למאן דאמר מעברים את החודש לצורך, דשרי לסטות בכך מהקידוש המתחייב לכאורה מהגדת העדים, אין זה אלא לגבי מעשה הקידוש מצד עצמו, שלמען צורך חשוב ניתן לשאוף לעכבו. אך ככל שקביעת המועדות עצמם עומדת לדיון, פרשת "אשר תקראו אֹתם" מחייבת שייקבעו המועדים כמתבקש לאור העדות, ואין מקום לעיבור החודש כלל.

אכן, כאמור, לדעת רש"י מחללים שבת מדאורייתא על כל החודשים. ובביאור דעתו ניתן להציע דיש שני מתירי חילול: א) מצוות קידוש החודש; ב) הענקת קדושה למועד. והנה לרש"י, ייתכן שדי לנו באחד מהמתירים. לחילופין, ייתכן שאף לדעתו לא המצווה היא המתירה לחלל שבת, אלא החלת הקדושה. אלא שלדעתו קידוש

73. כך הוא במהדורת הרב קאפח, אך לא כך בתרגום שבש"ס וילנא.

החודש מחיל קדושה לא רק במועדים, ואף לא רק בחודשים שבהם נמצאים המועדים, אלא בכל חודש (או ראש חודש).[74]

הסבר מקביל יש להעלות ביחס לחילול שבת בעדות החודש שנראה ביום ל"א. כיוון שהסוגיה לא חילקה בזה, נראה בפשטות – וכן הסקנו לעיל – שאף עדים שראו את הלבנה ביום ל"א מחללים את השבת בכדי להעיד, אף שגם בלעדי עדותם יתקדש החודש. ובטעם ההיתר לחלל שבת בכגון דא יש לומר אחת מן השתיים: א) הדוחה את השבת היא המצווה לקדש את החודש, ולא עצם קביעת ראש החודש. בחודש מלא, אף שאין משמעות מעשית לבוא העדים, הרי עדותם היא חלק מקיום מצוות קידוש החודש, ולפיכך דוחה את השבת. ב) אכן, החודש מתקדש ביום ל"א אפילו כאשר לא באו עדים. אולם, אם אכן באו, ישנה משמעות מעשית לכך. שלא ראי ראש חודש שקידשוהו שמים כראי ראש חודש שנתקדש בידי בית דין על סמך עדים. במקרה שני זה, קידוש החודש בידי בית הדין מוסיף קדושה לחודש, על גבי הקדושה הקיימת בו. ואותו קידוש ותוספת קדושה הם שדוחים את השבת.

דוגמה לדבר נמצא בדין מילה, שלגביה יש לחקור האם היא דוחה את השבת מצד המצווה שבה או מצד התוצאה, היינו: הפיכת הגברא מערל למהול. רש"י (שבת קלג ע"ב) סבור שהמל בשבת, כל זמן שעסוק במילה – מל אף ציצין שאינן מעכבין. לדעתו, אף שכבר יצא הנימול מגדר ערל לכלל מהול, אף על פי כן כל שלא פירש – יכול להמשיך למול בשבת אף ציצין שאינן מעכבין, מכיוון שיש בכך משום קיום מצוות מילה. מכאן שלדעת רש"י עצם המצווה היא הדוחה את השבת, ולא שינוי זהותו של האדם.

ולנידון דידן, אפשר שנאמר שאמנם סגי במצוות קידוש החודש לדחות את השבת, אלא שזה דווקא בקידוש בזמנו, מה שאין כן שלא בזמנו, שכבר קידשוהו שמים. ולפי זה, אם נראה הירח בזמנו – נחלל שבת לצורך קידושו בכל חודשי השנה, כדי לקיים בכך את מצוות קידוש החודש. אך אם נראה שלא בזמנו – נחלל את השבת לצורך קידושו רק בניסן ובתשרי, מחמת המועדים שיש בהם (ובסוגיה כ ע"א, דממנה עולה דמחללים שבת אף שלא בזמנו, מדובר דווקא על שני חודשים אלו).

74. בנוגע לשאלה מהו ה"מתיר" של חילול שבת עבור קידוש החודש, יעוין עוד בדברי הגמרא ראש השנה יט ע"ב-כ ע"א ושם כא ע"ב, וברש"י וברשב"א שם.

שער ב
קדושת המקום

קדושת ארץ ישראל

המשנה בפרק הראשון בכלים מונה עשר קדושות מקום, לפי מדרגתן:

"עשר קדושות הן.
ארץ ישראל מקודשת מכל הארצות. ומה היא קדושתה, שמביאים ממנה העומר והבכורים ושתי הלחם, מה שאין מביאים כן מכל הארצות.
עיירות המוקפות חומה מקודשות ממנה, שמשלחים מתוכן את המצורעים...
לפנים מן החומה מקודש מהם, שאוכלים שם קדשים קלים ומעשר שני.
הר הבית מקודש ממנו, שאין זבים וזבות נדות ויולדות נכנסים לשם.
החיל[1] מקודש ממנו, שאין עובדי כוכבים וטמא מת נכנסים לשם.
עזרת נשים מקודשת ממנו, שאין טבול יום נכנס לשם, ואין חייבין עליה חטאת.
עזרת ישראל מקודשת ממנה, שאין מחוסר כפורים נכנס לשם, וחייבין עליה חטאת.
עזרת הכהנים מקודשת ממנה, שאין ישראל נכנסים לשם אלא בשעת צרכיהם – לסמיכה, לשחיטה, לתנופה.
בין האולם ולמזבח מקודש ממנה, שאין בעלי מומין ופרועי ראש נכנסים לשם.
ההיכל מקודש ממנו, שאין נכנס לשם שלא רחוץ ידים ורגלים.
קדש הקדשים מקודש מהם, שאין נכנס לשם אלא כהן גדול ביום הכפורים בשעת העבודה" (כלים פ"א מ"ו-מ"ט).

1. החיל הוא, לרוב הדעות, שטח של עשר אמות מעבר לכותל העזרה.

המשנה פותחת בקדושת הארץ ומסיימת בקדושתו של קודש הקודשים. אנו נשתדל לאחוז בשיפולי גלימתה, ולצעוד בעקבות סדר זה.

קדושת הקרקע וקדושת המקום

כאמור, המשנה בכלים פותחת בקדושת ארץ ישראל: "ארץ ישראל מקודשת מכל הארצות, ומה היא קדושתה, שמביאים ממנה העומר והבכורים ושתי הלחם, מה שאין מביאים כן מכל הארצות".

הדברים תמוהים, שהלוא לפום ריהטא העיקר חסר כאן מן הספר. המשנה לא הזכירה תרומות ומעשרות, שמבין המצוות התלויות בארץ הן המבטאות בתודעתנו בצורה המובהקת ביותר את קדושת ארץ ישראל. ומאי טעמא הוזכרו במשנה עומר וביכורים, בעוד תרומות ומעשרות הושמטו ממנה?[2]

יעוין בפירוש הגר"א שם, דמחק ביכורים מן המשנה וביאר: "בכורים לאו משום קדושת ארץ ישראל, אלא שהוא חובת הארץ; אבל עומר ושתי הלחם, שאינן באין אלא מן הארץ, הוא משום קדושת ארץ ישראל". נראה מדבריו שבא לבאר אף מדוע לא הוזכרו במשנתנו תרומות ומעשרות, ותורף תירוצו הוא שחיובם נובע מחובת הארץ ולא מכוח קדושת הארץ.

אך הגאון לא פירט מה עניין קדושת הארץ ומה עניין חובת הארץ, ובמה נבדלו זה מזה. ועוד קשה, דהלוא לכאורה אף חובת תרומות ומעשרות באה מכוח קדושתה של הארץ.[3]

ושמעתי ממו"ח הגרי"ד זצ"ל שישנם בנידון דידן שני דינים שונים ושני מושגים נבדלים: קדושת קרקע דארץ ישראל וקדושת המקום של ארץ ישראל. וביאר את דברי הגר"א כדלהלן: "חובת הארץ" פירושה קדושת קרקע, דהיינו, שעצם הקרקע ועפר הארץ קדושים. זו היא קדושת החפצא של ארץ ישראל, שהיא המחייבת בתרומות ובמעשרות. ברם, ישנה קדושה נוספת בארץ, והיא קדושת המקום של ארץ ישראל. קדושה זו עניינה הוא השראת השכינה בארץ ישראל. ועוד הוסיף שהמשנה עוסקת בקדושת המקום ובהשראת שכינה הנובעת מן המקדש ומתפשטת לכל ארץ ישראל,

2. וכבר נתקשה בכך המנחת חינוך (מצווה רפד).
3. יעוין במנחת חינוך מצווה רפד שבאמת נקט דלא כך, לאור משנתנו: "ממשנה דכלים ראיה שאין מצות התלויות בארץ בגדר קדושה כלל".

בדרגות שונות וברמות נבדלות, החל מקודש הקודשים ועד לכל הארץ כולה. וזו כוונת אדוננו הגר״א בכתבו על אודות ״קדושת ארץ ישראל״.

עוד ציין הגרי״ד כי עשר הקדושות שבמשנה כולן משתלשלות ונובעות ממקור אחד – מן המקדש. בכל המשניות בפירקין מתבטאת הקדושה ומופגנת בחובת שילוח טמאים (לבד מארץ ישראל, שבה אין חובת שילוח). ודבר פשוט הוא שחובה זו קשורה למקדש ולהשראת השכינה בתוכו. ומוכח, כי במשניות אלו שבמסכת כלים אנו עוסקים בדינים ובמצוות הנובעים מקדושת המקדש ומהתפשטותה, כפי המדרגות שבמשנה, עד לכל ארץ ישראל. והלוא כך עולה מעצם מבנה המשנה, המתארת את הקדושות בסדר ההולך ועולה, הולך ומתכנס, עד למקדש עצמו ולקודש הקודשים.

על פי זה, ההבחנה בין קדושות אלו, קדושת החפצא של הקרקע וקדושת מקום דארץ ישראל, נובעת משאלת זיקתן למקדש. קודשי הגבול, הנאכלים בכל הארץ, אין להם זיקה לבית אלוקינו, ויסוד חיובם קשור בקדושת הקרקע. לעומת זאת, מעמדם של קודשי המזבח, המובאים למקדש והמוקרבים שם, כרוך בקדושה המתפשטת מן המקדש על הארץ כולה.

לאור זאת הסביר הרב כמין חומר מדוע הושמטו מן המשנה תרומות ומעשרות. הלוא כל השנוי במשנה בכלים נעוץ בקדושת המקדש. לפיכך הוזכרו העומר ושתי הלחם, המובאים למקדש, וכן שילוח טמאים מן המחנות. אך בכל הנוגע לתרומות ולמעשרות, אין שום חיוב להביאם למקדש. חובת הפרשתם נעוצה בקדושת הקרקע והחפצא של אדמת ארץ ישראל. אין למצוות אלו שיג ושיח עם קדושת מקום המעורה בזיקה למקדש. על כן השמיטה אותן המשנה, ולא אמרה דארץ ישראל קדושה מכל הארצות בכך שמפרישים בה תרומות ומעשרות.

כל זה, כאמור, על פי גרסתו של הגר״א, שמחק מן המשנה ביכורים. ברם, ניתן לבאר כך גם על פי הגרסה שלפנינו. שורש הספק בעניין זה נוגע למעמדם של הביכורים. מחד, ניתן לראות אותם כקודשי הגבול, שהרי הם באים מכל ארץ ישראל, ולא עוד אלא שנקראו תרומה: ״תרומה גדולה ותרומת מעשר והחלה והבכורים כולן נקראו תרומה״ (רמב״ם, הלכות תרומות פט״ו ה״כ). מאידך, יש לתופסם כקודשי מקדש, וכפי שכתב הרמב״ם במפורש: ״שהבכורים כקדשי מקדש הן״ (הלכות ביכורים פ״ב הט״ז).[4] מעתה, אליבא דגרסתנו, שהמשנה מציינת אף אותם, יש לראות את הביכורים המונפים לפני ה׳ כחלק ממערך קודשי מזבח. הגר״א סבור היה, לעומת

4. ויעוין עוד שם הי״ט.

זאת, דבעיקרם הוו ביכורים קודשי הגבול, ועל כן לא גרס אותם במשנה. אלו דברי מו"ח זצ"ל, וראויים הדברים למי שאמרם.

שם ארץ ישראל וקדושת ארץ ישראל

ידועה שיטת הרמב"ם, שעוד נעסוק בה בהרחבה, שהקדושה הראשונה של באי הארץ בזמן יהושע בטלה, בעוד הקדושה השנייה של עולי בבל קידשה לשעתה וקידשה לעתיד לבוא (הלכות תרומות פ"א הכ"ו, הלכות בית הבחירה פ"ו הל' יד-טו). לאור פסיקתו, הרי בזמן הזה, מימות עזרא והלאה, לכאורה אין בכלל "ארץ ישראל" אלא אותם המקומות שבהם החזיקו עולי בבל. אך יעוין במה שכתב גבי סמיכת זקנים: "אין סומכין זקנים בחוצה לארץ, וכל ארץ ישראל שהחזיקו בה עולי מצרים ראויה לסמיכה" (הלכות סנהדרין פ"ד ה"ו). דברי הרמב"ם קשים הם להולמם. לאחר שפסק בהלכות תרומות ובהלכות בית הבחירה שקדושה ראשונה דעולי מצרים נתבטלה, הכיצד כתב שכל מקום שבו החזיקו עולי מצרים ראוי לסמיכה?

ביישוב עניין זה שמעתי ממרן זצ"ל שיש להבדיל בין שם ארץ ישראל לבין קדושת ארץ ישראל.[5] קדושת ארץ ישראל היא הקדושה המחייבת במצוות התלויות בארץ, ועל אודותיה סובב סחור סחור הדיון האם קדושה ראשונה ושנייה נתקדשו לשעתן או אף לעתיד לבוא. ברם, מלבד אותה קדושה יש להתייחס אף לעצם העובדה שאזור גיאוגרפי זה מוגדר כארץ ישראל. אף בזמנים שבטלה קדושת הארץ, כגון בזמן גלות בבל למאן דאמר שקדושה ראשונה בטלה, בכל אופן שם ארץ ישראל לא סר מעליה, ולא הפכה הארץ לחו"ל. אף אם פקעה ממנה קדושתה לעניין תרומות ומעשרות, מכל מקום הרי היא ארץ ישראל.

והוסיף הרב, שיסוד זה של שם ארץ ישראל משתקף בשני מקומות נוספים. התוספות בסנהדרין (יא ע"ב ד"ה אין מעברין) הביאו מן הירושלמי (סנהדרין פ"א ה"ב), שאף דקיימא לן שאין מעברין את השנה אלא בארץ ישראל (ברכות סג ע"א;

5. יסוד זה מופיע גם בכתובים, בניסוחים שונים, לעתים בשם הגרי"ד עצמו ולעתים בשם אביו ר' משה. עיין: אגרות הגרי"ד ריש הלכות מלכים אות ב; שיעורי הרב גיטין ח ע"א, בעניין סוריא; שיעורי הרב סנהדרין עמ' קעח; חמש דרשות, תל אביב תשע"ב, עמ' 94. כמו כן, עיין במה שכתב מו"ר הגאון ר' אהרן סולובייצ'יק זצ"ל בספרו פרח מטה אהרן, ספר אהבה, קונטרס בענייני ארץ ישראל; ובדבריי בספרי מנחת אביב, עמ' 479–498. ויעויין עוד בדברי ר' חיים זצ"ל (בחידושיו על הש"ס [סטנסיל], גיטין מז ע"א), ד"ה ולהמתבאר וד"ה עוד נראה [הערת עורך].

רמב"ם, הלכות קידוש החודש פ"ה ה"א), כאשר אי אפשר לעבר את השנה בארץ רשאים לעבר בחו"ל; שהרי יחזקאל, ירמיהו וברוך בן נריה עיברו את השנה בחו"ל. ונתקשה בעל המנחת חינוך (מצווה ד) בראיית הירושלמי. הלוא הללו עיברו את השנה בין חורבן בית ראשון לבניין הבית השני, בזמן גלות בבל. ומאחר דהלכה בידינו שקדושה ראשונה לא נתקדשה אלא לשעתה, אם כן עיברו את השנה בחו"ל רק משום שבזמן הגלות פקעה ונתבטלה קדושת הארץ. ומהי הראיה מכאן שבזמן שקיימת קדושת ארץ ישראל, אך אי אפשר לעבר בה את השנה, מותר לעבר בחו"ל?

בקושייתו גלומה ההנחה שבזמן גלות בבל נשתווה מעמדה של ארץ ישראל לארצות חוץ לארץ. אך באמת נראה שלא כדבריו, ומסתבר שאף עיבור השנה וקידוש החודש, שאינם חובות קרקע ואינם חלק מן המצוות התלויות בארץ, תלויים בשם ארץ ישראל ולאו דווקא בקרקע שנתקדשה. ושם זה של ארץ ישראל לא פקע אף כשנתבטלה הקדושה הראשונה בזמן גלות בבל.

מעתה, מובנת שיטת הרמב"ם, שכל ארץ ישראל שכבשו עולי מצרים ראויה היא לסמיכת זקנים. זאת משום שהמקומות שכבשום עולי מצרים נותר שם ארץ ישראל עליהם, אף שלא כבשום עולי בבל (וממילא גם לא קידשום).[6]

והוא הדין לגבי עגלה ערופה, שלגביה פסק הרמב"ם: "אין דין עגלה ערופה נוהג אלא בארץ ישראל וכן בעבר הירדן" (הלכות רוצח פ"י ה"א). מדוע נוהג דין עגלה ערופה אף בעבר הירדן? לפי דברינו, אין לומר שלדעת הרמב"ם אף עבר הירדן נתקדש בקדושת עזרא, אלא שעגלה ערופה ביסודה אינה חובת קרקע, ולפיכך דינה נוהג בכל מקום ששם ארץ ישראל עליו.[7]

6. בכך פשט הגרי"ד את הספק שנסתפק אביו הגר"מ בצעירותו; יעוין בחידושי הגר"מ הלוי, ירושלים תשע"א, עמ' פד (עמ' פא במהדורה הראשונה): "אותם הדינים שאינם מהמצות התלויות בארץ אלא דאינם נוהגים אלא בא"י בלבד, כמו עגלה ערופה וערי מקלט, צ"ע מה היה דינם בין חורבן בית ראשון (לחורבן) [לבניין] בית שני, דבטלה קדושת הארץ".

7. אכן, יש מקום לפקפק בטענה שכך דעת הרמב"ם. דזוהי לשונו בריש הלכות תרומות, בבואו להגדיר מהי ארץ ישראל: "ארץ ישראל האמורה בכל מקום היא בארצות שכיבשן מלך ישראל או נביא מדעת רוב ישראל, וזהו הנקרא כיבוש רבים. אבל יחיד מישראל או משפחה או שבט שהלכו וכבשו לעצמן מקום, אפילו מן הארץ שניתנה לאברהם, אינו נקרא ארץ ישראל כדי שינהגו בו כל המצות".

והנה מתחילת ההלכה משתמע שהגדרת ארץ ישראל שאותה מנסח כאן הרמב"ם נוגעת לכל התחומים, והיא ההגדרה הבלעדית בהקשר זה. אולם מסוף דבריו שם ניתן להסיק שאין מדובר אלא בהגדרת ארץ ישראל לעניין המצוות התלויות בה: "אינו נקרא ארץ ישראל כדי שינהגו בו כל המצות". וכן דייק מניסוח הנ"ל הר"י קורקוס על אתר: "דדווקא לעניין מצוות אינו א"י, אבל

שם ארץ ישראל כמקום השכינה

עדיין מוטל עלינו ללבן את תוכן ואת טיב המושג של שם ארץ ישראל. כשנשאתי ונתתי בדבר לפני מו"ר זצ"ל, אמר לי שממד זה קשור להשראת שכינה. שם ארץ ישראל מתבטא בכך שזאת הארץ אשר "תמיד עיני ה' אלקיך בה מֵרֵשִׁית השנה ועד אחרית שנה" (דברים י"א, יב), היא הארץ שבה הוא משרה את שכינתו, והיא "נחלת ה' מיוחדת לשמו" (רמב"ן, ויקרא י"ח, כה). מעלה וסגולה זו של הארץ אין לזהות עם קדושתה לעניין חיוב המצוות התלויות בקרקע. ובהחלט מסתבר שאף מבחינה

קדושת א"י יש לה לעניין הדר בה, ולעניין הכל מעלין לא"י ולשאר דינין שהוזכרו בתלמוד, כיוון שהיא מהארץ שניתנה לאברהם אבינו".

לפי זה, דברי הרמב"ם בראשית ההלכה – "ארץ ישראל האמורה בכל מקום" – מתייחסים רק למצוות התלויות בארץ, שבהן עוסק הרמב"ם שם. אך הלוא ניסוח הרמב"ם גורף הוא: "בכל מקום", ומשמע דזוהי ההגדרה הכללית לכל מקום שבו מופיעה ארץ ישראל ביד החזקה. יתרה מזאת, בהלכות גירושין (פ"ז ה"י) הפנה הרמב"ם עצמו לדבריו בהלכות תרומות לגבי תחום ארץ ישראל. מכאן נראה לכאורה שגם כאשר מוזכרת ארץ ישראל בהקשרים אחרים (כגון: זמן שאילת גשמים, פר העלם דבר של ציבור ואיסור יבוא פירות), הכוונה לארץ ישראל שגבולותיה נזכרים כאן. הלוא הרמב"ם אינו מספק לנו במקום אחר הגדרה מהי ארץ ישראל.

אולם, לאמיתו של דבר, אין בכך כדי לדחות את הנאמר. ההלכה בריש הלכות תרומות אינה נוגעת לחילוק בין גבול עולי מצרים לגבול עולי בבל, אלא עוסקת בארצות רחוקות שנכבשו בכיבוש יחיד, שאינו מועיל לקדש את הארץ. ארצות אלו כלולות אולי בגבולות ההבטחה לאברהם, אולם אינן כלולות בהכרח בגבולות פרשת מסעי, וממילא אפשר שאינן נחשבות ארץ ישראל לשום דבר ועניין, אלא אם כן נכבשו כדין.

ואכן, מהמשך הפרק (ה"ו) משתמע שלעניינים מסוימים גבולות עולי מצרים אכן נחשבים ארץ ישראל, אפילו כיום: "נמצא כל העולם לענין מצות התלויות בארץ נחלק לשלוש מחלקות: ארץ ישראל וסוריא וחוצה לארץ. וארץ ישראל נחלקת לשנים: כל שהחזיקו עולי בבל חלק אחד, וכל שהחזיקו עולי מצרים בלבד חלק שני".

איברא, דמדברי הרמב"ם במקום אחר עולה לכאורה דאין ארץ ישראל אלא מה שנכבש בקדושה שניה. בבואו לבאר את דעתו, שקדושה ראשונה של הארץ בטלה ואילו קדושת המקדש הראשונה עומדת על תילה, כתב הרמב"ם כך: "ולמה אני אומר במקדש וירושלים קדושה ראשונה קדשה לעתיד לבוא, ובקדושת שאר ארץ ישראל לענין שביעית ומעשרות וכיוצא בהן לא קדשה לעתיד לבוא, לפי שקדושת המקדש וירושלים מפני השכינה, ושכינה אינה בטלה... אבל חיוב הארץ בשביעית ובמעשרות אינו אלא מפני שהוא כבוש רבים, וכיון שנלקחה הארץ מידיהם בטל הכבוש, ונפטרה מן התורה ממעשרות ומשביעית, שהרי אינה מן ארץ ישראל" (הלכות בית הבחירה פ"ו הט"ז). והנה מניסוחו בראשית דבריו נראה שהמוקד הינו קדושת הארץ לעניין שביעית ומעשרות, ולא חלות שם ארץ ישראל. אולם בסוף ההלכה הלשון הוא: "אינה מן ארץ ישראל". וצריך לומר לפי דברי מו"ח זצ"ל, דרק לעניין מצוות התלויות בארץ, שאותן הזכיר הרמב"ם לעיל, אין זו ארץ ישראל; אבל לעניינים אחרים לא איבדה את מעמדה.

גיאוגרפית יש לפצל ביניהם. חיוב תרומות ומעשרות מעורה בקדושה שנייה של עולי עזרא ואילו מעלת הארץ כמקום השכינה כרוכה בשם ארץ ישראל.

יסוד זה של שם ארץ ישראל משתקף ומתבטא אף במצוות ובהלכות נוספות. ועל פיו יתבארו כמה חובות ומצוות שקיומן אינו אלא בארץ. וכן יתלבנו כמה שיטות ראשונים ביחס לחובות ולמצוות אלו, כאשר מלשונם עולה שהחובות הללו מתקיימות בכל הארץ שנכבשה בידי עולי מצרים, אף שלדעת רוב הפוסקים קדושה ראשונה לא נתקדשה אלא לשעתה.[8]

א) הרמב"ן בריש מסכת גיטין (ב ע"א ד"ה מאשקלון) סובר (באחת מהצעותיו), שמצוות יישוב הארץ מתקיימת בימינו אף באזורים שכבשו עולי מצרים ושנתקדשו בקדושה ראשונה בלבד ולא בקדושה שנייה. ולפי דברינו לעיל שיטתו מחוורת כשמלה. מצוות יישוב הארץ עניינה הוא לדור במקום שנקרא "ארץ ישראל", ולפיכך בשם הארץ תלויה מצווה זו. יישוב הארץ אינו תלוי בשאלה היכן מפרישים תרומות ומעשרות ובגבולות הארץ שנתקדשו בימי עזרא, קידוש הנוגע למצוות התלויות בארץ. ונראה, כתמונת ראי, שהוא הדין ביחס לאיסור יציאה מן הארץ, שאינו מתייחס אלא לגבולות עולי בית ראשון.

ב) מצינו מצוות איבוד עבודה זרה המיוחדת לארץ ישראל בדווקא. יעוין ברמב"ם ריש פ"ז דהלכות עבודה זרה: "מצות עשה היא לאבד עבודת כוכבים ומשמשיה וכל הנעשה בשבילה, שנאמר: אבד תאבדון את כל המקומות, ונאמר: כי אם כה תעשו להם וגו'. ובארץ ישראל מצוה לרדוף אחריה עד שנאבד אותה מכל ארצנו, אבל בחוץ לארץ אין אנו מצווין לרדוף אחריה".

מסתבר כי גם חיוב ייחודי זה מתקשר לשם ארץ ישראל, ומתקיים בכל גבולותיה. אין דין זה מעורה בקדושת הקרקע לעניין חיוב תרומות ומעשרות, ולפיכך אין הוא מוגבל לחבלי הארץ שקידש עזרא.

8. רמב"ם, הלכות תרומות פ"א ה"ה; ראב"ד, הלכות תרומות פי"ג הי"ג; כפתור ופרח פרק ג; שולחן ערוך יורה דעה של"א, ב; רמ"א שם. אכן, בעל ספר התרומה פסק (הלכות ארץ ישראל) שאף קדושת עזרא בטלה.

ג) כך יש לבאר את תורף סברת המשנה למלך (הלכות טומאת מת פי"א ה"ו), שטומאת ארץ העמים חלה רק באזורים שלא נתקדשו בקדושה ראשונה. לדידו, האזורים שכבשום עולי מצרים ושלא החזיקו בהם עולי בבל אינם טמאים. על פי הצעתנו דבריו ברורים. טומאה זו של חו"ל תלויה בשם ארץ ישראל ולא בקדושת הקרקע שלה.

ד) כן מסתבר אף ביחס לטומאת נגעים הנוהגת בארץ ישראל, שתנהג בכל תחום קדושה ראשונה. שהלוא טומאה זו איננה חובת קרקע.

מדאתינן להכי, יש מקום להעלות הצעה מחודשת, כי שמא נוכל למצוא אף מצוות התלויות בארץ המעוררות בשם ארץ ישראל ולא בהכרח בקדושת הקרקע. אמנם, בנוגע לחיוב תרומות ומעשרות הלוא פשוט כביעתא בכותחא שמקור חיובם נעוץ בקדושת הקרקע. ברם, יש מקום לדון בהקשר זה ביחס לשאר המצוות התלויות בארץ, כגון איסורי ערלה וכלאיים, וחיובי חלה, פאה ומתנות עניים.

תמצית חילוק זה בין קדושת ארץ ישראל ושם ארץ ישראל מופיעה כבר אצל הכפתור ופרח והרדב"ז. דיעוין בדברי הכפתור ופרח (פרק י) בשמועה זו: "אין היום הבדל ולא הפרש ולא חלוק כלל בין מה שכבשו עולי מצרים ובין מה שכבשו עולי בבל, שאין שום דבר בזה שלא יהיה בזה בענין הקדושה והמעלה, לבד חיוב תרומות ומעשרות ודומיהם... אבל קדושת הארץ כֻּלה לגבולותיה המוגבלים בתורה וטהרתה ומעלתה לחיים ולמתים והיותה נחלת ה' – מקדושה ראשונה ולהלן בדקאי קאי".

הכפתור ופרח כתב שמעמד האזורים שכבשום עולי מצרים ולא עולי בבל הוא כארץ ישראל. וכן מפורש בדברי הרדב"ז (אף שלא ביאר את החילוק שהצגנו לעיל). כזכור, הרמב"ם פסק בהלכות סנהדרין (פ"ד ה"ו), שלעניין סמיכת זקנים הולכים אחרי תחום עולי מצרים. על כך כתב הרדב"ז: "אע"פ שלא החזיקו בה עולי בבל, אע"ג דאינה כא"י לענין תרומות ומעשרות ולקצת דברים, לענין מינוי סמוכים הכל הוא א"י. וכן לענין הדר בא"י ולענין הנקבר בה ולשאר קדושת ארץ ישראל – דינם שוה. וכבר האריך בזה בעל ספר כפתור ופרח, ע"ש".

שם ארץ ישראל ומעמד הציבור

טובים ויפים הדברים שנאמרו בסוגיה זו. ברם, מקום הניחו לי מן השמיים, להאיר פן נוסף בהבנת מהותו ותוכנו של שם ארץ ישראל, וזאת ביחס לאותן שלוש הלכות של

קידוש החודש, עגלה ערופה וסמיכת זקנים. לשם כך יש להקדים ולברר נקודה אחרת. מפני מה נתייחדו שלוש מצוות אלו, שדווקא הן תלויות בשם ארץ ישראל? לכאורה, כך יכול בעל דין לטעון, אם זקוקות הן לארץ ישראל, יש לנו להצריך אף בהן את קדושת הארץ כפי שנתקדשה בידי עולי בבל בביאה שנייה.

ונראה לומר כדלהלן, לגבי המכנה המשותף לשלוש הלכות אלו. אף על פי שהמצוות הללו מתקיימות בארץ ישראל ולא מחוץ לה, לקיומן אין כל זיקה ושייכות לאדמת הארץ. הלוא אין הן חובות קרקע של גידולי הארץ. מפאת כך אין הן שייכות לקדושת הקרקע של ארץ ישראל, שמכוחה אנו מתחייבים בהפרשת תרומות ומעשרות וכן בשאר המצוות התלויות בארץ, שחיובן קשור בצמיחת הצמח מתוך האדמה.

לאור זאת מובן בשופי מדוע אין שלושת העניינים הללו קשורים לקדושת הארץ. אולם כאן צצה ובוקעת השאלה הנגדית: מדוע בכלל תלויים המה בארץ ישראל, ומהי זיקתם לשם ארץ ישראל.

והנה כבר רבות בשנים שביארתי, ואף הרציתי הדברים בכתובים,[9] דשלוש המצוות הללו ביסודן הינן חובות המוטלות על הכלל, שנצטווה בהם הציבור כציבור. וזאת בשונה משאר המצוות התלויות בארץ, כדוגמת הפרשת תרומות ומעשרות, שקיומן ומצוותן הוטלו על כל יחיד ויחיד בארץ. קידוש החודש, עגלה ערופה וסמיכת זקנים קשורים בממד הציבורי של כנסת ישראל, והציבור הוא שנצטווה בהם.

פשיטא שסדר הזמנים וקידוש החודש אינם מסורים לכל יחיד ויחיד, אלא נקבעים באופן ריכוזי בידי נציגי הציבור כולו ועבורו. ודאי דכך הדבר על פי דרכו הידועה של מו״ח זצ״ל בביאור שיטת הרמב״ם, אשר כנסת ישראל כולה היא המקדשת את החודשים ואת המועדות, בין בזמן הראייה ובין בזמן החשבון. אכן בזמן הראייה מסור קידוש החודש לבית הדין הגדול, אך אין זאת אלא משום שהדיינים פועלים בעניין זה כבאי הציבור ומכוחו.[10]

כמו כן נראה פשוט שחובת עגלה ערופה נגזרת מן האחריות הציבורית. ״ידינו לא שפכו את הדם הזה״ (דברים כ״א, ז) – ״שלא בא לידינו ופטרנוהו בלא מזון ולא ראינוהו והנחנוהו בלא לוייה״ (סוטה פ״ט מ״ו). אחריות זו מוטלת על בית דין כמייצגי הציבור.

9. בספרי מנחת אביב, עמ׳ 479–498.

10. אגרות הגרי״ד הלוי, הלכות קידוש החדש פ״ה הל׳ א–ב; נדפס מקודם בקובץ חידושי תורה, עמ׳ מז–סה. ויעוין עו״ בספר שיעורים לזכר אבא מרי ז״ל ח״א, ירושלים תשס״ג, עמ׳ קמז–קנ, קנה–קנז, קעג.

אף סמיכה, שעניינה הוא מינוי בתי דין, כלולה ביסוד זה. אין ראי מצות מינוי דיינים בארץ כראי מינוים בחו"ל. מטרת מינוי הדיינים בחוץ לארץ היא על דרך השלילה: למנוע עוול ולשבור זרוע רשע. בארץ ישראל, לעומת זאת, למינוי הדיינים יש מטרה חיובית: פיתוח ושכלול חברה שלמה על יסוד אדני התורה. חובה זו של העמדת המשפט על תלו מוטלת על הציבור ולא על היחיד.

חילוק זה שורשו ויסודו נעוצים באופן השונה שבו מתקיימת כנסת ישראל בארץ ובחו"ל. בארץ ישראל הרי היא מתאחדת לחטיבה אחת של ציבור, כקהל ישראל המאוחד, ולא רק כאוסף יחידים. רק בארץ ישראל, כנסת ישראל מתקיימת כיחידה אחת וכחטיבה אחת. ולכן כל מצווה המוטלת על כל קהל ישראל קשורה דווקא בארץ ישראל, מפני שרק שם יש לכלל ישראל קיום כציבור אחד. מעתה, מובן ביתר בהירות שרק בארץ מתחדשת ומתקיימת החובה הציבורית להעמיד חברה שלמה על אדני הצדק. בחו"ל, מאידך, כנסת ישראל אינה אלא אוסף יחידים, ומתוך כך חובת המשפט מוגבלת להצלת עשוק מיד עושקו.

מרא דהאי שמעתתא הינו הרמב"ם. יעוין בדבריו הנודעים בפירוש המשנה: "וכל ישראל עמו מלבוא חמת עד נחל מצרים, רוצה בזה שאלה אשר בזה המקום הם כל ישראל, ואין להשגיח ביוצאים מן הארץ" (פירוש המשנה לרמב"ם, הוריות פ"א מ"א); "לפי שבני ארץ ישראל הם אשר נקראין קהל, וה' קראם כל הקהל ואפילו היו עשרה אחדים, ואין חוששין למי שזולתם בחוצה לארץ, כמו שבארנו בהוריות" (שם, בכורות פ"ד מ"ג). וכך סיכם זאת הרמב"ם בלשונו הזהב ביד החזקה: "שאין קרוי קהל אלא בני ארץ ישראל" (הלכות שגגות פי"ג ה"ב).

לאור זאת, מובן מדוע שלוש הלכות אלו – סמיכת זקנים, עגלה ערופה וקידוש החודש – מקומן הוא בכל האזורים שכבשו עולי מצרים, ולא רק בערים שכבשום עולי בבל. זאת מכוח העובדה שכל האזורים הללו נקראים בשם ארץ ישראל. הממד הציבורי בישיבת הארץ, אשר היושבים בה נקראים קהל, מבוסס על ברית האבות, על עצם בחירת הארץ והיותה ארץ ישראל, לעומת שאר העולם, שהוא ארץ העמים. ממד זה מתממש בכל האזורים שקידשו עולי מצרים.

עיקרון זה של הרמב"ם, שבני ארץ ישראל הם הקרויים קהל, מפורש הוא בגמרא הוריות לגבי פר העלם דבר של ציבור, שאינו קרב אלא אם כן רוב הקהל חטאו. בנוגע להגדרת רובו של הקהל מובאת בגמרא מימרא דרב אסי: "אמר רב אסי, ובהוראה הלך אחר רוב יושבי ארץ ישראל, שנאמר: ויעש שלמה בעת ההיא את החג וכל ישראל עמו קהל גדול מלבוא חמת עד נחל מצרים לפני ה' אלקינו שבעת ימים ושבעת ימים ארבעה עשר יום; מכדי כתיב: וכל ישראל עמו, קהל גדול מלבוא חמת

עד נחל מצרים למה לי, שמע מינה: הני הוא דאיקרי קהל, אבל הנך לא איקרי קהל" (הוריות ג ע"א).

אלא שהרמב"ם הרחיב עיקרון זה. הגמרא משתמשת בכלל זה רק לגבי דין שגגת הוראה. הרמב"ם נימק בעזרתו גם את הדין שאין סמיכה אלא בארץ ישראל.

מסתבר גם כן, שמשום כך גם תלה הרמב"ם את קידוש החודש ביושבים בארץ: "ואין אנו סומכין אלא על חשבון בני ארץ ישראל וקביעתם, וזה שאנו מחשבין לגלות הדבר בלבד הוא" (הלכות קידוש החודש פ"ה הי"ג). אף דין זה מבוסס על כך שתושבי הארץ קרויים קהל ואין יושבי חו"ל קרויים קהל.[11]

לאור כל זאת, נראה בעליל שאף לגבי שגגת הוראה יש לומר שהגדרת קהל ישראל כוללת את כל הדרים בגבולות עולי מצרים. הלוא נראה פשוט שפר העלם דבר של ציבור מעצם הגדרתו הינו חובה המתייחסת לציבור כיחידה אחת ומופקעים ממנה יחידים כשלעצמם, וממנו למד הרמב"ם לכל הדומה לו. וכאשר כתב רבנו: "ואין משגיחין על יושבי חוצה לארץ, שאין קרוי קהל אלא בני ארץ ישראל" (הלכות שגגות פי"ג ה"ב), כוונתו הייתה לכלול את כל תחום עולי מצרים, וכפי שפסק בהלכות סנהדרין ביחס לסמיכת זקנים.

ובזה יש לדחות את דברי המנחת חנוך (מצווה קכ) ביחס להוראה: "בבית שני אינו נחשב ארץ ישראל רק מה שנתקדש בקדושת עזרא ולא ילפינן מקרא רק דיושבי ארץ ישראל איקרי קהל, ובימי שלמה היה ארץ ישראל במקומות אלו, אבל בימי בית שני אינו בכלל ארץ ישראל רק מה שנתקדש על ידי עזרא והם הנחשבים קהל, כן נראה לי פשוט". ובאמת יותר מסתבר שאף בימי בית שני כל שנתקדש בקדושה ראשונה נכלל בשם ארץ ישראל.

כל זה עולה ליכוד אחד, והוא אשר כמה וכמה הלכות, הנעוצות בחלות שם ציבור, תלויות בשם ארץ ישראל ולא בקדושת הקרקע: קידוש החודש, עגלה ערופה וסמיכת זקנים, וכל שכן פר העלם דבר של ציבור, שדיון הגמרא על אודותיו הוא המקור והיסוד לקביעה שיושבי הארץ הם קהל ישראל, ובהם מתקיימות מצוות הציבור.[12]

11. עיין בהרחבה בפרק העוסק בקידוש החודש בחיבור זה.
12. יעוין עוד בשיעוריי למסכת הוריות, בשיעור בעניין קהל ארץ ישראל, עמ' 63-73.

שם ארץ ישראל ומקום השכינה

דנו עד כה בארבעה מושגים: קדושת הקרקע המחייבת במצוות התלויות בארץ; קדושת המקדש המתרחבת אל כל הארץ; מעלת הארץ כמושב השכינה בארץ שאותה בחר ה׳; ארץ ישראל כמקום שבו כנסת ישראל מתאחדת לקהל אחד (ובה מקיימת היא את מצוות הציבור).

המושג הראשון, קדושת הארץ לעניין תרומות ומעשרות, ודאי נבדל הוא ושונה מן המושגים האחרים. אולם יש להסתפק מה היחס והזיקה בין שלושת המושגים האחרים. ניתן להציע שמתקיימת זהות בין שלושת המושגים, שאינם אלא שלושה ביטויים של רעיון אחד ויחיד ושלושה פנים של אותו מושג: שכינת הקב״ה שורה בארץ ישראל.

לפי הבנה זו, שם ארץ ישראל מגדיר מהי הארץ המיוחדת לה׳ שבה שוכנת שכינתו, ומפאת כך יושבי הארץ הם קהל ישראל. כמו כן, ישנה זהות בין קדושת ארץ ישראל היונקת מן המקדש וקשורה אליו לבין השראת השכינה. הלא זהו ייעודו של המקדש: ״ושכנתי בתוכם״ (שמות כ״ה, ח) – שכינה שמרכזה במקדש ומשם מתפשטת היא לכל הארץ. אם נאחז בהבנה זו אזי כל ההלכות האמורות לעיל, שיסודן שם ארץ ישראל ולא חובת הקרקע, נובעות הן בשורשן מיסוד אחד. השכינה שורה בארץ ישראל, ומשום כך היושבים בארץ – שם ציבור עליהם. קדושת המקדש של הארץ, הגדרת ציבור שאינו אלא בארץ ישראל והשראת השכינה בארץ ישראל, כל אלו חד הם.[13]

מאידך גיסא, ניתן לפצל בין הבחינות, הן מבחינה רעיונית והן מבחינת ההיקף הגיאוגרפי. ייתכן דישנו שם ארץ ישראל כאזור מסוים וכיחידה גיאוגרפית, שאינו תלוי בהשראת השכינה בה ואף קדם לבחירתה בידי הקב״ה.[14] כן ניתן לדבר על מעלת הארץ כמקום השכינה ללא זיקה לקדושתה היונקת מעולם המקדש. בדומה לכך, שמא אף ניתן לפצל את מעמד בני ישראל כציבור מהיבטים אלו של השכינה והמקדש. במידה שנאמץ הבנה זו, הרי ייתכן שאף ישנו הבדל מבחינת ההיקף הגיאוגרפי. ושמא יש לחלק בהקשר זה, למשל, בין גבולות ההבטחה ובין הארץ שכבשו עולי מצרים.[15]

13. מו״ר זצ״ל, כמובא לעיל, ראה את שם ארץ ישראל ואת קדושת המקדש כמושגים זהים, שעניינם השראת השכינה בארץ.
14. אף אם אכן שם ארץ ישראל קשור במהותו עם השראת שכינה, אפשר שמדובר בשתי רמות ובאופנים שונים של קדושה.
15. מדאתינן להכי, שייתכנו רמות שונות של קדושת הארץ ואזורים שונים בה, יש להעלות אפשרויות

שם ארץ ישראל – היקפו ואופן החלתו

מוטל עלינו לברר עוד איך נוצר וחל שם ארץ ישראל, ומהו המרחב הגיאוגרפי שעליו הוא נקרא. וכל זאת מתוך השוואה לקדושת הקרקע של הארץ.

חילוק אחד ברור מתקיים בין קדושת ארץ ישראל ובין שם ארץ ישראל ביחס להיקף הגיאוגרפי, לכל הפחות לדעת הרמב"ם: הראשונה חלה כיום על גבול עולי בבל, בעוד השני מתייחס לגבול עולי מצרים. אולם, עוד יש להציע שישנו הבדל גם ביחס לאופי המעמד ההלכתי ולדרכי החלתו ויצירתו. דבר ברור הוא שקדושת הקרקע המחייבת בתרומות ובמעשרות קשורה ואחוזה במעשיה של כנסת ישראל. לדעת רוב הראשונים (לבד מהבנת התוספות את שיטת רבנו חננאל, שבה נדון להלן), קדושה ראשונה מושרשת בכניסת ישראל לארץ בימי יהושע ומפאת הורשתם את הארץ. כל מקום שכבשו באי הארץ נתקדש בקדושה ראשונה. במקביל, שיבת עולי בבל בזמן עזרא היא הבסיס לקדושה השנייה, והמקומות שבהם נאחזו שבי ציון הם שנתקדשו בקדושה זו. אם כן, במקביל יש לדון ביחס לשם ארץ ישראל, האם תלוי אף הוא במעשיה של כנסת ישראל.

לשם כך, יש ללבן ולברר כיצד בפועל נוצר שם ארץ ישראל. מוריי ורבותיי קישרו עניין שם ארץ ישראל עם היותה הקניין הממוני הכללי של ישראל, רכושו של כלל ישראל. יעוין במה שכתב מו"ח זצ"ל בצעירותו באגרותיו: "דדין ארץ ישראל לגבי עיבור השנה לא בעי קדושת הארץ, אלא חפצא של ארץ ישראל ע"י כיבוש רבים בהלכות דיני ממונות וזכיית כל ישראל" (אגרות הגרי"ד, ריש הלכות מלכים אות ב).

וכעין זה כתב אחיו, מורי ורבי הגאון ר' אהרן סולובייצ'יק זצ"ל: "שם ארץ ישראל אשר מקורו בקנין ממון הכללי של ישראל, ואשר על כן נקראת בשם ארץ ישראל, דהיינו – הרכוש של כלל ישראל. ואפילו אם יכול להיות שלישראל יהיה קנין באיזה קרקע בחוץ לארץ, נראה שזה יהיה קנין פרטי שלו ולא קנין של כלל ישראל ביחד" (פרח מטה אהרן, ספר אהבה, קונטרס ענייני ארץ ישראל, עמ' 178).

נוספות של הבחנות בתוך דיני ארץ ישראל. למשל, שמא נחלק בין המצווה לגור בארץ לבין החיוב "ולא נעזבה ביד זולתנו מן האומות", כדברי הרמב"ן (ספר המצוות, השמטות למצוות עשה, מצווה ד). ועוד יש להציע שאף היכן שאין חיוב מצווה להתגורר, מעלה רוחנית תהא ליושב שם.

לפי דעתם, קניינו של כלל ישראל הוא שהחיל ושיצר את שם ארץ ישראל.[16] ויש להוסיף כי קיימת זיקה בין האופן שבו נטבע שם ארץ ישראל לבין היקפו הגיאוגרפי. אם שם זה חל באמצעות קניין ישראל, כהבנתם, אזי מצומצם הוא לגבולות שאותם קנה ושבהם זכה עם ישראל.

ברם, ניתן להציע ניסוח שונה מעט. שמא קידוש הארץ לעניין תרומות ומעשרות בקדושה ראשונה, באמצעות כיבוש הארץ, הוא שהחיל אף את שם ארץ ישראל. אכן, שלא כקדושת הארץ, שם זה לא נתבטל בחורבנה של הארץ. לאחר שנקרא אזור מסוים בשם ארץ ישראל, מכאן ואילך לא ניתן להפקיע ולבטל חלות זו. לפי הצעה זו, שם ארץ ישראל נקרא רק על המקומות שנתקדשו בקדושה ראשונה. ודאי שכך הוא להסבר מרן בדברי הרמב"ם דלעיל, שסמיכת הזקנים ניתנת להתקיים בכל גבול עולי מצרים (הלכות סנהדרין פ"ד ה"ו). לחילופין, יש להעלות גם הצעה שלישית, ששם הארץ נקרא בידי אברהם אבינו ע"ה ההולך הלוך ונסוע צפונה ונגבה.

הצד השווה לכל ההסברים האלו הוא כי מעשה אדם ופעולת כנסת ישראל הם המחילים את שם הארץ. כשם שקדושת הארץ תלויה במעשיה של כנסת ישראל ונוצרת על ידה, כך גם שם הארץ.

מצד שני, יש לומר ששם ארץ ישראל כל כולו נובע מבחירתה של הארץ בידי ריבונו של עולם. זו בחירה א־היסטורית, שקדמה לברית עם כנסת ישראל ושאינה קשורה לפעולותיה. לפי זה, כל אופי וטיב המעמד ההלכתי דשם ארץ ישראל שונים הם. אף כאן בקדושה עסקינן, אך זו קדושה הבאה מלמעלה, שאינה נוצרת בידי אדם ושאין לה שום נגיעה למעשי בני האדם.

בהקשר זה נמצא פנים לכאן ולכאן בדברי הכפתור ופרח. בדבריו המצוטטים לעיל (פרק י) תלה הוא את מעלת הארץ בקדושה הראשונה; לעומת זאת, בתחילת אותו הפרק כתב הוא על בחירתה של הארץ בידי הקב"ה מימות עולם, עוד מששת ימי בראשית, כבחירה קדמונית וא־היסטורית, שאינה תלויה במעשינו.

ריה"ל בספר הכוזרי (מאמר שני, יד) האריך במעלת הארץ עוד מימות עולם, דעליה התקוטטו קין והבל, ועל אודותיה נפלה קנאה בין יצחק וישמעאל; יעוין

16. ייתכן שיש הבדל מסוים בניסוחיהם. הגרי"ד דיבר על כיבוש רבים ואילו אחיו הגר"א סולובייצ'יק הזכיר בדבריו רק את הצורך בזכיית כל ישראל. אפשר, אם כן, שלפי ר' אהרן אין צורך בכיבוש ממש אלא די בזכייה ממונית. אך זה תלוי בהבנת הדרישה של כיבוש רבים – האם הכוונה היא דווקא לכיבוש באמצעות מלחמה, או לכל זכייה [הערת העורך].

בדבריו במלואם. מדבריו משתמע בבירור שמעלת הארץ קדמה לפעולות בני האדם, וכי מעלתה וקדושתה אינם היסטוריים אלא נקבעו בבריאה עצמה, מעין קדושת שבת.

אליבא דהרצאת דבריהם, פן זה של הארץ מנותק מן ההיסטוריה בשני מובנים. ראשית, הארץ נבחרה עוד בטרם הרים יולדו ומקדמת דנא, ולא נתרחשה הבחירה בנקודת זמן מסוימת במהלך שנות דור ודור. שנית, פן זה לא הוחל והוטבע בארץ באמצעות בני אדם ומעשיהם, אלא בידי גבוה מלמעלה.

על פי תפיסה זו, בהכרח יש לומר שממד זה של מעלת הארץ וקדושתה אינו פוקע לעולם, שהרי אין לו שיג ושיח עם המציאות ההיסטורית הספציפית. מעלה זו נסכה בארץ והוטבעה בה בלי שום זיקה למצב ההיסטורי.

קביעה זו נראית כעומדת גם בבסיס דברי הגמרא ביומא (נד ע״ב), על אודות אבן השתייה, ״שממנה הושתת העולם״. וכדעת חכמים שם, שמציון נברא העולם. הרי לנו שמעלת ציון וקדושתה שורשן עוד בימי בראשית של בריאת העולם, בטרם היום אשר ברא אלוקים אדם על הארץ.

ניתן אף לחשוב על דרך ביניים. שמא יש להציע כי עצם הבטחת הארץ לאבות החילה והטביעה את ייחודיותה של הארץ. נמצא לפי הצעה זו, ששם ארץ ישראל הוחל מלמעלה בידי הקב״ה, אך כחלק מן ההיסטוריה ולא כבחירה א־היסטורית. אפשרות זו משפיעה אף על היקף שם ארץ ישראל, שהרי לפיה יש לזהות את שטח ארץ ישראל עם כל הארץ המובטחת.[17]

אופי הקדושה

שתי הבנות אלו משקפות ומבטאות שתי תפיסות יסוד בנוגע לאופי תופעת הקדושה בכלל וזיקתה להיסטוריה, תפיסות החוזרות ונשנות בפרקים שונים של חיבור זה. ניתן לראות את הקדושה כמי שמראש נחקקה בבריאה. מלכתחילה, עם יצירת העולם והטבע עצמם, נקבע הקדוש והובדל. אך ניתן גם לומר שהקדושה אחוזה בהיסטוריה. השתלשלות ימות עולם ומעשי בני האדם הם הקובעים מיהו ומהו הקדוש.

לפי הגישה הראשונה, מקור הקדושה הוא בידי שמים. הקדושה באה מגבוה, היא נתונה בידי הקב״ה ומפתחות יצירת הקדושה מסורים לו לבדו. אנו רק מכירים

17. בכפתור ופרח יש גם בהקשר זה נימות שונות: הוא מדבר הן על גבולות ההבטחה לאבות, הן על הגבולות המתוארים בפרשייה במסעי, והן על הנכבש בימי יהושע.

בקדושה הקיימת ומגיבים אליה. ברוח זו מרבים חכמי הקבלה לדבר על גילוי ניצוצות והסרת קליפות, על העלאת הגנוז וחשיפת החבוי.

אך ההלכה הצרופה יודעת רק על מציאות סתמית ואפרורית, שלתוכה נוסך אדם תוכן, ושעליה הוא מטביע גושפנקא. כל שעה מוכשרת להתעלות ולהתקדשות ואף כל שעה תובעת התעלות זו. אמנם, במישור ההלכתי הפורמלי של החלת קדושה, לא הכול פתוח. אף שאפשר להקדיש כל חפץ לגבוה – לפחות לבדק הבית (כדברי הגמרא במעילה: "ולא יהא אלא דאקדיש אשפה לבדק הבית" [טו ע"א]) – הרי שלא כל מועד יכול להפוך לחג ולא על כל אתר יכולה לחול קדושת הארץ. אך היסוד המרכזי בתפיסה זו – והוא עובר כחוט השני במחשבתו של הרב ז"ל – הינו חידוש של ממש. האדם יכול לחדש יצירה המקבילה ברמתה ליצירה הקמאית של הקב"ה: "כל המתפלל בערב שבת ואומר ויכולו מעלה עליו הכתוב כאילו נעשה שותף להקב"ה במעשה בראשית" (שבת קיט ע"ב). הקב"ה מסר את מפתחות הקדושה לכנסת ישראל בכלל ולאדם מישראל בפרט, והם יוצרים את הקדושה. איננו חושפים או מגלים קדושה הקיימת זה מכבר; אנו בוראים ויוצרים אותה.

הדגש על נימת היצירה והשותפות במעשה בראשית בא לידי ביטוי בקטע מחשבתי מאלף שכתב אחד מגדולי ההלכה של ראשית המאה העשרים: "...ואל תדמו כי המקדש והמשכן המה עניינים קדושים מעצמם, חלילה. השם יתברך שורה בתוך בניו, ואם המה כאדם עברו ברית – הוסר מהם כל קדושה, והמה ככלי חול, באו פריצים ויחללוה. וטיטוס נכנס לקודש הקודשים וזונה עמו ולא ניזוק, כי הוסר קדושתו. ויותר מזה, הלוחות, מכתב אלוקים, גם המה אינם קדושים בעצם, רק בשבילכם, וכאשר זנתה כלה בתוך חופתה המה נחשבים לנבלי חרש, ואין בהם קדושה מצד עצמם, רק בשבילכם שאתם שומרים אותם... וכל הקדושות המה מצד ציווי שציווה הבורא לבנות משכן לעשות בו זבחים וקרבנות לשם יתברך בלבד" (משך חכמה, שמות ל"ב, יט).

בין שני קטבים אלה – קדושה כעובדה טבעית וקדושה כיצירה אנושית – קיים ערוץ ממצע של גילוי. לפי הצעת ביניים זו אין האדם מסתפק בהצבעה הצהרתית על קדושה הקיימת בעליל, ומנגד אין הוא נדרש לעצב בעצמו יחידה שקדושתה הינה פרי כפיו. נתבע הוא לתהליך של גילוי מציאות קיימת, תהליך הכרוך במאמץ ובהשקעה. תהליך זה יכול להיות מגוון ורב אנפין. לא הרי הסרת לוט כגירוד קליפות, ולא הרי שניהם כחפירה למעמקים או חתירה למרחקים. כמובן, אף בפיצוח ובפענוח יכולה להתבטא מקוריות רוחנית ואינטלקטואלית רבה. ואף על פי כן ברור ההבדל בין כל הניסוחים הללו לבין ההתייחסות לקדושה כיצירה אנושית צרופה.

מעמדו של עבר הירדן

מדברינו עד כה עולה, ששתי קדושות נפרדות ירדו לארץ ישראל. האחת היא קדושת הקרקע ביחס למצוות התלויות בארץ, שלגביה סובב והולך הדיון אם נתקדשה לשעתה או גם לעתיד לבוא. השנייה היא שם ארץ ישראל בנוגע למעלת הארץ, כמופיע בכפתור ופרח, ולפי דבריי – אף ביחס למצוות ציבור. מהרמב"ם עולה כי לחלוקה המושגית יש גם נפקא מינה גיאוגרפית: קדושת הקרקע של ארץ ישראל חלה על האזורים שבהם שהחזיקו עולי בבל, בעוד לדידו שם ארץ ישראל חל בכל השטחים שכבשו באי הארץ בימי יהושע. פיצול זה מרחיב את היקף השטח שבו חל שם ארץ ישראל, מעבר לאזורים שבהם חלה קדושת הקרקע.

לאור זאת יש לשאול אם ישנו, כלפי לייא, מקום שנתקדשה בו הקרקע בקדושה שנייה, אך חסרה בו השראת השכינה המיוחדת לארץ ולא הוטבע הוא בחותם שם ארץ ישראל. או שמא, מבחינה עקרונית, אי אפשר שתחול קדושת ארץ ישראל ללא הרובד הבסיסי יותר של שם ארץ ישראל. והנה מצינו פסוק ביהושע, שבו פונים בני ישראל אל בני גד וראובן, השוכנים בעבר הירדן המזרחי, ואומרים להם: "ואך אם טמאה ארץ אֲחֻזתכם עִברו לכם אל ארץ אֲחֻזת ה' אשר שכן שם משכן ה' והאחזו בתוכנו" (כ"ב, יט). הרי לנו שהכתוב קורא לעבר הירדן ארץ אחוזה טמאה, אף שבעצם ישיבתם שם קידשו בני גד וראובן את עבר הירדן לעניין חיוב הפרשת תרומות ומעשרות, שוודאי נהג שם מדאורייתא בימי הבית הראשון.

מתוך כך הציע הרדב"ז בתשובותיו (ח"ג סימן ר) שאין בעבר הירדן אלא "קדושת מצוות" אך לא "קדושת שכינה" (כניסוחו). אף שנתקדש עבר הירדן בקדושה ראשונה, לא חלה בו אותה השגחה ייחודית של "תמיד עיני ה' אלקיך בה", שאינה אלא ממערב לירדן. על כן מכנה אותו הכתוב אדמה טמאה. וכפי שהבאנו לעיל מן המשנה למלך, שגזירת טומאת ארץ העמים חלה רק על הארצות שאינן כלולות בשם ארץ ישראל, ואינה תלויה בקדושת הקרקע.

הצעה זו מותנית בכך ששם ארץ ישראל אינו קשור דווקא לגבולות עולי מצרים. אף האזורים בעבר הירדן שנכבשו בידי נוחלי הארץ לא זכו שיחול עליהם שם ארץ ישראל.[18]

18. אפשר שזו כוונת הספרי זוטא, האומר: "שארץ כנען כשרה לבית השכינה, אין עבר הירדן כשר לבית השכינה" (פרק ה פס' ב).

מצינו בתורה, שעבירות מסוימות יכולות לטמא את ארץ ישראל: "אל תִּטַּמְּאוּ בכל אלה כי בכל אלה נטמאו הגוים אשר אני משלח מפניכם. ותטמא הארץ ואפקד עֲוֺנהּ עליה ותקִא הארץ את ישביה. ושמרתם אתם את חֻקֹּתַי ואת משפטַי ולא תעשו מכל התּוֹעֵבֹת האלה האזרח והגֵּר הגָּר בתוככם. כי את כל התועבֹת האל עשו אנשי הארץ אשר לפניכם ותטמא הארץ. ולא תקיא הארץ אתכם בטמאכם אֹתה כאשר קאה את הגוי אשר לפניכם" (ויקרא י"ח, כד-כח).

אם נקבל את דברי הרדב"ז, אזי יש להוסיף עליהם שטומאה זו שייכת רק בתחום ארץ ישראל שממערב לירדן, שבו שורה השכינה. כתוצאה מעבירות חמורות עלולה ח"ו השכינה להסתלק. ברם, עבר הירדן אינו מלכתחילה בר־חילול. אף שקדוש הוא לעניין המצוות התלויות בארץ, אין בו נוכחות שכינה המיוחדת לארץ ישראל, וממילא גם אין בו הסתלקות שכינה.

מקור להבדל זה נמצא אולי בדברי הרמב"ן בריש פרשת בהר: "'ובכל ארץ אחֻזתכם'... ואמר 'ובכל', שהיא תנהג בכל ארץ אחוזתנו, גם בעבר הירדן ובכל מקום האחוזה, לא בארץ ה', אשר שם המקדש בלבד" (ויקרא כ"ה, כד).[19] הרי שהמונח "ארץ ה'" נתייחד לדבריו לארץ ישראל המערבית בלבד. ועוד יותר מפורש כן בדבריו בחומש במדבר (כ"א, כא): "עוד אמרו רבותינו בעשר קדושות, שאין עבר הירדן ראוי לבית המקדש ולשכון השכינה, וכן נראה בכתוב, שאמר: ואך אם טמאה ארץ אחזתכם וגו'".[20]

בנוסף, יש לעיין שוב בפסק הרמב"ם בעניין עגלה ערופה: "אין דין עגלה ערופה אלא בארץ ישראל וכן בעבר הירדן" (הלכות רוצח פ"י ה"א). מלשונו מדויק שעבר הירדן אינו מעיקר ארץ ישראל, אלא כעין תוספת. ואכן, הן התוספתא (סוטה פ"ט ה"א) והן הספרי (שופטים פיסקה רה) נזקקים לגזירת הכתוב מיוחדת כדי ללמוד דין זה לגבי עבר הירדן (אם כי הם מביאים שתי דרשות שונות). ונראה לבאר זאת על סמך דברי הפרשייה במסעי, שרציחה מטמאת את הארץ: "ולא תְטַמֵּא את הארץ אשר אתם ישבים בה" (במדבר ל"ה, לד). עגלה ערופה באה כדי לטהר את הארץ ולכפר עליה בעקבות טומאת הרצח. הטהרה והכפרה המיוחדות הללו קשורות בעליל להשראת השכינה בארץ, וזו מיוחדת דווקא לארץ ישראל המערבית.[21]

19. יש לעיין אם "המקדש" בלשון הרמב"ן פירושו בית המקדש, או נוכחות שכינה ככלל; ואפשר דהיינו הך [הערת העורך].
20. שם גם הוסיף הרמב"ן דאין עבר הירדן "ארץ זבת חלב ודבש". אמנם, למרות סייגים אלו, דעתו שם היא שעבר הירדן נחשב לחלק מירושת ישראל והובטח לאבות.
21. אפשר שריבוי עבר הירדן בא מכוח היבט אחר של מצווה זו.

נחלקו התנאים ביחס להבאת ביכורים מעבר הירדן: "ואלו מביאין וקורין... מעבר הירדן. ר' יוסי הגלילי אומר: אין מביאין מעבר הירדן, שאינו ארץ זבת חלב ודבש" (ביכורים פ"א מ"י). בירושלמי שם מובאת לכך ילפותא: "אשר נתת לי – ולא שנטלתי לי מעצמי", בעוד את עבר הירדן כבשו בני ישראל מדעתם שלהם. ייתכן שזוהי ילפותא מקומית בהלכות הבאת ביכורים; מאידך, אפשר שהחיסרון של "נטלתי מעצמי" הוא פגם בעצם קדושת המקום ביחס להשראת השכינה בתוכו.[22]

להלן, לקראת סיומו של פרק זה, נחזור לדון במעמדו של עבר הירדן, מתוך זווית שונה במקצת.

תהליך קידוש הארץ

לעיל דנו באופן שבו חל שם ארץ ישראל. כעת יש לדון באופן דומה בקדושה הראשונה והשנייה של הארץ. קדושת הארץ נידונה בחז"ל בהרחבה, ותהליך הקידוש אף הוא מצוין בכמה סוגיות. עם זאת, למרבית הפלא, פרטי התהליך, תכסיסיו ואופיו לוטים במידה רבה בערפל, שאף הראשונים לא פיזרוהו לחלוטין. ונותר לנו, אם כן, מקום להתגדר בו.

מצינו תפיסות שונות לגבי עיצוב הקדושה, הבוקעות בעליל ממחלוקת הראשונים לגבי סדר השתלשלותה. דהנה יעוין בסוגיה ביבמות (פב ע"ב), שבה נחלק רבי יוחנן על ריש לקיש וקבע שתרומה בזמן הזה דאורייתא. רבי יוחנן ציין את הברייתא בסדר עולם כתנא דמסייע ליה: "דתניא בסדר עולם: אשר ירשו אבותיך וירשתה, ירושה

22. ילפותא מעין זו מובאת גם במדרש תנאים לדברים (פרק כ"ו, ג). אור החיים הבין במקום אחד כי ילפותא זו באה להוציא את עבר הירדן מן ההבטחה לאברהם: "ארץ סיחון ועוג אינה בכלל ארץ שנתן ה' לאברהם, וכדתניא וזה לשונם: לתת לך פרט לעבר הירדן שנטלת מעצמך" (במדבר ל"ב, ז). אכן, במקום אחר כלל אף את עבר הירדן בהבטחה לאבות, אך רק כשלל ולא כמקום דירה: "ופירוש ברייתא של ספרי שאמר פרט לעבר הירדן הוא על ישיבת הארץ... ויהיה זה כענין קדושת הארץ עצמו, שמצינו עשר הדרגות קדושה בארץ עצמה במקומותיה, ותהיה ארץ סיחון ועוג פחותה למטה, והגם שנתן ה' אותה לאברהם, תהיה לשלול עַמה וגוף הארץ תהיה כשאר השלל או לשַמה אבל לא לדירה" (דברים ג', יג). ועוד יעוין ברמב"ן על התורה (דברים ב', י), שמדבריו משתמע שאכן עבר הירדן הובטח לאברהם, אלא שניתן ללוט ולעשו כמתנה. שאלה זו, אם עבר הירדן הובטח לאברהם כנחלה, תשפיע על מעמדו, אם נבין ששם ארץ ישראל חל על ידי הבטחת הארץ לאבות (אלא אם כן נאמר שזו הבטחה לעתיד לבוא, שאינה מתממשת כעת, או שדרושה הבטחה המייעדת את עבר הירדן למגורים). ויעוין עוד בבית הלוי חלק ב סימן נ, ביחס לשיטת הרמב"ם בביכורים בעבר הירדן.

ראשונה ושניה יש להן ושלישית אין להן". ופירש רש"י שם: "ירושה ראשונה בימי יהושע הויא ירושה, וכן שניה דבימי עזרא". אך בתוספות שם (ד"ה ירושה) הובא פירוש נוסף: "פר"ח, ראשונה – ירושת אברהם יצחק ויעקב, שניה – ירושת יהושע; ומשם ואילך קדשה לעולם". אם באנו לשער מה הניע את רבנו חננאל לדחות את השיטה שאימצו רוב הראשונים, ניתן לציין שלדבריהם צריך עיון במה נשתנתה קדושת עזרא מקדושת יהושע, ומדוע זו שורדת אף לאחר החורבן, בעוד רעותה פקעה בהעדר הנסיבות שליוו את החלתה.

אך השיטה כשלעצמה אינה ברורה כל צרכה; הן לגבי הבהרת עצם תוכנה והן לגבי הסברה. ממרוצת דברי התוספות מתקבל הרושם שהם ראו את נושא הברייתא דסדר עולם כמקביל לעניין קידשה לשעתה או קידשה לעתיד לבוא, הנידון בכמה סוגיות לגבי קדושה ראשונה או שנייה (מגילה י ע"א; יבמות טז ע"א; חולין ז ע"א ועוד). ודומה שכך לדידם פני הדברים אף לשיטתו של רבנו חננאל. שהרי בהמשך דבריהם הקשו על פירושו כדלהלן: "ולא יתכן לפרש כן, דבסוף פרק יוצא דופן (נידה מז ע"א) מפליג ר' יוסי בין תרומה לחלה, וא"כ קדושה שניה היא קדושת עזרא". מדבריהם משמע שהבינו שלדעת רבנו חננאל בכל מקום שדן הש"ס על "קדושה ראשונה" הכוונה לקדושה שבימי האבות. להבנה זו, מעמד הארץ וקדושתה בימי האבות לפי רבנו חננאל זהים הם למעמד הארץ ולקדושתה שמימות יהושע ועד חורבן בית ראשון לפי רוב הראשונים.

ברם, הבנה זו בפירוש רבנו חננאל אינה הכרחית, וייתכן שאין קשר בין ירושה ראשונה ושנייה דרבי יוסי בסדר עולם לקדושה ראשונה ושנייה של כל הש"ס. רבי יוסי קבע שבתהליך ירושת הארץ והשתלטות כנסת ישראל עליה היו שני שלבים, שהרי ברור שביאת יהושע הוסיפה מבחינת ירושת הארץ רובד שלא היה בימי האבות. לדידו, לא תהיה ירושה שלישית, שכיוון שהתממש תהליך הירושה במלואו וכנסת ישראל השתלטה על הארץ, הושלמה הזיקה המלאה של עם ישראל לארצו, ושוב אין מה לחדש בה מבחינה זו. כל זה בנוגע לירושה, אך לא בנוגע לקדושה. אשר לשאלות אימתי לראשונה חלה קדושת הארץ, והאם התבטלה וחלה שוב, לשאלה זו לא התייחס רבי יוסי כלל. בכל הנוגע לשאלת הקדושה, בהחלט ייתכן שיסכים רבנו חננאל עם השיטה הרווחת, כפי שניסחה הרמב"ם.[23]

23. ניתן לחלוק על הבנת התוספות בדברי רבנו חננאל גם באופן אחר. ניתן להציע כי הר"ח חלוק גם בהבנת המילים "יש להם" ו"אין להם", ולדעתו הברייתא מתפרשת כך: ירושה ראשונה (= של האבות) יש לה ביטול, ירושה שנייה (= של יהושע) יש לה ביטול, ואילו ירושה שלישית

אך לפי הבנת התוספות, שיטת רבנו חננאל ביחס לגורם המְקדש טעונה ליבון, וזאת משתי בחינות. הלוא קידוש הארץ תלוי לכאורה בכיבוש רבים (כמשתמע מן הסוגיות בגיטין ח ע"א ובעבודה זרה כא ע"ב; ונעסוק בכך בפרוטרוט בהמשך). מכאן שיש לדון במסגרת שיטת רבנו חננאל בשני התנאים, הן באופי הכיבוש והן בצורך ברבים. נפתח תחילה בדרישה של "רבים".

מדוע דחו שאר הראשונים את שיטת רבנו חננאל (כהבנת התוספות בדבריו)? בפשטות, היינו מפאת היות האבות יחידים, שלא היה ביכולתם לקדש את הארץ. אכן, הדבר תלוי באשלי רברבי, ונחלקו בדבר הרמב"ם והתוספות. הרמב"ם סבר שאף בארץ ישראל עצמה ישנו תנאי הכרחי של "רבים" בכדי לקדשה: "אבל יחיד מישראל או משפחה או שבט שהלכו וכבשו לעצמן מקום, אפילו מן הארץ שניתנה לאברהם, אינו נקרא א"י כדי שינהגו בו כל המצות" (הלכות תרומות פ"א ה"ב). לדעתו, החיסרון בכיבוש יחיד אינו מוגבל לארצות חו"ל, ואף הארץ שהובטחה לאברהם אינה מתקדשת באמצעות כיבוש יחיד.

מאידך, התוספות בעבודה זרה הניחו בפשטות כי "אי מא"י הוא אין זה קרוי כיבוש יחיד" (כא ע"א ד"ה כיבוש יחיד). לדעתם, הדרישה של כיבוש רבים אינה אלא בארצות חוץ לארץ, כאשר באים להרחיב את גבולות הארץ. הגבלה זו מוכרחת היא על פי שיטתם, שתובהר לקמן, כי החיסרון של כיבוש יחיד פירושו כיבוש חוץ לארץ קודם שנכבשה ארץ ישראל, שהיא פלטרין של מלך. לפי ניסוח זה פשיטא שבארץ גופא אין מקום לתנאי של כיבוש רבים.

לאור זאת, שיטת רבנו חננאל, לפום ריהטא, תלויה ועומדת במחלוקת זו. לפי הרמב"ם, שאף ארץ ישראל המובטחת לאברהם מתקדשת רק על ידי כיבוש רבים, אין מקום לומר שהאבות קידשו את הארץ, דהרי יחידים היו המה. ואילו אליבא דהתוספות אכן ניתן לְקיים את דעתו זו של רבנו חננאל.

ברם, יש להציע דאף אם נקבל את דעת הרמב"ם אין לדחות את שיטת רבנו חננאל. הצורך ברבים אליבא דהרמב"ם אינו מחמת מספרם הכמותי אלא משום היותם התגלמות כנסת ישראל. ואם כן, יש לומר שאף האבות, למרות היותם יחידים, גילמו את כנסת ישראל, ולכן גם כיבושם הוא בבחינת כיבוש רבים (אכן, הסבר זה תלוי גם במעמד האבות, ואכמ"ל).

(= של עזרא) תקפה לעולם, ואין לה ביטול. לפי זה הלכה למעשה פירושו של הר"ח מביא לאותה מסקנה כמו הפירוש המקובל, ושונה ממנו רק מבחינת הפרשנות המילולית של הברייתא. פירוש כזה בדברי הר"ח עולה מהגהות הב"ח במגילה י ע"א אות ה.

ברם, יש לדון בשיטת רבנו חננאל גם מבחינה נוספת, והיא רמת הכיבוש הנדרשת. דנראה פשוט שאם חלה קדושת הארץ בימי האבות, קשה מאוד להניח שכיבוש או שליטה בכלל הארץ הם המקדשים, שהרי אלה ודאי חסרו בימי האבות. ובכן, יש לחתור אליבא דרבנו חננאל להגדרה אחרת.

ונראה שלרבנו חננאל לא הכיבוש עצמו מקדש אלא תוצאותיו, היינו: הבעלות הממונית על הארץ. ואם זו מושגת על ידי קניין ללא כיבוש, אף בכך מתקדשת הארץ. וכך אירע בימי אברהם, שלא כבש את הארץ, אך קנה אותה על ידי מתנת הקב"ה.

נתינת הארץ לאבות ולזרעם

הבנה זו נשענת על ההנחה שאכן הייתה לאבות בעלות ממונית בארץ. הנחה זו אמנם נפוצה למדי, ולכאורה אף מושתתת על סיום ברית בין הבתרים: "ביום ההוא כרת ה' את אברם ברית לאמר לזרעך נתתי את הארץ הזאת מנהר מצרים עד הנהר הגדל נהר פרת" (בראשית ט"ו, יח). וכדברי רש"י על פסוק זה, בעקבות המדרש: "אמירתו של הקב"ה כאילו היא עשויה".

ולא עוד אלא שיסוד זה, לפום ריהטא, מיושם להלכה בסוגיה ביש נוחלין (בבא בתרא קיט ע"א). דהנה כלל גדול הוא שם בפרק, שאין הבכור נוטל פי שניים אלא בנכסים שהיו מוחזקים ביד האב בשעת פטירתו ולא בנכסים הראויים לבוא לרשות האב. מתוך כך, לגבי מה ששנינו (שם קטז ע"א): "בנות צלפחד נטלו ג' חלקים בנחלה, חלק אביהן שהיה עם יוצאי מצרים וחלקו עם אחיו בנכסי חפר ושהיה בכור נוטל שני חלקים", הקשתה הגמרא (שם קיט ע"א): "ואמאי, ראוי הוא, ואין הבכור נוטל בראוי כבמוחזק"; ואם כן, מפני מה זכה צלפחד בשני חלקים בנכסי אביו חפר, כדין בכור? על כך השיבה הגמרא: "ארץ ישראל מוחזקת היא"; אין לראותה כראויה לבוא בעתיד לידי צלפחד, אלא כמי שכבר הייתה מוחזקת בידו. ובפשטות, הייתה ארץ ישראל מוחזקת ביד יוצאי מצרים מפאת קניין האבות.

ברם, מתוך עיון מדוקדק יותר מתברר שהדבר רחוק מלהיות פשוט, ויש להבהיר את זיקת האבות לארץ ישראל לאשורה. נקודת המוצא היא, כמובן, בפסוקים. בהבטחה הראשונה לאברהם מוזכר זרעו בלבד, כנאמר: "לזרעך אתן את הארץ הזאת" (בראשית י"ב, ז). בהבטחה השנייה הוזכר אף אברהם עצמו: "כי את כל הארץ אשר אתה רֹאה לך אתננה ולזרעך עד עולם" (שם י"ג, טו). בהמשך מוזכר רק אברהם: "קום התהלך בארץ לארכה ולרחבה כי לך אתננה" (שם י"ג, יז). לפני ברית בין הבתרים מוזכרת רק זכייתו שלו: "לתת לך את הארץ הזאת לרשתה" (שם ט"ו, ז),

ואילו בעקבותיה מוזכרים רק צאצאיו: "לזרעך נתתי את הארץ הזאת" (שם ט"ו, יח). בהמשך שוב מדובר בנתינה כפולה. כך בדיבור נוסף לאברהם, כאשר נצטווה על המילה: "ונתתי לך ולזרעך אחריך את ארץ מְגֻרֶיךָ את כל ארץ כנען לאֲחֻזַּת עוֹלָם" (שם י"ז, ח); כך בדיבור ליצחק: "גור בארץ הזאת ואהיה עמך ואברכך כי לך ולזרעך אתן את כל הארצות האל" (שם כ"ו, ג); וכך גם בדיבור ליעקב: "הארץ אשר אתה שֹׁכֵב עליה לך אתננה ולזרעך" (שם כ"ח, יג).

מדוע הכתוב מייחס את הנתינה לעתים לאברהם ולעתים לזרעו?[24] בנוגע לשאלה זו ניתן להציע כמה הסברים.[25] הפשוט שבהם הוא שבעצם אין כאן אלא נתינה אחת, לאברהם, שזכה בקניין שלם ומוחלט; אלא שהנתינה לאברהם מקפלת בתוכה אף נתינה לזרעו, היות שצאצאיו זוכים בנחלתו כיורשיו.

לפי זה, המוקד הוא הבטחת "לך אתננה". ואכן, לכאורה מצאנו שבקשר להבטחה זו נידון קניין הממון של אברהם אבינו בארץ. דיעוין בסוגיה בפרק המוכר פירות, שבה נחלקו רבי אליעזר וחכמים לגבי השאלה האם הילוך דינו כחזקה הקונה קרקע: "דתניא, הלך בה לארכה ולרחבה קנה מקום הילוכו, דברי רבי אליעזר; וחכמים אומרים: אין הילוך מועיל כלום עד שיחזיק. אמר רבי אלעזר: מאי טעמא דרבי אליעזר, דכתיב: קום התהלך בארץ לארכה ולרחבה כי לך אתננה. ורבנן, התם משום חביבותא דאברהם הוא דקאמר ליה הכי, כדי שתהא נוחה לכבוש לפני בניו" (בבא בתרא ק ע"א). הרי שפרשה זו נתפסת כדנה במעשה קניין צרוף לכל דבר.

ברם, פירוש זה, על אף מעלותיו, רצוף בקשיים ברורים. ראשית, אף שהוא מסביר בפשטות את תהליך הזכייה בארץ, אין הוא מתייחס כלל ועיקר להבדל בניסוח הפסוקים. אם אמנם מדובר במהלך רציף אחד, הרי היה צריך לתארו בצורה אחידה. מדוע לעתים מתייחס הכתוב לאברהם, לעתים לזרעו ולעתים לשניהם?

24. הדגשנו במיוחד את אברהם; יש לדון בנפרד בזיקה לשאר האבות.

25. הכלי יקר דן בשאלה זו, וזה לשונו: "קום התהלך בארץ לארכה ולרחבה... ועוד, כי מתחילה אמר: לזרעך עד עולם, ואחר כך אמר: כי לך אתננה, ולא הזכיר זרעך ולא עד עולם... והקרוב אלי לומר בכל זה, שהקנה הקדוש ברוך הוא אל אברהם את הארץ לקנות שמה שני מיני תועלת. האחד רוחני והוא נקנה בראייה לבד. ואחד גופני והוא נקנה מכי דיש אמצרי... ועל אותו שלימות [= הרוחנית] אמר: לך אתננה ולזרעך עד עולם, כי שלימות רוחני זה לא ימוש לעולם. ואחר כך אמר כנגד השלימות הגשמי הנקנה לו בארץ והיינו סתם נחלת שדה וכרם, וסתם קרקע אינה נקנית כי אם בחזקה גמורה, מכי דיש אמצרי, אמר: קום התהלך בארץ לארכה ולרחבה כי לך אתננה, ולא הזכיר לזרעו עד עולם כי הארץ ניתנה לישראל על תנאי, אם ישמרו חוקיו ותורותיו ינצורו" (בראשית י"ג, יז).

שנית, יש לבחון את ניסוח ההבטחה על פי השוואה למקומות אחרים שבהם מוזכרים אבות וזרעם. לנח ולבניו נאמר: "ואני הנני מקים את בריתי אתכם ואת זרעכם אחריכם" (בראשית ט', ט). בברית המילה נאמר לאברהם (מלבד אזכור הארץ): "ואתה את בריתי תשמֹר אתה וזרעך אחריך לדרֹתם" (שם י"ז, ט). גם בפרשיית התוכחה מוזכרים האבות החיים וזרעם העתידי: "והיו בך לאות ולמופת ובזרעך עד עולם" (דברים כ"ח, מו). פרשיית התשובה מבטיחה: "ומל ה' אלקיך את לבבך ואת לבב זרעך" (שם ל', ו); "למען תחיה אתה וזרעך" (שם, יט). בכל המקרים הללו ברור שהכתוב אינו מתייחס לבנים העתידיים רק בעקיפין, באמצעות האבות, אלא פונה אף אליהם במישרין. במה נשתנו פרשיות נתינת הארץ, שלגביהן נאמר שאזכור הזרע העתידי הוא רק מצד היותם יורשי אברהם?

שלישית, אליבא דאמת, אף להבנת התופעה אין הסבר זה מעלה ארוכה. דהנה סוגיות שלמות עוסקות, לאור המקראות, בתהליך חלוקת הארץ. וכך גרסינן: "איבעיא להו, ארץ ישראל לשבטים איפלוג או דלמא לקרקף גברי איפלוג" (בבא בתרא קכא ע"ב). והרי אם נבין שהארץ כבר ניתנה במתנה גמורה לאברהם, ונוחלי הארץ זכו בה כירושה פשוטה, האיך יעלה על הדעת שלשבטים איפלוג, וכל שבט קיבל חלק שווה? והלוא לכל יחיד מגיע חלק בתורת יורש, על פי כללי משמוש נחלה!

אמנם, ניתן לדחות הוכחה זו, אם נפרש כמסקנת הראב"ד,[26] שהסוגיה לא דנה בקביעת הזכאים לנחלה, אלא בטכניקת החלוקה בלבד: "כי לא היתה השאלה אלא על אורים ותומים אם הוזקקו בין איש לאיש, והשיב שלא הוזקקו אלא בין שבט לשבט" (לשון הראב"ד בשיטה מקובצת שם). אך דחייה כזו אינה אפשרית ביחס לדיון המרכזי בעניין חלוקת הארץ, היינו: מחלוקת רבי יאשיה ורבי יונתן האם ליוצאי מצרים או לבאי הארץ נתחלקה הארץ (שם ע"א, ובירושלמי שם פ"ח ה"ב). לגבי סוגיה זו ודאי יש לשאול, מה מקום יש לפלוגתתם אם אכן מדובר בחלוקת ירושה גרידא? הלוא ברור שיש לחלק את הארץ על פי כללי נחלה ממשמשת והולכת (בדוחק יש להציע שעל ידי גרות אבותינו בסיני הופסקה הנחלה; אך עדיין הדברים מרפסן איגרי).[27]

26. ודלא כדברי הרמב"ן (בראשית מ"ח, ו), שהשיג על רש"י בנידון.

27. יעוין בדברי הגאון ר' משה הלוי סולובייצ'יק זצ"ל בחידושיו: "אין זכות ירושה מאבותינו וחלוקתה מתאימה עם דיני זכייה וחלוקה שנאמרו ביורשים מפרשת נחלות, כי כאן נשנתה הלכה של זכייה וחלוקה מיוחדת, שנאמרה בפרשת חלוקת הארץ. והרי חזינן מחלוקת התנאים, אם ליוצאי מצרים או לבאי הארץ נתחלקה, וכל פלוגתא זו שייכת רק לדינה המיוחד של זכיית וחלוקת הארץ, ואינה מעניינה כלל דחלוקת יורשים על פי פרשת נחלות" (חידושי הגר"מ הלוי, הלכות ביכורים פ"ד ה"ג) [הערת העורך].

על כן, לכאורה מסתבר לבאר כפשטות הפסוקים, שלזרע האבות הוענקה נתינה בפני עצמה, ושהיו שתי זכיות נפרדות בנחלת הארץ. אלא שצריך לעמוד על טיבן של שתי אלו ועל היחס ביניהן. אפשר להציע שלאברהם היה קניין ממוני פרטי בארץ ואילו זרעו זכה בקניין כללי־לאומי. קניין הכלל גבר על קניינו של הפרט, וממילא נתבטלו זכויות הירושה שהיו נעוצות בהלכות משמוש נחלה. כל אחד מנוחלי הארץ זכה אף בקניין פרטי בנחלתו, אך זאת מכוח הנחלה הכללית־הלאומית, כדמוכח מפרשיית ביכורים מחד ("האדמה אשר נתת לי" [דברים כ"ו, י]) ומפרשיית וידוי מעשר מאידך ("ואת האדמה אשר נתת לנו" [שם, טו]).

אלא שאם נסביר כך, הרי שהזיקה שבין שתי הזכיות רופפת היא למדי. אכן, זכיית הבנים בנחלת הארץ באה בעקבות זכיית האבות, אך שתי אלו אינן קשורות בטבורן. ויש לבחון האם לא ייתכן הסבר שיהיה מושתת על זיקה יותר הדוקה ביניהן.

הסבר כזה אכן נמצא בביאור היד רמה לדין דארץ ישראל מוחזקת היא. דיעוין בדבריו שם: "וסעמא דמילתא, דכי איכא לפלוגי גבי ראוי ומוחזק, בין היכא דמטא ההוא מדעם לידיא דמיתנא מחיים ובין היכא דלא מטא לידיה מחיים, במידי דהוה איפשר ליה לההוא דקאי ההוא מידעם (בירושתיה) [ברשותיה] לאברוחיה מיניה להאי מיתנא, דלא לירתו יורשין מיניה בתריה... אבל הכא בא"י, כיון דיהבה קב"ה לזרע אברהם יצחק ויעקב, הו לא הדר ביה; לא איש א־ל ויכזב ובן אדם ויתנחם ההוא אמר ולא יעשה ודבר ולא יקימנה. ונהי דדרי דהוו מרגזי קמיה גזר עלייהו דלא ליתבה נהלייהו, מיהו כיון דלא סגיא דלא יהיב לה לזרעא דידהו, איגלאי מילתא למפרע דמעיקרא זכו בה אבות, הוה כמאן דאקני ליה לאיניש קרקע מהיום ולאחר זמן פלוני א"נ מהיום ולכשיהיו כו"כ, ומת מקבל המתנה בתוך הזמן, דלכי מטי זימניה איגלאי מילתא למפרע דמההיא שעתא דאקני ליה קנייה מקבל מתנה לההוא קרקע ושקיל ביה בכור פי שנים" (בבא בתרא פרק ח סימן נו).

והנה בר מן דין שהוסיף בזה הרמ"ה נופך להגדרת דין ראוי ולנימוקו, גלומה בדבריו אף הבנה מחודשת בזכיית האבות והבנים בארץ. אלא שהבנה זו, לפום ריהטא, עמומה היא. הרמ"ה השווה את נחלת הארץ לדין המקנה (או המקדש) מהיום ולאחר זמן. נוסח זה הרי שנוי במחלוקת תנאים ואמוראים. שנינו: "מעכשיו ולאחר שלשים יום ובא אחר וקידשה בתוך שלשים יום, מקודשת ואינה מקודשת" (קידושין נח ע"ב). ובנידון זה נחלקו האמוראים שם בגמרא (נט ע"ב): "אמר רב: מקודשת ואינה מקודשת לעולם, ושמואל אמר: מקודשת ואינה מקודשת אלא עד ל' יום, לאחר ל' יום פקעי קדושי שני וגמרי קדושי ראשון. לרב מספקא ליה אי תנאה הואי אי חזרה הואי, לשמואל פשיטא ליה דתנאה הואי".

בהמשך שם (ס ע"א) מובאת גם דעה שלישית, דעת רבי יוחנן, הסובר כי במשך אותם שלושים יום "אפי' [קידושי] מאה תופסין בה". התוספות הסבירו את דעתו: "דר' יוחנן לטעמיה, דאית ליה בהאומר דמעכשיו ולאחר ל' לא הוי לא תנאה ולא חזרה, אלא ה"ק, דמעכשיו יתחיל הקנין ולאחר ל' יגמור" (יבמות צג ע"א ד"ה קנויה).

רב מסתפק האם הניסוח "מעכשיו ולאחר שלושים" מבטא תנאי או חזרה וחרטה מהקביעה הראשונית. ביחס לקב"ה אין כמובן מקום לדבר על חזרה; ולפיכך לו יצויר שננתח בעזרת שיטותיהם של רב ושמואל ביטוי דומה של הקב"ה, יסכימו שניהם שתנאי הוא זה. לפיכך, אם דברי הרמ"ה נאמרו אליבא דרב ושמואל (כמשתמע מהביטוי "איגלאי מילתא למפרע"), הרי שלפנינו גרסה מתוקנת של ההסבר הראשון שנידון לעיל לנחלת הארץ.

לפי הבנה זו, באופן עקרוני לא הייתה אלא נתינה לאברהם. ברם, חלות המתנה המקורית למפרע תלויה בביצוע החלוקה לפרטיה בדרך מסוימת דווקא. בכך מתורץ מה דהקשינו לעיל, שאם אין כאן אלא נתינה לאברהם אין מקום למחלוקת האם נתחלקו הנחלות ליוצאי מצרים או לבאי הארץ; הלוא הנחלות צריכות להתחלק לפי כללי משמוש נחלה. מעתה יש לומר שהארץ ניתנה לאברהם בזכייה גמורה, אך זאת בתנאי שתתחלק לזרעו באופן מסוים. המחלוקת בגמרא סובבת סביב השאלה מהי אותה דרך נכונה למימוש הירושה וכיצד מתממש התנאי, בעוד פשיטא לגמרא שמעשה ההקנאה היה לאברהם לבדו.

ברם, עדיין קשה על שיטה זו מן הפסוקים, שלעתים מתארים נתינה לאברהם, לעתים נתינה לצאצאיו, ולעתים נתינה לשניהם. לפיכך מסתבר שדברי הרמ"ה נאמרו אליבא דרבי יוחנן, כפי שהבינוהו התוספות. לפי שיטה זו, קניין "מעכשיו ולאחר שלושים" הריהו קניין ההולך ומתגבר באופן הדרגתי במשך אותם שלושים יום. ובמקביל נאמר שאף נחלת הארץ היא מתנה ההולכת ומתעצמת. הנתינה לאבות היא השלב הראשון, והנתינה לבנים היא השלב האחרון. כל שלב בתהליך נתינת הארץ תורם חלות חלקית, ותהליך זה מתגשם במלואו רק בצירוף שניהם.

על דרך זו מתיישבים הפסוקים והפרשיות כמין חומר. ניתן להתייחס לנתינה לאברהם ולזרעו בנפרד, ממש כקידושי ראשון וקידושי שני. אך ניתן אף להתייחס אליהם בצוותא, שהרי בניגוד לקידושי שניהם, הכא אין החלויות מתעמתות זו עם זו, אלא משלימות אהדדי, ויש רצף בין זכיית אברהם וזכיית זרעו.

נראה שאפשר להרחיק לכת עוד ולהציע שקניין ממון בפועל בארץ ישראל לא היה לאברהם, אלא רק לזרעו. דהנה יעוין בירושלמי על משנת בנות צלפחד (בבא בתרא

פ"ח ה"ב): "רבי יוחנן מתיב: והבאתי אתכם אל ארץ אבותיכם וגומר,[28] אם מתנה למה ירושה ואם ירושה למה מתנה, אלא מאחר שנתנה להן לשום מתנה חזר ונתנה להן לשום ירושה". מסקנת רבי יוחנן סתומה וחתומה, ובביאור כוונתו נראה שאין מדובר בשתי נתינות נפרדות שחלו זו אחר זו; הייתכן להוריש לאדם כירושה את מה שכבר זכה בו כמתנה? אלא בשני היבטים של נתינה אחת עסקינן. דהיינו, שמבחינת תהליך ההקנאה ודרך החלתה מדובר במתנה, המעורה בדעת מקנה ותופסת אך ורק מכוח יוזמתו. אך אשר לאופי הזכייה והרכישה, בניגוד למקורה, היא מוגדרת בחפצא כירושה. וזה פשר ההקנאה הכפולה שאותה הבטיח הפסוק. נקודת המוצא של תהליך ההקנאה שאותו יזם הקב"ה הייתה לשם מתנה, אך בסופו של דבר נתינה זו קיבלה צביון אחר, לשם ירושה.

אלא שצירוף זה אומר דרשני. מתנה – כל כולה פרי יוזמה בהווה; ירושה – מושתתת על יניקה מן העבר, או לחילופין, על תפיסת מקום המוריש.[29] והרי יש כאן שני הפכים בנושא אחד, וכיצד באמת יתקיימו שני המקראות הללו?

אמנם, מצאנו מעין זה במתנת שכיב מרע, לפי ההווה אמינא שהיא נלמדת מפרשת נחלות וחלה מדאורייתא (בבא בתרא קמז ע"א).[30] לפי הווה אמינא זו אכן מצינו מתנה החלה בתורת ירושה. אף על פי כן, הרי ברור שאין הנידון דומה לראיה. במתנת שכיב מרע הנותן מגדיר את המקבל כיורשו, ומעתה הלה נוחל את חלקו עם מות הנותן המוריש, כמוהו ככל שאר היורשים. תהליך כזה הוא, כמובן, נטול כל שחר לגבי מתנת הירושה מצד הקב"ה לכנסת ישראל, ותימא הוא איך אפשר לדבר כאן על ירושה; הלוא אין את מי לרשת. אך התשובה לכך פשוטה היא. כנסת ישראל יורשת את האבות, וזוהי המתנה שניתנה לה, היינו: הזכות לקבל את ירושתה.

ברם, לכאורה הדרא קושיה לדוכתא; שאם בירושה עסקינן מתנה למה לן. ויש להסתפק בירושה, שהיא בפני עצמה מספיקה להנחלת הארץ לכנסת ישראל.

28. לשון הפסוק הוא: "והבאתי אתכם אל הארץ אשר נשאתי את ידי **לתת** אֹתה לאברהם ליצחק וליעקב **ונתתי** אֹתה לכם **מורשה** אני ה'" (שמות ו', ח).

29. ייתכן שזה ההבדל בין ירושת הבן לבין שאר היורשים: הבן נכנס תחת אביו, בעוד אצל שאר היורשים הנחלה עוברת לרשותם. כך מתבאר מדוע פרשת נחלות פותחת במציאות של "ובן אין לו" (במדבר כ"ז, ח). שאין זאת רק משום דכך היה המקרה המסוים של בנות צלפחד, אלא משום שירושת הבן שונה מכל שאר יורשים. ואכמ"ל.

30. לדעת הריטב"א שם (ע"ב ד"ה ורבא) מדובר בדין תורה ממש, ודלא כדברי התוספות (על אתר ד"ה מנין) שמדובר באסמכתא בעלמא, אף לפי ההווה אמינא.

וביישובה נראה שאכן די בירושה, ככל שהדברים אמורים בנכסים שהיו בבעלות המוריש. אך אשר למעמד האבות בארץ, נראה שלא היה להם כשלעצמם קניין ממון בארץ, וכל בעלותם השתקפה בכך שנקרא שמם עליה, וזאת דווקא לעניין מסוים: שכאשר זכו בה יורשיהם, מפאת מתנת הקב"ה, הייתה הארץ מוגדרת כירושתם.[31] הקב"ה הינו המקנה ולא האבות, אלא שבגין הנתינה הראשונה לאבות הייתה הארץ מיועדת לזרעם כנחלה. מתוך שילוב המתנה והירושה התקיימה הנתינה בבחינת "לך ולזרעך אחריך". ברם, בעלות במובן המקובל לא הייתה לאבות.

ונראה שכך צריך להבין מה שנאמר בכמה פסוקים בתורה, שהקב"ה נשבע לאבות לתת את הארץ לזרעם: "על האדמה אשר נשבע לאבֹתיך לתת לך" (דברים ז', יג. ומעין זה גם בשמות י"ג, ה; דברים א', ח; שם ו', ז). מפסוקים אלו משתמע שהנתינה עצמה הייתה לזרע האבות ולא להם עצמם. אם נניח שהארץ ניתנה באופן שלם לאבות, כקניינם הגמור, ניסוחים אלו נראים תמוהים.

כדברינו אף משתמע להדיא מתשובתו של רבן גמליאל למינים, ששאלו אותו על מקור לתחיית המתים מן התורה: "עד שאמר להם מקרא זה: אשר נשבע ה' לאבֹתיכם לתת להם, לכם לא נאמר אלא להם, מיכן לתחיית המתים מן התורה" (סנהדרין צ ע"ב). ופירש רש"י שם: "אלא להם – דמשמע שהבטיח הקב"ה לאבותינו אברהם יצחק ויעקב שיתן להם ארץ ישראל, וכי להם ניתנה, והלא לבניהם ניתנה, אלא מלמד שעתידין לחיות ועתיד הקב"ה ליתן להם את ארץ ישראל". אם כבר זכו האבות בבעלות על הארץ, דברי הגמרא אינם מובנים. הלוא דברי הפסוק כבר התקיימו, ואין צורך לשם כך בתחיית המתים. אך לאור דברינו הם מובנים כמין חומר.

אלא שיש להדגיש שאין לראות בשבועה לאבות התחייבות גרידא, שלא העניקה להם כל מעמד בארץ, כאילו נשבע ראובן לתת מתנה לשמעון. הרי בשבועה מעין זו אין כל הגשמה של "כי לך אתננה". השבועה לאבות טומנת בחובה ממד של נתינה, על דרך מה שנתבאר לעיל, שבאמצעותה נתייעדה הארץ כנחלת האבות שתינתן לבנים, וייעוד זה מקפל בתוכו הבטחה ונתינה כאחד.

דבר זה למדנו מתורתו של מאור עינינו, הרמב"ן. בסיום פרשת וידוי מעשר

31. נחלקו אמוראים בגמרא (נדרים מח ע"ב) לגבי "קני על מנת להקנות", היינו, האם אדם יכול לזכות בחפץ באופן שבו כל קניינו מתבטא ביכולתו להקנותו לאחרים. לפי הסברנו, הרי קניין האבות הרי הוא ממש מעין זה, ותלוי לכאורה במחלוקת זו. ברם, לקושטא דמילתא הרי זה אף פחות מקני על מנת להוריש, שבכל קני על מנת להקנות הרי מי שקיבל את החפץ למטרה זו מורשה להקנותו לאחרים (למאן דאמר קני), ואילו כאן המקנה היה הקב"ה ולא האבות.

אומר הכתוב: "ואת האדמה אשר נתתה לנו כאשר נשבעת לאבֹתינו ארץ זבת חלב ודבש" (דברים כ"ו, טו). רש"י פירש: "כאשר נשבעת לאבתינו – לתת לנו; וקיימת". היינו, שהשבועה לאבות הייתה שייתן בעתיד את הארץ לבנים. על כך העיר הרמב"ן: "ואין צורך בכל זה, כי בכלל הדבור או השבועה – הנתינה". כלומר, עצם השבועה מהווה נתינה.

היוצא מדברינו, שבהחלט ניתן להבין שלא היה לאבות קניין בפועל בארץ. ואין לסתור הבנה זו מהמקורות שצוינו לעיל. בגמרא בפרק המוכר פירות אמנם משמע שאברהם קנה את ארץ ישראל בהילוך, אך הדברים רק נאמרו אליבא דרבי אליעזר, הלומד מהצו "קום התהלך בארץ" שהילוך קונה.

לדעת חכמים, "התם משום חביבותא דאברהם הוא דקאמר ליה הכי, כדי שיהא נוח לכבוש לפני בניו" (בבא בתרא ק ע"א). יש לפרש תשובה זו בתרי אנפין. אפשר להבין שחכמים מודים שמשום חביבותא דאברהם קנה הילוכו באופן חריג. שהרי אף הם מודים שלעתיב הילוך קונה, כגון בשביל של כרמים, הואיל ונעשה להילוך, כמבואר בהמשך הגמרא שם.[32]

לחילופין, ניתן לפרש שלדעת חכמים הילוכו של אברהם כלל לא היה מיועד לקנות את הארץ, אלא לסלול דרך בפני הדורות הבאים, ומעין דברי המדרש ביחס לירידת אברהם למצרים: "אמר הקב"ה לאברהם: צא וכבוש את הדרך לפני בניך" (בראשית רבה פרשה מ, ו). ועיין ברשב"ם בבבא בתרא על אתר (ד"ה כדי שיהא נוח), שפירש: "דהוו להו כיורשין ולא כגזלנין ולא יהיה רשות לשטן לקטרג ולא פתחון פה לבעל מדת הדין". לשונו קצת עמום, ויש לעמוד על משמעות כ' הדמיון ועל ההבדל שבין הרישא של דבריו לסיפא שלהם.

אך דברי הריטב"א שם ברורים למדי: "ורבנן משום חביבותא דאברהם, פי' להודיעו המתנה שנותן לו. ובמדרש אמרו: שתהא נוחה לכבוש לבניו, כלומר שלא יפסידוה זרעו בעונותיהם ושלא יוכל שטן לקטרג; אי נמי, שיבואו בטענה ובעידי אבות על שבעה עממין, ושלא יהא נראה כגזל. אבל אברהם ע"ה לא קנאה בהילוך אלא בדיבור, דאמירה לגבוה כמסירה להדיוט. ועוד דהא כתיב: ויט אהלה, והחזיק בה בישיבה, וקיי"ל מכר לו עשר שדות בעשר מדינות, כיון שהחזיק באחת מהן קנה

32. כך הבין המהרש"א (חידושי אגדות סנהדרין קיא ע"א ד"ה אמרתי): "ואף על גב דאיש אחר אינו קונה כל הקרקע בהילוך אורך, רק הדרך, משום חשיבותו דאברהם קנה כל ארץ ישראל, כדאמר שם".

כולם".[33] מסוף דברי הריטב"א אמנם משמע שהוא עצמו סבר שאברהם קנה את הארץ, אם באמירת הקב"ה ואם על ידי חזקה. אך, לפי פירושו, נופלת כל הוכחה לכך מהסוגיה כאן.

איברא דלאמיתו של דבר, אף אם נפרש שגם לרבנן ההילוך נועד לקניין, עדיין אין מכאן קושיה על דברינו; שהרי בהחלט ייתכן שאף הזכייה למטרת יעוד, כמורשה לדורות העתידיים, טעונה מעשה קניין.

כמו כן, אין להוכיח שלאבות היה קניין בארץ ישראל מדברי רש"י שהזכרנו לעיל על המילים "לזרעך נתתי" – "אמירתו של הקב"ה כאילו היא עשויה". דיעוין במקור הדברים במדרש: "ר' הונא ור' דוסתאי בשם רשב"ג: אף מאמרו של הקב"ה מעשה, שנאמר: לזרעך נתתי, אתן את הארץ אין כתיב כאן, אלא נתתי את הארץ הזאת. רבי יודן בשם רבי אבא בר כהנא אמר: יאמרו גאולי ה' אשר הוא גואלם לא נאמר, אלא אשר גאלם. א"ר אבון: כי פודה ה' את יעקב אין כתיב כאן, אלא כי פדה את יעקב. רבנן אמרי: אֶשרקָה להם ואקבצם כי אפדם אין כתיב כאן, אלא כי פדיתים. אמר רבי יהושע: ויברא ה' על כל מכון הר ציון אין כתיב כאן, אלא ברא, כבר היא ברואה ומתוקנת" (בראשית רבה פרשה מה, כב).[34] בדוגמאות שהביא המדרש, לגבי תהליכי גאולה וכינון המקדש וירושלים, אין מדובר בחלות הלכתית בעלת תוקף משפטי, אלא בחזון ובאופן התייחסות. מבחינה זו מתייחסים להבטחת ה' כאילו נתקיימה מיד, שהרי הגשמתה ודאית היא. אך מעשה מיידי לא היה כאן. כך אפשר להבין גם את הדוגמה של "לזרעך נתתי", המופיעה במדרש זה.

ולא עוד, אלא שיש סיוע לדברינו ממדרש נוסף, שצוטט אף הוא בידי רש"י. הכתוב מלמדנו: "ויהי ריב בין רֹעי מקנה אברם ובין רֹעי מקנה לוט והכנעני והפרזי אז יֹשֵב בארץ" (בראשית י"ג, ז). וביאר רש"י שם: "לפי שהיו רועים של לוט רשעים ומרעים בהמתם בשדות אחרים, ורועי אברהם מוכיחים אותם על הגזל, והם אומרים: נִתנה הארץ לאברם ולו אין יורש ולוט בן אחיו יורשו ואין זה גזל. והכתוב אומר: והכנעני והפרזי אז ישב בארץ, ולא זכה בה אברהם עדיין". בהסבר דברי רש"י ניתן

33. אכן, תמוה האזכור של דין אמירתו לגבוה כמסירתו להדיוט. דבכל מקום "אמירתו לגבוה" פירושו שהדיוט מקנה לגבוה, ואילו בדבריו המשמעות הפוכה, דהקב"ה נותן את הארץ להדיוט. ושמא הזכיר ביטוי זה כמליצה בעלמא.

34. הדוגמה האחרונה מישעיהו (ד', ה) על דרך הדרש היא, שהרי לפי פשוטו של מקרא האות ו' שבתחילת המילה "וברא" היא ו' ההיפוך.

להציע שטרם ניתנה הארץ לאברהם באותה שעה, אך ניתנה לו בהמשך, בברית בין הבתרים.

אך הניסוח במדרש על אתר מבהיר שכוונת הדברים אחרת היא: "היו אומרים להם רועי לוט, כך אמר הקב"ה לאברהם: לזרעך אתן את הארץ הזאת, ואברהם פרדה עתיקה ואינו מוליד, למחר הוא מת ולוט בן אחיו יורשו, ואִין אכלין מדידהון אינון אכלין. א"ל הקב"ה: כך אמרתי לו, לזרעך נתתי, אימתי – לכשיעקרו שבעה עממים מתוכה; והכנעני והפרזי אז ישב בארץ, עד עכשיו מתבקש להם רשות בארץ" (בראשית רבה פרשה מא, ו). הרי שלפי מדרש זה אף ברית בין הבתרים, שבה נאמר "לזרעך נתתי", לא הקנתה לאברהם בעלות מיידית על הארץ. ולאור דברים אלו יש לפרש אף את המדרש על "לזרעך נתתי" כפי שהוצע לעיל, שמבחינת החזון יש לראות את ההבטחה לאברהם כאילו נתגשמה מיד, אך נתינה מיידית של ממש לא הייתה כאן.

אשר לביטוי "ארץ ישראל מוחזקת היא", אף ממנו אין להקשות. שם עסקינן במעמד הנכסים ביחס להלכה שבכור אינו נוטל פי שניים אלא בנכסים המוחזקים בידי האב, ולא באלו שהינם בגדר ראוי. אין שום הכרח לזהות מוחזקות ביחס לחלק בכורה עם בעלות.

מצד אחד, תיתכן בעלות מוחלטת אף בנכסים שאינם מוחזקים, כמבואר ברמב"ם: "וכן אם היתה לאביו מלוה או היתה לו ספינה בים – יורשין כאחד" (הלכות נחלות פ"ג ה"א). אין הבכור נוטל פי שניים במלווה ובספינה בים, משום שאלו אינם מוגדרים כמוחזקים בידי האב, אלא רק כראויים לו. והרי פשיטא שלאב בעלות מלאה על ספינותיו שבים, ואף על פי כן ראויות המה ולא מוחזקות. ואף שהרשב"א בתשובותיו (ח"ד סימן קלב) חלק על דין הספינה, מכל מקום לא התייחס לעיקרון הגלום בדין זה, ויש מקום להניח שאף הוא מודה בו.

מאידך, ייתכן להגדיר כמוחזק אף נכס שלא היה בבעלות האב מעולם, שהרי מפורש בגמרא (בבא בתרא קכג ע"ב), וכך נפסק להלכה, שהבכור נוטל פי שניים בזרוע, בלחיים ובקיבה, אם היה השוחט ממכירי כהונה של האב ונשחטה הבהמה בחייו. והסבירו התוספות על אתר (ד"ה הכא): "בכל דוכתא עביד מכירי כהונה מוחזק... והיינו טעמא, שזהו מתנה מועטת ואסור לחזור בו ואפילו בדברים בעלמא. ואע"פ שאם רצה יכול לחזור בו, מכל מקום כל כמה דלא הדר הוי כמוחזק".

ויעוין בקצות החושן, שכתב: "מסופקני באחד שנשבע ליתן מתנה לחבירו חפץ פלוני, ומת המקבל קודם שהגיעה המתנה לידו, אם הוי ראוי לגבי בכור, כיון

דשבועה אינה עושה קנין, או נימא כיון דצריך לקיים שבועתו ואסור לו לחזור הו"ל החפץ שנשבע לתת לו כמו מוחזק" (סימן רע"ח ס"ק טו). ובהמשך דבריו הכריע את הספק כצד השני, על פי דברי התוספות הנ"ל.

והנה מסקנתו מרחיקת לכת למדי, ובפשטות נראה יותר כצד הראשון. ושאני מכירי כהונה, שלגביהם יש כאן לא רק חובת גברא על הישראל הנותן, אלא אף זיקה מסוימת לחפצא מצד הכוהן האמור לקבל. ופוק חזי, שאת דינו של רבי יוחנן, "ישראל שאמר לבן לוי: כור מעשר יש לך בידי, בן לוי רשאי לעשותו תרומת מעשר על מקום אחר" (בבא מציעא מט ע"א) הסביר המהר"ם מרוטנברג כך: "אע"פ שלא קנאו בן לוי לא במשיכה ולא בהגבהה, איירי במכירי לוויה, דחשיב כאילו בא לידו".[35]

משם אנו רואים שבן לוי, אם הוא בגדר מכירי לוייה, רשאי לעשותו תרומת מעשר, משום שיש לו רשות במעשר עצמו. ומוכח דמשמעות מכירי כהונה אינה מתמצית בכך דאמרינן שחובה על הישראל ליתנו לאותו כוהן, אלא שיש לכוהן זיקה ומעמד בחפצא עצמו. אך גם לפי תפיסה זו ברור שמעמד מכירי כהונה והזיקה למתנות כהונה המעורה במעמד זה אין הם בגדר בעלות מלאה, ואינם עולים על האופן שבו תיארנו את זיקת האבות לארץ, זיקה שמעורה בייעוד עתידי, ללא בעלות ושליטה של ממש. ובכן, אם במכירי כהונה נוטל בכור פי שניים, משום שמתנות הכהונה מוחזקות הן ולא ראויות בלבד, הרי שגם האמירה שארץ ישראל מוחזקת היא אין בה משום קביעת בעלות מלאה של האבות.

יש לבחון את הצעתנו גם לאור דברי הירושלמי בחלה (ריש פ"ב), דאליבא דרבי יהודה בברייתא, נחלקו רבי אליעזר ורבי עקיבא בנוגע לעיסת חוץ לארץ שנכנסה ארצה. רבי עקיבא מחייבה בהפרשת חלה ורבי אליעזר פוטרה. בירושלמי שם הביאו את טענת רבי עקיבא כנגד רבי אליעזר: "אין את מודי לי בשעה שנכנסו ישראל לארץ ומצאו קמחין וסלתות שהן חייבין בחלה". כלומר, דיש להשוות עיסת חוץ לארץ שהובאה לארץ לדינם של הקמחין והסלתות שהופקו בארץ בטרם כניסת ישראל אליה ובטרם

35. הובאו דבריו בתוספות הרא"ש שם ד"ה רשאי. ויעוין שם בהערת המהדירים, שהביאו את קושיית הקצות (סימן ר"ד ס"ק ג), שאם במכירי לוייה איירי, ואם נימא עוד דיש להם קניין, הכיצד למדה מכאן הגמרא (על אתר) שאין אדם יכול לחזור בו אם הבטיח לחברו מתנה מועטת? הלוא כאן אינו חוזר רק משום שיש ללוי קניין גמור במעשר. אך קושיה זו תלויה בהבנת אופי הבעלות הנחוצה עבור הפרשת תרומות ומעשרות, האם אנו מצריכים בעלות גמורה אם לאו; ואולי יש לחלק בנידון בין לוי לכוהן, ואכמ"ל. יעוין עוד בקצות שם סימן רע"ח ס"ק טו, מה שהביא מדברי המהרי"ל (סימן עו).

נתקדשה על ידם. כשם ששם נתחייבו קמחין וסלתות אלו בחלה, כך יש לחייב בחלה אף את עיסת חו״ל שנכנסה לארץ ישראל.

על הוכחה זו תמה שם רבי יוסי, דהלוא ניתן לטעון כנגדה: ״תמן עד שלא נכנסו לה למפריעה ירשו, דא״ר הונא בשם רבי שמואל בר נחמן: לזרעך אתן אין כתיב כאן, אלא לזרעך נתתי, כבר נתתי״. כלומר, אין מקום להקיש בין שני המקרים, שכן חוץ לארץ הוא מקום פטור גמור, בעוד ארץ ישראל הייתה מוחזקת לנו מאבותינו עוד קודם קידושה. מסוגיה זו עולה לכאורה כי ארץ ישראל מוחזקת הייתה בבעלותנו עוד בטרם נכנסו אבותינו ארצה, שלא כדברינו.

אך שתי תשובות בדבר. ראשית, יש לציין דרבי עקיבא לא ראה בתמיהתו זו של רבי יוסי פירכא. שנית, יש להעיר כי הדיון שם ממוקד בעניין חיוב מצוות התלויות בארץ, ואינו עוסק בבעלות ובקניין. יתרה מזו, כבר נתקשה מו״ר זצ״ל בדברי הירושלמי הללו; דאף אם ארץ ישראל מוחזקת בידינו מאבותינו, מכל מקום ודאי לא נתקדשה הארץ לפני כיבושה ולא נתחייבה במצוות התלויות בארץ. והכיצד, אם כן, יש לכלכל את דברי רבי יוסי, שחיטים שגדלו בארץ בטרם כיבושה נחשבות כתבואת ארץ ישראל?

והנראה בזה ששאני מצוות הפרשת חלה, דהיא בעצמותה איננה מצווה התלויה בארץ. החפצא המחויב במצוות הפרשת חלה הינו, כלשון הכתוב, ״לחם הארץ״ (במדבר ט״ו, יט). הארץ נחוצה כדי להגדיר את העיסה כ״לחם הארץ״ ולהעניק לה זהות זו, ותו לא. לשם כך סגי לן בשם ארץ ישראל, ומסוגיה זו נראה דחל שם זה כבר בזמן האבות.[36]

על פי הנ״ל נראה לי פשוט דטענת רבי יוסי, שקמחין שהופקו עוד קודם שנתקדשה הארץ בימי יהושע חייבים בחלה משום שהארץ מוחזקת לנו עוד מזמן האבות, מוגבלת לחלד גרידא. אין די בזה כדי לחייב את הגדל בה בכל המצוות התלויות בארץ, כגון תרומות ומעשרות וכדומה. מוחזקות זו לא קידשה את הארץ לעניין תרומות ומעשרות, אלא רק החילה שם ארץ ישראל, ולכן אין לחייב בתרומות ובמעשרות את התבואה שגדלה בארץ בטרם קידוש יהושע. אך די במוחזקות זו כדי לקרוא את העיסה בשם ״לחם הארץ״.

36. יעוין בספרו של הרב ש״ז פיק, מועדי הרב, עמ׳ 229-237, וכן במאמרו של הרב יאיר קאהן, ׳מעמד חלה כמצווה התלויה בארץ׳, עלון שבות 86, עמ׳ 19-21, שהאריכו להוכיח בשם הגרי״ד מדברי הרמב״ם שמצ־ות חלה מעורה בשם ארץ ישראל, ומן התורה חייבים להפרישה בכל גבול עולי מצרים [הערת העורך].

לאור דברינו אפשר להבין אל נכון את דברי חז"ל המפורסמים בשלהי פרק חלק: "אמר לו הקב"ה: חבל על דאבדין ולא משתכחין, הרי כמה פעמים נגליתי על אברהם יצחק ויעקב בא-ל ש-די ולא הרהרו אחר מדותי ולא אמרו לי מה שמך. אמרתי לאברהם: קום התהלך בארץ לארכה ולרחבה כי לך אתננה, בקש מקום לקבור את שרה ולא מצא עד שקנה בד' מאות שקל כסף, ולא הרהר אחר מדותי" (סנהדרין קיא ע"א). דנראה ברור שאין הכוונה לשבחם שאף שלא קיים הקב"ה הבטחותיו לאבות (חלילה), אף על פי כן הבליגו ולא התריעו, ואפילו לא פקפקו במחשבתם. חלילה – לא איש א-ל ויכזב; ועל כורחנו שמראש לא הובטח להם שלא ייאלצו לשלם טבין ותקילין עבור פיסות קרקע.

אלא פשר הדברים הוא שאמנם ניתן היה להבין את תוכן ההבטחה והקניין בצורה נרחבת ככוללים בעלות ממש, אך בסופו של דבר התברר שנתינה ברמה כזו אמורה להתגשם רק לזרעם, בעוד הנתינה לאבות עצמם אינה אלא בבחינת ייעוד הארץ כמורשתם לדורות. ואף על פי כן, אף שאולי ציפו אבותינו להתגשמות מיידית יותר של ההבטחה, לא הרהרו אחרי מידות הקב"ה ולא ערערו על צמצום המתנה.[37]

כזכור, לפי שיטת רבנו חננאל, כפי שכנראה הבינוה בעלי התוספות, קדושה ראשונה חלה בארץ כבר בימי האבות. לדיון שערכנו בדבר הקניין הממוני של האבות בארץ ישראל משמעות ברורה ואולי אף מכרעת בהקשר זה. אם נניח שהייתה לאבות בעלות בארץ לכל דבר, מתקבל על הדעת שקניינם קידש את הארץ, אם כמצב (דהיינו, עצם הבעלות) ואם כיוזמה (כלומר, מעשה הקניין והכניסה לבעלות); ומסתבר עוד שקדושה זו חלה לפחות למשך תקופת הבעלות. אך אם נניח שבעלות ברמת שליטה נבצרה מהם, ושהנתינה להם נועדה רק להחיל שמם עליה, כתשתית לייעוד הארץ כירושה לזרעם, אזי קשה להניח – אם כי, כמובן, אין זה מן הנמנע – שזכייה כה קלושה תחיל את קדושת הארץ. אם קדושה מושרשת בקניין סביר להניח שנדרש לשם כך קניין מוצק יותר.

ובכן, שומה עלינו לכאורה למנות את רבנו חננאל על מחנה הסבורים כי לאבות הייתה בעלות ממש בארץ, מחמת הבטחת הקב"ה לאברהם, או מחמת הקניין שעשה אברהם בארץ על ידי הליכתו.[38] אך דומה שניתן להציע הסבר נוסף לשיטת רבנו חננאל, על בסיס יסודות שיובהרו להלן, ועוד חזון למועד.

37. תלמידי ר' מרדכי סבתו הפנה את תשומת לבי למדרש זה בהקשר דברינו.

38. זאת אם נאמץ את ההסבר שהוצע לעיל, שכוונת הגמרא היא דרבנן מודים דמשום חביבותא דאברהם הליכה זו אכן פעלה כמעשה קניין.

שיטת שאר הראשונים

שיטת רבנו חננאל, שפירש שהקדושה הראשונה חלה בימי האבות, קובעת ברכה לעצמה. אולם שונה היא משיטת רוב הראשונים, אשר בניגוד לרבנו חננאל קבעו כי הקדושה הראשונה חלה על ידי יהושע.

שיטה זו יכולה להתפרש בשתי דרכים. אפשר לבאר כי אף לפי שיטה זו, בדומה לשיטת ר"ח, קדושה חלה על ידי בעלותה של כנסת ישראל בארץ. אלא שהמצדדים בדרך זו חלקו על רבנו חננאל לגבי תקופת האבות, מפני שהיו חסרים בה חלק ממרכיבי הקניין הנחוצים לקידוש. ייתכן שלדידם לא היה לאבות קניין ממוני בארץ, או שמא היה זה קניין ממוני חלקי ופגום, שאין די בו לדעתם כדי להחיל קדושה.

לפחות כדי לשבר את האוזן, ניתן להקיש את מעמד הארץ בימי האבות לדינו הבא של רבי יוחנן: "גזל ולא נתייאשו הבעלים, שניהם אינן יכולים להקדיש, זה לפי שאינו שלו וזה לפי שאינו ברשותו" (בבא קמא סט ע"א). לכאורה דבריו לא שייכי לגבי קרקע, דאינה נגזלת; אך הרי מפורש בסוגיה בבבא מציעא (ז ע"א) דאם אינו יכול להוציאה בדיינים חל אף על הקרקע מעמד זה דאינו ברשותו. ואף דילפינן מקרא דין זה, דאינו יכול להקדיש דבר שאינו ברשותו (ערכין כא ע"א), מן הסתם לא בגזירת הכתוב בלבד עסקינן, אלא דין זה נובע מכרסום ברמת הבעלות במקרה שאינו ברשותו.[39] לאור זאת, מתבקש להציע דאין להחיל קדושה הנעוצה בקניין על דבר שאינו ברשותו. והרי ברור שבימי האבות, אף אם נניח שהארץ כולה הייתה שייכת להם, רק חלק קטן הימנה היה בשליטתם, והשאר היה בבחינת שלו אבל אינו ברשותו, ולפיכך לא הלה עליו קדושה. ועוד נראה דאף אם היה זה קניין, נשא הוא אופי של רכוש פרטי, ללא צביון של בעלות לאומית, הדרוש כדי לקדש את הארץ.

דבר דומה אפשר לומר אף לשיטת רבנו חננאל גופא. בפשטות, מודה הר"ח שבכניסת בני ישראל ארצה בימי יהושע נתקדשה הארץ, אלא שלפיו קידוש זה – קידוש חוזר היה, שהוצרך משום שנתבטלה הקדושה הראשונה. זאת במקביל לשיטת רוב הראשונים, שבימי עזרא שוב נתקדשה הארץ, מאחר שקדושה ראשונה של יהושע קידשה לשעתה ולא לעתיד לבוא. לפי זה נראה דסבר רבנו חננאל שעם ירידת יעקב אבינו ובניו למצרים פקעה בעלותם על הארץ ברמה מסוימת ולכן הוצרכו לקדשה

39. לכל הפחות נאמר שהחיסרון ברשות פוגע בבעלות במקרה של קניין לאומי, אף אם לא נאמר כך לגבי קניין פרטי.

מחדש בימי יהושע. וטעם הדבר הוא שלכל הפחות ככל שהדברים אמורים בבעלות לאומית, החיסרון של אינו ברשותו לא מהווה חיסרון נפרד, אלא חותר הוא תחת עצם הבעלות ופוגם בה.

מאידך, ייתכן שיתר הראשונים חלקו על רבנו חננאל במישור העקרוני, וסברו כי לא קניין מקדש אלא כיבוש; ונפקא מינה לגבי בעלות הנוצרת ללא כיבוש. אמנם, ייתכן כי לכיבוש עצמו יש זיקה לקניין. זאת אם מתוך ההנחה שהציע הדבר אברהם (ח"א סימן י), שאין כיבוש מקדש אלא אם כן הוא מלווה בקניין; ואם מפני שכיבוש עצמו קונה, כמבואר לפי פשט הסוגיה בגיטין (לח ע"א), דעמון ומואב טהרו בסיחון.[40] ועם זאת, לפי הבנה זו הכיבוש וההשתלטות עצמם הם המקדשים, ולא הבעלות הנובעת מהם.

ברור שזה הרושם המתקבל מהניסוח המפורש והמחוור ביותר שמצינו בראשונים לתהליך קידוש הארץ, והוא זה של הרמב"ם: "ארץ ישראל האמורה בכל מקום היא הארצות שכובש אותן מלך ישראל או שופט או נביא מדעת רוב ישראל, וזה הוא הנקרא כיבוש רבים. אבל יחיד מישראל או משפחה או שבט שהלכו וכבשו לעצמן מקום, אפילו מן הארץ שניתנה לאברהם, אינו נקרא ארץ ישראל כדי שינהגו בו כל המצוות" (הלכות תרומות פ"א ה"ב).[41]

מקור הדברים בשאלת מעמד סוריא, האם דינה כארץ ישראל מדאורייתא. הגמרא בגיטין (ח ע"ב) מביאה ברייתא, שבה נאמר שסוריא חייבת במעשר ובשביעית כארץ ישראל. הגמרא מבארת שהיינו דווקא לדעת הסובר כי "כיבוש יחיד שמיה כיבוש". היות שמסתימת כמה משניות משמע שאין מעמד סוריא כמעמד ארץ ישראל לתרומות ולמעשרות או לשביעית,[42] פסק הרמב"ם נגד הברייתא. ומכאן למד, מלבד הצורך בכיבוש רבים, אף מסקנה עקרונית: קדושת הארץ חלה על ידי כיבוש, והגורם המְקדש הוא הכיבוש וההשתלטות כשלעצמם, ולא הבעלות הנובעת מהם. אין להסתפק בבעלות, שהרי מן הסתם הייתה לכנסת ישראל בעלות אף על סוריא.

כיבוש יחיד

לא הובהרה בגמרא המחלוקת אי כיבוש יחיד שמיה כיבוש או לאו. ולא עוד, אלא שבראשונים חלוקות הדעות לגבי הגדרת כיבוש יחיד, והרי ברור שלדעות אלו השלכות

40. כדברי הרשב"א והריטב"א שם, ודלא כראב"ד (כ ע"א באלפס) שתלה הסוגיה בדין גזל.
41. הנוסח על פי מהדורת פרנקל (בדפוסים ליתא "שופט").
42. דמאי פ"ו מי"א, שביעית פ"ו מ"ב.

לגבי הסבר המחלוקת. בביאור המונח, יעוין ברש״י במסכת עבודה זרה (כ ע״ב ד״ה סוריא), שכתב שדוד כבש את סוריא, ״וחיברה לקדושת ארץ ישראל שלא על פי הדבור ובלא ששים ריבוא, וקרי ליה כיבוש יחיד״. הרי שלדידו הדבר תלוי בזהות הגורם המבצע את הכיבוש. וכך מובא בתוספות (שם כא ע״א ד״ה כיבוש) בשם רבנו יצחק מהרפוט, שפירש: ״דכל מה שכבש יחיד כגון יאיר בן מנשה אינו א״י״.[43]

לעומת זאת, בגיטין (ח ע״ב ד״ה כיבוש יחיד) כתב רש״י: ״כיבוש יחיד – דדוד, שלא היו כל ישראל ביחד, כדרך שהיו בכבוש יהושע, שהיו כולם וכבשוה לצורך כל ישראל קודם חלוקה; אבל דוד לא כבש אלא לצורכו״. גם כאן הוזכרה השתתפות כלל ישראל, אך ממרוצת דבריו משמע שאין מרכיב זה חיוני כשלעצמו, אלא רק ביטוי הוא למגמת הכיבוש. אם נעשה הכיבוש במתכונת לאומית, אף מטרתו וייעודו לאומיים הם; ואילו כשבוצע הכיבוש רק על ידי חלק מהציבור, אפילו אם בראשו עמד מלך ישראל, אזי מיועד הכיבוש מן הסתם רק לתועלת היחידים הכובשים. הגורם הקובע הינו מגמת הכיבוש וייעודו ולא המשתתפים בכיבוש.

ייתכן שקיים הבדל עקרוני בין שני הניסוחים. נראה שלפי הפירוש הראשון הרבים דרושים לעצם מעשה הכיבוש. כאשר אין שם אלא יחידים, אין זה כיבוש אלא אלימות בעלמא, וכמשתמע מלשון הגמרא: ״לאו שמיה כיבוש״.[44] מאידך, לפי הפירוש השני אפשר להבין שכיבוש מלך לצורך עצמו נחשב למעשה כיבוש (ואולי הוא הדין לגבי יחידים אחרים), אלא שאין הלכות כיבוש וקידוש חלות על ידו. ונפקא מינה, שלפי הבנה זו אפשר להציע שלגבי כמה דינים בכל זאת יחיל כיבוש מעין זה קדושה, אף אם ברמה נחותה; מה שאין כן אם אין כאן כיבוש כלל. ברם, אין חילוק זה ברור, וייתכן שאף לפי הפירוש השני השתלטות על אזורים מתוך מגמה פרטית אינה כיבוש כלל.

כך או כך, לכאורה ודאי יש נפקא מינה מעשית בין שני הפירושים, במקרה שבו כבשו יחידים לצורך הכלל. רק לפי הפירוש השני נוכל להגדיר מהלך זה ככיבוש המְקדש (אלא אם כן נניח שלדעת לרש״י בגיטין דרושים שני תנאים לכיבוש: הן ייעוד ציבורי והן ביצוע ציבורי).[45]

43. ייתכן שבנוגע לפרטי העניין חלק הוא על רש״י וסבר שכל אזור שנכבש על ידי ציבור, אף אם אין מדובר במהלך לאומי ממש על ידי שישים ריבוא, כבר יצא מגדר כיבוש יחיד.

44. אכן, יש לבחון שימוש מקביל במונח ״לאו שמיה״, למשל ״אוהל זרוק... לא שמיה אוהל״ (נזיר נה ע״א), ועוד; ואכמ״ל.

45. להלן נוסיף לדון בשאלת כיבוש רבים והגדרתו – אם אזלינן בתר הגורם הכובש או בתר אופי הכיבוש.

מהלך שונה לחלוטין לגבי הגדרת כיבוש יחיד ומעמד סוריא מתבטא בדברי כמה ראשונים ומתבסס על דברי הספרי. על הכתוב: "כל המקום אשר תדרך כף רגלכם בו לכם יהיה" (דברים י"א, כד), נאמר בספרי כך: "הרי שכבשו בחוצה לארץ מנין שהמצות נוהגות שם, הרי אתה דן, נאמר כאן יהיה ונאמר להלן יהיה, מה יהיה האמור להלן מצות נוהגות שם אף יהיה האמור כאן מצות נוהגות שם. ואם תאמה, מפני מה כבש דוד ארם נהרים וארם צובה ואין מצות נוהגות שם, אמרת דוד עשה שלא כתורה; התורה אמרה משתכבשו ארץ ישראל תהו רשאים לכבש חוצה לארץ, והוא לא עשה כן, אלא חזר וכבש ארם נהרים וארם צובה, ואת היבוסי סמוך לירושלם לא הוריש. אמר לו המקום: את היבוסי סמוך לפלטורין שלך לא הורשת, היאך אתה חוזר ומכבש ארם נהרים וארם צובה" (ספרי דברים עקב פיסקא נא).

מעין זה איתא בירושלמי (חלה פ"ב ה"א), במסגרת מחלוקת לגבי עצם היכולת להחיל קדושה על שטחי חוץ לארץ: "כל מקום אשר תדרך כף רגלכם בו לכם יהיה... מעתה מה שהיה דוד הולך ומכבש בארם נהריים ובארם צובה יהו חייבין בחלה,[46] שנייא היא, שהיה דוד מניח ספרי ארץ ישראל ומכבש ספרי ח"ל". דהיינו, אין קדושה חלה על חו"ל אלא לאחר שנסתיימה הורשת הארץ עצמה. סוריא לא נתקדשה משום שדוד כבשה קודם שסיים את כיבוש הארץ.

הספרי צוטט על ידי כמה ראשונים, אך בהקשרים שונים למדי. יעוין בתוספות הר"ש משאנץ בשלהי פרק קמא דעבודה זרה: "אבל מה שמכבשין מחו"ל, אפי' היו שם כל ישראל, כבוש יחיד מיקרי, לפי שאין רשות לכבוש חו"ל עד שתהא א"י כבושה לפניהם. וכן מוכח כדפרישית בספרי..." (כא ע"א ד"ה כבוש). במקביל, הרחיקו לכת עוד יותר התוספות בגיטין: "אבל אחר שכל א"י כבשוהו דריש התם מדכתיב כל מקום אשר תדרך כף רגלכם וגו' שכל מה שהיו כובשים מחו"ל היה קדוש ואפילו יחיד" (ח ע"א ד"ה כיבוש).[47] ממסקנתם עולה שזהות הכובש חסרת כל משמעות, לשני הכיוונים: אין בכוח כל ישראל לקדש אם לא כבשו לפני כן את כל ארץ ישראל, ודי ביחידים כדי לקדש אם כבר סיימו לכבוש את הארץ. מכאן שלדידם המושג של כיבוש יחיד זהה הוא לדין הספרי.

אלא דא גופא עקא, מה בין עיתוי הכיבוש לבין השאלה האם "כיבוש יחיד"

46. גרסת הגר"א: "במעשרות".
47. אכן, תוספות הרא"ש שם (ח ע"ב ד"ה כיבוש) השמיט את הסיום, ואולי הוא חולק וסובר דבעינן שני תנאים להחלת קדושה על חו"ל: הן שהיה זה כיבוש רבים, והן שסיימו לפני כן לכבוש את ארץ ישראל כולה.

הוא או "כיבוש רבים"? וכבר נתקשה בדבר הנצי"ב, בפירושו על הספרי שם: "והנה לשיטת התוס' קשה למה קראוה כיבוש יחיד כיון דכבשה לצורך כל ישראל או שאין בזה נפ"מ. וצ"ל משום דלא יקשה לנו היאך נתנו הסנהדרין ואורים ותומים רשות לכבשה שלא ע"פ דין, לכן קראוה כיבוש יחיד, לומר שלא עשה ברשות בי"ד ואו"ת. אבל אין הטעם משום זה שלא נטל רשות, אלא משום שלא ע"פ דין היה הכיבוש".

כבר קדמוהו בזד כמה מגדולי הראשונים. הרא"ה בחידושיו למסכת עבודה זרה שם, דחה את דברי רש"י בעניין כיבוש יחיד: "אלא עיקרא דמילתא כדאיתא בספרי... והאי דקרי לה כיבוש יחיד, כלומר דוד לבדו הסכים בכיבושה שלא לדעת סנהדרין". הווה אומר, המונח "כיבוש יחיד" אינו מנמק מדוע לא נתקדשה סוריא, אלא מתאר את תהליך כיבושה, שלא הצליח לקדש מסיבה שונה לחלוטין. ומעין זה כתב גם הריטב"א שם: "אבל סוריא, שנכבשה קודם שנכבשה כל ארץ ישראל, שלא כסדר, קרי לה כיבוש יחיד, כלומר שהיה הסכמת דוד לבדו לכבשה שלא מדעת סנהדרין".

מקור הדברים הוא בפירוש הרמב"ן על התורה: "ומכאן יצא לרבותינו המחלוקת בסוריא, שקורין אותה כיבוש יחיד, והטעם כי דוד כבש אותה ברצון נפשו, שלא שאל באורים ותומים ולא נמלך בסנהדרין. כי היה חייב להוריש כל שבעת הגוים בתחלה ואחרי כן אם ירצה ילך אל ארץ אחרת, כאשר הבטיח השם בכאן. ומפני שלא נעשה הכיבוש ההוא כמצות התורה אמרו מקצתם לא שמיה כיבוש ודינו במצוות כדין חוץ לארץ" (דברים י"א, כד).

הראשונים הללו סבורים שכיבוש סוריא לא קידשה משום שפעל דוד שלא כתורה, ולא בגלל עצם העובדה שהיה זה "כיבוש יחיד". אין רשות ללכת ולכבוש מקומות בחו"ל אלא לאחר השלמת כיבוש הארץ כולה. במידה שנכבשו כך מקומות בחו"ל אין הם מתקדשים, בגלל טענת "סמוך לפלטרין שלך לא הורשת". זהו שורש החיסרון שבגינו אין דין סוריא כארץ ישראל. ויש גם להציע, בכיוון דומה, דמצד סדרי העדיפויות אין להתרחב מעבר לארץ ישראל בטרם היא עצמה נכבשה כליל, וכל שמשבש סדר קדימויות זה אינו מקדש.

אך בביאור שיטת התוספות נראה יותר שהחיסרון שבקדושת סוריא נובע מהמעמד ההלכתי של הכיבוש עצמו. לדידם אכן מודגש החיסרון של "כיבוש יחיד", והוא המפקיע מכיבוש זה את האפשרות לקדש. אכן, המושג "כיבוש יחיד" קשור לדעתם בטבורו לשאלה האם הכיבוש נעשה כהלכה. דוד כבש את סוריא שלא כהלכה, עוד לפני שסיים את כיבוש ארץ ישראל עצמה, ועצם היות הכיבוש שלא

כדין מפקיע את אופיו כיוזמה לאומית והופך כיבוש זה לפעולת יחידים.[48] אמנם התלכדו יחידים להשתתף יחדיו בכיבוש זה, אך מעמד ציבור אין להם, אפילו אם השתתפה בו כל כנסת ישראל או נציגיה.

ברם, נראה שבדין הספרי אפשר להעמיס גם הבנה אחרת. דנראה פשוט שאין קדושה חלה על שטחי חוץ לארץ שנכבשו מצד עצמם, אלא מפאת היותם מסונפים לארץ ישראל. ולפיכך לא נהגו מצוות התלויות בארץ בעבר הירדן כל עוד לא נכבשה הארץ המובטחת.[49] ויש להציע שהיינו לא רק כשלא נכבשה הארץ כלל, אלא אף כשנכבש חלקה, ואפילו רובה. גם אז, כל עוד לא נכבשה הארץ כולה עדיין לא קיימת המסגרת הבסיסית שאליה ניתן להוסיף שטחים נוספים כסניפים וכנספחים. לא העבירה על הלכות כיבוש היא המעכבת, אלא חוסר התשתית הדרושה.

גם ביחס להבנה זו מתעוררת, כמובן, שאלת הנצי"ב: מה בין דרישה זו לבין בעיית כיבוש רבים. ברם, שוב מתבקשת תשובה מקבילה: כל פעולת כיבוש שלא כסדרה מאבדת את תוקפה ההלכתי והופכת, אם כך, להיות יוזמת יחידים, נטולת היסוד הלאומי.

עד כה התייחסנו לשיטת הר"ש ודעימיה, הסוברים כי דין הספרי מושתת על שלילת תוקפו של כיבוש יחיד, ויתר על כן: כי אין הלכה של כיבוש יחיד פרט לזו הגלומה בדברי הספרי. ברם, יעוין בדברי הראב"ד בחידושיו לעבודה זרה שם: "קסבר ר' מאיר כיבוש יחיד שמיה כיבוש. מכל מקום, אע"ג דשמיה כיבוש אין דינה ממש כא"י לגזור בה כל גזרות א"י. כדגרסי' במס' גיטין בשלושה דברים שוותה סוריא לא"י ובשלושה לח"ל, ואמרי' התם קסבר כיבוש יחיד שמיה כיבוש, ואפילו הכי אין דינה כא"י ממש. וטעמא מאי, דשלא כסדר עשה דוד, התורה אמרה: והוריש ה' את הגוים מלפניכם, ואח"כ: כל מקום אשר תדרך כף רגלכם בו לכם נתתיו, אפי' ח"ל, והוא הניח את שכיניו והלך וכבש ארצות, והכי איתא בספרי".[50]

הראב"ד ניתק את דברי הספרי לחלוטין מדין כיבוש יחיד, שהרי ציטט את הספרי כדי להסביר את מעמדה המפוצל של סוריא אליבא דמאן דאמר כיבוש יחיד

48. הכוונה היא כמובן לכיבוש שנעשה כדין אליבא דהלכות כיבוש; אם כבשו תוך חילול שבת אין זה נוגע לענייננו כאן.

49. יעוין תוספתא מנחות פ"ו ה"כ.

50. דבריו הובאו גם ברשב"א שם, ונראה שציטטם מתוך הסכמה מלאה.

שמיה כיבוש. ברור שהראב״ד חלק בזה על הר״ש, אך אשר להבנת שיטתו כשלעצמה יש כאן מקום ספק. בהתייחסו לפער שבין סוריא לארץ ישראל הפנה הראב״ד לסוגיה בגיטין, שבה מתבטא פער זה לגבי כמה דינים דרבנן: ״עפרה טמא כחו״ל והמוכר עבדו לסוריא כמוכר בחו״ל והמביא גט מסוריא כמביא מחו״ל״ (ח ע״א). ברם, דברי הספרי שהראב״ד מצטט מהווים לכאורה יסוד לחילוק דאורייתא, וניתן להבינם בפשטות על פי מה שדובהר לעיל.

אפשר להציע שכיבוש שטחי חו״ל מקדשם בתורת עצמם ומעניק להם קדושה המקבילה לזו של ארץ ישראל. קדושה זו אף מחייבת אותם בחובות קרקע התלויות בארץ. ברם, אם נכבשו בטרם התקדשה הארץ במלואה, אין האזורים שנכבשו מחו״ל מסונפים אליה אלא ק־ושים כיחידות עצמאיות, שהרי עדיין לא קיימת המסגרת שאליה ניתן לחברם.

סביר להניח כי אף במקרה זה אין קדושה חלה אלא על שטחי חו״ל שיש להם רצף עם ארץ ישראל. אף כיפין שבים, הקדושים לכולי עלמא, או כל שכנגד ארץ ישראל, הקדוש לדעת רבי יהודה (גיטין ח ע״א), מסתבר שהיינו מפני שהם נחשבים לרצופים. אין קדושה הלה על מושבות אימפריאליות מרוחקות. מכל מקום, דרישה זו היא תנאי לזיקה כל שהיא, אך אינה מחייבת שהתוספת תוגדר כחלק מהותי של הארץ עצמה.

לעומת זאת, כל שנתווסף לאחר שנכבשה הארץ המובטחת הוא בבחינת דיקלא ואלים, ונתפס כהרחבת הגוף הבסיסי, שבו הושרש ושאליו הוסנף. גם אז ייתכן חילוק בין הגוף המקורי לבין התוספת לגבי שם ארץ ישראל, וכפי שהצענו לעיל לגבי עבר הירדן. מכל מקום, באשר לקדושה, זו נתפסת כיחידה אחת נרחבת. אם כן, הרי שהחילוק ביסודו מדאורייתא הוא, אם כי היישומים שציין הראב״ד הינם דרבנן. וכך אמנם מסתבר, אם כי אין הדבר מפורש בלשונו.

שני תנאים להחלת קדושה

לדעת הר״ש, דין הספרי הוא אך ורק מפאת החיסרון של כיבוש יחיד. ולא עוד, אלא שאולי יסכים עם התוספות בגיטין, שפרט לדינו של הספרי אין כלל דרישה נוספת של כיבוש שיתבצע בפועל על ידי רבים. ואילו הראב״ד מסביר את הספרי, אמנם דלאו כהלכתא, אליבא ־מאן דאמר כיבוש יחיד שמיה כיבוש, כדין בפני עצמו, הקיים גם בהעדר כל צורך בכיבוש רבים.

אפשר, כמובן, להעלות דעה שלישית, שלדידה קיימות שתי דרישות נפרדות

הנחוצות להחלת קדושה: א) כיבוש על ידי רבים, ב) כיבוש כסדר וכתורה. לפום ריהטא, כך ניתן להבין את מסקנת דברי התוספות בעבודה זרה (כא ע"א ד"ה כיבוש), אשר דחו את פירוש רש"י, והוסיפו וכתבו כדלהלן: "לכך נראה כל שאין לו רשות לכבש נקרא חו"ל, דכל שלא כבש כל א"י לא היה לו רשות לכבוש חוצה לארץ, והכי איתא בספרי". מדבריהם ניתן להבין שהפקעת סוריא איננה בגין כיבוש יחיד, אלא שיש דין נפרד שכיבוש שלא ברשות אינו מקדש.

הרמב"ם צידד להדיא בתפיסה זו. דכך כתב בריש הלכות תרומות (פ"א ה"ב): "ארץ ישראל האמורה בכל מקום היא הארצות שכובש אותן מלך ישראל או שופט או נביא מדעת רוב ישראל וזה הוא הנקרא כיבוש רבים". ואילו בהלכה הבאה קבע, בבואו לדון בסוריא: "הארצות שכבש דוד חוץ לארץ כנען, כגון ארם נהריים וארם צובה ואחלב וכיוצא בהן, אע"פ שמלך ישראל הוא ועל פי בית דין הגדול היה עושה, אינן כארץ ישראל לכל דבר ולא כחוצה לארץ לכל דבר כגון בבל ומצרים, אלא יצאו מכלל חוצה לארץ ולהיותן כארץ ישראל לא הגיעו. ומפני מה ירדו ממעלת ארץ ישראל, מפני שכבש אותם קודם שיכבוש כל ארץ ישראל, אלא נשאר בה משבעה עממים. ואילו תפס כל ארץ כנען לגבולותיה תחלה ואחר כך כבש ארצות אחרות היה כיבושו כולו כארץ ישראל לכל דבר. והארצות שכבש דוד הן הנקראין סוריא".

הרי שהגדיר הרמב"ם את המונח "כיבוש יחיד" כפשוטו, בדומה לרש"י; אך כשבא לנמק את הפגם שבקדושת סוריא הסביר כתוספות. הרמב"ם נזקק לנימוק השני כדי להסביר את מעמד סוריא, מפני שסבר שהנימוק הראשון לא תפס לגביה, היות שכיבושה אכן התבצע על ידי רבים, כדת וכדין. והנה מסברה הדברים פשוטים וחלקים, שהרי אכן מדובר בשתי דרישות שונות ואין שום סיבה שלא לאמץ את שתיהן.

אמנם, הסבר זה, המובן כשלעצמו, לכאורה אינו עולה בקנה אחד עם פשטות לשון הגמרא; שהרי זו תלתה מעמד סוריא בשאלת כיבוש יחיד.[51]

על מדוכה זו כבר ישב הקרן אורה (יבמות פב ע"ב), והציע תירוץ אחר: "וי"ל דהא בהא תליא, דמ"ד כיבוש יחיד שמיה כיבוש וכל אחד כובש לעצמו, לדידיה

51. ניתן להצריך שני תנאים – כיבוש רבים שנעשה לאחר שנכבשה הארץ כולה, ולטעון שהתלות שם בגמרא היא רק חד־סטרית: הסובר כי מעמד סוריא כארץ ישראל בעל כרחנו סבור כי כיבוש יחיד שמיה כיבוש; אך לא כל המכיר בכיבוש יחיד בהכרח מעניק לסוריא מעמד ארץ ישראל [אך זאת רק אם נאמר שכיבוש סוריא היה כיבוש יחיד. אולם הרמב"ם עצמו הלוא סבור שכיבוש סוריא הוא כיבוש רבים. והדרה קושיה לדוכתיה. הערת הרב א"ק].

ודאי לא מעכב אי נכבשה הארץ כולה אי לא, ומש"ה כיבוש סוריא שמיה כיבוש. אבל למ"ד דכיבוש יחיד לא שמיה כיבוש, אלא כיבוש דווקא ע"י מלך ונביא ורוב ישראל, הם ודאי מצווין תחלה לכבוש א"י כולה, וכל זמן שלא נכבשה כולה – אין כיבוש שאר הארצות כיבוש". לדידו, אמנם בשני מושגים שונים עסקינן, אך יש תלות וזיקה ביניהם. ההלכה התובעת לכבוש בתחילה את ארץ ישראל כולה לא ליחידים נאמרה, אלא לציבור הפועל באופן ציבורי. אם כיבוש יחיד שמיה כיבוש, הרי שהלכה זו בדבר סדר הכיבוש אינה מעכבת את קידוש ארצות חו"ל על ידי כיבוש יחידים. לפיכך יכולה הגמרא לומר שמעמד סוריא תלוי בדין כיבוש יחיד.

אפשר להסביר בכיוון זה, אך בגוון שונה, כי המחלוקת בדבר כיבוש יחיד אינה מצטמצמת להערכת תופעה זו כשלעצמה, אלא מתייחסת לטיב הכיבוש ולמקומו בתהליך הקידוש. השאלה המרכזית היא ההתמקדות בתהליך הכיבוש או בתוצאותיו. נראה שלדעת הרמב"ם, אם באנו לדון בתהליך הכיבוש, ברור שאין כיבוש יחיד עונה על הדרישות, שכן מעשה כיבוש בר־תוקף חייב להיות ממלכתי, מפאת עצם מהותו. מאידך, אם בתוצאות עסקינן, בהחלט ניתן להשוות כיבוש יחיד לכיבוש רבים. הרי ברור שאין מדובר ביהודי שכבש חבל ארץ בתור אחוזתו הפרטית גרידא, שבזה פשיטא שלא תתקדש הארץ. מדובר במי שכבש אזור, אם בארץ המובטחת ואם במסתפח אליה, בתורת חלק מארץ ישראל. אף אם השטח שכבש היחיד הופך להיות רכושו הפרטי, ואף אם מניעי הכובש אינם לאומיים־ציבוריים דווקא, השטח שכבש יכול לקבל מעמד של ארץ ישראל, ובלבד שהוא אכן משתלב בארץ ישראל ונספח אליה. אם שילוב זה אינו מתבצע, אם הכובש מותיר את השטח כאחוזה פרטית גרידא בארצות ניכר, פשוט כביעתא בכותחא שאין זה כיבוש כלל. ובכן, עד כמה שהתהליך שונה בכיבוש רבים ובכיבוש יחיד, התוצאות יכולות להיות דומות למדי.

ניתן לראות באופן דומה את שאלת הכיבוש שלא כסדר, שכן לאחר מעשה סדר הכיבוש אינו משפיע על תוצאותיו. ממילא, הסובר כי כיבוש יחיד שמיה כיבוש, בעל כורחנו סובר כך מפני שהתוצאות קובעות, וממילא אין קפידא לדידו בעניין סדר הכיבוש. בסופו של דבר הרי כל הארץ נכבשה, וכמוה אף סוריא. לפיכך נימוק הספרי לפגם שבקדושת סוריא שייך רק למאן דאמר כיבוש יחיד לאו שמיה כיבוש.

תפיסה זו עומדת, כמובן, בניגוד לדעת הראב"ד, שהלוא הוא קבע שבעיית הספרי קיימת אף לדעת הסובר כי כיבוש יחיד שמיה כיבוש. נראה דאת המחלוקת בדבר הזיקה שבין שתי ההלכות יש לתלות ביסוד דין "סמוך לפלטרין שלך לא

הורשת". אפשר להבין שדין זה נאמר כפרט בהלכות מעשה קידוש, ואז מובן מדוע מאן דאמר שכיבוש יחיד מועיל אינו דורש אף את תנאי הספרי, אם בניסוחו של הקרן אורה ואם בניסוח השני שהצענו. אך אפשר גם להבין דין "סמוך לפלטרין" כתנאי בהלכות חלות הקדושה, אולי מפני שיש צורך בארץ לגבולותיה כתשתית שאליה אפשר להסמיך שטחים נספחים. אם כך, קשה למצוא זיקה בין דין זה לבין דין כיבוש יחיד, ופשוטה וברורה שיטת הראב"ד, שאפשר שנצריך תנאי זה אפילו לרבי מאיר, הסבור שכיבוש יחיד שמיה כיבוש.

הסבר אחר, פשוט וחלק יותר, הציע הדבר אברהם (ח"א סימן י אות ח). להבנת הקרן אורה, כאמור, כיבוש שלא כסדר הוא חיסרון בפני עצמו, אלא שמעמדו מקביל לזה של כיבוש יחיד. הרב מקובנה הציע אף הוא כי אליבא דהרמב"ם כיבוש סוריא נעשה בפועל על ידי רבים. אך הוסיף שכיוון שכיבוש זה נעשה שלא כסדר שעליו ציוותה התורה, הרי הסכמת הסנהדרין לכיבוש זה בטלה היא, ודינו כאילו כבש על דעת עצמו. לפיכך כיבוש שלא כתורה הרי הוא ממש כיבוש יחיד, ובכן הדר דינא שמעמדו תלוי במחלוקת התנאים לגבי כיבוש יחיד.

הדברים ראויים למי שאמרם. אך ממרוצת דברי הרמב"ם מטין הדברים שמדובר בחיסרון נפרד. כך עולה מדבריו בהלכות תרומות (פ"א ה"ב, דהובאו לעיל), ואף מדבריו בהלכות מלכים (פ"ה ה"ו): "כל הארצות שכובשין ישראל במלך על פי בית דין הרי זה כבוש רבים, והרי היא כארץ ישראל שכבש יהושע לכל דבר. והוא שכבשו אחר כבוש כל ארץ ישראל האמורה בתורה".

כך עולה אף מדבריו בפירוש המשניות: "והכלל אצלנו, שכל מה שכובשים אותו הרבים הרי הוא כארץ ישראל לכל הדינים, והוא שקורין אותו כבוש רבים. ומה שהכריחנו שלא לעשות סוריה כארץ ישראל בכל הדינים, הוא מה שאסביר. והוא, שאסור להלחם בשום ארץ מהארצות אלא עד שתכבש כל הארץ שסמן הקדוש ברוך הוא גבולותיה בתורה והיא ארץ כנען לגבולותיה. ומפני שכבש דוד אותה הארץ, ארם נהרים וזולתה, לפני שיגמור לכבוש את ארץ ישראל, לפי שהיבוסי נשאר עוד בירושלים, לפיכך הורדה מעלת אותה הארץ שכבש לגבי ארץ ישראל. וכך אמרו, שאם תאמר מפני מה כבש דוד ארם נהרים וארם צובה ואין מצות נוהגות שם, אמרו דוד עשה שלא כהוגן התורה אמרה וכו', בספרי" (דמאי פ"ו מי"א, מהד' הרב קאפח).[52]

52. מורי חותני ואביו דנו אף הם בשיטת הרמב"ם; יעוין בחידושי הגר"מ והגרי"ד פ"א מהלכות תרומות הלכה ב-ג.

כאמור, לדעת הרמב"ם דרושים להחלת קדושה שני התנאים: כיבוש רבים (אפילו בארץ המובטחת) וכיבוש כתורה (מחוצה לה). תיתכן שיטה נוספת הרואה בכל אחד מהם תנאי מספיק שאינו נחוץ. דיעוין בראבי"ה על מסכת עבודה זרה (סימן אלף נו), שכתב: "הא דמסקינן הכא ובכמה דוכתי דכיבוש יחיד לא שמיה כיבוש, פירוש יחיד שמדעתו עשה ולא על פי התורה, כדאיתא בסיפרי אקרא דכל מקום אשר תדרך כף רגלכם, ולא כפירוש רבינו שלמה". אפשר לפרש דבריו כדעת התוספות או אפילו כדעת הר"ש, ש"יחיד" כאן היינו כל כיבוש שלא נעשה על פי התורה. אך יותר משתמע מדבריו שהתייחס דווקא ליחיד, ושרק בצירוף שני הגורמים אין השטח שנכבש מתקדש, דהיינו, רק אם יחידים כבשו שטח בחו"ל בטרם נכבשה הארץ כולה. אך אם כבשו רבים שלא כסדר, או שכבש יחיד כסדר – חלה הקדושה. אלא שהדברים טעונים הסבר, והם יתבארו בס"ד בהמשך, על פי יסודות שיובהרו להלן.

כך או כך, דברי הרמב"ם ברור מיללו שאין קדושת הארץ חלה אלא על ידי מעשה רבים על פי הסדר, ושהדברים אמורים אף לגבי ארץ כנען המובטחת. לדעת התוספות, לעומת זאת, ודאי דהפגם בכיבוש אינו יכול להתייחס לארץ כנען גופא, שהרי דין "סמוך לפלטרין שלך" אינו שייך לגביה. לדעת רש"י אפשר שישנו חיסרון של כיבוש יחיד אף בארץ ישראל, אך הדבר אינו הכרחי.

דין בכיבוש או דין בקדושה?

עדיין נותר מקום ספק לגבי אופיו של הצורך בכיבוש רבים. ניתן לראותו כדין שנאמר לגבי הגדרת כיבוש, שאין כיבוש מוכר ומוצדק אלא אם נעשה ברמה ממלכתית, וכל יוזמה פרטית בכיוון זה אינה אלא אלימות בעלמא. מאידך, ניתן לשייך דין כיבוש רבים להלכות החלת קדושה, ואז נאמר שאף אם מבחינת האמצעים יעלה בידו של יחיד לבצע את הנדרש ליצירת קדושת הארץ, אין הוא בר הכי המוסמך לקדש. נפקא מינה תהיה האם יכול יחיד לקדש בדרכים אחרות, במידה שהן קיימות.

לכאורה ניתן לפשוט הספק מדברי הרמב"ם: "עכו"ם שקנה קרקע בא"י לא הפקיעה מן המצוות, אלא הרי היא בקדושתה. לפיכך אם חזר ישראל ולקחה ממנו אינה ככיבוש יחיד, אלא מפריש תרומות ומעשרות ומביא בכורים, והכל מן התורה" (הלכות מלכים פ"ה ה"י). כאן לא בכיבוש עסקינן אלא בקנייה בטבין ותקילין; ואף על פי כן, לו הייתה קדושת הארץ פוקעת על ידי קניין העכו"ם, לא היה קידוש ישראל מחילה מחדש. מכאן יש להסיק שהחיסרון ביחיד אינו בהלכות כיבוש, אלא נעוץ בכך שהיחיד איננו בר־הכי להחיל קדושה. ועדיין הדבר צריך עיון.

בין כיבוש לחזקה

דיוננו בתהליכי קידוש ארץ ישראל התמקד עד כה בכיבוש הארץ, מתוך הנחה שהוא אכן הגורם המְקדש. אפשר להעלות על הדעת כי בנוגע לכך מתקיים הבדל בין מצוות שונות ובין תחומים שונים. המשנה בריש פרק כל קרבנות (מנחות פג ע"ב) קובעת כי שתי הלחם אינם באים אלא מן הארץ. הגמרא שם הביאה כמקור לכך את האמור לגבי שתי הלחם בפרשת המועדות שבתורת כוהנים: "ממושבֹתיכם" (ויקרא כ"ג, יז). ילפותא זו מעוררת את המחשבה שמא שתי הלחם תלויים במושב בני ישראל בארץ, ולא בכיבושה של הארץ על ידם. לפי זה, שונה קרבן שתי הלחם, שקשור בהיות כנסת ישראל יושבת על אדמת הארץ, מן שאר המצוות התלויות בארץ, דהמה אחוזות דווקא בכיבושה, וכפי שדנו לעיל.

יתרה מכך, מכמה ראשונים עולה שישנם אופנים נוספים לקידוש הארץ.

המאירי השווה את קידוש הארץ לקידוש העיר והעזרות: "ועניין הדברים, שלא נתקדשה הארץ הן שלא לזרוע בה בשביעית הן לכל שאר הדברים שבקדושת הארץ, אלא בעוד שבית המקדש בקיומו, הא לאחר חורבן לא נשתיירה הארץ בקדושה כלל. וכשעלו בימי עזרא הוצרכו לקַדש שני בתודות ושיר" (חגיגה ג ע"ב; וכן כתב בחולין ו ע"ב). אך הדברים מחודשים למדי, והמאירי עצמו דחה אותם במקום אחר: "וקידוש האמור בארץ אינו בתודות ושיר, שאין קדוש תודות ושיר אלא בתוספת העיר והעזרות, אלא קדוש במאמר ובחזקה שמחזיקין בה בתורת ארץ ישראל" (מגילה י ע"ב). והנה אף כאן הוסיף עוד אופן קידוש, שמלבד החזקה התקדשה הארץ גם במאמר, היינו בדיבור פה.

אף דבריו אלו טעונים ליבון. יעוין בדבר אברהם (ח"א סימן י אות י) שהציע שני הסברים לגבי היחס שבין המאמר לחזקה בדברי המאירי: שמא נחוץ קידוש בפה בשעה שיושבים בארץ ומחזיקים בה; או שמא לא בהחזקה פיזית עסקינן, אלא הקידוש במאמר הוא הוא ה"חזקה שמחזיקין בה בתורת ארץ ישראל". לשני ההסברים, יש מן החידוש בקביעה שהארץ מתקדשת על ידי קידוש בפה, בדומה לקידוש חפצים אחרים.

תהא אשר תהא דעתו של המאירי בנוגע לחזקה, מפורש הדבר אצל הרמב"ם. הנשר הגדול הוא מרא דשמעתא בנידון הגדרת חזקה כדרך חילופית לקידוש הארץ, לצד כיבוש. בבואו להסביר מדוע קדושה שנייה קידשה לשעתה ולעתיד לבוא בעוד

הקדושה הראשונה קידשה רק לשעתה, נימק זאת הרמב"ם כדלהלן: "אבל חיוב הארץ בשביעית ובמעשרות אינו אלא מפני שהוא כבוש רבים, וכיון שנלקחה הארץ מידיהם בטל הכבוש ונפטרה מן התורה ממעשרות ומשביעית, שהרי אינה מן ארץ ישראל. וכיון שעלה עזרא וקדשה – לא קידשה בכיבוש, אלא בחזקה שהחזיקו בה. ולפיכך כל מקום שהחזיקו בה עולי בבל ונתקדש בקדושת עזרא השנייה הוא מקודש היום, ואע"פ שנלקח הארץ ממנו, וחייב בשביעית ובמעשרות, על הדרך שביארנו בהלכות תרומה" (הלכות בית הבחירה פ"ו הט"ז).[53]

הרמב"ם חרג כאן מדרכו הרגילה, והוסיף לצד פסיקתו, המבדילה בין קדושה ראשונה לקדושה שנייה, אף את נימוקה של פסיקה זו: "וכיון שעלה עזרא וקדשה לא קדשה בכיבוש, אלא בחזקה שהחזיקו בה". הרי לנו שהבחין הוא בין קדושה דכיבוש לבין קדושה דחזקה. כאשר בטל הכיבוש פרחה לה קדושה ראשונה, מה שאין כן לגבי החזקה דימי בית שני.

מכאן עולה לכאורה שההבדל נעוץ בטיב מעשה הקידוש, אם נעשה בכיבוש או בחזקה. קדושת עזרא עדיפה בגלל מהותה, משום שנעשתה באמצעות חזקה. לו נתקדשה הארץ בכיבוש, אף שהיה הוא קידוש שני, הייתה גם היא פוקעת עם החורבן והגלות. כיבוש מעצם טבעו מתבטל עם סיומו, ואילו חזקה קיימת לעד ולעולמי עולמים. וכלפי לייא, לו נתקדשה ארץ ישראל בימי יהושע בחזקה, הרי שקדושה זו הייתה קדושה לשעתה ולעתיד לבוא.[54]

אלא שדבריו טעונים הבהרה. ראשית, לא ברור מהו יסוד החזקה המקדשת ומה אופייה. שנית, בוקעות ועולות קושיות הכסף משנה על אתר: "איני יודע מה כח חזקה גדול מכח כיבוש, ולמה לא נאמר בחזקה גם כן משנלקחה הארץ מידנו בטלה חזקה. ותו, בראשונה שנתקדשה בכיבוש – וכי לא היה שם חזקה, אטו מי עדיפא חזקה בלא כיבוש מחזקה עם כיבוש, וצל"ע".

אכן, עצם החילוק בין קדושה ראשונה לשנייה אומר דרשני. הלוא לכאורה ממה נפשך, אם קדושה בת ביטול היא – אזי אמורה להתבטל אף קדושה שנייה, ואם אין קדושה מתבטלת – הכיצד הופקעה קדושה ראשונה. לא ברור במה נתעלתה הקדושה השנייה על גבי הקדושה הראשונה, ומחמת מה זו השנייה נשארה לדורות. ביאור אחר בנוגע להבדל שבין קדושה ראשונה לקדושה שנייה אליבא דהרמב"ם

53. ראו גם: הלכות תרומות פ"א ה"ה; הלכות ביכורים פ"ה ה"ח; הלכות מעשה הקרבנות פי"ט הט"ו.

54. יעוין במה שכתב מו"ח זצ"ל בטעמו של חילוק זה, בספריו על התשובה (עמ' 300–308) וימי זיכרון (עמ' 97–98).

הציע הרדב"ז: "לפי שלא קדשוה בפה אלא בימי עזרא, וקדושת פה אינה מתבטלת" (הלכות תרומות פ"א ה"ה). לדעתו הארץ נתקדשה בימי עזרא בקדושת פה באמצעות אמירה מסוימת, מה שאין כן בימי יהושע בן נון. קדושה שנייה לא נתבטלה, שכן קדושת פה קיימת עולמית. הסבר זה נשמע מחודש למדי. מצאנו אמירה לגבוה בהקדש וקריאת שם בתרומה, אך מעולם לא שמענו ולא ראינו קידוש בפה לגבי קדושת מקום.[55] אך מובנת למדי התפיסה הכללית המשתקפת בדבריו ביחס לחזקה. לדעתו, אין החזקה מקדשת כשלעצמה, אלא האמירה מקדשת, והחזקה בארץ אינה אלא תנאי לה.

מעשה מְקדש ומציאות המניבה קדושה

בביאור יסוד זה נציין דנסתפקו גדולי האחרונים לגבי קידוש הארץ, האם יש צורך במעשה קידוש מובהק מתוך מגמה וכוונה לקדש, או שמא בכיבוש גרידא סגי. לפי ההבנה השנייה, כל שנכבשה הארץ על פי התנאים המבוארים בחז"ל ובראשונים, ונמצאת ארץ ישראל תחת שליטת כנסת ישראל, הרי היא קדושה לגבי המצוות התלויות בארץ, ואין צורך במְקדש נוסף.

ויעוין במקדש דוד (סימן נה), שהעלה שנחלקו בדבר התוספות והמהרי"ט. דהנה בירושלמי נאמר במספר מקומות שבימי עזרא "מאיליהן קיבלו עליהן את המעשרות" (מעשרות פ"ב ה"א, יומא פ"ח ה"ה ועוד). וביארו התוספות (יבמות פב ע"ב ד"ה ירושה) שאין הכוונה לומר שתרומות ומעשרות בימי בית שני היו רק דרבנן: "דהכי פירושו, כיון שגלו נפטרו, שקדושה ראשונה לא קידשה לעתיד, ולא היה חובה להם לקדש את כל ארץ ישראל, כדאמר (חולין ז ע"א) הרבה כרכים וכו', וכמו שהניחו במקצת היו רשאין להניח הרבה יותר, או שמא הכל אם היו רוצים, ואף על פי כן חייבו עצמן מאליהן וקידשו, וכיון שקידשו קידשה מן התורה".

לכאורה ברור שאין כוונתם לומר שרשאים היו ישראל שלא לכבוש את הארץ כלל ולהישאר בגולה או תחת שלטון זר, אלא שיכולים היו לכבוש את הארץ בלי לקדשה; ובכך מוכח שלדעתם כיבוש לחוד וקידוש לחוד, ואין קדושה חלה על ידי האחד ללא האחר (מעין זה כתב גם הר"ש [שביעית פ"ו מ"א]). וכבר העיר הקרן אורה שם על דבריהם: "משמע מדבריו ז"ל דצריך לקדש ארץ ישראל על ידי איזה דבר, ולא ידענא במאי. דלחמי תודה וכל אלו הדברים לא מצינו אלא בקדושת ירושלים

55. בעיה זו קיימת גם לשיטת המאירי, שצוטטה לעיל.

והבית, אבל ארץ ישראל קדושתה הוא ע״י כבוש, וכדמוכח בש״ס מהא דפליגי בכיבוש יחיד אי שמיה כיבוש או לא״.[56]

המהרי״ט השיג על דברי התוספות: ״דמאי כתיבת אמנה ושבועה שייך בהא, הואיל וכבר כבשו והחזיקו ועומדות היו רגליהם בשערי ירושלים ממילא כבר נתחייבה מדבר תורה, דהא לא בעי כיבוש כל הארץ, אלא ראשון ראשון קונה ומתחייב״.[57] המקדש דוד שם דייק מלשון רש״י שדעתו כמהרי״ט, שכן כתב בביאור דברי הגמרא בחולין, לגבי הכרכים שכבשום עולי מצרים והניחום עולי בבל: ״ולכך לא כבשום, דקסברי הואיל והותרו הותרו, דקדושה ראשונה בטלה... ולא רצו להחזיר קדושתה, כדי שיהא מותר לחרוש ולזרוע שם בשביעית, שאין נוהגת בחוצה לארץ״ (חולין ז ע״א ד״ה הרבה). מתוך דבריו משתמע, שכדי שלא תחול הקדושה לא היה מנוס מלהימנע מכיבוש הכרכים הללו, בעוד לפי התוספות הרי יכלו לכבוש בלא לקדש.

נראה שאין מדובר במחלוקת טכנית גרידא לגבי תכסיסי הקידוש, אלא בשאלה עקרונית ביחס לעצם מהותו. דלפי התוספות נראה, שקדושה חלה במישרין על ידי כנסת ישראל המקדשת את ארצה, בדומה לאדם המקדיש חפץ לגבוה, המעניק לו קדושה מדעת.[58] לעומת זאת, לדעת המהרי״ט, כנסת ישראל רק יוצרת מציאות שבה מתגשמים תנאים מסוימים, וכתוצאה מכך הקדושה חלה מאליה. אין כאן הענקת קדושה מכוונת והטבעתה, אלא חידושה בעקיפין על ידי יצירת הגורמים הדרושים לה. בני ישראל מחדשים מציאות מסוימת, היוצרת את הקדושה. אך מעשה קידוש ישיר ומפורש אין כאן.

נראה שבזה שאני כיבוש מחזקה. כאשר העמידה איתנה והשליטה מוחלטת, ״עֹמדות היו רגלינו בשעריך ירושלם״, אפשר ליצור מציאות הקובעת קדושה מאליה. מצב כזה נוצר על ידי כיבוש, והוא שרר בקדושה הראשונה בימי יהושע. ברם,

56. הקרן אורה מניח של־עת ר״י חיוב תרומות ומעשרות נתחדש בעקבות מעשה קידוש מסוים. אך אפשר להציע כי לדעת ר״י עצם הניהוג בפועל בחיוב תרומות ומעשרות הוא שחידש ויצר חיוב זה מן התורה. וכפי שהראינו בפרק העוסק בקידוש בשבת בחיבור זה, פעמים שהיוצרות מתחלפים, ועצם הניהוג של הקדושה ושימור ההלכות הנובעות מקדושה זו הם עצמם היוצרים את הקדושה.

57. שו״ת מהרי״ט ח״א סימן כה. סיום דבריו מתייחס לדברי רבי יוסי בר חנינא בירושלמי (שביעית פ״ו ה״א), האומר בין היתר: ״אבותיכם לא נתחייבו עד שקנו כולה, ואתם ראשון ראשון קונה ומתחייב״. ייתכן אם כן שהמהרי״ט יודה שבביאת יהושע אכן היה צורך במעשה קידוש מכוון, והוא חולק על התוספות רק מפני שהם חילקו בין כיבוש לקידוש אף לגבי ביאת עזרא. ברם, מסברה אפשר כמובן להעלות את שיטתו אף לגבי קדושה ראשונה.

58. יש להסתפק אם מעשה קידוש זה נתפס בכל סממני יצירת חלות המעורה בבעלות, כגון שליחות, תנאי וקביעת מועד החלות.

בקדושה השנייה של ימי עזרא עמידת ישראל בארץ רופפת הייתה, שהרי הכניסה לארץ התאפשרה רק תחת חסותו של כורש. משום כך, רמת הריבונות שאליה הגיעו עולי בבל לא הספיקה כדי לעצב מציאות המתקדשת מאליה. החזקה שקידשה לא פעלה בעקיפין על ידי קביעת עובדות בשטח, אלא הייתה יוזמת קידוש ישירה, מתוך מגמה מכוונת להחיל קדושה (אכן, לא ברור איך בדיוק התבצע אותו קידוש יזום).

כאמור, התוספות והר"ש כתבו שקידשו ישראל ערים מסוימות ובמכוון נמנעו מלקדש אחרות, ומדבריהם אלו למדנו שיש צורך בקידוש מכוון. נדגיש שהם אמרו זאת לגבי עולי בבל, וכך דבריהם מתיישבים עם טענתנו. דווקא בימי עזרא לא היה בכוח יושבי הארץ לעצב מציאות המכתיבה קדושה מאליה, והיה עליהם ליצור קידוש יזום, אשר היה בידם להתוות את היקפו. ברור שאף בימי עזרא היה צורך ברמה מסוימת של ריבונות כדי שהחזקה תוכל לקדש, אך היינו מפני שללא כל אחיזה בשטח יוזמת קידוש תהיה ריקנית וחסרת משמעות. בשורש הדברים אין הכי נמי שקיים הבדל מהותי בין כיבוש לחזקה.

בזה נסתלקה קושייתו השנייה של הכסף משנה על הרמב"ם: "ותו בראשונה שנתקדשה וכי לא היה שם חזקה, אטו מי עדיפא חזקה בלא כיבוש מחזקה עם כיבוש"; הלוא אף בימי יהושע הייתה בעקבות הכיבוש אף חזקה. הקושיה בעינה עומדת כל עוד רואים בחזקה מציאות עובדתית גרידא. אך אם מגדירים חזקה כתהליך יזום, ייתכן שבקדושה שנייה, היות שלא הייתה כל אפשרות לקדש בדרך אחרת, ננקטה יוזמת קידוש הכרוכה בחזקה, ואילו בקדושה ראשונה יוזמה מעין זו הייתה מיותרת, הואיל וחלה מאליה קדושת כיבוש. ייתכן שאף לא ניתן היה בימי יהושע לקדש באמצעות חזקה, ולהלן נציע מדוע.

לאור זאת, דעת הראבי"ה שהובאה לעיל תתחוור כשמלה. שיטת הראבי"ה היא שאם כבשו רבים שלא כסדר, או שכבש יחיד כסדר, חלה הקדושה. רק אם יחיד כבש שלא כסדר אזי הקדושה אינה חלה. אפשר להבין שיטה זו בפשטות על פי היסודות שהונחו לעיל. כפי שנתבאר, קדושת הארץ יכולה לחול בשתי דרכים: על ידי קביעת מציאות של נוכחות וריבונות בשטח, או על ידי תהליך קידוש מכוון ומוצהר. מסתבר שהתהליך הראשון יכול להתבצע רק על ידי רבים, שרק הם יכולים ליצור ריבונות ושליטה ברמה כזו שדי בה כשלעצמה לחולל קדושה. אך בהחלט ייתכן שהתהליך השני, קידוש יזום ומכוון, יכול להתבצע אף על ידי יחידים. על כך נוסיף, שחלות קדושה הנובעת מקביעת עובדות פחות תלויה בגדרים פורמליים מזו המתחדשת על ידי תהליך מובהק ויזום. ובכן, לו הייתה סוריא נכבשת על ידי רבים הייתה קדושה

מלאה חלה עליה, שהרי סוף סוף המציאות המתקדשת שרירה וקיימת. אך היות שזה לא אירע – ובזה מסכים הראבי"ה עם רש"י – לא הייתה קדושתה מתאפשרת אלא על ידי מעשה קידוש מצד הכובשים אותה. ברם, תוקף קידוש כזה מותנה בהיותו מתבצע כתורה, ומרכיב זה חסר, מכיוון שטרם נכבשה הארץ המיועדת כולה.

אם נחזור לדברי הר"ח על פי הבנת התוספות, נראה שניתן לומר כי אף הוא סבור כי לא היה די בבעלות האבות כדי לקדש את הארץ מכוח עצם השליטה, כמחילה קדושה כשלעצמה. אך די היה בבעלות האבות כדי לאפשר למעשה קידושה של הארץ לחול, אם בהליכה (במקביל לדברי הגמרא בבא בתרא ק ע"א שהובאו לעיל), ואם בכל אופן אחר.

הופעת קדושה ללא מעשה קידוש

המהלך שהוצע לעיל טומן בחובו הנחה בדבר היחס בין כיבוש לחזקה. הוא מניח כי אלו שני אופני קידוש שונים ונבדלים. קיים הבדל עקרוני ושורשי בין אופי כיבוש ואופי חזקה ובין תכסיסיהם. חזקה מהווה תשתית למעשה קידוש פורמלי, בעוד כיבוש אינו אלא מעצב את המציאות המעשית של היות ישראל על אדמתם.

אפשרות נוספת היא שחזקה וכיבוש הם שני אופנים שונים של אותו קידוש. אלו הן שתי דרכים המובילות לאותה המטרה, שהיא ישיבת ישראל בארץ. המציאות בפועל של מושב בני ישראל בארץ והחזקתם בה היא הגורמת לקדושה, ומציאות זו נוצרת על ידי כיבוש או באמצעות חזקה. ההבדל ביניהם איננו נוגע לעקרונות אלא אך ורק לפרטים, היינו: לשאלה כיצד הגיעה כנסת ישראל לישב תחת תאנתה ותחת גפנה.

אם אכן כך הוא, שוב נמחק הפער שהוצע למעלה בין קידוש הארץ ומושב בני ישראל ביחס לשתי הלחם ולשאר המצוות התלויות בארץ. שהרי לפי הצעה זו הקידוש ביחס לכל המצוות בוקע ועולה מן המציאות המעשית השוררת בשטח ומן עצם הישיבה בארץ ישראל.

לפי תפיסה זו שהצגנו, ישנה קדושה המתחדשת בעולם לא מחמת פעולת הקדשה ישירה ומעשה קידוש מפורש, אלא כתוצאה מעצם המציאות בפועל. יסוד זה משתקף במקומות נוספים, ונביא לכך שתי דוגמאות.

א) הגמרא בסוכה קובעת: "מנין לעצי סוכה שאסורין כל שבעה, תלמוד לומר: חג הסכות שבעת ימים לה'. ותניא, רבי יהודה בן בתירה אומר: כשם שחל שם שמים על

החגיגה כך חל שם שמים על הסוכה, שנאמר: חג הסכות שבעת ימים לה', מה חג לה' אף סוכה לה'" (ט ע"א).

אף שם נראה ששֵם שמים שחל על עצי סוכה ואוסר להשתמש בהם, ואשר ניתן לראות בו מבחינה הלכתית דרגה מסוימת של קדושה, איננו מחמת שהוקצו מדעת. עצי סוכה נאסרים בשימוש מעצם העובדה שכשמם כן הם – חלק מן הסוכה שבתוכה יושבים יהודים ושבה מקיימים הם את המצווה. עצם הישיבה בסוכה מחדשת איסור שימוש בסוכה. אין לתפוס את מעשה הישיבה בסוכה כמעשה קידוש מדעת. הישיבה יוצרת מציאות של סוכה, ומציאות זו, כשלעצמה ומאליה, אוסרת את עצי הסוכה בשימוש אחר. והרי זה מקביל לקדושת ארץ ישראל, אשר גם היא, לפי הצעתנו, נוצרת באמצעות הישיבה בארץ, וזאת לא כמעשה קידוש ישיר, אלא על ידי עיצוב מציאות הגורמת להתקדשות הארץ.

אכן, אפשר שמקרה זה שנוי במחלוקת ראשונים. בעלי התוספות הבינו שתנאי אינו מועיל להתיר שימוש חולין בעצי סוכה, ואף אם אומר איני בודל מהם כל בין השמשות – האיסור בעינו עומד (שם ד"ה מני; ביצה ל ע"ב ד"ה אמר). לעומת זאת, הרמב"ן במלחמות (ביצה יז ע"א באלפס) סבור שאכן תנאי מתיר את איסור ההשתמשות בעצי סוכה. ונראה שנחלקו בנקודה זו ממש. במידה שנבין את האיסור כנובע מקידוש ישיר מדעת האדם, מסתבר שאף תנאי יתפוס, שהרי הכול תלוי בדעתו וברצונו. כך כנראה סבר הרמב"ן. לעומת זאת, מסתבר שבעלי התוספות הבינו שהאיסור חל מאליו מפאת עצם הגדרת הסוכה כסוכה, ולכן אין לאדם בעלות ושליטה על איסור זה, ואין בידו לעכב את האיסור מלחול על ידי תנאי.

ב) השולחן ערוך פסק: "אם בשעת בנין בית הכנסת התנו עליו להשתמש בו – מותר להשתמש בו בחורבנו, אבל בישובו לא מהני תנאה... במה דברים אמורים, בבתי כנסיות שבחוצה לארץ, אבל לבתי כנסיות שבארץ ישראל לא מהני שום תנאי" (אורח חיים קנ"א, יא).

פירוש לדבריו: קיימא לן, "בתי כנסיות שבבבל על תנאי הן עשויין" (מגילה כח ע"ב). נחלקו הראשונים בשאלה מהי המציאות שבה תופס אותו תנאי, המתיר שימוש בבית הכנסת שלא לתפילה. בעלי התוספות נקטו שכל ההיתר הינו לאחר חורבנו של בית הכנסת, אולם כל זמן שהבניין עומד בבניינו שום תנאי אינו יכול להתיר שימוש של חולין בו (שם ד"ה בתי כנסיות, פסחים קא ע"א ד"ה דאכלו).

אולם האור זרוע (סימן שפח) דייק מרש"י, שלדעתו כל תשמיש שאין בו ביזיון מותר על ידי תנאי (לאפוקי חשבונות וכדומה), אף בזמן שבית הכנסת עומד כתיקונו.

הרמב"ן (מגילה כו ע"ב) צמצם היתר זה, של שימוש בבית הכנסת לצרכים אחרים בזמן שהבניין קיים, למצב שקיים צורך בדבר, כגון "אם הוצרכו אנשי העיר להאכיל בהם עניים או להשכינן שם".

השולחן ערוך פסק כדעת התוספות, שאין תנאי מועיל כלל בבית כנסת בנוי. והקשה המגן אברהם (אורח חיים קנ"א ס"ק יד) שדבריו סותרים זה את זה. לקמן הכריע השולחן ערוך: "הארון וכל מה שעושים לספר תורה מועיל בו תנאי להשתמש בו שאר תשמיש אפילו דחול" (קנ"ד, ח. ויעוין בדברי הרמ"א שם, שהיום נהגו ליהנות כמה הנאות מן המטפחות והמעיל והבימה, ונחשב כאילו לב בית דין מתנה עליהם). נמצא דישנה סתירה בדברי המחבר, האם תנאי מתיר שימוש של חולין.

המגן אברהם תירץ: "דהכא [= לגבי בית הכנסת עצמו] מיירי לתנאי של קלות ראש, כגון אכילה ושתיה ובחמה מפני החמה". כלומר, לדידו אין שום הבדל לדינא בין בית כנסת לבין תשמישיו, ובשניהם מותר שימוש חולין על ידי תנאי, אלא אם כן יש בו נימה של קלות ראש, שהיא לבדה אסורה. ויעוין עוד בביאור הלכה על אתר (סימן קנ"א), שדחה את יישובו והציע לחלק בין תשמישי בית הכנסת לבין בית הכנסת עצמו. לדידו, באופן עקרוני תנאי יכול להתיר שימוש חולין, ועל ידו הותרו בהנאה המעיל, הארון וכל שאר תשמישי בית הכנסת; רק ביחס לבית הכנסת עצמו הפקיעו חז"ל את היכולת להתנות, וגזרו "דביהכ"נ הקבוע לא יועיל תנאי בישובן שישתמשו בה תשמישי חול, דאם כן אין שם ביהכ"נ עליו כלל אלא כבית בעלמא".

ככל שהדברים אמורים ביישוב הסתירה, דברי פי חכם חן. אולם לגופו של עניין נראה שיש לתת טעם אחר לגבי ההבדל בין גוף בית הכנסת לבין תשמישיו. חלוקים הם בטיב הקדושה ובאופייה, ומכאן שאף בדרך יצירתה וחלותה; ושוני זה משליך על האפשרות להשתמש בתנאי כדי להתיר את ההנאה מהם. קדושת בית הכנסת איננה באה לעולם באמצעות מעשה קידוש ישיר, שאותו ניתן לסייג באמצעות תנאי. בית הכנסת מתקדש, בדומה למהלך שהצעתי בנוגע לארץ ישראל, מכוח העובדה הפשוטה שהוא משמש כבית לתפילה. אין לראות את התפילה כמעשה קידוש. התפילה בבניין מגדירה את המקום כבית כנסת, שהלוא זהו בדיוק ייעודו של בית כנסת – מקום תפילה ועבודה. עובדה זו ומצב זה גורמים לבניין שיתקדש ממילא כבית כנסת.[59] מה שאין כן לגבי תשמישי בית הכנסת, שקדושתם נוצרת על ידי כך שהאדם מייעד אותם לכך; וממילא בשעת הייעוד אפשר גם להתנות.

59. ויעוין עוד בשולחן ערוך אורח חיים קנ"ד, ח, שבית הכנסת אינו מתקדש עד שיתפללו בו.

אפשר ששאלה זו, אם קדושת בית הכנסת נוצרת מאליה או בידי אדם, תלויה במחלוקת ראשונים. הר"ן במגילה (ח ע"א באלפס) הבין שבית הכנסת קדוש בקדושת דמים, ולפיו ייתכן שישנו כאן מעין מעשה הקדשה, בדומה לקדושת דמים בעלמא. מאידך, הרמב"ן (מובא שם בר"ן) העלה שבית הכנסת קדוש כחפצי מצווה, ולדעתו עצם הגדרתו כחפצי מצווה היא היוצרת את הקדושה (אכן, גם בחפצי מצווה יש לדון, האם זוכים במעמד זה מאליהם, או מחמת הקצאה מדעת).

ביאת כולכם

רעיון יסודי זה, שקדושת ארץ ישראל יכולה להיות נובעת מן המציאות בפועל ולא ממעשה קידוש כלשהו, מתבטא לא רק בדרך יצירת הקדושה, אלא אולי גם ברמת הקדושה. רמת הקדושה תלויה בקשר ובזיקה שמתקיימים במציאות בין כנסת ישראל לארץ ישראל.

נראה שיסוד זה מתבטא בסוגיית "ביאת כולכם", ובעיקר בשיטת הרמב"ם בנידון. ונחלקו בסוגיה זו אשלי רברבי. הגמרא ביבמות (פא ע"א) מביאה מחלוקת בין רבי יוחנן וריש לקיש בנוגע לרמת החיוב בתרומה בזמן הזה. לדעת רבי יוחנן חיובה מן התורה, ואילו ריש לקיש סבור דתרומה בזמן הזה אינה אלא מדרבנן. בפשטות, מחלוקת זו נובעת מן המחלוקת הידועה בדבר מעמד קדושה שנייה. אם היא נתקדשה רק לשעתה, אזי ממילא אין תרומה בימינו אלא מדרבנן; ואם קדושה שנייה קידשה לשעתה ולעתיד לבוא, הרי שחיוב תרומה בזמן הזה הינו מן התורה.

כמן כן, יעוין היטב בסוגיה בגמרא כתובות כה ע"א: "דאמר רב הונא בריה דרב יהושע, אשכחתינהו לרבנן בבי רב דיתבי וקאמרי: אפילו למאן דאמר תרומה בזמן הזה דרבנן, חלה דאורייתא; שהרי ז' שכיבשו וז' שחילקו נתחייבו בחלה ולא נתחייבו בתרומה. ואמינא להו אנא, אדרבה, אפילו למ"ד תרומה בזמן הזה דאורייתא, חלה דרבנן; דתניא, בבואכם אל הארץ – אי בבואכם, יכול משנכנסו לה שנים ושלשה מרגלים, ת"ל בבואכם – בביאת כולכם אמרתי, ולא בביאת מקצתכם, וכי אסקינהו עזרא לאו כולהו סלוק".

מן הסוגיות עולה שלרב הונא בריה דרב יהושע, שקיימא לן כמותו, חיוב חלה תלוי ב"ביאת כולכם"; ובזמן הזה שלא נתקיימה ביאת כולכם, לכולי עלמא אין מצוותה אלא מדרבנן. וחיוב תרומה בזמן הזה תלוי ועומד במחלוקת רבי יוחנן וריש לקיש, דלפום ריהטא שורשה הוא מחלוקת התנאים אם קדושה ראשונה ושנייה נתקדשו לשעתן או אף לעתיד לבוא.

אולם לרמב"ם דרך מחודשת בזה. דכך כתב בהלכות תרומות (פ"א הכ"ו): "התרומה בזמן הזה, ואפילו במקום שהחזיקו עולי בבל, ואפילו בימי עזרא, אינה מן התורה אלא מדבריהן. שאין לך תרומה של תורה אלא בא"י בלבד, ובזמן שכל ישראל שם, שנאמר: כי תבואו – ביאת כולכם, כשהיו בירושה ראשונה וכמו שהן עתידין לחזור בירושה שלישית, לא כשהיו בירושה שנייה שהיתה בימי עזרא, שהיתה ביאת מקצתן, ולפיכך לא חייבה אותן מן התורה. וכן יראה לי שהוא הדין במעשרות, שאין חייבין בזמן הזה אלא מדבריהם כתרומה".

תורף דבריו הוא שאף על פי שהרמב"ם עצמו פסק, כפי שהבאנו לעיל, שקדושה שנייה קידשה לשעתה ולעתיד לבוא, עם כל זה תרומה בזמן הזה דרבנן, כיוון שישנה דרישה נוספת לתרומה דאורייתא, והיא "ביאת כולכם". חובת הפרשת תרומה מן התורה אינה תלויה רק בקדושת הארץ, אלא אף במחייב נוסף – ביאת כולכם. לדעתו דרישה זו אינה מצטמצמת לחלה גרידא, כפי שכתבו שאר הראשונים, דוגמת הראב"ד בהשגתו להלכה זו ("ואי איתא להא מילתא בחלה הוא דאיתא"),[60] אלא אף חיוב תרומה תלוי בקיום הדרישה של ביאת כולכם.

לא ברור מה מקורו של הרמב"ם להיקש בין חלה לתרומה בהקשר זה. בית הלוי (ח"ג סימן א) כתב בשם בנו ר' חיים זצ"ל כי הרמב"ם נסמך על הירושלמי ריש פ"ו דשביעית, "אמר רבי לעזר: מאיליהן קיבלו עליהן את המעשרות". משם משתמע בעליל שאין חיוב הפרשת תרומות ומעשרות בזמן בית שני אלא מדרבנן.[61] לדעתו, הרמב"ם למד את הצורך בביאת כולכם בתרומות ובמעשרות משמיטה, שבה כתוב "כי תבֹאו" (ויקרא כ"ה, ב), במקביל לנאמר בחלה "בבֹאכם אל הארץ" (במדבר ט"ו, יח); וביאת כולכם מהווה שיעור בביאת הארץ.

הכסף משנה על אתר הסביר שהרמב"ם השווה בין שתיהן משום "דחלה נמי תרומה היא". ויש לי להוסיף דכך אכן עולה מדברי הרמב"ם עצמו, במקום אחר בהלכות תרומות: "תרומה גדולה ותרומת מעשר והחלה והבכורים כולן נקראו תרומה, לפיכך דין ארבעתן לענין אכילה ודימוע אחד הוא" (פט"ו ה"כ). אך יש לסייג כי ההשוואה בהלכה זו מתייחסת לקדושת החפצא ולקיום שבתרומה, וודאי שניתן לחלק בין זה ובין ההלכה של ביאת כולכם, שהיא דין במחייב של ההפרשה.

60. וכן הוא בתוספות יבמות פב ע"ב ד"ה ירושה.
61. זאת בניגוד להבנתו של ר"י בתוספות יבמות הנזכר בהערה הקודמת, שאף לדעת רבי אלעזר החיוב הינו מדאורייתא.

כל זה ביחס למקורם של דברי הרמב"ם. בנוגע לאופי ההלכה עצמה העלה ר' חיים בחיבורו שהחיסרון בביאת מקצת אינו מפאת העדר דרישה צדדית ותנאי פרטי הנחוץ עבור חיוב תרומות ומעשרות, אלא שעצם קדושת הארץ חסרה היא (הלכות תרומות פ"א ה"י; הלכות שמיטה ויובל פי"ב הט"ז). הדרישה שיבואו רובם איננה רק שיעור במעשה הביאה לארץ, המשפיע על חיוב תרומות ומעשרות. ביאת כולכם היא דין בעצם קידוש הארץ, ואם חסרה ביאת כולכם – עדיין לא נשלמה קדושת הארץ ביחס לחיוב תרומות ומעשרות. קדושת הארץ תלויה בביאת רוב ישראל אליה, ועצם הביאה והכניסה ארצה של כלל ישראל הוא מעשה המקדש את ארץ ישראל והמוסיף בה קדושה.

ר' חיים נתן טעם לדבר, דהוא משום שקדושת הארץ תלויה בירושה ובישיבה, ודרישה זו מתגשמת במלואה רק באמצעות ביאת כולכם. אין ירושת הארץ שלמה אלא אם כן באו אליה רוב ישראל. כל עוד לא נתגשם מצב זה, אף הקדושה הנובעת מירושה זו אינה שלמה. ועוד הסביר שמפאת כך יש לחלק בין דין ביאת כולכם, שהוא חיסרון בעצם קדושת הארץ, לבין הדין האמור ביובל, שאינו נוהג אלא בעת שרוב יושביה עליה. הדרישה של ביאת כולכם איננה נבחנת מחדש בכל שנה ושנה, אלא רק ברגע הקידוש של הארץ. זאת משום שדרישה זו היא חלק מגוף פעולת הקידוש של הארץ. כיוון שבימי עזרא הייתה זו ביאת מקצתן, כל עוד לא הייתה חזרה שלישית, הרי שהפרשת התרומה והמעשרות אינה אלא מדרבנן.

מתוך כך פסק הרמב"ם בסתמא שבזמן הזה התרומה מדרבנן, ולא תלה זאת בתנאים מסוימים. אף אם תהיה ביאת כולכם לאחר זמן, לא תשתנה רמת החיוב עד הביאה השלישית לעתיד לבוא. ארץ ישראל נתקדשה פעם אחת בימי עזרא, ולא תתקדש שוב עד ביאה שלישית, במהרה בימינו אמן. מאידך, דין רוב יושביה עליה אינו אלא דרישה פרטית לגבי ניהוג היובל, ודרישה זו נבחנת בכל יובל מחדש, שהרי עצם קדושת ארץ ישראל לגבי מצוות היובל שלמה היא.

בכך רצה ר' חיים לדחות את דברי אביו כנגד מצדדי היתר המכירה בשמיטה.[62] אחד מטיעוני התומכים בהיתר המכירה מבוסס על כך ששמיטה בזמן הזה, לשיטת הרבה מן הראשונים, אינה נוהגת אלא מדרבנן. לאור זאת הסיקו המצדדים בהיתר כי שווה דין השמיטה היום לדינה של סוריא, שנתחייבה מדרבנן במצוות הנוהגות בארץ. כשם שמכירה מועילה שם, כמשתמע בגמרא (גיטין מז ע"א), כך תועיל היא בזמן

62. כך שמעתי מפי מרן זצ"ל. והוסיף שמשום כבוד אביו לא פרסם זאת ר' חיים בשעתו.

הזה אף בארץ ישראל גופא. השוואה זו דחה בית הלוי מכל וכל (קונטרס השמיטה, בית הלוי ח"ג סימן א). לדבריו, אין להשוות את דינה של סוריא, שעצם קדושתה הוא מדרבנן, לדין שמיטה בארץ ישראל בזמן הזה. קדושת הארץ בזמן הזה הרי היא קדושה שלמה ומלאה מן התורה (דקדושה שנייה קידשה לשעתה ולעתיד לבוא), ורק חיוב השמיטה הינו מדרבנן.

אולם אם נבין את ההלכה של ביאת כולכם כחיסרון בקדושת הארץ, כפי שהציע ר' חיים, ולא רק כתנאי צדדי בדיני חיוב חלה ותרומה, ישנו מקום להשוואה זו. הן סוריא והן ארץ ישראל בזמן הזה אין קדושתן קדושה מלאה מן התורה, לעניין חיוב תרומות ומעשרות וחלה.

על פי ביאור זה מובן בפשטות כיצד הרחיב הרמב"ם את פטור ביאת כולכם, שנזכר בגמרא בנוגע לחלה, וכלל בו אף תרומה ומעשר. אין צורך להזדקק כאן לשיקול של "חלה נמי תרומה היא". התנאי של ביאת כולכם איננו רק דרישה מסוימת בחיוב חלה, אלא חיסרון בעיקר קדושת הארץ, ועל כן מסתבר שיחול אף על תרומות ומעשרות.

אכן, לפי הסברו של ר' חיים צריך עיון מדוע נסתפק הרמב"ם ביחס לחיוב מעשרות, שכתב בלשון "וכן יראה לי".[63] דאם הפטור מתרומה הוא מפאת החיסרון בקדושת הארץ, מסתבר שאין מקום לחלק בין תרומות למעשרות; וכיצד עלה על דעתו שמעשרות אינם תלויים בביאת כולכם? לפום ריהטא, הווה אמינא המחלקת בין תרומה למעשר מובנת יותר אם נתפוס את התנאי של ביאת כולכם כדרישה צדדית בנוגע לחיוב תרומה, ולא כחיסרון בעצם קדושתה של הארץ. דהרי ביחס לעצם קדושת הארץ לכאורה אין לחלק בין תרומה למעשר.[64]

ואכן, יש שחלקו על ר' חיים והבינו ברמב"ם שדין ביאת כולכם אינו אלא תנאי

63. הווה אמינא מעין זו, המבדילה בין תרומה למעשר, עולה ברמב"ם במקום נוסף, ביחס לתרומת ירק. נתפרש בגמרא בכמה מקומות שמעשר ירק דרבנן (ראש השנה יב ע"א, יומא פג ע"ב). עם זאת, הרמב"ם השתמש בלשון "יראה לי" כשקבע את ההלכה שאף תרומת ירק אינה אלא מדרבנן (הלכות תרומות פ"ב ה"ו). ככל הנראה, ראה הוא אפשרות לתקוע טריז בין הדבקים. במקומות אחרים דנתי בשאלה זו, בדבר האפשרות לחלק בין תרומה למעשר, ובטיבו ובאופיו של כל אחד מהם. יעוין בספרי מנחת אביב, עמ' 91–106; ובמאמרי 'בעניין מצוות הפרשת חלה', אור המזרח נ, תשרי תשס"ה. ואכמ"ל.

64. מהסוגיה בכתובות עולה שלדברי רבה בר רב הונא אף אם תרומה בזמן הזה מן התורה היא, מכל מקום חיוב חלה הוא מדרבנן. לכאורה לדידו נראה שהדרישה של ביאת כולכם היא תנאי פרטי בחיוב מצוות מסוימות, ולא פגם יסודי בקדושת הארץ; שהרי אין זה מסתבר שלגבי תרומה נסתפק ברמה פחותה של קדושת הארץ.

עצמאי ביחס להפרשת תרומות ומעשרות, ואין לו השלכה לגבי עצם רמת קדושתה של הארץ.[65]

יש לדון מזווית נוספת בטענתו של ר' חיים כנגד דברי אביו, בית הלוי. ר' חיים הניח שהחיסרון בקדושת הארץ הנובע מכך שלא התקיימה ביאת כולכם, תקף אף בנוגע לשמיטה.[66] הנחה זו טעונה ליבון; ואף אם נקבל את הטיעון העקרוני של ר' חיים, שדין ביאת כולכם נוגע לעצם קדושת הארץ, עדיין יש מקום לבחון האם טיעון זה נכון אף ביחס לשביעית בכלל, וביחס לסברתו של אביו בפרט.

ר' חיים עצמו הסתמך על דברי רש"י, שביאר מדוע קודם ירושה וחלוקה אף שנתחייבו בחלה לא נתחייבו בתרומות ומעשרות: "דכתיב: דגנך – תבואת זרעך המיוחדת לך. ועוד שהרי תלה הכתוב המעשר במנין שנות השמטה, דכתיב: בשנה השלישית שנת המעשר, ושמטות לא מנו אלא משכבשו וחילקו, כדאמרינן בסדר עולם ובמסכת ערכין" (כתובות כה ע"א ד"ה לא נתחיבו. יעוין בחידושיו של ר' חיים על הרמב"ם, הלכות תרומות פ"א ה"י). והנה לפי הלשון השני ברש"י יש קשר וזיקה בין שמיטה לבין חיוב תרומות ומעשרות, שהרי לא נתחייבו בני ישראל בתרומות ובמעשרות אלא לאחר שהחלו למנות שמיטות.

אולם יש לסייג זאת משני פנים. ראשית, התלות העולה בדברי רש"י היא בין מעשר לשמיטה, היינו: שהמעשרות תלויים במניין שנות שמיטה. ואילו ר' חיים נסמך, כלפי לייא, על תלות הפוכה, כאשר השמיטה לדידו תלויה בקדושת הארץ לעניין חיוב תרומה ומעשרות.[67] שנית, יש מקום לפרש את התלות של מעשרות בשמיטה

65. יעוין אבן האזל פ"ו מהלכות בית הבחירה הט"ז.

66. במקביל, המנחת חינוך דן בנוגע לתחומים נוספים – לקט שכחה ופאה, ערלה וביכורים – אם כולם או חד מינייהו נכללים בדרישה של ביאת כולכם. יעוין בדבריו מצווה רטז ביחס לביכורים, פאה ושאר מתנות עניים, ושם מצווה תקצג ביחס ללקט, שכחה ופאה. בכל התחומים הללו הוא העלה שליכא דרישה לביאת כולכם, וחייבים בהם מן התורה אף מבלי שנתגשם תנאי זה (כגון בימי בית שני). ביחס לערלה כתב המנחת חינוך במצווה רמו בשם הצל"ח שאולי שאני ערלה, דכתיב בה "וכי תבֹאו" (ויקרא י"ט, כג).
מסברה, ייתכן לחלק בין ערלה לבין תרומות, מעשרות וחלה, וזאת אם נתפוס את ביאת כולכם כמעמיקה את ירושת הארץ הפרטית והאישית ולא רק את זו הציבורית. לפי הבנה זו, רק כאשר נתקיימה ביאת כולכם אפשר להתייחס לבעל השדה כבעלים במלוא מובן המילה. בערלה אין שום חיוב מיוחד המתייחס לבעלים, ואף פירות ערלה של גוי אסורים, ולכן לא נצריך ביאת כולכם. לעומת זאת, ביחס לחלה, לתרומות ולמעשרות חובת ההפרשה מוטלת על הבעלים, וכאן יש דרישה של ביאת כולכם.

67. גם אביו, בית הלוי, עמד על כך שהזיקה המבוארת ברש"י הינה רק לכיוון אחד (ח"ג סימן א ענף א).

לא כזיקה עקרונית של קשר הכרחי, אלא כזיקה טכנית בלבד. המעשרות תלויים במניין שנות השמיטה, וללא שמיטה אין גם מניין שנות מעשר, וממילא המעשר בטל.

אף אם נקבל את הטענה שישנה זיקה מהותית בין שמיטה לתרומות ולמעשרות, ושדין ביאת כולכם מתייחס גם לשביעית,[68] עדיין נוכל לדחות את טענתו של ר׳ חיים בנוגע להיתר המכירה בשביעית. בית הלוי טען שאף אם השביעית נוהגת בארץ ישראל רק מדרבנן, עדיין אין לדמות אותה לסוריא. סוריא אינה קדושה אלא מדרבנן, בעוד ארץ ישראל קדושה מן התורה, אף אם ניהוג שביעית בזמן הזה אינו מדאורייתא. אף אם נקבל את הבנת ר׳ חיים ברמב״ם, שישנו חיסרון בקדושת ארץ ישראל ביחס לתרומה ולמעשר מפאת הדין של ביאת כולכם, וגם אם נסכים שיש להרחיב זאת אף לשביעית, עדיין אין הכרח לדחות בכך את חילוקו של בית הלוי. שהלוא מכל מקום ארץ ישראל קדושה מן התורה, אף אם קדושתה פגומה היא, בעוד סוריא קדושה מדרבנן בלבד. על כך יש להוסיף את דברי מרן הגרי״ד זצ״ל, ששם ארץ ישראל לעולם אינו פוקע מן הארץ. ייתכן שדי בכך כדי שמכירת קרקעות בארץ ישראל לא תפקיע מהן דיני שביעית.

מכל מקום, מביאורו של ר׳ חיים בשיטת הרמב״ם עולה שרמת הקדושה תלויה במציאות בפועל. הזיקה בין כנסת ישראל לארץ ישראל היא הקובעת את קדושת הארץ והיא המטביעה אותה.

גדרי ״ביאת כולכם״

דבריו של ר׳ חיים מניחים שביאת כולכם נקבעת בזמן הקידוש. הנחה זו איננה ברורה אצלי כלל ועיקר. כך הוא לשון הרמב״ם: ״שאין לך תרומה של תורה אלא בא״י בלבד, ובזמן שכל ישראל שם״ (הלכות תרומות פ״א הכ״ו). ונראה מלשונו שביאת כולכם עניינה הימצאות כל ישראל שם ברגע נתון, ולאו דווקא בזמן הכניסה לארץ וקידושה.[69]

68. אפשר גם להעלות על הדעת הצעת פשרה, אשר תחלק בין דינים שונים שנאמרו בשביעית: לדינים מסוימים נצריך ביאת כולכם, ואילו להלכות אחרות לא.

69. כך משמע ברדב״ז הלכות תרומות פ״ו ה״ב, שהסביר שעזרא אסר את הכהנים בתרומה דרבנן משום ״שהיו מקוים שיבואו כולם ותהיה התרומה מן התורה ולפיכך לא התיר להם״. ועיין על זה בהרחבה בספר מקדש מלך לרצ״פ פרנק, עמ׳ מח–נא [הערת העורך בשם הרב אליקים קרומביין].

לפום ריהטא, ההבדל בין הבנת ר' חיים זצ"ל לבין הבנתי הינו לשני הצדדים ובשני מקרים. מחד, במידה שבביאתם ארצה לא עלה רוב הציבור, אלא נתווסף מאוחר יותר, אליבא דר' חיים אין זה בגדר ביאת כולכם, ואילו להבנתי הרי רוב ישראל בארץ. אם נקבל את דבריי, מוכרחים אנו לומר כי בזמן בית שני, אליבא דהרמב"ם, לא היו רוב ישראל שם, שהלוא מפורש בדבריו שתרומות ומעשרות בזמן בית שני לא נהגו אלא מדרבנן. לאידך גיסא, לו באו כל ישראל לארץ וירדו ממנה, אין זה בגדר ביאת כולכם לדידי, בעוד שלפי הסברו של רבנו הגדול זצ"ל, לכאורה אף במקרה זה הארץ נתקדשה במלואה באמצעות ביאת כולם.[70]

אף אם נקבל את הבנת ר' חיים בדברי הרמב"ם, עדיין יש מקום להקשות בנוגע למקרה שרוב ישראל לא הצטרפו לעולים הראשונים, אך עלו לאחר מכן. אף אם הכול הולך אחר שעת הביאה לארץ וקידושה, וכיוון שלא עלו עם עזרא רוב הקהל הרי אין זו ביאת כולכם, עדיין צריך עיון מדוע לא נאמר שתתקדש ארץ ישראל בשלבים, וכאשר יבואו רוב הקהל תושלם הקדושה.

עוד יש להסתפק מה נחשב לביאת כולכם. ייתכן שיש להבין דרישה זו בהגדרותיה המחמירות ביותר, שרק ביאת רובה של כנסת ישראל לארצה ולמולדתה מוגדרת כביאת כולכם. מאידך, אפשר להעלות על הדעת הגדרות מרחיבות יותר, ולחלק בין עליית יחידים הרואים עצמם כיחידים לבין עלייה של יחידים הרואים עצמם שליחי הכלל וחלק ממסגרת לאומית העולה ארצה. ייתכן שאף אם הם עצמם יחידים הם, נראה ביאה זו כביאת כולכם. ואולי זהו יסוד דעתם של רבנן בבי רב בסוגיה בכתובות, שחלה בזמן הזה דאורייתא. לכאורה שיטתם נסתרת מברייתא מפורשת, שביאת כולכם היא תנאי לחיוב חלה. אך אין הכרח לומר שחלוקים הם על הברייתא. אפשר שלדעתם אף בימי עזרא ביאתם הייתה בגדר ביאת כולכם, כיון שהייתה זו עלייה שמגמתה לאומית ולא מיזם פרטי של יחידים גרידא.[71] אכן, להלכה לא פסק הרמב"ם

70. אלא אם נאמר שירידתם מהארץ לאחר מכן עוקרת את הקדושה [הערת העורך].

71. אכן, אם נאמר כפי שהצעתי, שרבנן בבי רב מודים דבעינן ביאת כולכם, אלא שלדעתם דרישה זו נתקיימה בימי עזרא, יש להקשות מדוע לדעתם תרומה הווי דרבנן. כבר ר' חיים זצ"ל תמה מהי סברת רבנן בבי רב, שבזמן הזה חלה מדאורייתא ותרומה מדרבנן (הביא זאת בשמו אביו בית הלוי בספרו [ח"ג סימן א]). דאם בעינן "ביאת כולכם" ודרישה זו לא נתקיימה, הרי שיש לומר שאף חלה לא יהא חיובה אלא מדרבנן. אם חלה מדאורייתא בזמן הזה, הרי זה או משום שלדעתם נתגשם התנאי של ביאת כולכם, או משום שאין אנו מצריכים כלל ביאת כולכם; כך או כך, אף תרומה תהא מן התורה. וביישוב קושייתו נראה להזכיר מה שביארנו למעלה בדבר ייחודיותה של חלה בין שאר המצוות התלויות בארץ. רבנן בבי רב אכן מצריכים ביאת כולכם

כרבנן בבי רב, ואם נאמץ את הסברנו הרי יש בכך פסיקה שאין די בביאת יחידים במתכונת לאומית.[72]

יש לציין כי התנאי האמור של ביאת כולכם מצריך שרובם של ישראל יהיו בארץ (לדעת ר' חיים: יבואו אל הארץ), ורק מיעוטם יישארו בחו"ל. דרישה זו מתייחסת לשאלה היכן דרים רוב בני ישראל. ברם, אין כאן התייחסות לשאלה מי הם רוב הדרים בארץ. תיתכן מציאות שבה רוב ישראל עלו לארצם ושרויים באדמתם, אך רוב אוכלוסי הארץ אינם בני ברית. האם די יהא בכך כדי לחייב מן התורה את היהודים הדרים בארץ בחלה (ולפי הרמב"ם אף בתרומות ובמעשרות), או שמא כשם שעל ישראל להימצא בארצם, כך על הארץ להיות ירושה בידי ישראל?

לכאורה הדבר תלוי במידת הזיקה שבין בעלות ושייכות לבין קדושתה של הארץ. לפי האפשרות השנייה נאמר שאם הארץ מאוכלסת ברובה בידי גויים, אזי אף אם ישראל שולטים בה מבחינת מדינית וצבאית, ואף אם מתקיים התנאי של רוב יושביה עליה, עדיין אין תשתית ליצירת קדושה. הקדושה תלויה בכך שהארץ נמצאת בידי ישראל.[73]

קניין נוכרי בארץ ישראל

הזיקה בין קדושת הארץ להימצאות ישראל בתוכה קשורה לא רק להחלת הקדושה, אלא גם לאפשרות הפקעתה. ובזה נחלקו אמוראים בשלהי פרק השולח: "אמר רבה: אף על פי שאין קנין לעובד כוכבים בארץ ישראל להפקיע מידי מעשר, שנאמר: כי

הן לגבי חלה והן לגבי תרומה. ברם, לדעתם אופי ביאה זו שונה בחלה ובתרומה. תרומה היא מצווה התלויה בגידול בארץ, בעוד חלה באופן עקרוני איננה דווקא בארץ ישראל; אנו זקוקים לארץ רק כדי להחיל שם על עיסה זו ולהגדירה כ"לחם הארץ". לשם כך די ברמה נמוכה יותר של קדושה וזיקה לארץ. לפיכך בחלה די במימוש קלוש יותר של "ביאת כולכם". ביאת רובה של כנסת ישראל מחייבת אף בתרומות ובמעשרות. אך ביאת יחידים במתכונת לאומית מוגדרת כביאת כולכם רק לעניין חיוב חלה.

72. נזכיר ששאלה דומה העלינו לעיל בנוגע לכיבוש רבים: האם כיבוש רבים דורש דווקא השתתפות של רבים, כיבוש הנעשה על דעת רוב ישראל, או שדי לנו בכך שהכובשים אינם פועלים עבור רכושם הפרטי, אלא במסגרת לאומית, עבור כנסת ישראל כולה.

73. יש להעיר כי שאלת הפקעת קדושת הארץ על ידי בעלות נוכרי נידונה לקמן באריכות לגבי קניין הגוי בארץ, ובהמשך גם ביחס לכיבושו את הארץ. אולם כאן מדובר במציאות שהארץ שייכת לישראל, הן מבחינה מדינית וצבאית והן מבחינה ממונית, אלא שהגויים מהווים את רוב אוכלוסיית הארץ, והשאלה היא האם בכך תיפגע קדושת הארץ. זוהי זווית אחרת של השפעת נוכחות נוכרית על קדושת הארץ – היקף האוכלוסין, בניגוד לבעלות וחזקה [הערת העורך].

לי הארץ – לי קדושת הארץ, אבל יש קנין לעובד כוכבים בארץ ישראל לחפור בה בורות שיחין ומערות, שנאמר: השמים שמים לה׳ והארץ נתן לבני אדם. ורבי אלעזר אומר: אף על פי שיש קנין לעובד כוכבים בארץ ישראל להפקיע מידי מעשר, שנאמר: דגנך – ולא דגן עובד כוכבים, אבל אין קנין לעובד כוכבים בארץ ישראל לחפור בה בורות שיחין ומערות, שנאמר: לה׳ הארץ. במאי קמיפלגי, מר סבר: דגנך – ולא דגן עובד כוכבים; ומר סבר: דיגונך – ולא דיגון עובד כוכבים״ (גיטין מז ע״א).

הרי לנו דנחלקו רבה ורבי אלעזר, אי יש קניין לגוי להפקיע מידי מעשר או לאו. והנה יש לעמוד על היקף מחלוקתם – בנוגע לאילו פירות נחלקו ובנוגע לאיזה זמן. מסתבר שהיקף זה משליך על הבנת עצם הדין ועל טעם פלוגתתם.

רש״י על אתר כתב: ״שאין קנין וכו׳ – אם קנה עובד כוכבים קרקע בארץ אין קניינו קנוי להפקיעה מקדושתה, שלא תתחייב במעשר, וישראל הקונה ממנו מן הפירות צריך לעשר״. לדבריו, לפי רבה אף הפירות שגדלו ברשות הגוי חייבים במעשר, משום שאין קניין לגוי להפקיע מידי מעשר, והארץ נשארת בקדושתה. ייתכן שרבי אלעזר חלוק עליו בנקודה זו עצמה. אך מלשונו ״דגנך – ולא דגן עכו״ם״ מסתבר יותר שרבי אלעזר מודה שקדושת הארץ קיימת ועומדת, ברם עצם העובדה שגדלו הפירות בשדה הקנוי לעכו״ם, אף שהגיעו ליד ישראל, מחשיבם כדגן עכו״ם הפטור ולא כ״דגנך״. לפי שיטתו ציר מחלוקתם סובב סביב דין הפירות והאם נחשבים דגן עכו״ם; או לחילופין, האם קיים בכלל פטור של דגן עכו״ם; אולם ודאי שעצם גוף הקרקע לא הופקע מקדושתו. שורש הפטור נעוץ במעמדם של הפירות עצמם.

אף שפטור זה בא מחמת הפירות, חשוב להדגיש שאין הוא זהה עם הפטור של פירות שנגמרה מלאכתם ביד העכו״ם, שהוא פטור מצד בעלות הגוי על הפירות בשעת חובתם, בדומה לשאר הפטורים שנאמרו בבעלים, כגון הקדש.[74] יסוד הפטור לדעת רבי אלעזר הוא מחמת דאין הפירות קרויים ״דגנך״, שהרי גדלו באדמת גוי. כדי להיקרא דגנך אין די בבעלות ישראל על הפירות עצמם, אלא נחוצה בעלות אף על השדה שבו הם צומחים. אף שיש קדושה בשדה, לא בהכרח התבואה הצומחת בו בכלל ״דגנך״ היא. ״דגנך״ פירושו – דגן הצומח בשדך הקנוי לך. ולא דמי פטור זה לפירות בבעלות גוי, שנפטרים הם מצד קניינם לגוי בשעת חובתם.

74. בנוגע לפירות שהביאו שליש ביד עכו״ם, עיינו בדברי ר׳ חיים זצ״ל בחיבורו בהלכות ביכורים פ״ב הט״ו, ובדברי מו״ח זצ״ל באגרותיו, הלכות מעשר פ״ב ה״ח.

עוד עולה מסתמא מדברי רש"י, שאין מחלוקת לגבי פירות שגדלו לאחר שחזר השדה לבעלות ישראל, ואף רבי אלעזר מחייבם במעשר.

אולם הרמב"ם – רוח אחרת הייתה עמו, שכך כתב: "עכו"ם שקנה קרקע בא"י לא הפקיעוה מן המצוות אלא הרי היא בקדושתה, לפיכך אם חזר ישראל ולקחה ממנו אינה ככיבוש יחיד, אלא מפריש תרומות ומעשרות ומביא בכורים, והכל מן התורה, כאילו לא נמכרה לעכו"ם מעולם" (הלכות תרומות פ"א ה"י). מדבריו אלו עולה שחלוק הוא על רש"י, הן בשורש הפטור של "יש קניין לעובד כוכבים" והן לגבי הזמן שעל אודותיו נסובה מחלוקת רבי אלעזר ורבה.

הרמב"ם סבר כי נחלקו רבה ורבי אלעזר בנוגע לדין לאחר שחזרה הקרקע ליד ישראל. אם אכן ישנו קניין לגוי, הרי שהקדושה הופקעה, ואף לאחר ששב השדה ליד ישראל יש צורך בקידוש חדש; אולם קידוש זה איננו אפשרי, מחמת החיסרון של כיבוש יחיד. ואם כן, אם יש קניין לגוי, אף כאשר חוזר השדה ליד ישראל פירותיו אינם מתחייבים בתרומות ובמעשרות. אולם בזמן שהשדה ברשות הגוי לכולי עלמא הפירות פטורים.[75]

אכן נראה שאכ'תי חלוקים הם בכל יסוד פטור הפירות. לפי רבה, הפירות פטורים משום שאין הם קרויים דגנך, וכפי שהסברנו לעיל את שיטת רבי אלעזר אליבא דרש"י. ברם, לפי רבי אלעזר שורש הפטור של קניין גוי בארץ נובע (אליבא דהרמב"ם) מהפקעת קדושת ארץ ישראל מגוף הקרקע. וממילא לדידו מחלוקת האמוראים סובבת סביב מעמדו של גוף הקרקע עצמו, ולא על אודות הפירות. קניין עכו"ם איננו פטור של הפירות מצד "דגנך ולא דגן עכו"ם", אלא הפקעת הקדושה מן הארץ.

נמצא כי חלוקים רש"י והרמב"ם במחלוקת קוטבית ובנוגע לשני מקרים. ראשית, נחלקו במקרה שהקרקע שבה לרשות ישראל. במקרה זה לדעת רש"י כל ההלכה דיש קניין לגוי אינה שייכת, בעוד לדעת הרמב"ם הדין דיש קניין לגוי משפיע אף לאחר שחזרה הקרקע ליד ישראל, מפאת החיסרון של כיבוש יחיד. שנית, נחלקו בנוגע לזמן שהשדה בבעלות הגוי. לדעת הרמב"ם כל זמן שהקרקע אינה של ישראל, אליבא

75. כך פירש הכסף משנה את דעתו בשם הר"י קורקוס (יעוין בדבריו בהלכות תרומות פ"א הי"א, הלכות ביכורים פ"ב הט"ו והלכות שמיטה ויובל פ"ד הכ"ט). ר' חיים בחיבורו (הלכות ביכורים פ"ב הט"ו) ביאר שאף כי לרמב"ם לכולי עלמא הפירות פטורים, בנוגע לאופי פטור הפירות נחלקו מאן דאמר שאין קניין לגוי ומאן דאמר שיש קניין לגוי, אי הווי פטור בעלמא או הפקעה ממש.

דכולי עלמא יש קניין לגוי לגבי הפירות. לדעת רש"י, לעומת זאת, זהו בדיוק המקרה שלגביו נחלקו רבה ורבי אלעזר.

וכן ביאר הכפתור ופרח (ריש פ"ד): "כבר קדם שקדושה שניה קדשה לעתיד לבא, ואם כן ישראל שקנה היום קרקע מן הגוי בא"י חייב בכל המצות התלויות בארץ. וזה שנחלקו רבה ורבי אלעזר מס' גיטין שלהי פרק השולח, לא נחלקו כל זמן שחזר הישראל ולקחה דחזרה לקדושתה, ואלא פלוגתיהו בפירות הגוי בקרקע שלו, ואם יש קנין לגוי בא"י להפקיע מידי תרומות ומעשרות אם לאו. זהו לפי פירוש רש"י ז"ל. אבל לפי פירוש הר"ם ז"ל המחלוקת מן קרקע של גוי שחזר הישראל וקנה אותו ממנו אם חזר הקרקע לקדושתו אם לאו, דאילו בפירות הגוי בקרקע שלו פשיטא ליה דפטור".[76]

בין קניין לקדושה

לפי רש"י, יש לומר שהפטור הכרוך בקניין גוי הוא דין צדדי, פטור של הפירות מחמת חיסרון ב"דגנך". אך לפי הרמב"ם יסוד הפטור אליבא דרבי אלעזר הינו הפקעה מקדושת הארץ; ויש לברר מהו לדידו בסיס המחלוקת בין האמוראים בנידון.

שיטת רבי אלעזר, כי קניין הגוי מפקיע מידי מעשר, לכאורה בנויה על שתי הנחות: א) יש קניין ממוני לגוי בארץ ישראל; ב) הממד הקנייני משליך על ממד

76. כך הוסיף הכפתור ופרח בהמשך דבריו: "ומסתברא כפירוש רש"י, דכיוצא הוא מה שאמרו בתוספתא מס' נגעים פ"ז (הט"ו), והלוקח בית מן הגוי יראה בתחלה מה שאין כן באדם. פירוש, הלוקח בית מנוגע מן הגוי בא"י יראה הנגע שבו בתחלה מה שאין כן באדם. דאילו גוי שנראה בו נגע ונתגייר אותו הנגע לעולם טהור". דהיינו, התוספתא קובעת כי הלוקח בית המנוגע מן הגוי, אף שאין נגעי בתים בבתי גוי, חלים בבית הקנוי דיני נגעי בתים מכאן ואילך. ואין אנו אומרים כי החיסרון של קניין הגוי ממשיך לחול אף כאשר הבית בא תחת יד ישראל. לעומת זאת, נגעי אדם של גוי לעולם טהורים, אף אם נתגייר הגוי (וכן הוא במשנה בנוגע לנגעי בתים [נגעים פי"ב מ"א], אך ללא הניגוד לנגעי אדם). מכאן רצה הכפתור ופרח ללמוד שכשם שבית המנוגע שנקנה מגוי אינו נידון כבית גוי, כך גם קרקע בארץ ישראל שנקנתה מגוי אינה נידונה כקרקע גוי. אולם יש לדחות את הוכחתו זו כנגד הרמב"ם מדין נגעי בית. בצרעת הכול תלוי בבעלות על הבית, אם בית של גוי הוא או של יהודי. אין לכך שום נגיעה לשאלה האם יש קניין לגוי בארץ ישראל, שאלה שיסודה בהפקעת קדושה. אפשר שהוכחת הכפתור ופרח מיוסדת על כך שאין נגעי בתים אלא בארץ ישראל, כאמור בפסוק: "בבית ארץ אחזתכם", ובנה על כך שאם חלים דיני צרעת על הבית, אזי יש לומר שקדושת הארץ חלה על אותו הבית. אך גם בזאת אין הכרח, לאור האמור לעיל. מסתבר שנגעי בתים אינם תלויים בקדושת ארץ ישראל אלא בשם ארץ ישראל, וודאי נראה שאף הרמב"ם יודה ששם זה לא פקע (כפי שנטען להלן). ואין להוכיח מכאן ביחס לקדושת הקרקע לעניין תרומות ומעשרות.

הקדושה, ומפקיע את הפירות ממעשר. מאידך, את שיטת רבה, שאין קניין לגוי להפקיע מידי מעשר, אפשר לפרש בשני אופנים, שכן די לו שיחלוק על אחת משתי ההנחות. ראשית, ייתכן שרבה מחלק בין קדושה לקניין. אף כי יש לגוי קניין ממוני שלם ואותו שדה שייך לו לחלוטין, אין לקניין זה שיג ושיח עם קדושת הארץ; בעלות וקניין ממון לחוד וקדושה לחוד. אין הקניין הממוני בדיני חושן משפט מפקיע את קדושת הארץ בהלכות זרעים. לפי ביאור זה בסברת רבה, סלע המחלוקת בינו לבין רבי אלעזר נוגע לשאלה האם יש זיקה בין בעלות לקדושה, וכתוצאה מכך – האם קניין ממוני מפקיע את הקדושה. לדעת רבה קדושה לחוד וממון לחוד, ולדעת רבי אלעזר הקניין והקדושה באים יחדיו ושלובים זה בזה, ומכיוון שמבחינה ממונית השדה שייך לגוי הרי בעלות זו מפקיעה מן המעשרות. שורש המחלוקת הזו, האם קדושת הארץ תלויה היא בבעלות, מסתבר שנעוץ הוא בהבנת טיב הקדושה ואופייה.

מאידך גיסא, יש להעלות כיוון נוסף בהסבר שיטת רבה, ולהציע שקניינו הממוני של הגוי בארץ ישראל אינו קניין גמור. לפי זה רבה מודה שקניין וקדושה שלובים זה בזה, אלא שלדעתו הבעלות הקובעת היא הבעלות הלאומית ולא הקניין הפרטי. מלבד הקניין האישי בקרקעות ישנה בהן בעלות ציבורית לאומית, שהיא המפקיעה מן המעשר. כאשר נכרי קונה קרקע בארץ, אפילו אי נימא שיש קניין לגוי לחפור שיחין ומערות, אין בקניינו הפרטי כדי לפגום בבעלות הלאומית של כנסת ישראל על אדמת הארץ. לפי זה, באופן שורשי מודה רבה לרבי אלעזר שאכן ישנה זיקה בין קדושה לקניין, אלא שלדעתו גוי אינו קונה את הארץ באופן מוחלט, ועל כן אין קניינו מפקיע ממעשר־ית.[77]

ונראה שנחלקו בנידון הבבלי והירושלמי. דהנה בסוגיית הבבלי בפרק השולח נאמר, בביאור דברי רבה: "שאין קניין לעובד כוכבים בארץ ישראל להפקיע מידי מעשר, שנאמר: כי לי הארץ, לי קדושת הארץ". מכאן משתמע בעליל, שהסיבה לכך שאין קניין לגוי להפקיע ממצוות נובעת מקדושת הארץ. אמנם, בהמשך הסוגיה לכאורה נשמעת נימה אחרת בביאור דברי רבי אלעזר: "אין קניין לעובד כוכבים בארץ ישראל לחפור בה בורות שיחין ומערות, שנאמר: לה' הארץ"; ומכאן עולה לכאורה שהדיון

77. יש לעיין אי זה הווי חיסרון מהותי, שאין ביד גוי לקנות את קרקעות הארץ בקניין לאומי; או שמא זאת דווקא כאשר מדובר בגוי הקונה קרקע בקניין פרטי ואישי, אך כאשר ח"ו הקרקע תחת כיבוש זרים א־ שנמכרה כולה לנוכרים הרי שיש בה אף לעכו"ם קניין לאומי, וקדושתה תפקע. והדבר יידון בהמשך.

מתמקד ברמת הקניין שיש לנוכרי בארץ ישראל. אך הרי על זה חולק רבה וסובר שיש קניין לעכו"ם אף לחפור בקרקע בורות, שיחין ומערות. ומכאן שלדעת רבה אין כל מגבלה לגבי כושר העכו"ם לקנות, ומבחינה זו אין הוא נחות מישראל; אלא שאין קדושת הארץ ניתנת להפקעה על ידי קניינו.

ברם, בירושלמי גרסינן: "דרבי מאיר אמר: אין קניין לעכו"ם בארץ ישראל להפקיעו מיד מעשר... רבי אימי בשם רבי שמעון בן לקיש: טעמא דרבי מאיר, והתנחלתם אֹתם לבניכם אחריכם לרשת אֲחזה, הקיש אחוזה לעבדים, מה עבדים אתם קונין מהם והן אינן קונין מכם, אף אחוזה אתם קונין מהן והם אינן קונין מכם" (דמאי פ"ה ה"ח).

ונראה ברור, שהיקש זה המופיע בירושלמי אינו מתייחס לרמת קדושתה של הארץ, אלא למגבלותיו של קניין הגוי; שהרי העובדה שאין לגוי קניין עבדות בישראל אינה קשורה כלל לקדושת ישראל. ופוק חזי, שאף את חברו הגוי אינו יכול לקנות כעבד, כמבואר בסוגיית שבאי בגיטין (לז ע"ב). ומפורש שם, שגוי יכול לקנות הן ישראל והן גוי למעשה ידיהם, אך את שניהם אין הוא יכול לקנות לגופם. ובכן, הנאמר בירושלמי: "עבדים אתם קונין מהם והן אינן קונין מכם" אינו קשור בקדושת ישראל, אלא במגבלות כושר הקניין של הגוי. ומכאן שאף באחוזה, שהוקשה לעבדים, אין לגוי קניין, מפני שבעלותו קלושה, ולא מפני שאין בכוח בעלות להפקיע קדושה; וזה דלא כמשתמע מהבבלי בגיטין.

אמנם, בהמשך נאמר שם בירושלמי: "ודא מסייעא לרבי מאיר, והארץ לא תִמכר לצמִתֻת כי לי הארץ, לחולטנית". פסוק זה הינו המקור לדברי רבה שבבבלי, ואף שכאן הוא מצוין רק כהוכחה ולא כמקור, ניתן היה לפרשו כאומר שהארץ חלוטה לקדוש ברוך הוא בגין קדושתה, ולהבין לאור זאת שבירושלמי עצמו יש הסברים חלוקים. אך יעוין בהשגות הרמב"ן על ספר המצוות לרמב"ם (לא תעשה רכז), שהביא את כל דברי הירושלמי כמקשה אחת, ובסיום דבריו חידד מה שהוסבר לעיל, שבירושלמי מדובר בהגבלת בעלות הגוי ולא בהתמדת הקדושה: "ונתן בה טעם כטעם הנזכר בגופות, לפי שהארץ שלו יתעלה, ואנחנו כולנו גרים ותושבים עמו, ולא יחפוץ להושיב בה אחרים זולתנו, רק בידינו תשאר ואלינו תחזור".

ניתן לעמוד על ההבדל שבין רבי מאיר דסוגיית הירושלמי לרבה דסוגיית הבבלי מסיום דברי הירושלמי שם: "אף על גב דרבי מאיר אמר אין קניין לגוי בארץ ישראל לפוטרו מן המעשרות, מודה הוא הכא, דיש לו קניין נכסים. אמר רבי בא: אוכלת פירות". מפורש, שלדעת רבי מאיר אין לעכו"ם בקרקע אלא קניין פירות, ואילו לפי רבה, כמפורש בבבלי, יכול הוא אף לחפור בורות, שיחין ומערות. והרי

מבואר ברמב"ם (הלכות מכירה פכ"ג ה"ו) שיכולת זו לחפור בקרקע תלויה בקניין הגוף.

פשר ההבדל בין רבה לרבי מאיר ברור הוא. לרבה, העובדה שאין קניין לגוי לפטור מתרומות וממעשרות נובעת מעוצמת הקדושה ולא ממגבלות הקניין. קניין הגוי כשלעצמו יכול להיות מושלם. ואילו לרבי מאיר, העובדה שאין הקניין פוטר שורשה בליקוי בכושר הקניין של גוי. ממילא ייתכן (אם כי אין הכרח לכך) שלליקוי זה יהיו לא רק השלכות המתייחסות לבעלות ביחס לקדושה ולמצוות, אלא אף היבט ממוני צרוף, דהיינו, שקניין הגוי אינו אלא קניין פירות.

לדעת רבי אלעזר, שגוי אינו רשאי לחפור בורות, שיחין ומערות, קניינו הממוני בתחום ארץ ישראל מוגבל הוא, ואין ביכולתו לרכוש בקרקע קניין הגוף. ונראה לומר שלדעת רבי אלעזר יסוד ההפקעה של קניין הגוי איננו מצד הקרקע אלא מצד הפירות, כפי שהסביר רש"י, דפירות אלו שגדלו בשדה גוי מופקעים הם ממעשר. ומדברי ר' חיים (הלכות תרומות פ"א ה"י) עולה שלדבריו כך הסביר גם הרמב"ם את דעת רבי אלעזר.[78]

מעמד הקרקע השבה לידי ישראל

פשטות לשון הרמב"ם מורה שבזמן שהקרקע ברשות הגוי הרי היא לדעת רבי אלעזר כחו"ל, שהלוא כשחוזרת ליד ישראל טעונה היא קידוש מחדש. אולם נראה שיש לסייג הבנה זו. דנראה פשוט שאפשר להפקיע בנסיבות אלו רק את קדושת הקרקע, אולם שם ארץ ישראל אינו פוקע. וזאת נלמד מקל וחומר: אם כיבוש הארץ בידי גויים והגליית כנסת ישראל לא הפקיעו את שם ארץ ישראל (לפחות לדעת הרמב"ם), על אחת כמה וכמה שקניין שדה אחד של יהודי על ידי נוכרי איננו יכול לעקור ממד זה.

עוד מפורש ברמב"ם שלו היה לגוי קניין בארץ להפקיע מידי מעשר, הקרקע שרכש הייתה מופקעת מקדושת הארץ. וזאת לא רק בזמן שהייתה בבעלות הגוי, אלא גם לאחר מכן, כשחזרה לבעלות ישראל, שהרי אי אפשר לקדשה. לסוברים כך, אין הגדל באדמה זו מתחייב בתרומות ובמעשרות, בין בזמן שהיא ברשות הגוי ובין לאחר שחזרה לרשות ישראל, דלא שאני לן בין המקרים ובשניהם הפירות פטורים ממעשר.

78. יש להעיר עוד שמשיטת הרמב"ם עולה דאף לדידן, דפסקינן כרבה, שאין קניין לגוי להפקיע מידי מעשר, ישנה זיקה ממשית בין בעלות וקדושה (שהרי לדידו בזמן שהקרקע ביד הגוי, אף רבה מודה שפטורה היא מתרומות וממעשרות).

אולם נראה שאף אם נאמץ את גישתו העקרונית של הרמב"ם, עדיין יש מקום לחלק, דלא כדבריו, בין שתי התקופות. אף אם הקניין שיש לעכו"ם (לסוברים כך) מפקיע את חובת תרומות ומעשרות של גוף הקרקע, מפאת הפקעת קדושת ארץ ישראל שלה, עדיין לא הרי הקרקע שתחת יד הגוי כהרי אותה קרקע כשחזרה לידי ישראל. דאף אם נימא שכל עוד הקרקע תחת יד הגוי הרי היא קניינו, ומפאת כך נעקרת ממנה קדושת הארץ (לעניין חובתה בתרומות ובמעשרות), אכתי לאחר שחזרה הקרקע לישראל ועמדה ברשותו, נראה שחזרה היא לקדושתה ושפירותיה יתחייבו בתרומות ובמעשרות. וזאת אף לו פסקינן שיש קניין לנוכרי להפקיע מידי מעשרות. דמכל מקום, מאחר שהשדה באה לרשות ישראל, הרי היא מתקדשת בקדושת הארץ באופן שלם ומלא.

לכך יש להציע שתי סיבות. ראשית, דעת התוספות בעבודה זרה (כא ע"א ד"ה כיבוש יחיד) שבארץ ישראל עצמה לא בעינן כיבוש רבים ודי בכיבוש יחיד. אפשר לנסח זאת באמירה שהחיסרון שבכיבוש יחיד אינו אלא בחו"ל, ואפשר לומר לחילופין שכל כיבוש בתחום הארץ גופא הווי על פי דין כיבוש רבים.

ועוד נראה, שאף אם נתפוס לדינא את דעת הרמב"ם, שכיבוש רבים נצרך אף בתחום ארץ ישראל גופא, עדיין אפשר שכאשר הארץ כולה בשליטת כנסת ישראל, ממילא כל קניין של שדה פרטי מביא אותו תחת יד כלל ישראל, ובגדר כיבוש רבים הוא. אין הקידוש תלוי בזהות הרוכש ובמטרתו. אמנם, מעשה הקניין הינו של יחיד ומגמת קנייתו את השדה היא עבור רכושו הפרטי. ובכל זאת, בנסיבות של שליטה יהודית בארץ כולה, הקניין הפרטי בשדה פלוני מצטרף לתהליך הכללי־לאומי של כיבוש רבים בארץ, ומתוך כך מקבל המעשה הפרטי הקשר ומשמעות לאומיים כלליים.

שנית, עוד יש להציע בזה שאין זאת רק דלא בעינן רבים, אלא שאולי כלל אין צורך במעשה קידוש כלשהו. זאת אף אם נסכים דקניין הגוי (אם יש כזה) אכן פוגם בקדושת ארץ ישראל של אותו שדה לעניין חיוב תרומות ומעשרות. דכאשר כנסת ישראל באה לארצה, הן בביאה ראשונה והן בביאה שנייה, נצרכה היא לקדש את כל הארץ. אולם כאשר שדה מסוימת עברה לרשות גוי, אין צורך במעשה קידוש, אלא די בצירוף בעלמא, שדרכו ובאמצעותו מתפשטת אל השדה קדושת הארץ הקיימת. לאחר שנתקדשה הארץ, די בהגדרת פיסת קרקע כארץ ישראל כדי לקדשה, ואין צורך במעשה קידוש ייחודי. הגדרה זו יכולה להיקבע על ידי צירוף הקרקע לשאר הארץ, אף על ידי קניין פרטי וכיבוש יחיד. במקרה כזה אין צורך להחיל קדושה על השדה,

אלא רק להגדירו כארץ ישראל. בעקבות הגדרה זו ממילא מתקדש השדה, שהרי ארץ ישראל כבר נתקדשה.

על כך יש להוסיף, שייתכן שדי בצירוף זה גם אם קדושת הארץ פקעה לחלוטין, ונוצר מעין אי בודד של פיסת חו"ל בארץ. ברם, יותר נראה שאף כאשר השדה ברשות הגוי, ואף אם בעלותו מפקיעה את קדושת הארץ, אין זו עקירה וביטול של הקדושה. קניין הגוי מנתק את השדה משאר הארץ, ואז קדושתו גנוזה ומוסתרת, אך אין כאן חילול, העוקר את הקדושה כליל.[79] הקדושה חלה על הארץ כולה כיחידה אחת, ולא על כל שדה ושדה בפני עצמו. משום כך, כל ניתוק של השדה משאר הארץ פוגם את קדושתה. אך קניין הגוי, המנתק את השדה מהארץ כולה, הוא מעין גניזה והקפאה של הקדושה, ולא ביטולה המוחלט.

אף אם יש לגוי קניין בארץ להפקיע מידי מעשרות, לא הרי קניינו הפרטי של גוי פלוני כהרי כיבוש הארץ כולה ביד גויים. קניין הגוי הפרטי מונע מן הקדושה מלהתגלות, בעוד כיבוש הארץ בידי נוכרים וגלות ישראל עוקרים את הקדושה לגמרי.[80] על כן, די בכך שהשדה שנקנתה לגוי חזרה לרשות ישראל כדי לעורר מחדש את הקדושה הגנוזה. מעתה קרקע זו קדושה היא בקדושה שלמה ומוחלטת של ארץ ישראל, אף שלא נעשה בה מעשה קידוש מחודש.

כנזכר לעיל, לדעת הרמב"ם לכולי עלמא כל זמן שהשדה בבעלות הגוי פירותיו פטורים מתרומות וממעשרות. לדעתו, אליבא דרבה (שנפסקה הלכה כמותו) חלוק דין הפירות לאחר שחזרה השדה לרשות היהודי מדינם בהיותם ברשות הגוי. והנה למעלה ביארנו שסברת רבה בנויה על חיסרון בפירות, שאינם קרויים דגנך. אך מדאתינן להכי יש להציע שסברתו היא דקניין הגוי מפקיע את עצם קדושת הארץ, ברם אין זו עקירה

79. הרמב"ם כתב: "אסור לזרוע כלאים לנכרי" (הלכות כלאים פ"א ה"ג). הר"י קורקוס פירש דקאי בשדה הקנוי לגוי. ויעיין בדברי המנחת חינוך (מצווה רמה), שתמה שהלוא יש קניין לגוי להפקיע את קדושת הארץ כל עוד הקרקע בידיו, ואם כן, כשם שמותר לזרוע כלאיים בחו"ל, יהא מותר לזרוע בשל גוי. אכן, נראה יותר כדעת מרן ר' שלמה זלמן זצ"ל (מעדני ארץ הלכות תרומות פ"א ה"י) שגם בזמן שהשדה תחת עכו"ם אין דינה, לדעת הרמב"ם, כחו"ל ממש. ונמצאים דברינו מתחזקים מדבריו. וראו עוד את דיוננו לקמן בשיטת רמב"ם זו.

80. כך אירע, לדעת רוב הראשונים, בחורבן בית ראשון ובגלות בבל. לפי דעת רוב הראשונים שקדושה שנייה לא פקעה, יש לדון בטעם החילוק בין גלות בבל לגלות רומי. האם מדובר בחילוק עקרוני או בהבדל מעשי (אך עקרונית כל גלות עוקרת את הקדושה)? ויעוין בחידושי ר' חיים על הש"ס [סטנסיל], גיטין מז ע"א.

מוחלטת. על כן, כאשר חוזר השדה לרשות ישראל, שבה ומתגלית קדושתו בשלמות, ללא צורך בקידוש מחודש. בעלות הגוי אמנם פוגמת בקדושת ארץ ישראל של הקרקע בעת שהשדה בבעלות עכו"ם, ופוטרת היא את הפירות ממעשר, אך בעלות היהודי המחודשת מעוררת את הקדושה ומגלה אותה.[81]

ויש להעיר עוד שלאור הבנה זאת עולה משיטת הרמב"ם דאף לדידן, דפסקינן כרבה, שאין קניין לגוי להפקיע מידי מעשר, ישנה זיקה ממשית בין בעלות וקדושה.[82]

קדושת הארץ בזמן הגלות

בפשטות נראה שכיבוש הארץ בידי נוכרים והגליית כנסת ישראל הימנה מחללים את קדושתה (למאן דאמר שהקדושה הייתה לשעתה ולא לעתיד לבוא). והנה ר' יחיאל מיכל טיקוצ'ינסקי זצ"ל (עיר הקודש והמקדש ח"א פ"ב) הקשה כיצד אמרינן שהקדושה הראשונה של ארץ ישראל נתבטלה לדעת רוב הראשונים. אותה קדושה שהייתה בארץ – להיכן הלכה? מתוך כך דן הוא בהרחבה בשאלה אם בכלל יש כאן קידוש, או שמא רק כיבוש שמחיל חיובים והלכות ואינו מקדש. דאם נימא שחלה קדושה – כיצד פקעה לאחר החורבן? ברם, זה נראה מרחיק לכת למדי, דבכמה דוכתי דיברו חז"ל במפורש על קדושת הארץ.

לאמיתו של דבר נראה שאין כאן בית מיחוש. יעוין בגמרא עבודה זרה: "מזרחית צפונית בה גנזו בית חשמונאי את אבני המזבח ששקצו אנשי יון. ואמר רב ששת: ששקצו לעבודת כוכבים. אמר רב פפא: התם קרא אשכח ודרש, דכתיב: ובאו בה פריצים וחללוה" (נב ע"ב). וביאר הרמב"ן שם כי ישנה גזירת הכתוב מיוחדת – "ובאו בה פריצים וחללוה" (יחזקאל ז', כב) – הקובעת שהשתלטות עכו"ם מפקיעה את קדושת המזבח.[83]

דבר דומה ניתן לכאורה לומר בענייננו. כשם שפריצי עכו"ם מחללים את קדושת

81. בעל המנחת חינוך (שם) הבין שלדעת הרמב"ם בזמן שהקרקע ברשות הגוי, לכולי עלמא היא מופקעת מקדושתה, ומכך נובע פטור הפירות. אך לא ביאר, אם כן, מדוע אין צורך בקידוש מחדש אליבא דרבה, ובמה נחלק עם רבי אלעזר. ולפי דברי רבנו הכל עולה בטוב טעם ודעת [הערת עורך].

82. שהרי לדידו בזמן שהקרקע ביד הגוי, אף רבה מודה שפטורה היא מתרומות וממעשרות.

83. דברי הרמב"ן נמצאים במלחמות על אתר (כד ע"א באלפס). לדעתו המזבח קדוש בקדושת הגוף, ואף על פי כן הוא יצא לחולין, שלא על פי דיני מעילה הרגילים, בגלל גזירת הכתוב הייחודית, שפריצי עכו"ם מחללים את קדושת המזבח. אולם בעל המאור שם חלק וסבר שהמזבח אינו קדוש אלא בקדושת דמים, והסוגיה מדברת בפריצי ישראל, והיציאה לחולין היא על פי כללי

המזבח, ואולי גם את קדושת המקדש וירושלים בכלל, כך יש לאל ידם לחלל ולהפקיע את קדושת ארץ ישראל כולה. "ובאו בה פריצים וחללוה"; כשם שישנם תהליכים של יצירת קדושה, כך, להבדיל, ישנה גם אפשרות של חילול הקדושה. כשם שאפשר לקדש את ארץ ישראל, כך אפשר גם לחלל אותה, ח"ו. מדובר בחילול העוקר את הקדושה מן השורש ומהווה את הצד השני של מטבע הקידוש. אלא שהגורם המחלל איננו זהה לגורם המְקדש. כנסת ישראל היא המקדשת את ארץ ישראל, באמצעות לקיחת הארץ מיד עכו"ם או בישיבתה שם. נוכרים הם המחללים את ארץ ישראל, על ידי לקיחתה מכנסת ישראל וגירוש ישראל ממנה.

ברם ראיה גמורה אין כאן, דבהחלט אפשרי שחילול קדושה מפאת "ובאו בה פריצים וחללוה" מוגבל לקדושת מחיצות של המקדש וירושלים, ואיננו תופס בנוגע לארץ ישראל כולה.

עוד נראה לי לחדש, דלקושטא דמילתא אף כיבוש הארץ וגלות ישראל אינם עוקרים את הקדושה מן היסוד. משעה שנתקדשה הארץ הרי היא קדושה עולמית. אף אם הקדושה הראשונה נתקדשה לשעתה בלבד, כדעת הרמב"ם ורוב הראשונים, עדיין אין לה ביטול. בזמן הגלות לא פקעה הקדושה, אלא רק קפאה ונגנזה.

קדושת הארץ תלויה בירושה ובישיבה. לפיכך עצם העובדה שהגויים כבשו את הארץ (ולדעת רבי אלעזר אף עצם העובדה שגוי פלוני קנה שדה זו) מוציא את הקרקע מיד ישראל, וממילא נפגמת קדושתה. אך זה ללא שום מעשה של חילול. העובדה שהארץ פסקה לשמש כ"מושבֹתיכם" ואין ישראל על אדמתם היא הפוגמת את הקדושה, ללא מעשה מוגדר של עקירה וחילול.

והסבר הדבר הוא כדלהלן. ראינו בארוכה שישנם קשר מהותי וזיקה שורשית בין קדושת הארץ לבין מושב בני ישראל בתוכה, וזאת אם מצד עצם החלת הקדושה ואם מצד רמת הקדושה. קדושת ארץ ישראל מתבטאת בכך שהיא מיועדת עבור בני ישראל. זוהי הארץ שה' איווה למושב לו ולמושב עמו ונחלתו. ברם, אין זאת רק שבני ישראל אמורים ומצווים לשכון ולגור בארץ שנתקדשה. הקדושה עצמה תלויה בהיות בני ישראל על אדמתם. תוכן הקדושה ומהותה הם ייעוד הארץ עבור כנסת ישראל. ירושה וישיבה אינם בגדר מעשה טקסי ומוגדר המקדש את הארץ, אלא שישיבת ישראל בארץ היא המחוללת באופן מתמיד את קדושת הארץ (ולפי

מעילה המקובלים, דמעילה בכל מקום מוציאה קדושת דמים לחולין. לפי שיטתו, אין לדין זה נגיעה לדברינו.

הרמב״ם, על פי הביאור שהצענו לעיל בדבריו, ברובד מסוים תלויה הקדושה אף בהימצאות רוב ישראל עליה).

כאשר ארץ ישראל אינה ברשותנו, חסרים הבסיס לקדושה והתשתית לה, וממילא פוקעת קדושת הארץ. קדושת הארץ דבוקה ושלובה בייעוד מסוים – ישיבת ישראל בתוכה. לפיכך גילוי הקדושה בפועל תלוי במימוש אותו ייעוד. ישיבת עם ישראל בארצו אינה רק חובה או מצווה, אלא גילוי בפועל ומימוש של קדושת הארץ. ישנו יחס דו־סטרי בין מימוש הקדושה לבין החלתה. פעמים שקדושה גוררת ייעוד שיש לממשו. אך פעמים, כגון דא, שמימוש הייעוד הוא היוצר את הקדושה עצמה, או לכל הפחות מעורר אותה.

לאור כל זאת מובן מדוע קניין הגוי איננו עוקר את הקדושה אלא רק מונע את ביטויה בפועל. ושווה לפי זה דין קניין גוי פרטי לדין כיבוש הארץ בידי נוכרים. בתרווייהו אין הקדושה נעקרת מיסודה, אלא רק נסתרת ונגנזת. ועל כן, מרגע שחוזר השדה לרשות ישראל, שוב מתממש ייעודו, הכרוך בקדושה שננסכה בו ושמעולם לא פקעה, ושוב חלה באותה קרקע קדושה שלמה ומלאה.

הבדל זה בין עקירת הקדושה לבין גניזתה הוא מעין דבריו של ר׳ חיים בחיבורו (הלכות בית הבחירה פ״א ה״י) בנוגע לפסק הרמב״ם, דאם נעקרה אבן בעזרה אסור לכהן לעמוד עליה בשעת עבודה; שאף על פי כן אין זה מפקיע את קדושת כל העזרה, וכאשר שוב יקבעו את האבן במקומה ודאי לא יצטרכו לקדש את העזרה כולה.

קדושת הארץ כשאין ״ביאת כולכם״

לאור הנ״ל, יש לחזור לשיטת הרמב״ם בנוגע לדין ״ביאת כולכם״. לדעתו, תרומות ומעשרות בזמן הזה אינם אלא מדרבנן, מפאת החיסרון של ״ביאת כולכם״. בימי שיבת ציון עלו ארצה רק מקצת מבני ישראל, בעוד חיוב תרומות ומעשרות מן התורה אינו אלא כאשר רובה של כנסת ישראל באה אל הארץ, שאז אפשר לקרוא לכניסתה לארץ ״ביאת כולכם״. וכבר הבאנו את דברי ר׳ חיים, שדין ביאת כולכם אליבא דהרמב״ם איננו רק תנאי צדדי בחיוב תרומות ומעשרות, אלא תנאי יסודי לקדושת הארץ. בלעדי ביאת כולכם יש פגם בגוף קדושת ארץ ישראל.

לאור דבריי דלעיל, מסתבר שביאת כולכם איננה דרישה הנוגעת למעשה הקידוש, אלא להתגלות הקדושה ולביטויה הגלוי. ביאת כולכם מגדירה איזו מציאות אפשר לראות כישיבת ישראל בארצו. לעיל דייקנו מלשון הרמב״ם גופא: ״שאין לך

תרומה של תורה אלא בא"י בלבד, ובזמן שכל ישראל שם, שנאמר: כי תבואו – ביאת כולכם" (הלכות תרומות פ"א הכ"ו). מלשון זה למדנו שביאת כולכם איננה תנאי במעשה קידוש הארץ, המתייחס דווקא לשעה שהיא מתקדשת, אלא תנאי הנבחן בכל רגע מחדש. אם לא באה כנסת ישראל רובה ככולה, הרי זה חיסרון בחלות הקדושה ולא במעשה הקידוש. רק כאשר רוב ישראל דרים בארצם ושוכנים על אדמתם אזי התגשם ייעודה של הארץ כנחלה עבור כנסת ישראל, ורק אז נשלמת קדושתה.

אולם, אף בזמן שלא זכינו ולא התגשם בארץ התנאי של "ביאת כולכם", החיסרון בקדושה הוא רק בביטויה בפועל ובגלוי. ובאמת גם אז קדושה שלמה מוטבעת בארץ, אלא שכל זמן שאין ביאת כולכם הרי קדושה זו טמונה ונסתרת.[84]

חזרת הקדושה בימינו

אם ננקוט בדרך זו, ייתכן שנסיק ממנה ביחס לתקופתנו. בזמן הזה, שחזרו ישראל לאדמתם ושבו לנויהם והארץ תחת שלטון ישראל, הרי אף שלא נעשה מעשה המקדש את הארץ, מכל מקום ייתכן שהתעוררה קדושת הארץ מאליה. ואם יבוא לארץ רובה של כנסת ישראל אולי ייבטל החיסרון של "ביאת כולכם", ואנו נזכה לקדושה מלאה ושלמה של הארץ. ואפשר שנפקא מינה להיתר המכירה.

אכן, יש לבחון מהם התנאים הנחוצים לקדושה שלמה ומלאה של הארץ, ובמיוחד יש לדון האם המקדש צריך לעמוד על כנו. סברה זו שהעליתי, כי בזמן הזה, עם שיבת ישראל לארצו, נתקדשה הארץ באופן מלא, תלויה בשאלה זו.

הרמב"ם דן במצוות התלויות בארץ בעתיד: "וכן לעתיד לבוא בביאה שלישית, בעת שיכנסו לארץ יתחילו למנות שמיטין ויובלות ויקדשו בתי ערי חומה ויתחייב כל מקום שיכבשוהו במעשרות, שנאמר: והביאך ה' אלקיך אל הארץ אשר ירשו אבותיך וירשתה, מקיש ירושתך לירושת אבותיך, מה ירושת אבותיך אתה נוהג בה בחידוש כל הדברים האלו, אף ירושתך אתה נוהג בה בחידוש כל הדברים האלו" (הלכות שמיטה ויובל פי"ב הט"ז).

84. ביאור זה הינו שלא כדברי ר' חיים עצמו בחיבורו. הוא נקט, כאמור, דביאת כולכם היא תנאי בקידוש הארץ ותלויה בשעת הקידוש, וכל שלא נתקיים תנאי זה בזמן שנתקדשה הארץ אין זו ביאת כולכם, אף אם לאחר מכן עלו כולם. לדעתו נראה, שלא כדברינו, שאותו רובד קדושה המתווסף בביאת כולכם הוא מרכיב במעשה הקידוש ולא רק בביטויה בפועל. אם תנאי זה איננו מתקיים בזמן הקידוש הרי שקדושת הארץ לא חלה בשלמות.

הרמב"ם אינו מזכיר כתנאי את בניין המקדש, ואם כן, אף בזמננו נאמר דאין חורבן הבית פוגם בארץ. איברא, דייתכן שהרמב"ם לשיטתיה אזיל. בהלכות בית הבחירה (פ"ו הי"ד) פסק הרמב"ם שלגבי המקדש קדושה ראשונה קידשה לעתיד לבוא, ואף בימינו, כשהמקדש עצמו חרב, קדושתו קיימת. אך אליבא דהראב"ד (שם), שאפילו קדושה שנייה של המקדש נתבטלה, אם לגמרי ואם באופן חלקי,[85] שמא יש לומר שהעדר קדושת המקדש פוגם אף בקדושת הארץ.

אם נימא שכדי לחדש את קדושת הארץ המלאה יש צורך בקיום המקדש, יש לעיין מה היה מעמד המשכן בארבע עשרה השנים של כיבוש הארץ וחלוקתה בימי יהושע. ושמא נאמר שהקדושה השלישית מצריכה את התגשמות הקדושה בשלמותה בבניין המקדש, ושלא כמו בימות יהושע, שאז נתקדשה הארץ אף ללא קדושת ירושלים.

קידוש הארץ בימי עזרא

אם נאמץ את דבריי, שהקדושה איננה נעקרת אלא רק נגנזת, בוקעת ועולה השאלה מדוע הוצרך עזרא לקדש מחדש את הארץ. הלא די בישיבה בארץ כדי לעורר את הקדושה. ונראה לומר שאֵין הכי נמי, עזרא לא קידש מחדש את הארץ, אלא עצם הירושה והישיבה העירו מאליהן וגילו מחדש את הקדושה הגנוזה בארץ. וזה כדעת רש"י שהובא לעיל, שעצם ישיבתם של עולי בבל קידשה את עריהם (ולפיכך כאשר דנים במקומות שלא קידשו עולי בבל, פירושו של דבר הוא דלא ישבו התם); ודלא כתוספות, שסבר דעולי בבל קידשו את הארץ במעשה קידוש מיוחד.

אכן, בגמרא בשבועות (טז ע"א) נחלקו אמוראים אם עזרא קידש בפועל את ירושלים ואת העזרה, בשתי תודות ושיר וכו', או שקדושה ראשונה קידשה אף לעתיד לבוא, ועזרא עשה רק זכר בעלמא. לכאורה משם משמע שלפחות לדעת חלק מן האמוראים נזקק עזרא למעשה קידוש ממש. ברם, הסוגיה שם עוסקת בקדושת ירושלים, ויש מקום לומר שקדושת ירושלים דומה לקדושת המקדש, וקדושה זו פקעה לגמרי היות שבאו פריצים וחללוה; אך כולי עלמא מודים שלא נצרך מעשה קידוש ממשי עבור ארץ ישראל.

85. יעוין בחבל אחרונים שהבינו שאף הראב"ד מודה שקיימת בימינו קדושת המקדש, אלא שאין כרת על הנכנס למקדש (בניין ציון סימן ב. ויעוין בספר עיר הקודש והמקדש ח"א פ"ה אות ג, שהאריך בדבר). ואכמ"ל.

הרמב"ם הבחין בין קדושה ראשונה, שנוצרה על ידי כיבוש, לקדושה שנייה, שהתחוללה על ידי חזקה. לעיל העלינו כמה הצעות בביאור הבחנה זו. עתה נוכל להוסיף ולהציע, שהשוני בין קדושה ראשונה לקדושה שנייה מעורה בעצם הכפילות. אפשר שמצד אופיין ומהותן אכן אין בין קדושה ראשונה לשנייה ולא כלום, ואין לקדושה שנייה כוח שאין לראשונה. לקדושת עזרא יש יתרון רק מפאת היותה שנייה, שבאה לאחר הראשונה ועל גבה. אף כאשר נתבטלה הקדושה הראשונה, לא היה זה ביטול מלא, ורישומה עוד נשאר וניכר. גם הגלות והחורבן לא הפקיעו לחלוטין את קדושת הארץ. כאשר נדדה כנסת ישראל בגלות בין האומות, נגנזה קדושת הארץ ונטמנה, וכל הדינים הנובעים מן הקדושה נתבטלו, אך רישומה של הקדושה נשאר. לפיכך כאשר חזרה הארץ ונתקדשה שוב, הרי זו קדושה עולמית.

כך משתמע אולי מן הברייתא המובאת בגמרא יבמות (פב ע"ב): "דתניא בסדר עולם, אשר ירשו אבותיך וירשתה – ירושה ראשונה ושניה יש להן, ושלישית אין להן". שמא לשון הברייתא רומז לכך שחשיבות הירושה השנייה היא מפאת עצם היותה שנייה.[86]

הגמרא בעבודה זרה (כא ע"א) תלתה את מחלוקת רבי מאיר ורבי יוסי לגבי מעמד סוריא בזמן הזה במחלוקת אי כיבוש יחיד שמיה כיבוש או לאו. ותמה על כך ר' חיים (בחידושיו על הש"ס [סטנסיל], גיטין מז ע"א): הרי קדושה שנייה, שהיא שנתקדשה לעתיד לבוא והיא הרלוונטית לזמן הזה, נוצרה לדברי הרמב"ם באמצעות

86. בדומה מצינו בגמרא סוטה (יד ע"ב), כי דם קרבן מתקדש הן בסכין השחיטה והן בקבלתו בכלי שרת. הסוגיה שם מדמה זאת למנחות, שבהן אף שהמנחה כולה ניתנה בכלי שרת, מקדשים את הקומץ בשנית בכלי שרת. ויש לעמוד על טיב הכפילות. והנה ישנה מחלוקת ידועה בין הראשונים אם קדשים נשחטים בכלי שרת (ראו: תוספות חולין ג ע"א ד"ה כגון, רמב"ם הלכות מעשה הקרבנות פ"ד ה"ז, ומאידך תוספות שאנץ סוטה יד ע"ב). במידה שאנו סבורים שאין צורך בכלי שרת, אזי ודאי מתקיים הבדל עקרוני בין השחיטה בסכין לבין קבלת הדם בכלי שרת. השחיטה אינה מיועדת לקדש. מעשה השחיטה מתחיל את עצם הקרבת הקרבן ואת הגשמת הייעוד של קידוש הבהמה לגבוה. עצם הגשמת הקדושה גופא יוצר מציאות, שהיא המעניקה לדם מעמד חדש. אין כאן פעולה מכוונת מדעת של קידוש הדם בחפצא. קבלת הדם בכלי שרת, לעומת זאת, מהווה מעשה קידוש. אלו שני קידושים השונים באופיים, ולפיכך שניהם נחוצים. ייתכן שאף מי שמצריך לשחיטה סכין שהיא כלי שרת מודה ביסוד זה. באופן דומה יש להסתפק ביחס למנחות בטיב הצורך, המובא שם בסוגיה, בקידוש הכפול של הקומץ: האם יש צורך בעצם הכפילות כשלעצמה, או שמדובר בקידושים שונים בעלי אופי שונה. ייתכן שכשם שהשחיטה הופכת את הבהמה לקרבן, כך הנתינה בכלי שרת מחדשת שֵם מנחה. לפי הבנה שנייה זו, מובן מדוע לאחר נתינת המנחה כולה בכלי שרת, יש לקדש שוב את הקומץ על ידי נתינה שנייה, המשמשת הפעם כמעשה קידוש ישיר.

חזקה; ומה עניין כיבוש יחיד לכאן? מגבלה זו של כיבוש יחיד שייכת לכאורה רק בקדושה ראשונה, שנוצרה על ידי כיבוש. ניתן לתרץ שקדושה שנייה לא חלה אלא במקום שנתקדש בקדושה ראשונה, ועל כן מעמד סוריא בזמן הזה תלי בדין כיבוש יחיד בזמן קדושה ראשונה.[87]

אם נאמץ הסבר זה, לכאורה מכאן סימוכין לכך שהקדושה שבזמן עזרא נוצקה כרובד נוסף לקדושה הראשונה ובהסתמך עליה. לפי ביאור זה, אף לו נתקדשה הארץ בימי שיבת ציון בכיבוש, גם אז לא הייתה הקדושה בטלה, שהרי נתקדשה פעמיים, בשני כיבושים.

עוד נוכל להציע בדעת הרמב"ם, שאכן יש משמעות לעצם הכפילות, אך גם להבחנה שבין כיבוש לחזקה. הכיבוש הוא המקדש והמטביע את הקדושה, כפי שכתב הרמב"ם בהלכות תרומות (פ"א ה"ב): "ארץ ישראל האמורה בכל מקום היא בארצות שכיבשן מלך ישראל או נביא מדעת רוב ישראל, וזהו הנקרא כיבוש רבים". אלא שקדושה זו מותנית בחזקה. הכיבוש יצר את הקדושה והטביע אותה, אלא שזו קדושה שיש לה ייעוד. הגשמת ייעוד זה מותנית ותלויה בחזקה, בכך שבני ישראל אכן יושבים בפועל בארצם. זוהי משמעותה של חזקה: כנסת ישראל מגשימה את ייעוד הארץ, שהיא ארץ המזומנת ומעותדת לישראל.

לעיל ביארנו שקדושת ארץ ישראל מעורה בייעוד מסוים. לקדושה זו יש מטרה ברורה – היות הארץ מקומם של בני ישראל. יתרה מכך, מימוש הייעוד קובע ומכתיב את מציאות הקדושה. וכנאמר לעיל, שהקדושה שנתחדשה בידי הכיבוש לא נעקרה בגלות אלא רק נגנזה, וגניזה זו נובעת מכך שהקדושה תלויה במימוש הייעוד. קידוש הארץ משמעו: א) ייעוד הארץ עבור כנסת ישראל, וזהו שהושג בקדושה ראשונה; ב) הגשמה בפועל של ייעוד זה, שהתממשה בימי עזרא. הקידוש הראשוני של ימי יהושע ייעד את הארץ, ובכל זמן שהוא מתממש ומתגשם שבה הקדושה ומתגלית, כגון בימי עזרא.[88]

לחילופין, ייתכן שיש לסייג הצעה זו ולומר שאכן נזקק עזרא לקדש את הארץ, ולא רק לגלות את קדושתה, ובכל זאת בתקופתנו – למאן דאמר שעִם חורבן הבית

87. אמנם ר' חיים עצמו ביאר שם את הזיקה של כיבוש יחיד בזמן בית ראשון למעמד סוריא בזמן הזה באופן אחר, יעוין בדבריו שם.

88. בכך נוכל להבין את ההבדל בין כיבוש לחזקה, שעליו תמה הכסף משנה. אין צורך בחזקה לאומית, כי בכל מקום שיהודי מתיישב ונאחז בארץ, קדושתה צצה ובוקעת שוב. אפשר שאף רבנו זצ"ל כיוון לכך [הערת העורך].

בטלה קדושת הארץ[89] – לא יהיה בכך צורך. שהרי חלוק דין קדושה ראשונה, שהופקעה לחלוטין, מדין קדושה שנייה, שנמשכת עד ימינו אנו. לאחר שפקעה הקדושה הראשונה נחוץ היה מעשה קידוש. אך בזמן הקדושה השנייה אין צורך במעשה כזה, שהרי קדושה זו לא פקעה מעולם. אכן, פגומה היא קדושה זו, היות שלא התקיימה בה ביאת כולכם ואין רוב יושביה עליה. אך כדי לעורר מחדש את הקדושה המלאה די בישיבה בארץ, ואין צורך במעשה קידוש יזום וממוקד.

קניין לנוכרי – היקף המחלוקת[90]

עד כה דנו במחלוקת זו לגבי חלות קניין הגוי והפקעת קדושת הארץ שבעקבותיו, אם מתייחסות הן לפירות או לגוף הקרקע; וכן לגבי שעת המחלוקת, אם נחלקו כאשר השדה ברשות הגוי או שנחלקו דווקא לגבי השעה ששבה לרשות ישראל. עדיין יש לדון בנוגע להיקף המחלוקת מבחינת המצוות התלויות בארץ. הרי לשון הסוגיה הוא שיש קניין לעכו״ם להפקיע מידי מעשר, וממילא יש מקום להסתפק אילו מצוות התלויות בארץ כלולות במחלוקת זו.

בעלי התוספות הרחיבו את היריעה במספר מקומות ויישמו את הדברים לגבי מצוות התלויות בארץ ככלל. כך בגיטין (סב ע״א ד״ה אין) לגבי שביעית, בעבודה זרה (סד ע״א ד״ה אין עודרין [בתרא]) לגבי כלאיים, ובפירוש הר״ש (תרומות פ״ג מ״ט) לגבי כרם רבעי. הר״ש נטה להסביר את דעת רבי יהודה שם, ש״אין לנכרי כרם רבעי״, בנימוק ש״יש לנוכרי קניין בארץ ישראל״; ולדבריו, מן הסתם, הוא הדין בערלה. וכך כתב גם האור זרוע (ח״א סימן שכו): ״ואין בידי לחלק בין מעשר לפדיון נטע רבעי, דתרווייהו תלויין בארץ״.

יתרה מזאת מצינו לר׳ יהודה מפאריש בתוספותיו (עבודה זרה סג ע״ב). המשנה קבעה שכל מצווה התלויה בארץ אינה נוהגת אלא בארץ ישראל, חוץ מן הערלה והכלאיים (קידושין לז ע״א). על כך נאמר בירושלמי, שהמשנה עוסקת רק בדינים הנוהגים הן בשל ישראל והן בשל עכו״ם, ולפיכך לא הזכירה חלה (ערלה פ״ג ה״ז). מכאן הוכיח רבנו תם (עבודה זרה שם ד״ה אין עודרין [קמא]) שערלה וכלאי הכרם

89. כן פסק רבנו שמחה (הובא באור זרוע הלכות עבודה זרה סימן רצט). ויעוין עוד רש״י בבא קמא קיד ע״ב ד״ה בתרומה דרבנן, ותוספות יבמות פב ע״ב ד״ה ירושה, שהביאו דכן סברו מקצת מן האמוראים.

90. להרחבה בנידון עיינו בספרי מנחת אביב, בעניין קניין עכו״ם בארץ ישראל, עמ׳ 49–68.

נוהגים אף בשל גויים. על זה הוסיף בתוספות ר' יהודה מפאריש: "ואין לדחות [דאתיא] כמאן דאמר אין קניין, דאם כן אפילו חלה תנהג בשל גויים".

ברם, כאמור, בסוגיה בגיטין לא הוזכרו אלא מעשר וביכורים. כמו כן, בכל מקום שנדונה הפקעת קניין עכו"ם בגמרא, תמיד מצוין "מיד מעשר" ותו לא.

ואכן, הרא"ש בתשובתו בעניין חדש בחו"ל צמצם את היקף המחלוקת (שו"ת הרא"ש כלל ב סימן א). ונראה ממנו שלכולי עלמא אין קניין לגוי להפקיע מידי האיסורים של חדש, ערלה וכלאיים. ויעוין לארי החי בשו"ת שאגת אריה (דיני חדש סימן ג), שדן בתשובת הרא"ש וביסס את שיטתו על סמך תפיסת רש"י את הדין של קניין הגוי: "ותו בא הרא"ש לומר דאפילו למ"ד יש קנין לנכרי להפקיע מידי מעשר, לאו למימרא שהיינו טעמא משום דפקע קדושת הארץ על ידי הנכרי... דהארץ לעולם עומדת בקדושתה, אפילו בעוד שהיא תחת יד הנכרי. והא דמפקע לה מן המעשר, משום דכתיב דגנך הוא... וש"מ דלא פקע קדושת ארץ מקרקע ארץ ישראל ע"י נכרי. וע"כ היינו טעמא דמ"ד יש קנין לנכרי בארץ ישראל להפקיע מן המעשר, מגזירת הכתוב הוא, שאע"פ שקדושת ארץ ישראל על קרקעות ארץ ישראל שביד הנכרי, מ"מ מיעטה קרא מן המעשר, אבל לכל שארי דברים הקרקע בקדושתה עומדת, ומה שנוהג בשאר ארץ ישראל, כגון ערלה ורבעי וכלאים, שאינו נוהג אלא בארץ ישראל, נוהג נמי בהאי קרקע שביד הנכרי... דאכתי קדושה לכל מילי, חוץ לענין מעשר למ"ד יש קנין לנכרי בארץ ישראל להפקיע מיד מעשר".

אליבא דרש"י, אין קניין הגוי בארץ ישראל אלא הפקעה בפירות, והפטור הוא משום שאין התבואה בכלל דגנך. ממילא, אפשר לחלק בין מעשר מחד לבין חדש, כלאיים וערלה מאידך, משום שרק לגבי תרומות ומעשרות מצינו את הדרישה שהפירות יהיו דגנך ולא דגן עכו"ם.

אכן, אף מן הרמב"ם משתמע כדעת הרא"ש, שכל מחלוקתם אינה אלא בתרומות, במעשרות ובביכורים. דהנה לאחר שפסק כמאן דאמר אין קניין לנוכרי בארץ ישראל, הוסיף וקבע: "לפיכך, אם חזר ישראל ולקחה ממנו אינה ככיבוש יחיד, אלא מפריש תרומות ומעשרות ומביא בכורים, והכל מן התורה" (הלכות תרומות פ"א ה"י).[91] מדבריו משמע שלא נחלקו אלא ביחס לתחומים אלו. בולטת במיוחד השמטתה של השביעית, שהוזכרה בצמידות למעשר בסוף הלכה זו, ביחס לקניין עכו"ם בסוריא, וכן במקומות נוספים ברמב"ם.

91. וכן כתב בפ"ב מהלכות ביכורים הט"ו: "המוכר שדהו לעכו"ם וחזר ולקחה ממנו הרי זה מביא ממנה בכורים מן התורה, שאינה נפקעת מן המצוה בקנין העכו"ם כמו שביארנו".

כבר ציין המנחת חינוך (מצווה רמה) שמהרמב"ם משתמע שאיסור כלאיים קיים אף בשדה שבבעלות גוי. שכך כתב הרמב"ם בהלכות כלאיים: "אסור לזרוע כלאים לנכרי" (פ"א ה"ג); הרי שאף בשדה עכו"ם, שלדעת הרמב"ם פקעה קדושתו כל זמן שהינו ביד הגוי, אסור לזרוע כלאיים.

אלא דקשה על הרמב"ם. הרי לדעתו קניין הגוי אינו רק דין בפירות, אלא עוקר הוא את קדושת הארץ. אם כך, הכיצד ניתן לחלק בין מצוות שונות? הרי כולן חובות הקרקע בארץ ישראל הן.

והנה המנחת חינוך (מצוות רטז, תקצג) נטה לסבור שלדעת הרמב"ם הדרישה של ביאת כולכם שייכת רק בתחומים שהזכיר הרמב"ם במפורש בהקשר זה – בתרומות, במעשרות ובחלה. לרשימה זו אפשר שיש להוסיף אף ביכורים, אולי מפאת פסק הרמב"ם שאף ביכורים נקראו תרומה, בדומה לחלה (הלכות תרומות פט"ו ה"כ. אכן, קצת צריך עיון, מדוע לא הזכיר הרמב"ם במפורש שאף בביכורים נחוצה ביאת כולכם). אם כנים דברינו, יש לומר כי קניין הגוי מפקיע אך ורק את חיוב אלו מן המצוות התלויות בארץ המעוררות בדרישה של ביאת כולכם, ולא את כל ענייני האיסורים והמצוות המשתייכים לאדמת ארץ ישראל.

בהסבר הדבר יש לומר כי הדרישה והתנאי של ביאת כולכם נובעים מזיקה עמוקה בין ישיבת ישראל בארץ ובין קדושתה. במקום שאנו מוצאים את ההלכה של ביאת כולכם, פירושו של דבר הוא כי הקדושה מעורה ואחוזה במושב בני ישראל. שדה זה, שנקנה בידי גוי, יצא מכלל ישיבת ישראל בו ולפיכך פוקעת קדושתו. על כן נראה שאפשר לצמצם את קניין הנוכרי שיש בידו להפקיע את קדושת הארץ דווקא למצוות התלויות בביאת כולכם.

שתי קדושות

אכן, כפי שהזכרנו לעיל, הרמב"ם לא הזכיר במפורש דין ביאת כולכם לגבי ביכורים. לפיכך נראה שאפשר להציע שאף ללא קשר לגדרי ביאת כולכם, שתי קדושות ושני דינים נאמרו בקדושת הארץ. ראשית, קדושתה הכללית, שהיא קדושת הקרקע ביחס להלכות שנאמרו בגופה, כגון איסור כלאיים וערלה. שנית, קדושתה לעניין תרומות, מעשרות וביכורים. ושורש ההבדל הוא בין קדושת הקרקע המחדשת הלכות ואיסורים (הן ביחס לקרקע עצמה והן ביחס לגידוליה) ובין קדושת קרקע שיש לאל ידה ליצור ולהטביע קדושה בפירות הגדלים בה.

אין להניח מראש שהקדושה לגבי שני המישורים האלה חייבת להיות זהה. ועוד

נראה פשוט, שאם באנו לחלק מסברה בין רמות קדושה, זו המעניקה קדושה לתוצרת הקרקע עולה על זו הקובעת קדושה רק לגבי הקרקע כשלעצמה.

מכאן עולה דביחס לשורש קדושת הארץ לא כל המצוות שוות. לגבי כלאיים, חדש וערלה אין לנו עניין אלא בקדושת הקרקע כשלעצמה, כקובעת איסורים הנוגעים לקרקע ולגדֵל בתוכה. לעומת זאת, לגבי ביכורים או תרומות ומעשרות נוגעת קדושת הארץ באפשרות של חלות קדושה בפירות. ואם כי אין הקדושה חלה בגידולי הקרקע מאליה, אלא על ידי קריאת שם או הפרשה, מכל מקום היכולת להעניק קדושה לפירות תלויה בקדושת הקרקע שבה גדלו וצמחו.

זהו תורף שיטת הרמב"ם שאין קניין הגוי מפקיע אלא מידי מעשר וביכורים, שבהם מוקד הדין הוא עצם קדושת הפירות. קניין הגוי מפקיע את קדושת הקרקע המעניקה קדושה לפירות. אולם קדושת הארץ המתייחסת לחיובים ולאיסורים בלבד, כגון כלאיים, פאה וחדש, לא הופקעה. רבה ורבי אלעזר נחלקו אי קניין הגוי מפקיע את הארץ מקדושתה רק במקום שקדושת הארץ מקדשת את הפירות והתבואה.

מכאן נראה שביחס לשביעית יש לפצל בין איסורי עבודת הקרקע לבין קדושת הפירות. לפי ביאורנו בשיטת הרמב"ם לכולי עלמא לא יועיל קניין הגוי בנוגע לאיסורי העבודה, בעוד קדושת הפירות בשדה שנמכר לגוי תהיה תלויה במחלוקת האמוראים הנ"ל. וזוהי הרי שיטת מרן הבית יוסף הידועה, אשר בניגוד למבי"ט סבר שאף כי אסור לעבוד בשביעית בשדה עכו"ם, מכל מקום, אין בפירות שדה זה קדושת שביעית.[92] נראה ששיטתו מתבארת על פי דברינו, דאין בעלות הגוי מוציאה מידי איסור מלאכה, שכן קדושה זו אינה נפקעת ומתבטלת על ידי קניין. ברם, קדושת הארץ הנוספת, זו המחילה קדושה בגידוליה, אכן תלויה בבעלות ובקניין, ולכן פירות עכו"ם אינם מתקדשים.

ונראה עוד להוסיף ששני רבדים אלו של קדושה חלוקים בעצם חלותם ובצורת קידושם. הנה לעיל הבאנו דנחלקו ראשונים אם נתקדשה הארץ מאליה, כאשר עצם ישיבת כנסת ישראל בארצה מקדשת אותה; או שנחוץ מעשה מסוים ומוגדר של קידוש, בדומה לקידוש העיר והעזרות המתקדשות בשתי תודות וכו׳, כמתואר במשנה בשבועות. ואפשר שאלו ואלו דברי אלוקים חיים. קדושת הארץ בנוגע לדיני הקרקע ולאיסורי עבודה חלה ממילא, על ידי ירושה וישיבה. על כן, לכולי עלמא אין קניין הגוי מוציא מידי קדושה זו, התלויה אך ורק בעצם העובדה שהארץ ברשות ישראל היא. בעלות

92. כסף משנה הלכות שמיטה ויובל פ"ד הכ"ט; שו"ת המבי"ט סימן שלו.

הגוי, שהיא קניין פרטי בדיני חושן משפט, אינה עוקרת את המציאות של ירושה וישיבה. מאידך, קדושת ארץ ישראל שבפירות חלה באמצעות מעשה מְקדש, ועל כן קניין הגוי יכול להפקיע את קדושתם; שכשם שיש מעשה המקדש את הקרקע לעניין זה, כך אפשר שיהא בה מעשה של ביטול.

אזורים בארץ ישראל

עוד יש לעמוד על מידת האחידות בקדושת ארץ ישראל, ונציע בהקשר זה כמה אבחנות. ראשית, המקדש דוד (סימן נה) העלה הבחנה בין הארץ עצמה ובין התוספת שנתוספה עליה, וזאת על פי דברי הרמב"ם בפתיחה להלכות תרומות (פ"א ה"ב), שבהם דנו בארוכה לעיל. מדבריו שם נראה שחיוב המצוות התלויות בארץ אינו תלוי אלא בכיבוש, שהוא בהקשר זה תנאי נחוץ ומספיק כאחד. מה שנכבש בכיבוש רבים חייב בתרומות ומעשרות, וכל שלא נכבש (לדעת הרמב"ם, אפילו בארץ גופה) – אינו חייב.

על כך הקשה המקדש דוד: אם כן, מה משמעות גבולות ההבטחה; הלא הכול הולך אחר הכיבוש. ביישוב הדבר נזקק המקדש דוד לשאלה שאף בה דנו לעיל: האם מתקדשת ארץ ישראל על ידי תהליך מכוון של קידוש, או שמא המציאות עצמה מחילה את הקדושה. לדבריו, יש בזה חילוק בין ארץ ישראל המובטחת לבין התוספת עליה. דבארץ המובטחת גופא כבר צפונה וגלומה הקדושה, ורק בעינן שבפועל תהיה ביד ישראל, בעוד בתוספת בעינן קידוש ממש.

ייתכן דלדבריו תהיה נפקא מינה לגבי זהות הכובשים וכוונתם. דבארץ ישראל אולי סגי לן בכיבוש יחיד, ואילו בתוספת בעינן כיבוש רבים, וזאת כדעת התוספות ודלא כרמב"ם (יעוין בדיוננו לעיל בנוגע להם). וכן דבארץ ישראל גופא אולי סגי אף בכיבוש שלא על מנת לקדש, ואפילו בכיבוש על ידי יהודים שאינם שומרי תורה ומצוות, ולא כן הוא בתוספת. ברם, יש לעיין היטב בקרא ד"כל המקום אשר תדרך כף רגלכם בו לכם יהיה" (דברים י"א, כד), ובספרי ובמפרשים שם; דמלשון הפסוק משמע דבדריכת רגל לכשעצמה סגי, אף בתוספת לארץ ישראל.

עוד יש לבחון שמא ישנן שתי רמות בקדושת ארץ ישראל. יש קדושה הנובעת מדריסת רגל, ומעליה רמה נוספת הנוצרת באמצעות מעשה קידוש מכוון. שמא בתוספת לארץ ישראל אין אפשרות להגיע אלא לרמה הבסיסית, וזאת אפילו אם נתכוונו לקדש.[93]

93. עוד יש לבחון, שמא קידוש ברמה של דריסת רגל מועיל לגבי קדושת הארץ לעניין המצוות התלויות בה, אך לא מועיל לגבי ממד השראת השכינה.

הבחנה אפשרית שנייה נוגעת לעבר הירדן. לעיל הצענו שבעבר הירדן ישנה קדושת ארץ ישראל לגבי תרומות ומעשרות, אך חסר הוא את השראת השכינה המיוחדת, הנעוצה בשם ארץ ישראל. מסתבר שמעמד זה משתקף אף בנקודה אחרת. קיימא לן שלא נתחייבו בני ישראל במצוות התלויות בארץ עד חצייתם את הירדן וכניסתם לעבר הירדן המערבי (תוספתא מנחות פ"ו ה"כ). זאת אף שכבשו את עבר הירדן עוד לפני כניסתם לארץ. ובטעם הדבר הציע המקדש דוה, דאף אם עבר הירדן הרי הוא כארץ ישראל לכל דבר, עדיין אי אפשר לו להתחייב במצוות בתורת עצמו, אלא רק בתורת סניף לארץ ישראל המרכזית. לפיכך רק לאחר כניסת בני ישראל לעבר הירדן המערבי, נתחייבו אף יושבי עבר הירדן המזרחי במצוות התלויות בארץ.

יתרה מזו, נראה להציע שההבחנה בין עיקר ארץ ישראל לתוספת עליו שייכת לא רק לשעת הכיבוש ולדרך הקידוש. יש להציע, דאף לאחר קידוש עבר הירדן, אין אנו רואים אותו כשווה בקדושתו לעיקר ארץ ישראל. קדושת עבר הירדן המזרחי אינה אלא בבחינת תוספת על גבי עיקר הארץ, שהוא ארץ ישראל שממערב לירדן.

ונראה שמכאן נפקא מינה להלכה שבה עסקנו למעלה, שלא ניתן להרחיב את גבולות ארץ ישראל כל עוד היא עצמה לא נכבשה כולה, הלכה שיסודה בספרי: "את היבוסי סמוך לפלטורין שלך לא הורשת, היאך אתה חוזר ומכבש ארם נהרים וארם צובה" (ספרי דברים עקב פיסקא נא). לפי דברינו נאמר, שאף טרם כיבוש עבר הירדן המזרחי ניתן להרחיב את הארץ ולכבוש אזורים אחרים, כי אין הוא פלטרין של מלך אלא בבחינת תוספת וסניף.

כמו כן, נראה שאף לגבי ביטול הקדושה חלוקה התוספת הנכבשת מגוף הארץ, אף אם נמצאת היא בתחום גבולות ההבטחה לאברהם אבינו ע"ה. ראשית, ייתכן שההלכה שאין קניין לנוכרי להפקיע מידי מעשר אינה אלא בעבר הירדן המערבי, אולם קניינו אכן יפקיע חיוב תרומות ומעשרות בקרקע הנמצאת מחוץ לעיקר הארץ, אף אם נמצאת היא בגבולות הארץ המתוארים בפרשייה במסעי, ואף נכבשה באמצעות כיבוש רבים ונתחייבה מן התורה בתרומות ובמעשרות. שנית, תיתכן נפקא מינה במידה שהגויים כבשו אזור זה. גם למאן דאמר שארץ ישראל עצמה קדושה עולמית, בקדושה שאינה בת ביטול, ייתכן שמה שהוסיפו וכבשו אינו אלא בבחינת תוספת על גבי הארץ, ובמידה שנכבש אזור זה מחדש בידי גויים פוקעת קדושתו.[94]

94. הגמרא בגיטין מז ע"א מציינת במפורש כי לו כיבוש יחיד הווי כיבוש, אזי אף בסוריא אין קניין היהודי פוקע. אך על פי דברי רבנו זצ"ל יש לומר דשמא יש לחלק בין קניין שדה אחת בידי גוי, כאשר השליטה המדינית והפוליטית נשארת בידי עם ישראל, לבין כיבוש הארץ כולה. כמו

עוד יש לדון האם ניתי' להעלות על הדעת אף שוני ברמת הקדושה בין אזורים גיאוגרפיים שונים בארץ עצמה. ויש לדון בזה במיוחד ביחס לייחודה של יהודה. הגמרא במסכת מועד קטן (כו ע"א) מביאה ברייתא הקובעת כי הרואה ערי יהודה בחורבנן צריך לקרוע את בגדיו. אף הטור ביורה דעה, בהתייחסו לדין זה, כתב על "הרואה ערי יהודה בחורבנן" (סימן ש"מ), וכן הבין הבית יוסף על אתר, שדווקא ביהודה עסקינן. איברא דבאורח חיים השתמש הטור במטבע לשון כללית: "הרואה ערי ישראל" (סימן תקסא). המור וקציעה (באורח חיים שם) העלה שיש לקרוע על כל ערי ישראל שנתיישבו בבית שני, אך לדעת רוב האחרונים הטור לא דק בלשונו כאן, ודווקא בערי יהודה עסקינן.

חילוק זה מתייחס לדין דרבנן. ברם, מצינו דין נוסף המייחד את יהודה, בנוגע לעיבור שנה, וייתכן שמדאורייתא הוא. הגמרא בסנהדרין (יא ע"ב) מביאה ברייתא הקובעת היכן אפשר לעבר את השנה: "ת"ר אין מעברין את השנים אלא ביהודה". נחלקו התנאים שם מה הדין אם עיברוה מחוץ ליהודה. תנא קמא סבר שאם עיברוה בגליל – מעוברת, ואילו חנניה איש אונו חלק ודרש מקראי דאפילו בדיעבד אין מעברין אלא ביהודה, ואי עיברו בגליל אינה מעוברת. לדעתו ודאי דין זה הוא מן התורה.

אך נראה שיש מחלוקת ראשונים בהקשר זה. הרמב"ם כתב: "ואין מעברין את השנה אלא בארץ יהודה שהשכינה שם, שנאמר: לשכנו תדרשו ובאת שמה" (הלכות קידוש החודש פ"ד הי"ב). מדבריו עולה שדין זה מתייחס לארץ יהודה כולה. אך רש"י בסנהדרין (יא ע"ב) כתב: "שכנו של מקום – ירושלים, והוא ביהודה". פשטות דבריו מורה דבעינן לעיבור דווקא את ירושלים.

ייתכן שמחלוקתם נעוצה במקור הדין. דהתוספות שם (ד"ה אין) הקשו: "וקשה קצת, דבברכות נפקא לן מדכתיב כי מציון תצא תורה וגו' והכא מייתי מלשכנו תדרשו". והנה, לכאורה, אי ילפינן מ"כי מציון תצא תורה" אזי בעינן דווקא ירושלים, אך אם המקור הינו "לשכנו תדרשו" אפשר שהוא כולל את כל ארץ יהודה.

עוד יש לסייג, שייתכן שאין זה דין במקום מצד מעלת עצמו, כפי שמשמע ברמב"ם, אלא מצד בית הדין הגדול שבו. דיעוין ברש"י, שבאמת פירש שאין מעברין את השנה אלא "בבית דין הקבוע ביהודה". ויש לציין עוד ליד רמה, שהעיר על זה: "ולא מסתבר, דא"כ בירושלים מיבעי ליה, אלא מסתברא דאכולה ארץ יהודה קאי,

כן, אולי יהיה הבדל בין סוריא לבין גבולות ההבטחה שנאמרו לאברהם אבינו ע"ה לעתיד לבוא [הערת העורך].

דכולה ארץ יהודה שכנו של מקום מיקרי, דהוי בית המקדש בגוה, דהא כולה חדא נחלה היא וחד חולקא הוא דהויא". לדבריו ישנה ליהודה כולה זהות עצמאית ומעלה שאיננה קיימת בשאר חלקי ארץ ישראל.[95]

ביטול קדושת הארץ

למעלה דנתי בקצרה בשאלה האם בית המקדש הינו הכרחי ליצירת קדושת הארץ, או להתגשמותה ולקיומה בפועל בצורתה המלאה והשלמה. ויש להגדיר, כלפי לייא, כיצד בטלה קדושת הארץ בגלות בבל לפי רוב הראשונים (או אף בזמן גלות רומא למקצתם), ומה חלקו של חורבן בית המקדש בתהליך זה.

דעת רובא דרובא של הראשונים כי חורבן בית ראשון וגלות בבל הפקיעו את קדושת הארץ. אך יש מקום להסתפק האם הביטול הוא תוצאה של חורבן הארץ או של שריפת בית אלוקינו. כמובן, ייתכן ששני הגורמים משמעותיים בהקשר זה. אפשר להציע זאת בשני ניסוחים: אולי נימא דדי באחד מהם כדי להפקיע ולבטל את הקדושה, ואולי נצריך את שני הגורמים כאחד.

לבירור שאלה זו, יעוין בשיטה מקובצת (בבא מציעא נג ע"ב). בגמרא שם נאמר דבמידה שנפלו המחיצות אין מעשר שני נאכל בירושלים. על כך יש להקשות, שהלוא למאן דאמר שקדושה שנייה נתקדשה אף לעתיד לבוא, מה אכפת לן שנפלו המחיצות. בשיטה מקובצת תירץ כך בשם התוספות שאנץ: "ויש לומר דהכא כמאן דאמר לא קדשה לעתיד לבא. ואף על גב דכל זמן שבית המקדש קיים דמסתבר דכל הקדושות קיימות, אפילו למאן דאמר לא קדשה לעתיד לבא, כמו למאן דאמר קדשה לאחר חורבן". כלומר, אפילו מאן דאמר שלא נתקדשה ירושלים לעתיד לבוא מודה דמכל מקום כל עוד הבית קיים מעשר שני נאכל בירושלים, וכל הקדושות קיימות, אף דנפול מחיצות העיר. מלשונם משתמע שהכול הולך אחר המקדש.

ברם, יש לעיין אם כך הוא לגבי קדושת הארץ כולה, או רק לגבי קדושת מחיצות של ירושלים. דהלוא ודאי שביחס לירושלים יש להציע שקדושתה מעורה במקדש, ולכן תלויה בהיות בית הבחירה על מכונו. זאת לעומת ארץ ישראל כולה, שזיקתה למקדש קלושה יותר.

והנה פשטות שיטת הראב"ד היא דבזמן הזה קדושת המקדש בטלה, אף שארץ

95. עוד מדויק מלשונו שמעמדה הייחודי של יהודה נובע מהמקדש שבירושלים; ולא להפך, שהמקדש נמצא בירושלים בגלל ייחודה של יהודה.

ישראל עומדת בקדושתה (הלכות בית הבחירה פ"ו הי"ד). לפיו ברור, אם כן, שקדושת הארץ אינה תלויה בקדושת המקדש ועומדת היא בזכות עצמה.

אם נדחה חילוק זה, ונסבור שאף קדושת הארץ תלויה במקדש, כדמשמע מלשון השיטה מקובצת, יש להסביר תלות זו בשתי דרכים. ראשית, אפשר להציע שהמקדש מגלם בתוכו את הארץ כולה, וכל עוד הוא קיים הרי זה כאילו לא נחרבה הארץ. ולהפך, אם נחרב המקדש הרי זה כאילו נחרבה הארץ. לחילופין, יש לומר שהארץ לחוד והמקדש לחוד, ואין חורבן המקדש נחשב לחורבן הארץ; ומכל מקום יש תלות בין הקדושות, דלא תיתכן קדושת הארץ ללא קדושת המקדש. ולפי הסבר זה אפשר להציע דקדושת הארץ מתבטלת באחד משני אופנים – בחורבן הארץ או בחורבן הבית.

אפשר לטעון שלא כל מקרה של חורבן המקדש פוגע בקדושתה של הארץ. אולי אם חלילה נשרף המקדש באקראי וכדומה לא תיפגם קדושת ארץ ישראל, ורק אם חרב המקדש משום שבאו גויים בנחלתך אז תפקע קדושת הארץ.

אף בנוגע לחורבן הארץ המפקיע את הקדושה, יש מקום לעמוד על אופיו המדויק. אפשר לומר שאנו עוסקים בכיבוש פוליטי ומדיני בידי אויב. זאת אם נבין שאף כי שליטה מדינית לא נתגשמה בימי עזרא, ואין היא תנאי הכרחי לחלות הקדושה, בכל אופן אם הושגה שליטה כזו ואז אבדה, אזי עצם איבוד השליטה מהווה מעשה של הפקעה מן הקדושה. לחילופין יש להציע שהחורבן המפקיע את הקדושה הוא חורבנה הפיזי של ההתיישבות היהודית בארץ. ואולי זה וזה גורם, בין אם נצריך את שניהם ובין אם נאמר שכל אחד מהם הוא תנאי מספיק להפקעת הקדושה.

כמו כן, יש לעיין האם תופקע קדושה כתוצאה מנטישת המקום, אם ח"ו עזבו בני ישראל את הארץ ללא שנחרבה בידי זרים. בנוגע לכך, אף כי מצינו הפקעה יזומה של קדושה (במעשר שני, באמצעות פדיון מעשר), נראה לי ברור שקדושת הארץ מתבטלת דווקא בחורבן, אך לא כתוצאה מצעד יזום של הפקעה.

עוד ישנו מקום עיון במידת הזהות וההשוואה בין יצירת הקדושה ובין ביטולה. האם נאמר שחד הם, וכאשר יצירת הקדושה דורשת תנאי מסוים, תפקע ותתבטל עם ביטולו. או שמא מאחר שכבר נוצרה הקדושה נחמיר בתנאים הדרושים להפקיע אותה. למשל, אף אם נטען כי בית המקדש הוא מוקד הכרחי ליצירת קדושת הארץ, שמא חורבנו אינו מבטל מיד את קדושת ארץ ישראל.

הזיקה בין קדושת הארץ לקדושת המקדש נידונה בהרחבה בפרק העוסק בקדושת ירושלים בחיבור זה, ועיין שם.

פגימה בקדושת הארץ

לאמיתו של דבר, ישנם שני סוגים של פגיעה ופגימה בקדושת הארץ. ראשית, יש הפקעה של הקדושה שיש לה השלכות מעשיות, בין אם מדובר בעקירה או רק בגניזה. שנית, יש פגיעה בקדושה על ידי חטא, כלשון הכתוב: "ולא תקיא הארץ אתכם בטמאכם אֹתה" (ויקרא י"ח, כח). פגיעה זו אינה מבטלת את הקדושה אלא פוגמת בה, מעין מה שהצעתי בהרחבה בנוגע לשבת, שחילולה אינו מעשה עבירה בעלמא, אלא פוגם את קדושתה. והלוא פשוט שחילול שבת אינו עוקר את השבת, דמכאן ואילך תהיה מותרת בה עשיית מלאכה. הקדושה נפגמת, אך נותרת בעינה. מעין זה נראה שאפשר לומר גם כאן, בקדושת הארץ. לא ידועות לי נפקא מינות הלכתיות כל שהן לשינוי זה, אך בכל אופן העבירה מטמאת את הארץ ופוגמת בקדושתה. זהו ממד מסוים של סילוק שכינה.

טומאה זו באה לעולם על ידי גילוי עריות, שפיכות דמים ועבודה זרה. כך מבואר בפסוקים ביחס לגילוי עריות: "ותִּטמא הארץ ואפקֹד עֲוֹנה עליה ותקִא הארץ את יֹשביה... כי את כל התועבֹת האל עשו אנשי הארץ אשר לפניכם ותטמא הארץ. ולא תקיא הארץ אתכם בטמאכם אֹתה כאשר קאה את הגוי אשר לפניכם" (ויקרא י"ח, כה-כח). כך נאמר ביחס לשפיכות דמים: "ולא תְטַמא את הארץ אשר אתם יֹשבים בה" (במדבר ל"ה, לד). וכך בנוגע לעבודה זרה: "כי מזרעו נתן למֹלך למען טמא את מקדשי ולחלל את שם קדשי" (ויקרא כ', ג). ויעוין בגמרא שבועות (ז ע"ב), דשלוש טומאות הן: "טומאת ע"ז וטומאת גילוי עריות וטומאת שפיכות דמים". וברור שהעובדה שדווקא שלוש אלו מטמאות את הארץ קשורה בחומרתן, וכפי שמצאנו שרק לגביהן נאמר: ייהרג ואל יעבור.[96]

כמו כן, יש לדון האם חילול קדושת המקום מתייחס לקדושת ארץ ישראל של תרומות ומעשרות או לשם ארץ ישראל הקשור בנוכחות שכינה. ייתכן שלגבי קדושת הקרקע החורבן מחולל הפקעה גמורה של הקדושה, אך אי אפשר לפגום בקדושה זו על ידי עבירות. כל עוד הקדושה קיימת, הרי בתמימותה עומדת היא. ואילו לגבי שם ארץ ישראל כמקום השכינה המצב הפוך. אי אפשר לבטל ולהפקיע זהות זו של

96. זאת בניגוד לטומאת מקדש ששם יש להציע, כלפי לייא, שחומרת העבירה נובעת מכך שהיא מטמאת (ולא שהטומאה נובעת מחומרת העבירה). יעוין בפרק העוסק בקדושת הבית הבנוי בחיבור זה.

הארץ;[97] אך עבירות חמורות של כנסת ישראל עלולות ח"ו לפגום בממד זה. ועדיין, שם ארץ ישראל אינו מתפוגג ואינו פוקע, משום שקשור וכרוך הוא בנוכחות שכינה; וכבר קבע מסמרות רבנו הגדול, בדיונו בעניין קדושת בית בחירתנו (הלכות בית הבחירה פ"ו הט"ז): "שכינה אינה בטלה".

97. לכל הפחות בתוך גבולות ההבטחה; ייתכן כי אם נכבש שטח מחוץ לגבולות ההבטחה, יכול גם שם ארץ ישראל לפקוע ממנו.

קדושת עיירות המוקפות חומה

עיירות המוקפות חומה – מחנה ישראל

המשנה במסכת כלים (פ"א מ"ז) קובעת: "עיירות המוקפות חומה מקודשות ממנה, שמשלחין מתוכן את המצורעים". קמאי דקמאי, גדולי הראשונים, נחלקו בנוגע לשורשה של הלכה זו בפרט וביחס לקדושת ערי חומה בכלל. כך כתב הר"ש על אתר: "וקדש יהושע כל עיירות המוקפות חומה בקדושת מחנה ישראל, אבל לא כל ארץ ישראל, ולא שאר עיירות שאינן מוקפות חומה". לדעתו, דין זה נובע מכך שערי החומה קדושות בקדושת מחנה ישראל, ועקב קדושה זו יש לשלח מהן את המצורעים. אליבא דהר"ש, מחנה ישראל אינו מצטמצם לירושלים גרידא, כחלק ממערך שלושת המחנות שבמקדש ובסביבותיו, אלא מתרחב הוא לכל העיירות המוקפות חומה שבארץ ישראל. קדושת ערי חומה קדושה מחיצות היא, כהרחבת קדושת ירושלים והמקדש.

אלא שאם בתי ערי חומה נתקדשו כמחנה ישראל, לכאורה יש לקדושת העיירות המוקפות חומה גם נפקא מינות הלכתיות נוספות, מלבד שילוח מצורעים. לפום ריהטא, אף קדשים קלים ומעשר שני יֵאָכלו בתוך ערי החומה.[1] אמנם, ייתכן שבאופן עקרוני כך הוא הדין, ובכל זאת בפועל אין אכילה זו אפשרית. זאת משום שלגבי קדשים קלים ישנו פסול יוצא, שכל שיצא מחומות ירושלים נפסל הבשר ואסור באכילה; וביחס למעשר שני יש להסביר שחובה להביאו סמוך למקדש, ולאחר שנכנס לבין חומות העיר ירושלים, אין להוציאו ולאוכלו במקום אחר; מעין דין קלטוהו מחיצות (מכות יט ע"ב).

1. אכן, בפרק העוסק בקדושת ירושלים בחיבור זה העלינו ששונים הם מעשר שני וקדשים קלים, ולא הרי זה כהרי זה. מעשר שני נאכל בירושלים מחמת היותה סמוכה למקדש ועיר הקודש, ואילו קדשים קלים נאכלים בה כתוצאה מקידוש מיוחד שנתקדשה ירושלים לשם כך.

ויעוין עוד בדברי המבי"ט בקרית ספר: "ונראה דכיון דמדאוריתא הוו מחנה ישראל עיירות המוקפות חומה, אפילו לענין קדשים קלים הנאכלים בכל מחנה ישראל נמי, אי לאו משום דאיכא הפסק בין ירושלם לעיירות המוקפות חומה, ונפסלין ביוצא. אבל אי הוו סמוכות זו לזו, הוו נאכלין כמחנה דמדבר, דלא הוה הפסק מחנות, והיו נאכלין בכל מחנה ישראל" (הלכות בית הבחירה פ"ז). לדבריו, לו הרחיבו את ירושלים עד לעיר מוקפת חומה, כך שהבשר לא היה נפסל ביוצא, אזי ניתן היה, הלכה למעשה, לאוכלו גם בעיר זו. זאת משום שלעיר מוקפת חומה יש מעמד של מחנה ישראל, כדברי הר"ש, ולפיכך מצד קדושת המקום אכן קדשים קלים ראויים להיאכל בה.

ברם, בפשטות נראה כי אף אם נתקדשו העיירות המוקפות חומה כמחנה ישראל, קדושה זו אינה מתבטאת אלא בהלכות הנזכרות במשנה, ואולי אף בדין הנוסף שהביא הר"ש בהמשך דבריו: "ונראה דהא דתניא בפרק נגמר הדין (סנהדרין מב ע"ב): בית הסקילה היה חוץ לשלש מחנות, לאו דוקא בעיר, דהוא הדין בכל העיירות המוקפות חומה".

אך מדוע באמת לא נאמר שבעיירות אלו באופן עקרוני אף מותר לאכול קדשים קלים ומעשר שני? הנה שנינו במשנה בזבחים: "באו לנוב וגבעון – הותרו הבמות, קדשי קדשים נאכלין לפנים מן הקלעים, קדשים קלים בכל ערי ישראל. באו לירושלים – נאסרו הבמות ולא היה להן היתר והיא היתה נחלה, קדשי קדשים נאכלין לפנים מן הקלעים, קדשים קלים ומעשר שני לפנים מן החומה" (קיב ע"ב).

ויש לברר את פשר ההבדל. מה השתנה עם בואם לירושלים? מדוע לפני כן ראויות היו כל הערים שיאכלו בהן מעשר שני וקדשים קלים, ואילו לאחר מכן אין אלו נאכלים אלא לפנים מחומת ירושלים?

נראה להסביר שאין זאת שהביאה לירושלים עקרה והפקיעה את קדושתן של כל יתר ערי ישראל. הגבלתה של אכילת קדשים לירושלים היא תוצאה והשלכה של קידוש ירושלים. כתוצאה מן הבחירה בירושלים ומקידושה, כל הקרבנות מיועדים להיות מוקרבים בתוכה ולהיאכל בין חומותיה (וכן מעשר שני). ממילא אין הם יכולים להיאכל בכל גבול ישראל. ביאת ישראל לירושלים לא פגעה בקדושת שאר ערי ישראל, אלא הוסיפה דרישה של אכילה והקרבה בעיר שנבחרה להיות "מכון לשבתך עולמים". מחמת כך, אין מעשר שני וקדשים קלים נאכלים אלא בעיר ירושלים גופא.[2]

2. ניתן גם להציע אחרת. שמא קדושתן של ערי ישראל אכן הופקעה עם הביאה לירושלים, כשם

באופן דומה אפשר לנמק לדעת הר"ש מדוע אין אוכלים קדשים קלים ומעשר שני בעיירות המוקפות חומה, אף שקדושתן זהה היא עם קדושת מחנה ישראל. אין זאת רק מחמת הבעיה הצדדית של פסול יוצא, אלא מחמת הבחירה בירושלים, מפאת הדרישה החיובית להביא את הקדשים והמעשר לעיר שנבחרה בידי ריבון העולם לשכנו בה.

עיירות המוקפות חומה — קדושה עצמאית

דרך אחרת בהבנת קדושתן של העיירות המוקפות חומה הציע רבנו הגדול הרמב"ם: "וכן מצורע שנכנס לירושלים לוקה. אבל אם נכנס לשאר הערים המוקפות חומה, אע"פ שאינו רשאי, לפי שנאמר בדד ישב, אינו לוקה" (הלכות ביאת מקדש פ"ג ה"ח). הרמב"ם חילק בין דין המצורע הנכנס לירושלים, שלוקה, לבין דינו אם נכנס לבתי ערי חומה, שאז אינו עובר אלא בעשה. הרי לנו שלדידו לא ראי בתי ערי חומה כראי ירושלים שנתקדשה כמחנה ישראל. ומוכח להדיא, שקדושתן אינה זהה לקדושת ירושלים, ואין מעמדן נובע מהיותן מחנה ישראל; שאם כך היה, לא היה מקום לחלק בהקשר זה בינן לבין ירושלים.

כן נראה בעליל גם מדבריו בהלכות בית הבחירה (פ"ז הי"א): "שלש מחנות היו במדבר, מחנה ישראל והוא ארבע מחנות, ומחנה לויה שנאמר בה וסביב למשכן יחנו, ומחנה שכינה והוא מפתח חצר אהל מועד ולפנים. וכנגדן לדורות, מפתח ירושלים עד הר הבית כמחנה ישראל". הרי כמעט מפורש בדבריו שאין ערי חומה בכלל מחנה ישראל, אלא ירושלים בלבד.

יתרה מזאת, מדברי הרמב"ם שראינו בהלכות ביאת מקדש נראה דהעשה של "בדד ישב" האמור במצורע הוא מהלכות מצורע, ואין לו כלל שיח ושיג עם קדושת העיירות המוקפות חומה. ויעוין עוד בניסוח הלכה זו בהלכות טומאת צרעת (פ"י ה"ז): "דין המצורע שיהיה לו מושב לבדו חוץ לעיר, שנאמר מחוץ למחנה מושבו, ודבר זה בעיירות המוקפות חומה בארץ ישראל בלבד". מנימת דבריו ומן ההקשר הכללי עולה שעסקינן הכא בניהוגי המצורע, ללא שום זיקה כלל לקדושת ערי חומה. האיסור על המצורע מלהיכנס לערי חומה מעורה בחובה שיהא בדד, ומהווה אחד

שוודאי הופקעה קדושת המשכן ונעקרה לחלוטין משילה, מנוב ומגבעון. ואם קדושת המשכן החמורה נתבטלה, על אחת כמה וכמה שקדושת ערי ישראל בת ביטול היא.

מניהוגי המצורע כפרימה וכפריעה, ואיננו נובע מדיני ערים המוקפות חומה. ממילא, אין מקום לתלות דין זה בהיות הערים הללו מחנה ישראל.[3]

בזה עומד שילוח המצורע מהערים המוקפות חומה בניגוד לדין שילוח טמאים מן המקדש, שהוא נובע מקדושת המקדש. ממילא, נראה דהחלוקים הם גם בדבר נוסף. בפרק העוסק בקדושת החיל ועזרת הנשים בחיבור זה הבאתי את דברי הגרי"פ פרלא,[4] שמלבד חובת שילוח המוטלת על הטמא עצמו, ישנה חובה ציבורית על הקהל לשלח מן המקדש כל טמא, ובכך לשמור על קדושתו. ברם, לאור העולה מדברי הרמב"ם, נראה לי ברור כי ככל שאנו עסוקים בחובת השילוח מן ערי החומה, הרי חובה זו מוטלת על המצורע לבדו, ולא על בית הדין או על הציבור בכללו. ככל שהדברים אמורים במניעת כניסתו של טמא לירושלים ולמקדש, חובת השמירה מוטלת על הציבור בכללו ועל בית הדין כנציגו. אלו אחראים על שמירת קדושת המקדש והמחנה, אך אינם ממונים להשגיח על קיום מצוות המצורע היחיד.[5]

אכן, לפי זה קשה להלום את דברי המשנה שבה פתחנו, שפסקם הרמב"ם להלכה (פ"ז מהלכות בית הבחירה הי"ג), שעיירות המוקפות חומה מקודשות בכך שמשתלחים מהן המצורעים. אנו הסברנו שהלכה זו מסתעפת היא מחובות המצורע ואינה מהווה קיום בקדושת המקום של העיירות המוקפות חומה. מעתה צריך עיון, מה ראתה המשנה לייחד קדושה נפרדת ועצמאית לעיירות המוקפות חומה, ולתלות אותה בדין שילוח המצורעים? הלוא אין בשילוח זה ביטוי לקדושה כלשהי.

על כורחנו צריכים אנו, במסגרת דברי הרמב"ם, למצוא טעם המקשר והמחבר בין קדושת ערי חומה ובין שילוח המצורעים. ונראה לומר כי לדעתו ישנה קדושה ייחודית בעיירות המוקפות חומה, אף שאין זו קדושת מחנה ישראל.

בפרשייה בכי תצא כתובה המצווה הבאה: "ויד תהיה לך מחוץ למחנה ויצאת שמה חוץ. ויתד תהיה לך על אזנך והיה בשבתך חוץ וחפרתה בה ושבת וכסית את צאתך". הכתובים הוסיפו ונימקו חובה זו: "כי ה' אלקיך מתהלך בקרב מחנך להצילך ולתת אֹיְבֶיך לפניך והיה מחניך קדוש" (דברים כ"ג, יג-טו). ממצווה זו ומנימוקה אנו למדים שישנה השראת שכינה ייחודית במחנה מלחמה, אף כי ודאי מחנה זה לא

3. כך גם נראה לדייק מדברי התוספות בערכין (לב ע"ב ד"ה וקדשו), הסבורים ששילוח מצורעים נלמד מגזירה שווה: "מחוץ למחנה מושבו", "בית מושב עיר חומה"; ומשמע קצת שאין לערים אלו מעמד של מחנה ישראל.

4. בביאורו לספר המצוות לרס"ג, עשה קפט.

5. שלא כדברי המנחת חינוך (סוף מצווה שסב), שהעשה "וישלחו מן המחנה" נאמר אף ביחס למצורעים בערי חומה.

נתקדש בקדושת מחנה ישראל. ונראה דלא שֵם מחנה לכשעצמו מחייב במצווה זו, אלא קדושה מסוימת שיש במחנה מלחמה. מכאן אנו למדים שקיימת קדושת מחנה שאיננה קדושת מחנה ישראל במלוא מובנה.

אם אכן נבין כך, אזי יש בכך דוגמה שיש בה סיוע וחיזוק להצעה שהעלינו. אליבא דהרמב"ם, יש בעיירות המוקפות חומה קדושת מחנה, והיא המחייבתן בשילוח מצורעים; אך אין קדושה זו זהה עם קדושת מחנה ישראל של ירושלים. ועוד יש לעיין בדבר.[6]

שיטת הגר"א

יש בנותן טעם להעיר שלדעת הגר"א אין משנתנו מוסכמת על הכול, ונתונה היא במחלוקת תנאים. בתוספתא (כלים בבא קמא פ"א הי"א) מובא דין משנתנו משמו של ר' מנחם בר' יוסי. הגר"א על אתר ביאר דהתוספתא לא הביאה את משנתנו בסתם, כיוון דרבנן פליגי בזה על ר' מנחם. אליבא דהגר"א, דין משנתנו אינו מוסכם על הכול, ולדעת שאר התנאים, משתלחים המצורעים מירושלים בלבד ולא משאר העיירות, כי רק ירושלים בכלל מחנה ישראל היא.

בכך מיישב הגר"א תמיהה נודעת של הר"ש (כלים על אתר מ"ט, וכבר דנו בכך הגאונים לפניו): לכאורה יש בפרק קמא דכלים אחת עשרה קדושות, ומדוע ציינה המשנה בפירוש "עשר קדושות"? אליבא דהגר"א לא קשיא הא, דיש להשמיט מן הרשימה את העיירות המוקפות חומה, שאינן אלא אליבא דר' מנחם בר' יוסי.

אך דבריו אינם פשוטים. הכיצד ניתן לדחות משנה שלמה מן ההלכה? מה עוד שהרמב"ם פסק להלכה משנה זו, במסגרת עשר הקדושות. ועוד יש לתמוה, דלפיו משנה ו, הקובעת כי עשר קדושות הן, ומשנה ז, הקובעת את קדושתן של העיירות המוקפות חומה, אף על פי שסמוכות הן זו לזו, חלוקות הן זו על זו, אף שאין לכך שום רמז וזכר במשניות עצמן.

בכל אופן, לענייננו יש לציין את התפיסה הבוקעת מדברי הגר"א, והמבוססת

6. אמנם, הרמב"ם במקום אחר (ספר המצוות לא תעשה עח) למד מפרשייה זו, על סמך הגמרא בפסחים (סח ע"א), את איסור הטמא במחנה לוויה. לדעתו, אם כן, משתמע שפרשייה זו עוסקת במחנה לוויה או בקדושת מחנה שישנה רק בהר הבית (יעוין בפרק העוסק בקדושת הר הבית בחיבור זה). אך שיטתו שם היא כנגד גרסתנו בגמרא. ועוד ייתכן שלדעתו כמה רבדים נאמרו במצווה זו. בכל אופן, יש בדוגמה זו בכדי לסייע בהבנת שיטת הרמב"ם, שישנה קדושת מחנה שאינה קדושת מחנה ישראל [הערת העורך].

על שילוב שתי הנחות. מחד גיסא סבור הוא כר"ש, ששילוח מצורעים תלוי במחנה ישראל; מאידך גיסא נוקט הוא כרמב"ם, שרק ירושלים נתקדשה בקדושת מחנה ישראל.

נמצא, אם כן, שלדעת הרמב"ם דין שילוח מצורעים איננו תלוי במחנה ישראל, ואילו הר"ש והגר"א חולקים וסבורים שאין שילוח אלא ממחנה ישראל. אלא שהר"ש הסיק מכך שכל העיירות המוקפות חומה מחנה ישראל הוו, ואילו הגר"א דחה מפני כך את משנתנו מההלכה.

בין קדושת הארץ לקדושת ירושלים

מחלוקת זו על אודות אופי קדושתן של העיירות המוקפות חומה, אם קדושתן כמחנה ישראל אם לאו, משליכה אף על האופן שבו מתקדשות ערי החומה. קידוש זה איננו מבואר בגמרא, ומצינו ברש"י שנסתפק בדבר. בשבועות כתב: "לא פירש לי במה מקודשים ערי ארץ ישראל" (טז ע"א ד"ה וקידשום). ברם, בערכין (לב ע"ב ד"ה וקידשום) השווה בין קידוש ערי חומה לבין הוספה על העיר וקידוש ירושלים עצמה, וכתב שמתקדשות הן כירושלים וכעזרות, בשתי תודות ושיר ובית דין מהלכין אחריהן.[7] וכבר העירו על סתירת דבריו התוספות בערכין (שם ד"ה וקדשו).

בין כך ובין כך, טמון בדבריו הרעיון כי העיירות המוקפות חומה טעונות קידוש הן. ואילו בנוגע לדעת הרמב"ם בנידון, יעוין בדברי הרמב"ם בהלכות שמיטה ויובל: "וכן לעתיד לבא בביאה שלישית בעת שיכנסו לארץ יתחילו למנות שמיטין ויובלות ויקדשו בתי ערי חומה, ויתחייב כל מקום שיכבשוהו במעשרות, שנאמר: והביאך ה' א-להיך אל הארץ אשר ירשו אבותיך וירשתה, מקיש ירושתך לירושת אבותיך, מה ירושת אבותיך אתה נוהג בחידוש כל הדברים האלו, אף ירושתך אתה נוהג בחידוש כל הדברים האלו" (פי"ב הט"ז). ר' חיים בחיבורו שם סבור שלדעת הרמב"ם בתי ערי חומה מתקדשים אגב קידוש הארץ, ואין מעשה קידוש מסוים המיוחד לעיירות המוקפות חומה; זאת בניגוד לדעת רש"י.

ר' חיים דייק זאת מלשונו של הרמב"ם שם, דכתב בסתמא מבלי לפרט, דלעתיד לבוא בעת שייכנסו לארץ יתקדשו בתי ערי חומה, ולא פירש במה וכיצד. וביאר שהר"מ סתם דבריו מכיוון שעצם קידוש הארץ בעתיד יכלול בתוכו אף את

7. בפשטות, ירושלים עצמה מתקדשת באותה דרך שבה מוסיפין עליה; ראו על כך בפרק העוסק בקדושת ירושלים בחיבור זה.

קידוש ערי החומה. והוסיף שהרמב"ם אזיל לשיטתו, שבזמן הזה אין קדושתה של הארץ שלמה, ואינה קדושה לעניין ניהוג היובל. ר' חיים הבין שלדעת הרמב"ם דין "ביאת כולכם", שבו תלוי ניהוג היובל, אינו תנאי צדדי בחיוב היובל, אלא מעיקר קדושת הארץ לעניין היובל הוא.[8] על כן, לעתיד לבוא בביאת כולכם תתווסף קדושה לארץ ישראל, ובאמצעות קידוש זה תתקדשנה גם הערים המוקפות חומה. קידוש שלישי זה של הארץ יקדש אותה לעניין שמיטין ויובלות ולעניין עיירות המוקפות חומה.

שאלה זו, על אודות הצורך במעשה הקידוש, תלויה בטיב הקדושה ובתוכנה, וכפי מה שנראה שנחלקו בדבר הר"ש והרמב"ם. דאם העיירות המוקפות חומה נכללות במחנה ישראל, קדושתן הרי היא קדושת מחיצות ודומה היא ביסודה לקדושת ירושלים. זו קדושה המהווה מעין הרחבה של המקדש, אם כי ברמה וברובד פחותים. ומסתבר דאף קידושן של העיירות הללו יתבצע בדומה לקידוש ירושלים. ואכן רש"י בפסחים (סז ע"א ד"ה לפנים) מחייב במלקות מצורע הנכנס אל תוך עיירות המוקפות חומה, שלא כרמב"ם. ונראה שלדעתו קדושת העיירות הללו דומה היא לקדושת ירושלים, ומשום כך נחוץ אף בהן מעשה קידוש.

ואילו לרמב"ם, הסבור שערי חומה מתקדשות אגב ארץ ישראל, נראה שעצם קדושת העיירות המוקפות חומה קשורה לקדושת הארץ, אם כי ברמה גבוהה יותר. קדושת ערי חומה היא העמקה של קדושת ארץ ישראל וביטוי ברובד גבוה יותר של קדושה זו. מפאת כך מתקדשות הן באמצעות קידוש הארץ ואגבו.

אופייה של קדושה זו משתקף בשאלה האם תלויה היא בקדושת ארץ ישראל, או אולי בקדושת המקדש. דעת הרמב"ן בשבועות (טז ע"א) שקדושת ערי חומה תלויה בקדושת הארץ. ברם, התוספות שם (ד"ה דכולי) חלקו על הנחת הרמב"ן, והניחו שקדושת ערי חומה אינה תלויה בקדושת הארץ, אלא דווקא בקדושת המקדש. מכנה משותף אחד ישנו לירושלים, למקדש ולערי חומה – קדושת מחיצות; מה שאין כן לגבי קדושת הארץ.

גם התוספות ביבמות (פב ע"ב ד"ה ירושה) אימצו חילוק זה, ונימקו את האפשרות לתקוע טריז בין קדושת ירושלים וקדושת ארץ ישראל בשלושה טעמים שונים: "והשיב ר"י, דלמעשרות ודאי לא קדשה הארץ לעתיד, אבל קדושת ירושלים

8. על כך הרחיב ר' חיים הן על אתר והן בהלכות תרומות פ"א ה"י; ראו על כך בהרחבה בפרק העוסק בקדושת ארץ ישראל בחיבור זה.

והבית קדשה, שקדושת מחיצות קיימא כל שעה מ'אשר לו חומה', דדרשינן במגילה: אע"פ שאין לו עכשיו והיה לו קודם לכן. אי נמי, קדושת ירושלים משום דאיקרי נחלה אין לה הפסק. אי נמי, משום דכתיב: זאת מנוחתי עדי עד".

ויש להעיר, שלפום ריהטא רק הנימוק הראשון, המבוסס על הפסוק שנאמר לגבי ערי חומה: "אשר לו חומה" (ויקרא כ"ה, ל), רק הוא מצרף את בתי ערי חומה יחד עם ירושלים. שני הנימוקים האחרים נוגעים לכאורה לירושלים בלבד. ברם, התוספות בשבועות נימקו את ההבדל בין העיירות המוקפות חומה לשאר ארץ ישראל בכך שהן נקראות "נחלה", ובדומה לנימוק השני של התוספות ביבמות, ש"נחלה אין לה הפסק". התוספות שם סבורים שהכינוי "נחלה" מתייחס גם לערי החומה. קדושת ערי החומה נגררת לדידם אחרי ירושלים, והן יונקות את קדושתן ממנה.

והנה בפרקים אחרים של חיבור זה הזכרנו את מחלוקת הרמב"ם והראב"ד לעניין ביטול הקדושה. שניהם מחלקים בהקשר זה בין קדושת ארץ ישראל לקדושת המקדש. לדעת הרמב"ם, קדושת המקדש וירושלים שקידש שלמה קיימת עולמית, ואילו קדושת הכיבוש של ארץ ישראל בימי יהושע נתבטלה. ואילו הראב"ד חילק כלפי לייא. לדידו, בזמן הזה קיימת קדושת ארץ ישראל, ודווקא קדושת המקדש בטלה, לפחות ברובד מסוים.

הן לדעת הרמב"ם והן לדעת הראב"ד יש זמן שבו חלה קדושה אחת, ולא חלה רעותה. יש לברר לאיזו משתי הקדושות קשורה לדעתם קדושת העיירות המוקפות חומה. לכאורה, תלות זו כרוכה באופי היסודי של ערי חומה, כפי שדנו בה. אם מתבלטת בהן קדושת ארץ ישראל, ודאי קדושת הארץ מהווה תנאי נחוץ עבור קדושת ערי חומה. ואם קדושתן היא קדושת מחיצות מעין ירושלים, אזי לכאורה כשם שלרמב"ם בימי גלות בבל נותרה ירושלים בקדושתה אף בלעדי קדושת הארץ, כך אין קדושת העיירות המוקפות תלויה בקדושת הארץ.

אך יש להעיר דאפילו אם ננקוט שקדושת עיירות אלו מעין קדושת מחיצות היא, נראה שיש מקום לחלק בין קדושה זו לקדושת ירושלים והמקדש. קדושה אחרונה זו קיימת, אליבא דהרמב"ם, אף בלעדי קדושת הארץ וכמו שמצינו דעמד המשכן במדבר. אולם יש לומר כי אף לדעתו קדושת המחיצות של ערי חומה זקוקה כתנאי מקדים והכרחי לחלות קדושת ארץ ישראל.[9]

יתר על כן; לולא דמסתפינא נראה בעיניי שהרמב"ם ניתק לחלוטין את העיירות

9. יעוין בחידושי הגר"מ הלוי (הלכות שמיטה ויובל פי"ב הט"ו).

המוקפות חומה הן מק־ושת המקדש והן מקדושת הארץ. לגבי המקדש הוא פסק שקדושה ראשונה קידשה לעתיד לבוא, ולגבי הארץ כתב שקדושה שנייה קידשה לעתיד לבוא. ואילו בנוגע לבתי ערי חומה משתמע מדבריו שאף קדושה שנייה לא קידשה לעתיד לבוא. זאת המשמעות הפשוטה של דבריו בהלכות שמיטה שציטטנו למעלה: "וכן לעתיד לבא בביאה שלישית בעת שיכנסו לארץ יתחילו למנות שמיטין ויובלות ויקדשו בתי ערי חומה".

דין יובל וקדושת ערי חומה

למדנו בברכות (ה ע"ב): "אמר רבי יוחנן נגעים ובנים אינן יסורין של אהבה. ונגעים לא, והתניא: כל מי שיש בו אחד מארבעה מראות נגעים הללו – אינן אלא מזבח כפרה. מזבח כפרה הוו, יסורין של אהבה לא הוו. ואי בעית אימא, הא לן והא להו. ואי בעית אימא, הא בצנעא הא בפרהסיא". כלומר, מצינו סתירה בין דברי ר' יוחנן, דנגעים אינם ייסורין של אהבה, לבין הברייתא, שמדבריה נראה דייסורין של אהבה הם. הגמרא מיישבת זאת בשלוש אוקימתות, כאשר השנייה מביניהן מחלקת בין יושבי ארץ ישראל ובין בני בבל: "הא לן והא להו".

בביאור אוקימתא זו פירש שם רש"י (ד"ה הא): "בארץ ישראל, שערי חומה מקודשות בה ומצורע טעון שילוח חוצה להן – אינן יסורין של אהבה. בבל, שאין טעונין שילוח והן מזבח כפרה – הוו יסורין של אהבה". ותמהו עליו התוספות (שם ד"ה הא): "ותימא, דשילוח מחנות לא היה נוהג אלא בזמן שהיובל נוהג ובתי ערי חומה. ובימי האמוראין לא היה היובל נוהג". התוספות הקשו, דלפי פירוש רש"י תמוה מה ראה רבי יוהנן ללמדנו שנגעים אינן ייסורין של אהבה בארץ ישראל משום שמצורעים משתלחים מערי חומה; שהלוא בזמנו כבר בטל היובל ושוב לא נשתלחו מצורעים מהן (כמפורש בברייתא בערכין [כט ע"א], שדין בתי ערי חומה תלוי ביובל). ולא מסתבר לדידם דרבי יוחנן דיבר על תקופה אחרת הקדומה לו. על כן ביארו הם את חילוק הגמרא הנ"ל באופן שונה.

נראה שאפשר ליישב קושייתם לאור דברי ר' חיים בחיבורו, שהוזכרו לעיל. שמא אליבא דרש"י, אם אין מתקיים התנאי של רוב יושביה עליה זהו חיסרון בניהוג היובל אך לא בקדושת הארץ. אין זה פגם בקדושת ארץ ישראל, אלא רק הלכה מסוימת ביחס לניהוג היובל ולהגשמתו בפועל. אף אם אין רוב יושביה עליה, מכל מקום קדושת הארץ מלאה ושלמה היא. מתוך כך יש להציע ששילוח מצורעים תלוי בקדושת היובל ולא בניהוג היובל. כלומר, אף בזמן שאין היובל נוהג, אם קדושת

הארץ לעניין יובל מלאה היא, כל הדינים התלויים בו ינהגו. התלות ביובל כרוכה בשורשה ברמת קדושתה של הארץ ולא בקיום מצוות היובל לכשעצמה. ומאחר שהחיסרון אליבא דרש״י אינו אלא בקיום מצוות היובל בפועל, אין הוא משליך על חובת שילוח מצורעים מערי חומה.[10]

ברם, מפי מו״ח שמעתי יישוב שונה לדברי רש״י (ומעין זה כתב הרשב״א על אתר בשם רבנו אלחנן). הברייתא בערכין (כט ע״א), שעליה נסמכו התוספות, תלתה ביובל אך ורק את דין גאולת בתי ערי חומה. ואם כן יש לתרץ בפשטות את דעת רש״י. לדעתו, חלוק דין שילוח מצורע מגאולת בתי ערי חומה. שילוח מצורע נוהג אף בזמן שאין היובל נוהג, ואין שום תלות וזיקה בינו ליובל. מה שאין כן דיני גאולתם של בתי ערי חומה בתוך י״ב חודש, דאינם נוהגים אלא בזמן שהיובל נוהג, כפי שכתבו התוספות.

יש להדגיש כי התלות ביובל איננה הלכה נקודתית גרידא, אלא מצביעה היא על שורש הקדושה וטיבה. כפל קדושה נאמר בערים המוקפות חומה. מחד, לעניין ההלכה שנאמרה בהן בדבר גאולת בתי ערי חומה, קדושתן היא העמקה של קדושת ארץ ישראל. בגין כך תלוי דין בתי ערי חומה ביובל, שמצוותו וקדושתו מעורות בקדושת הארץ. ניהוג היובל מבטא את קדושת הארץ, שהלוא קשור הוא אל הארץ כולה. לעומת זאת, דין שילוח מצורעים יסודו בקדושת מחיצות הקיימת בערים המוקפות חומה והדומה באופייה לקדושת המקדש. זאת בין אם נימא שממש קדושת מחנה ישראל היא, כדעת הר״ש, ובין אם נימא שזו קדושה עצמאית. על כן אין זיקה ותלות בין שילוח מצורעים לניהוג היובל.[11]

על פי האמור יובן בשופי מדוע מייחסת המשנה את קדושת הערים המוקפות חומה לדין שילוח מצורעים מהן, ואינה מזכירה את דין גאולתם של בתי ערי חומה. כבר ביארנו, בפרק העוסק בקדושת ארץ ישראל, שעשר הקדושות ההולכות ונמנות שם נסובות סביב קדושת מחיצות והמעגלים הרבים של הקדושה הנובעת מן המקדש.

10. מדברי רש״י בערכין (כט ע״א) נראה שאף בתי ערי חומה תלויים בדין רוב יושביה עליה. ונראה שכוונת רבנו זצ״ל היא לחלק, על פי דברי הגרי״ד להלן, בין שילוח מצורעים לבין גאולת בתי ערי חומה. לפי תירוצו שניהם תלויים ביובל, אלא שגאולת בתי ערי חומה כרוכה בניהוג יובל, בעוד שילוח מצורעים אחוז בקדושת הארץ לעניין יובל [הערת העורך].

11. יעוין בשיעורי הגרי״ד לכריתות (ח ע״ב) שם הובא תירוץ מרן זצ״ל, לחלק בין גאולת בתי ערי חומה לשילוח מצורעים, אך בנימה שונה במקצת. שם הוסבר ששילוח מצורעים אינו תלוי בקדושת עיירות המוקפות חומה אלא בחפצא של עיר המוקפת חומה, ואילו גאולת בתי ערי חומה קשורה לקדושה של ערים אלו [הערת עורך].

מפאת כך אף הושמטו מן המשנה העוסקת בקדושת הארץ חיובֵי תרומות ומעשרות. המשנה ציינה את ההלכה של שילוח מצורעים, מפני שנובעת היא מקדושת מחיצות של ערי חומה. לעומת זאת, דין בתי ערי חומה לעניין גאולה נעוץ ברובד הקדושה שהוא העמקה של קדושת הארץ וממד נוסף בה, כפי שמוכח מתלותו ביובל. בגין כך לא הוזכר דין זה בפרקנו, הדן בקדושת המקדש ובמעגלי ההרחבה של קדושה זו.

כפי שהבאנו לעיל, בתוספתא מובא דין משנתנו משמו של ר׳ מנחם בר׳ יוסי; אלא ששם נוספו לדין זה שתי הלכות, אחת מן התורה ואחת מדברי חכמים: "ר׳ מנחם בר׳ יוסי אומר: עיירות מוקפות חומה מקודשות מארץ ישראל, שמשלחין מתוכו את המצורעים, והבית צמות בתוכן לאחר שנים עשר חודש, ומסבבין בתוכן המת עד שירצו, יצא אין מחזירין אותו".

משנתנו השמיטה את הדין שאין מחזירין את המת לעיר חומה, ונראה פשוט שהיינו משום דאין הלכה זו אלא מדרבנן. אך יש לברר מפני מה ההלכה של גאולת בתי ערי חומה הובאה בתוספתא כביטוי לקדושת העיירות המוקפות חומה, ואילו ממשנתנו הושמטה. ייתכן שזו גופא נקודת המחלוקת בין ר׳ מנחם בר׳ יוסי לבין המשנה. לשיטת ר׳ מנחם אף גאולת בתי ערי חומה נעוצה בקדושת מחיצות, בדומה לשילוח מצורע (וכמשתמע בתוספות בברכות), ואילו לתנא דידן גאולת בתי ערי חומה מעורה בקדושת ארץ ישראל המוגברת של ערי החומה, ולא בקדושת מחיצות הקשורה למקדש.

ביחס לירושלים ולמקדש סבר הרמב"ם שקדושת ירושלים קיימת אף כאשר נתבטלה קדושת הארץ (הלכות בית הבחירה פ"ו הט"ז). אין קדושת הארץ מהווה תנאי הכרחי לחלות קדושת המקדש וירושלים. והנה אם נימא הכא שקדושת העיירות המוקפות חומה היא מעין קדושת הארץ, נראה ודאי שקדושה זו תנאי נחוץ היא עבור קדושת ערי חומה.

קדושת ירושלים

שֵׁם ירושלים וקדושת ירושלים

לאחר קדושתן של העיירות המוקפות חומה, מציינת המשנה בכלים (פ"א מ"ח) את קדושת ירושלים: "לפנים מן החומה מקודש מהם, שאוכלים שם קדשים קלים ומעשר שני". המשנה מתארת את קדושת ירושלים כמתבטאת ביחס למצוות האכילה המתקיימות בתוכה – אכילת מעשר שני ואכילת קדשים קלים. הקדושה מתוארת כקשורה במהותה למצוות ולקיומים שנתייחדה בהם ירושלים. זאת בדומה לקדושת ארץ ישראל, שעל פי דברי המשנה משתקפת בכך שמביאים ממנה את העומר, הביכורים ושתי הלחם, מה שאין מביאים כן מכל הארצות.

בטרם נדון במשנה זו ובהלכות המצוינות בה, יש לתת את הדעת, שמא ישנו יסוד נוסף בירושלים מעבר לקדושה זו. כלפי מה הדברים אמורים? ביחס לארץ ישראל ביארנו שיש להבחין בין קדושת ארץ ישראל לבין שם ארץ ישראל. קדושת ארץ ישראל מתבטאת במצוות התלויות בארץ, ואילו שם ארץ ישראל מציין, באופן כללי, את ייחודה של הארץ ואת השראת השכינה בה.

והנה, בשתי משניות למדנו שירושלים מהווה את היעד הסופי של מקום ההקרבה והשראת השכינה. משעה שבאו לירושלים "נאסרו הבמות, ולא היה להן היתר, והיא היתה נחלה" (זבחים קיב ע"ב); "וקדושת ירושלים אין אחריה היתר" (מגילה י ע"א). ביחס לכך הביאו התוספות במגילה (י ע"א ד"ה ומאי) את סברת רבנו חיים, דמה שאיתא במשנה שם דקדושת ירושלים אין אחריה היתר, דמכאן ואילך אין מקריבים בבמות, אינו תלוי במחלוקת אי קדושה ראשונה קידשה לשעתה ולעתיד לבוא. הכול מודים שמרגע שבאו לירושלים שוב אין היתר להקריב מחוץ לה, ואפילו בזמן שקדושת ירושלים עצמה נתבטלה. האיסור להקריב מחוץ לירושלים עומד בכל תוקפו, אפילו אם נתבטלה קדושתה לעניין אכילת מעשר שני וקדשים קלים בתוכה.

המסקנה מדבריו ברורה. איסור הבמות איננו תלוי בקדושת ירושלים אלא בבחירה בירושלים. משמעות הבחירה היא בלעדיות, הבאה לשלול מקומות אחרים. בחירה זו איננה זהה עם קדושת ירושלים לעניין מעשר שני וקדשים קלים. וכבר עמד מו"ר זצ"ל על כך שישנה בחירה ייחודית בירושלים כמקום המקדש.[1] והוסיף שבית המקדש מכונה בשני שמות – מקדש ובית הבחירה. מקדש יכול להתקיים מחוץ לירושלים, ואכן התקיים בפועל במדבר, בנוב, בגבעון ובשילה. חלות שם מקדש אינה מוגבלת לבית הבנוי בירושלים. אולם בית הבחירה, המבטא את הבחירה במקום כיעד הסופי, מיוחד הוא לירושלים.

ואכן, מקראות שלמים מתארים את ירושלים כמקום אשר בחר ה': "ולמען ירושלים העיר אשר בחרתי בה" (מלכים א' י"א, לב); "כי בחר ה' בציון אִוה למושב לו" (תהילים קל"ב, יג).

הרב ז"ל ייחס את הבחירה בירושלים לימי דוד. מנגד, חז"ל במספר מקומות ביארו שירושלים נתייחדה אף קודם ימי דוד ושלמה בנו. אדם הראשון הקריב בירושלים (בראשית רבה פרשה לד), וירושלים היא מקום העקידה (שם פרשה נו). ייתכן שכשם ששם ארץ ישראל קדם לקידוש הארץ בידי בני ישראל, כך הבחירה בירושלים קדמה לקידושה בימי דוד ושלמה ובזמן עזרא. פן זה של ירושלים מנותק מן הקידוש הפורמלי, המאפשר אכילת מעשר שני וקדשים קלים בין חומותיה.

נמצא שאף לירושלים, כמו לארץ ישראל כולה, משתייכים שני מושגים, שֵׁם וקדושה. ההשלכות הנובעות משם ירושלים שתיים המה. ראשית, ירושלים נבחרה עוד בטרם קידושה. דוד ושלמה לא היו יכולים לקדש עיר אחרת, וזאת אף שבאותה עת הותרו הבמות.[2] ושנית, מן הזמן שבו נתקדשה נאסרו הבמות לחלוטין, אף אם הקדושה הפורמלית פסקה.

קדושת "כל הרואה" דשילה

כדי לעמוד על האופי היסודי של קדושת ירושלים, המתבטאת בהלכות שראינו, עלינו לברר את טיבה של קדושת המקום שקדמה לה בזמן – קדושת שילה. כך נאמר במשנה

1. קובץ חידושי תורה, 'בענין בית הבחירה בית המקדש', עמ' קלה-קמא; חידושי הגר"מ והגרי"ד, הלכות בית הבחירה פ"ז הלכה ז-ט; קונטרס עבודת יום הכיפורים סג ע"א (עמ' קמה-קמז).
2. זאת שלא כדברי הרמב"ן, שכתב: "וכן על דרך הפשט המקום אשר יבחר ה' אלקיך בו, כל שיבנו שם בית המקדש לה' הכל מרצון ה'" (דברים י"ז, טו).

בפרק הראשון דמגילה (ט ע"ב): "אין בין שילה לירושלים אלא שבשילה אוכלין קדשים קלים ומעשר שני בכל הרואה, ובירושלים לפנים מן החומה. וכאן וכאן קדשי קדשים נאכלין לפנים מן הקלעים". עיקר הלכה זו שנויה גם במקומה בפרק בתרא דזבחים (קיב ע"ב): "באו לשילה נאסרו הבמות... קדשי קדשים נאכלין לפנים מן הקלעים, וקדשים קלים ומעשר שני בכל הרואה... באו לירושלים נאסרו הבמות, ולא היה להן היתר, והיא היתה נחלה. קדשי קדשים נאכלין לפנים מן הקלעים, קדשים קלים ומעשר שני לפנים מן החומה".

משניות אלו מלמדות אותנו כי הלכה מיוחדת נאמרה במשכן שילה, מה שאין כן בשאר מסעות השכינה. בשילה נאכלו קדשים קלים בכל הרואה. זאת בניגוד להיתר לאוכלם בכל גבול ישראל בשאר מסעות הארון, בטרם בואם לירושלים. זאת אף בניגוד לירושלים עצמה, שבה נאכלים קדשים קלים רק בתוך מחיצותיה.

כאן יש להעלות שאלה יסודית על אודות מעמד "כל הרואה". אפשר להבין שהמקום אשר ממנו רואים את המשכן התקדש בקדושה עצמאית, מעבר לקדושת ארץ ישראל הכללית. לפי הבנה זו יש לראות ב"כל הרואה" חטיבה בפני עצמה. מאידך גיסא, יש להציע שיסוד הדין הוא כי קדשים קלים ומעשר שני נאכלים בסמוך למקדש, כמאמר הכתוב בפרשייה בראה: "ואכלת לפני ה' אלקיך" (דברים י"ד, כג). לפי הבנה זו, המשנה קבעה כי אוכלים בכל הרואה קדשים קלים משום שהוא סמוך למשכן וקרוב למקום המקדש ולשכינה. אין זהות ייחודית למקום כשלעצמו. מעמדו נובע מכך שכל הרואה את המשכן נמצא "לפני ה' אלקיך". כל מקום שממנו רואים את המשכן מסונף למשכן הוא, בדומה לעזרה שאוכלים בה קדשי קדשים. מכוח זה ראוי היה "כל הרואה" לאכילת קדשים קלים.[3]

ונראה שספק זה במחלוקת האחרונים הוא נתון. הקרן אורה העיר: "ולא נתבאר עד היכן היו מחנה ישראל בשילה. ועל כורחך נראה דבכל הרואה היה מחנה ישראל, כמו לאכילת קדשים קלים" (זבחים קטז ע"ב). הוא הניח כדבר פשוט, שכל הרואה נתפס בחלות דין מחנה ישראל. לפי דבריו אלו, מסתבר שאכילת קדשים קלים ומעשר שני שם הייתה מצד קדושתו העצמית של המקום כמחנה ישראל.

ברם, מו"ח ואביו ר' משה זצ"ל ביארו אחרת: "דין כל הרואה בשילה הוא גזיה"כ ודין מיוחד דנאמר במסוים בשילה" (חידושי הגר"מ והגרי"ד, הלכות בית הבחירה פ"ו

3. בגמרא (זבחים קיח ע"ב) נאמר שאם יש דבר המפסיק בינו לבין המשכן, ובגללו אינו רואה את המשכן, אינו יכול לאכול קדשים במקומו. מכך אפשר אולי ללמוד שאין כאן אפילו מקום המסונף למשכן, אלא דין בגברא לגבי אכילת קדשים קלים [הערת העורך].

הי"ד). לדידם, דין כל הרואה אינו חלק ממערך ההלכות הקשורות במחנה ישראל.[4] ככל הנראה צידדו הם בצד השני של חקירתנו. לדידם, לא הוטבעה בכל הרואה קדושה מיוחדת וחלות שם נוספת. ההיתר לאכול שם מעשר וקדשים קלים הוא דין בפני עצמו, שהרואה את המשכן מותר באכילתם.

חקירה זו בדבר מעמד האזור והשטח של "כל הרואה" איננה מוגבלת אך ורק להבנת אופי הקדושה ולתפיסת טיבה, אלא משליכה היא אף על אופן הקידוש. קדושה עצמאית המוטבעת במקום זקוקה למעשה קידוש, שיחיל בה את הקדושה. מאידך, מסתבר שקדושה או היתר אכילה הבאים כתוצאה מהזיקה של המקום אל המקדש ומסמיכותו הגיאוגרפית אליו, נוצרים מאליהם, באמצעות עצם הזיקה והקִרבה.

באמת ישנו מקום ספק ביחס לכל הרואה בשילה, שבו נאכלו קדשים קלים ומעשר שני: האם הוצרך כל הרואה למעשה קידוש מסוים בכדי לאכול בו קדשים ומעשר, או דילמא לא היה זה מקום בעל קדושה נבדלת וייחודית, ולפיכך לא נזקק הוא למעשה קידוש מסוים, אלא מאליו נתקדש על ידי המשכן.

בש"ס, ככל הידוע לי, לא מצינו מעשה ופעולה שבהם נתקדש כל הרואה.[5] לאור כך, מסתבר להכריע כדברי מרן זצ"ל, שדין "כל הרואה" נובע מסמיכותו למחנה שכינה, וקדושתו, אם היא קיימת, מעורה בהגדרת האזור כמקום הארון. קדשים קלים נאכלו בכל הרואה כמקום הסמוך ונראה לשכינה, ולא כמקום הקובע ברכה לעצמו.

הבנה זו גופא מתחלקת לשני ניסוחים. ראשית, ייתכן שאין כלל קדושה בכל הרואה. מעולם לא נתקדש המקום שממנו רואים את שילה, ואין בו אלא היתר אכילה. הרי זה מעין דברי הש"ס בזבחים (נו ע"א), שקרבנות נאכלים בלשכות הנמצאות בחול ופתוחות לקודש, אף שוודאי אין מקריבים בהן. או כלך לדרך אחרת, אשר לפיה באמת נתקדש כל הרואה, אלא שאופי הקדושה אשר הוטבעה בו אינו אלא מצד היותו סמוך למשכן ה' אשר בשילה. ביסודה, אין לקדושה אופי וטיב עצמאיים, אלא נובעת היא אך ורק מהיות המקום סמוך אל שולחן גבוה. המשכן הוא הנוסך בו את אופיו.

אפשר להציע נפקא מינות הנובעות מן ההבדל שבין שתי הבנות אלו. ראשית,

4. וקדמו בכך את הגרי"ז, שכתב מעין דבריהם בפירושו על התורה פרשת ראה ד"ה בספרי.

5. אכן, יכול בעל דין לבוא ולטעון שהגמרא השמיטה את דין קידוש כל הרואה רק משום דמאי דהווה הווה.

שילוח טמאים. במידה שאכן נתקדש כל הרואה, אף אם קדושה זו נעוצה בהיות המקום סמוך ונראה למשכן ה׳, אזי מסתבר שטמאים נשתלחו מהתם, וכל מי שטומאה יוצאת מגופו נאסר להיכנס למקום כל הרואה בשילה. שנית, ההלכה של קלטוהו מחיצות בנוגע למעשר שני. יש להסתפק מה היה דין פירות מעשר שני שנכנסו למקום שממנו ראו את המשכן; האם ניתן היה לאחר מכן לפדותם? אם רק היתר אכילה שנינו כאן, הרי שלכאורה לא יהיה בכל הרואה דין קליטת מחיצות.

אופייה של קדושת ירושלים

מדאתינן להכי יש להעלות חקירה דומה בנוגע לירושלים. ניתן להבין שההלכות שנאמרו בה נובעות מהיותה סמוכה למקדש. על פי דין, ירושלים היא עיר הקודש ומקום המקדש. שורש הדין הוא כי קדשים קלים ומעשר שני נאכלים לפני ה׳, בסמיכות למקדש. בין החומות של ירושלים הוא המקום הסמוך למחנה שכינה, שעל פי דין מוגדר כמקום המקדש וכעיר הקודש, ולכן קבעה המשנה כי אוכלים בו קדשים קלים ומעשר שני.[6]

לחילופין, ניתן להציע שהעיר נתקדשה מצד עצמה ומצד זהותה הייחודית כירושלים, דלא ככל הרואה בשילה. קדושתו של המשכן נבעה מהיותו מקום הארון, אך עצם המקום מעולם לא נבחר. המשכן התקדש בקדושת מחיצות בלבד, וחסרה לו קדושת מקום. מה שאין כן בנוגע לירושלים, שמוקד הבחירה בה הוא השראת השכינה בעיר הקודש.

אציע דוגמה כדי להבהיר חילוק זה ולשַׂבֵּר את האוזן. מה יהיה הדין לוּ יהא מקום אחר שהתקדש בקדושת ירושלים (כגון בתי ערי חומה, אליבא דהר״ש [בכלים על אתר מ״ז], דסבר שיש להן דין מחנה ישראל)? לפי הצד השני בחקירתנו לכאורה מותר לאכול שם מעשר וקדשים, שהרי חלה שם קדושת ירושלים. ברם, לפי הצד הראשון בחקירתנו נראה שאין די בכך, משום שאין אותו מקום סמוך למקדש, ולפיכך אסור יהיה לאכול בו קדשים (ואפשר עוד שהמוקד אינו רק הסמיכות למקדש ה׳, אלא גם למקום ההקרבה).[7]

6. בפרק העוסק בקדושת ארץ ישראל הוצע כי המשנה בכלים מתייחסת לממד הקדושה המבטא השראת שכינה. בכל הנוגע לקדושת ירושלים מתבטא הדבר בציון ההלכות הנובעות מהיותה של ירושלים מקום המקדש, שבה נמצא מחנה השכינה [הערת העורך].
7. יעוין עוד בהרחבה בנושא זה בפרק העוסק בקדושת העיירות המוקפות חומה בחיבור זה.

האם ירושלים טעונה מעשה קידוש

והנה נראה כפי שהצענו למעלה, שנפקא מינה מרכזית לשאלה זו הינה הצורך בקידוש ירושלים. לירושלים כמחנה ישראל וכמקום בעל זהות עצמית נחוץ מעשה קידוש בפועל, שיטביע את קדושתה, כשם שהוצרכו דוד ושלמה בנו לקדש את המקדש. אך מאידך אין צורך במעשה קידוש כדי לקדש את ירושלים כסמוכה למקדש. מעמד זה בא ממילא, מפאת עצם העובדה שהמקדש אשר בו בחר בו ה' בנוי בתוכה. ממד זה של קדושה אינו זוקק מעשה קידוש עצמאי. כיוון שמקדש ה' עומד על מכונו, הרי ממילא מתקדשת ירושלים.

מעתה עלינו לבחון האם הייתה ירושלים זקוקה למעשה קידוש. בפשטות נראה כי אין כאן כלל מקום ספק, שהרי משנה שלמה שנינו בנידון דידן: "...שאין מוסיפין על העיר והעזרות אלא במלך ונביא ואורים ותומים וסנהדרין של שבעים ואחד ובשתי תודות ובשיר ובית דין מהלכין ושתי תודות אחריהן וכל ישראל אחריהם" (שבועות יד ע"א).[8] מן המשנה עולה לכאורה בבירור ובאופן חד משמעי שכדי לקדש את העיר נחוץ מעשה קידוש, שאותו מתארת המשנה בפרוטרוט.

8. מדעסקינן הכא בקידוש העיר והעזרות יש לציין במאמר המוסגר כי לכאורה פסקי הרמב"ם ביד החזקה בהקשר זה סותרים זה את זה. יעוין בדבריו בפ"ו מהלכות בית הבחירה ה"י: "בית דין שרצו להוסיף על ירושלים או להוסיף על העזרה מוסיפין". אולם בהלכה הבאה פסק: "אין מוסיפין על העיר או על העזרות אלא על פי המלך וע"פ נביא ובאורים ותומים ועל פי סנהדרין של שבעים ואחד זקנים, שנאמר ככל אשר אני מראה אותך וכן תעשו לדורות, ומשה רבינו מלך היה". בהלכה י כתב כי די בבית דין כדי להוסיף על העיר והעזרות ומאידך בהלכה יא הִצריך בנוסף לבית הדין הגדול אף מלך ונביא ואורים ותומים. ובאמת סתירה זו ברמב"ם היא לפום ריהטא סתירה בין שתי משניות. הלוא המשנה בשבועות שצוטטה לעיל אומרת: "שאין מוסיפין על העיר ועל העזרות אלא במלך ונביא ואורים ותומים וסנהדרין של שבעים ואחד", ואילו המשנה בריש סנהדרין מציינת אך ורק את הצורך בבית דין: "אין מוסיפין על העיר ועל העזרות אלא על פי בית דין של שבעים ואחד". וכבר הקשו זאת התוספות בשבועות (טו ע"א ד"ה שאין), "ואם תאמר דבפ"ק דסנהדרין לא חשיב אלא ע"א", ותירצו שם: "וי"ל דהתם לא חשיב אלא מילי דסנהדרין". לדבריהם, שתי משניות אלו עולות בקנה אחד ועוסקות באותה ההלכה, אלא שהמשנה במסכת סנהדרין עוסקת בסנהדרין ובדיניה, ומשום כך לא פירטה אלא את הצורך בבית דין, שזהו נושא המסכת ועיקר עניינה. אך, לאמיתו של דבר, הקידוש נעשה בפועל כפי תיאור המשנה בשבועות. ברם, מדברי הר"מ, דפסק שתי משניות אלו בשתי הלכות סמוכות, נראה ברור שלא קיבל את תירוץ התוספות, וכי דרך אחרת עמו בתירוץ הסתירה הנ"ל.
ונראה פשוט (וכן אף תירץ מו"ח מרן זצ"ל, [עיין בשיעורי הרב סנהדרין עמ' קפד. הערת עורך]), כי שתי משניות אלו עוסקות בשני עניינים שונים, בשני שלבים בהוספה על העיר והעזרות. בשלב הראשון נמצא עצם ההחלטה להוסיף, ובשלב השני נמצאת ההוספה עצמה והקידוש הכרוך בה.

ברם, אליבא דאמת אין הדבר מוכרח. הלוא המשנה שם עוסקת במקרה שבו חפצים להוסיף על העיר. ייתכן שהעיר עצמה מתקדשת אף ללא מעשה מסוים, מתוך עצם קרבתה למקדש ובדומה ל"כל הרואה". רק משבאים להוסיף על העיר אזי צריך מעשה קידוש, כדי להגדיר את השטח המוסף כירושלים.

ברם, מן הסוגיה משתמע במפורש דלא כך, אלא שאף העיר עצמה טעונה קידוש. יעוין להלן טז ע"א, שנחלקו האמוראים רב הונא ורב נחמן בפירוש מה שכתוב במשנה: "כל שלא נעשית בכל אלו הנכנס לשם אין חייב עליה" בגין טומאת מקדש וקודשיו, משום שהקידוש לא חל. רב הונא מפרש את האמור "בכל אלו", שכל המתואר שם במשנה הינו תנאי הכרחי, ואם לא נעשתה פעולה אחת מאלו המנויות במשנה – לא חלה הקדושה, והנכנס אינו מתחייב כמטמא מקדש וקודשיו. ואילו רב נחמן סובר דאחת מאלו תנן, שכל אחד ואחד מן המעשים המפורטים במשנה מהווה תנאי מספיק, ודי במעשה אחד מן המוזכרים במשנה כדי להטביע קדושה ולהחילה.

בפירוש מחלוקתם ביארה הגמרא כי נחלקו בנוגע לפעולתם של נחמיה בן חכליה ועזרא, אשר קידשו את ירושלים בשתי תודות גדולות ובשיר וכל העם מהלכים אחריהם, אך ללא מלך ואורים תומים, שחסרו בבית שני. למאן דאמר בכל אלו תנן, לא היה מעשהו של עזרא אלא זכר בעלמא, כיוון שקדושה ראשונה קידשה לשעתה ולעתיד לבוא. ולמאן דאמר באחת מאלו תנן, קידושו היה קידוש ממשי, דניתן להסתפק בדרישה אחת מכל התנאים שבמשנה.

והרי בזמן נחמיה קידשו את ירושלים עצמה, ולא הוסיפו עליה. מכאן עולה בבירור שאף ירושלים עצמה טעונה קידוש, כמתואר במשנה,[9] ואין מקום להעלות חילוק בין קידוש התוספת על העיר לבין קידוש העיר עצמה מלכתחילה.[10]

בהלכה י מדובר בהחלטה על ההוספה, ושם אליבא דהר"מ סגי לן בבית הדין הגדול, שחבריו הם עמוד ההוראה לכל ישראל. בכך עוסקת המשנה בריש סנהדרין. מנגד, הלכה יא עוסקת במעשה הקידוש, אשר בו, כמאמר המשנה בשבועות, משתתפים מלך, נביא ואורים ותומים. ואכן, ההלכה שלאחריה מתארת באופן מעשי את קידוש העיר.

9. אכן, על דרך האפשר יש להעיר שבתקופת שיבת ציון של עזרא ונחמיה נבנו ירושלים וחומותיה לאחר שהבית כבר עמד על מכונו, ועסקינן בקידוש ירושלים לאחר שהמקדש כבר היה בנוי. ושמא רק בכגון דא נדוץ מעשה כדי להגדיר את ירושלים כמקום המקדש, בעוד כאשר ירושלים עומדת על מכונה ללא המקדש, די בבניין המקדש כדי לקדשה [הערת העורך].

10. ברם, שמא דווקא כאשר מקדשים את העיר עצמה בשנית, לאחר שכבר חלה בה קדושה ונתבטלה, ישנו דמיון בין קידוש בשנית להוספה על העיר. בשני המקרים יש היבט של תוספת: במקרה האחרון אנו מוסיפים אזור גיאוגרפי נוסף לירושלים המקודשת ועומדת, ובמקרה הראשון אנו מקדשים שוב מקום שבו כבר חלה קדושה בעבר. ולפי זה אולי בימי שלמה נתקדשה העיר באופן שונה.

כן נראה בדעת הירושלמי (שבועות פ"ב ה"ב, סנהדרין פ"א ה"ג), דהביא ממעשה דוד בגורן ארוונה היבוסי מקור למשנתנו, בדבר התנאים הנחוצים לקידוש העיר: "ויעל דוד בדבר גד – זה מלך ונביא, ויחל שלמה לבנות את בית ה' בירושלים – אילו אורים ותומים, ודוד אביהו – זה סנהדרין, שאל אביך ויגדך – שיר, וילך אחריהם הושעיה וחצי שרי יהודה – תודות, ואעמידה שתי תודות". בזמנו של דוד הרי מדובר בקידוש ירושלים והמקדש עצמם ולא בהוספה על העיר, ואף על פי כן למד משם הירושלמי את דין משנתנו.[11]

אמנם, ניתן היה להעלות על הדעת, שיש להבדיל בין שני אזורים שונים בירושלים: א. האזור הרואה את המקדש אכן נתקדש מאליו, מחמת עצם סמיכותו למקדש, בדומה לשילה; ב. האזור שמעבר ל"כל הרואה", שאין רואים ממנו את המקדש ואף על פי כן נמצא בין חומות העיר, הוא הטעון קידוש.

בנימה דומה יש להציע הבדל וחילוק, לא בין שני אזורים שונים בירושלים אלא בין שתי רמות קדושה. הדינים שנאמרו לגבי כל הרואה בשילה יחולו בירושלים כשם שחלו בימי שילה, אף ללא קידוש. ואילו לגבי הדינים וההלכות שייתכן שנאמרו דווקא בירושלים ולא בשילה, כגון קליטת מחיצות, שילוח טמאים וכדומה, נצריך מעשה קידוש ממש ולא נסתפק בעצם נוכחות המקדש ובקִרבה אליו.

אולם פשטות הדברים ודאי אינה כן. נראה דירושלים, בניגוד למעמד "כל הרואה" בשילה, טעונה מעשה קידוש מסוים. כך נראה גם מלשון הרמב"ם: "ובמה נתקדשה, בקדושה ראשונה שקדשה שלמה, שהוא קידש העזרה וירושלים לשעתן וקידשן לעתיד לבא" (הלכות בית הבחירה פ"ו הי"ד).

אם כך, לכאורה יש ללמוד מכאן על צביון קדושתה של ירושלים, כפי שהצענו. ברם, לאחר העיון יש להציע שתלות זו בין הצורך במעשה קידוש מסוים לבין אופי הקדושה אינה הכרחית, וניתן להפריד בין הדבקים. אף אם נאמר שקדושת ירושלים אינה חלה

11. רש"י בשבועות (טז ע"א ד"ה וקידשום) כתב דלא נתפרש לו במה נתקדשו ערי ישראל המוקפות חומה. ברם, בערכין (לב ע"ב ד"ה וקידשום) קבע רש"י דנתקדשו כפי המתואר במשנתנו בשבועות, בשתי תודות וכו'. לפי דבריו שם משמע שאלו מחילים אף קדושה ראשונית בערי החומה, ומסתבר שהוא הדין בירושלים. אם נאמץ את דבריו בשבועות, שלא איתפרש במה מתקדשות ערי החומה, ייתכן שהוא הדין לגבי ירושלים. אך ייתכן גם לומר שוודאי את ירושלים מקדשים על ידי שתי תודות ובית דין מהלכים אחריהן וכו'. אם אכן כך הוא, יש לדון לגבי שילה, נוב וגבעון, במה וכיצד נתקדשו הן; האם דומות הן בזה לירושלים, שנחוצה הייתה בה פעולת קידוש מיוחדת, או שמא עצם נוכחותו של הארון יצרה את קדושתן, וכפי שהוצע לעיל.

ללא מעשה קידוש, מכל מקום נראה שניתן לבאר את מהות הקידוש בצורה שונה. ניתן להבין דמעשה הקידוש המתואר במשנה אינו מְקדש את האזור המוסף על העיר באופן ישיר. אפשר שמעשה הקידוש רק מגדיר את החלק המתווסף כירושלים, והגדרה זו בתורת עצמה מרחיבה ומחדשת מאליה את קדושת ירושלים.

וכשם שאפשר להציע זאת בנוגע להוספה על העיר, כך ניתן לומר זאת על העיר כולה. מעשה הקידוש מגדיר את ירושלים כמקום המקדש. אין אנו מקדשים את ירושלים באופן ישיר במעשה זה. הקידוש המתואר במשנה בא להגדיר את ירושלים כמקום המקדש, והגדרה זו היא המקדשת את העיר, ממילא ובאופן עקיף. מעתה, אף אם אכן טעונה ירושלים מעשה קידוש, עדיין יש לחקור מה הם אופייה וטיבה של קדושת ירושלים.

קדושת ירושלים וקדושת המקדש

נראה שהאופי היסודי של קדושת ירושלים מתבטא בשיטתו הידועה של הרמב"ם בנוגע לנטילת לולב במקדש. מעיקר דין התורה, כדברי המשנה, "לולב ניטל במקדש שבעה ובמדינה יום אחד" (סוכה מא ע"א). ממילא עולה השאלה מהי הגדרת מקדש ומדינה, והיכן עובר דגבול המפריד ביניהם. הרמב"ם בפירוש המשנה שם כתב: "מדינה – היא שאר ארץ ישראל חוץ מירושלם; וכבר ביארנו זה במסכת מעשר שני". הרמב"ם הציב את הגבול בין המקדש והמדינה בגבול ירושלים, כאשר ירושלים עצמה כלולה במקדש, ולולב ניטל בה מדאורייתא בכל שבעת ימי החג. זאת בניגוד לשאר הראשונים, שלדעתם אין לולב ניטל בירושלים מדאורייתא כל שבעה, אלא אך ורק במקדש עצמו. והיינו, או בעזרה (כדעת הטורי אבן ראש השנה ל ע"א) או בכל הר הבית (כמשתמע, לכאורה, מדברי רש"י בסוכה שם: "בירושלים, שאף הוא כגבולים").

הסבר שיטת הרמב"ם פשוט הוא. הרמב"ם רואה את ירושלים, לפחות לעניינים מסוימים, כהרחבה של המקדש וכחלק ממנו. ירושלים אינה רק עיר הסובבת את המקדש, אלא חלק מן המקדש עצמו, אף כי ברמה קלושה יותר. קדושת המקדש מתפשטת ומתרחבת אל העיר כולה. על כן אליבא דהרמב"ם לולב ניטל שם מדאורייתא כל שבעה, וקדשים קלים ומעשר שני נאכלים בה לכולי עלמא כמבואר במשנתנו. ירושלים נתפסת כהרחבה וכהתפשטות של המקדש. הרחבה זו היא אף במישור הסמנטי, שהלוא הרמב"ם פירש את המילה "מקדש" במשנה ככוללת אף את ירושלים.

הרמב"ם עצמו רמז שם, שאכילת מעשר שני מוכיחה ומצביעה על תוכן זה של

ירושלים. ככל הנראה, רבנו הגדול הבין שאף דין אכילת מעשר שני וקדשים קלים בירושלים נובע מכך שירושלים היא הרחבה של המקדש, ולא מקדושה עצמאית של העיר, שאינה קשורה לקדושת המקדש כלל.

אכן, מאידך גיסא, ברור שלא לכל עניין כלולה ירושלים במקדש, ולא לעולם דינה כדינו. בנוגע לכמה הלכות יש לתפוס את המקדש במובנו המצומצם, שאיננו כולל את ירושלים. כך, למשל, בנוגע להלכה ש"העומר היה מתיר במדינה, ושתי הלחם במקדש" (מנחות סח ע"ב), כולי עלמא (כולל הרמב"ם) מודים, שהעומר מתיר את החדש אפילו בירושלים.

נראה בעיניי, שאף כי שאר הראשונים לא הודו לרמב"ם בנוגע לנטילת לולב כל שבעה, יסכימו הם עמו בנוגע לאופי העקרוני של קדושת ירושלים, שהיא (לעניינים מסוימים) הרחבה של קדושת המקדש. נמצא, שאופייה של קדושת ירושלים קשור הוא למקדש לא רק בהיותה סמוכה אליו וסובבת אותו, כפי שהצענו לעיל, אלא שמהווה היא חלק ממנו.

מעתה, יש לבחון כל דין האמור ביחס למקדש, האם מקומו הוא במקדש במובנו המצומצם, או שנוהג הוא גם בירושלים. כך, לדוגמה, ביחס לברכת כוהנים. המשנה בסוטה (לז ע"ב) מפרטת את ההבדלים בין ברכת כוהנים במקדש לברכת כוהנים מחוץ לו: "במדינה אומר אותה שלש ברכות, ובמקדש – ברכה אחת; במקדש אומר את השם ככתבו, ובמדינה – בכינויו; במדינה כהנים נושאים את ידיהן כנגד כתפיהן, ובמקדש – על גבי ראשיהן". התוספות יום טוב (שקלים פ"א מ"ג) דן בהקשר זה בנוגע לירושלים, אם דינה כמקדש או כמדינה.

צביון זה של ירושלים כהרחבת המקדש מתבטא גם כן בהיותה כמחנה ישראל. כך כתב הרמב"ם, בעקבות הגמרא בזבחים (קטז ע"ב): "שלש מחנות היו במדבר: מחנה ישראל והוא ארבע מחנות, ומחנה לויה שנאמר בה וסביב למשכן יחנו, ומחנה שכינה והוא מפתח חצר אהל מועד ולפנים. וכנגדן לדורות, מפתח ירושלים עד הר הבית כמחנה ישראל, ומפתח הר הבית עד פתח העזרה שהוא שער ניקנור כמחנה לויה, ומפתח העזרה ולפנים מחנה שכינה, והחיל ועזרת הנשים מעלה יתירה בבית עולמים" (הלכות בית הבחירה פ"ז הי"א). מבנה זה משקף מעגלים הולכים ומתפשטים של קדושה, כאשר במעגל המרכזי נמצאת קדושת המקדש, המתפשטת הלאה אל שאר המחנות.

הביטוי ההלכתי לחלוקה זו לשלושה מחנות הוא שילוח טמאים. הגמרא בפסחים (סז ע"א) קובעת על רקע הפסוקים (במדבר ה', א-ד) כי יש הבדל הדרגתי בהקשר זה בין המחנות. ממחנה ישראל משתלחים רק מצורעים, ממחנה לוויה משתלחים

גם זבים, זבות, נידות ויולדות וכל מי שטומאה יוצאת מגופו, ומן מחנה שכינה משתלחים כל הטמאים.

במדבר, הייתה זהות בין קדושת מחנה ישראל לבין המקום שבו שכן בפועל עם ישראל. מה שאין כן לדורות, כאשר מחנה ישראל במובן המדיני והלאומי מתפשט מלבוא חמת עד נהר מצרים, מן הנהר ועד הים, הרבה מעבר לקדושת מחנה ישראל שהגדיר הרמב"ם.[12]

ברם, הזיהוי העקרוני והיחס שהתקיים במדבר בין מקום המקדש ובין מחנה ישראל קיים לדורות. קדושת מחנה ישראל יונקת מקדושת המקדש ומבטאת את התפשטותה. ואם כן, אף קדושת ירושלים קדושת מחיצות היא, בדומה לקלעים ולחומת הר הבית.

ידוע נימוקו של הרמב"ם, מפני מה לדעתו בנוגע לירושלים קדושה ראשונה קידשתה אף לעתיד לבוא, בעוד קדושה ראשונה של ארץ ישראל נתבטלה עם החורבן והגלות: "ולמה אני אומר במקדש וירושלים קדושה ראשונה קדשה לעתיד לבוא, ובקדושת שאר א"י לענין שביעית ומעשרות וכיוצא בהן לא קדשה לעתיד לבוא, לפי שקדושת המקדש וירושלים מפני השכינה, ושכינה אינה בטלה. והרי הוא אומר והשמותי את מקדשיכם, ואמרו חכמים אף על פי ששוממין בקדושתן הן עומדים. אבל חיוב הארץ בשביעית ובמעשרות אינו אלא מפני שהוא כבוש רבים, וכיון שנלקחה הארץ מידיהם בטל הכבוש ונפטרה מן התורה ממעשרות ומשביעית, שהרי אינה מן ארץ ישראל. וכיון שעלה עזרא וקדשה לא קדשה בכיבוש אלא בחזקה שהחזיקו בה, ולפיכך כל מקום שהחזיקו בה עולי בבל ונתקדש בקדושת עזרא השנייה הוא מקודש היום, ואף על פי שנלקח הארץ ממנו, וחייב בשביעית ובמעשרות על הדרך שביארנו בהלכות תרומה" (הלכות בית הבחירה פ"ו הט"ז). הסבר זה של הרמב"ם נשען על הזיקה והחיבור של ירושלים עם המקדש.

הקביעה דבירושלים איתא קדושת מחיצות, מעין המקדש, מתבטאת הלכה למעשה בדרישה שתהא מחיצה לירושלים, וכי מחיצה זו נחוצה לא רק לרגע יצירת

12. וכמה מדוקדק לשונו הזהב של רבנו הגדול, כפי שהעמידני על כך מרן זצ"ל. ביחס לירושלים כתב הרמב"ם שהיא לדורות כמחנה ישראל, וביחס להר הבית כתב שהוא לדורות כמחנה לוויה, בעוד בנוגע למקדש השמיט את כ"ף הדמיון וכתב בסתמא: "ופתח העזרה ולפנים מחנה שכינה". כלומר, מחנה שכינה אחד הוא בכל מקום. בין במדבר ובין בירושלים, מדובר באותו מחנה ממש – המשכן והמקדש. מה שאין כן שאר המחנות; שהלוא לדורות מחנה ישראל אינו אלא ירושלים ומחנה לוויה מוגדר כתחומי הר הבית.

הקדושה, אלא אף לשמירתה. כך עולה במפורש (לפי רש"י)[13] מן הגמרא בפרק הזהב (בבא מציעא נג ע"ב), המדברת על כך שאי אפשר לאכול מעשר שני בירושלים אם נפלו מחיצות העיר. יתרה מכך, התוספות שם (ד"ה דנפול) השוו דרישה זו לדיני מחיצות רשות היחיד לעניין שבת, ולדעתם כשם שפִּרצה מבטלת מחיצה בשבת, כך מבטלת היא גם את האפשרות לאכול מעשר שני וקדשים קלים בירושלים.

קדושת ירושלים וקדושת ארץ ישראל

דנו עד כה בממד אחד של קדושת ירושלים, והוא העובדה שירושלים קרובה וסמוכה למקדש ה'; ומעבר לכך, היא מהווה אף חלק מן המקדש, כהרחבתו. אולם, יש לבחון את קדושת ירושלים גם מנקודת הראות ההפוכה, היינו – יחסה וזיקתה לארץ ישראל.

הגמרא בברכות (סג ע"א) דנה בעיבור שנים ובקידוש החודש בחוץ לארץ. הגמרא שם קובעת שלא ניתן לעבר שנים ולקבוע חודשים בחוץ לארץ כל עוד קיימת אפשרות לעשות זאת בארץ ישראל. אכן, אם אי אפשר לעבר ולקדש בארץ אזי ניתן לעשות זאת בחו"ל. הגמרא שם (ע"ב) מביאה מקור לכך מן הכתוב: "כי מציון תצא תורה ודבר ה' מירושלים" (ישעיהו ב', ג; מיכה ד', ב). אולם מקור זה, לפום ריהטא, צריך עיון. הלוא הפסוק עוסק בציון ובירושלים, ומהן לפי הנביא יוצאת תורה, בעוד הדין הנלמד חל לגבי ארץ ישראל כולה. לכאורה, על פי משמעות הפסוק יש לקדש חודשים ולעבר שנים אך ורק בירושלים.

מתוך כך אפשר להסיק שירושלים אינה אך ורק הרחבה של המקדש, אלא יש בה גם פן נוסף וממד אחר (אולי אף מנוגד). ירושלים היא סמלה של ארץ ישראל והביטוי המובהק שלה. היא המקום שבו כביכול מתלכדת ומתרכזת ארץ ישראל. הפסוק אמנם מציין במפורש את ירושלים כמקום שממנו יוצאת תורה, אולם זאת משום היותה תמצית הארץ כולה ומרכזה. על כן ניתן להבין כי הדין הנעוץ בפסוק זה תקף לאמיתו של דבר בארץ כולה.

לאור זה מוטל עלינו לברר היכן ובאיזו מידה באה לידי ביטוי היות ירושלים מרכזה של ארץ ישראל ותמציתה. שאלה זו יש לברר ולבדוק בשני מישורים – הרוחני־דתי והפוליטי־מדיני.

13. התוספות שאנץ (בשיטה מקובצת שם) פירשו את הגמרא באופן אחר, ונדון בכך לקמן.

נפתח תחילה בירושלים כמרכז רוחני־הלכתי. הרמב"ם פתח את הלכות ממרים בקביעה יסודית: "בית דין הגדול שבירושלים הם עיקר תורה שבעל פה, והם עמודי ההוראה ומהם חק ומשפט יוצא לכל ישראל, ועליהן הבטיחה תורה, שנאמר: על פי התורה אשר יורוך זו מצות עשה, וכל המאמין במשה רבינו ובתורתו חייב לסמוך מעשה הדת עליהן ולישען עליהן". מהדגשתו: "בית הדין הגדול **שבירושלים**" משתמע כי מקום בית דין הגדול הינו דווקא בירושלים. ממנה יוצא חוק ומשפט לכל ישראל, והיא מהווה את המרכז הרוחני, הדתי וההלכתי לכנסת ישראל כולה.

אכן, יש לדון בדיוק זה לאור הסוגיה בסנהדרין. המשנה שם (פו ע"ב) עוסקת בזקן ממרא: "שלשה בתי דינין היו שם. אחד יושב על פתח הר הבית, ואחד יושב על פתח העזרה, ואחד יושב בלשכת הגזית. באין לזה שעל פתח הר הבית, ואומר: כך דרשתי וכך דרשו חבירי, כך לימדתי וכך לימדו חבירי. אם שמעו – אמר להם, ואם לאו – באין להן לאותן שעל פתח עזרה. ואומר: כך דרשתי וכך דרשו חבירי, כך לימדתי וכך לימדו חבירי. אם שמעו – אמר להם, ואם לאו – אלו ואלו באין לבית דין הגדול שבלשכת הגזית, שממנו יוצא תורה לכל ישראל, שנאמר מן המקום ההוא אשר יבחר ה'". ניתן להבין, אם כן, שמקום בית דין הגדול איננו ירושלים אלא דווקא המקדש, ואולי דווקא מיקום מסוים בתוך המקדש – לשכת הגזית.

כמו כן, יעוין היטב בגמרא בסנהדרין לעיל (יד ע"ב), שהביאה ברייתא נוספת בעניין זה: "מצאן אבית פגי והמרה עליהן, יכול תהא המראתו המראה, תלמוד לומר: וקמת ועלית אל המקום, מלמד שהמקום גורם". התוספות על אתר (ד"ה מלמד) סברו ש"הכא גבי סנהדרין לא מקרי מקום אלא לשכת הגזית סמוך למחנה שכינה", ומתוך כך הסיקו: "ולא־ דווקא אבית פגי, אלא אפילו בירושלים אין שם מקומו". דהיינו, לדידם אף אם בית הדין יושב בתחומי ירושלים אין המראתו המראה, שכן אין ירושלים מקום בית דין הגדול, כי אם המקדש בלבד.[14]

גם הרמב"ם עצמו הביא הלכה זו, שאם מצא את הדיינים חוץ למקומם אינו נעשה זקן ממרא: "מצאן חוץ למקומן והמרה עליהן פטור, שנאמר: וקמת ועלית אל המקום, מלמד שהמקום גורם לו מיתה" (הלכות ממרים ג', ז). לא מפורש בלשונו מהו אותו המקום, אך נראה שיש להסיק זאת מהלכה ג שם: "ויחלוק עליהן, והן יושבין בלשכת הגזית".

14. וכן הוא בתוספות הרא"ש על אתר.

לאור זאת יש מקום לפקפק בדיוק שהצענו לעיל מלשון הרמב"ם, שירושלים היא מקום הסנהדרין. מן המקורות משתמע שסמכות הסנהדרין ומעמדה קשורים דווקא במקום המקדש, ומאבדת היא מכוחה וממעמדה אם גלתה משם, אף אם עדיין מצויה היא בתוך תחומי ירושלים.

ברם, אפשר שבכל זאת שריר ועומד הדיוק מלשון הרמב"ם בריש הלכות ממרים. ייתכן שלעניין זקן ממרא נחוץ בית דין היושב בלשכת הגזית שבמקדש, אך מעמד בית הדין ותפקידו בתור עיקר תורה שבעל פה ועמוד ההוראה של כנסת ישראל, דממנו יוצא חוק ומשפט, קשור ומעורה בירושלים, ולאו דווקא במקדש.

אכן, מדברי אחד מגדולי הראשונים נראה בעליל שהוא ודאי סבר כך. על משנתנו בכלים, המציינת שירושלים קדושה לעניין אכילת קדשים קלים ומעשר שני, העיר הר"ש שניתן להוסיף עוד הלכות נוספות המעורות בקדושת ירושלים, ביניהן דין זקן ממרא: "ועוד מקודש לכמה דברים דלא תנן הכא... ועוד נפקא מינה לענין המראה דזקן ממרא, כדאמרי' בפ"ק דסנהדרין דאם מצאן בבית פאגי והמרה עליהם אינה המראה". לפי הר"ש עולה שהגבלת דין זקן ממרה רק למי שהמרה על בית הדין הגדול בהיותם במקומם מהווה הלכה בירושלים ונובעת מקדושתה. לכאורה אליבא דידיה מקום הסנהדרין כולל את ירושלים כולה, והממרה על בית דין ביושבם בגבולות ירושלים, המראתו המראה. ככל הנראה פירש הר"ש דבית פאגי מצוי מחוץ לירושלים.[15]

אם כן, מצינו שיטה אחת הטוענת במפורש דירושלים היא מקום בית הדין הגדול ומשמשת היא כמרכז הרוחני של הארץ. אכן, יש בנותן טעם לציין שהרא"ש בכלים שם ציטט את דברי הר"ש הנ"ל, אך חתם את דבריו באמירה שבנוגע לדין זקן ממרה בעינן מחנה לוויה, ואין די בהיות הסנהדרין יושבת בירושלים.

ייתכן שאין הכרח לקבל את היסוד שאנו דולים מדברי הר"ש. אפשר לפרש שדבריו קשורים בהיות ירושלים הרחבה של המקדש. לדעתו, לעניין בית הדין הגדול אנו רואים את ירושלים כחלק מן המקדש, וכדברי הרמב"ם לגבי נטילת לולב במקדש כל שבעה.

ואף על פי כן, דומה שפשוט יותר להבין כי דברי הר"ש מבוססים על כך

15. אף מלשון התוספות לעיל משתמע שבית פאגי איננו מקום בתוך ירושלים אלא מחוצה לה, אלא שדין ירושלים כדין בית פאגי. וכן כתב הר"ן במפורש. אמנם היד רמה על אתר הבין שבית פאגי הינו בירושלים, ואם כך מפורש בסוגיה שהממרה על בית הדין בעודו בירושלים (מחוץ למקדש) אינו נעשה זקן ממרא.

שירושלים מהווה מרכז ומוקד רוחני עבור הארץ כולה. היא המקום שבו מתלכדת כנסת ישראל על כוחותיה הרוחניים המרכזיים ועל סמכותה הרוחנית העליונה. ולא עוד אלא שייתכן שאף שאר הראשונים, שחלקו על הר"ש בנוגע לזקן ממרא וסברו שהדבר תלוי במקדש עצמו, יודו ליסוד זה. שהרי מהפסוק "כי מציון תצא תורה ודבר ה' מירושלים" אכן משתמע שירושלים היא המקור והמרכז לדבר ה' ולתורתו, וממנה בוקע והולך לעולם כולו קול ה' בכוח וקול ה' בהדר.

בנוסף לשאלת המרכז הדתי־הלכתי, יש לדון האם ירושלים משמשת אף כמרכז הפוליטי־מדיני וכעיר הבירה של הארץ כולה.

לאמיתו של דבר, מעמד המלך איננו תלוי בהיותו יושב על כסאו בירושלים או בהכרזתו עליה כעיר בירתו. מלכות ישראל, על פי דין, מתבססת ומתבצרת גם מחוץ לירושלים, במקומות אחרים בארץ ישראל. כך עולה במפורש מן הירושלמי בהוריות (פ"ג ה"ב) הדן בחיוב חטאת נשיא וקובע כי אף מלך המולך בעיר אחרת בארץ ישראל מביא חטאת נשיא, כמוהו כמלך המולך בירושלים: "מלך ישראל ומלך יהודה שניהן שוין, לא זה גדול מזה ולא זה גדול מזה".

ברם, נראה דבכל אופן ישנה משמעות מיוחדת לירושלים בהקשר הלאומי־מדיני. אמנם מלכות מתקיימת גם שלא בירושלים, אך אפשר שאין זו אלא מלכות ברמה הבסיסית והמינימלית. מלכות בצורתה האידיאלית המקסימלית באה לידי ביטויה השלם רק כאשר מושבה הוא בירושלים.

הרמב"ם כתב: "אין מושחין מלכי ישראל בשמן המשחה אלא בשמן אפרסמון, ואין ממנין אותן בירושלים לעולם אלא מלך ישראל מזרע דוד, ואין מושחין אלא זרע דוד" (הלכות מלכים פ"א ה"י). לדבריו, אף שיכולה להתקיים מלכות ישראל מחוץ לירושלים, בירושלים עצמה תיתכן רק מלכות בית דוד. בגמרא אין מקור לכך, אולם אם באנו להסביר את דבריו הרי שיש לפרשם על רקע מושג המשותף לירושלים ולמלכות בית דוד – הבחירה בהם. הקב"ה בחר בירושלים ובחר בדוד עבדו (ובזרעו): "למען דוד עבדי ולמען ירושלים העיר אשר בחרתי בה מכל שבטי ישראל" (מלכים א י"א, לו); "ואבחר בירושלים להיות שמי שם ואבחר בדויד להיות על עמי ישראל" (דברי הימים ב ו', ו).

מלכות ישראל השלמה, בביטויה המלא על ידי דוד וזרעו, מתגשמת רק במקום שיועד ושנבחר לשם מלכות, והוא ירושלים. גם אם ניתן לבסס מלכות בערים אחרות, אף על פי כן דווקא ירושלים מהווה, על פי דין, את המרכז הטבעי למלכות ישראל. לפיכך רק זרע דוד, הנבחר למלכות, יכול למלוך בעיר זו.

שני היבטים של קדושת ירושלים

נמצא ששני פנים לקדושת ירושלים, וניתן לתופסה משתי נקודות ראות שונות. מחד, קדושתה היא מעין הרחבה של קדושת המקדש. מאידך, הרי היא מגלמת בתוכה את קדושת ארץ ישראל כולה ומהווה תמצית שלה. בממד זה, ירושלים אף משמשת, ברמה מסוימת, מרכז רוחני ופוליטי לארץ כולה.

נראה לי עוד להוסיף שחלוקה זו אינה רק מושגית גרידא. אפשר שאף בפועל תהיה מציאות שבה פן אחד יתקיים ואילו משנהו יתבטל. הנה לעיל הבאנו מן הגמרא בבבא מציעא (נג ע"ב), אליבא דפירוש רש"י, שאם נפלו מחיצות העיר אין מעשר שני נאכל בתוכה. ונראה שיש לחלק בנוגע למקרה זה בין שתי הבחינות הללו. קדושת העיר המבוארת במשנה לעניין קדשים קלים ומעשר שני מהווה קדושת מחיצות ותלויה בקיומן. אך לגבי הדין שאין ממרים על בית דין אם אינם במקומם, שלדעת הר"ש הוא הלכה בקדושת ירושלים, וכן לגבי הדין שחידש הרמב"ם, שאין ממנים בירושלים אלא מלך מבית דוד, נראה פשוט שדינים אלו אינם תלויים כלל בקיום מחיצות. ואף כאשר נפלה חומת ירושלים, לא יזוזו הלכות אלו ממקומן. דינים אלו מעורים ביחס ובזיקה שבין ירושלים לארץ ישראל, ולא בירושלים כמקום המקדש וכהתפשטות קדושתו.

כזכור, הרמב"ם פסק כי חלוקה הקדושה הראשונה של ירושלים והמקדש מהקדושה הראשונה של ארץ ישראל (הלכות בית הבחירה פ"ו הל' יד-טז). קדושת שלמה לגבי המקדש וירושלים לא נתבטלה והיא קיימת עולמית, בעוד הקדושה הראשונה שנתקדשה ארץ ישראל כולה בימות יהושע נתבטלה בגלות בבל.

מסתבר שבהקשר זה יש להבדיל בין שתי הבחינות של ירושלים שהצגנו. ככל שהדברים אמורים בירושלים כהרחבה של המקדש אזי לפי הרמב"ם מוקד ההתייחסות של ירושלים הוא המקדש עצמו ולא ארץ ישראל. ברם, ההלכות המבטאות והמשקפות את ירושלים כתמצית הארץ וכמרכזה ודאי שהן תלויות בקדושת הארץ, ובזמן גלות בבל, כשקדושה זו נעקרה, אף דינים אלו לא חלו.[16]

הראב"ד עצמו בהמשך דבריו הציע שיטה קוטבית לזו של הרמב"ם: "ולא עוד אלא שאני אומר שאפילו לרבי יוסי דאמר קדושה שנייה קדשה לעתיד לבא לא אמר אלא

16. אלא אם כן נאמר שהלכות אלו, המבטאות את מעמד ירושלים כתמצית הארץ וכמרכזה, אינן תלויות בקדושת ארץ ישראל אלא בשם ארץ ישראל (ההבחנה בין המושגים נידונה והובהרה בפרק העוסק בקדושת ארץ ישראל בחיבור זה).

לשאר א״י, אבל לירושלים ולמקדש לא אמר״. לדידו, אף אם קדושת הארץ נותרה על כנה בזמן הזה, הרי שקדושת המקדש בטלה, ברמה זו או אחרת.

אף לפי שיטתו מסתבר לומר שהמעמד של ירושלים כתמצית הארץ וכמרכזה אינו תלוי בקדושת המקדש ובמעמדו אלא במעמד ארץ ישראל ובקדושתה. לפיכך אם יקבל הראב״ד את חידוש הרמב״ם, שבירושלים אין ממנים מלך אלא מבית דוד, הרי מכיוון שקדושת הארץ קיימת, נראה שמגבלה זו תקפה ועומדת גם לדעת הראב״ד, אף בזמן הזה.

אם כן, לקדושת ירושלים יש אופי כפול, ובמידה מסוימת אף מנוגד. מצד אחד, ירושלים היא התרחבות של המקדש. היבט זה מתבטא בהיתר אכילת מעשר שני וקדשים קלים, ולפי הרמב״ם אף בנטילת לולב כל שבעה. מצד זה, כאמור, ירושלים היא מעין ביטוי דליל יותר לקדושה מרכזית. קדושת ירושלים זו לא רק מוגדרת מראש על ידי מחיצות, אלא גם באופייה קדושת מחיצות היא. גם מאן דאמר שקדושתה נמשכת אף כאשר בפועל אין מחיצות, היינו משום שמבחינה הלכתית אנו רואים את המחיצות כאילו הן קיימות ועומדות.

מאידך, ירושלים היא מרכז ארץ ישראל וביטוי תמציתי לקדושתה. ניתן אולי לראות היבט זה של קדושת ירושלים כמעין שיא של ערי החומה.[17] היבט זה אינו התפשטות של קדושה מרכזית, אלא להפך, מוקד מרכזי לקדושה פריפריאלית. כאן ירושלים היא התמצית ולא הדילול. לחילוק זה יש משמעות בהקשר של הצורך במחיצות, הן ברגע הקידוש והן לאחר מכן.

נחלקו תנאים (יומא יב ע״א ועוד) אם נתחלקה ירושלים לשבטים אי לאו. היינו יכולים לומר שמאן דאמר דלא נתחלקה סבר שקדושת ירושלים יונקת מקדושת המקדש, ולפיכך כשם שלא ייתכן שהמקדש ישתייך לקבוצה אחת או לשבט אחד, כך גם ירושלים צריכה להיות נחלת כלל ישראל. אך ניתן לבאר את טעמו גם מן הבחינה של ירושלים כמרכז הארץ וכתמציתה. כיוון שמרכז האומה היא, אינה יכולה להיות נחלה פרטית של חלק מן האומה.

דו־אנפין זה שהצבענו עליו בנוגע לאופייה היסודי של ירושלים יש בו כדי להאיר את צביונה של עיר הקודש אף מבחינה מחשבתית. מחד, ירושלים היא חלק מן המקדש, ומשתלבת במערך ביתו של הקב״ה. מאידך, ירושלים היא תמצית ארץ ישראל, מקום

17. זה תלוי גם בהבנת קדושתן של ערי החומה; יעוין בפרק העוסק בנושא זה בחיבורנו.

מושבם של בני ישראל. שני הפנים הללו מתאחדים ומתמזגים בירושלים, שהיא הבריח התיכון בין קודש הקודשים לארץ ישראל כולה. בה מתגשם באופן ייחודי המפגש בין עולמו של הקב"ה לעולמה של כנסת ישראל, חיבור בין ירושלים של מעלה וירושלים של מטה.

יעוין בגמרא בזבחים (קיט ע"א-קיט ע"ב): "ת"ר: כי לא באתם עד עתה אל המנוחה ואל הנחלה, מנוחה – זו שילה, נחלה – זו ירושלים... דברי רבי יהודה. ר' שמעון אומר: מנוחה – זו ירושלים, נחלה – זו שילה... תנא דבי רבי ישמעאל: זו וזו שילה, רבי שמעון בן יוחי אומר: זו וזו ירושלים... בשלמא למ"ד זו וזו שילה, מנוחה – דנחו מכיבוש, נחלה – דפלגו התם נחלות... אלא למ"ד זו וזו ירושלים, בשלמא נחלה – נחלת עולמים, אלא מנוחה – מאי מנוחה, מנוחת ארון, דכתיב: ויהי כנוח הארון".

סוגיה זו מפרשת שירושלים קרויה נחלה ומנוחה מחמת שהיא נחלת הקב"ה ומנוחת הארון. ירושלים היא חלק מן המקדש, מבצרו של הקב"ה. היא הנחלה והמנוחה של השכינה, עיר הקודש והמקדש. קדושתה היא קדושת מחיצות והנמצא בה מסתגר מן הנעשה בחוץ. ברם, פשוטו של מקרא הינו שהנחלה והמנוחה מתייחסים לכנסת ישראל. ירושלים מחנה ישראל היא, והמצורעים משתלחים ממנה בגלל זיקתה למקדש. אך מחנה ישראל מתפרש גם כמקום חנייתה של כנסת ישראל.

ירושלים, אם כן, מאחדת בין מקום השכינה ונוכחותה מחד לבין מקום היאחזותה של כנסת ישראל מאידך. מצרפת היא את נוכחות שכינה וחניית ישראל. מפגש זה הוא משאת נפשה של כנסת ישראל מסיני, מאז הוכרזה כממלכת כוהנים וגוי קדוש, והוא מתקיים ביתר שאת בירושלים.

בין קדשים קלים למעשר שני

עד כאן התייחסנו לאכילת מעשר שני ולאכילת קדשים קלים בחדא מחתא, כנובעים שניהם מקדושת ירושלים בתור חלק מן המקדש. ברם, דומני שיש מקום לתקוע טריז ביניהם ובאמצעות כך לעמוד על עוד קו אופי יסודי נוסף של קדושת ירושלים.

במשנה בשבועות שצוטטה לעיל נאמר שקידוש ירושלים נעשה באמצעות אכילת שתי תודות. טעם הדבר נתבאר בגמרא שם (טו ע"א): "מה ירושלים – דבר הנאכל בה ויוצא ממנה נפסל"; דהיינו, הקידוש הוא בקרבן הנאכל אך ורק בירושלים ונפסל אם יצא הימנה.

מן המשנה משתמע שירושלים אינה מתקדשת אלא בקודשים קלים. והלוא אף

מעשר שני אינו נאכל אלא בתוכה, ומפני מה הפרידה המשנה בין הדבקים? לפום ריהטא אין זו קושיה, שכן מפורש בהסבר הגמרא שאין ירושלים מתקדשת אלא באכילת דבר הנאכל בה ונפסל כאשר יוצא ממנה. לאור זאת מובן בפשטות מדוע אכילת מעשר שני אינה מקדשת את העיר. אף שעומד הוא בדרישה הראשונה, ואינו נאכל אלא בירושלים, דלוא אין מעשר שני נפסל אם יצא מהעיר, ולפיכך אי אפשר לקדשה באכילת מעשר שני.

אך אין תירוץ זה פשוט כל כך. מדוע אין ירושלים מתקדשת אלא בדבר הנאכל בתוכה ונפסל ביוצא ממנה? נראה שדין זה מושתת על כך שעצם ניהוג הקדושה וההתייחסות לאזור או לחפצא כקדוש הוא עצמו מקדש את החפץ. זאת בדומה לדין שנתבאר במקום אחר בגמרא (יומא יב ע"ב) שכלי שרת עבודתן מחנכתן, דגם שם לא עסקינן בטקס קידוש ערטילאי; עצם העבודה, שהיא יעוד כלי השרת ומטרתם, היא המחילה בהם את קדושתם. הקדושה איננה תוצאה של מעשה נפרד העומד בפני עצמו, אלא אותה הפעולה הנובעת מן הקדושה היא היוצרת אותה. ומסתבר דהוא הדין בנוגע לירושלים. אכילת קדשים קלים יוצרת את קדושת ירושלים משום שאכילה זו אינה מותרת אלא בירושלים. על פי דין, קידוש ירושלים מצריך ניהוג הקשור בטבורו בקדושת ירושלים, ועצם הניהוג הוא המעשה המקדש.

יסוד זה מצינו גם לגבי קידוש המזבחות השולחן והמנורה. כדתנן במנחות (מט ע"א): "אין מחנכין את מזבח הזהב אלא בקטורת הסמים, ולא מזבח העולה אלא בתמיד של שחר, ולא את השולחן אלא בלחם הפנים, ולא את המנורה אלא בשבעה נרותיה של בין הערביים". אם כנים דברינו נמצא דלכאורה עיקר הקידוש הוא בכך שהאכילה שייכת לירושלים באופן בלעדי, והדרישה שנפסל ביוצא ממנה לא נאמרה אלא בדרך אגב. אם כך, יש לברר מפאת מה אין אכילת מעשר שני מקדשת את העיר.

כדי לבוא בשעריה של ירושלים ולעמוד על קדושתה נתבונן קודם בסתירה בין שתי סוגיות שעמדו עליה רבותינו הראשונים. במשנה במכות נאמר, בעניין קליטת עיר מקלט: "אילן שהוא עומד בתוך התחום ונופו נוטה חוץ לתחום, או עומד חוץ לתחום ונופו נוטה בתוך התחום – הכל הולך אחר הנוף" (יב ע"א). הגמרא שם הקשתה ממשנה מקבילה במסכת מעשר שני (פ"ג מ"ז): "ורמינהי אילן שהוא עומד בפנים ונוטה לחוץ, או עומד בחוץ ונוטה לפנים, מכנגד החומה ולפנים – כלפנים, מכנגד החומה ולחוץ – כלחוץ. מעשר אערי מקלט קא רמית; מעשר – בחומה תלה רחמנא, ערי מקלט – בדירה תלה רחמנא, בנופו מתדר ליה, בעיקרו לא מתדר ליה".

כל השקלא והטריא שם סובבת סביב דינו ומעמדו של נוף האילן לעניין אכילת מעשר שני, במקרה שנופו במקום אחד ועיקרו במקום שני. הגמרא מניחה כדבר פשוט שאם האילן כולו בתוך חומות ירושלים ודאי ניתן לאכול בנופו מעשר שני. על כך הקשו התוספות על אתר (ד"ה אילן) מתלמוד ערוך בידינו במסכת פסחים: "אמר רב גגין ועליות לא נתקדשו" (פה ע"ב). דהיינו, אין לאכול קדשים קלים בגגין ובעליות שבירושלים. אם כן, מצינו גמרא שלמה האומרת שרק הקרקע של ירושלים נתקדשה לאכילה. ולאור זאת תמוה, מה פשר דיון הגמרא במכות באילן שנופו הכא ועיקרו התם? הרי לכאורה אפילו אילן שכל כולו מצוי בתוך העיר והחומות אסור לאכול בנופו מעשר שני, מכיוון שלא נתקדש לכך.[18]

התוספות הציעו את התירוץ הבא: "וי"ל דמיירי שענפיו מועטין שאין בהן ארבעה, דלא חשיבי, והוי כאילו עומדת באויר כנגד הקרקע". לפי זה, באמת אין חילוק בין נוף אילן ובין גגין. הן באילן והן בגג כל מקום שיש בו ארבעה טפחים על ארבעה, שהוא שיעור חשוב הקובע מקום לעצמו, לא נתקדש בקדושת ירושלים לעניין אכילה. מנגד, כל שאין בו ארבעה טפחים הרי הוא בכלל קדושת ירושלים, וקדשים קלים ומעשר שני נאכלים בו. ובכך תתורץ סתירת הגמרא. מאמר רב בפסחים עוסק בגגין שיש בהם ארבעה, בעוד הסוגיה במכות עוסקת בנוף שאין בו ד' על ד', ואינו מהווה מקום לכשעצמו.

עוד הציעו התוספות תירוץ נוסף: "עוד יש לומר דמיירי אפי' באילן שענפיו מרובין, ואויר ירושלים כירושלים". לפי תירוץ זה יש הפרש בין גג לאילן. גג הוא מקום מסוים, שטח מוגדר המהווה אזור בפני עצמו בתוך העיר, ומפאת כך אין לאכול בו קדשים קלים ומעשר שני. נוף אילן, מאידך, אינו אלא כאוויר ירושלים, ודין אוויר ירושלים כדין ירושלים. על כן מניחה הסוגיה שאפשר לאכול באילן שכולו בתוך החומות מעשר שני וקדשים קלים, אף שגגין ועליות לא נתקדשו לאכילתם.

המכנה המשותף לשני התירוצים הוא כי יש להעמיד את שתי הסוגיות באוקימתות שונות. כל סוגיה דנה במקרה שונה ועל כן אין דיניהן שווים. אולם הריטב"א מסר לנו שבעלי התוספות תירצו אף באופן שלישי: "ואע"ג דאמרינן פרק כיצד צולין דעליות וגגין בירושלים לא נתקדשו ואין אוכלין שם פסחים, לא קשיא, דבפסחים וקדשים קלים הוא שהחמירו בכך ולא במעשר הקל. כך פירשו בתוספות". על פי תירוץ זה, עולה מדבריהם שיש לתקוע טריז בין הדבקים. שורש ההבדל בין

18. אכן, הרמב"ם הביא את דברי רב בנוגע להר הבית ולמקדש (הלכות בית הבחירה פ"ו ה"ז), אך השמיט זאת ביחס לירושלים. ולדידיה לא קשיא מידי.

הגמרא במכות לבין הסוגיה בפסחים מעורה בכך דישנו חילוק בין דין מעשר שני ובין דין קדשים קלים. אמנם מלשון הריטב"א, דכתב "שהחמירו בכך", משמע כי החילוק ביניהם הינו מדרבנן ושכרוך הוא בחומרה היתרה שבקודשים על פני מעשר שני. ברם, נראה יותר לבאר חילוק זה באופן עקרוני.[19]

לעיל שייכנו את דין אכילת קדשים קלים ומעשר שני לקדושת ירושלים שיש בה זיקה למקדש, ודנו בהם בחדא מחתא. אולם נראה שיש להבחין בין מעשר לקודשים. אכילת קדשים קלים נזקקת לקידוש מקום. יש לאוכלם במקום בעל קדושה ייחודית, במקום שנתקדש לצורך אכילתם, ואין די בסמיכות למקדש. על כן, כשם שישנו קידוש של העזרה וקידוש הר הבית כך ישנו קידוש ירושלים. ירושלים טעונה מעשה קידוש, הנעשה במיוחד עבור אכילת קדשים קלים.

לא כך הוא לגבי אכילת מעשר שני. זו כרוכה בקדושת ירושלים כמקום אשר לפני ה' אלקיך. אכילת מעשר טעונה מקום אשר הוא לפני ה', סמוך למקום השכינה, אולם אין צורך בקדושה מיוחדת ובקידוש מסוים. מסתפקים אנו בהגדרת המקום כלפני ה'. אין לאכול מעשר שני "בשעריך", אלא במקום המופקע מתיאור זה, אולם אין צורך בקדושה מסוימת של ירושלים המיועדת לשם מעשר שני. די בהגדרת המקום כירושלים, אשר היא עיר המקדש הסמוכה לבית הבחירה ומקום חניית הארון.

על פי זה יובן כמין חומר חילוקם של התוספות בין אכילת קדשים קלים לבין אכילת מעשר שני. גגין ועליות לא נתקדשו לאכילת קדשים, אך ניתן לאכול בהם מעשר שני. קדשים קלים טעונים קידוש מסוים לשם אכילתם, ואותו קידוש מתייחס לאדמת ירושלים ולא לאווירה. בניגוד לזה, כל מה שנמצא בירושלים בין חומותיה מוגדר כמקום שלפני ה', ואין חילוק בזה בין קרקע העיר לבין אווירה. הגע עצמך, וכי המתגורר בקומה שנייה אינו גר בירושלים באותה מידה כמו שכנו שבקומת הקרקע?

הבדל זה בין קדשים קלים למעשר שני מבטא את שני הפנים שבקדושת ירושלים. מצד אחד, ירושלים זקוקה לקידוש ייחודי כדי לאכול בה קדשים קלים,[20] ומצד שני הרי היא סמוכה למקדש וחלק ממנו, ועל כן נאכל בה מעשר שני.

19. דברי התוספות הובאו אף בתוספות שאנץ (במכות על אתר ד"ה אילן), ושם אכן הושמטו המילים "והחמירו בכך".

20. יעוין בקרית ספר למבי"ט הלכות בית הבחירה פ"ז, שלדעתו קדשים קלים יכולים באופן עקרוני (לולא פסול יוצא) להיאכל אף הרחק מן המקדש בערים המוקפות חומה, שנתקדשו כמחנה ישראל. מכאן עולה שלדעתו אכילת קדשים קלים איננה תלויה בסמיכות למקדש.

לאור דברינו יובן בנקל מדוע אין ירושלים מתקדשת אלא באכילת קדשים קלים, ולא באכילת מעשר שני. אין קדושה מסוימת וייחודית שתוכנה הוא אכילת מעשר שני. מעשר שני נאכל בעיר כתוצאה מסמיכותה למקדש, וזו קיימת מאליה, ואינה כרוכה במעשה קידוש מיוחד.

כאמור, לא ראי ירושלים המקודשת לאכילת קדשים קלים כראי ירושלים של מעשר שני. לעניין אכילת קדשים קלים לא נתקדשו גגין, ויש לאוכלם בקרקע דווקא. מעשר שני, לעומת זאת, נאכל בכל מקום בירושלים, אף בגגין, בעליות ובנוף האילן, כי כל אלו הרי הם "לפני ה' אלקיך", אף שלא נתקדשו לאכילת קדשים. עתה יש לבחון האם, לאידך גיסא, ישנו מקום שנתקדש לאכילת קדשים, אף שאינו לפני ה' ושאין בו היתר לאכילת מעשר שני.

תנן במשנה שבועות דהובאה לעיל: "שאין מוסיפין על העיר ועל העזרות אלא... ובשתי תודות... הפנימית נאכלת והחיצונה נשרפת". בגמרא שם (טו ע"ב) נחלקו חכמים בביאור דברי המשנה: "כיצד מהלכין, רבי חייא ורבי שמעון ברבי, חד אמר זו כנגד זו וחד אמר זו אחר זו. מאן דאמר זו כנגד זו – הפנימית הך דמקרבא לחומה, מאן דאמר זו אחר זו – הפנימית הך דמקרבא לבית דין (רש"י: ההולכת אחרונה)".

נחלקו התנאים בנוגע לאופן סידורן של שתי התודות בזמן ההליכה. לחד תנא סודרו הן זו בצד זו, והתודה הפנימית, שעליה אמרה המשנה שנאכלת ולא נשרפת, הרי זו התודה הקרובה לחומה. לאידך תנא, התודות סודרו זו אחרי זו, כאשר התודה הפנימית הנאכלת היא האחרונה בטור, הסמוכה לבית הדין ההולך אחריהם.

רש"י (טו ע"א ד"ה ואעמידה) פירש דשתי התודות והעם ההולכים אחריהן היו צמודים לחומת ירושלים מבחוץ, ושם קידשו את ירושלים והוסיפו עליה. לפי זה אפילו חוץ לחומה קודַש בכדי מקום הילוך התודות. והקשו עליו התוספות (שם ע"ב ד"ה אמטו): "אם כן, פנימית אמאי נאכלת, והא נפסלה ביוצא, דלא מצינו שיהא קדוש חוץ לחומה. ובפרק בתרא דמכות נמי אמר במעשר שני טהור שפודין אותו חוץ לחומה. ונראה דבפנים היו מהלכין". מעשר שני אינו נפדה בירושלים, אך אם היה חוץ לחומה נפדה, אפילו היה במרחק פסיעה אחת בלבד, כמאמר הגמרא במכות (יט ע"ב). מכאן נראה לתוספות להוכיח שקדושת ירושלים אינה קיימת כלל מחוץ לחומותיה. כל הלכותיה תקפות אך ורק בתוך העיר והחומה. ולפי זה קשה שיטת רש"י, דתודה נאכלת ואינה נפסלת בפסול יוצא, אף אם יצאה מעט מחוץ לחומה. מפאת כך חלקו התוספות על רש"י, ופירשו שקידוש העיר נעשה באמת בתוך החומות.

ויעוין ברשב״א על אתר, שדן בנידון ולבסוף נטה לפירושו של רש״י, שאכן נתקדשה רצועה צרה מחוץ לחומה: ״פרש״י ז״ל אצל החומה מבחוץ, ולפי זה היתה החומה מקודשת ואפילו חוץ לחומה קצת מקום הילוך התודות. והקשו בתוס׳ שהרי אמרו במעשר שני פודין אותו אפילו פסיעה אחת חוץ לחומה, אלמא לא היה מקודש בחוץ אפילו סמוך לחומה ממש. וי״ל פסיעה אחת לאו דווקא״.

תורף תירוץ הרשב״א הוא שאף לעניין מעשר שני נתקדשה רצועה צרה מחוץ לחומות, ופסיעה אחת לאו דווקא. והנה לפי דברינו דלעיל הדבר יתורץ כמין חומר, ואין צורך לומר שלשון הגמרא במכות איננו מדוקדק. נראה פשוט דהרחבה זו של ירושלים מעבר לחומותיה אליבא דרש״י, תיתכן אך ורק לגבי הקדושה העצמאית שבה. קדושה זו נובעת ממעשה מְקדש מסוים, וייתכן דניתן להרחיב את גבול הקדושה החלה על ידי מעשה זה קצת מעבר לחומות העיר. ברם, קדושתה לעניין מעשר היא קדושה דממילא, ללא מעשה קידוש. אין כאן מעשה מסוים המחיל קדושה. ואף אם נימא שאכן ישנו מעשה קידוש גם לגבי ממד זה, אין הוא אלא מגדיר את מעמד ירושלים בתורת המקום אשר לפני ה׳, ואין הוא מעשה קידוש ספציפי המתמקד באכילת מעשר. כל הכלול בתוך החומות הרי הוא עיר המקדש ומקומו, וממילא מתקדש בנוגע לאכילת מעשר שני בו. קדושה מעין זו אינה יכולה לחרוג מהעיר עצמה ומגבולות חומותיה, ששם בלבד המקום שלפני ה׳.

בכך תתורץ שיטת רש״י. מעשר נאכל רק בתוך החומות, כמשמעות הפשוטה של הגמרא בפרק שלישי דמכות, וכל עוד הוא מחוץ לירושלים אפילו פסיעה אחת – פודים אותו. עם כל זה, לעניין קדשים אכן נתקדשה מחוץ לחומות רצועה צרה הסמוכה לירושלים, ועל כן אין התודה הפנימית נפסלת מחמת דין ״יוצא״.

ייתכן שיהיה חילוק בין קדשים למעשר אף לאידך גיסא, בנוגע לשאלה האם ניתן לצמצם את הקדושה רק לחלק מירושלים שבין החומות. בנוגע לאכילת קדשים מסתבר שאכן ניתן לקדש קידוש חלקי של מקצת העיר בלבד, בעוד ייתכן שקדושת מעשר שני מתפשטת מאליה עד לגבול החומות, שכל זה נקרא לפני ה׳.

סיכום דברינו, דאכילת קדשים זקוקה לקדושה המיוחדת לשם כך, קדושה התלויה בקידוש מסוים ובחלות שם עצמאי המוטבע בירושלים. אכילת מעשר שני, מאידך, תלויה במקום המקדש ובקדושתה הכללית של ירושלים, המגדירתה כעיר הקודש והמקדש, כמקום אשר לפני ה׳. אין כלל מושג של קדושה מיוחדת לעניין אכילת מעשר שני. יתרה מזאת, נראה כי להלכות מסוימות ירושלים היא חלק מן המקדש, המתפשט והמתרחב אל העיר כולה.

מקום קדוש ומקום טהור

עוד לי מילין בזה. ניתן לתפוס את הזיקה בין ירושלים למקדש משתי זוויות שונות. אפשר לראות את ירושלים כהרחבה של המקדש ולתאר רצף מסוים ביניהם. אך ניתן גם להבדיל ולהפריד ביניהם, ולומר שמחנה שכינה הוא מקום קדוש בעוד ירושלים היא מקום טהור.

בנוגע לאכילת קדשים קלים, כתב הרמב"ם: "וכולן נאכלים בכל העיר, שנאמר: את חזה התנופה ואת שוק התרומה תאכלו במקום טהור. לא נאמר בהן במקום קדוש, שהיא העזרה, אלא טהור, שהוא כל מחנה ישראל, שכנגדו לדורות ירושלים. והוא הדין למעשר ופסח, שהרי הן קדשים קלים כשלמים" (הלכות מעשה הקרבנות פ"י ה"ה).

מקור דבריו הינו סוגיה בזבחים. המשנה שם (נה ע"א) קובעת: "התודה ואיל נזיר קדשים קלים, שחיטתן בכל מקום בעזרה, ודמן טעון שתי מתנות שהן ארבע, ונאכלין בכל העיר". הגמרא שם מביאה מקור להלכה שקדשים קלים נאכלים בכל העיר: "ת"ר: את חזה התנופה ואת שוק התרומה תאכלו במקום טהור... אמר אביי, אמר קרא: ואכלתם אותה במקום קדוש, אותה במקום קדוש ולא אחרת במקום קדוש, אפקה למחנה לויה. הדר כתיב: במקום טהור, אפקה למחנה ישראל".[21] ירושלים היא "המקום הטהור" שעליו מדבר הפסוק. זאת בניגוד ל"מן הקלעים ולפנים" שמוגדרים כ"מקום קדוש".

מה פשר ההבדל שבין מקום קדוש למקום טהור? מקום קדוש מנותק הוא מן ההוויה היומיומית הרגילה. במחנה שכינה אין מקום לקיומו השוטף של האדם, אף שמצד עצמו אין שום פגם ועוון בקיום זה, ופעמים שאף יש בו ערך רוחני. "אין ישיבה בעזרה" (יומא כה ע"א). העזרה אינה רק מקום שבו מתגשמת הקדושה, אלא אף מקום שבו לא ניתן להגשים חולין. ירושלים, מאידך, הינה מקום טהור, שבו ההתמסרות לקב"ה באה לידי ביטוי מתוך זיקה לשאר מרחבי הקיום של האדם ולהווייתו היומיומית. בירושלים מתקיימים כל מרחבי החיים: מסחר, אכילה ושתייה, שווקים ורחובות; וכל זאת מתוך טהרה.

21. עיין ברש"י על אתר (ד"ה בכל העיר), שמדבריו עולה דדברי הגמרא אינם מתייחסים רק לתודה ולאיל נזיר, אלא לכל הקדשים הקלים.

ביטול קדושתה של ירושלים

לאחר שדנו ביצירת הקדושה, עלינו לדון בנסיבות שבהן ח"ו פוקעת קדושת ירושלים. ראינו שהמשנה בשבועות מזכירה את התנאים ליצירת קדושתה של העיר. בגמרא שם (טז ע"א) מובאת מחלוקת אמוראים: לדעת רב הונא אין הקדושה חלה אלא אם נעשו כל המעשים המפורטים במשנה, בעוד לדעת רב נחמן די בפעולה אחת מהמנויות במשנה. הגמרא תולה את מחלוקתם בשאלה האם קדושה ראשונה של ירושלים קידשה רק לשעתה או דילמא קידשה לעתיד לבוא נמי.

מחלוקת דומה מצינו בכמה מקומות בש"ס (מגילה י ע"א ועוד) לגבי קדושתה של הארץ – האם קדושה ראשונה קידשה רק לשעתה, או גם לעתיד לבוא. נחלקו הראשונים בשאלה האם המחלוקת בנוגע לקדושת ירושלים מקבילה למחלוקת בנוגע לקדושת הארץ. לדעת הרמב"ן וסיעתו (בשבועות על אתר) ישנה השוואה בין קדושת ירושלים וקדושת ארץ ישראל. מאן דאמר שקידשה לשעתה סובר זאת הן בנוגע לקדושת הארץ והן בנוגע לקדושת ירושלים; והחולק עליו, הסבור שקידשה אף לעתיד לבוא, סובר שכך הדין ביחס לשתי הקדושות, קדושת ירושלים וקדושת הארץ.[22]

הזיקה הזו שמתאר הרמב"ן בין קדושת ירושלים לקדושת ארץ ישראל ניתנת להסבר בשני אופנים – אם כהשוואה ואם כתלות. מחד, ניתן לדבר על השוואה ועל זהות גמורה בדרך הפקעת הקדושה. כשם שהחורבן והגלות עוקרים את קדושת הארץ, כך עוקרים הם את קדושת ירושלים, ומתוך כך לעולם אין קדושה אחת מתקיימת לבדה. אך, מאידך, ניתן להסביר שקיימת תלות בין קדושת ירושלים לקדושת ארץ ישראל. ירושלים מתקיימת אך ורק בארץ ישראל, וקדושת ירושלים ניצוקה כרובד נוסף על גבי קדושת הארץ. אף אם באופן עקרוני הגלות לא הייתה אמורה להפקיע את קדושת ירושלים, מפאת אופייה המיוחד השונה מקדושת הארץ, בפועל ביטול קדושת הארץ הפקיע אף את קדושת ירושלים.

אפשר שנפקא מינה בין שתי הבנות אלו תהיה כאשר חזרה הארץ לקדושתה: האם נצטרך אז לקדש אף את ירושלים בשנית; או שמא, מאחר שירושלים שוב מצויה בליבה של ארץ ישראל המקודשת, הרי שמתקיימים התנאים הדרושים עבור חלות קדושת ירושלים. אותה קדושה, שהייתה גנוזה עקב חסרונה של קדושת הארץ,

22. אכן, יש לשים לב כי על אף זיקה זו, קדושת הארץ וקדושת ירושלים לא ירדו לעולם באותה שעה. הארץ נתקדשה בימי יהושע וירושלים בימי דוד ושלמה.

מופיעה אז מחדש מאליה. אכן, מן הסוגיה בשבועות משתמע בעליל כי בזמן עזרא הוצרכו לקידוש נוסף ייחודי עבור ירושלים.

נחלקו על הרמב"ן חבריו הרמב"ם והראב"ד. שניהם חילקו ופיצלו, בכיוונים שונים, בין קדושת הארץ לקדושת ירושלים והמקדש. ראינו כבר את דברי הרמב"ם (פ"ו מהלכות בית הבחירה הט"ז), דקבע שאף שבטלה בגלות בבל קדושת הארץ הראשונה, קדושת ירושלים לא בטלה מעולם, "לפי שקדושת המקדש וירושלים מפני השכינה ושכינה אינה בטלה". כשיטתו כתבו גם התוספות בשבועות, "דקדושת הארץ לגבי תרומה ומעשרות בטלה, והכא איירי בקדושת מחיצה, דאפשר דלא בטלה משום דאיקראי נחלה" (טז ע"א ד"ה דכולי).

אם באנו לדון בסברת הרמב"ם, ולשאול מפני מה חילק הוא בין הדבקים, יש להציע שהרמב"ם הלוא הבין כי חלוקות ביאת יהושע ועליית עזרא באופיין, דבזו נכבשה הארץ במלחמה ובזו החזיקו בה. מפאת כך ראה הרמב"ם אפשרות לפצל בין קדושה ראשונה לשנייה ולהכריע שהראשונה נתבטלה ואילו השנייה נתקדשה אף לעתיד לבוא. ברם, בנוגע לירושלים אין מקום לחלק בין קדושה ראשונה ושנייה, דהרי אליבא דידיה מקור קדושתה הוא נוכחות השכינה, ובזה אין חילוק בין הקדושות. מאחר שפשוט היה בעיניו שקדושת ירושלים קיימת בזמן הזה ולא נעקרה בזמן חורבן בית שני, הוא הדין שמוכרחים אנו לומר שאף חורבן בית ראשון לא הפקיע את קדושת ירושלים, וקדושה ראשונה לעולם עומדת. מתוך כך פסק הרמב"ם הלכה למעשה שקדושה ראשונה קידשה בירושלים אף לעתיד לבוא.

הראב"ד פיצל אף הוא בין קדושת ירושלים לקדושת ארץ ישראל, אולם חילוקו הפוך הוא: "אמר אברהם: סברת עצמו היא זו, ולא ידעתי מאין לו. ובכמה מקומות במשנה: אם אין מקדש ירקב. ובגמ' אמרו דנפול מחיצות; אלמא למ"ד קדושה ראשונה לא קדשה לעתיד לבא לא חלק בין מקדש לירושלים לשאר א"י. ולא עוד אלא שאני אומר שאפילו לרבי יוסי, דאמר קדושה שנייה קדשה לעתיד לבא, לא אמר אלא לשאר א"י, אבל לירושלים ולמקדש לא אמר; לפי שהיה יודע עזרא שהמקדש וירושלים עתידים להשתנות ולהתקדש קידוש אחר עולמי בכבוד ה' לעולם. כך נגלה לי מסוד ה' ליראיו. לפיכך הנכנס עתה שם אין בו כרת" (שם הי"ד). לדעתו אף אם קדושה שנייה של הארץ קידשה לעתיד לבוא, על כל פנים קדושת המקדש וירושלים בטלה בזמן הזה.

עלינו לדון מפני מה דחה הראב"ד את דעת הרמב"ם. בהקשר זה ישנם שני

פירושים אפשריים. אפשר להבין שדחה הוא את נימוק הרמב״ם, ולפיכך לדעתו אין שום סברה לחלק בין ירושלים וארץ ישראל. יש לדונם בחדא מחתא: או ששתיהן נתקדשו בקדושה ראשונה, או ששתיהן נתקדשו בקדושה שנייה.

ברם, ניתן להציע שהוא דחה את דברי הרמב״ם מחמת סיבה עקרונית אחרת. אם נאמץ את חילוק הרמב״ם, נמצא שבזמן גלות בבל עמדו ירושלים והמקדש בקדושתם בעוד קדושת הארץ נתבטלה; ומציאות מעין זו דחה הראב״ד מכל וכל. אין להעלות על הדעת כי ירושלים תימצא בחוץ לארץ; הלוא תרתי דסתרי הוא. ולכן, לדעת הראב״ד, אי אפשר שקדושת ירושלים תתקיים בזמן שקדושת הארץ בטלה.

הרמב״ם עצמו יכול לסבור אחת משתיים. ייתכן שהוא מקבל מציאות זו, שהראב״ד ראה כבלתי אפשרית, ולדעתו קדושת המקדש וירושלים קיימת ועומדת בזכות עצמה, ללא צורך בתשתית של ארץ ישראל, כשם שהמשכן עמד במדבר. מאידך, ייתכן שאף הוא מודה עקרונית שאין ירושלים ללא ארץ ישראל, אלא שלדעתו גם לאחר חורבן בית ראשון לא היה דינה של ארץ ישראל כחוץ לארץ. בפרק העוסק בקדושת ארץ ישראל הארכנו לבאר שגם כאשר בטלה קדושת הארץ, עדיין שם ארץ ישראל עליה. לפי הבנה זו, ירושלים חייבת להיות בארץ ישראל, אלא שלדעתו סגי בשם ארץ ישראל, שהוא לעולם עומד, אף אם הופקעה קדושת הארץ המחייבת בתרומות ובמעשרות.

שיטתו זו של הרמב״ם הותקפה גם מכיוון אחר. התוספות, כמצוין לעיל, העלו גם הם הצעה הדומה לשיטת הרמב״ם, שקדושת המקדש קיימת אף בזמן שנתבטלה קדושת הארץ. ברם, על כך תמהו בעלי התוספות (זבחים סא ע״א ד״ה מאי קסבר): ״ותימה הוא לומר שקדושת הבית קיימת להקריב קרבן בלא במה, ולא יתחייב בתרומה. אבל לעיל דאמר איפכא אתי שפיר, כמו בנוב וגבעון״.

ייתכן דיש לפרש יסוד תמיהה זו כסובבת סביב רמת הזיקה בין הקדושה לבין המציאות בפועל. היינו, סביב השאלה עד כמה החורבן והגלות אמורים להשפיע על הקדושה, עד כדי עקירתה.[23] ניתן באופן עקרוני לסבור שאי אפשר לקדושה להתבטל, ומרגע שחלה אין היא בת ביטול, וזאת ללא זיקה לנסיבות בפועל ולמציאות בשטח. לשיטה זו אין שום צורך לבחון מה הם התנאים הנדרשים עבור שימור הקדושה

23. או, כפי שהצענו בפרק העוסק בקדושת הארץ, לאו דווקא עקירתה אלא גניזתה.

והמשכה. ברם, אף לדעה הסבורה שקדושה יכולה ביסודה להתבטל, אכתי יש לבחון בכל מקרה עד כמה שינוי הנסיבות משמעותי הוא, עד כדי ביטול הקדושה.

ונראה לפרש את תמיהת התוספות כנובעת מן ההקשר של הנסיבות המשתנות. חורבן המקדש, בפשטות, פגע בקדושת המקדש יותר מאשר הגלות פגמה בקדושת הארץ. שינוי הנסיבות והמציאות בשטח עקב חורבן המקדש נראה הרה גורל עבור קדושת המקדש, הרבה מעבר למשמעות של גלות העם בנוגע לקדושת הארץ. לכאורה, מסתבר דתיתכן קדושת הארץ בלא עם, אך ודאי שלא תיתכן קדושת מקדש בלא מקדש.

קדושת המקדש כשמה כן היא, ומסתבר שבניין המקדש הוא חלק יסודי מקדושה זו. בניגוד לזאת, הארץ איננה מוגדרת על ידי היושבים בה, וממילא ישיבתו של העם בארץ אינה מהותית באותה מידה ובאותו האופן להגדרת הארץ ולהמשך קיום קדושתה.[24] מתוך כך תמהו התוספות, דתימה הוא לומר מחד גיסא שקדושת מקדש קיימת אפילו בלא במה או מקדש, ומאידך גיסא שאין קדושה בארץ משום שעם ישראל גלה ממנה.

על תמיהה זו, לקושטא דמילתא, השיב הרמב"ם (אם כי לא במפורש), בנימוקו הידוע דקדושת המקדש נובעת מנוכחות השכינה. משום כך קדושת המקדש יכולה להיות שרירה וקיימת גם כשהמקדש עצמו חרב. אין הקדושה נובעת מן המבנה של המקדש, אלא מהשראת השכינה.[25]

הסבר זה מעמיד את קדושת הארץ וקדושת המקדש כשתי תופעות נפרדות, ללא כל זיקה ותלות ביניהן. ברם, ניתן להבין את תמיהת התוספות באופן שונה לגמרי, ולראות בה השוואה ישירה בין שתי הקדושות. לפי הבנה זו, שורש התמיהה מעורה בהנחה שהקרבת קרבנות זוקקת רמת קדושה גבוהה יותר מאשר חיוב תרומות ומעשרות. על כן תמוה שרמת הקדושה מספקת לעניין קרבנות, אך לא לעניין תרומות ומעשרות.

24. אכן, יעוין בפרק העוסק בקדושת ארץ ישראל בחיבור זה, שבו הראה רבנו שישנה זיקה מהותית בין ירושה וישיבה לבין קדושת הארץ, לא רק בשעת הקידוש עצמה [הערת העורך].

25. התוספות ביבמות (פב ע"ב ד"ה ירושה) הביאו שלושה טעמים לחילוק זה בין המקדש לארץ: "קדושת מחיצות קיימא כל שעה, מאשר לו חומה, דדרשי' במגילה: אף על פי שאין לו עכשיו והיה לו קודם לכן; אי נמי קדושת ירושלים משום דאיקרי נחלה אין לה הפסק; א"נ משום דכתיב זאת מנוחתי עדי עד". ויש לדון האם שלושת הנימוקים הללו הם מעין הסבר הרמב"ם, או שטמון בהם ביאור נוסף לשאלת היחס בין המקדש לקדושת המקדש לעומת הזיקה בין ארץ ישראל ליושביה [הערת העורך].

אולם, לכאורה, לטיעון זה אין פשר. מה הזיקה בין רמת הקדושה ביחס לקרבנות לרמתה בנוגע לתרומות ולמעשרות? הלוא הקרבנות קרבים במקום המקדש בלבד, ואילו חיוב תרומות ומעשרות מתפשט לכל הארץ, ולא קרב זה אל זה.

אכן, אפשר שתמיהת התוספות מתמקדת בירושלים ובמקום המקדש בלבד. גם אם קדושת הארץ בטלה, איך ייתכן שפירות שגדלו בירושלים לא יתחייבו במצוות התלויות בארץ? אם מקום זה קדוש לעניין קרבנות, לא ייתכן שאיננו קדוש אף לעניין חיוב במצוות אלו. כך הציע במפורש המנחת חינוך, בביאור תמיהה זו (מצווה רפד).[26]

הרמב"ם או התוספות לא השיבו לטענה זו. המנחת חינוך הציע תירוץ: "ומ"מ אפשר לתרץ זה בדוחק קצת, דמצוות התלויות בארץ... זה אינו בגדר קדושה כלל, ולא נתחייבה ארץ ישראל בזה אלא מפני שהוא ארצם, א"כ שפיר אינה מועילה הקדושה חמורה לזה [= לתרומות ולמעשרות], דלא הווי קדושה, רק מצוות נוהגים בה". תורף תירוצו הינו דמצוות התלויות בארץ אינן תלויות כלל בקדושה. מצוות אלו חלות בכל שטח המוגדר כארץ ישראל, היינו – כארצם של ישראל. ממילא ניתן להתחייב במצוות אלו גם בארצות רחוקות, אם עם ישראל יכבוש אותן, ומנגד אין חיוב במצוות אלו אפילו בירושלים הקדושה, כשעם ישראל אינו יושב בארצו.

המנחת חינוך, אם כן, ממשיך לאחוז בהנחת המוצא של הקושיה: קדושת הארץ היא קומה ראשונה, שעל גביה יכולה להתקיים קדושת המקדש. אם קדושת המקדש קיימת, ודאי שגם קדושת הארץ לא בטלה. ברם, הוא מציע שחיוב תרומות ומעשרות אינו קיים היום מן התורה אפילו בירושלים, משום שאין הוא מבוסס על קדושת הארץ. הפטור מתרומות וממעשרות אינו מצביע על העדר קדושה, אלא על כך שעם ישראל אינו יושב בארצו. אולם אם נרצה להביא עומר ושתי הלחם, שהמשנה בכלים מציינת בפירוש שהם תלויים בקדושה, נוכל להביאם מיבול הארץ, או לפחות מיבול ירושלים.

26. אכן, אף לפי המנחת חינוך ניתן ללמוד את התוספות כפשוטו, ולבאר שקושייתו מתייחסת לארץ ישראל כולה. אם קדושת המקדש קיימת וניתן להקריב קרבנות, על כורחנו שגם קדושת הארץ כולה תקפה, שכן לא ייתכן להקריב קרבנות בחוץ לארץ. וכמו כן אין לומר שישנו ייחוד בירושלים, שרק בה חייבים בתרומות ובמעשרות, דלא מסתבר לפצל את הארץ לשתיים ולימא שרק ירושלים נחשבת בזמן הזה ארץ ישראל. לפי ביאור זה, קדושת המקדש היא קומה שנייה ורובד נוסף על גבי קדושת הארץ. לא ייתכן שהרמה השנייה תתקיים ללא התשתית לה.

ניתן לערער על עצם הנחתו הבסיסית ולטעון שקדושת המקדש אינה נסמכת ונשענת על קדושת הארץ. אלו שני סוגים שונים ונבדלים של קדושה, שאינם קשורים זה לזה. לכן אין מניעה לומר שקדושת המקדש החמורה קיימת וקדושת הארץ הקלה בטלה.

מלבד הדיון בטענות אלו כנגד שיטת הרמב"ם, יש לנסות לברר מהי נקודת המחלוקת בנוגע לביטול קדושת ירושלים.[27] כך נימק הרמב"ם את הכרעתו שקדושה ראשונה קיימת לדורות: "שקדושת המקדש וירושלים מפני השכינה ושכינה אינה בטלה". ייתכן שהראב"ד החולק דחה באופן עקרוני את הזיקה בין שכינה לקדושת ירושלים. אך אין הסבר זה הכרחי. אולי מודה הוא לרמב"ם שקדושת ירושלים הינה מפני השכינה, אלא שלדעתו שכינתא בגלותא, השכינה נסתלקה וגלתה מירושלים ומהמקדש עם גלות עַם ה', ומפאת כך אף קדושתם הופקעה. וכדברי רבי שמעון בר יוחאי: "תניא, רבי שמעון בן יוחי אומר: בוא וראה כמה חביבין ישראל לפני הקדוש ברוך הוא, שבכל מקום שגלו – שכינה עמהן. גלו למצרים – שכינה עמהן... גלו לבבל – שכינה עמהן... ואף כשהן עתידין ליגאל – שכינה עמהן, שנאמר: ושב ה' אלהיך את שבותך, והשיב לא נאמר אלא ושב, מלמד שהקדוש ברוך הוא שב עמהן מבין הגליות" (מגילה כט ע"א).

איברא, דמלשון הראב"ד משתמעת הבנה שונה לגמרי בנוגע לביטול הקדושה ובמקביל בנוגע ליצירתה. כך הסביר הראב"ד, בבואו לנמק מדוע התבטלה קדושת ירושלים: "לפי שהיה יודע עזרא שהמקדש וירושלים עתידים להשתנות ולהתקדש קידוש אחר עולמי בכבוד ה' לעולם". מלכתחילה לא נתכוון עזרא לקדש את המקדש וירושלים אלא לשעה. זאת, ככל הנראה, עקב הביזיון שבמציאות של קדושה במקדש חרב.

הסבר זה מחודש הוא. דנראה פשוט שאמנם בידינו להחיל את הקדושה, ברם אין ביכולתנו להחילה רק לזמן מסוים. מזמן שחלה הרי היא בקדושתה, כל עוד אין מקום להפקיעה מצד התנאים האובייקטיביים הדרושים לקיומה. אולם נימוק הראב"ד, כפי שדייקנו בלשונו, מניח כי כל חלות הקדושה תלויה בדעת המְקדשים.

27. ייתכן שסברת הראב"ד נשענת על הדין שקדושת המזבח פוקעת אם באו גויים למקדש וחיללו את המזבח (עבודה זרה נב ע"ב, לפי פירוש הרמב"ן במלחמות שם. לפי בעל המאור מדובר בפריצי ישראל, ואין לכך שייכות לענייננו). אולי לדעת הראב"ד מעין זה התרחש במקדש כולו. אם כי כמובן אין בגמרא זו הוכחה מוצקה לשיטתו, שהלוא ניתן לחלק בין גוף המזבח לקדושת המקום.

סברה זו עולה גם בדבריהם של ראשונים נוספים.[28] בדבריהם טמונה תפיסה חדשה של המחלוקת אי קידשה לשעתה או גם לעתיד לבוא. לכאורה, שאלה זו סובבת סביב היכולת לבטל קדושה בכלל, או סביב השאלה מהם התנאים המפקיעים קדושה. ברם, לשיטתם נקודת המחלוקת נוגעת לשאלה מה הייתה דעת המקדשים – האם החילו מראש את הקדושה לזמן מוגבל או עולמית. תפיסה זו מחודשת היא לא רק בנוגע לאופן ביטול הקדושה, אלא גם במשתמע ממנה, שמחוללי קדושתה של ארץ ישראל שולטים בה, כאדם השולט בחלות הלכתית שיצר.

ברם, מן הסתם גם הם יודו שהדיונים בדבר תוקפן של הקדושות השונות אינם תלויים רק בכוונת המקדשים, אלא גם בשאלות עקרוניות, הנוגעות ליכולת הקדושה לשרוד בנסיבות המשתנות.

ונראה שלדעת הראב״ד משך הקדושה תלוי באיכות הקדושה. ישנם שני אופני קדושה: קדושה מלאה באיכותה, שגם מבחינת משך הזמן אינה יכולה להתבטל; וקדושה פחותה באיכותה, שהיא גם מוגבלת בזמן. מראש החיל עזרא רק את הקדושה השנייה הזו.

שמא, על פי הנאמר למעלה, יש לחלק במסגרת הבנה זו בנוגע לקדושת ירושלים

28. שני חברים מצאתי לראב״ד בסברה זו: הר״ש משאנץ והר״י מיגש. הר״ש (שביעית פ״ו מ״א) דן במחלוקתם של רבי יוסי ברבי חנינא ורבי אלעזר, המופיעה בירושלמי על אתר, אם שבי ציון מדבר תורה נתחייבו או דמאליהן קיבלו את המעשרות. הוא מבאר (בעקבות רבו הר״י; יעוין בתוספות יבמות פב ע״ב ד״ה ירושה) שגם אליבא דרבי אלעזר, הסבור שמאליהן קיבלוה, חיוב תרומות ומעשרות בזמן בית שני היה מן התורה, וההבדל ביניהם נוגע דווקא לזמן הזה שלאחר החורבן: ״ונפקא מינה דלר׳ יוסי, דקדושה במצות הקדוש ברוך הוא, קיימת אפילו בזמן הזה, אף על פי שחרב הבית; אבל לר״א, דאמר מאליהן קבלו, בטלה עכשיו קדושת הארץ, דסתמא לא היה בלבן אלא בזמן שהבית קיים, הואיל והדבר תלוי בהם״. לפי רבי אלעזר, אף כי הקדושה הייתה מן התורה וחיוב תרומות ומעשרות חל ברובד דאורייתא, בכל אופן הקדושה בטלה עם החורבן. זאת משום שקדושה זו נוצרה כמעשה בני אדם, התלוי בדעתם, ודעת המקדשים הייתה לקדש את הארץ רק כל עוד עומדת היא בבניינה.
רעיון מעין זה כתב גם הר״י מיגש בשבועות טז ע״א: ״רב הונא סבר: קדושה ראשונה שקדש יהושע וישראל את הארץ, קדשוה לשעתה וקדשה לעתיד לבוא. כלומר, היו יודעין שישראל עתידין הן לגלות, ושקדשוה על מנת שתהיה אותה קדושה מתקיימת בה לעולם. לפיכך סגיא ליה לעזרא להקדישה בלא אורים ותומים, הואיל ולא היה צריך להקדישה כלל, שהרי קדושה ועומדת מימות יהושע, אלא עזרא זכר בעלמא הוא דעבד. אבל מי שמוסיף על העיר ועל העזרות מה שלא היה קודם לכן, הואיל ואותה תוספת עדיין לא נתקדשה מעולם, אין התוספת מתקדשת אלא עד שתהא נעשית בכל אלו״. מנימת הדברים עולה שהיה בידי יהושע לבחור אם לקדש את ירושלים קדושה עולמית או קדושה זמנית, וחלות הקדושה תלויה הייתה בדעתו.

בין מעשר שני לקדשים קלים, ולצמצם את שיטת הראב"ד אך ורק לאחרונים. אכילת קדשים קלים תלויה בדעתנו, שהלוא זקוקה היא לקידוש לשם אכילת קדשים. הקידוש חל על ידינו, ולפיכך תלוי הוא בדעת המְקדשים. לעומת זאת, אין קידוש ייחודי המתיר אכילת מעשר שני, וזו אינה תלויה אלא בהגדרת המקום כלפני ה'. אם נאמץ חילוק זה, מסתבר שככל שאנו דנים באכילת מעשר אין דעת המְקדשים מעלה או מורידה, ואין בידם לקדש לזמן מסוים בלבד. אכילת קדשים קלים, לעומת זאת, מעורה בקדושה ייחודית מסוימת, המיועדת למטרה זו ושהוטבעה לשם כך, ועל כן ייתכן שזו תלויה בדעת המקדשים ובידם לעצב אותה כרצונם.

אמנם, כל זה אמור במסגרת שיטת הראב"ד, אך הוא עצמו ודאי שלא חילק כך. בראשית השגתו, כשבא להוכיח את דעתו כנגד הרמב"ם, פתח הוא כדלהלן: "סברת עצמו היא זו, ולא ידעתי מאין לו. ובכמה מקומות במשנה אם אין מקדש ירקב, ובגמרא אמרו דנפול מחיצות, אלמא למ"ד קדושה ראשונה לא קדשה לעתיד לבא לא חלק בין מקדש לירושלים לשאר א"י". כראיה לכך שקדושת ירושלים נתבטלה ציטט הוא את הגמרא האומרת כדבר פשוט, שאם נפלו מחיצות אזי אין מעשר שני נאכל. הרי לנו שהראב"ד הרחיב את סברתו אף למעשר שני, וככל הנראה הקיש והשווה בהקשר זה בין מעשר שני לקדשים קלים.

מסיומת דברי הראב"ד, "לפיכך הנכנס עתה שם אין בו כרת", דקדקו כמה מן האחרונים שבכל אופן יש בדבר איסור לאו.[29] ייתכן שמודה הראב"ד כי שני מיני קדושה יש במקדש, וכפי שהצענו לעיל בנוגע לירושלים, כאשר החילוק ביניהם מתמקד ברמת החיוב על ביאת מקדש. רמה אחת של קדושה תלויה בדעת האדם, ואותה קידש עזרא לזמן מסוים, מפני שידע שהמקדש עתיד להיחרב. חיוב הַכָּרֵת נעוץ בקדושה זו. ישנה גם רמה אחרת של קדושה, שאיננה תלויה בדעת האדם אלא בעצם המציאות של מקום שכינה, הממשיכה להתקיים גם בזמן הזה. קדושה זו אוסרת בלאו את הכניסה למקדש אף בזמן הזה.

לאחר שדיברנו על הזיקה בין קדושת ירושלים לקדושת ארץ ישראל בנוגע לביטול הקדושה ולהפקעתה, יש לדון בהקשר זה של ביטול הקדושה גם על הזיקה בין קדושת ירושלים לקדושת המקדש. שאלה זו שנויה במחלוקת ראשונים גדולה, לפחות בתור הווה אמינא. בכמה מקומות בש"ס (מכות יט ע"א, זבחים ס ע"ב, תמורה

29. ויעוין בספר עיר הקדש והמקדש ח"א פ"ה אות ג.

כא ע"א) מובאת ברייתא שבה לומד רבי יוסי מן הפסוקים שלא ניתן לאכול מעשר שני בירושלים בזמן הזה, כשם שלא ניתן לאכול בכור. הגמרא מנסה לעמוד על תורף לימודו, ודנה בשאלה האם סובר רבי יוסי שקדושת המקדש תקפה בזמן הזה אם לאו. הגמרא מכריעה בשאלה זו, אולם הכרעתה נתונה במחלוקת גרסאות בין הראשונים.

לדעת רש"י, רבי יוסי איננו סבור שקדושה ראשונה קידשה לעתיד לבוא, שהרי לדעה זו ניתן להקריב בכור בזמן הזה, בעוד רבי יוסי רואה בדין בכור מקור לאי אכילת מעשר שני בימינו. לשיטתו, רבי יוסי סבור שקדושת המקדש בטלה, ואף על פי כן הוא דן בשאלה האם קדושת ירושלים ומעמדה כ"לפני ה'" בטלו אף הם עם החורבן. וזהו דיליף רבי יוסי מן הפסוקים, שלא ניתן לאכול מעשר שני בירושלים בזמן הזה. כאשר אין מקדש, גם ירושלים מאבדת את מעמדה כ"לפני ה'".

מאידך גיסא, רוב הראשונים חלקו על רש"י, וגרסו בגמרא אחרת.[30] לדבריהם, רבי יוסי סבור שקדושת המקדש קידשה לעתיד לבוא, ובכל זאת הוא מסתפק האם ניתן לאכול מעשר שני בירושלים, בהעדר מזבח בנוי. ולמסקנה לומד רבי יוסי שגם אם ירושלים בקדושתה עומדת, קיומו של מזבח בנוי הוא תנאי נחוץ לאכילת מעשר שני בגבולותיה. אמנם "מקריבין אף על פי שאין בית, ואוכלים... קדשים קלים ומעשר שני אף על פי שאין חומה", אולם כל זה בתנאי שישנו מזבח. בלעדיו ירושלים אינה נחשבת "לפני ה'".

מאחורי מחלוקת גרסאות זו ניצבת בפשטות שאלת הזיקה בין קדושת ירושלים לקדושת המקדש. לפי רש"י, רבי יוסי דן באפשרות לאכול מעשר שני בירושלים אף שקדושת המקדש בטלה. אך ראשונים אחרים סברו שאפשרות מעין זו לא תעלה על הדעת. לא שייך להגדיר את ירושלים כ"לפני ה'" בלא קדושת מקדש, כלשון התוספות בזבחים: "דהא ירושלים לא נתקדשה אלא בשביל הבית, ואיך יתכן שקדושת הבית תבטל וקדושת ירושלים קיימא?"

ייתכן שרש"י החזיק בסברתו של רבנו חיים (תוספות מגילה י ע"א ד"ה ומאי), דירושלים נחשבת "המקום אשר יבחר", וזאת במנותק מן הספק האם קדושתה קיימת בזמן הזה או לא. לפיכך נסתפק רבי יוסי שמא די בכך כדי לאכול בה מעשר שני. אך מאידך אפשר דיש כאן מחלוקת שורשית ובסיסית, האם קדושת ירושלים תלויה בהכרח בהיותה הרחבה מסוימת של קדושת המקדש, או שיש לה קדושה עצמאית

30. התוספות במכות שם (ד"ה ואי) ובזבחים שם (ד"ה מאי); הרמב"ן והריטב"א במכות שם; וכן עולה מדברי הרמב"ם הלכות מעשר שני פ"ב ה"א.

גם בלא מקדש. ואם כן, שמא ננתק את הזיקה בין קדושת המקדש לירושלים ונימא שייתכן שקדושה אחת תתבטל ולא רעותה. זאת לפחות בשלב ההווה אמינא. יש לדון, אליבא דרש״י, מה נתחדש במסקנת הסוגיה בעקבות הילפותא מבכור: האם מדובר בתפיסה אחרת של קדושת ירושלים, שבמסגרתה אנו למדים מבכור שאין ירושלים קדושה אלא אם הבית עומד על כנו, או שמדובר בלימוד נקודתי לעניין אכילת מעשר שני.

נפלו מחיצות

הגמרא בבבא מציעא (נג ע״ב) פוסלת אכילת מעשר שני בירושלים אם ״נפול מחיצות״. רש״י שם (ד״ה מאי) ביאר דמחיצות היינו חומות העיר. ואילו התוספות שאנץ (בשיטה מקובצת שם) פירש ד״נפול מחיצות״ קאי על בית המקדש עצמו, שנפילתו היא הפוגמת את קדושת העיר. נפילת חומת העיר, לעומת זאת, לא מעלה ולא מורידה: ״כל זמן שבית המקדש קיים מסתבר דכל הקדושות קיימות, אפילו למאן דאמר לא קדשה לעתיד לבא, כמו למאן דאמר קדשה לאחר חורבן״.

יש לתמוה לפי שיטת התוספות שאנץ, מה יהיה הדין אם פרצה שריפה אקראית וח״ו נשרף הבית; וכי נימא שכל קדושת ירושלים והמקדש נתבטלה? ובמקביל יש לתמוה לשיטת רש״י, אם חלילה נפלו חומות העיר ברעידת אדמה, האם תתבטל בכך קדושת ירושלים? לכאורה יש לחלק בין נפילה אקראית לבין הרס ושריפה בידי מי שאינם בני ברית, בהקשר של חורבן וגלות (אכן, להלן נציע בהקשר זה תמונה מורכבת יותר).

התוספות על אתר (ד״ה דנפול) פירשו כרש״י, ומתוך כך דנו בשיעור הנפילה: ״פי׳ רוב מחיצות, דאי נפול מקצתם, אע״ג דאסור לטלטל בשבת, מ״מ מקרי מחיצה לענין אכילת מעשר וקדשים קלים, כדאמרינן ריש פרק אלו דברים (פסחים סו ע״א), דההיא שמעתתא דהלל צריך להעמיד אחר שנפרצו בה פרצות, לכך לא היו יכולין להוליך סכיניהם בשבת לעזרה לשחוט פסחיהם, דקודם שנפרצו היו מותרים לטלטל, כדאמר רבי יוחנן: ירושלים אלמלא דלתותיה נעולות בלילה חייבין עליה משום רשות הרבים, ואעפ״כ בלילה היו אוכלין פסחיהם״.

לדבריהם, רק אם נפלו רוב המחיצות נחשיב את הפרצות בחומה כמציאות של ״נפול מחיצות״. והוכחתם באמתחתם, שהרי מוכח מן הגמרא שהפסח נאכל אף כאשר נאסר הטלטול בשבת מחמת הפרצות בחומה. מוכח, אם כן, שגם כאשר המחיצות נפסלות לעניין שבת, עדיין כשרות הן לעניין אכילת קדשים ומעשר בירושלים.

בשבת די בפרצה כדי לאסור טלטול, בעוד לענייננו רק נפילת רוב המחיצות פוסלת את ירושלים מלאכול בתוכה.[31]

התוספות מניחים שהדין העולה מן הסוגיה, שאכילת מעשר שני אפשרית רק אם החומות קיימות, תקף אף ביחס לקדשים קלים, כשם שהוא תקף לגבי מעשר שני. על סמך הנחה זו הוכיחו מקרבן פסח את פרטי הדינים של "נפול מחיצות". אך לאור עיקר חידושנו יש להציע חילוק בין מעשר שני לקדשים בנוגע להגדרה המדויקת של נפול מחיצות. אף שקדשים קלים אפשר לאכול בירושלים כל עוד לא נפלו רוב המחיצות, ייתכן שכל פרצה תעכב את אכילת מעשר שני. וטעם הדבר הוא שהחומות הן המגדירות את ירושלים כמקום שלפני ה', וכל פגיעה בהן, ולו המזערית ביותר, מונעת אכילת מעשר שני בתוכה. ברם, רק פגיעה משמעותית בחומות מפקיעה את הקדושה המיוחדת של ירושלים לעניין קדשים קלים. אם כנים דברינו אזי אזלא לה הוכחת התוספות מהגמרא בפסחים, שהלוא שם באכילת פסחים עסקינן; וממילא ייתכן דלגבי מעשר יש להחמיר ולדמותו לשבת, ואף אם רוב המחיצות עומדות יהא זה בגדר נפול מחיצות.

יש להציע עוד, שמא דין נפול מחיצות לא נאמר כלל בנוגע להלכה שאין קדשים קלים נאכלים אלא בירושלים. קיום המחיצות מהווה תנאי אך ורק ביחס למעשר שני, אשר בו עוסקת הסוגיה, בעוד קדשים קלים נאכלים אף אם נפלו החומות. והסבר הדבר הינו בדומה למוצע לעיל. קדשים קלים תלויים בקידוש הנעשה במיוחד לשם אכילתם, ואין בנפילת החומות הפקעה ועקירה של קדושה זו. ביחס אליהם גורמים אחרים, כפי שנדון לקמן, הם המבטלים את קדושתה של ירושלים המיוחדת לאכילתם. דרישה זו של קיום המחיצות שייכת רק ככל שאנו עוסקים במעשר שני, שאין קדושה ייעודית עבורו. המחיצות הן המאפיינות והמגדירות את ירושלים כסמוכה למקום שכינה וכמקום אשר לפני ה' אלקיך, וממד זה הוא המתבטא באכילת מעשר שני.

תנאים נוספים לקדושת ירושלים

אם נקבל חילוק זה מוטל עלינו לברר מה הם התנאים העלולים ח"ו להביא לביטול

31. מקום ספק אחד ישנו בשיטת התוספות: כיצד מחשבים רוב מחיצות. בדיני שבת וסוכה הדין הוא שמתייחסים לכל מחיצה ומחיצה בנפרד. אליבא דהתוספות יש לעיין האם שווה דין ירושלים לדין שבת וסוכה, וכל שנפל רוב מאחת המחיצות אנו רואים זאת כנפול מחיצות, או שמא פוסלת רק נפילת רובן של החומות כולן.

קדושת ירושלים של קדשים קלים (למאן דאמר שהיא בת ביטול). ברם, אף אם לא נקבל סברה זאת, ואף דמפורש בגמרא כי נפילת המחיצות מבטלת את קדושת ירושלים, הרי מסברה יש לומר שקדושתה תלויה אף בתנאים נוספים, וממילא יש לדון מהם אותם התנאים.

אליבא דרש"י ותוספות, בפשטות, נראה כי גם לחורבן הבית ישנה השפעה על קדושה זו של העיר. מסתבר שישנן זיקה ותלות ישירה של קדושת ירושלים במקדש, ואין ירושלים ללא מקדש.[32]

ועוד יש להציע כי קדושת ירושלים תלויה בירושלים גופא, ולא רק בחומותיה או בבית הבנוי, אלא במציאות השורדת בעיר לכשעצמה. זאת בשני תחומים: השליטה הפוליטית וההתיישבות. כמובן, יש לחלק ולהבדיל בין המציאות הפוליטית להתיישבות בפועל, ששני מושגים שונים המה. במרוצת הדורות היו זמנים שבהם ירושלים הייתה יהודית מצד תושביה, אך לא מצד השלטון השורר בה. מאידך, תיתכן שליטה יהודית בירושלים אף כאשר האוכלוסין שבה אינם יהודים. שני תחומים אלו באים לידי ביטוי בתפילת נַחֵם: "האבלה מבלי בניה והחרבה ממעונותיה... והשוממה מאין יושב... ויבלעוה לגיונות זרים ויירשוה עובדי פסילים".

מסברה, יש להעלות על הדעת כמה אפשרויות ביחס לגורמים הללו. שמא הקדושה תתבטל רק אם חוברים זה לזה ח"ו איבוד שליטה מדינית והעדר יישוב יהודי, או שאולי די באחד מהם כדי להפקיע ח"ו את הקדושה. כמו כן יש לשקול מה היחס בין גורמים אלו לנפילת החומות, בין אם חומות העיר ובין אם כותלי המקדש. ייתכן דההפקעה מותנית הן באובדן השליטה המדינית ובהיעדר תושבים יהודים והן בנפילת חומות, או שדי באחת הסיבות הללו.

והנה כל זה ביחס לאפשרות הפקעת הקדושה. בדומה יש לעמוד על התנאים ההכרחיים ליצירת הקדושה. יש לעיין בדבר, האם ישנה הקבלה מלאה בין יצירת הקדושה להפקעתה, והאם אותם התנאים שהצענו לשימור הקדושה (בניין הבית, עמידת העיר על כנה, שליטה מדינית ויישוב יהודי) הם הנחוצים כדי להחיל אותה. או שמא חלות קדושה לחוד והפקעת קדושה לחוד.

ברם, לאמיתו של דבר, לאחר העיון בסוגיה בבבא מציעא שם נראה דעולה ממנה הבנה חדשה בדין זה. הסוגיה קובעת כי במידה שנפול מחיצות ירושלים אין

32. הדיון כאן הינו בנוגע לקדושת ירושלים כהרחבת המקדש וכקדושה בקדושה עצמאית לעניין אכילת קדשים קלים. יש עוד לדון במעמדה של ירושלים כתמצית הארץ, כפי שהועלה לעיל, האם הוא תלוי אך ורק בקדושת הארץ, או גם במעמדה הפוליטי והמציאותי.

מעשר שני נאכל בירושלים. והנה לפום ריהטא, תירוץ זה תלוי ועומד במחלוקת האם קדושה ראשונה קדשה לעתיד לבוא או לא. אם ירושלים נתקדשה אף לעתיד, וסבורים אנו שחורבן הבית והרס העיר לא ביטלו את הקדושה, אזי קל וחומר בן בנו של קל וחומר שנפילת מחיצות לא יהא בכוחה לבטל את הקדושה ולאסור אכילת מעשר שני בירושלים. ואם כן צריך עיון, דהגמרא לא תלתה דין זה דנפול מחיצות במחלוקת האם קדושה ראשונה קידשה לעתיד לבוא או לאו.

יעוין בתוספות שאנץ הנזכר, שעמד על נקודה זו והקשה כדלהלן: "ואם תאמר, והא אמרינן בפרק שני דשבועות דאוכלין קדשים קלים ומעשר שני אף על פי שאין חומה, דקדושה ראשונה קדשה לשעתה וקדשה וכו', וכן משמע נמי בפרק אלו הן הלוקין, דלמאן דאמר קדשה מעלה אדם בזמן הזה במעשר שני ואוכלן בירושלים". ותירצו: "ויש לומר דהכא כמאן דאמר לא קדשה לעתיד לבא". לדעתם, תירוץ זה הינו אכן רק אליבא דמאן דאמר דקידשה לשעתה ולא לעתיד לבוא. וכן מפורש גם בראב"ד (בהשגתי לפ"ו מהלכות בית הבחירה, שנידונה לעיל), שהוכיח מסוגיה זו, כנגד הרמב"ם, שקדושה ראשונה לא קידשה לעתיד לבוא.

ברם, הגמרא מעולם לא קשרה כלל את האוקימתא דנפול מחיצות לאותו מאן דאמר שקדושה ראשונה קידשה לשעתה ולא לעתיד לבוא. ונראה אם כן שאין שייכות בין המחלוקת בדבר קדושה ראשונה ושנייה להלכה של נפול מחיצות.

ובהסבר הדבר נראה שקדושה מתבטלת כאשר באו אויבים בשערי ירושלים והחריבו את ההיכל והגלו את בני ישראל. חורבן הבית והרס ירושלים באופן זה מבטלים ועוקרים את הקדושה, כך שמכאן ואילך נצטרך להטביע מחדש קדושה במקדש ובירושלים. נפילת המחיצות, מאידך, אינה הפקעה ועקירת הקדושה אלא הלכה בפני עצמה, דאין אוכלים מעשר שני (ואולי אף קדשים קלים) אם אין חומותיה של ירושלים שלמות, וזאת כהגבלה זמנית. כאשר נבנות החומות מחדש הרי העיר עומדת בקדושתה השלמה, ללא צורך במעשה קידוש חדש.

הגע עצמך: וכי אם התמוטטו חומות ירושלים ברעידת אדמה אזי נימא שפקעה קדושת העיר? ובכל זאת, שמא יהיה אסור אז לאכול מעשר שני בירושלים. מסתבר דלאחר שייבנו החומות מחדש תחול הקדושה מאליה ללא שום תנאי של קידוש מחדש. נפילת החומות מונעת את האכילה ואולי גונזת את הקדושה, אך אינה מפקיעה ומבטלת אותה.

הבדל זה הוא מעין דבריו הידועים של ר' חיים על אודות החילוק בין ביאת כולכם ובין דין רוב יושביה עליה (הלכות תרומות פ"א ה"י; ועיין באריכות בפרק העוסק בקדושת הארץ בחיבור זה). דין ביאת כולכם הוא הלכה בהחלת קדושה בארץ

ישראל. במידה שאין ביאת כולכם, הרי זה חיסרון בעצם קדושת הארץ, וצריך להוסיף בה קדושה. אך כאשר אין רוב יושביה עליה, אמנם היובל אינו נוהג, אך זהו דין נקודתי הנוגע לניהוג יובל ולא לעצם קדושתה של ארץ ישראל. אם ביובל אחר נמצאים רוב יושביה עליה, שוב חוזר דין היובל ונעור בשלמותו. הקדושה התשתיתית והיסודית לא הופקעה. הקדושה בעינה עומדת, גם אם בשעה מסוימת אין היא מתבטאת בפועל.

קדושת הר הבית

קידוש הר הבית

ממשיכה המשנה בכלים במניין קדושותיה: "הר הבית מקודש ממנו, שאין זבים וזבות נדות ויולדות נכנסים לשם". יש לעמוד על אופי קדושת הר הבית ועל מעמדה מתוך השוואה לקדושת ירושלים, וזאת בשתי נקודות.

ראשית, ביחס לתהליך הקידוש. בגמרא ובסוגיות לא מצינו במפורש כיצד קידשו את הר הבית. התוספות בשבועות (טו ע"א ד"ה ויוצא) מציינים שמתוך הסוגיה שם עולה שכדי לקדש מקום מסוים יש לאכול בו דבר אשר אם יצא מאותו אזור נפסל הוא מאכילה, מחמת דין יוצא. והקשו התוספות, כיצד אם כן מתקדש הר הבית, שהרי אין קרבן או קודש הנפסל אם יצא מחוץ לגבולותיו.

על כך תירצו התוספות: "היכא דלא אפשר, לא אפשר". מפורש בדבריהם שבאופן עקרוני מתקדש הר הבית במעשה מסוים, בדומה לקידוש העזרה וירושלים. ברם, אין בנמצא קרבן הנפסל אם יצא מגבולות הר הבית, ולפיכך "היכא דלא אפשר, לא אפשר".[1] ויש להסתפק האם לדעתם מתקדש הר הבית בקרבן, אם בקדשים קלים הנאכלים בכל ירושלים ואינם נפסלים אם יצאו מתחומי הר הבית, ואם בקרבן הנאכל בעזרה בלבד; או שישנו בהר הבית מעשה קידוש אחר לחלוטין, בעל אופי שונה.

1. ויעוין לשון התוספות רא"ש המקביל בשבועות שם: "כן צ"ל בהר הבית, שהרי יש בו קדושה בפני עצמו, שהוא מחנה לוייה, ואין לך דבר שנאכל בו ויוצא ממנו נפסל שיוכלו לקדשו בו. ולא פי' במה נתקדש. וכן בתי ערי חומה".

הוספה על הר הבית

שנית, יש להשוות בין קדושת המקדש לקדושת ירושלים גם מצד ההרחבה וההוספה הפיזית. המשנה בשבועות (יד ע"א), המפרטת מהו התהליך שבו מוסיפים על קדושת ירושלים והעזרות, איננה מזכירה הוספה על הר הבית. השמטה זו אמנם יכולה להתבאר בכך שתהליך קידושה של ההרחבה להר הבית שונה מהתהליך המקביל בנוגע לירושלים ולעזרות, ולכן לא שנה אותו התנא בהדי אלו. אך יש לבחון שמא לא ניתן כלל להוסיף על הר הבית.

נראה שכך מדויק בלשונו של הרמב"ם: "בית דין שרצו להוסיף על ירושלים או להוסיף על העזרה מוסיפין, ויש להם למשוך העזרה עד המקום שירצו מהר הבית ולמשוך חומת ירושלים עד מקום שירצו" (הלכות בית הבחירה פ"ו ה"י). הרי שלגבי ירושלים כתב שיש לבית דין למשוך את חומת העיר עד מקום שירצו, ואילו את האפשרות להרחיב העזרה צמצם לקצה גבול הר הבית, ותו לא. מפורש בדבריו דאין העזרה מתפשטת מעבר להר הבית; ועוד משתמע שאין לדידו אפשרות להוסיף על הר הבית כלל.[2]

טעמה של הגבלה זו ביחס לעזרה ניתן לפירוש מתוך השוואה לקדושת השבת. על השבת ניתן להוסיף בכניסתה וביציאתה, ולפי רוב הראשונים אף מצווה וחובה לנהוג כך.[3] מכל מקום, ישנו גבול לתוספת זו. ודאי לא נאמר שאדם יכול לקבל את השבת ביום חמישי. זאת מן הטעם הפשוט שיום חמישי איננו שבת, ולפיכך אינו יכול להיתפס בקדושתה. על כן, הלכה למעשה פסקינן דאין תוספת שבת חלה אלא מפלג המנחה של ערב שבת ואילך (רמ"א אורח חיים רס"א, ב). מעין זה יש לומר ביחס לקדושת העזרה, דהיא יכולה להתפשט ולהתרחב רק בתוך תחום הר הבית, שהוא מחנה לוויה, אך לא מעבר לכך. זאת בניגוד לירושלים, שאפשר להרחיב את קדושתה עד מקום שירצו.

איברא שמסברה, אף שהשוואה זו מאירה ומבארת את הגבלתו של הרמב"ם, ודאי איננה מוכרחת. קדושת השבת מתייחסת ליום אחד מימי השבוע, וממילא מסתבר שיש לתחום קדושה זו לזמן המשתייך לאותו היום. לעומת זאת, אין לכאורה הכרח להגביל את קדושת העזרה להר הבית בלבד. ופוק חזי, דעד שלא באו לירושלים

2. כך דייקו גם מו"ח ואביו זצ"ל בחידושי הגר"מ והגרי"ד (הלכות בית הבחירה פ"ו ה"י) וכן האור שמח (על אתר).

3. כך עולה מפשטות הסוגיה בראש השנה ט ע"א, אולם הרמב"ם השמיט זאת.

הייתה כל ארץ ישראל ראויה להקרבה. אף שהיו תקופות של איסור במות, היינו מפני שבאופן זמני הוגדר מקום מסוים כמקדש, בעיקר בגין היות הארון שם, וממילא נאסרו שאר המקומות.

באופן מהותי, כל מקום ראוי להקרבה, אלא שמקום אחד נבחר. ובכן, לכאורה יש לומר דאפשר לשייך מקום מסוים לבית הבחירה, ועל ידי כך לספחו לקדושת המקדש. מה שאין כן לגבי קדושת זמן, דלא מצינו שכל הזמנים ראויים ורק שבת ויום טוב נבחרו, כי אם להיפך. הקדושה הייחודית שייכת רק לשבת ולימים טובים. שאר ימי השבוע מופקעים מקדושת שבת, ואדרבה, עומדים בניגוד לה. כשם שמצווה לשבות בשביעי כך מצ‍ּוה לעבוד ששת ימים.[4] ובכן, אי אפשר להוסיף על השבת זמן שבאופן מהותי איננו שבת.

אף על פי כן, ייתכן שיש להקיש בין קדושת העזרה לקדושת שבת לעניין תוספת. ואולי יש להטעים שאמנם כל מקום יכול להיות מקדש, אך לא כל מקום ראוי להיות בית הבחירה; ומפאת אופי המקדש בירושלים כבית הבחירה נשללת הוספה על הר הבית.

עוד ניתן להסביר שאי אפשר להוסיף על העזרה מעבר להר הבית משום שכך נאמר בגזירת הכתוב במדבר ולדורות דבעינן שלושה מחנות, ואם הוסיפו על העזרה מעבר להר הבית נמצא שאין לנו אלא שני מחנות – מחנה שכינה ומחנה ישראל. ברם, פשטות לשון הרמב"ם מורה שאפשר להרחיב את העזרה עד קצה הר הבית, אף שגם אז מתבטל מחנה לוויה ונשארים רק שני מחנות. על כורחנו שאין זה טעמו; והדבר צריך תלמוד.

עד כאן ביארנו את המגבלה שקבע הרמב"ם ביחס לעזרה. עתה עלינו להוסיף ולבאר, מדוע אי אפשר יהיה להרחיב את הר הבית עצמו. ונראה לקשור זאת לעובדת חסרונו של מעשה קידוש מיוחד להר הבית. הר הבית ביסודו הינו מקום מסוים, ודווקא מתוקף הגדרה זו באה לו קדושתו.

כל הקדושות האחרות קרויות על שם קדושתן ותפקידן בהקשר של המקדש וירושלים. קדושת הר הבית היא הקדושה היחידה המנויה במשנה שקרויה על שם יחידה גיאוגרפית טבעית – הר מסוים, שהוא ההר המיועד למקדש. ומסתבר שאין זה מקרי. קדושת הר דבית באה מאליה מלמעלה, מעצם קיומו של הר זה, המוגדר

4. "כשם שנצטוו ישראל על השבת כך נצטוו על המלאכה, שנאמר: 'ששת ימים תעבוד, ועשית כל מלאכתך [...ויום השביעי שבת לה' אלקיך']" (אבות דרבי נתן נוסח ב, פרק כא).

מלמעלה כחלק ממסגרת המקדש וירושלים. עצם ייעודו של ההר שבו יהיה המקדש, ועצם היותו ההר שהכתוב קוראו "הר ה'", נוסכים בו קדושה מאליהם.

על כן אין בקדושה זו מעשה קידוש מיוחד. לא רק מפאת דברי התוספות, שאין בעולם קרבן הנאכל בו ונפסל אם יצא מחוץ לגבולותיו. הסיבה להיעדר מעשה קידוש מהותית היא: מעצם אופיו מופקע הר הבית מתהליך קידוש מסוים המתייחס אליו. קדושת הר הבית מעורה במיקומו הגיאוגרפי שנבחר בידי שמיא, ולא בקידוש אדם. לאור זאת ודאי דלא ניתן להוסיף על הר הבית, ולא רק משום שאין היכי תימצי לקדשו, אלא משום שהוספת קדושה והרחבתה אפשריות רק כאשר הקדושה נוצרת בידי אדם בפעולה מקדשת.[5] אולם קדושתו של הר הבית מעורה בזהותו כהר הבית ונובעת ממנה, וממילא ההוספה בלתי אפשרית היא.[6] כל זה, לפום ריהטא, שלא כדברי התוספות בשבועות שצוטטו לעיל.

כניסת טמאים

מצינו הבדל בחומרת העונש של טמאים שנכנסו לפנים ממחיצתם. טמא האסור בהר הבית (כגון מצורע, או מי שטומאה יוצאת מגופו) שנכנס במזיד אל הר הבית – לוקה, ככל שאר חייבי לאווין; ואילו שאר הטמאים שנכנסו למחנה שכינה, מעזרת ישראל ולפנים, מתחייבים בכרת. וכלשון הרמב"ם: "הטמא המשולח מהר הבית אם נכנס עובר בלא תעשה... טמא שנכנס למקדש במזיד ענוש כרת" (הל' ביאת המקדש פ"ג הל' ח–יב).

ייתכן שאין כאן אלא שתי רמות שונות של חומרה לגבי איסור אחד. לפי זה, אין בין הנכנס להר הבית לבין הנכנס למחנה שכינה אלא שזה בלאו וזה בכרת, אך מצד אופי האיסור וטיבו שווים הם. מעין זה מצינו לגבי איסור אכילת חֵלב ואיסור אכילת דם, שבכל אחד מהם מצינו דרגות שונות בעונש, אף שצביון האיסור נראה דומה.[7] שם נראה פשוט דעסקינן באיסור אחד, שיש לו שתי רמות של חומרה.

פשטות הגמרא בפסחים (סז ע"א) מצביעה על הכתוב "ולא יטמאו את מחניהם" (במדבר ה', ב) כמקור שממנו ילפינן איסור לאו על טמא להיכנס למקדש. לפום

5. את קדושת השבת ניתן להרחיב במידת מה על ידי תוספת שבת, משום שגבולותיו של היום מעורפלים ולפיכך ניתן להקדימם או לאחרם במקצת. מה שאין כן לגבי גבולותיו של הר הבית, כפי שאלו נתפסים בהלכה [הערת העורך].
6. יעוין בחידושי הגר"מ והגרי"ד שם.
7. עיין: רמב"ם, הלכות מאכלות אסורות פ"ז הלכות ה–ו, המחלק בין חלבים שונים; שם פ"ו הלכות א–ד, המחלק בין סוגים שונים של דם.

ריהטא, אזהרה זו כוללת את שלושת המחנות – מחנה ישראל, מחנה לוויה ומחנה שכינה (כל מחנה לגבי האסורים בו). ויעוין בהמשך הסוגיה, שם בפשטות למדה הגמרא מן הכתוב בפרשת כי תצא "ויצא אל מחוץ למחנה" (דברים כ"ג, יא), שבעל קרי משתלח משני מחנות – ממחנה שכינה וממחנה לוויה.

אולם הרמב"ם צמצם את היקף הלאו ד"ולא יטמאו את מחניהם" למחנה שכינה בלבד. ואילו את האזהרה האמורה בכי תצא הרחיב הרמב"ם לכל הטמאים המשולחים ממחנה לוויה, וכנגדו לדורות מהר הבית: "הטמא המשולח מהר הבית אם נכנס עובר בלא תעשה, שנאמר: ויצא אל מחוץ למחנה – זה מחנה שכינה, ולא יבוא אל תוך המחנה – זה מחנה לויה... וכשם ששילוח טמאים מן המקדש בעשה כך אם נכנסו עוברים בלא תעשה, שנאמר: ולא יטמאו את מחניהם – זה מחנה שכינה" (הלכות ביאת מקדש פ"ג ה"ח, ה"י. ועיין גם: ספר המצוות לא תעשה עז, עח).

ניתן לבאר שההבדל בלאווין נובע מחומרת מחנה שכינה יתר על שאר המחנות ומתוקף קדושתו. אולם אפשר שהחילוק הזה מרמז על פער מהותי יותר (מה עוד שהוא מצטרף להבדל בחומרת העונש, שעליה עמדנו קודם). נראה להציע שחומרת הכרת נעוצה בטיב הקדושה ובאופייה. היכן שאיתא לקדושה שנוצרה במעשה קידוש מדעת, כגון במקדש ובידי אדם, ישנו איסור כרת. ברם, היכן שהקדושה נובעת מעצם היות המקום הר הבית, ללא מעשה קידוש, אין בקדושה זו כדי לעונשו כרת.

הבדל זה בחומרת העונש ניתן להסבירו כמצביע על פער בסיסי בכל אופייה של ביאת טמא. טמא הנכנס להר הבית עובר על איסור ותו לא, בדומה לשאר האיסורים שבתורה. מנגד, נראה שביאת טמאים למחנה שכינה אינה רק מעשה עבירה. עצם כניסת הטמא מטמאת את המקדש עצמו ופוגעת בקדושתו. אמנם, אין מדובר בטומאה הלכתית מצד הלכות טומאה וטהרה, שהרי אין טומאה אלא באדם, בכלים ובאוכלים. הבניין עצמו ודאי אינו מיטמא, שהרי מחובר אינו מקבל טומאה. אך אף אם טומאה הלכתית אין כאן, טומאה מטפיזית וחילול קדושה יש כאן.

ופוק חזי מלשון הכתובים. הלאו על כניסת טמא להר הבית מדבר על איסור ביאה בעלמא: "ולא יבוא אל תוך המחנה". לעומת זאת, האיסור על כניסת טמא למחנה שכינה מנוסח כאזהרה שלא לטמא את המחנה: "ולא יטמאו את מחניהם".

יש להדגיש שאין מדובר בהפקעה מוחלטת של הקדושה, כי אם בחילול, היינו: בפגיעה מסוימת בקדושה ובהסתלקות חלקית של השכינה. אינו דומה מקדש ה' המשומר מן הטומאה למקדש ה' שאליו נכנס טמא. מכאן נובעת חומרתו היתרה של המעשה ועונשו הכבד של הטמא. עונש הכרת אינו מעורה במעשה עצמו אלא בתוצאותיו – חילול המקדש וטימוא מקדש ה'.

כך משתמע במפורש מן הפסוקים בפרשת חוקת: "ואיש אשר יִטְמָא ולא יתחטא ונכרתה הנפש ההִוא מתוך הקהל כי את מקדש ה' טִמֵּא" (במדבר י"ט, כ). יש להבין את סופו של הפסוק כנתינת טעם עבור תחילתו. עונש הכרת מקורו בכך שהאדם הטמא טימא את מקדש ה'.

אך עדיין יש לתת טעם, מפני מה קדושת הר הבית אינה נפגמת על ידי ביאת טמא, בעוד קדושת מחנה השכינה מתחללת ונפגעת במקרה זה. ונראה שהוא משום שמחנה שכינה עומד בסתירה חזיתית לטומאה. מעצם טבעה של הטומאה נוגדת היא את המקדש. הר הבית, לעומת זאת, אינו משמש אלא כמסגרת למקדש, ואין בטומאה משום סתירה פנימית למקום מעצם הגדרתו כמקודש. הבדל זה הוא מעין החילוק שהעלינו בחיבור זה בין שבת ויום טוב: מלאכה בשבת סותרת את כל מהות היום, בעוד ביום טוב אף שהמלאכה אסורה אין היא מחללת את קדושת היום.[8]

שיטת המשנה למלך והירושלמי

המשנה למלך (הלכות בית הבחירה פ"ז הי"ג) הסתפק בדין שערי הר הבית, האם נתקדשו הם. הגמרא בפסחים (פה ע"ב) מבדילה בין שערי ירושלים, שלא נתקדשו מפני שמצורעין מגינין תחתיהן בחמה מפני החמה ובגשמים מפני הגשמים, ובין שערי העזרה (לבד משער ניקנור) שנתקדשו. לאור זאת דן הוא במעמד שערי הר הבית והכריע שמאחר שהטעם המבואר בגמרא ביחס לירושלים איננו משמעותי עבור שערי הר הבית, אכן נתקדשו הם בקדושת הר הבית. שערי הר הבית נתקדשו משום שאין סיבה וטעם שלא לקדשם (בניגוד לשערי ירושלים). מכך שלא חילק באופן עקרוני בין קידוש מאליו בידי שמים לבין קידוש מדעת בידי אדם, משמע שבאופן בסיסי אף קדושת הר הבית חלה בידי אדם, בדומה לירושלים, ובניגוד למהלך שאנו מציעים.

איברא דכדבריו, ובניגוד ליסוד דברינו, עולה אף מן הירושלמי בפסחים. כך למדנו שם: "ודכוותה לא קידשו תחת האגוף של הר הבית, כדי שיהו זבין מגינין תחתיהן בחמה מפני החמה ובגשמים מפני הגשמים... הדא אמר שלא קידשו תחת האגוף של הר הבית" (פ"ז הי"ב). דהיינו, שיטת הירושלמי היא שאף שערי הר הבית לא נתקדשו, כדי שיהו זבין מגינין תחתיהן, ובדומה למבואר בבבלי ביחס למצורעין

8. כסייג לדברינו יש להעיר שאין פירוש זה בלעדי והכרחי. אפשר לבאר שההבדל אינו בין קדושת הר הבית לקדושתו של מחנה שכינה, אלא בין הטמאים האסורים בכניסה להר הבית, שטומאתם אינה מחללת את הקדושה, לבין הטמאים האסורים בכניסה למחנה השכינה.

בשערי ירושלים. מנימוק זה משתמע בבירור כי מדובר בקדושה מדעת,[9] שבידינו לעצב אותה ולהחליט על אודות היקף חלותה.[10]

ירושלים והר הבית בזמן הזה

הזכרנו לא אחת בחיבור זה את מחלוקתם של הרמב"ם והראב"ד בנוגע לקדושת ירושלים בזמן שבין חורבן הבית הראשון לבניינו של הבית שני וכן בזמן הזה (הלכות בית הבחירה פ"ו הי"ד). לדעת הרמב"ם קדושה ראשונה שקידש שלמה נתקדשה לעתיד לבוא, ואילו לדעת הראב"ד קדושת המקדש וקדושת ירושלים בטלות כעת.

והנה שניהם לא חילקו בין קדושת ירושלים לקדושת המקדש ודנו אותן בחדא מחתא. ברם, מסברה נראה פשוט שניתן להבדיל ביניהן. אם אכן נאמץ חילוק כזה בין קדושת ירושלים לקדושת המקדש, מתעורר ספק ביחס למעמד הר הבית, ספק התלוי באופיו היסודי. מחד יש לומר, שהר הבית הינו האזור בתוך ירושלים שעליו נבנה המקדש. לפי הבנה זו, הרואה את הר הבית כקשור בטבורו לירושלים, קדושתו תלויה בקדושת העיר. מאידך גיסא, ניתן לראות את הר הבית כחלק ממערך המקדש ולהשוות את קדושתו עם קדושת המקדש בכללו.

עוד יש להעיר שבמידה שנאמץ את יסוד דברינו ביחס לטיב קדושתו של הר הבית, הרי דמסברה נראה ברור שניתן לחלק בין קדושת ירושלים וקדושת הר הבית באופן נוסף. דיעוין עוד בנימוק הראב"ד לשיטתו שם: "לפי שהיה יודע עזרא שהמקדש וירושלים עתידים להשתנות ולהתקדש קידוש אחר עולמי". נימוקו זה תולה את ביטול קדושת המקדש בימינו בכך שעזרא מדעתו ובמכוון לא קידשו קדושה עולמית. לאור נימוק זה, אם נצרף אליו את סברתנו, נגיע למסקנה המחודשת שאף כי קדושת המקדש וירושלים בטלות, כיון שקדושתם מדעת היא, הרי שקדושת הר הבית, שלא נתקדשה מדעת, במקומה עומדת.

9. יש להעיר כי נימוק זה מופיע בתחילת הדיון בירושלמי, אולם בסופו מופיעה רק הקביעה כי חכמים היו מהלכים תחת שערי הר הבית בסנדליהם, ומוכח שלא נתקדש המקום. אך ייתכן שאין זה מחמת הטעם המופיע בראשית הדיון בירושלמי, כדי שיהו זבין מגינין. ואז אף הירושלמי מודה למסקנה, שהקדושה היא קדושת גבוה, אלא שזו לא קידשה את שערי הר הבית [הערת עורך].

10. יעוין במנחת חינוך מצווה שסב, שכתב: "וכהר הבית מחילות לא נתקדשו ואם היו רוצים היו מקדשין". וכן באבני נזר יורה דעה סימן תנ, שנסתפק אם היו מקדשים את הר הבית בלחמי תודה או רק בהילוך בית דין. ברם בין כך ובין כך, ברור מדבריו שאף הר הבית נתקדש במעשה, בדומה לירושלים.

אף אם נדחה את נימוקו המחודש של הראב"ד, המבוסס על כך שיש ביד המִקדש להגביל את זמן הקדושה, אף על פי כן מסתבר שקדושת הר הבית אינה בטלה עולמית. אין היא תלויה במעשה מְקדש מסוים אשר עלול להתבטל, אלא נובעת היא מעצם היות הר הבית מקום המִקדש. ואכן במקום אחד הציע המנחת חינוך (מצווה רפד), אם כי מחמת נימוק שונה, שקדושת הר הבית קיימת במנותק מקדושת המקדש.[11] ברם, במקום אחר (מצווה תקסה) נקט כדבר פשוט דלדעת הראב"ד אף קדושת הר הבית בטלה בזמן הזה. כמו כן, מסוף דבריו שם נראה שלדעתו הרמב"ם מודה שטמא שנכנס להר הבית בזמן הזה פטור. זאת, ככל הנראה, מתוך תפיסה שנימוקו של הרמב"ם, שקדושה ראשונה נתקדשה לעתיד לבוא מחמת השכינה, מוגבל ומצומצם למקדש בלבד, שהוא מקום השראת שכינה. לפי סברתו, קדושת הר הבית נתבטלה בזמן הזה לדעת הרמב"ם. אולם דבריו קשים, דהלוא הרמב"ם כתב במפורש דאף קדושת ירושלים לא נתבטלה מפאת נימוק זה, ומאי שנא הר הבית מירושלים.

אמנם, ייתכן שמבחינה אחרת יש לבעל דין לטעון שקדושת הר הבית תלויה ועומדת בקדושת ירושלים. ביטול קדושת המקדש וירושלים פוגע בזהות המקום כהר הבית וכמקום המקדש. אין הר הבית אלא בירושלים, ואם קדושת ירושלים איננה בעולם, אף קדושת הר הבית אובדת עמה. ברם, אף אם נימא הכי, אין זה אלא כתוצאה אגבית מחורבן הבית וירושלים, ולא משום שנעשה מעשה המפקיע את הקדושה.

עוד יש להעיר שאם נקבל את סברת האחרונים, שאף לדעת הראב"ד ישנו בזמן הזה איסור להקריב מחוץ למקדש (עיר הקדש והמקדש ח"א פ"ה), הרי זאת משום שמעמדו כמקום אשר בחר ה' לא התבטל אף כאשר קדושת המקדש בטלה. טענה זו עולה בקנה אחד עם דברי מו"ח זצ"ל, שבית המקדש כולל בתוכו שני מושגים: בית המקדש ובית הבחירה. מחד, עצם המקדש, והוא בית בנוי לה'; מאידך, בית הבחירה, היינו שמקום זה נבחר ומיועד למקדש, ועל ידי כך נשללת האפשרות שהמקדש יוקם

11. המנחת חינוך הסתמך על שיטת הרמב"ם בנוגע לקדושה ראשונה של המקדש וההבדל בינה לקדושה ראשונה של ארץ ישראל, ועל הבחנתו בין כיבוש לירושה. והלוא הר הבית נקנה בידי דוד המלך מארוונה היבוסי, ולא נתקדש באמצעות כיבוש כי אם מחמת חזקה. על פי דברי הרמב"ם, טען המנחת חינוך, קדושת הר הבית לא נתבטלה בחורבן הבית, משום שאינה מחמת כיבוש. מעמדה צריך להיות דומה לקדושת ארץ ישראל בימי עזרא, משום שנתקדשה בחזקה, הקיימת גם היום למרות החורבן והגלות.

במקום אחר.[12] אם כך, אף אם בימינו דחרב הבית נתבטלה קדושתו לעניין כניסת טמאים לתוכו, מכל מקום מעמדו של הר הבית כמקום בית הבחירה קיים לעולם.

בין הר הבית למקדש

והנה, בפשטות קדושת הר הבית ומעמדו מעורים בזיקתו למקדש; זאת בעיקר אם נבין את קדושתו כהרחבת קדושת המקדש וכחלק ממנו, מעין פרבר לשכינה. אולם על כך יש להוסיף, שייתכן שיש לראות את הר הבית ואת קדושתו גם כבעלי מעמד עצמאי, המנותק מן המקדש. יעוין בספרי ריש נשא, שבו מתואר מחנה לוויה כמחנה ארון. הגדרה זו, לכאורה, מבססת את מעמד הר הבית על היותו מקום ארון, ולא כנובעת מהיותו מעגל חיצוני למקדש.[13]

יתרה מזאת, נראה דיש להשוות זאת לנאמר בפרשת כי תצא: "כי ה' אלקיך מתהלך בקרב מחנך" (דברים כ"ג, טו), ולבאר שקדושת המחנה נעוצה בנוכחות הארון בו. ויש להציע בזה כי קדושת הר הבית זהה היא עם קדושת מחנה, ושתיהן יחדיו מעורות בנוכחות הארון. דיעוין ברמב"ן על התורה בפרשת כי תצא שם (פס' יא), שהבין על דרך הפשט שהפרשה עוסקת במחנה בכלל, ואחר כך הוסיף: "אבל רבותינו דרשו... במחנה לויה ובמחנה שכינה, כאשר יהיה הארון עמהם שם". הרי דכרכם יחדיו.

אכן, יותר מסתבר דבמידה ונאמץ הבנה זו יש לראותה כרובד שני הנוסף על קדושת הר הבית, כאחד ממעגלי הקדושה המתפשטים מקודש הקודשים. נמצא, אם כן, שלהר הבית ישנו אופי כפול: א) הרחבת המקדש;[14] ב) מחנה קדושה.[15]

12. קובץ חידושי תורה, 'בענין בית הבחירה בית המקדש', עמ' קלה-קמא; חידושי הגר"מ והגרי"ד, הלכות בית הבחירה פ"ז הלכה ז-ט.
13. השוו לדיוננו בעניין שיטת הרמב"ם בקדושת עיירות המוקפות חומה.
14. או רובד נוסף בירושלים.
15. בעל היראים מנה שני לאווין: האיסור על בעל קרי במחנה לוויה (היינו לדורות שלא להיכנס להר הבית), וציטט בנוגע לכך את הפסוק בכי תצא (סימן שצא); והאיסור הכללי על ביאת מקדש בטומאה, ובו הזכיר גם בעל קרי (סימן רעז). ונראה בעליל שלדעתו שני דינים ישנם בהר הבית.
[על כך יש להוסיף שהרמב"ם מנה שני לאווין בנוגע לביאת מקדש (ספר המצוות לא תעשה עז, עח; הלכות ביאת מקדש פ"ג ה"ח, ה"י): לאו אחד שלא ייכנס טמא למקדש, הנלמד מהפסוק בנשא: "ולא יטמאו את מחניהם", ולאו שני המזהיר מכניסת טמא למחנה לוויה, הוא לדורות הר הבית (אם כי, כמובן, לא כל טמא אסור בכניסה למחנה לוויה). לאו זה השני נלמד מן הפרשה בכי תצא. ומוכח כמעט להדיא שיש לקשר ולזהות את קדושת הר הבית עם קדושת מחנה. וכך

אך זה תלוי במעמד הארון, שהלוא הוא יצר גם את איסור הבמות בשילה, וישנו פתח לומר שהארון איננו קובע אך ורק את קדושת המחנה, אלא גם את מעמד המקדש. ואם כך, זיקתו של הר הבית לארון אינה מפקיעה את ההתייחסות לקדושתו כהרחבה של קדושת המקדש.

לעיל הצענו שיש לראות את קדושת הר הבית במסגרת קדושת ירושלים, ואם כך, ודאי שהר הבית לחוד והמקדש לחוד. ברם, אף אם נראה את הר הבית, כפי שיותר מסתבר, כמסונף למקדש, עדיין יש לדון ביחס המדויק בינו למקדש גופא. מחד יש לומר שהר הבית אינו אלא המקום שעליו שוכן המקדש, ההר שבו נבנה בית הבחירה. גוף המקדש אינו אלא העזרות והבית, בעוד ההר אינו אלא האזור הגיאוגרפי שבו מצוי המקדש, אך אין הוא חלק ממנו. גבול ברור מפריד בין המקדש ובין הר הבית. חלות שם מקדש איננה מוטבעת בו. מאידך, אפשר שהר הבית עצמו מצטרף אל המקדש ונכלל בו. אין הוא רק ההר שעליו בנוי המקדש, אלא חלק מן המבנה הכולל הגדול של בית ה׳ הנישא בראש הרים. אף על פי שלא נשתוו הר הבית והמקדש בכל דיניהם, מצטרפים הם לכלל חטיבה אחת של מקדש.

בנוגע לכך יעוין בלשונו של הרמב״ם, בתחילת הלכות ביאת מקדש (פ״א ה״ה): ״אלו הן הדברים שהן עיקר בבנין הבית: עושין בו קדש וקדש הקדשים, ויהיה לפני הקדש מקום אחד והוא הנקרא אולם, ושלשתן נקראין היכל. ועושין מחיצה אחרת סביב להיכל רחוקה ממנו כעין קלעי החצר שהיו במדבר, וכל המוקף במחיצה זו שהוא כעין חצר אהל מועד הוא הנקרא עזרה. והכל נקרא מקדש״.

נראה לפום ריהטא שסיום ההלכה, ״והכל נקרא מקדש״, בא לקבוע מסמרות מהו המקדש. בכך בא הרמב״ם מצד אחד לכלול את כל המקומות המנויים בהלכה זו בכלל מקדש, ומנגד בא לשלול כותרת זו מהר הבית, שאינו מנוי שם. אך ייתכן שאין זו אלא קביעה לשונית; הרמב״ם בא ללמדנו שכאשר אנו מוצאים את המונח ״מקדש״, הוא מתייחס לאחד או יותר מן המקומות שפירט באותה

משמע עוד ביראים סימן ל, שפירוש ״לא יבא אל תוך המחנה״ בבעל קרי הוא שאסור להיכנס ״אל תוך **הקהל**״. הערת העורך].

ויש להעיר עוד במאמר המוסגר דהנה משמע להדיא מדבריו שאיסור מחנה נאמר דווקא בבעל קרי, שלא כרמב״ם בספר המצוות (עשה לא). ואם כן, נראה שאין כאן דין טומאת המחנה כלל, אלא דין השייך למעמד האדם כלפי הקב״ה. והווי מעין דין הכון לקראת אלקיך ישראל (יעוין ברכות כג ע״א ושבת י ע״א). ויש כאן שורש מן התורה לתקנת עזרא (ברכות כא ע״ב-כב ע״ב, בבא קמא פב ע״ב), דאין בעל קרי מתפלל ולומד. וכמו דאשכחן בתקנה זו, שהדין הוא דווקא בבעל קרי ולא בזב, הוא הדין לגבי דין מחנה.

הלכה. ולפי זה אין כאן הכרעה עקרונית בשאלה האם נחשב הר הבית לחלק מן המקדש.

שאלה יסודית זו לגבי הר הבית יכולה להיבחן בפרטי הדינים התלויים בה.[16]

א. במשנה בסוף מסכת ברכות (נד ע"א) מובא כי דין מורא מקדש מתייחס אף להר הבית: "לא יכנס להר הבית במקלו ובמנעלו ובפונדתו ובאבק שעל רגליו, ולא יעשנו קפנדריא, ורקיקה מקל וחומר". מפורש אם כן שמצוות "מקדשי תיראו" שייכת אף בהר הבית. אלא שיש מן הראשונים שגרסו שאין זה אלא מדרבנן, ומדבר תורה אין חיוב מורא מקדש אלא בעזרה.[17]

ב. איסור השתחוויה על אבן משכית אינו אלא בגבולין, כמדויק מן הפסוק: "ואבן משכית לא תתנו בארצכם להשתחות עליה" (ויקרא כ"ו, א). המנחת חינוך (מצווה שמט) הסתפק לגבי חלות האיסור: "והנה נראה הא דבמקדש מותר, דוקא מעזרת ישראל בפנים דהוי מחנה שכינה, אבל חוץ לעזרה בכל הר הבית אסור ועוברים משום לאו זה, ואפשר הכל הוא בכלל בית המקדש". הרי שתלה את היקף איסור אבן משכית בשאלת מעמדו של הר הבית.

ג. עוד רמז שם במנחת חינוך לנפקא מינה נוספת: "ועיין ר"מ כאן (הלכות עכו"ם פ"ו ה"ט) גבי נטיעת אילן בעזרה או בהר הבית". ובאמת המעיין שם יראה שנקט רק "הנוטע אילן אצל המזבח או בכל העזרה", ולכאורה נראה שמותר לנטוע בהר הבית. אולם יעוין עוד בספרי שופטים פיסקא קמה וברמב"ם ובראב"ד בהלכות בית הבחירה פ"א ה"ט, ואכמ"ל.

ד. בשם מו"ח זצ"ל הובא שייחודו של המקדש לעניין השתחוויה אינו מצטמצם להיתר השתחוויה על אבן משכית, אלא יש קיום מיוחד של השתחוויה במקדש, הנלמד מן הכתובים בפרשיית ביכורים "והשתחוית לפני ה' אלקיך" (דברים כ"ו, י).[18] כיסוד לדבריו הביא הרב את לשון התפילה: "ושם נעלה ונראה ונשתחווה לפניך"; הרי שישנו קיום ייחודי של השתחוויה במקדש. וביאר עוד כי אין קיום זה אלא בעזרה, אך לא בכל הר הבית.

ה. כתב הרמב"ם: "הסותר אפילו אבן אחת דרך השחתה מן המזבח או מן ההיכל או משאר העזרה לוקה" (הלכות יסודי התורה פ"ו ה"ז). הרי שצמצם איסור זה לעזרה ופנימה, ואין הר הבית בכלל האיסור.

16. נתעוררתי לכמה נפקא מינות מספרו של הגאון ר' יחיאל מיכל טיקוצ'ינסקי, עיר הקדש והמקדש.
17. מאירי יבמות ו ע"ב.
18. יעויין הררי קדם חלק א סימן נט [הערת עורך].

ו. שתי גרסאות מצינו בהלכה הידועה הנאמרת בסוף פיטום הקטורת, שאין מכניסין מי רגליים במקדש (לפי גרסה אחת) או בעזרה (לפי גרסה אחרת). וככל הנראה, וכך שמעתי ממו״ר זצ״ל, נפקא מינה בין שתי נוסחאות אלו הוא האם מותר להכניס מי רגליים להר הבית מחוץ לעזרה. ושוב, נראה שאף שאלה זו מעורה באופי מעמד הר הבית ובטיבו.

מחנה לוויה

יש להוסיף עוד שלדורות נקרא הר הבית מחנה לוויה (זבחים קטז ע״ב, וברמב״ם הלכות בית הבחירה פ״ז הי״א), אף שאין הוא מקום חניית הלויים. זאת משום שהוא כנגד מקום חניית הלויים במדבר סביב המשכן. ועל דרך האפשר נראה שישנה נקודת דמיון בין הר הבית כמקום ובין מעמד הלויים במקדש ותפקידם. הלויים עוזרים ומסייעים במקדש, הם חלק ממנו אך במעגל החיצוני. מעין זה בדיוק הוא הר הבית, סובב הוא את המקדש כמעגל חיצוני לו, נזר ועטרה לבית תפארתנו.

קדושת החיל ועזרת הנשים

טמא מת וטבול יום בחיל ובעזרת נשים

"החיל מקודש ממנו", קובעת המשנה בכלים (פ"א מ"ח), "שאין עובדי כוכבים וטמא מת נכנסים לשם. עזרת נשים מקודשת ממנו, שאין טבול יום נכנס לשם ואין חייבין עליה חטאת".

הרמב"ם בהלכות בית הבחירה (פ"ז הט"ז) הביא את דין משנתנו: "החיל מקודש ממנו, שאין עכו"ם וטמא מת ובועל נדה נכנסים לשם". על כך העיר הראב"ד שם: "אף זה מדבריהם". הראב"ד הבין מלשון המשנה כי איסור כניסה של טמא מת וגוי לחיל אינו אלא מדרבנן.

במקביל, יש לעמוד על רמת האיסור בעזרת הנשים. הרמב"ם (שם הי"ז) הביא את דין משנתנו בלשון זה: "עזרת הנשים מקודשת מן החיל, שאין טבול יום נכנס לשם. ואיסור זה מדבריהם, אבל מן התורה מותר לטבול יום להכנס למחנה לויה, וטמא מת שנכנס לעזרת הנשים אינו חייב חטאת". והנה מה שכתב לגבי טבול יום, שאיסורו מדבריהם, מפורש הוא בגמרא בכמה מקומות.[1] ונראה בפשטות שאף כניסת טמא מת לא נאסרה אלא מדרבנן, שהלוא אינו חייב חטאת, וכן הבין הכסף משנה (הלכות ביאת מקדש פ"ג ה"ט).

והנה יש לעמוד על אופי איסורי הכניסה המבוארים במשנה זו ועל מעמד החיל ועזרת הנשים. מחד יש לומר דאופי האיסור הינו איסור כניסה החל על הגברא בלבד. אין מעמד מיוחד וחלות שם עצמאית לחיל ולעזרת הנשים. ישנם אך ורק שלושה מחנות – מחנה ישראל, מחנה לוויה, ומחנה שכינה מן העזרה ופנימה. מה דנתחדש

1. למשל, פסחים צב ע"א.

במשנה הוא איסור כניסה מיוחד לחיל ולעזרת הנשים יתר על שאר הר הבית. ברם, אי אפשר לדבר על קדושת חיל וקדושת עזרת נשים כמקומות בעלי מעמד ייחודי.

מאידך, יש להציע שאכן יש חלות שם מיוחדת ועצמאית לחיל ולעזרת הנשים בתוך הר הבית, ואין מדובר באיסור כניסה גרידא. מעמד ייחודי וזהות נפרדת הוענקו לחיל ולעזרת הנשים.

לפי ההצעה הראשונה, שבאיסור כניסה עסקינן הכא, נסביר בפשטות כי מדובר בהרחקה. חז"ל גזרו איסור כניסה כדי להרחיק יותר מן העזרה את אותם הטמאים האסורים מן התורה להיכנס אליה. ברם, אם כך תמוה מפני מה הרחיקו את טמא המת ואת העכו"ם, שמעיקר הדין אסורים בכניסה רק לעזרה, מן החיל והלאה; ואילו את טבול יום, האסור אף הוא להיכנס לעזרה, מנעו בכניסה רק מן עזרת הנשים ופנימה. אם מדובר באיסור שבאופיו הינו גזירה של הרחקה, מסתבר שיש לכלול בגזירה זו את כל הטמאים האסורים בכניסה לעזרת ישראל. ואף כי ייתכן שחכמים נתנו דבריהם לשיעורים, נראה יותר שאף אם מדובר באיסור כניסה, זו גזירה שנגזרה על הגברא הטמא ואינה הרחקה מבחינת אופייה וצביונה.

בין עזרת הנשים לחיל

לפום ריהטא יש לראות את החיל ואת עזרת הנשים בכפיפה אחת. אולם יעוין ברמב"ם, שכתב בהלכות ביאת מקדש: "אבל טמא מת או טבול יום שנכנס לעזרת נשים... אע"פ שאינו לוקה, מכין אותו מכת מרדות" (פ"ג ה"ט). ודייק בו הכסף משנה על אתר: "שהיה לו לכתוב טמא מת שנכנס לחיל או טבול יום שנכנס לעזרת הנשים, כמו שהוא במשנה פ"ק דכלים. וכן שנינו עוד בתוספתא, כתבה רבינו בפירוש המשנה פ"ק דכלים: החיל ועזרת הנשים מעלה יתרה בבית עולמים, והטמאים שנכנסו לשם פטורים". הכסף משנה נתקשה מדוע ייחד הרמב"ם את מכת המרדות דווקא לטמא מת הנכנס לעזרת נשים; הרי אסור הוא אף בביאה לחיל, כפי שמפורש במשנה בכלים וכפי שפסק הרמב"ם עצמו: "החיל מקודש ממנו שאין גויים וטמא מת ובועל נדה נכנסים לשם" (הלכות בית הבחירה פ"ז הט"ז).

כדי לעמוד על שורש העניין נעיין בדין דרבנן נוסף, המבדיל בין החיל לעזרת הנשים: טבול יום, המותר בכניסה לחיל, אסור בכניסה לעזרת הנשים. הלכה זו, המבדלת בין החיל לעזרת נשים, נדרשת מן הפסוק: "וַיַּעֲמֹד יהושפט בקהל יהודה וירושלם בבית ה' לפני החצר החדשה" (דברי הימים ב כ', ה). ובכמה סוגיות ערוכות בגמרא (פסחים צב ע"א, יבמות ז ע"ב, זבחים לב ע"ב) ילפינן מפסוק זה כדלהלן:

"מאי חצר החדשה, אמר ר' יוחנן: שחידשו בה דברים, ואמרו: טבול יום אל יכנס למחנה לויה". דהיינו, דבאותו הזמן גזרו על טבול יום, שאף על פי שמן התורה מותר הוא במחנה לויה, לא יבוא אל עזרת הנשים; אולם אל החיל, שלא נגזרה גזירה לגביו, מותר הוא לבוא.

והנה מלשון "החצר החדשה" מדויק שעיקר החידוש באותה העת היה הוספת חלות שם נוספת של מקום נפרד בהר הבית. אופי ההלכה הינו יצירת מקום חדש בהר הבית, בעל מעמד וזהות עצמאיים, אם במנותק ממחנה לוויה וממחנה שכינה ואם כמקום ייחודי בתוכם. איסור הכניסה הרובץ על טבול יום הינו תוצאה של אותו מעמד. חלות השם של מקום עצמאי היא האוסרת בביאה. זאת בניגוד להצעה שמראש אופי התקנה היה איסור כניסה הרובץ על הגברא.

אותה חלות שם של מקום מוגדר בעל מעמד ייחודי נראה שמוגבלת היא לעזרת הנשים ולא לחיל. החיל אינו קובע ברכה לעצמו ואין הוא אזור מסוים בעל שם עצמאי. לא הרי איסור כניסת טמא מת לחיל, שהוא גזירה שגזרו על הטמא עצמו, כהרי איסור הביאה לעזרת נשים, שיסודו בהענקת מעמד מחודש למקום. בעזרת הנשים המעלה היתרה מתגשמת בחלות שם המקום, בעוד בחיל המעלה היתרה מתבטאת באיסור הגברא.

אם נקבל חילוק זה, אפשר שנצא נשכרים מבחינה נוספת. נחלקו רבותינו הראשונים בדבר אותה גזירה שנתחדשה, שטבול יום אל ייכנס לעזרת נשים. רש"י בזבחים (לב ע"ב ד"ה אפילו) הסביר שגזירה זו שייכת רק למאן דאמר שטבול יום דזב לאו כזב הוי. לסוברים שטבול יום דזב הרי הוא כזב, אסור הוא מן התורה בכל הר הבית כזב עצמו, ואין צורך בגזירה. וכן כתב הר"ש בפירושו לכלים (פ"א מ"ח).

אולם אין כן דעת בעלי התוספות. יעוין בדבריהם בזבחים שם (ד"ה ורבי) וביבמות (ז ע"ב ד"ה ורבי), שניתקו הם את הזיקה בין המחלוקת על אודות מעמדו של טבול יום כזב לביי היתרו מדאורייתא בהר הבית. ובביאור דבריהם נראה שיש לחלק בין מעמד הגברא כזב ובין טומאתו. כיוון שטבל הטמא שוב אינו קרוי זב, אלא שם חדש ניתן לו – טבול יום. זאת אף למאן דאמר שטבול יום כזב. כל המחלוקת היא ביחס לאופי טומאתו ולטיבה, האם עדיין טומאת זב היא (אם כי ברמה נחותה), או שמרגע שטבל פרחה לה טומאת הזיבה לגמרי ונתחדשה בו טומאת טבול יום. ברם, בנוגע לגברא כולי עלמא מודים שאינו זב אלא טבול יום.

מעמד דומה יש למצוא בבועל נידה מדאורייתא ובעכו"ם מדרבנן (שהלוא גזרו על עכו"ם שיהיו כזב לכל דבריהם – שבת פג ע"א). כל בועל נידה, אף כי טמא הוא בטומאת הנידה, ודאי שאיננו הופך להיות נידה בגברא ואינו מוגדר כך. אף גויים,

שגזרו עליהם מדרבנן שיהיו כזבים, מסתבר שרק החילו עליהם טומאת זיבה, ולא שמעמדם האישי הוא כשל זבים. לכן בועל נידה ועכו"ם מותרים בכניסה להר הבית, אף שנידה וזב עצמם אסורים. אף שטומאתם היא טומאת זב וטומאת נידה, אין הם מקבלים זהות של זב ונידה. וכשם שעכו"ם ובועל נידה מותרים בהר הבית, כך אף טבול יום מותר בכניסה לשם. זאת אפילו אם נאמר דטבול יום דזב כזב, שהרי איסור הכניסה למחנה לוויה תלוי במעמד האדם בגברא ובהגדרה של זהותו האישית ולא באופי טומאתו.

איברא שלאור זאת מסתבר היה שישתוו דיני טבול יום לבועל נידה ולגוי, אולם לא כך הם פני הדברים. בעוד שאלו האחרונים אסורים בכניסה לחיל מדרבנן, טבול יום מותר בביאה לשם, ולא נאסר אלא מעזרת הנשים ופנימה.

מתוך כך נראה שבנוגע לחקירתנו בדבר אופי החיל ועזרת הנשים, יש לתקוע טריז בין הדבקים, כפי שהוצע לעיל. עזרת הנשים נקבעה מדרבנן כמקום בעל מעלה יתרה ומעמד עצמאי, מעין הרחבה של עזרת ישראל ומחנה שכינה. כתוצאה מכך חל על טמאים איסור להיכנס אליה. לחיל, לעומת זאת, אין זהות ייחודית ועצמאית. מעמדו וקדושתו לא השתנו, והוא חלק ממחנה לוויה. איסור הכניסה אליו הוא איסור גברא, המתייחס ישירות לטמאים. אופי זה של איסור החיל מאפשר לגזור גזירות על טמאים מסוימים ולא על אחרים, אף כי מעמדם ההלכתי שווה. בכך מתאפשר לחלק בין טבול יום ובין בועל נידה ועכו"ם. אולם בעזרת הנשים אין אפשרות להבדיל בין הטמאים הללו, שמעמד כולם דומה, משום שאיסור ביאה לתוכו אינו תלוי באדם אלא במעלת המקום.

לאור זאת ניתן להעלות ארוכה לדברי הרמב"ם, שנתקשה בהם הכסף משנה. אמנם טמא מת אסור הן בחיל והן בעזרת נשים. אולם בחיל אין זה אלא איסור כניסה המוטל על הגברא, שאין בו מכת מרדות; ואילו בעזרת נשים הוטבעה מדרבנן חלות שם מחנה שכינה, ועל כן טמא מת או טבול יום שנכנסו לשם מכין אותם מכת מרדות.

מעמד עזרת נשים מדאורייתא

מדאתינן להכי, יש להציע שאולי אף מן התורה ישנו מעמד ייחודי לעזרת הנשים. ייתכן שההבדל בינה לבין החיל יש לו שורש ויסוד מדאורייתא. יעוין בפרק שני דמכות (יד ע"ב), בדינו של העובר על לא תעשה שקדמו עשה. במידה שהעשה בא רק אחר העבירה כדי לתקנה, זהו לאו הניתק לעשה. אולם בסוגיה במכות מדובר במקרה אחר – עשה השייך בין קודם החטא ובין לאחר החטא, כפי שפירש רש"י על אתר:

"הא אתא לאשמועינן דאפילו למאן דאמר לאו הניתק לעשה אין לוקין עליו... עשה שקדם את הלאו, ואתה יכול לקיימו קודם עבירת הלאו, אין זה ניתוק הלאו, ואפילו תקיימנו אחר עבירת הלאו – לא נפטרת מן המלקות".

ונחלקו אמוראים בנידון: "אמר רבה בר בר חנה אמר רבי יוחנן: כל לא תעשה שקדמו עשה – לוקין עליו. אמרו לו אמרת, אמר להו לא. אמר רבה: האלוקים אמרה, וכתיבא ותנינא, כתיבא, וישלחו מן המחנה [וגו'] ולא יטמאו את מחניהם, תנינא הבא למקדש טמא". הרי שדעת רבה היא שלוקים על לאו כזה; רבי יוחנן, שחזר בו, נחלק עליו. רבה הוכיח דעתו ממה שנתפרש במשנה (שם יג ע"א) שטמא שנכנס למקדש לוקה, מפאת הלאו של "ולא יטמאו את מחניהם" (במדבר ה', ג), וזאת אף שקדם לו העשה של "וישלחו מן המחנה כל צרוע וכל זב" (שם, ב). עשה זה מתקיים הן לאחר הכניסה בטומאה והן לפניה, שהרי מצוות השילוח כוללת חובה לשילוח טמאים אף טרם כניסתם.

והנה בסוגיה שם אין מבואר כיצד יכלכל רבי יוחנן, הסובר שאין לוקים בכגון דא, את ההלכה המנויה באותה משנה, שלוקה הטמא אם נכנס אל המקדש. ודנו בכך ראשונים בהרחבה (יעויין בבעל המאור ובמלחמות מכות ג ע"ב באלפס, וכן בריטב"א מכות טו ע"א ד"ה תנינא).

בתירוץ שיטת רבי יוחנן הציע ר' ירוחם פישל פרלא זצ"ל (בביאורו לספר המצוות לרס"ג, עשה קפט) שאין העשה של "וישלחו" מוגדר כקודם ללאו, משום שבמקרה זה לא ראי הלאו כראי העשה, הן מבחינת תוכן הלאו והן מבחינת מושא הלאו. מצד המושא, הלאו "ולא יטמאו את מחניהם" מופנה כלפי הטמא עצמו, שלא ייכנס אל המקדש בעוד טומאתו עליו, ולא יטמא את המחנה. העשה, מאידך, מכוון כלפי הציבור בכלל, ואולי בפרט כלפי בית הדין, המחויב בשמירת המקדש, שאל יבוא בו טמא. כך עולה במפורש מניסוח הפסוק: "צו את בני ישראל וישלחו מן המחנה כל צרוע וכל זב וכל טמא לנפש". על כך הוסיף שמצד התוכן הלאו הינו איסור כניסה ושהייה, בעוד העשה הינו חובת שילוח הטמא.

מכאן ברור שאין העשה בא כדי למנוע את הלאו. אין זאת שטמא מחויב לשלח עצמו מן המחנה ובכך נשמר הוא מן הלאו. מצוות העשה היא ציווי כללי המוטל על הציבור כולו, לשמור את קדושת המחנה. ודברי פי חכם חן.

ונראה לי להוסיף על דבריו, שאפשר שיהיה חילוק מקומות בין היקף העשה ובין היקף הלאו, ושבהקשר זה נמצא הבדל בין החיל לעזרת הנשים.[2] עזרת הנשים

2. דיון בנוגע להיקף העשה ישנו במנחת חינוך במצוות שסב, שסג, תקסה.

היא חלות שם עצמאית מן התורה. עקב כך, העשה האמור מתייחס אף לעזרת הנשים, וכלולה היא בכתוב "וישלחו מן המחנה". החובה לשלח טמאים מן המקדש תקפה אף בעזרת נשים. החיל, מאידך, איננו חלות שם עצמאית. ניתן לומר רק שגברא הטמא בטומאת מת אסור הוא בכניסה לשם, ואף זאת מדרבנן בלבד. מפאת כך חובת שילוח טמאים המוטלת על הציבור אינה חלה ביחס לחיל.[3]

ראינו לעיל את דברי הרמב"ם: "וטמא מת שנכנס לעזרת הנשים אינו חייב חטאת". שמא לאור דברינו ניתן לבארם, שלא ככסף משנה, דטמא מת אסור מן התורה להיכנס לעזרת הנשים, אך זאת רק מפאת העשה ולא מצד הלאו. איסור זה איננו הלאו הרגיל של "ולא יבוא אל תוך המחנה". איסור כניסתו מעורה במצוות עשה של חובת השילוח, דילפינן מן הפסוק "וישלחו מן המחנה כל צרוע וכל זב וכל טמא לנפש". ועל כך יש להוסיף שעשה זה משתייך אך ורק לעזרת נשים ולא לחיל. לפי זה, שורש הפטור מחטאת של טמא מת שנכנס לעזרת נשים יסודו בכך שחובת השילוח אינה אלא מצוות עשה, ובניגוד להבנת הכסף משנה, שהפטור יסודו בכך שהאיסור אינו אלא מדרבנן.[4]

הבאנו לעיל את דברי הרמב"ם, "שהחיל מקודש ממנו, שאין גוי וטמא מת ובועל נדה נכנסים לשם", ואת השגת הראב"ד שם, "אף זה מדבריהם" (הלכות בית הבחירה פ"ז הט"ז). מעתה יש לפרש בדברי הראב"ד, שאין זאת רק שהאיסור להיכנס איננו מן התורה, אלא שאין כלל חלות שם חיל כמקום מוגדר וייחודי מן התורה.

והנה לא מצינו מפורש במה נתקדשו החיל ועזרת נשים. על פי דברינו ייתכן שהחיל, שאינו כרוך אלא באיסור גברא, איננו טעון מעשה קידוש. רק עזרת הנשים מתקדשת, כיוון שהיא מקום בעל מעלה יתרה בבית העולמים.

3. ביומא מד ע"ב נחלקו רש"י והריב"א בפירוש דברי הגמרא "מעלות דאורייתא". לפי רש"י, כל הקדושות השנויות במשנה בכלים יש להן חלות שם ומעמד מן התורה, ואילו הריב"א (בתוספות ישנים) חלק והוכיח דאי אפשר לפרש כרש"י, שהרי אף עזרת נשים מנויה שם, והלוא איסור ביאתו של טבול יום לתוכה אינו אלא מדרבנן. לפי הנאמר בפנים יש לפשר ביניהם, ולהציע שעזרת נשים אכן מהווה חלות שם מן התורה, אף אם איסור ביאת טבול יום אינו אלא מדרבנן; בעוד החיל אינו מהווה שום חלות שם מן התורה או אף מדרבנן [הערת העורך].

4. לכאורה, יש בדברינו כדי להסביר מדוע ייחד הרמב"ם מכת מרדות בטמא מת דווקא לנכנס לעזרת נשים, והוציא את הנכנס לחיל מכלל מכות אלו. טמא מת הנכנס לעזרת נשים עבר על עשה מן התורה, ולכן מכין אותו (מדרבנן), מה שאין כן הנכנס לחיל, שאינו אסור אלא מדרבנן. ברם, אין לקבל הסבר זה; דהלוא הרמב"ם כתב דמכין אף טבול יום שנכנס לעזרת נשים, שוודאי עבר רק על איסור דרבנן.

קדושת העזרה

קידוש העזרה

המשנה בכלים מוסיפה וקובעת: "עזרת ישראל מקודשת ממנה, שאין מחוסר כפורים נכנס לשם וחייבין עליה חטאת. עזרת הכהנים מקודשת ממנה, שאין ישראל נכנסין לשם אלא בשעת צרכיהם – לסמיכה, לשחיטה, לתנופה". חיוב החטאת המוזכר ברישא יסודו בכך שמעזרת ישראל ולפנים ממנה הוא מחנה שכינה, כמבואר ברמב"ם (הלכות בית הבחירה פ"ו הי"א).

במשנה (שבועות יד ע"א) מפורש שניתן להוסיף על העזרה. ובגמרא שם (טו ע"א) מבואר שכאשר מוסיפים על העיר מביאים שתי תודות, כנאמר במשנה, אך ההוספה על העזרה נעשית על ידי שיירי מנחה. מדוע? "מה ירושלים [= מתקדשת על ידי] דבר הנאכל בה ויוצא ממנה נפסל, אף עזרה [= מתקדשת על ידי] דבר הנאכל בה והיוצא ממנה נפסל". כלל זה מעורה ביסוד שהוא הבריח התיכון לכמה וכמה ענייני קדושה, יסוד שכבר עמדנו עליו כמה פעמים בחיבור זה: עצם ניהוג הקדושה הוא היוצר קדושה זו. פעמים שקדושה באה לעולם על ידי קיום הלכות הנובעות מקדושה זו. אכילת שיירי מנחה, שאינם נאכלים אלא בעזרה, היא היוצרת והמחדשת חלות שם עזרה באותו מקום.

ביחס לכך יש מקום להסתפק האם בעינן מנחות לעיכובא. הלוא גם חטאות ואשמות אינם נאכלים אלא בעזרה, כפי שפסק הרמב"ם: "ואין חטאת ואשם ושירי מנחות נאכלין אלא לזכרי כהונה בעזרה" (הלכות מעשה הקרבנות פ"י ה"ג), וכן הם נפסלים אם יצאו ממנה, כמבואר בדבריו: "בשר קדשי קדשים שיצא חוץ לחומת העזרה ובשר קדשים קלים שיצא חוץ לחומת ירושלים נפסל ונאסר לעולם, ואף על

פי שחזר למקומו אסור לאוכלו" (שם פי"א ה"ו). אמנם אין החטאת והאשם באים בנדבה, ובכל זאת במידה שהוקרבו ישנו מקום ספק האם ניתן לקדש בהם את העזרה, או שבעינן שיירי מנחת נדבה המוקרבת במיוחד עבור קידוש העזרה.

שתי קדושות העזרה

יעוין בסוגיה בזבחים כד ע"א, הדנה במקרה הבא: "נעקרה האבן ועמד במקומה מהו, כי קדיש דוד רצפה העליונה קדיש או דילמא עד לארעית דתהומא קדיש". רש"י (שם ד"ה נעקרה) פירש שהשאלה נוגעת למקרה שהכוהן עומד בגומה שממנה נעקרה האבן. הרמב"ם פירש שמדובר במקרה שהכוהן עומד על האבן שנעקרה עצמה (הלכות בית הבחירה פ"א ה"י). כך או כך, שאלה זו מבוססת על הצורך, המבואר שם בראשית הסוגיה, שהכוהן יעמוד על רצפת העזרה בשעת העבודה.

מוקד האיבעיא הינו קדושתה של רצפת העזרה כחפצא של המקדש וכחלק ממנו, מעין התנאי שלא יהא דבר חוצץ בין הכוהן לכלי שרת. כשם שעל הכוהן להשתמש בכלי שרת בלי חציצה, כך מוטל עליו לעמוד על רצפת העזרה בלא שתהא חציצה בינו לרצפה.

הדיון שם, אם כן, סובב סביב השאלה איזה חלק מרצפת העזרה נתקדש כחפצא של מקדש. אולם נראה פשוט כביעתא בכותחא דאפילו אם במקרה הנידון שם בסוגיה נכריע שאין לכוהן לעבוד עבודה בעודו עומד במקומה של האבן שנעקרה, כי לא נתקדשה הרצפה עד ארעית תהומא, אין זה נוגע לשאלת קדושת המקום, שלכאורה היא ודאי חלה בכל תחום העזרה. כל איסורי ביאת מקדש ודאי חלים שם, וטמאים אסורים בכניסה אף לגומה שממנה נעקרה האבן ממקומה (לפי פירוש רש"י) או בעמידה על האבן עצמה (אליבא דהרמב"ם).

נמצינו למדים כי שתי קדושות ישנן בעזרה: א. קדושת מקום של השראת שכינה, שהיא האוסרת טמאים בביאה ובשהייה שם. ב. קדושת העזרה כחפצא של המקדש; רצפת העזרה אינה רק הקרקע שעליה בנוי המקדש, אלא חלק מן המקדש עצמו. ובנוגע לקדושה זו שואלת הסוגיה בזבחים עד היכן היא תופסת.[1]

אכן, צריך עיון בזה. לכאורה, סביר לייחס קדושה זו של העזרה כחפצא של

1. וראו דברי ר' חיים זצ"ל, הלכות בית הבחירה פ"א ה"י, ודברי מרן הגרי"ד זצ"ל (קובץ חידושי תורה, 'בענין בית הבוזירה בית המקדש', עמ' קלה-קמא; חזרו ונדפסו בחידושי הגר"מ והגרי"ד, הלכות בית הבחירה פ"ז הלכה ז-ט) [הערת העורך].

מקדש לשלמה עצמו שבנה את המקדש, בעוד את קדושת המקום נייחס לדוד. אך הלוא הסוגיה שם תלתה קדושה זו, של העזרה כחלק מהמקדש, דווקא בדוד המלך.

ויש עוד לציין כי סוגיה זו מניחה כי דוד המלך ע"ה הוא אשר קידש את העזרה, אך הרמב"ם ביד החזקה ייחס את קדושת המקדש לשלמה: "ובמה נתקדשה, בקדושה ראשונה שקדשה שלמה, שהוא קידש העזרה וירושלים לשעתן וקידשן לעתיד לבא" (הלכות בית הבחירה פ"ו הי"ד). הרי ששיטתו היא שקדושת המקדש לזמנו ולדורות באה מכוחו של שלמה המלך ע"ה, וכנראה לדעתו לא ניתן לקדש את המקדש קודם בניינו.

עוד נעיר, שכשם שדנו לעיל ביחס שבין הר הבית למקדש, כך יש לדון אף ביחס שבין העזרות לבית עצמו; מהו מעמד העזרה מול ההיכל וקודש הקודשים. יש לדון עד כמה מדובר בשתי חטיבות שונות, ועד כמה יש לראותן כיחידה אחת.[2]

2. ייתכן ויש לבחון זאת בהקשר של השאלה האם הזורק דם חטאות הפנימיות על גבי מזבח העולה ייחשב כזורק בחוץ.

קדושת בין האולם ולמזבח, אולם והיכל

מעמד בין האולם ולמזבח

"בין האולם ולמזבח מקודש ממנה", קובעת המשנה בכלים, "שאין בעלי מומין ופרועי ראש נכנסים לשם. ההיכל מקודש ממנו שאין נכנס לשם שלא רחוץ ידים ורגלים... אמר רבי יוסי, בחמישה דברים בין האולם ולמזבח שוה להיכל: שאין בעלי מומין ופרועי ראש ושתויי יין ושלא רחוץ ידים ורגלים נכנסין לשם, ופורשין מבין האולם ולמזבח בשעת הקטרה".

נחלקו רבותינו גדולי העולם, אשר מימיהם אנו שותים, בנוגע לקדושת בין האולם והמזבח. רבנו הגדול הרמב"ם ביאר בפירושו למשנה שמחלוקת רבי יוסי וחכמים ממוקדת באינו רחוץ ידיים ורגליים, וסובבת סביב היתר כניסתו מן המזבח ולפנים. לדעת רבי יוסי, מי שלא רחץ ידיים ורגליים אסור בכניסה כבר מן המזבח ולפנים, ועל כך חולקים חכמים. אולם לדעת הרמב"ם כולם מודים שדבר תורה אין פרועי ראש, שתויי יין ובעלי מומים נכנסים מן המזבח ולפנים.

לאור זאת פסק הרמב"ם כדלהלן: "יראה לי שכל כהן הכשר לעבודה אם נכנס מן המזבח ולפנים והוא שתוי יין או שכור משאר המשכרין או פרוע ראש או קרוע בגדים כדרך שקורעין על המתים, אף על פי שלא עבד עבודה הרי זה לוקה" (הלכות ביאת מקדש פ"א הט"ז). ומעין זה פסק בהמשך לגבי כהן בעל מום: "כל כהן שיש בו מום, בין מום קבוע בין מום עובר, לא יכנס למקדש מן המזבח ולפנים, שנאמר: אל הפרוכת לא יבוא ואל המזבח לא יגש. ואם עבר ונכנס – לוקה, אף ע"פ שלא עבד" (שם פ"ו ה"א).[1] ברור שלדעתו מן התורה האזור שבין האולם ולמזבח קובע ברכה לעצמו, כחטיבת קדושה בעלת מעמד עצמאי הנבדל מן שאר העזרה, שהלוא אחד מאלו שנכנס לאזור זה לוקה.

1. וכן כתב בספר המצ־ות לא תעשה סט, עג.

השיבו על דבריו הראב"ד בפ"א על אתר, ובייחוד הרמב"ן בספר המצוות (לא תעשה סט, עג). לדעתם אין כל אלו אסורים מן התורה בכניסה מן המזבח ולפנים. כל האיסור מדאורייתא של ביאת שתויי יין וכדומה אינו אלא בכוהן העובד ממש. לדידם, המעלות שנשנו במשנתנו אינן אלא מדרבנן.

ונראה דלשיטתם בין האולם ולמזבח והעזרה מהווים קדושה אחת, ומסתבר דמדאורייתא אין בכלל חלות שם עצמאית של בין האולם ולמזבח. אין כלל מקום כזה, המוגדר כאזור בעל מעמד נפרד. אין זאת רק שבין האולם ולמזבח חדא קדושה הוא עם העזרה, אלא ממש שם אחד הוו. אמנם, אליבא דהרמב"ם, שפסק דמקומות אלו לאו חדא קדושה הם, ישנה חלות שם ייחודית לאזור שבין האולם ולמזבח. אך לשאר הראשונים נראה שאין רק זהות בדין העזרה ובדין בין האולם ולמזבח, אלא שאזור אחד וקדושה אחת הם.

יתרה מזאת; אף לדעת הרמב"ם, שמעלת בין האולם ולמזבח היא מן התורה, אפשר לומר שאין זה כי אם בתורת מעלה. אין תחום זה מחוץ לעזרה, אלא זהו חלק מן העזרה, שגבולו הוא המזבח, ולגבי חלק זה נוהגת מעלה מסוימת. והנה הלכה היא בידינו, כדילפינן ביומא (מד ע"א), דאין להימצא במקום שבו מקטירים קטורת. וכן מפורש בפרקין בכלים (מ"ט) שפורשין מבין האולם ולמזבח בשעת הקטרה, דאסור לעמוד מן המזבח ולפנים בעת הקטרת קטורת בהיכל. מתוך כך הקשתה הסוגיה ביומא שם, שהלוא מדובר בגזירה לגזירה. מעיקר הדין אין פורשים אלא ממקום ההקטרה. חובת הפרישה מבין האולם ולמזבח היא גזירה אטו אולם, והפרישה מהאולם עצמו אינה אלא מחמת החשש שמא ייכנס להיכל. הגמרא העלתה שתי הבנות בביאור הרחקה זו. רבא הסיק מהלכה זו כי "קדושת אולם והיכל חדא מילתא". ברם, הסוגיה שם דחתה את הוכחתו, שכן יש להציע הבנה חילופית. פרישה זו מבין האולם ולמזבח בשעת הקטרה בנויה על כך ש"אולם ובין האולם ולמזבח חדא קדושא היא".

ונראה, במקביל, שאם נאמר דבין האולם והמזבח מהווה קדושה אחת עם האולם, הם מתמזגים לחטיבת קדושה אחת ומתאחדים לכדי מקום אחד ושם אחד. לא רק שדינם שווה לענין פרישה מהם בשעת הקטרה בהיכל אלא שאנו תופסים אותם כאיזור אחד ורציף.

יחס האולם להיכל

רבא שם רצה להוכיח ש"קדושת אולם והיכל חדא מילתא היא". דעה מעין זה מצינו

במקומות נוספים (עירובין ב ע"א, זבחים נח ע"ב). והנה לכאורה אם קדושת אולם והיכל חדא מילתא היא, משמעות הדבר היא שהאולם מהווה חפצא של היכל.

אולם נראה דלא הרי השאלה האם בין האולם ולמזבח הווי קדושה אחת עם העזרה או עם האולם, כהרי שאלת מעמדם של האולם וההיכל והזיקה ביניהם. ביחס לאולם ולהיכל נראה לכאורה ברור שמדובר בשני שמות ובשתי יחידות. לכולי עלמא, אין האולם וההיכל יחידה אחת אחידה וזהה. שני מקומות שונים הם, ונחלקו רק בשאלה עד כמה דיניהם שווים.

מסברה ודאי ייתכן שישנם מקומות חלוקים במקדש שדינם זהה. ויעוין היטב בלשון הרמב"ם: "ואלו הן הדברים שהן עיקר בבנין הבית: עושין בו קדש וקדש הקדשים, ויהיה לפני הקדש מקום אחד והוא הנקרא אולם, ושלשתן נקראין היכל" (הלכות בית הבחירה פ"א ה"ה). לא ברור כיצד פסק ביחס לשאלה אי אולם והיכל קדושה אחת הוו אי לאו. אך ודאי שאף אם פסק, כדעת כמה אחרונים,[2] שהיכל ואולם קדושה אחת הן, ברור מניסוח ההלכה שמקומות חלוקים הם וכי ישנו הבדל מהותי ביניהם. האולם, הקודש וקודש הקודשים עומדים כל אחד בפני עצמו כיחידה עצמאית, אם כי שלושתם גם קרויים היכל.

בביאור עניין זה יש לציין שישנם למקדש שני מוקדים ושני ייעודים (ונרחיב בעניין זה בפרק העוסק בקדושת הבית הבנוי). ראשית, השראת שכינה – "ושכנתי בתוכם"; שנית, מקום עבודה והקרבת קרבנות. על כך יש להוסיף כי ההיכל במהותו הוא מקום השראת שכינה (אם כי גם נעשות בו עבודות), בעוד העזרה בעיקרה מיועדת לעבודת הקרבנות. על סמך זאת, נראה לפצל ולומר שלעניין עבודה כשר האולם כהיכל, אך בכל הנוגע להשראת השכינה לא הרי האולם כהרי ההיכל. אף אם ביחס לדיני עבודה ולהלכות התלויות בה שווים ההיכל והאולם, נבדלים הם ביחס לנוכחות השכינה.[3]

ועוד יש להוסיף דביחס לעבודות פנים הנעשות בהיכל יש לחלק בין שני אופני עבודה. יש עבודה שמהותה היא השראת שכינה, ודרכה ובאמצעותה מתגברת ומתעמקת נוכחות השכינה במקדש. מאידך, יש עבודה שעיקרה הוא עבודת השם.

2. אור שמח הלכות פסולי המוקדשין פ"ב הי"ד.

3. משל לכך יש למצוא בדעת רבא בזבחים (נו ע"א), שאוכלים קודשי קדשים בלשכות הבנויות בחול ופתוחות אל הקודש, ברם אין שם חיוב טומאה. ונראה להסביר שמצד המקום הרי לשכות אלו נמצאות בחול, אך מצד שימושן ותפקודן הן משמשות כעזרה.

עבודות אלו מהוות מעין תגובה לנוכחות השכינה. היות שהשכינה שורה בבית הזה, אנו עובדים בו את הקב"ה.[4]

ונראה שלאור הנ"ל יש לחלק בתוך עבודות הפנים בין קטורת לבין מתן דמים. הקטורת קשורה בהשראת השכינה, מה שאין כן מתן דמים, דהווה ביסודו קרבן הטעון פנים, ללא מגמה להגביר את השראת השכינה ואת נוכחותה.

הקשר והזיקה בין ענן הקטורת לבין השראת שכינה מרומז בקראי בכמה וכמה פסוקים והקשרים: "הנה אנכי בא אליך בעב הענן" (שמות י"ט, ט), "כי בענן אראה על הכפרת" (ויקרא ט"ז, ב), "וכסה ענן הקטרת" (שם, יג).

עוד יש להוכיח את הזיקה בין הקטורת להשראת השכינה מכך שהקטורת תלויה במקום ולא במזבח, וראיה לדבר שאם נעקר המזבח מקטירים קטורת במקומו (זבחים נט ע"א). כל דינה הוא בבחינת העמקת השראת השכינה שבמקדש. אף את חובת הפרישה בשעת ההקטרה ממקום ההקטרה עצמו, דהיא דין דאורייתא, יש להסביר לאור נוכחות השכינה המתלווה

להקטרת הקטורת. ואף דילפינן חובת פרישה גם בשעת מתן דמים בגזירה שווה מהקטרת הקטורת (כמבואר ביומא מד ע"ב), הדינים שונים במהותם.[5]

אם כנים דברינו, דאף אם יש לאולם קדושת היכל היינו רק לגבי הקרבת קרבנות ההיכל, אך לא לגבי השראת השכינה שבו, וכן טענתנו שהקטורת קשורה למקום השכינה ולאו דווקא למקום העבודה, הרי נגיע למסקנה הבאה: האולם יוכשר למתן דמים, לעבודת המנורה ולחם הפנים, אך לא לקטורת.[6] אכן, יעוין בריטב"א ריש

4. מרן הגרי"ד זצ"ל חידש דמקום הארון הוא שם מקום בפני עצמו במקדש (יעוין בקונטרס בעניין עבודת יום הכיפורים, יט ע"ב). גם בנוגע למקום זה יש להסתפק אם הווי מקום מסוים לעניין עבודה או לעניין שכינה. לפום ריהטא, ייחודיות המקום מתבטאת כמקום הקטרה, ואם כן עניינו הוא עבודה. אולם באמת נראה דלא כך. הכתוב מעיד: "וישמע את הקול מִדַּבֵּר אליו מעל הכפֹּרת אשר על ארֹן העדֻת מבין שני הכרֻבים" (במדבר ז', פט). הרי לנו שמקום הארון מתייחד דווקא בהיותו מיוחד להשראת שכינה.

5. יש לבחון היטב שאלה זו של מעמד ההיכל כמקום שכינה או כמקום עבודה, לאור הדינים השייכים להיכל. יש לבדוק האם כולם מעור אחד הם, או שמא נבדלים הם זה מזה. מדובר בדינים הבאים: א. ביאת מקדש ריקנית, וכן ביאתו של אדם שלא רחץ ידיים ורגליים, בעל מום, שתוי יין, פרוע ראש, קרוע בגדים ומחוסר בגדים. ב. פרישה בשעת עבודה. ג. זיקת השלמים לפתח, והזאת פרה אדומה כנגדו. ד. פסול דמים שנכנסו.

6. לפום ריהטא, יש להעלות על הדעת חלוקה שונה; דישנו הבדל בין שולחן ומנורה מחד לבין עבודת המזבח מאידך. השולחן והמנורה הרי הם חלק מעיצובו של הבית כמוקד השראת שכינה, ואילו המזבח הינו מקום עבודה. אולם הדבר נסתר מגמרא זבחים יד ע"א, דמשתמע ממנה שאף לחם הפנים והשולחן, למאן דאמר היכל ואולם קדושה אחת הם, הונחו באולם.

עירובין, שבנוגע לשיטת רבי יהודה שם, שקדושת אולם והיכל חדא קדושה היא, העיר: "פירוש, לכל הדברים שהם בענין ההיכל". הרי שהשווה אותם מכל וכול, שלא כדברינו.[7]

כמו כן, יעוין בפירוש המשנה לרמב"ם (כלים פ"א מ"ט) שרמז לקושיה נודעת: אף כי המשנה קבעה כי עשר קדושות הן, הלא בפרטן אתה מוצא אחת עשרה קדושות. וכתב: "לדעת ר' יוסי שמשוה את הקדושה בהיכל ובין האולם ולמזבח ועושה אותה קדושה אחת הוא, שהן עשר קדושות כמו שהזכיר תחלה". כלומר, מניין עשר הקדושות הוא לפי רבי יוסי הסבור שקדושה אחת להיכל, לאולם, ובין האולם ולמזבח. ולפיו אכן סכום הקדושות עולה לעשר. ברם, לפי דברינו למעלה, אף לרבי יוסי ניתן היה למנות אולם והיכל לחוד, שהלוא מקומות חלוקים הם. אך שמא עיקר המניין כאן נוגע לפרישה ולהרחקה.

יש לחקור, אליבא דחכמים שכמותם פסק הרמב"ם (הלכות בית הבחירה פ"ז הל' כ-כא), שהתירו כניסת מי שאינו רחוץ ידיים ורגליים אל בין האולם ולמזבח, האם מותר הוא בכניסה אל האולם. והנה לכאורה חקירה זו תלויה בשאלה אם אולם והיכל קדושה אחת או שתיים. אולם לפי יסוד דברינו, יש לתלות זאת בשאלה האם הצורך בקידוש ידיים ורגליים הוא מפני העבודה או מפני השכינה. דאם הוא מפני העבודה, אזי דין האולם כדין ההיכל למאן דאמר שקדושה אחת נינהו. אולם אם מצוות קידוש ידיים ורגליים קשורה בכניסה אל מקום השראת השכינה, אזי אין דין האולם כדין ההיכל, אפילו למאן דאמר דקדושה אחת להם.

[אכן, על פי דברי רבנו המחבר זצ"ל יש לחלק בין שולחן, הכשר באולם, לבין מנורה, שמקומה בהיכל בלבד. השולחן ולחם הפנים הם חלק ממערך העבודה, בעוד המנורה עיקרה בא להשראת שכינה, כדברי הגמרא במנחות (פו ע"ב): "וכי לאורה הוא צריך? ...אלא עדות הוא לכל באי עולם שהשכינה שורה בישראל". הערת העורך].

7. והנה הגמרא ביומא שצוטטה לעיל העלתה שתי הבנות: או דאולם והיכל חדא מילתא, או דאולם ובין האולם ולמזבח חדא מילתא. הרי ששתי התופעות הוזכרו בחדא מחתא, בעוד לפי מה שהעליתי יש לחלק. דבשלמא אי אולם ובין האולם ולמזבח חדא מילתא – באמת אין כאן גזירה לגזירה, שהרי אינם אלא אזור אחד, וחובת הפרישה היא מאותו אזור אחד, גזירה משום כניסה להיכל גופא. ברם, אי אולם והיכל חדא קדושה, הרי אכתי שני אזורים שונים הם. לאור זאת, חובת הפרישה מבין האולם ולמזבח עדיין מתייחסת להקטרה המרוחקת ממנה שני אזורים. ועדיין איסור הכניסה מן המזבח ופנימה גזירה לגזירה הוא: גזירה בין האולם ולמזבח אטו אולם, וגזירה אולם אטו היכל. אך נראה דלא קשיא מידי. הפרישה היא הרחקה מן העבודה, וחובת הפרישה אינה תלויה בחטיבות השונות של המקדש, אלא בתחומים של הכשר העבודה. היות שהאולם כשר לעבודה דהיכל, חובת הפרישה כוללת גם אותו.

ייתכן דיש לתלות חקירה זו במחלוקת הראשונים, אם איסור כניסתו של מי שלא קידש ידיו ורגליו תלוי בעבודה דווקא, או שגם כניסה בעלמא נאסרה.[8] אם רק עבודה נאסרה, הלוא האיסור מעורה בעבודה, שלגביה אף לדברינו אין חילוק בין אולם והיכל. מאידך, אם ביאה לכשעצמה נאסרה, מסתבר ששורש האיסור טמון בכניסה למקום שכינה; ובנקודה זו ממש, לפי הצעתנו, מתקיים הבדל בין אולם להיכל.[9] ברם, לאמיתו של דבר, אפשר דאין זיקה בין השאלה שהעלינו לבין מחלוקת ראשונים זו. הרמב"ם חילק לשתי רמות את איסור כניסתם של שתויי יין, פרועי ראש וקרועי בגדים; אם נכנס אחד מהם ולא עבד – הרי הוא בלאו, ואם עבד – חייב מיתה בידי שמים (ביאת מקדש פ"א ה"א, וכן שם הט"ו). מרן זצ"ל הסביר שלרמב"ם יסוד האיסור אחד הוא – כניסה, אלא שעבודה היא שיעור בכניסה. ביאה לצורך עבודה היא ביאה משמעותית יותר מאשר ביאה בעלמא ללא עבודה.[10] לפי דבריו יש מקום לומר במקביל שאף לסוברים שמי שלא רחץ ידיים ורגליים אסור רק בעבודה, מכל מקום יסוד האיסור ושורשו הוא איסור ביאה. ושוב יש להסתפק שמא גם לדעת ראשונים אלו עיקר האיסור תלוי בשכינה ולא בעבודה.

עוד יש לדון ביחס לאיסור ביאה ריקנית לאולם. הרשב"א (עירובין ב ע"ב) הבין שדין זה תלוי במחלוקת אם אולם דינו כהיכל או לאו. אך אין הדבר מוכרח. אם נבין, כפי שמסתבר, שאיסור ביאה ריקנית מעורה בהשראת השכינה המיוחדת בהיכל, ואינו מצורכי העבודה שם, ממילא יש מקום לומר שלכולי עלמא אין האיסור אלא בהיכל.

אך עדיין נותר מקום ספק בעיקר דברינו. שהלוא חילוק גדול ישנו בין האולם, שהוא חלק מן הבית הבנוי, ובין האזור שבין האולם והמזבח, שהוא חצר הבית. מתוך כך, יש להציע, כלפי לייא, שבין האולם ולמזבח אינו יחידה אחת ושם אחד עם האולם עצמו, אף אם קדושה אחת הם. השטח שבין המזבח לאולם מהווה סניף לאולם, שהוא

8. יעוין מחד בתוספות יומא ה ע"ב ד"ה להביא, ומנגד במה שכתב רש"י על החומש שמות ל', כ, ובמסקנתם של התוספות בסנהדרין פג ע"א ד"ה ולא.

9. הרמב"ם בפירוש המשנה (על אתר מ"ט) הבין שמחלוקת חכמים ורבי יוסי במשנה נוגעת לעיקר מעמדם של בין האולם ולמזבח ושל האולם. האוסר בביאה מן המזבח ולפנים את מי שאיננו רחוץ ידיים ורגליים, סבור שקדושה אחת לשלושה מקומות אלו. אולם אין הכרח בדבר. ייתכן שנחלקו באופי מצוות קידוש ידים ורגליים, האם הוא נעוץ בעבודה או בהשראת השכינה.

10. יעוין בשיעורי הרב סנהדרין כב ע"ב [הערת עורך].

כבר חלק מן הבית, מעין חדר בתוכו, אף אם הוא קובע ברכה לעצמו כחדר נפרד וכמקום נבדל מן ההיכל.[11]

11. ייתכן דיש לקשור זאת למחלוקת תנאים. אליבא דרבי שמעון בן ננס בעירובין (קד ע"ב), דמוציאים את הטומאה בשבת רק מן המזבח ולפנים, דינו כאולם וכהיכל. ונראה לכאורה שהוא מהווה שם אחד עם הבית. אולם רבי עקיבא שם חולק וסובר שמכל העזרה מוציאים את הטומאה בשבת. לשיטתו, אין מדין זה כל ראיה וסייעתא [אולם ראו לקמן בהערה, שאף לר"ש בן ננס חלוק אופי הוצאת הטומאה מן המזבח ולפנים מטיב הוצאת הטומאה מהאולם וההיכל. הערת העורך].

הבית הבנוי

קידוש הבית

בדיוננו ביחס להר הבית העלינו שישנם תרי גווני קדושה. קדושה אחת נוצרת מלמטה, בידי אדם. המקום מתקדש במעשה מסוים, המטביע בו קדושה. ועוד ישנה קדושה הנובעת מהגדרת המקום ומזהותו, שמתוכן מתקדש הוא מאליו מגבוה. ואף כי ייתכן שמעמדו ואופיו באים לו באמצעותנו, עם כל זה לא מעשה אדם מחיל בו את קדושתו, ואין פעולה מסוימת המקדשת אותו. העלינו שבכך חלוק הר הבית מן העזרות: בעוד העזרות התקדשו בידי אדם, הרי הר הבית נתקדש מאליו, מעצם היותו הר ה'. נפקא מינה שבעזרתה נוכל להבחין בין שני סוגי הקדושה היא לכאורה האפשרות להרחיב את גבולה.

לאור זאת יש לבחון את טיב קדושת הבית, על הקודש וקודש הקודשים שבו. בירושלמי סנהדרין מפורש שאכן בכוח כנסת ישראל להוסיף על ההיכל, דגרסינן התם: "ביקשו להוסיף על היכל במה מוסיפין, בשתי הלחם. ומקדישין בי"ט, אלא בלחם הפנים. ומקדישין בשבת, אלא בלילה. ומקדישין בלילה, א"ר יוסי בי רבי בון במנחת מאפה" (פ"א ה"ג). כל הדיון הנ"ל בשאלה כיצד מרחיבים סובב סביב ההנחה שאכן יש לאל ידינו להרחיב; ומפורש, אם כן, שישנה אפשרות להגדיל את ההיכל.[1]

אולם בגמרא שבועות (טו ע"א) נתבאר שהמעשה המְקדש הוא אכילת דבר אשר היה נפסל ביוצא לולא נתקדש אותו מקום. על כן העזרה מתקדשת בשיירי מנחות, הנאכלים רק בה, וירושלים בקדשים קלים, הנפסלים אם יצאו מחוץ לחומות העיר.

1. אכן, הפני משה שם ביאר שהדיון בירושלמי נסוב סביב הוספה על העיר והעזרות.

לגבי ההיכל, לכאורה לא מצינו מנחה או קרבן הנאכלים רק בתוכו, ומכאן שאף אם באופן עקרוני ניתן להוסיף על ההיכל, שמא בפועל אין דרך לבצע הרחבה זו.

אכן, ניתן להעלות שתי טענות כנגד מסקנה זו. ראשית, התוספות בשבועות (טו ע"א ד"ה ויוצא) טענו ביחס להר הבית דהיכא דאי אפשר – אי אפשר; ושמא אף בנוגע להיכל, כיוון שאי אפשר למצוא מְקדש הנפסל ביוצא, ישנו מעשה קידוש אחר, שלא נתפרש. שנית, שמא כל מעשה המוגבל להיכל יועיל לקדש את החלק הנוסף. למשל, הקטרת קטורת או סידור לחם הפנים בהרחבת ההיכל יקדשו אזור זה.

אולם בבבלי וברמב"ם דין זה איננו מופיע, ונראה שלדעתם באמת לא ניתן להרחיב את ההיכל. יתרה מזאת, אף הירושלמי לא דיבר אלא בנוגע להיכל, ומשתמע שאף לדידו לא ניתן להוסיף על קודש הקודשים.

אפשר לנמק בשתי דרכים מדוע אי אפשר להוסיף על ההיכל (או על קודש הקודשים). ראשית, בדומה לביאורנו ביחס להר הבית, ייתכן שההיכל מתקדש מאליו מעצם הגדרתו כבית ה׳, ואין הוא נתון למעשה קידוש בידי אדם. מכיוון שנבנה כהיכל ממילא מתקדש הוא בידי שמים מלמעלה. מהסבר זה נובע גם שאי אפשר להוסיף על הבית, משום שאין מעמדו וקדושתו תלויים במעשה קידוש מסוים.[2]

שנית, הגמרא למדה מן האמור בדברי הימים ביחס למקדש שלמה: "הכל בכתב מיד ה׳ עלַי הִשׂכּיל" (דברי הימים א כ"ח, יט), שאין לשנות כלל את צורת המקדש, אף כמלוא נימה. ומהא ילפינן דאין מכסים את דם המוקדשים בעפר (חולין פג ע"ב), שזה בגדר שינוי ממה שכתוב, וכן אין בונים פשפש (זבחים לג ע"א), כי הדרישה היא שיהא במדויק כפי שנאמר, הכול בכתב עלי השכיל. אם כן, אף אם קדושת ההיכל דומה באופן עקרוני באופייה לעזרות המתקדשות במעשה, מכל מקום אין מוסיפים על ההיכל, כי אסור לשנות את צורת המקדש, כפי שנצטווינו עליה בכתובים.[3]

אך כאן יש לבעל דין לטעון, דהלוא הדין "הכל בכתב... עלי השכיל", דאין לשנות כמלוא נימה במקדש, כולל אף את העזרה. משום כך, כמובא לעיל, אין מכסים את דם פסולי המוקדשים בעפר ואין בונים פשפש בחומת העזרה. ומכל מקום, הרי מפורש במשנה בשבועות דלא רק שמוסיפים על העזרה, אלא שאף מתחייבים על

2. אולם, יעוין בחידושי הגר"מ והגרי"ד פ"א מהלכות בית הבחירה ה"ה, שלדידם ההיכל מתקדש יחד עם העזרות בשיירי מנחה.

3. לכאורה טעם זה אינו אלא לבבלי, שלדידו אין מוסיפים כלל, לא על הקודש ולא על קודש הקודשים. ברם, אליבא דירושלמי מוסיפים על ההיכל, ולכאורה מבואר שלדידו אין בזה בעיית "הכל בכתב עלי השכיל"; או שלדעת הירושלמי "הכל בכתב" מוגבל לקודש הקודשים [הערת העורך].

תוספת זו משום טומאת מקדש וקדשיו. ומאי שנא העזרה מן ההיכל, שבגלל דין "הכל בכתב" אין מוסיפים עליו.

והנראה בזה דשאני תוספת על העזרה מתוספת על הבית. תוספת לעזרה מרחיבה את גבולה, אולם אין בה משום שינוי צביון העזרה עצמה וצורתה. התוספת אינה פוגעת בעיקר.[4] הוספה אפשרית אם אכן כשמה כן היא, תוספת על המקדש, ולא שינוי מבנה המקדש וצורתו. לכן לא ניתן להוסיף מבנים בתוך שטח העזרה המקורי, כי כל תוספת בתוך השטח ממילא היא שינוי. בניגוד לזה, הוספה של שטח נוסף אינה משנה את המבנה המקורי של העזרה, שנקבע מן שמיא.[5] ברם, כל זה דווקא בנוגע לעזרה. בנוגע לבית הבנוי, כל שינוי והרחבה נתפסים כמשנים את צורת הבית עצמו. אין זו תוספת גרידא, שאינה משנה את המקור. לא הרי תוספת על שטח כהרי תוספת על בית. כל הרחבה בבית משליכה ומשפיעה על הבית כולו. על כן, אף תוספת על ההיכל נאסרה, ולגביו אין כל הבדל בין תוספת לשינוי.[6]

ייעודו של הבית

משזכינו לדון בקדושת הבית הבנוי, נראה שנחלקו בדבר מגמתו וייעודו רבותינו מאורי העולם הרמב"ם והרמב"ן. כך תיאר הרמב"ם (בריש הלכות בית הבחירה) את המקדש ואת ייעודו: "מצות עשה לעשות בית לה' מוכן להיות מקריבין בו הקרבנות וחוגגין אליו שלש פעמים בשנה". מניסוחו ומן הדגש בדבריו עולה כי עיקר ייעודו ומגמתו של המקדש הוא להיות מוקד לעבודת ה' יתברך.

אולם הרמב"ן בפירושו לחומש תיאר את מהותו של המקדש באופן שונה לחלוטין. הוא העלה על נס את היותו מקום שכינה ובית אדונינו, "שיהיה לו בית בתוכם מקודש לשמו, ושם ידבר עם משה ויצוה את בני ישראל. והנה עיקר החפץ במשכן הוא מקום מנוחת השכינה... וסוד המשכן הוא שיהיה הכבוד אשר שכן על הר סיני שוכן עליו בנסתר" (שמות כ"ה, ב). הרי שלדבריו עיקר מגמתם של המשכן

4. יעוין בספר עיר הקדש והמקדש (ח"א פכ"ה), שהציע שאולי אין דין "הכל בכתב" לגבי שטח המקדש, אלא רק לגבי מבנהו, אך לא חילק בין שינוי לתוספת.

5. מתוך כך נראה דאם יוסיפו על העיר והעזרות ושוב נפול מחיצות, שקדושת התוספת באמת תתבטל, ולא נאמר לגביה דשכינה אינה בטלה.

6. ויעוין בתוספות בזבחים (לג ע"א ד"ה וליעבד) שהקשו כיצד ניתן להוסיף על העזרות, שהרי אין לשנות במקדש כלל מצד "הכל בכתב... עלי השכיל". ותירצו דמוסיפין רק אם קרא אשכח ודרוש. אך נראה לתרץ באופן נוסף, על פי היסוד שנתבאר כאן, דיכולים להוסיף בתור תוספת.

במדבר ובית הבחירה לדורות הוא להיות מקום השראת השכינה ומקום מנוחתה, ולא מקום עבודה וקרבנות.

אף כי נוגעים אנחנו בסתרי תורה, וודאי שאין לנו להכניס ראשנו בין ההרים הגדולים, אף על פי כן תורה היא וללמוד אנו צריכים. ונראה להוסיף שאלו ואלו דברי אלוקים חיים. טעמו של הרמב"ם מיוחד הוא לעזרה, שבה מקריבים את הקרבנות. מגמתה, מטרתה וייעודה של העזרה הן עבודת ה'. מאידך, את ייעודו של הבית עצמו – ההיכל וקודש הקודשים – נבאר על פי טעמו של הרמב"ן. כשמו כן הוא, בית לה', שבו הוא משכין את שכינתו ושעליו נקרא שמו. מבנהו וכליו של הבית מבטאים מהותו זו כבית ה', וכפי שמצינו במדרש: "בנוהג שבעולם מלך בשר ודם עושה לו מטה ושלחן, הוא נותן את המנורה משמאלו, אבל בבית המקדש אינו כן, אלא המנורה היתה נתונה מימינו של שלחן, להודיעך שאינו צריך אורה משלך" (תנחומא תצוה סימן ה). עיקרו של הבית הוא אם כן "ושכנתי בתוכם", השראת השכינה בתוכו ובתוכנו.

חילוק בסיסי זה משתקף בכך שהעזרה קדושה היא, בעוד הבית קרוי "קודש" בעצמו. ועוד משתקף הוא במעמדם השונה של מזבח העולה ומזבח הזהב. מזבח העולה הניצב בעזרה הוא לב העזרה ועיקרה, מכיוון שמטרתה היא הקרבת הקרבנות. מזבח הזהב, מאידך, אינו אלא אמה על אמה ומעלים עליו רק קטורת ודמי חטאות הנעשות בפנים.

מעתה, יש לתת טעם שלישי מדוע ניתן להוסיף על העזרה, אך לא על הבית. מטרת העזרה היא עבודת ה' של כנסת ישראל. היא ניתנה לבני אדם כדי שיעבדו בה את בוראם, ולפיכך הם המקדשים את המקום, ומכוח זה יש בכוחם אף להרחיב אותו. אך הבית כולו קודש לה' הוא; בו שוכן הקב"ה ואותו הוא מְקדש. אין לאדם נגיעה בו אלא מציוויו יתברך, "הכל בכתב עלי השכיל".

כניסת טמאים

בפרק העוסק בקדושת הר הבית בחיבור זה הצענו כי כניסת טמאים למקדש פוגמת בקדושתו, בעוד כניסת טמאים להר הבית היא איסור גרידא.

והנה, נחלקו תנאים במשנה האחרונה במסכת עירובין (קד ע"ב) בנוגע למקרה שנמצא שרץ במקדש בשבת: האם מוציאים אותו בשבת עצמה, חרף גזירת מוקצה, או שמא כופים עליו כלי וממתינים עד למוצאי השבת כדי להרחיקו. רבי שמעון בן ננס סבור שמוציאים אותו מיד אם נמצא בהיכל או באולם וכן בין האולם ולמזבח.

רבי עקיבא סבור שההיתר להוציאו בשבת מתייחס לכל מקום שחייבים על זדונו כרת ועל שגגתו חטאת, כלומר – לעזרה כולה.

הסוגיה שם מבארת כי דעת רבי שמעון בן ננס מבוססת על כך שמן ההיכל היו אלו הכוהנים שהוציאו את הטומאה, בעוד בעזרה הלוויים הם שעסקו בהסרתה. מכך הוא דייק: "מדאשתני בעזרה בלוים, טומאה בעזרה ליכא" (שם קה ע"א). רש"י ביאר: "כלומר, היכא דאיתא התם לא חמירא כולי האי". ברור שהיה קשה לרש"י, כיצד אפשר לומר "טומאה בעזרה ליכא"; הלוא ודאי שהנכנס לעזרה בטומאה חייב. אך דברי רש"י אינם מביאים מזור לקושיה זו, דהרי מה לי חומרה רבא, מה לי חומרה זוטא.

ייתכן שכוונת הסוגיה לומר שאם יש טומאה בעזרה, מתעוררת בעיה רק בגלל ההתנגשות עם עבודת המקדש. אם נמצאת טומאה בהיכל, לעומת זאת, עצם מציאות הטומאה סותרת את קדושתו וחותרת תחתיה.

על הנחה זו נוכל להוסיף הנחה אחרת. כבר הזכרנו שמצוות העשה של "וישלחו מן המחנה" היא חובת הציבור, שעליו מוטל להגן על קדושת המקדש. ונראה שמצווה זו קשורה בחובה לשמור את המקדש מחילול, ומתמקדת דווקא במקרים שבהם כניסתו של הטמא פוגמת בקדושה ומחללת אותה. אם אכן כך הם פני הדברים, נפריד בזה בין ההיכל לעזרה. ממילא מובן מדוע רבי שמעון בן ננס מתיר איסור טלטול כדי להוציא את הטומאה מן ההיכל בשבת, אך לא כדי להוציאה מן העזרה. בכל רגע ורגע שהשרץ מוטל בהיכל הוא מטמאו. העזרה, מאידך, אינה מתחללת או מיטמאת מנוכחות השרץ.

לפי הצעה זו ישנו קו מפריד נוסף העובר בין העזרה לבין הבית הבנוי. רק קדושתו של הבית מתחללת ונפגמת עקב כניסתם של טמאים לתוכה, ורק היא צריכה שימור מיוחד מן הטומאה, הסותרת את עצם טיבה ומהותה של קדושה זו.[7]

7. ברם, אם כן, מדוע מוציאים את הטומאה לרבי שמעון בן הננס מן המזבח ולפנים, ולא סגי לן בהוצאתה מהבית הבנוי? הרב אליקים קרומביין הציענו שאפשר ששתי הלכות נאמרו בהוצאת הטומאה. ראשית, הוצאתה מחמת שהטומאה סותרת את הקדושה, כפי שהציע רבנו המחבר זצ"ל. דין זה משתייך לבית הבנוי. שנית, הוצאתה משום שהיא מפריעה לעבודה, והלכה זו היא הגורם לסילוק הטומאה מן המזבח ולפנים, ששם עיקר העבודה. כך משתמע מן המאירי (ערובין קג ע"ב ד"ה שרץ), שכתב ביחס לבין האולם ולמזבח: "שהוא עיקר מקום תשמישן של ישראל ושל כהנים". לפי זה מובן מדוע רבי שמעון בן הננס מתיר את סילוק הטומאה בשבת אף מבין האולם ולמזבח, אפילו אם נימא שרק הבית הבנוי מתחלל על ידי הימצאות טומאה [הערת העורך].

קדושת קודש הקודשים

קדושת קודש הקודשים היא דרגת הקדושה העילאית שמזכירה המשנה בכלים: "קדש הקדשים מקודש מהם, שאין נכנס לשם אלא כהן גדול ביום הכפורים בשעת העבודה". ייחודו של קודש הקודשים הוא שאין לבוא אליו כלל, מלבד הכוהן הגדול, הנכנס אליו אחת בשנה לכפר על בני ישראל.

האיסור לבוא לקודש הקודשים ביאה ריקנית ללא צורך, עונשו הוא מיתה בידי שמים. עונש זה נלמד מן האמור בפרשיית עבודת יום הכיפורים: "ואל יבֹא בכל עת אל הקֹדש מבית לפרֹכת... ולא ימות" (ויקרא ט"ז, ב. ועיין: תורת כוהנים אחרי מות פרשה א; יומא נג ע"א). גם כניסה אל ההיכל ללא צורך נאסרה (אף שאין באיסור זה אלא לאו ומלקות, ולא מיתה בידי שמים; יעוין ברמב"ם, הלכות ביאת מקדש ריש פ"ב).

איסור הביאה להיכל ולקודש הקודשים, לפום ריהטא, מתמקד בעצם פעולת הכניסה אל הקודש. מעשה הכניסה כשלעצמו נאסר, דאין להשתמש במקדש ולבוא אליו ללא צורך. מה עוד שיש בזה, לכאורה, ביטוי של זלזול כלפי ביתו של הקב"ה.

ברם, יש להציע עוד שהכניסה אל הקודש נאסרה לא רק מצד עצמה, אלא שהכניסה, ואולי הזלזול המתגלם בה, פוגעים גם בקדושת המקום, ונוגדים את צביונם של ההיכל וקודש הקודשים. עצם הכניסה הריקנית פוגמת בקדושת המקום, ופגיעה זו היא שנאסרה. בית המקדש הוא ביתו של הקב"ה ומיועד בלעדית לשכינתו ולעבודתו, ואין לבוא לשם אשר לא כדת. כל כניסה פנימה שאין זו מטרתה פוגעת בקדושת המקום.

אכן, שמעתי ממרן הגרי"ד זצ"ל דר' חיים היה סבור שלדעת הרמב"ם רק כוהנים אסורים בלאו דביאה ריקנית להיכל.[1] ואפשר שהרמב"ם יליף זאת מלשון הפסוק, האוסר כניסה בכל עת, פסוק הפותח בפנייה לאהרן דווקא: "דבר אל אהרן אחיך ואל יבֹא בכל עת אל הקדש" (ויקרא ט"ז, ב). לשיטתו נראה ברור שהאיסור איננו מחמת עצם הכניסה, אלא בגלל שינוי סדרי העבודה, ואולי גם מחמת הפגיעה בצביון המקדש; אלא שרק כוהנים מהווים חלק ממסגרת המקדש, ולפיכך רק כניסה שלהם תיחשב כשינוי בצביון המקום.

ועוד נראה בזה שישנו מקום להבין שההיכל וקודש הקודשים חלוקים בכל גדרם ועניינם, ולא רק בחומרת העונש. דישנו הבדל בין איסור ביאה ריקנית להיכל ולקודש הקודשים. ביאה ריקנית להיכל נאסרה בתורת עצמה. עצם פעולת הכניסה לכשעצמה היא האסורה, אין להיכנס ללא מטרה אל הקודש. הכניסה אל קודש הקודשים, לעומת זאת, נאסרה משום שביאת אדם שלא לצורך עבודה מחללת את קדושת המקום, האמור להיות בלעדי לה', "ונשגב ה' לבדו".

יתרה מזאת, נראה שההבדל בין איסור ביאה ריקנית להיכל לאיסור המקביל בקודש הקודשים הוא אף עמוק מזה. חיוב מיתה בידי שמים בביאה ריקנית לקודש הקודשים אינו עונש כלל, אלא אזהרה שלא לבוא אל הקודש פנימה, מפני שהתוצאה של מעשה זה היא מיתה. כניסת ילוד אישה וקרוץ חומר אל קודש הקודשים מביאה עליו מיתה, "כי לא יראני האדם וחי" (שמות ל"ג, כ), וזאת לא כעונש אלא כמעין תוצאה טבעית.[2]

ראיה לדבר נמצא בלשון התורת כוהנים, ריש פרשת אחרי מות: "היה ר' אלעזר בן עזריה אומר: משלו משל, למה הדבר דומה, לחולה שנכנס אצל הרופא, אומר לו: אל תשתה צונן ואל תשכב בטחב; בא אחר ואמר לו: אל תשתה צונן ואל תשכב בטחב, שלא תמות כדרך שמת פלוני". השוואה זו בין מיתת נדב ואביהוא לבין מי ששכב בטחב וששתה צונן, מרמזת שמיתתם לא באה כעונש אלא כתוצאה טבעית. כשם שהשוכב בטחב מביא על עצמו מחלה ועלול להסתלק מן העולם מחמתה,

1. עיינו בספר המצוות (לא תעשה סח); במניין המצוות הקצר בתחילת הלכות ביאת מקדש; ובהלכות ביאת מקדש פ"ב ה"ב.

2. עוד יש להעיר שמעוד בחינה לא הרי ביאה ריקנית בהיכל כהרי ביאה ריקנית בקודש הקודשים, כפי שהעמידונו על כך מרן הגרי"ד זצ"ל ואביו (יעוין בחידושי הגר"מ והגרי"ד, הלכות עבודת יום הכפורים פ"ה הכ"ה). בהיכל זקוקים אנו לצורך, שהוא מהווה מתיר לכניסה, בעוד בקודש הקודשים אין די בצורך, והיתר הכניסה יסודו בעבודה דווקא. ושמא יש לקשור זאת לדברי רבנו המחבר: ראיית פני ה' לא הותרה לצורך כלשהו, אלא רק עבור עבודתו יתברך [הערת העורך].

ולאו דווקא כעונש על רשעותו, כך נדב ואביהוא נסתלקו כתוצאה מכניסתם לפנים ממחיצת אדם, ללא זיקה לעונש או לחטא.[3]

ויש כאן בנותן טעם להעיר כי איסור ביאה ריקנית וחיוב מיתה הבאה בעקבותיה נלמדים מן הפסוק בריש פרשת אחרי מות, שציטטנו לעיל: "ואל יבא בכל עת... ולא ימות". פשטות המקראות היא שציווי זה בא בעקבות מיתת נדב ואביהוא, וזהו פשר מיתתם.

כך נראה בעליל מדברי רבי יוסי הגלילי בתורת כוהנים בפרשת אחרי מות: "בקרבתם לפני ה' וימותו. רבי יוסי הגלילי אומר: על הקריבה מתו ולא מתו על ההקרבה, רבי עקיבה אומר: כתוב אחד אומר בקרבתם לפני ה' וימותו, וכתוב אחד אומר ויקריבו לפני ה' אש זרה, הכריע בהקריבם אש זרה לפני ה', הוי על הקריבה מתו ולא מתו על ההקרבה". ומעין זה במדרש ויקרא רבה (פרשה כ, י): "נדב ואביהוא זנו עיניהם מן השכינה ולא נהנו מן השכינה". ולפום ריהטא, יש באופי מיתתם ובטעמו בכדי ללמד על חיוב מיתה בביאה ריקנית לדורות.[4]

והנה הגמרא בסנהדרין פג ע"א מונה את רשימת החייבים מיתה בידי שמים (וכן הוא בתוספתא זבחים פי"ב ה"ח ובתוספתא כריתות פ"א ה"ה). אך הנכנס לקודש הקודשים נשמט מן רשימה זו ואיננו מופיע בה. ולפי דברינו, יש להבין שזאת מפאת שהסוגיה דנה בחיוב מיתה מחמת חומר מעשה העבירה שלו ובגין רשעות הגברא. ברם, הנכנס שלא לצורך אינו נענש מפאת מעשה העבירה, אלא מת בידי שמים עקב העובדה שנכנס אל הקודש ללא היתר.

ברם, מלשון הרמב"ם לא משמע כן: "כהן שנכנס לקדש הקדשים בשאר ימות השנה בין כהן הדיוט בין כהן גדול, או כהן גדול שנכנס לו ביום הכפורים שלא בשעת העבודה, חייב מיתה בידי שמים, שנאמר: ולא ימות" (הלכות ביאת מקדש פ"ב ה"ג); "כל מחוייבין מיתה בידי שמים שהן בלא תעשה ויש בהן מעשה שלוקין

3. תורת כוהנים בפרשת שמיני מתאר את מעשי נדב ואביהוא כדלהלן: "מיד נטלו אש זרה ונכנסו לבית קדשי הקדשים". אך ישנו כאן מקום עיון, האם הדגש הינו על האש הזרה או על כניסתם לקודש הקודשים [הערת העורך].

4. אכן, בחז"ל מצינו כמה וכמה טעמים אחרים למיתתם של בני אהרן; אם בגין רצונם לרשת את משה ואהרן (סנהדרין נב ע"א), אם מחמת שהורו הלכה בפני משה רבם (יומא נג ע"א), משום שהחסירו סממן מעלה עשן בקטורת (שם), מפאת שנכנסו שתויי יין (ספרא ריש אחרי מות), או משום שלא נשאו נשים (תנחומא בובר על אתר). ויעוין בראב"ד על הספרא שם, שדן בשאלה האם נכנסו נדב ואביהוא לפני ולפנים, וגם הרחיב את הדיבור על אודות השאלה האם מתו נדב ואביהוא מפני שנענשו על עבירה, "ומפני שהיו צדיקים דקדק עמהן הקב"ה והמיתן בשביל שעברו על האזהרה", או בגדר אחר.

עליהן שמונה עשר, ואלו הן... כהן שנכנס לקדש הקדשים שלא לעבודה" (הלכות סנהדרין פי"ט ה"ב). בשתי הלכות אלו דיבר הרמב"ם במפורש בלשון חיוב מיתה.

הבנה זו שהצענו לאור הפסוקים ודברי חז"ל (ודלא כמשתמע ברמב"ם) יש לבחון לאור השוואה לכתוב בשמות: "ואל אצילי בני ישראל לא שלח ידו ויחזו את האלקים ויאכלו וישתו" (כ"ד, יא). רש"י על אתר דייק כדלהלן: "מכלל שהיו ראויים להשתלח בהם יד", וזאת לכאורה משום ש"נסתכלו והציצו ונתחייבו מיתה", כלשונו בפסוק הקודם. אך מדבריו בהמשך נראה שעיקר הטעם שהיו ראויים להיענש הוא מפני ש"היו מסתכלין בו בלב גס מתוך אכילה ושתייה; כך מדרש תנחומא". כלומר, לא עצם הראייה גורמת למיתה, כי אם ראייה בלב גס, שלא באימה וביראה.

בניגוד לדבריו, אונקלוס ורמב"ן שם פירשו שעשו אצילי בני ישראל לשם שמים, ולא היו ראויים לעונש. לדידם, הדגשת התורה "לא שלח ידו" נאמרה לזכותם, כדברי הרמב"ן: "הודיע בכאן שנזהרו בכך ולא פרץ בהם פרץ, כי היו אצילי בני ישראל ראויים למה שחזו במחזה הזה, והטעם כי חזו את האלקים ולא הרסו לעלות אל ה'".

אך יעוין באבן עזרא שם, שפירש: "וטעם שלא שלח ידו כי ראו השם הנכבד ולא מתו, כאשר אפרש בסמוך כי לא יראני האדם וחי". ומעין זה כתב גם הרשב"ם: "אע"פ שראו את אלקי ישראל לא שלח הקב"ה בהן ידו, כמ"ש: בבלע את הקדש ומתו, וכן באנשי בית שמש: כי ראו בארון ה', ובמשה רבינו: כי יראו מהביט". מדברי שניהם נראה שעצם ראיית האלוקים טומנת בחובה סכנת מיתה.

ויעוין עוד בדברי הרשב"ם על הפסוק "ולא יבֹאו לראות כבלע את הקדש ומתו" (במדבר ד', כ): "כשסותרין את ההיכל כבוד ה' נגלה ואם יראו ימותו, וכמו שמצינו באנשי בית שמש, כי ראו בכבוד ה'". מעין זה פירש גם אבן עזרא שם. ויעוין גם ברמב"ן על אתר, שציטט את פירוש האבן עזרא, בהוספת טעם ונימוק: "ור"א אמר כפשוטו, שלא יבאו לראות כאשר יוסר פרכת המסך ויגלה הארון, רק אחרי כן כאשר יכוסה יבאו לשאת אותו... ועוד יזהירם שלא יבאו לראות כלל הסרת הבנין בעוד שיוריד אהרן את הפרכת, כענין כי ראו בארון ה'. ויפה אמר". הרמב"ן הוסיף עוד טעם, על דרך האמת: "כי בעבור היות כבוד יושב הכרובים שם הוזהרו הלוים שלא יהרסו לראות את ה' עד שיורידו הכהנים את הפרכת, כי אז תראה הכבוד בחביון עזו, וישוב אל מקומו הראשון לקדש הקדשים, ויהיה כבלע את הקדש כפשוטו". המכנה המשותף לכול הפירושים הללו מרבותינו הראשונים הוא שהמיתה הינה תוצאה של כניסת האדם לפנים ממחיצתו וממקומו, ושל ראייתו את הארון חשוף ומגולה, או את קודש הקודשים וכבוד ה' שלא בחביון עוזו.

והנה הרמב"ן והרשב"ם הפנו אותנו לפרשת אנשי בית שמש והארון (שמואל

א ו'), שבה לאחר שמתואר איך הגיע אליהם הארון מן הפלשתים מסופר כך: "ויך באנשי בית שמש כי ראו בארון ה'" (שם, יט). ובסיבת מכה זו פירש הרד"ק: "הם פתחו אותו וראו מה שבתוכו, לפיכך אמר בארון ולא ארון". ומעין זה פירש רבינו ישעיה: "פי' אין זה דרך כבוד להסתכל בארון שהיה מקום השכינה, שהרי הזהיר את הלויים על כן ולא יבאו לראות כבלע את הקדש". הצד השווה שבהם, שראיית הארון היא שהביאה לאותה מכה, אלא שנחלקו אם די בראיית הארון גרידא כדי להסביר מכה זו, או שנסתכלו אנשי בית שמש בארון פנימה.

אך רש"י פירש: "נהגו בו קלות ראש, שלא היו מסתכלין בו באימה ודרך כבוד" (שם, יג), וזאת בהתאם לדבריו בשמות. לדעת רש"י אין המיתה באה מעצם הראייה, אלא מהסתכלות שאינה נעשית בכבוד המתאים ובחרדת הקודש הראויה. כן משתמע אף מן הגמרא בסוטה (לה ע"א), שהקשתה: "משום דראו ויך", ותירצה: "רבי אבהו ורבי אלעזר, חד אמר קוצרין ומשתחוים היו, וחד אמר מילי נמי אמור, מאן אמריך דאימריית ומאן אתא עלך דאיפייסת". בין כך ובין כך, ברור מתשובת הגמרא שלא עצם ראיית הארון ממיתה.[5]

הרמב"ם בספר המצוות (שורש ג) השיג על הבה"ג, מדוע מנה את האיסור של "ולא יבאו לראות כבלע את הקדש" במניין המצוות (לאוין שבמלקות קנו); והלוא כיסוי הארון ומסע המהנות לא נתקיימו אלא במדבר, ואם כן הרי ציווי זה אינו נוהג לדורות. הרמב"ן שם השיב באזכור המשנה בסנהדרין פא ע"ב, המונה את הגונב קסווה כאחד מחייבי מיתה, והגמרא שם, המבארת דיליף לה מן הכתוב: "ולא יבאו לראות כבלע את הקדש ומתו". לאור זאת טען הרמב"ן שאכן כתוב זה נוהג לדורות, שהלוא ממנו לומדים על האיסור לגנוב כלי שרת.

והנה הרמב"ם הוכיח את דעתו, שאין למנות פסוק זה במניין המצוות, מכך שלא נמנה הגונב את הקסווה ברשימת חייבי מיתה בידי שמים שבתוספתא. על כך השיב הרמב"ן דגונב כלי שרת לא נמנה ברשימה מפאת שיש בו הן חיוב בידי שמים והן חיוב בידי אדם, שהרי מן הסוגיה בסנהדרין שם עולה דאחיו הכוהנים פוצעין את מוחו. והנה מהוכחת הרמב"ם נראה שלדעתו רשימה זו היא ממצה, ואם כן יש להקשות מדוע לדעתו לא נמנה בתוספתא גם הנכנס לקודש הקודשים. ברם, אם

5. ניתן לומר שגם הראשונים המפרשים בכתובים בשמות ובשמואל שלא עצם ההיחשפות לקודש מביאה את המיתה, אלא רק יחס מזלזל ולא ראוי אל הקודש, גם הם סבורים שעצם ראיית הקודש סכנה בה. ניתן לומר דכולי עלמא מודים בעיקרון זה, אלא שלדעתם רק ביאה אל קודש הקודשים נחשבת כראיית האלוקים, שעליה נאמר: "כי לא יראני האדם וחי" [הערת העורך].

נימא שהמיתה איננה עונש אלא תוצאה – ניחא. מיתה זו בידי שמים אינה עונש, אלא תוצאה מראיית פני ה׳ שלא מתוך צו ה׳ ושלא מתוך עבודתו. ״ולא יבאו לראות כבלע את הקדש ומתו״; ״ונשגב ה׳ לבדו״.

אחרית דבר

הקדושה במשנתו ההלכתית של הרב ליכטנשטיין זצ"ל

ש"י ליכטנשטיין וחיים נבון

רבנו זצ"ל נמשך בחבלי קסם לעיסוק בנושא הקדושה בהלכה. בפרקי הספר שלפניכם עסק הוא בהרחבה, כפי שחננו ה', במגוון קדושות. העיסוק התמקד בטיבה ובאופייה של כל קדושה וקדושה. אגב אורחא נידון לעתים גם נושא הקדושה באופן כללי, אולם לא הוא שעמד במוקד הדיון. הפרק הנוכחי מיועד להשלמת החסר, ומטרתו היא לעסוק בתופעת הקדושה ההלכתית ככלל, ולהציג את משנת רבנו המחבר בנוגע אליה. שהרי בתשתית הדיונים המפורטים עומדת משנה שלמה ומפותחת של רבנו בנוגע לקדושה ככלל. בפרק זה ננסה לחשוף ולגלות את המשנה הזו, המתגלה לנו מתוך מבט־על בספר כולו.

קדושה היא מושג הלכתי, כשם שהיא מושג מטאפיזי. בעיוניו כאן התמקד רבנו, איש ההלכה, בממד ההלכתי של הקדושה. אך מבין החרכים מציץ אף ההיבט הרוחני, שהרי אי אפשר לנתק בין שני אלו (והרב ודאי לא חפץ בכך). נזהר הוא מעירוב התחומין ומבלבול הרשויות, אך הדגיש שהתחומים השונים יונקים זה מזה.

כל המעיין בספר יראה במהרה את חוט השדרה שלו: התפיסה כי הקדושה אינה מציאות הלכתית פשוטה וחד־משמעית, אלא עולם מגוון ומורכב, רב־משמעויות ורב־הֱקשרים.

אופי הקדושה

בפרק העוסק בקדושת ארץ ישראל נידונו אופייה היסודי של הקדושה ומקורה. רבנו הביא את השאלה המפורסמת האם יש לראות את מקור הקדושה בשמים ממעל, כמעשה ידי הקב"ה, או שמקורה מצוי דווקא בארץ מתחת. האם הקדושה היא עובדה רוחנית המבטאת נוכחות אלוקית, או שמא בני אדם קרוצי חומר הם היוצרים אותה במעשיהם. באופן כללי, בעלי הסוד נטו לראות את מקור הקדושה בקב"ה, בעוד מרן הגרי"ד ובעלי הלכה אחרים נטו לראות את הקדושה כיצירה אנושית.

לפום ריהטא, שאלה זו נוגעת לא רק למהות הקדושה ולתוכנה, אלא משפיעה היא גם על מעמד בני האדם בעולמנו. ככל שאנו רואים את הקדושה כיצירה אנושית הרי שאנו מגדילים ומאדירים את תפקיד האדם ואת מעמדו בעולם. מאידך, אם הקדושה מקורה במעשיו של בורא העולם, הרי שאנו ממעטים את דמות היצור ומפחיתים את מעמדו. אם הקדושה נוצרת בידי אדם, הרי שהוא יוצר ובורא. אך אם נתפוס את הקדושה כנובעת מן הקב"ה, הרי שתפקיד האדם הוא רק למצוא אותה ולהיפגש עמה.

אולם רבנו סבר כי אף לתפיסת בעלי הסוד מדובר במשימה אקטיבית – לחשוף ולגלות את הקדושה, הגנוזה זה מכבר בעולם. בין כך ובין כך מדובר בתפקיד משמעותי ובאחריות כבדה הרובצת על האדם. גם גילוי וחשיפה דורשים עבודה, השקעה ומאמץ מצד האדם. יתרה מזו, הם גם דורשים יצירתיות. האם רק הצייר יצירתי הוא, ולא גם המדען והחוקר, החושפים את פלאי הבריאה?

יצירת הקדושה

יש לדון על יצירת הקדושה אף מבחינה אחרת: כיצד ובמה נוצרת קדושה. בכמה מקומות דן רבנו בכך, והעלה כי ישנם אופנים שונים שבהם ועל ידם חלה הקדושה.

ראשית, לעתים נוצרת הקדושה על ידי מעשה מסוים. ירושלים מתקדשת בתהלוכה שפרטיה מתוארים במשנה בשבועות (יד ע"א); החודש מתקדש בקביעת בית דין או באמירת "מקודש, מקודש".[1] במקרים אלו מעשה הקידוש יוצר את הקדושה. מרגע שזו חלה, היא מחייבת בניהוג מסוים של מצוות ואיסורים.

אולם פעמים שהיוצרות מתהפכות. ישנו קידוש שונה, המתחיל בניהוג על פי

1. עיין בהרחבה בפרק העוסק בקידוש החודש.

הקדושה, שהוא המטביע את הקדושה. עצם קיום ההלכות הנובעות מקדושה מסוימת, הוא הגורם להופעתה של אותה קדושה. כך מתבאר מדוע העזרה מתקדשת בשיירי מנחות, כמבואר בגמרא (שבועות טו ע"א), שכן אלו אינם נאכלים אלא בעזרה. כאשר אוכלים בשטח מסוים שיירי מנחה, הניתנים להיאכל רק בעזרה, הרי ממילא מתקדש אותו שטח בקדושת העזרה.

על סמך יסוד זה ביאר רבנו גם את דעת ר"י בתוספות ביבמות (פב ע"ב ד"ה ירושה) כי לדעת רבי אלעזר שבזמן בית שני ישראל "מאליהן קבלו את המעשרות" (ירושלמי שביעית פ"ו ה"א), בזה נתקדשה הארץ דבר תורה. הרבה מן הראשונים סברו שלדעת רבי אלעזר לא נתקדשה הארץ מן התורה, ורק מאליהם ומרצונם החופשי נהגו ישראל בהפרשת תרומות ומעשרות. אך לדעת ר"י עצם העובדה שהפרישו תרומות ומעשרות ושנהגו בפועל באופן התואם לקדושתה של הארץ, הוא שהחיל ושהטביע קדושה בארץ, וזאת מן התורה.

דרך שלישית בהחלת הקדושה קשורה במימוש ייעודה של הקדושה. מתוך הנחה שישנן קדושות בעלות מגמה ויעד, טען רבנו שעצם מימוש ייעודה של הקדושה גם יוצר ומחדש אותה. כך אפשר להסביר את הזיקה שבין יצירת קדושת הארץ לבין ירושתה בידי כנסת ישראל וישיבתה בה. אפשר להבין שמעשה ההתנחלות וההתיישבות הוא היוצר את קדושת הארץ, כאקט ראשוני וחד־פעמי. אך אפשר גם להבין שכאשר ישראל שרויים על אדמתם ושוכנים בה אזי קדושה הארץ, משום שמטרתה וייעודה מתממשים. לא המעשה יוצר את הקדושה, אלא המציאות המתמשכת, שיש בה קיום ייעודה של הארץ. אף כאן, בדומה לדרך הקודמת שתוארה, יצירת הקדושה כביכול מהפכת את הסדר. אין זאת שקדושת הארץ מולידה חובה לשבת בה ולממש את ייעודה, אלא התגשמות הייעוד היא המביאה את הקדושה.

במקרים מסוימים נמצא גם אפשרות רביעית ליצירת הקדושה. במקרים אלו, האדם אינו יוצר את הקדושה עצמה, אלא יוצר מציאות, אשר היא מעצם מהותה והגדרתה מתקדשת מאליה. אנו בונים בית מקדש לשמו יתברך, או בית כנסת המוכן ומזומן לתפילה ולתורה. ובית המקדש ובית הכנסת מתקדשים מאליהם מגבוה, מעצם ייעודם ותפקידם.

דרך זו כבר מקרבת אותנו לקדושות שנקבעות מגבוה, אלו שלאדם אין יד ורגל ביצירתן. רבנו הדגים זאת בהרחבה בנוגע לקדושת הר הבית. בהקשר של קדושת הר הבית לא הזכירו חכמינו כל מעשה היוצר את הקדושה, ואף לא מציאות אנושית המחדשת אותה. הקדושה – קדושת ההר היא, וזה במקומו עומד משׁשת ימי בראשית.

מקרה מעניין בהקשר זה הוא שבת. בדומה להר הבית, אף היא מייצגת תופעה הקבועה ועומדת מן היום השביעי לבריאה. קדושתה קביעא וקיימא, ולאדם אין ביצירתה לכאורה יד ורגל. אך כבר הרחיב הגרי"ד זצ"ל על אודות האדם כמְקדש השבת; ולהלן נרחיב מעט בנוגע לאופי המורכב של קדושת היום השביעי.

תגובה לקדושה והוספה עליה

כל זאת ביחס ליצירתה של הקדושה. ברם, רוב מניינו ורוב בניינו של הספר דנים בזיקה וביחס אל הקדושה כתופעה קיימת, לאחר רגע יצירתה. הקדושה מחד מצווה להימנע ממעשים מסוימים, ומאידך מחייבת בפעולות אחרות. מצוות ואיסורים אלו מבטאים את יחסו של האדם אל הקדושה ואת זיקתו למפגש עמה. וכאן, לדעת רבנו, ייתכנו זיקות מגוונות.

ראשית, האדם מגיב לקדושה. אנחנו, שוכני בתי חומר, עומדים נפעמים מול הקדושה, לבנו מתרחב ופינו מתמלא בשירה. כך יש להבין את מצוות הקידוש כאמירת דברי שבח; במיוחד לאור דברי הרמב"ם (הלכות שבת פכ"ט ה"א), שהקידוש עניינו "זכירת שבח וקידוש".

יחס זה שתיארנו אל הקדושה איננו משנה אותה או משפיע עליה. זוהי התייחסות סטטית; הקדושה נשארת בעינה כפי שהייתה. אולם רבנו חזר וטען שקדושה איננה תופעה סטטית, אחידה וקבועה. בנקודה זו נמצא בעינינו לבו של הספר. אף על פי שבני אדם אנחנו, מעשינו מחד מגבירים ומעצימים את הקדושה, ומאידך עלולים ח"ו לפגוע בה ולחללה.

אמירה זו מקפלת בתוכה שתי טענות מרכזיות. ראשית, ניתן לדבר על מדרגות שונות ועל כמה רבדים בקדושה. ניתן להוסיף על הקדושה וניתן גם להחלישה. אין הקדושה תופעה אחת ויחידה, אשר יכולה להתקיים או להיעדר. אף כאשר הקדושה חלה, ישנו מנעד מסוים של רמתהּ. מנעד זה אינו כמותי גרידא – יותר קדושה או פחות – אלא אף איכותי: רבדים שונים של הקדושה נבדלים זה מזה במהותם.

על כך יש להוסיף את הטענה שרמת הקדושה תלויה בהתייחסותה של כנסת ישראל. אנו משפיעים על הקדושה ואנו קובעים את איכותה ואת צביונה. בני אדם לא רק יוצרים את הקדושה, אלא אף משפיעים עליה במעשיהם ובהתנהגותם, לחיוב ולשלילה. כנסת ישראל יכולה להעצים ולהגביר את הקדושה, וח"ו אף לפגוע בה.

לאור זאת, למשל, הציע רבנו בארוכה בחיבור זה (בפרק העוסק בקדושת שבת ויום טוב) כי עשיית מלאכה בשבת מחללת את הקדושה, פשוטו כמשמעו, ופוגעת

בקדושת היום (אף שוודאי אינה מבטלת אותה). לאור זאת, ניתן להציע שלפעמים מטרת הציווי היא שמירה על הקדושה כדי שלא תתחלל או תיפגם. ט"ל איסורי מלאכה בשבת, מלבד עצם החומרה שבמעשה המלאכה עצמו, שומרים על קדושת השבת לבל תתחלל. בדומה, מצוות שילוח טמאים מן המקדש יסודה בחובת השמירה על המקדש, לבל ייטמא ויתחלל (כפי שעוד נבאר להלן). במעשינו ובפעולותינו אנו שומרים ומגִנים על הקדושה.

אולם זיקה זו, המגוננת על הקדושה והשומרת עליה, פסיבית היא. מדובר בשמירה על הקיים – ולאו מילתא זוטרתא היא – אך תוספת קדושה אין כאן. רבנו הציע שישנה אף זיקה שלישית, שעל ידה ובאמצעותה הקדושה מתגברת ומתעמקת. כנסת ישראל אינה מסתפקת בשמירה על הקדושה הקיימת, אלא אף מוסיפה ומעצימה אותה. לאור זאת העלה רבנו שישנן מצוות שקיומן לא רק מתחייב מן הקדושה, אלא גם מגשים ומעצים קדושה זו. הקדושה מתעמקת באמצעות שמירת אותן מצוות ועשייתן.

עניין זה נידון בספר ביחס לשני סוגי הקדושות הנידונות בו – קדושת זמן וקדושת מקום. בפרק הדן בקידוש היום הביא רבנו מדברי מרן הגרי"ד, דקידוש אינו רק הצהרה בעלמא על אודות מעלת השבת וקדושתה. הקידוש – כשמו כן הוא; מוסיף קדושה בשבת, על גבי קדושתה הבסיסית. אף שהשבת קביעא וקיימא וקדושתה הראשונית איננה תלויה בנבראים, רובד נוסף של קדושה אכן נמסר בידם. כנסת ישראל מקדשת את השבת, בממד נוסף על גבי קדושתה הקבועה והעומדת. זאת, כמובן, בניגוד ליום טוב, שם כל קדושת היום תלויה בקידוש על ידי כנסת ישראל.

חידוש זה בדבר העמקתה של קדושה קיימת מתבטא בדברי רבנו זצ"ל אף בנוגע לקידוש החודש. בפרק העוסק בקידוש החודש דן הרב בשאלה האם יש לראות קידוש זה כמעשה אדם, או שכנסת ישראל רק מכינה את התשתית לקדושה על ידי קביעת הלוח, בעוד הקדושה חלה מאליה. לפי רוב הדעות אף כיום נקבע הלוח בידי כנסת ישראל. אולם הרב הציע שבזמן הראייה מדובר היה במעשה קידוש של ממש, שקידש את החודש ולא רק קבע את הלוח; מה שאין כן בזמן הזה. לדידו, בזמן החשבון קדושת החודש באה משמיא, בעוד בזמן הראייה מוסיפים עליה רובד נוסף של קדושה בידי אדם.

בהקשר זה ציין הרב, בפרק העוסק בקידוש, כי עדי החודש מחללים שבת כדי לבוא ולהעיד, וזאת אף במקרה שראש החודש נקבע ביום ל"א. מבחינת בירור העובדות לכאורה אין צורך בעדים אלו, שהרי ראש החודש אינו יכול להידחות עוד.

לאור זאת הציע הרב כי עדותם נחוצה כדי להוסיף לרובד הבסיסי של קדושת ראש החודש אף את הרובד הנוסף, הנוצר מלמטה, בידי אדם. לשם כך הותר חילול השבת.

בדומה הציע הרב בחיבור זה כי גם בקדושת השמיטה נוכל למצוא שני רבדים אלו; ובהקשר אחר, מצא דוגמה מקבילה אף בקדושת בכור בהמה.

אף בנוגע לקדושת המקום מצאנו שניות דומה. בדיונו לגבי קדושת ארץ ישראל העמיק רבנו לחקור בכפילות שמצאו חכמינו האחרונים בין "שם ארץ ישראל" ל"קדושת ארץ ישראל". רבנו הציע שהממד הראשון הוא ביטוי של השראת השכינה שבאה מלמעלה, מקדמת דנא או לפחות מאז הבטחת הארץ לאבות. הממד השני הוא קדושה הנוצרת בידי אדם ותלויה במעלליו. אף כאן יוצרת כנסת ישראל רובד נוסף של קדושה, על גבי הרובד הבסיסי הנתון. וקדושה זו ניתנת היא, לדאבוננו, אף לביטול ולחילול.

הכפילות והשניות שבמושג הקדושה מאפשרות את קיומם של רבדים שונים. בהקשר זה, כפי שראינו, נוכל לדבר על העמקה של הקדושה בידי כנסת ישראל, כאשר זו יכולה להוסיף עוד רובד על גבי הרובד הראשוני. נעיר עוד כי הכפילות שבקדושה אינה מצטמצמת רק לשאלה האם הקדושה היא עובדה הנקבעת בידי שמים, או שנוצרת היא בידי האדם. בפרק הפותח ספר זה, והעוסק בקדושת שבת ויום טוב, האריך הרב לבאר את שני האנפין שבקדושת שבת: רובד בסיסי, הדומה לקדושת המועדים, שעליו נוסף רובד נוסף, של קדושת השבת כאות וכברית. דומה שלכפילות זו יש יחס מורכב לשאלת הקדושה כנוצרת מלמעלה או מלמטה, ובכל מקרה אין שאלות אלו מקבילות. המורכבות של הקדושה רבגונית היא, ורבגוניותה נותנת מקום לתגובה אנושית המשפיעה על הקדושה, מוסיפה או חלילה מפחיתה את שכבותיה ורבדיה.

העמקת הקדושה

יש להוסיף, כי ישנן מצוות אשר מעמיקות את רמת הקדושה, אף בלי להזדקק למודל מדויק של רובד על גבי רובה. אין זאת שהיענות למצוות אלו מוסיפה רובד נוסף ומוגדר של קדושה. היא מעמיקה ומשכללת את הקדושה הקיימת.

דומה שדגם מעין זה הדגיש הרב במיוחד בנוגע למצוות המועד ולתפקידן ביחס לקדושת המועדים.[2] המועדים, כידוע, נקבעים בידי כנסת ישראל באמצעות

2. עיין במאמרו 'מצוות ימים טובים', בקובץ מנחת אביב; וכן בפרק העוסק במצוות קידוש בחיבור זה.

קידוש החודש ומתקדשים בכך. ברם, נראה שעיצוב המועד כיום מקרא קודש וכיום טוב תלוי בפעולותינו במועד עצמו. מצוות מסוימות הנוהגות במועד אינן רק פעולה בודדת המתבצעת בתחומי המועד, אלא פעילות המיועדת להטביע בו חותם, לנסוך בו תכנים ולהעמיק את צביונו כיום טוב.

התייחסות ליום כמועד וכיום מקרא קודש מעצבת אותו ככזה. עיצוב היום מתבטא בעיקרו בניהוג קדושה, אלא שפנים רבות לניהוג זה. ניהוג קדושה מתקיים, ראשית, על ידי תפילה ועיסוק בהלכות המועד, ובאמצעות בגדים נאים ומאכלים ערבים. והדברים נראים פשוטים, שהרי אינה דומה קדושתו של מועד שבו כנסת ישראל קוראת אותו מקרא קודש בכסות נקייה ובמאכלי ערבות למועד שאינו מצוין ושאינו נחגג ככזה (אף אם מלכתחילה נקבע הוא על ידינו).

יתרה מזו, נראה שגם מצוות היום, כגון מצה, סוכה ולולב, אינן רק מצוות שנתחייבנו בהן במועד. אף קיום מצוות אלו מגשים ומעצים את קדושת היום. בהקשר זה נימק רבנו מדוע אין איסור "בל תוסיף" בהוספת תקיעות שופר בראש השנה, על גבי מה שנתחייבנו מן התורה.[3] איסור זה שייך לגבי מעשה מצווה ממוקד, הנובע מקדושת היום. אין הוא שייך לגבי מצוות המעמיקות ומרחיבות קדושה זו. ככל שנרבה בקיום מצוות אלו, כך נוכל להעמיק עוד את אופי המועד ואת צביונו.

אכן, אפשר שיש לחלק כאן בין מועדות שונים. הכתוב קורא לראש השנה "יום תרועה", ומטבע לשון זה מדגיש את התרועה כעצם מהות היום ותוכנו. מתוך כך יש להסיק שתקיעת השופר קובעת ומעצבת את עיקר מהות היום; מה שאין כן, אולי, לגבי שאר המועדים.

אם נסבור שגם במועדים אחרים נמצא תופעה זו, נוכל לחלק בין מצוות מועד שונות. למשל, נוכל לומר שחיוב השמחה ברגלים קובע את היום כמקרא קודש, ואילו שאר מצוות היום נובעות מהיותו מועד. ניתן גם לחלק בין מצוות היום של אותו מועד; כך במיוחד לגבי חג הסוכות. החג כולו קרוי על שם מצוות הסוכה, ומתבקש לראותה כמגשימה וכמעצימה את קדושת היום וצביונו. מה שאין כן לגבי מצוות ארבעת המינים.

יתרה מזאת, ניתן לדבר על רבדים שונים ועל פנים נבדלים באותה מצוה גופא. למשל, אכילת מצה בלילה הראשון לעומת אכילתה כל שבעת הימים. בלילה הראשון פעולת המצווה היא עצם האכילה גרידא, ואילו בשאר ימי הפסח האכילה (שרשות היא ולא חובה) מגשימה ומעמיקה את קדושת חג המצות.

3. עיין בתוספות ראש השנה טז ע"ב ד"ה ותוקעים.

כדוגמה נוספת לכך ציין רבנו, בכתב יד הנמצא בידינו, כמה מצוות וחיובים הסובבים סביב המקדש. כך, למשל, לגבי מצוות שמירת המקדש. הרמב"ם בהלכות בית הבחירה (פ"ח ה"א) הגדיר את עניין השמירה כמעורה בכבוד המקדש ובמעלתו: "שמירת המקדש מצות עשה, ואף על פי שאין שם פחד מאויבים ולא מלסטים, שאין שמירתו אלא כבוד לו, אינו דומה פלטרין שיש עליו שומרין לפלטרין שאין עליו שומרים". מתוך כך יש להעלות על הדעת שמקדש שיש עליו שמירה מעלתו וקדושתו עולות על מקדש החסר שמירה זו. מצוות השמירה מגשימה ומעמיקה את קדושת המקום.[4]

כן הוא אף בנוגע לשילוח טמאים. ר' ירוחם פישל פרלא ז"ל (בפירושו לספר המצוות לרס"ג עשה קפט) חידש שהעשה של "וישלחו מן המחנה" (במדבר ה', ב) איננו איסור הרובץ על הטמא עצמו, כי אם חובה המוטלת על הציבור. ונראה פשוט שאין זו חובה מצד דיני ערבות, שנועדה להרחיק את הטמא מן העבירה. מוקד הציווי הינו שמירה על המקדש עצמו. שילוח הטמאים מן המחנה הוא קיום בקדושת המקדש. על כנסת ישראל מוטל לשמור על המקדש לבל ייטמא. לעיל הצענו שמצווה זו במהותה פסיבית היא. אך ניתן להציע שאין זו רק חובה שמטרתה הגנה סבילה על מחנה השכינה, כדי שלא ייפגע וייטמא ח"ו. עצם השימור של המקדש מן הטמאים ושילוחם מן המחנה מעמיק את הקדושה ומוסיף בה עוצמה נוספת.

השתא דאתי להכי, הציע רבנו (בכתב יד) שיש לדון ביחס למצוות רבות הקשורות במקדש, שמא הן מעמיקות ומגשימות קדושה זו עצמה. בהקשר זה דן הרב במצוות מורא המקדש, בעלייה לרגל, במעמד הכוהן הגדול, בבגדי הכהונה, בהקרבת קרבנות ובאכילתם.

עקירת הקדושה

לאחר שדנו במעשה האדם אשר מעמיק ומגשים את הקדושה, יש לדון גם בצדו השני של המטבע: באפשרות שאנו במעשינו ח"ו פוגעים בקדושה או אפילו עוקרים אותה.

לכאורה, לאחר שחלה הקדושה שוב אין היא פוקעת. חילול מעשר שני ופדיון הקדשות אכן מסירים את הקדושה. אך גם שם ייתכן שהקדושה לא פרחה והלכה

4. בנוגע לכך ציין רבנו כי ייתכן שיש לחלק בין שמירת הכוהנים לשמירת הלוויים, וכן בין מקומות שונים, כגון הר הבית והעזרה.

לה, אלא הועתקה ועברה אל חפצא אחר. הלא בחילול ובפדיון עסקינן שם, והמעות קמים תחת הפירות או ההקדש. ברם, במקרה שאדם מועל בשוגג בחפץ הקדוש בקדושת בדק הבית, יצא חפץ זה לחולין והתבטלה קדושתו; ושם לכאורה בהפקעת קדושה ממש עסקינן.

ייתכן שמצינו מעין זה בקדושת מקום. זהו אחד החילוקים העמוקים ביותר בין הזמנים המקודשים למקומות המקודשים: אפשר להפקיע את קדושתם של המקומות הקדושים, אך לא כן ביחס לזמנים שנתקדשו. קדושת ארץ ישראל, לרוב הראשונים, פקעה עם חורבן בית ראשון וגלות בבל. ואף שהרב הציע שלא בעקירה גמורה עסקינן אלא בגניזה ובהקפאה, עדיין לא מצאנו תופעה מקבילה בנוגע לקדושת הזמנים. לדעת הראב"ד, אף קדושת המקדש וירושלים פקעה עם חורבן שני הבתים.[5]

זאת בניגוד לקדושת הזמן. השבת מתקדשת בידי הקב"ה וקדושתה קיימת לעולם ועד. אין בנמצא מעשה או פעולה העלולים ח"ו לבטל את השבת. המועדות אמנם נקבעים בידי כנסת ישראל ומתקדשים על ידה, "ישראל דמקדשי לזמנים", אך מרגע שנקבע תאריכם בלוח השנה, אי אפשר בשום אופן לעקור את קדושתם ולהזיזם ממקומם. מרגע שנתקדש ראש חודש ניסן או תשרי בידי בית דין וכנסת ישראל, שוב אין דרך לבטל את קדושתו של יום ט"ו באותו החודש, כיום טוב האסור במלאכת עבודה, ושאותו יש לקרוא מקרא קודש (יש להדגיש, כי אין פירושו של דבר שבהכרח כל המקומות המקודשים בני חילול הם. ודאי שישנו מקום להבדיל בין אזורי קדושה שונים, וכן בין רבדים ודינים שונים).

לאור זאת יש לדון, לפי אותם אמוראים וראשונים שסברו שקדושת מקום מתבטלת, באיזה אופן מתבטלת הקדושה ונעקרת. לדעת רוב הראשונים קדושה ראשונה קידשה רק לשעתה. מהו, אם כך, הגורם שהפקיע ושעקר מארץ ישראל בזמן גלות בבל את קידוש יהושע? אפשר להציע שחורבן הבית הוא שעקר את הקדושה, אך אפשר גם להציע שגלות בני ישראל מן הארץ היא שעקרתה.

שתי אפשרויות אלו נבדלות לא רק מבחינה מעשית. מסתבר שחלוקות הן זו מזו בתפיסה הבסיסית והעקרונית ביחס לדרך הפקעת הקדושה. נראה שאם חורבן הבית הוא הגורם העיקרי בעקירת הקדושה מארץ ישראל אזי יש לתופסו כמעשה עקירה וחילול. כשם שמצינו מעשה מְקדש (למשל, בקידוש ירושלים) כך ישנו מעשה של עקירה והפקעה. ברם, אם גלות ישראל היא שסובבה את פקיעת הקדושה, הרי שמדובר לא במעשה עקירה אלא בהיעדרו של ייעוד. קדושת הארץ נובעת מהגשמת

5. הלכות בית הבחירה פ"ו הי"ד. ייתכן שאף לדעתו לא מדובר בהפקעה מוחלטת.

ייעודה כארצה של כנסת ישראל. אם אין כנסת ישראל שוכנת בארצה מתרוקנת הארץ מייעודה וממטרתה, ולפיכך קדושתה פוקעת.

לאור זאת הסתפק רבנו, בפרק העוסק בקדושת ארץ ישראל, מה יהיה הדין אם ח"ו נטש עם ישראל מרצונו את הארץ. אם לא גורש העם מארצו והוגלה ממנה אלא ירד ממנה חלילה לארצות ניכר, אזי לכאורה אין בעצם הירידה מעשה חילול; ברם, יש בזה, בפשטות, משום איבוד מגמת הקדושה וייעודה.

ספק זה מתעורר גם ביחס למזבח ולמקדש עצמו. הגמרא בעבודה זרה (נב ע"ב) קובעת (לפי פירושו של מאור עינינו הרמב"ן), כי אף שהמזבח קדוש בקדושת גוף ואינו יוצא לחולין על ידי מעילה, אם פלשו הגויים לבית ה' הרי שמתממש בכך הפסוק "ובאו בה פריצים וחללוה" (יחזקאל ז', כב), ובכך פוקעת קדושת המזבח.

אך עדיין יש לדון מהו הגורם המפקיע. מחד, ניתן להבין שהפסוק מדבר על שני גורמים שונים. ראשית, באו בה פריצים; שנית, אותם הפריצים חיללו את המזבח (ואולי אף את המקדש), אם בהקרבה ח"ו לאלוהים אחרים או בהפיכת המקדש כולו לבית לעבודה זרה. מאידך, יש להציע שמדובר בתופעה אחת ויחידה; עצם ביאת הפריצים מחללת את המקדש והמזבח, משום שמאבדים הם את ייעודם, וממילא מתפוגגת קדושתם.

פגימה בקדושה

קדושת זמן, כפי שציינו, אינה בת ביטול; ברם, רבנו טען שאף בה מתקיים מושג החילול. החילול איננו עוקר את הקדושה אלא פוגם ופוגע בה, אם כי היא ממשיכה להתקיים. כיוון שהקדושה תופעה מגוונת ומורכבת היא, יכולה היא להמשיך ולהתקיים אף לאחר שחיללוה ופגמו בה. על דרך זה ביאר הרב בארוכה שעשיית מלאכה בשבת מחללת את קדושת השבת, אף כי ברור שקדושתה לא נעקרת כשנעשתה בה מלאכה.

על סמך זה יש להציע שבקדושת מקום קיימים שני אופני חילול הקדושה. במקרים מסוימים מתבטלת הקדושה ופוקעת; במקרים אחרים מתחללת היא ונפגעת. את הדוגמה הבולטת ביותר לכך בתחום קדושת המקום נמצא באיסור על טמא לבוא אל מקום המקדש.

והנה, מצינו הבדל בחומרת העונש המוטל על טמאים שנכנסו לפנים ממחיצתם. טמא האסור בהר הבית שנכנס במזיד אל הר הבית – לוקה, ככל שאר חייבי לאווין; ואילו הטמאים שנכנסו למחנה שכינה, מעזרת ישראל ולפנים, מתחייבים בכרת. רבנו הציע שטמא הנכנס להר הבית עובר על איסור ותו לא, בדומה לשאר האיסורים

שבתורה. מנגד, נראה שביאת טמאים למחנה שכינה אינה רק מעשה עבירה. עצם כניסת הטמא מטמאת את המקדש עצמו ופוגעת בקדושתו. אמנם, אין מדובר בטומאה הלכתית מצד הלכות טומאה וטהרה. הבניין עצמו ודאי אינו מיטמא, שהרי מחובר אינו מקבל טומאה. לא בטומאה הלכתית עסקינן כאן, אלא בחילול הקדושה.

הרב תמך יתדותיו בדברי הרמב״ם,[6] שאת הלאו על כניסת טמא להר הבית למד מן הכתוב: ״לא יבֹא אל תוך המחנה״ (דברים כ״ג, יא). הניסוח מראה בעליל שמדובר על איסור ביאה בעלמא. לעומת זאת, את האיסור על כניסת טמא למחנה שכינה יליף הרמב״ם מקרא: ״ולא יטמאו את מחניהם״ (במדבר ה׳, ב). ניסוח זה מלמד שמדובר באזהרה שלא לטמא את המחנה.

מדאתינן להכי נראה שגם איסור ביאה ריקנית שייך לענייננו. האיסור לבוא אל הקודש ללא שום סיבה ומטרה מתייחס מן התורה להיכל בלבד. רבנו הציע שיש לראותו לא רק כמעשה עבירה מצד עצם הכניסה, או אפילו מחמת עצם הזלזול המתבטא בטיול סתמי אל הקודש. הזלזול האמור פוגע ופוגם בקדושת המקדש, ובזה תורף האיסור.

עבירות

הפגיעה במקדש וחילול קדושתו אינם מוגבלים למתרחש במקום המקדש. תיתכן פגיעה בקדושת המקדש גם באמצעות מעשים הנעשים במקומות אחרים, אשר משפיעים הם על קדושתו.

ראשית, מדברי רבנו (המצויים בכתב יד) נראה שגם הקרבת שחוטי חוץ פוגמת בקדושת המקדש ומחללת אותה. יש זיקה וקשר בין איסור שחוטי חוץ, כלומר הקרבה שלא במקדש, לבין קדושת מקום.

לשם בירור נקודה זו יש מקום לעמוד על טיב האיסור בכללו. מחלק מהמקראות נראה דהאיסור מעורה בדין עבודה זרה ובחובה להתרחק ממנה. זאת הן מחשש עבודה זרה ממש, כמשתמע בפרשייה בויקרא (י״ז); והן מחשש חיקוי של עבודה זרה ודרכי עבודתה, כעולה מן הפרשייה בדברים (י״ב). אך מפסוקים אחרים עולה יסוד נוסף לגבי אופי האיסור: ״הִשמר לך פן תעלה עֹלֹתיך בכל מקום אשר תראה. כי אם במקום אשר יבחר ה׳ באחד שבטיך שם תעלה עֹלֹתיך״ (דברים י״ב, יג-יד). משם משמע

6. הלכות ביאת מקדש פ״ג הלכות ח׳, י; ספר המצוות (לא תעשה עז, עח). דבריו אינם עולים בקנה אחד עם גרסתנו בגמרא פסחים סח ע״א.

שיסוד האיסור הוא מחמת הכרסום במעמד המקדש והפגיעה בקדושתו. הקרבת קרבן מחוץ למקדש אינה אך ורק מעשה עבירה בעלמא. מדובר בהקמת מערכת חלופית למקדש. כל הקרבה בחוץ ממעטת את דמות המקדש ופוגמת בקדושתו.[7]

בהקשר זה מסתבר לחלק בין קדושה המתייחסת רק לעצם החפצא הקדוש, לבין קדושה התובעת בלעדיות גמורה.[8] לגבי קדושת מקום, ייתכן לחלק בין במה גדולה מחד, לבין המשכן והמקדש מאידך. במה גדולה היא מקום לעבודת ה׳, אך אין מדובר בבחירה המפקעת בהכרח את שאר המקומות. אכן, מכיוון שמקריבים בבמה זו ממילא אין לשחוט או להעלות מחוצה לה. מאחר שאין במה גדולה אלא אחת, כל שאר המקומות נאסרו. אך הקדושה במהותה אינה בלעדית. לעומת זאת, המקדש ומשכן שילה נקראו, כדברי המשנה, נחלה ומנוחה (זבחים קיב ע״ב). קדושתם כוללת בתוכה את שלילתם של מקומות אחרים כמיועדים להשראת שכינה והקרבת קרבנות (ושמא יש לחלק בהקשר זה בין המקדש לבין המשכן).

איסור שחוטי חוץ פוגם בקדושת המקדש, אף שמתבצע הוא מחוצה לו. ברם, עדיין מדובר באיסור המקיים זיקה ברורה למקום המקדש, אם כי בדרך השלילה. הלוא מדובר בקרבן המיועד למקדש, שבפועל מוקרב במקום אחר. אך נראה דישנה פגיעה בקדושת המקדש גם במעשים שאין בהם, לפום ריהטא, שום זיקה למקדש ולמקומו.

ישנם חטאים שאינם קשורים למקדש, הגורמים לסילוק שכינה מישראל ומארץ ישראל בכלל ומן המקדש במיוחד, לפחות באופן חלקי. אמנם, אין הם עוקרים ומפקיעים את הקדושה לחלוטין; אך אינו דומה מקדש השוכן במחנה ישראל טהור וקדוש, למקדש השוכן במחנה ישראל המגואל בעבירות חמורות. קדושת מקדש זה פגומה היא.

קדושת הארץ מתחללת על ידי חטא, כלשון הכתוב: ״ולא תקיא הארץ אתכם בטמאכם אֹתה״ (ויקרא י״ח, כח). פגיעה זו אינה מבטלת את הקדושה אלא פוגמת בה. טומאה זו באה לעולם על ידי גילוי עריות, שפיכות דמים ועבודה זרה. כך מבואר בפסוקים ביחס לגילוי עריות: ״ולא תקיא הארץ אתכם בטמאכם אֹתה כאשר קאה את הגוי אשר לפניכם״ (ויקרא י״ח, כח). כך נאמר ביחס לשפיכות דמים: ״ולא תְטַמא את הארץ אשר אתם ישבים בה״ (במדבר ל״ה, לד). וכך בנוגע לעבודה זרה, ושם

7. ייתכן שיש לחלק לגבי הנ״ל בין העלאה לשחיטה. העלאה, שהיא מיוחדת למקדש, אכן פוגעת בו אם נעשית היא במקום אחר. אך אין לראות בשחיטה בחוץ פגיעה במקדש, שהלוא שחיטה מתבצעת גם מחוץ למקדש, בחולין.

8. בכל זה יעויין בקונטרס עבודת יום הכיפורים למרן הגרי״ד זצ״ל, עמ׳ קמה–קמז.

מודגשת גם הזיקה המיוחדת למקדש: "כי מזרעו נתן למֹלך למען טמא את מקדשי ולחלל את שם קדשי" (ויקרא כ', ג).

ככל שמרובה ועשירה הקדושה, כך רגישה היא יותר לחילול ולפגימה. ככל שמורכבים ומגוונים אופני החילול, כך שבעתיים עשירים ומגוונים דרכי הקידוש.

בחייו, בעבודת ה' שלו ובלימודו הקרין הרב תמיד את אמונתו במורכבות, בריבוי ובגיוון. גישה זו נכונה אף לגבי תפיסתו את הקדושה ההלכתית, ובאותה מידה סבר רבנו כי נכונה היא גם לגבי הקדושה כמציאות מטאפיזית. זאת ניסה להנחילנו רבנו המחבר זצ"ל, שכולו היה קודש קודשים.

מפתח מקורות

הוראות שימוש למפתח

כאשר מופיע מקור ואחריו שם מפרש עם וו החיבור ההפניה היא הן למקור והן למפרש, וכאשר מופיע שם המפרש ללא וו החיבור ההפניה היא למפרש בלבד.

כאשר ליד המספר בהפניה מופיעה האות ה (כגון 1ה) הכוונה להפנות להערה המופיעה בעמוד זה.

ההפניות למשנה מופיעות במדור תלמוד בבלי. במסכת שיש עליה תלמוד בבלי, הפנינו למשנה שבתוך התלמוד.

ההפניות למפרשי הש"ס מופיעות גם הן עם ההפניות לתלמוד בבלי, ולפי סדר דפי הש"ס. ההפניות לספרי ראשונים ואחרונים שאינם מסודרים לפי סדר הש"ס מופיעות במדור גאונים וראשונים או במדור אחרונים.

במדורי הרמב"ם, הטור והשולחן ערוך צוינו גם נושאי הכלים המודפסים על הדף. ההפניות למפרשים האחרים של חיבורים אלו מופיעות במדור אחרונים.

הספרים במדור גאונים וראשונים ובמדור אחרונים, וכן ההפניות במדור הנושאים, סודרו לפי סדר האל"ף בי"ת ומתוך התעלמות מן המילה שו"ת.

[מפתח זה נערך לעילוי נשמת אבי מורי ר' חיים צבי כהן זצ"ל, אוד מוצל מאש השואה, אהוב על א-להים ואדם, אשר חינכני לעמל תורה ולאהבתה. במשך עשרים ושש שנותיו האחרונות, מאז פרישתו לגמלאות, קבע מקומו באוהלה של תורה.
במלאות עשור לפטירתו - ד' אייר תשס"ז. דב כהן]

תנ"ך ומפרשיו

מפתח מקורות

תלמוד בבלי ומפרשיו

מפתח מקורות

מפתח מקורות

תלמוד ירושלמי

תוספתא

מסכתות קטנות

מדרשים

מדרשי הלכה

מכילתא דרבי ישמעאל

מדרשי אגדה

גאונים וראשונים

משנה תורה לרמב"ם ונושאי כליו

טור ונושאי כליו

שלחן ערוך ונושאי כליו

אחרונים ובני דורנו

מפתח מקורות

שמועות בע"פ

מפתח נושאים

מפתח נושאים

מפתח נושאים

מפתח נושאים